公共行政与公共管理
经　典　译　丛

“十三五”国家重点出版物出版规划项目

PUBLIC ADMINISTRATION AND PUBLIC MANAGEMENT CLASSICS
公共行政与公共管理经典译丛

公共行政与公共事务

（第十版·中文修订版）

［美］尼古拉斯·亨利（Nicholas Henry）／著
孙迎春／译

PUBLIC ADMINISTRATION AND PUBLIC AFFAIRS

(TENTH EDITION)

中国人民大学出版社
·北京·

总　序

在当今社会，政府行政体系与市场体系成为控制社会、影响社会的最大的两股力量。理论研究和实践经验表明，政府公共行政与公共管理体系在创造和提升国家竞争优势方面具有不可替代的作用。一个民主的、负责任的、有能力的、高效率的、透明的政府行政管理体系，无论是对经济的发展还是对整个社会的可持续发展都是不可或缺的。

公共行政与公共管理作为一门学科，诞生于20世纪初发达的资本主义国家，现已有上百年的历史。在中国，公共行政与公共管理仍是一个正在发展中的新兴学科，公共行政与公共管理的教育也处在探索和发展阶段。我国公共行政与公共管理教育和学科的发展与繁荣，固然取决于多方面的努力，但一个重要的方面在于，我们要以开放的态度，了解、研究、学习和借鉴国外发达国家研究和实践的成果。另一方面，我国正在进行大规模的政府行政改革，致力于建立与社会主义市场经济相适应的公共行政与公共管理体制，这同样需要了解、研究、学习和借鉴发达国家在公共行政与公共管理方面的经验和教训。因此，无论是从我国公共行政与公共管理教育发展和学科建设的需要来看，还是从我国政府改革实践层面的需要来看，全面系统地引进公共行政与公共管理经典著作都是时代赋予我们的职责。

出于上述几方面的考虑，我们于世纪之交开启了大型丛书“公共行政与公共管理经典译丛”的翻译出版工作。自2001年9月本译丛首部著作《公共管理导论》出版以来，十几年间出版著作逾百种，影响了国内公共行政与公共管理领域无数的学习者和研究者，也得到了学界的广泛认可，先后被评为“十五”“十一五”“十二五”“十三五”国家重点图书出版规划项目，成为国内公共行政与公共管理出版领域的知名品牌。

本译丛主要选取国际公共行政与公共管理学界代表性人物的代表性作品，并持续介绍学科发展的最新研究成果。总的来看，本译丛体现了三个特点：第一，系统性，基本涵盖了公共行政与公共管理学科的主要研究领域。第二，权威性，所选著作均是国外公共行政与公共管理大师或极具影响力的学者的代表作。第三，前沿性，反映了公共行政与公共管理研究领域最新的理论和学术主张。

在半个多世纪以前，公共行政大师罗伯特·达尔（Robert Dahl）在《公共行政学的三个问题》中曾这样讲道：“从某一个国家的行政环境归纳出来的概论，不能立刻予以普遍化，或应用到另一个不同环境的行政管理上去。一个理论是否适用于另一个不同的场合，必须先把那个特殊场合加以研究之后才可以判定。”的确，在公共行政与公共管理领域，事实上并不存在放之四海而皆准的行政准则。立足于对中国特殊行政生态的了解，以开放的思想对待国际的经验，通过比较、鉴别和有选择的吸收，来发展中国自己的公共行政与公共管理理论，并积极致力于实践，探索具有中国特色的公共行政体制与公共管理模式，是中国公共行政与公共管理学科发展的现实选择。

本译丛的组织策划工作始于 1999 年底，我们成立了由国内外数十位知名专家学者组成的编辑委员会。当年 10 月，美国公共行政学会时任会长，同时也是本译丛编委的马克·霍哲教授访问中国行政管理学会，两国学会签署了交流合作协议，其中一项协议就是美国公共行政与公共管理领域著作在中国的翻译出版。2001 年，中国行政管理学会时任会长郭济先生率团参加美国公共行政学会第 61 届年会，其间，两国学会签署了新的合作协议，并再次提及已经启动的美国公共行政与公共管理领域知名学者代表作品在中国的翻译出版。可以说，本译丛是中美两国行政管理（公共行政）学会与公共管理学术界的交流合作在新阶段的重要成果。

在译丛的组织策划和翻译出版过程中，中国人民大学政府管理与改革研究中心、国务院发展研究中心东方公共管理综合研究所给予了大力的支持和帮助。我国的一些留美学者和国内外有关方面的专家学者参与了外文原著的推荐工作。中国人民大学、北京大学、清华大学、中山大学、复旦大学、厦门大学、武汉大学等高校许多该领域的专家学者参与了本译丛的翻译工作。在此，谨向他们表示敬意和衷心的感谢。

“公共行政与公共管理经典译丛”编辑委员会

译者前言

《公共行政与公共事务》在行政管理领域可谓闻名遐迩，自1975年第一版面世以来，经久不衰，已经被翻译成了数种语言流传于世界各地。其中，在中国也已经有三版出版发行，它们分别是：第七版由华夏出版社2001年出版，第八版由中国人民大学出版社2002年出版，第九版由北京大学出版社2006年影印出版。

这已是本书的第十版，很高兴能够继续向中国读者介绍这一不断更新发展的学术力著。根据中国人民大学出版社的要求，考虑到已经发行的过去版本以及对市场的调查分析，出版社计划出版经过删减的版本。有鉴于此，按照出版社的要求，本书第十版具体的删减内容包括：原版书专栏框内的全部内容，第二篇（公共组织）的全部内容，第6章的全部内容以及附录A—E的全部内容。内容删减的基本思路如下：(1) 相关章节的专栏内容无助于中国读者的理解；(2) 第二篇的知识内容在其他版本中都已经覆盖，而且都已被读者熟知；(3) 第6章的内容知识比较松散，无助于中国读者的理解；(4) 附录A—E的内容基于美国国情，不适合中国读者。

经过删减之后，全书共分三篇九章，分别介绍了公共行政基本理念发展演进的六个范式、公共生产力的评估与发展、公共财政与预算编制模式、公共部门人力资源管理以及公共政策制定与执行过程中的不同范式，跨部门、跨政府行政的实践做法与经验总结，最后，作者还专门论述了官僚伦理的背景、意义和理论依据。本书的概念分析脉络清晰，逻辑严谨，书中随着时代发展而不断更新的实践做法与经验，对当今政府管理和社会治理的理论研究和改革实践具有很好的借鉴意义，是一部内容丰富、脍炙人口的公共管理学教材和供政府实践人员阅读的优秀参考书目。

能够有机会翻译此书，我感到十分高兴，与中国人民大学出版社的合作也很愉快。在成书的过程中，非常感谢中国人民大学公共管理学院孙柏瑛教授的推介，也感谢出版社朱海燕女士以及其他同志认真负责的编校工作，没有他们的辛苦努力，本书不可能这么快呈现于读者面前。此外，也真诚欢迎广大读者批评指正。

孙迎春

于国家行政学院图书馆

中文版序言

《公共行政与公共事务》能够与中国读者见面，我感到非常欣慰和荣幸。中国与美国各自都有很多地方值得彼此互相学习。或许，这个中译本将会有助于我们的学习，尽管这本著作是以美国独特的视角来完成的。

在过去的年代里，我曾经几次访问中国，对中国文化与中国人民非常崇敬。我确信，我们彼此了解得越多，中国与美国就越有可能建立起富有成效的、互惠互利的双边关系。

《公共行政与公共事务》阐述了这种双边关系的部分内涵，也就是政府与非政府组织的管理。这些组织机构管理的效率、效能、回应性以及廉洁性直接关系到我们社会的道德性与生命力。因此，无论是在中国还是在美国，公共行政是所有公民追求幸福能力的决定性因素；而公共行政的知识则是公共部门有效管理的关键所在。

《公共行政与公共事务》这部著作则刚好提供了相关的知识。公共行政人员追求这些知识意味着，他们在寻求人民的幸福。

尼古拉斯·亨利（Nicholas Henry）

佐治亚南方大学（George Southern University）

前言

公共行政，这一词组不禁让人联想起戴着绿色眼罩、姓名不详、冷酷无情却颇有权势的官僚，也许让人想到一种误导他人且或许是凌驾于他人之上的政府力量，这种力量足可以粉碎所有胆敢质疑它的东西。

公共事务，这一词组隐含着各种幻想，包括无畏而自由的争论、崇高而伟大的社会使命，以及公民生活的全面扫视（surging sweep）。

而对于公共行政和公共事务来说，现实就存在于二者之间的某个地方。公共行政一直且总是会辛苦而沉闷地执行公共政策，而这也一直且总是会成为一种努力，这种努力具有高度的戏剧艺术和巨大的价值。公共事务一直且总是会成为民主的最终和最好的表达形式，但也一直且总是会成为一种贬低身份的繁杂事务，这种杂事包括削减各种廉价交易并且具体管理腐败而贪婪的特殊利益。

我们之所以将这本书命名为《公共行政与公共事务》，是因为它研究分析了一种现实，而这种现实强调了由这两个词组引出的各种陈词滥调。《公共行政与公共事务》从根本上讲的是公共利益，书中不仅阐释了用以实现公共利益的手段，也阐释了公共利益的人性表现。

如果没有其他原因的话，一本书的第十版总是会很值得人们关注，因为它的版本已经进入了双位数。伴随着这一版的诞生，《公共行政与公共事务》也进入了这一快乐的王国。我们认为，这样做非常有意义，因为这样能够完全跟上公共行政和公共事务领域的发展（也许只是观察到一个变化，而伍德·阿兰报告的成功之处也不过就是将这一变化呈现了出来），而且是以一种相当动人的方式报告了这一发展变化。

在过去大约30年的时间里，除了要明确面向美国的读者之外，《公共行政与公共事务》还被翻译成中文、日文、罗马尼亚文，部分章节还被翻译成西班牙文出版发行，还有一种印度版本以及其他国家出版的多种英文版本。

这种多国语言出版发行的历史表明，随着对这本书欣赏和赞誉的不断加深，公共行政在全球被看成了“好政府”的核心，而好政府又被世界人民看成是好生活的核心。正如前面几个版本一样，《公共行政与公共事务》第十版也描述了一门学科和一门专业，而这门学科和专业正在不断被各国公民所认可，视为其生活、自由和追求幸福的关键。

本书过去版本的读者，将会在这个新的版本中了解到非常多的前沿和次前沿问题。我们认为，这些问题将帮助大家更加清楚地澄清讨论，组织概念。

过去的读者会发现许多新的材料。实际上，第十版是修改得最为充分的版本。下面根据它们出现的大致顺序，我罗列了该版中部分新鲜的、经过慎重修改的或重点扩充的讨论部分：

- “好政府”运动的复苏。
- 美国人与其公共行政人员打交道的经验。
- 知识管理以及官僚在保证利用全面而准确的信息制定公共政策方面的重要性。
- 介绍了一种新的公共行政范式，即范式6——政府治理。在30多年不停出新版本的过程里，这还是第一次添加新的公共行政范式。
- 政府已逐渐不再作为公共行政人员选择的雇主，独立部门的兴起。
- 网络化公共行政的兴起。
- 组织中的动力因素。
- 社会中各种组织的道德意义。
- 在组织中“谁必须被牺牲掉”。
- 组织要经受的“社会考验”。
- 组织情报的延展处理。
- 组织动态学新的案例研究，包括美国在伊拉克收集的经验事例。
- 组织决策中“群体思考”的新案例研究。
- 公共行政如何变革与适应。
- 大量新的图表数据可以说明公共部门所特有的支离破碎的责任性、官僚化和文牍主义现象。
- 关于官僚“制停权”的新章节。
- 政府重组的讽刺与失败。
- 董事局在公共、私人和非营利部门的不同行为表现。
- 环境对公共机构的深刻影响。
- 政府为什么抵制变革。

- 非营利组织的独特行为。
- 领导行为差异，以及成功领导力在公共部门和私人部门的不同含义。
- 公共行政体制中隐私与政策问题的新见解与事例。
- 美国 2002 年的《爱国者法案》、2005 年的《真实身份证法案》，以及负责处理隐私问题的官员。
- 计算机警察与数据库安全发展的新趋势。
- 政府在信息技术管理方面的进步与失败。
- 电子政府深远而有益的影响。
- 更大范围地处理腐败问题，包括纽约市学校、亚拉巴马地方政府、五角大楼和各学区收集的新事例。
- 绩效测评和项目评估在探测腐败中的有效作用，以及它们在消除腐败中的有限作用。
- 新公共管理被视为公共行政历史性公共生产力运动的最新重复。
- 政府回应卡特里娜飓风的做法被看成是新公共管理具有必要性和针对性的强有力事例。
- 绩效测评与公共项目评估。
- 主要的也是重要的内容添加部分是公共财政，这一部分添加了全新而且大量的资料，包括美国人愿意替政府埋单的价格，政府对一般经费和特殊经费的使用，所得税、消费税、财产税和其他税收，政府的其他财源，各级政府花钱的领域，税制改革，社会保障与医疗保险，社会保障的未来，政府间税收与自源税收，联邦政府在国民经济中的作用，供给方经济学，财政与金融政策，联邦税削减、借贷、赤字、债券及盈余。
- 政府机构如何从立法机构获得预算的新事例。
- 传统功绩制中的深刻危机以及政府对功绩原则的缓慢放弃。
- 公共人力资源管理改革。
- 与私人部门相比，公共部门的工资与工作保障。
- 政务官以及政府在机构绩效中所起到的刚刚被认识的重要作用。
- 联邦应急管理机构的政治化及其在卡特里娜飓风期间的衰败。
- 政府走向绩效薪资。
- 最高法院关于弱势群体保护行动的最新法案。
- 考试中有关文化和性别偏见的事实。
- 在政府的工作保障和职位晋升中，有色人种、女性、年老或残疾美国人的境遇改善。
- 政府的战略规划与情境规划。
- 公共资产的出售。
- 联邦民营化趋势，包括《联邦活动清单法案》中设定的新指南，竞争性采购与联邦服务合同的兴起，以及有关联邦人事民营化方面的新信息。
- 说客区：游说的兴起、特殊利益集团、旋转门以及大笔的资金。

- 联邦合同不力的新案例，在许多事例中还包括伊拉克的承包商。
- 各州新的民营化发展。
- 地方政府20年来与私人公司、非营利组织和其他政府签订合同以执行公共政策的发展趋势。
- 推行服务民营化的地方政府特征。
- 商界不必表现得更好：在改进政府绩效过程中的竞争案例。
- 公共权力机构与特别行政区，以及二者之间的异同点。
- 公共企业、政府公司、政府主办的企业以及其他各种准政府。
- 财政恐惧与政府主办的企业。
- 独立部门及其在治理中的作用。
- 联邦对州与社区政府提供财政支持的起伏变动。
- 政府间补贴的“捕蝇纸效应”。
- 州与州之间的契约、多个州之间的法律行动，以及统一的州法律。
- 进入政府间协议的地方政府特征。
- 公共部门中伦理问题的兴起。
- 伦理道德与有效力的组织。
- 哲学对公共政策的影响。

尼古拉斯·亨利

美国佐治亚州，萨凡纳

致　谢

在本书的第一版里，我指出在学术上我至少要感激三位老师：林顿·基思·考德威尔、杰克·T. 约翰逊以及约克·Y. 威尔本。至今我仍然感激他们。尽管我聆听他们授课已经过去了相当长的时间，但他们的影响这么多年来一直有增无减。

杰克·约翰逊是我最早的老师，他几年前过世了。他对我的影响是启蒙性的，他的指导建议和友情令我至今难以忘怀。

在这个小圈子当中我还添加了第四个人：弗兰克·J. 塞克顿。我在亚利桑那州立大学生活的 12 年里，塞克顿教授（即塞克顿中将，已退休）把我带进了公共行政实务世界的课堂。那确实是很难得的教育，而且我会永远珍惜。

我要感谢 Prentice Hall 的编辑罗勃·德乔治，感谢他富有见地的建议和不懈的努力。同时，我还要感谢编辑索姆亚·巴拉莱曼，谢谢她敏锐的双眼。

另外，我要感谢我的同事、学生和本书的评阅人，感谢他们富有建设性的影响，使《公共行政与公共事务》得以不断发展与完善。

以下评阅人提供了颇具价值的建议：LaSalle 大学的马丽·爱伦·巴尔楚尼斯-哈里斯，以及佛罗里达中部大学的奈姆·卡普库。

我的妻子莫瑞，我的孩子安德瑞和米尔斯以及他们的配偶凯文和安娜，都一如既往地给予了我最深切的关怀。我愿将本书献给他们，也献给我的母亲和过世的父亲，以及特别令我满意的孙辈们，他们是考勒姆、马格丽特和夏洛特。当然，这一版本要特别献给我刚刚过世的父亲。这是送给您的，爸爸。

尼古拉斯·亨利

目 录

第1篇 公共行政的范式

第2篇　公共管理

第3篇　执行公共政策

第1篇

公共行政的范式

官僚制度已经根深蒂固。考古发掘出来的史前证据表明，某种官僚制度的社会秩序雏形早在 19 000 年以前就已经出现了。[1]官僚制度比人类最早的民主试验、世界宗教的崛起以及文明曙光的出现还要早好几千年。官僚制度可能不是人类自身条件的基础，但它却是人类社会的基础。

不是每一个人都同意官僚制度和政府都是社会的基础。对政府及其官僚的主要批评其实是对托马斯·杰弗逊著名格言的一种曲解，即最好的政府就是管的最少的政府。这类批评认为，最好的政府就是根本不要政府，而最坏的政府就是任何所谓的政府。总体上说，政府在本质上都是不好的。正如一位著名且很有实力的反政府思想家所言："我并不愿意废除政府，而是想把政府的规模缩小到可以拽进浴室并能将之淹没在浴缸中。"[2]

当然，是有一些做坏事的坏政府，影响深远的政府腐败和无情无义的事例可以说不计其数。试想一下，一个喀麦隆警察在长达 300 英里的旅程中竟然能 47 次叫停一名旅行者索要贿赂。[3]或者想一想印度，那里的农民为了让自己的农场获得一个清晰的名分，必须向当地政府户头交纳一定数额的小费；而拉人力车的司机照例要向勒索钱财的警察交纳其 1/6 的微薄收入。[4]或者，15%的美国人有时会因为买不起食物而忍饥挨饿[5]，这么高的比例竟然出现在地球上最富裕并且控制着全世界 1/3 财富的经济大国——美国[6]，而且这一数字甚至比加拿大、日本和西欧的比例还要高。[7]

然而，世界上也必然存在着做好事的好政府。好政府做的好事基本上就是保证人民的尊严、安全和幸福。

其实，这个星球上的人们长久以来已经统一了他们的观点（虽是一种公认的腐朽观念，但也是一种保证更新的观念），那就是，"好政府"是一种好生活的关键。从 20 世纪 70 年代末开始，在六大洲针对 72 个国家的公民进行了一次大规模的持续性研究，研究的结果发现，无论是处在什么样的文化背景下，"民主的基本观点实际上都在全球范围内被广为接受"，而且这些观点甚至被专政时期的居民"视为镇上的唯一游戏"。[8]

不过，对好政府的普遍渴望要多于只是对民主的渴望。廉洁、开放和正直的政府也同样令人向往。全球投票表决的结果发现，作为国家面临的"重大"问题中，政治腐败在人们头脑中位列第三，排在犯罪和艾滋病之后。[9]

从 1989 年柏林墙倒塌开始，激动人心的后民主革命一直持续到了今天[10]，而这也深刻说明了这一"重大"问题的严重性。这些革命不断奏响着反腐败的主旋律，与民主的强烈要求相一致。我们也已经听到了这一无处不在的摧毁腐败的呼声，从基辅到吉尔吉斯斯坦，从贝鲁特到布达佩斯。

那么，原因何在？其一，被定义为大量公民在竞争性选举中重复投票的健康民主，是与相对成功的腐败控制联系在一起的，而这种连接关系遍布全球。[11]简单地说，在民主健全和政府廉政之间存在着一种愉快的联系。而全球广泛呈现出的民主和反腐败浪潮似乎也在暗示，人民同样认识到了这种联系。

另一个原因就是腐败的成本。世界银行告诉我们，全球腐败每年将花费大约 2.3 万亿美元[12]，或者大约与美国政府年度预算的金额差不多。政治腐败似乎能将物品的价格抬高 15%～20%，而且政府瞒税漏税的腐败官员可能会使他们的政府损失 50%左右的财政税收。[13]（“漏税”在这些情况下可能不是一个非常准确的动词，也许“浪费”更加贴切。）

而那些身处普遍而深度腐败政府的无知公民一定会向政府官员行贿，也就是在政府服务原有成本的基础上再增加 3%～10%，作为能够确保合理并即时提供政府服务的筹码。[14]当然，他们在表面上至少已经用纳税的形式支付过政府的这些服务了。

但是等一等，还应该有更多的原因。腐败与贫穷是一对手拉手前行的伙伴。被视为腐败的国家，其外商投资水平都不高。而减少腐败的国家基本上都降低了儿童死亡率，其他的利益还可以表现为人均收入较高、文盲较少等。[15]通过《重债穷国减免倡议》获得债务减免服务的 19 个贫困国家中，没有一个国家能逃得过“严重甚至是严峻的”政府腐败问题。[16]

与全球人民相反，尽管腐败成本巨大，但全球大部分官僚机构都相当迟缓甚至是不愿意承认，好政府能够在改善人民生活方面发挥至关重要的作用。世界银行正确断言，腐败问题几十年来已经被国际发展社会“视为一种禁忌的话题”。[17]

幸运的是，这种自欺欺人的观点正在发生变化，而这一变化与全球政府掀起的民主变革并驾齐驱。包括美国在内的 35 个国家都已经同意签署了 1999 年提出的《经济合作与发展组织反对贿赂公约》。2003 年，包括美国在内的 95 个国家联合签署了《联合国反腐败公约》。世界银行的使命是资助那些较贫困国家的经济发展，它认识到，“腐败是发展的最严重障碍”，而且将抗击腐败作为“核心制度的重点”。[18]世界上最大的援助机构——联合国开发计划署，也将“好政府”作为其“消除贫困的首要工作”，并解释道：“离开了好政府，依靠积极投资的经济发展和其他一系列战略都将无功而返。”[19]

最后，好政府还要依赖各种能力。正如民主和廉洁的政府一样，管理完善的政府也会明显提高人民的日常生活水平。美国的一项研究结果表明，在高水平的“国家管理能力”和高质量的国家公民生活之间存在着一种稳固而积极的关系。[20]

在 2005 年 8 月 29 日卡特里娜飓风席卷墨西哥湾沿海地区的时候，我们已经见证了无能力政府所带来的后果，同时，在 2001 年 9 月 11 日恐怖分子谋杀大约 3 000 人的时候，我们也见证了有能力政府所带来的结果。

“9·11”事件之后，政府成了应对恐怖事件的核心机构。与卡特里娜灾害相对比，也许是勇敢的救助和秩序的恢复使美国政府在“9·11”事件中赢得了信誉。民意调查显示，美国人对政府的信任度在攻击之后基本上是立即翻倍。[21]正如一位机敏的观察家所言，直到攻击的前一天，“美国政治图谱中还一直有一种观点：在回应个体公民需求的理论和实践中，政府正在迅速丧失其针对性、影响力和权力”。而9月11日之后，政府的针对性、影响力和权力又重新获得了合法性。

我们知道，好政府需要依靠三根支柱：民主、廉政和能力。其中，公共行政人员是每一根支柱的关键所在。

公共行政人员在保证民主价值中的位置可能都差不多，但不管怎样，他们的位置都相当重要。将民主介绍给官僚制度其实是一件很棘手的事情，因为官僚制度和民主制度是两种相互对立的制度。前者是科层的、精英的、专业的和知识广博的，而后者是社群的、多元的、一般化的以及孤陋寡闻的（如果不是无知的话）。

调和这些现实需要相当的胆识，然而，这种调和对一个国家的持续发展、工业化以及民主化来讲非常重要。公共官僚制度是民主大众与知识精英的结合部，在那里需要依据最集中和最深层的条件才能够进行调和（或者根本就无法调和）。

公共行政好比一部装置，用于调和官僚制度和民主政体。公共行政是理论与实践广泛而无确定走向的结合，它的目的是促进更好地理解与认识政府及其所治理社会之间的关系，鼓励公共政策更多地回应社会需求，开创符合效率、效能和公民深层需要的管理实践。可以肯定这个定义本身是相当广泛而随意的，（尽管本书的一位评阅人把我们的定义看成是“一种经典”[22]），但对于我们的目的而言，它已经足够充分。

尽管公共行政在保护和提高民主价值方面的作用与它的核心作用一样微妙和精细，但官僚制度对好政府的另外两大支柱，也就是廉政和能力来说，其重要性也是相当直接的。因为好政府应该就是这样一个公共官僚机构，即负责调查和根除政治腐败，研究并推荐社会需要的新的或经修改的福利或政策，提供公共福利，评估政府的政策效果并做出相应的调整。

在第1篇中，通过介绍公共行政的两大历史背景，本书开始探讨公共行政人员在确保建立好政府过程中的位置问题。第一个是文化背景，第二个是智力背景。

在第1章中，我们回顾了美国民主政体与官僚制度之间旷日持久而又永恒不变的紧张关系。我们发现，美国的文化制约了公共部门中的行政行为，尽管大部分美国人欢迎这种制约，但这种制约还是存在下降的趋势。

在第2章中，我们回顾了公共行政的智力演变过程。公共行政人员如何看待自己及其在民主政体中的适当行动范围，将深刻影响民主政体的自身健康。这一观点更多地形成于学术殿堂，而不是权力回廊。所以我们占用了一些篇幅来讨论公共行政的思想史。欢迎大家阅读《公共行政与公共事务》，欢迎进入第1篇，也欢迎选择世上最激动人心且报酬尚好的事业。

注释

[1] Scott Van Nystrom and Luella C. Nystrom, "Bureaucracy in Prehistory: Case Evidence from Mammoth Bone Dwellers on the Russian Steppes," *International Journal of Public Administration* 21 (Winter 1998), pp. 7–23. Archeological evidence found near Kiev, Ukraine, leads these scholars to conclude that "rudiments of bureaucracy, as an organizing principle, likely existed at least 12,000 to 19,000 years ago" (p. 7).

[2] Grover Norquist, as quoted in Thomas L. Friedman, "Osama and Katrina," *New York Times* (September 7, 2005). Norquist, who, among other innovations, invented the "no new tax" pledge to be signed by newly elected officials, and who has been described by Newt Gingrich, the former Speaker of the House, as "the single most effective conservative activist in the country," has also said that conservatives "have a lot in common . . . . They want the government to go away. That is what holds together the conservative movement." See John Cassidy, "The Ringleader," *The New Yorker* (August 1, 2005), pp. 42, 46.

[3] These extortions were experienced by Robert Guest and are recounted in his "Africa Earned Its Debt," *New York Times* (October 6, 2004).

[4] Gurcharan Das, former head of Procter & Gamble in India, writing in the *Times of India*, as cited in Thomas L. Friedman, "Think Global, Act Local," *New York Times* (June 6, 2004).

[5] The Pew Global Attitudes Project, *Most of the World Still Does Without*. Pew Research Center Report. (Washington, DC: Pew Research Center for the People and the Press, 2003). This survey involved more than 38,000 interviews in forty-four countries.

[6] As derived from data in U.S. Bureau of the Census, *Statistical Abstract of United States, 2004–2005* (Washington, DC: U.S. Government Printing Office, 2005), Table 1336. Figure 34 percent is for 2002 and refers to the gross national incomes of seventy-seven reporting countries.

[7] Pew Global Attitudes Project, *Most of World Still Does Without*.

[8] Pippa Norris, as quoted in Richard Morin, "Islam and Democracy," *Washington Post* (April 28, 2002). Norris and Ron Inglehart examined data from more than 100,000 interviews conducted between 1995 and 2001 as part of Harvard's *World Values Study*.

[9] Pew Global Attitudes Project, *What the World Thinks in 2002* (Washington, DC: Pew Research Center for the People and the Press, 2002). Respondents in nineteen countries ranked crime as their top national concern; AIDS was ranked as the top concern in thirteen, and political corruption in eleven. Political corruption tracks crime quite closely, in that citizens in those countries who are highly concerned about crime also are highly concerned about corruption.

[10] Actually, the origins of this worldwide series of prodemocracy and anticorruption revolutions, which accelerated mightily after 1989 and gained even more speed in the 2000s, could, perhaps more properly, be traced to the Portuguese people's overthrow of their Fascist government in 1974.

[11] Alok K. Bohara, Neil J. Mitchell, and Carl F. Mittendorff, "Compound Democracy and the Control of Corruption: A Cross-Country Investigation," *Policy Studies Journal* 32 (Winter 2004), pp. 481–499. This was a global study based on the World Bank Institute's corruption data for 1996, 1998, and 2000, and the corruption perception surveys coordinated by Transparency International.

[12] World Bank calculation as cited in John Ashcroft, *Prepared Remarks of Attorney General John Ashcroft at the World Economic Forum*, Davos, Switzerland, January 22, 2004 (Washington, DC: U.S. Department of Justice, 2004), p. 2.

[13] Rick Stapenhurst and Sahr Kpundeh, eds., *Curbing Corruption: Toward a Model for Building National Integrity* (Washington, DC: World Bank, 1999). http://publications.worldbank.org/ecommerce/catalog/product-detail?product_id=208301&.

[14] Ibid.

[15] World Bank Institute, as cited in Transparency International, *Perceived Corruption Index 2005* (Berlin: Author, 2005).

[16] Ibid. None of the nineteen countries scored above 4 out of 10 possible points in 2005.

[17] Stapenhurst and Kpundeh, *Curbing Corruption*.

[18] James Anderson, Joel Hellman, Geraint Jones et al., *Anticorruption in Transition: A Contribution to the Policy Debate* (Washington, DC: World Bank, 2000), p. xiv.

[19] Barbara Crosette, "U.N. Says Bad Government Is Often Cause of Poverty," *New York Times* (April 5, 2000). See also United Nations Development Program, *Overcoming Human Poverty: UNDP Poverty Report 2000* (New York: Author, 2000).

[20] Jerrell D. Coggburn and Saundra K. Schneider, "The Relationship between State Government Performance and State Quality of Life," *International Journal of Public Administration* 26 (December 2003), pp. 1337–1358. This research involved correlating data on state management capacity derived from the 1999 Government Performance Project's grades, and various measures of state quality of life. Economic conditions and public policies in the states also have significant, and predictable, effects, but "our results clearly indicate that the management capacity of state governments also contributes directly to improving

the overall quality of life for state citizens" (p. 1337).
[21] Jim Hoagland, "Government's Comeback," *Washington Post* (September 26, 2001).
[22] William H. Harader, "Whither Public Administration?" *Public Administration Review* 37 (January/February 1977), p. 98.

第 *1* 章

大民主，大官僚

文化具有重要价值，社会在发生作用，而环境则会产生影响。

这些现实适合于所有的人类活动，公共行政也不例外，尽管公共行政似乎是千篇一律的，非人格化的，甚至是丧失人性的。事实上，公共行政的绝大部分活动都强烈地反映出人性的本质，因此也就深深地根植于地方文化之中。

1.1 制约：美国公共行政的背景与传统

美国公共行政传统（相对于专业来说）所依赖生存的社会背景是独特的文化与智力两种力量的结合体。这些力量产生了美国公共行政的传统（韦伯斯特大字典把“传统”定义为“是从一代人口头地传给下一代人的信念、时间以及原则，或者是从上一代人的先例中所获得的信念、时间以及原则”。），这一传统可以归结为一个词：制约。

与公共行政的口号不同，私人部门的口号与制约大相径庭，商家的流行术语是进攻。毕竟很难想象，那些精明的、大胆的以及贪婪的“强盗贵族”，那些 19 世纪创建法团美国的显要大亨，怎么能与任何有约束的公共行政传统联系在一起。一向极富创新思想且开朗坦诚的企业家，创办 CNN 和其他闭路电视网络的泰德·吐纳是这样表述的：“你进入游戏的目的就是想赢，而当政府企图阻止你玩的时候，你就知道自己已经赢了。”[1]

在美国公共行政传统中，至少有 3 种早期且颇具影响的美国核心价值论断，它们都始于 18 世纪：《邦联条例》，早期的州宪法，以及美国奠基人的论著，特别是亚历山大·汉密尔顿和托马斯·杰弗逊的言论。所有这些表现形式都受到了本土美国和英国政府及其公共行政传统的强烈影响。[2]

大使的行政：《邦联条例》

从 1781 年到 1789 年，《美国邦联和永久性联盟条例》为这个新国家提供了第一个立宪架构，是早期美国人偏爱管理混杂体的象征，也是美国人坚持行政约束的明证。

根据《邦联条例》，州政府具有最高治理权。国会基本上没有权力，真的就像是来自各州使节的集会，而不是立法议员的大会。州立法院负责选举出国会议员，并有权随意召回他们。《邦联条例》的确建立了一个基本的国家文官制度，但是该制度是一个官僚制度的怪兽，没有职权可以按照自己的方式采取行动或推行多少事情。国家的文官直接向大陆会议的各委员会报告。

当时没有设立行政长官。事实上，1776 年起草的第一份《邦联条例草案》就被第二届大陆会议所废弃，其原因就是该草案曾提议设立一个获得完全授权的行政长官。而这种对行政权力的偏见也扩大到了每一位官员。按照《邦联条例》的规定，所有大陆官员只能任职一年，而且每个人都不可以延长任期。[3]

1786 年，当丹尼尔·萨斯点燃了酝酿不成熟的威士忌反叛事件（这个国家的第一次抵制赋税运动）时，美国的政治领导人才发现“美国政府”一直没有一种得到授权的或者有组织的武装力量用以平息骚乱，于是这份差事就落到了马萨诸塞州民兵组织的头上。正如由萨斯反叛所表明的那样，至少一位大胆的英国观察家曾预见，这个前英国殖民地要建立一个名副其实的政府是不可能的；而且他把这种失败归因于美国人对弱势行政首长的顽固观念：“对于未来伟大的美国来说，无论是采用共和制还是采用君主制，这个崛起的帝国都应该由一个人来统一治理，这是由浪漫作家所曾构想的最有想象力却最没有价值的理念之一。”[4]

立法者的行政：早期的州宪法

大约在《邦联条例》起草的同时，各州也忙于起草自己的宪法。13 个州中就有 11 个州于 1776 年到 1780 年期间采用了自己的宪法。康涅狄格州和罗得岛州没有起草自己的宪法，而是保留了大不列颠于 17 世纪所制定的宪章，并且一直沿用到 19 世纪。

采用宪法的那 11 个州都明显在极力限制行政首长的权力。只有纽约州宪法（马萨诸塞州位于其后）很合理地规定了一个强势行政长官，其余各州宪法都严格限制了行政长官的任命和否决权力。这 9 个州的州长差不多相当于军队的指挥官，所有行政权力与大部分司法权力（以及立法职权）都紧紧地攥在立法院手中。

似乎在某些情况下，《邦联条例》没有向国民政府授权，大多数早期州宪法实际上也没有向选举或任命州政府行政人员授权，这可能就是真实、民粹而“天然”民主政体的初创情况。然而，这种情况几乎是不现实的。很少人（大概平均只有6%）会被允许针对州内的任何人、事进行投票，而且只有3个州（马萨诸塞州、新罕布什尔州以及纽约州）准许其行政首长可以由有资格投票的人员独立选举产生，其余10个州的州长都是由立法院或司法院任命的。也只有在马萨诸塞州，公民被准许通过公投的方式确认他们自己的州宪法。民主政体不仅是新生事物，而且也得不到人们的信任。换句话说，受制约的公共行政人员不一定等同于健康的民主政体。

弱势行政首长的行政：杰弗逊的成功

从事起草美国《邦联条例》和宪法的行动是早期美国政治精英的光辉写照，特别显示了汉密尔顿和杰弗逊的才华。

汉密尔顿对公共行政的研究探索是非常实际的。他兜售一个强势行政首长的理念，并把一个强势行政首长等同于使一个政府运行起来的“能量”：“一个弱势行政长官（相对应来看）意味着一个弱势的政府执行力，而弱势执行力仅仅是不良行政的另一个术语；而且如果一个政府运行不善，那么在实际中，它必定不是一个好的政府。”[5]总之，必须采取行动把事情做好。

但是，除了强势行政首长理念外，汉密尔顿还倡导一个非常强势的官僚制度。他呼吁给部门主管的报酬要格外优厚，要赋予他们实权，而且其任期也要长于任命他们的行政首长的任期。[6]

然而，汉密尔顿关于公共行政应该怎样运行的理念与杰弗逊的思想和理想正好相反，而杰弗逊对美国公共行政传统的影响远比汉密尔顿的影响要广泛。与汉密尔顿拥护一个动力型政府的观点形成鲜明对照，杰弗逊非常蔑视这种观点。杰弗逊写信给他的知音詹姆斯·麦迪逊（在制约性公共行政传统问题上，麦迪逊能与杰弗逊相媲美），说：“我不是巨能政府的朋友，这种政府总是压迫性的，把政府放在随意的地位，却以人民为代价。”[7]或许从这个角度可以解释，为什么在麦迪逊起主导作用所起草的宪法中无法找到“行政”这个词语。[8]

然而，行政制约的传统可能使联邦行动在国内事务上要比国际事务上更为僵化。一位杰出的学者认为，杰弗逊对“官僚制度的极端不信任”部分地解释了“总统的倾向性”，也就是“在外交事务上要积极主动，而在国内事务上要与国会互动，分享权力”[9]。

无疑，这些概括总结似乎可以用在杰弗逊本人身上。杰弗逊对能量型行政首长的保留态度以及对被动型行政首长的偏爱（至少在国内事务上），使他成为美国历史上七位从未否决国会议案的总统之一，而且也是唯一一位这样做的两任总统(1801—1809)。然而，在对外事务上，杰弗逊却表现得非常有胆识。例如在购买路易斯安那州的问题上，杰弗逊实际上是独自裁决的，这使美国的国土面积增大了一倍多，难以置信，这竟是一个外交新手所为。其实，在土地购买问题上争议相当大，以至于一位来自马萨诸塞州的受人尊敬的议员试图要组织北方各州脱离联邦！[10] 1998 年发生的一个超现实的场景，可以说是这一奇特对偶性的更近一些的事例，当众议院按照属于国内事务的指控投票要弹劾总统时（在美国历史上这是第二次），总统却发动了针对伊拉克的大规模和持久的空战，因为伊拉克拒绝与联合国武器核查人员合作。

制约性公共行政的联邦影响可能更属于国家事务而不大属于国际事务，这种独特性产生了行政与政治在精神上处于分裂状态的总统，也就是说，他或她既是一位处理国家事务的、弱势的行政首长，同时也是一位处理全球事务的、强有力的行政首长。

受制约的州长

在美国各州，州长获得一小部分州行政权力的历史已有两个多世纪了，尽管支持这种权力的证据还相当混杂。

针对州政府部门首脑展开的一系列全国性调查结果显示，1964 年只有 1/3 的回应者认为，在其部门事务上，州长比立法院拥有更多的监督与控制权力，而今天几乎有一半的人，也就是 49%的回应者会这么认为。[11] 另一项全美各州的研究却印证了立法院的影响力。其实，在控制行政机关处理预算和政策相关的四个关键领域时，州长和立法院几乎是平分秋色。[12]

尽管随着时间的推移，州长的权力在不断加大，但是按照当时的管理标准，他们的权力都还会受到严格的制约与分隔。在 42 个拥有副州长的州中，18 个州的州长与副州长是独立选举的。而且推测起来，州长与副州长的政治议程也是不一样的。（与州政府相对比，国家在相当早的时候就承认这种管理失灵所产生的潜在破坏性，并于 1804 年颁布了《宪法》第十二号修正案，不仅在联邦政府内解除了这种奇怪的组织安排，同时还直接应用于总统与副总统的选举与行政。）对于美国 50 个州政府中大约 2 000 名主要行政官员来说，将近 300 人是直接民选的，另外 750 人是由州长以外的其他人或机构任命的。换句话说，大约一半以上的州政府主要行政人员，其权力的根基独立于各州的行政首长。[13]

虽然几乎所有的州政府行政人员都可以无限期地多次当选，但州长不行，2/3 的州长拥有强加给他们的任期限制。这样做的结果导致这些州的主要政府行政人员不仅拥有自己的选举基地，而且在政治博弈中拥有比州长还要大的影响力，也就是说，这些人本身就是额外的权力来源。

而这些约束条件的后果是可以预测的。一份涉及 1 000 多个州政府机关的持续性研究总结道："美国各州行政控制的程度最多只是中等水平。"[14]

地方行政的限制

在地方一级，公共行政是以异常虚弱的民选行政长官为特征的，即便是按照美国人的标准亦是如此。

顺着地方民选行政首长受到制约这一思路就会生出某些话题。几乎 3/4 的县委员会主席[15]，大约一半的民选城镇行政长官，以及将近 1/4 的市长[16]，都不是普通民众选举产生的，由此也否定了他们自身独立选举的权力基础。相反，立法委员和诸如县治安长官、财政官员、税收官员、验尸官和文秘等其他地方官员，却是靠民选进入政府的。[17]

超过 4/5 的地方选举的行政长官都是兼职人员，这也是很难增强他们行政权力的前提条件。绝大部分人都既是选举的行政长官，又是投票的立法委员，而这一令人混淆的将行政与立法融于一体的结合体，严重影响了行政权力。况且这些人的任职时间非常短，能够任职长达四年之久的人非常少。绝大多数地方选举的行政长官没有总统和州长所拥有的正常权力，特别是否决权、预算准备权和人事任命权。[18]第 8 章中会详细介绍限制地方选举性行政长官权力的各种制约因素。

在美国所有的各级政府中，特别是在地方政府内部，18 世纪约束性公共行政的价值观念依然很盛行。而研究结果表明，限制地方领导人的一个巨大讽刺在于，地方行政长官和行政人员越弱，与其相关的政府似乎运行效率越低，其运行成本也越高![19]

1.2 政府、公共领导人以及公众信任

在受制约的公共管理传统中，公民、政府以及公共领导人之间已经表现出关系恶化的趋势。

美国人对政府的信任度在下降。正如图 1 - 1 所显示的那样，只有 37%的美国人表示可以信任美国政府，相比较而言，38 年前的比例是 61%，几乎是现在的两倍。

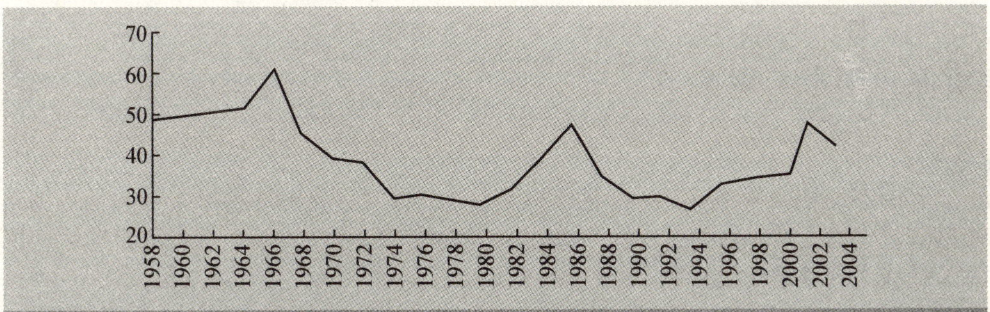

图 1 - 1　信任政府指数，1958—2004

Source：*The National Election Studies*，University of Michigan. *The NES Guide to Public Opinion and Behavior*（Ann Arbor，MI：Author，2005）.

说明：指标是根据以下问题得出的信息建立的：

“你有多少次认为自己相信联邦政府做的事情是正确的，到底是差不多总是、大部分时间还是只有几次?”

“你会说政府在很大程度上是为了自己的利益还是为了广大人民群众的福祉而办事?”

“你认为政府是在浪费很多、浪费一些还是没有浪费纳税人所缴纳的税金?”

“你认为运行政府的人相当多是骗子（1958—1972：一些人是骗子），并不是很多人是骗子，还是几乎没有骗子（1958—1972：根本没有骗子）?”

轻视的类别

美国人对公共部门的不信任具有两种形式，而且很难把它们区分开来。

不信任民选领导人。一种形式是对国家政治领导力的不信任。对竞选上来的政治领导人采取不信任态度具有代际差异，青年和中年美国人比老年美国人更不信任他们的政治领导人。[20]

只有16%的美国人相信选举出来的官员能够做正确的事情。[21]将近一半的美国人说，竞选出来的官员（24%）或者政党（24%）应该对“政府问题”负责。[22]

另一份调查结果表明，31%的美国人相信公共决策最好是留给“成功的商界人士”，而另外31%的美国人认为，应该留给“不参加竞选的专家”。“民众对政治进程的最强烈愿望就是，这一进程不会通过允许特殊利益集团和竞选官员等实体占他们的便宜，不会靠牺牲他们这样的普通民众来赚取个人利益……而美国普通老百姓都确信，美国现有的政治结构是允许普通老百姓受愚弄的。”[23]

不信任政府。第二个维度是公众对政府制度本身普遍不信任。美国人对政府规模、方针、绩效和权力的不信任是按照性别、种族和政党来排列的，从20世纪90年代末来看，男人、白人和共和党人要比妇女、有色人种和民主党人更多地倾向于批判政府。[24]

但是，进入21世纪以来，变化是显而易见的。男人们基本上表达了对政府“相当数量的”或“大量的”信任，而大部分女性却暗示，她们对政府的信任越来越少。白人对政府的信任水平普遍比有色人种高，而非洲裔美国人最不信任政府。也许最令人惊讶的是，共和党人要比民主党人更信任政府，而且无论是在联邦政府还是在州与地方政府，共和党人都要比民主党人更加信任政府。[25]

1.3 官僚：形象与现实

美国人一直都对他们的政府及其领导人没有信心，美国文化似乎也一直在加速这种信任度的下降。但自相矛盾的是，美国人与其公共行政人员打交道的经验却似乎又在减缓这种信任的衰竭。

官僚的形象

据说，美国人轻视官僚。如果美国民众的确如此（而证据却在粉饰这一点）的话，竞选官员、知识分子和媒体就会不断维持他们的这种轻视。

痛击官僚：政治家的迎合。政治家为了无休止地挖掘选票，都会抨击官僚制度。竞选时对官僚“浪费、造假和渎职”的叫喊一直都是一代人谋求官职的言辞标准。[26]一旦竞选成功开始执政，政治家们则会在程度和强度上比支持他们的选民还更加轻视公共行政人员。[27]第 104 次国会的分析结果表明，众议员们在使用“官僚”这个词时，70%以上的情况是指公共行政人员，而在将近 84%的议会参考文献中，“官僚”一词却是一种轻蔑的术语。[28]

丑化官僚：学术界的影响。知识分子已经为官僚制度塑造了形象，从仅是反应迟钝到非常危险地反对民主。一项针对大专院校美国政府导论教材的分析发现，超过 3/4 的教材把公共行政人员描绘成“政府的永久性雇员”，而 2/3 的教材把政府的官僚制度描绘成为“权力无限且失去控制”[29]。另一位分析家总结道：这些教材中“最根深蒂固也最持久的错误观念”就是联邦行政人员“不向国会汇报”[30]。

这种反对公共行政的宣传很早就已经开始。针对英国和美国儿童文学的内容分析发现，所描绘的英国公务员要比美国公务员更加仁慈，也更有能力。[31]

贬低官僚：媒体的信息。媒体也会反映这些观点。针对地方报纸会如何对付当地政府的一项研究发现，大部分都会趋向于负面或琐事报道。[32]而对过去几年发行的大量电影进行评审之后总结道，联邦行政人员是“好莱坞电影中最坏的恶棍”[33]。

而美国的主要媒介——电视，也可以说是持相同的立场。对 1955 年至 1998 年黄金时段播出的电视节目进行分析之后发现，在过去的 43 年当中，对公务员和公共官员的描写从非常正面走向了非常负面，他们取代了商人成为“电视中最不受欢迎的职业群体”。在 1975 年以前，3/4 的娱乐情节还在肯定政治体制的廉洁性，但是从那以后，3/4 的情节都把政治体制描绘成腐败的，而且在 20 世纪 90 年代黄金时段播出的电视节目中，竟然没有一个情节表现政府为公众提供服务。[34]

美国人真的相信他们的公共行政人员背弃了他们吗？

官僚的现实

证据表明不是这样的。2/3 的美国人说他们相信联邦雇员能够从事正确的事情。[35]10 个人里几乎有 7 个，也就是 69%的美国人说，他们对政府工作人员存有好感，这一比例高于 16 年前的 55%。[36]只有 6%的美国人是因为政府工作失误而责备政府雇员，相比之下，认为民选官员应该承担政府失败责任的人数比指责政府雇员的人数多 4 倍。[37]这些好的评论可能要归功于公共行政人员给公众提供的高水平的个性化服务。

体验官僚。一项全国的民意调查询问美国人是否曾去过联邦、州或地方机构，要求该“政府”帮助办理不属于常规的事情，例如申请驾驶执照。2/3 的受访者陈述他们发现那些机构的公务人员还是很乐意助人的，而且他们也很满意所接受的特别服务，许多人表示他们相当满意。[38]另一项全国性调查发现，几乎 3/4 的受访者认为“政府的工作人员”在处理他们的问题时非常有效率（43%），或者很有效率（31%），而且超过 3/4 的人认为他们受到了很好的接待；事实上，只有 12%的人认为他们受到了不公正对待。[39]

如果就每级政府的服务进行民意调查，也会得到可比性的结果。针对曾经使用过5个联邦机构服务的美国人且大部分是专业人士的调查发现，平均来讲，大约10个人中有7个人持积极的观点，而且他们感到受到了联邦雇员的礼貌接待。[40]关于民众对州政府服务的评价，一般有3/5到超过4/5的公民会报告说，他们对州政府官僚的服务表示满意或非常满意。[41]一项针对261个公民调查并涉及40个州的20万受访者所做的"元分析"发现，公民对其地方政府提供的服务"普遍持有良好的评价"[42]。还有其他公民体验官僚服务的各种调查，但调查所发现的结果都与前述情况相当类似。[43]

商界是否干得更好？从接受过两种服务的公民观点出发，我们还没有多少政府与私人公司如何提供服务的比较性数据，而获得这种比较性数据是非常重要的；正如民意调查所表明的那样，尽管公民可能"满意"或"非常满意"公共服务，但是他们却近乎狂喜于私人公司的服务，这表明政府提供的服务还是相对失败的。尽管这样，政府还是要坚持住。针对这个问题所做的各种调查都表明，"在受访者中间没有发现他们对公共与私人服务的态度上有什么系统性的差异"[44]，而在针对服务的"顾客满意度"方面，联邦政府非常接近，偶尔还会超过私人部门。[45]

总之，正如针对这一问题进行各种调查的一个评论者所得出的结论："美国公众不像媒体所表明的那样轻视他们的官僚行政人员。"[46]

官僚：是政府的救星吗？事实上，也有证据表明，政府官僚正在引导美国人恢复对政府的信任。

前面已经引述过，在接受过5个联邦机构服务的使用者调查分析中，对特别部门持有不错观点的比例差不多是7∶10，这比对政府整个服务评价不错的4∶10的结果稍高一些。[47]一项针对联邦、州和地方政府提供的9个代表性服务进行"一般受访者"和"新近顾客"的区别调查发现，一般受访者将服务评定为好或非常好的比例几乎没有超过70%，而将近3/4的新近顾客会将这些服务评定为好或非常好。[48]针对公民体验地方政府提供的6项服务的一次调查发现，平均来讲，超过4/5的受访者会对政府提供的服务评定为好或极好，而同样的受访者，将地方政府本身评定为好或极好的人数却不到3/5。[49]

无论如何，这些饱受民选官员、知识分子和媒体蹂躏与摧残的官僚们，却得到了民众的尊重与高度评价。

1.4 反叛与抵制：美国人与政府增长

或许令人欣慰的是，美国人与他们的政府行政人员大体上还过得去，而且他们也认为政府所提供的服务还算可以。而这种良好的民众观点部分地促进了20世纪以来美国政府的急速增长。

让我们来思考一些事实。接近19世纪的时候，美国各级政府的雇员人数不到美国人口的2%（就这已经接近30年前的3倍了），各级政府的财政收入只相当于国民经济的 8%左右。[50]相比之下，如今美国各级政府的雇员人数已经是原来的 3 倍多，超过了居民人数的 7%，各级政府的财政总收入占国民经济的比例翻了将近 4 倍，几乎占美国国内生产总值的 32%。各级政府每年的财政收入超过了 3 万亿美元，相当于每个美国人超过 10 300 美元。[51]

让我们用一种更人性化的观点来看待政府 20 世纪前后的相对权力。20 世纪初的时候，美国标准石油公司的约翰·D. 洛克菲勒是美国最富有的人，拥有大约 250 亿美元。[52]而到 21 世纪初，美国最富有的人变成了微软公司的比尔·盖茨，拥有大约 510 亿美元。[53]洛克菲勒可以用其财富的 10%～15%来支付整个国家的债务(不到 30 亿美元)[54]，而如今美国的国家债务已经超过了 8 万亿美元[55]，盖茨就是倾家荡产也无论如何没有偿付的能力。

尽管美国政府的发展令人难忘，但我们应该将其放在一个大的历史背景下来看待，很明显，美国政府在其公民的经济生活中并不比其他发达国家政府表现得更突出。正如我们所注意到的，美国各级政府收缴的财政收入占国内生产总值的 32%，而 19 个中西欧民主国家、澳大利亚、加拿大、日本、新西兰和韩国各级政府的税收收入几乎占各自国内生产总值的 45%，平均起来，差不多比美国高出 1/3。[56]所以，美国政府相对来讲似乎还不像其他工业化民主政体那样，属于国家经济的增长极。

尽管这样，美国政府已经发展起来，而且还在不断发展。但是到了 20 世纪 70 年代，情况发生了变化。

1978 年以 2∶1 的比例多数通过了著名的加利福尼亚州 13 号议案，该议案鞭挞了州的财产赋税，从而成为大众心目中抵制政府和税制的象征。这种税收抵制运动在美国境内不断持续。自 1978 年以来，27 个州已经对自己实行了赋税和支出限制。[57]13 个州要求立法院必须具备“超级多数”，也就是大约 60%～75%的立法委员投票通过，才能增加税率。[58]几乎所有的州（46 个州）都向其地方政府强加了赋税或支出限制。[59]虽然对这些努力的成效存有争议，但从总体上看，这些努力在某些方面还是减缓了政府的增长。

从 1946 年（第二次世界大战结束后的第一年）到 1978 年（加利福尼亚州第 13 号议案通过的那年，被大多数观察家标定为第一次影响全国的税收抵制运动）期间，联邦政府的税收收入占个人所得的百分数每年增长 0.5%（32 年来增长了 17%），而州与地方政府的财政收入占个人所得的百分数每年增长 4%，几乎是同期的 2 倍。但是 1978 年以后，联邦政府税收收入占个人所得的百分数基本持平，而 2001 年以后，由于联邦政府税收空前削减的结果，百分数确实有所下降。[60]同样地，1978 年以后，州与地方政府的财税增长占个人所得的百分数被削减了 3/4，每年只有大约 1%的增长率。[61]

很明显，税收抵制运动虽然没有改变政府的增长态势。但相对于整个经济来说，政府的增长率从根本上显然已经放缓。

1.5　权力：公共行政人员的灰色高地

因为强大的政治、社会、经济以及技术力量奠定了官僚制度的基础，所以官僚制度就有了随之而来的权力，但这种权力恰似云雾里看花，不清不楚。

这里，我们就想办法拨开云雾见太阳。

持久力

官僚制度所拥有的一个主要权力形式就是简单的持久力。或许公共官僚持久力的一个声名狼藉的事例就是国际螺纹委员会（the International Screwthread Commission）（成立于1918年，但仅存活了60天），一位观察家曾断言“这个委员会将永远不会消亡”[62]。

赫伯特·考夫曼完成了公共官僚制度持久力方面的首次实证研究，并很不情愿地得出结论，这种持久力是相当惊人的。在联邦政府被确认的175个不同机构中，半个世纪过后只消失了其中的15%。如果将政府机构的“死亡率”与同期商界的失败比率相比，考夫曼发现，在任何一个既定年份中，商界失败的比率都远远超过政府机构的死亡率。[63]

尽管随后的研究一直在质疑考夫曼的研究方法[64]，但绝大多数美国人都相信一个合理的结论，那就是，无论给他们呈现什么样的证据，政府组织的的确确都是“不朽的”。

官僚的政治权力

越来越明显的是，官僚制度现在已经成为政府的一股主要决策力量，或许就是主要的决策者。一项针对美国各州所进行的认真分析发现，州政府的公共“管理能力”本身，应该“按照其他更为一般性的国家特征研究，在公共政策形成方面具有重要的影响力”。换句话说，公共行政人员的能力和专业化将这种强大的政治力量评定为国家政策制定过程中的利益群体和思想理念。[65]

限定立法机构：立法否决权的丧失。至少在美国的宪法或是法院的解释中可以找到公共行政人员制定公共政策的权力基础。1983年，美国最高法院裁决，如果国会（推测起来，任何一个立法机构）试图推翻或禁止行政机构按照国会所颁布的法律进行管理过程中所采取的行动，即便国会本身试图通过多数表决的方式否决行政机构的行动，这种做法也是违宪的。如果出现这种情况，法院就会按照违反宪法规定的三权分立原则进行裁定。取而代之的做法是，如果国会不喜欢行政部门的公共行政人员在解释或管理国会业已通过的法律时所采取的行动方式，国会就必须重新改写并重新投票通过自己的立法。[66]当然，总统可以用权力来否决这一重新改写的立法。为此，国会不太可能采取司法部门要求的立法禁止（也就是否决）公共行政人员行动的做法，因为这种做法太费劲。

司法的这种姿态给官僚机构赋予了相当大的自由裁量权力。比方说，美国教育部的公共行政人员颁布了许多规定（尽管引起几个州的抗议），禁止学校开除因纪律问题（包括往学校带枪和毒品的学生）而需要特别教育的学生，尽管还没有任何特殊立法要求出台此类政策。工程部队的公共行政人员也颁布了极富争议的限制使用私人拥有的沼泽地规定，但其所依据的法律（1972年对《1956年联邦水污染控制法》的修正案）中从来没有提到过“沼泽地”这个词；法律中只是提到了“通航水域”，尽管如此，工程部队却一直将沼泽地也计算在内，其实沼泽地既不能航行也不是水域。[67]

政策制定权力。研究证实了公共行政人员的政策制定权力，但是却带有某些引人关注的扭曲。被任命的政府官员和工作人员不必在职业公务员事业中工作，他们在建议新政策和设定决策议程中握有相当大的权力，而职业公务员在针对公共问题进行构思、形成和架构多种解决方案的过程中则需要大大扭曲其政治权力。

在针对联邦政府政策制定过程而进行的一项仔细且实证性原创分析中发现，尽管在议事日程设定和政策制定中“并没有系列的参与者主导这一过程”，但是“当选的政治家及其所任命的官员比其他人更接近支配性角色”[68]。事实上，研究人员从他的研究中得出结论指出，总统和国会议员在提出新观念和形成国家政策议程的过程中是十分重要的。“而在政治议程设定问题上，行政部门所采取的自上而下的运行模式似乎也是相当正确的。”[69]

然而，在提出新政策和设定政治议程中几乎拥有同等重要性的还有总统任命的高级官员（实际上，他们比总统的重要性还高）、白宫幕僚和国会幕僚。职业公务员在公共政策创新与确定国家议事日程方面虽然不是很重要，但他们在解决既定公共问题可选方案的形成方面却非常重要。

这位学者在联邦政府中发现的情况似乎是可以复制的，因为州政府的情况大体上也是一样。[70]一项研究总结道，在4个有代表性的州中从事立法预算的分析家们“为立法决策建立了根本性基础……作为政治议程的制定者……［制定］政策选择性方案并提出预算建议”[71]。

终止权力。简而言之，官僚们不仅具备做事情的权力，也同样拥有不做事情的权力。常言道，破总易于立，稳总易于变，而止总易于行。熵总要胜于能。而如果将这一物理事实应用到官僚制度，官僚的权力尽管是消极的，也会渐渐变得不同凡响。

让我们来考虑一下约翰·R. 鲍尔顿的案例，看看他在小布什第一任期间担任美国国务院武器控制长官（arms-control chief）一职时的能力。鲍尔顿涉嫌花费了两年的时间负责处理能够点燃8 000颗核炸弹的68吨俄罗斯钚（这是一项指控他是在催化而不是在阻止的任务）；推迟了与朝鲜沟通核武器计划的努力；不顾国务院内部对其做法的重大争议而一意孤行，拒绝重新任命令人敬仰的诺贝尔奖获得者担任国际原子能机构主任；停止了美国对欧洲动议的支持，因为该动议希望通过向伊朗提供各种激励手段结束其发展可疑性核武器；他还阻止了一项对印民间核技术共享新战略的合作机会。

2005年，总统任命了一名新的国务卿，并提名鲍尔顿出任美国驻联合国大使，此次调动有效地切断了这些问题和其他问题之间的回路。几乎是立竿见影，俄罗斯同意消除所拥有的钚；美国与朝鲜的会见也定好了日期；国际能源机构的主任也获得了重新任命；美国也加入了欧洲行列，同意以同样的方式对待伊朗（但这只是美国外交家与其欧洲同仁在没有鲍尔顿的情况下进行秘密会谈之后得出的结果）；而且与印度分享民间核技术的计划也取得了进展。正如一位在 Foggy Bottom 工作过的前任官员所言："纵观他在布什第一届政府中的事业表现，在许多不同的问题上，他总是发挥着叫停者的作用，即使是在总统推动后产生了明显的利益，鲍尔顿也往往能通过让机构间运转僵死失灵的方式找到阻止事情发生的途径。"[72]

的确，阻塞总是比建设更加容易，但这一现实并不会转移官僚的权力。即便是产生了什么影响，也只是增强了官僚的权力。

官僚与立法者

官僚的权力会导致行政人员和立法者之间的关系日益亲密，这种关系深深扎根于各级政府之中。

官僚化的国会。美国拥有 4 万多名议会幕僚，而这些人在政策制定过程中都具有不同程度的影响力。[73]一项特别透彻的调查发现："幕僚对他们处理的数据资料施加了很强的影响，由于他们的职位横跨其自身办事的沟通渠道，所以他们控制了实际的数据，并且能够把他们的专门知识和专业判断带进自己的工作岗位……偶尔他们还会很激烈地支持或反对某个政治立场。"[74]

官僚化的州立法机构。在各州也能看到与联邦情况相类似的模式。目前，全国 7 400 多名州议员雇用着 36 000 多名立法幕僚，或者说，差不多每个议员拥有 5 个幕僚，而且，立法幕僚的人数每年还以 2%～3%的速度增加。[75]

与国会的情况相同，州一级立法幕僚的作用是非常强大的，特别是那些幕僚众多的州，诸如加利福尼亚州、纽约州和伊利诺伊州。正如一位以前在高度专业化的立法机关工作过的幕僚所讲述的那样："作为一名在职幕僚，最显著的发现就是我对自己所工作的议案拥有相当大的权力。议员们几乎完全依赖立法幕僚对立法事项所进行的准确总结和概括，也依赖他们在各种利益之间就议案所引发的冲突而做出的妥协。"[76]

官僚化的地方立法机构。在地方一级，被任命的官僚很大程度上执掌着权力。尽管美国 1/5 的市政府没有任命的行政长官（通常叫城市经理），但在差不多 2/3 的所有城镇中，城市经理拥有编制预算的全面责任（57%），或者与市长共同承担这一职责（7%）；在另外 10%的市政府中，由首席财政官负责编制预算。[77]而在一半以上的城镇中，城市经理拥有的唯一权力就是任命部门领导（39%），或与市长共同分担这一职责（17%）。随着时间的推移，城市经理任命部门领导的职责在不断增加，当然，这样做是以牺牲市长权力为代价的。[78]

一项很小的研究结果表明，城市经理把自己看成是他们城市合法的、有实权的政策制定者。[79]这些研究非常一致地发现（引证文献中的一个评论），"实质上，所有的城市经理总是或几近总是参与政策制定，并确定市议会的议事日程"[80]。96%的城市经理提出政策议案。[81]事实上，在议会—经理制的大城市中，大多数议会成员不仅发现城市经理比他们更多地参与了政策制定和使命发展，而且也赞成城市经理在这些领域发挥作用[82]，同时他们的这种肯定还会随着时间和经验有增无减。

一项针对议会—经理制城市议员进行调查分析之后发现，服务过 8 年以上的议员要比他们新当选的同事表现得更加尊重员工，更能够很好地衡量自身的作用。[83]

针对其他地方立法机构的研究也倾向于证实这一假设，即公共行政人员是政策制定者。例如：针对学校董事会中政策制定情况进行的研究发现，专业学校的校长是董事会政策的主要制定者[84]，而且学校董事会大多以 99%的惊人次数采纳由校长推荐的政策。[85]毫无疑问，各级政府的发展趋势也都是立法机构官僚化，而官僚行政人员对立法的影响也在日益增长。

官僚与民选行政首长：总统的经验

正如公共官僚人员以立法议员为代价已经获得并且正在获得作为政策制定者的自主权一样，公共行政人员也侵犯了民选行政首长的政治独立性。民选行政首长，特别是总统，深深意识到了这种侵犯。试看以下美国总统对“其”官僚行政人员做出的部分评语。

- 哈利 · 杜鲁门：“我认为我是总统，然而，等到了官僚行政人员那里，却发现自己什么事都做不成。”[86]
- 理查德 · 尼克松：“我们这个官僚制度没有纪律！我们从不解雇任何人！我们从不谴责任何人！我们也从不疏远任何人！”[87]
- 吉米 · 卡特在他总统任期的最后一年说：“在我成为总统以前，我就认识到而且也被警告过，与联邦官僚制度打交道会是我必须面对的最糟糕的问题之一，实际上与他们打交道比我预期的还要糟糕。”[88]

为什么总统们会有这样的感觉呢？我们来提供一些微小但极具启发性的事例：

40 多年以前，约翰 · 肯尼迪总统曾经被他的弟弟——司法部长罗伯特 · 肯尼迪一再纠缠，他们所纠结的问题是一个很大的交通指示牌，该指示牌会告诉司机怎样去位于弗吉尼亚州廊利镇的中央情报局总部。司法部长肯尼迪每天开车上班路经此地都会看到这个指示牌，并且渐渐为之震怒；他相信指示牌的存在违反了联邦政策，因为它广而告之了美国最高秘密间谍机构之所在。在聆听了弟弟的强烈抱怨后，肯尼迪总统下令让一个助手把这个指示牌移掉。这个助手随后指示美国内政部去把指示牌移掉。但随后什么事情也没有发生。几天后，总统又下达了行政命令。还是什么也没有发生。由于多次受到管理体制的困扰和他弟弟的一再坚持，总统无奈之下亲自打电话给负责交通指示牌的官员：“我是约翰 · 肯尼迪，现在是早上 11 点钟，我要那块指示牌在司法部长今晚回家之前移掉，而且我坚持由你本人来负责这件事情。”最终，指示牌被移掉了，总统也因此得出了一条经验：“我现在才知道，总统要想在这个国家完成什么事情，他必须重复三次。”[89]

事实上，这种对官僚惰性的理解，大多数总统都有同感。但是与此不同的情况也会发生。思考一下吉米·卡特总统的经历吧。一个星期五下午，卡特总统的女儿艾米碰到了一个家庭作业问题涉及工业革命。她向自己的妈妈求助，妈妈就问一位助手是否知道问题的答案。于是，这位助手致电美国劳动部要求予以协助，劳动部答应很乐意帮忙。星期天，一辆卡车停在了白宫门前，带来了艾米的问题答案：一大堆计算机打印出来的材料，大约耗资 30 万美元，外加一个专业分析团队夜以继日的工作。劳动部认为这是对总统行政命令的有效回应，可艾米的家庭作业成绩却只得了一个“及格”。[90]

总统对“其”官僚制度所表现出的失望非常多，所幸的是（至少在某种程度上），他们的失望看上去还主要是联邦服务广泛性、复杂性和公共性的产物，并不是官僚们为了获得个人的政策议程而有意造次。尽管存在联邦机构有意破坏总统政策的一些孤立案例[91]，但各项研究还是一如既往地认为，最高层行政人员非常响应行政首长的指令。[92]

1.6　智力权威与知识管理：官僚权力的基础

官僚制度在政治重要性方面为何增长得如此之快？

知识就是力量

根本性反应一定存在于一个高度复杂而有技术倾向的社会里，例如美国，那些能够控制和处理信息的人会获得权力。老一代人看到的“知识就是力量”从来没有像今天这般真实。

尽管行政一般会掌握近乎垄断的公共知识，而且这种垄断会赋予它巨大的权力，但是立法和司法也会通过创建自己的官僚制度来收集必要的知识。当它们这样做的时候，权力也会随之而来。

一项研究发现，当立法部门像国会和较大的州与地方立法机构那样建立自己的官僚知识基础时，它们就能获得更大的权力，而且会直接损害到行政部门的权力。这项研究发现，立法机关的专业化程度越高，其幕僚的人数就越多，而行政机构在自身政策领域中的影响则会越低。[93]

简而言之，不论身在什么样的体制中，知识就是力量。“行政是知识，知识是力量，所以行政就是力量。”持续反复这一“简单的三段论”就是我们这个后工业时代的重要现实。[94]

“知识就是力量”这一观点随着时间的推移而不断被提炼升华，并被简化成了词语：智力、权威，或由知识而产生的权力。[95]公共行政人员逐渐在文字上被定义成智力权威。他们通过知识管理，或者为了达到制定和执行公共政策目的而收集、组织与使用社会和组织的各项数据，以此来施展他们的智力权威。[96]

知识、复杂性和控制

在一个更为实证性的模式中，调查人员还注意到了知识、组织复杂性以及政治控制之间的关系网络。

知识与复杂性。公共机构及其所依托的政体越大、越复杂，被任命的行政官员似乎就越能获得相应的政治控制。在一项针对学校董事会的研究中发现，在大城市里的专业学校校长比该校董事会成员拥有更大的权力，郊区学校校长的实际权力比该校董事会成员的权力则要小一些，而小镇里学校校长的权力会更小。[97]类似地，一项针对城市经理的全国性调查发现，城市越大，城市经理积极参与市政府政策制定的情况就越普遍。[98]

这些以及其他的分析都表明，公共组织和政治体制变得越复杂，公共行政人员所获得的权力就越大。这种权力来自他们更便于接触各种关键信息。

知识与控制。公共行政人员很快会为他们独特的知识基础进行辩护。一项关于城市经理的全国性调查发现，60%以上的人强烈反对全职的、按专业付薪的市议会："这个议题在一系列问题中引发了最强烈的意见表达。"[99]另外，绝大部分经理都反对给市长配备全职的私人幕僚，77%的经理报告说，他们一直或差不多总是在抵制市议会插手"管理事宜"。这些城市经理所持有的强烈观点表明，被任命的城市行政首长已经充分认识到，他或她的政治权力基础就是控制信息。因此，一名市长的全职专业化幕僚和一个整日致力于"管理问题"的市议会，都会受到典型城市经理的诅咒。

当然，公共行政长官也已经知道，不能仅仅靠阻碍信息传播作为保留其权力的手段，还要积极地禁止信息传播。请看下面的一些事例：

- 1971年，理查德·M. 尼克松总统逐渐对每月的失业数据忧心忡忡，于是向他的劳动统计委员发出了一项行政命令，停止召开新闻发布会，因为所有数据都是经过那里发布并进行解释的。[100]
- 在比尔·克林顿执政期间，副总统阿尔·戈尔"将一些环境研究人员逐出了政府岗位，因为这些人在地球变暖和臭氧损耗问题上与自己的观点相左"[101]。
- 2003年，医疗保健计划的主精算师总结，增加处方药所建议的福利耗资巨大，比白宫所承诺的费用还要高出1 500亿美元。但精算师报告说，他那个政治任命的老板，也就是医疗保险计划的头儿，曾经威胁过他，只要他敢将分析报告公布于世，就会炒他鱿鱼，因为泄密的举动自1912年起就已经属于非法行为。[102]
- 2004年，60多位著名科学家共同签署了一份声明，称公共行政"不仅误传了科学知识，还在其政策的启示中误导了民众。"[103]
- 2005年，美国食品药品管理局负责妇女健康事务的备受尊敬的高级行政人员在抗议中递交了辞呈，因为"管理局的上层领导"漠视机构专家小组所提出的建议，该建议提出应该将一种政治上饱受争议的避孕工具更广泛地推广给美国妇女。她在辞呈信中写道："当科学和医疗实证经过这里的专业人士充分评估并全体通过后，所提交的建议却被驳了回来……我不可能再为这样的机构服务。”[104]

- 同样也是在 2005 年，政府问责局报告说，行政部门研究气候变化的计划没能按照法律的要求解答一个关键性问题：不断上升的气温如何能影响人类与环境?[105]因为白宫扣押了许多部门的研究报告：农业部报告发现在具有潜在危险的细菌和大型农场中的动物废料之间存在着某些联系；环境保护署对全球变暖问题的总结；疾病控制与预防中心在其网页中的声明，即避孕方面的教育不会导致性行为的增加；国家癌症研究所发现，堕胎不会增加妇女患乳腺癌的概率；卫生与人力服务部发现，卫生保健供应商中间存在种族偏见等。[106]白宫还扣押了“9·11”调查委员会的结论，联邦民航局的官员忽视了大量有关“基地”组织恐怖分子可能劫持飞机并执行自杀任务的事前警告[107]；五角大楼在向国会提交的报告中减少了阿富汗和伊拉克战争的成本估算；劳动统计局接到了停止报告大规模下岗的行政命令等。[108]

知识与公共利益。幸运的是，这些事件都是例外，还不是惯例。一位观察家这样总结这些取消公共行政的政治努力：“政治还会一如既往吗？看来已经不行了。或许很难相信……行政部门在历史上已经成功地坚持了客观和非党派的理想……[政府机构]已经生产了大量可信的数字，即使这些数字曾经令在位的总统们面色难堪……而让这一切成为可能的人们就隐没在美国人生活中最不屑一顾的人物中间，也就是乔治·华莱士笔下的那些‘尖脑袋的官僚’……[但是，这些官僚]却是政府内唯一的专业人员，唯一能够说出自己想法而不是听命于上司和选民的人。如果每次新总统上台的时候，都会用一大批新来的亲信和竞选助手替换劳动统计局的整个班子，那么，我们还会相信政府公布的失业数字吗?”[109]

就这一点来说，的确蕴涵了公共行政人员的无上权力和荣耀。

注释

[1] Quoted in Ken Auletta, “The Lost Tycoon,” *The New Yorker* (April 23 and 30, 2001), p. 154.

[2] It can be plausibly argued that the American tradition of constrained public administration stems from America’s first settlers. The Iroquois Confederation, an alliance of several tribes that stretched from Kentucky to the Great Lakes, as well as the tribes of the Eastern seaboard, were notably averse to authority. The Great Law of Peace, which was the governing code of the Iroquois Confederation, was “concerned as much with constraining the [ruling] Great Council [of the Confederation] as with granting it authority,” and the “framers of the Constitution . . . were pervaded by Indian images of liberty.” One ethnographer of the Iroquois writes that “their whole civil policy was averse to the concentration of power in any single individual.” See Charles C. Mann, “The Founding Sachems,” *New York Times* (July 4, 2005). Lewis Henry Morgan is quoted.

For arguments on the influence of English public administration on its American counterpart, see, for example, Woodrow Wilson, “The Study of Administration,” *Political Science Quarterly* 2 (June/July 1887), pp. 197–222, especially pp. 206–219, Lynton K. Caldwell, “Novus Ordo Seclorum: The Heritage of American Public Administration,” *Public Administration Review* 36 (September/October 1976), pp. 476–488. Michael W. Spicer, *The Founders, The Constitution, and Public Administration* (Washington, DC: Georgetown University Press, 1995). As Wilson wrote: “The English race long and successfully studied the art of curbing executive power to the constant neglect of the art of perfecting executive methods” (p. 206).

[3] Garry Wills, *A Necessary Evil* (New York: Simon & Schuster, 2000).

[4] Josiah Tucker, as quoted in Page Smith, *The Constitution: A Documentary and Narrative History* (New York: Morrow Quill, 1980), p. 82.

[5] Alexander Hamilton, “No. 70,” in Clinton Rossiter, ed., *The Federalist Papers* (New York: New American Library, 1961), p. 423.

[6] Of the globe's nations, the city-state of Singapore seems to have adopted Hamilton's ideas the most thoroughly. Its prime minister, cabinet ministers, and supreme court justices are paid approximately $1 million per year, with comparable salaries down the line. In a country of four million people, there are reserves of $100 billion. For a pointed review, see Thomas L. Friedman, "Singapore and Katrina," *New York Times* (September 15, 2005).

[7] Quoted in Catherine Drinker Bowen, *Miracle at Philadelphia* (Boston: Little, Brown, 1966), p. 105.

[8] To be fair, however, the word "administration" does appear in *The Federalist Papers* 124 times. See Jerry Mitchell, *The American Experiment with Government Corporations* (Armonk, NY: Sharpe, 1998), p. 6.

[9] Lynton K Caldwell, "The Administrative Republic: The Contrasting Legacies of Hamilton and Jefferson," *Public Administration Quarterly* 13 (Winter 1990), pp. 483–484.

[10] For a revealing exposition of this episode, we suggest, Stephanie P. Newbold, "Statesmanship and Ethics: The Case of Thomas Jefferson's Dirty Hands," *Public Administration Review* 65 (November/December 2005), pp. 669–677.

[11] Deil Wright, "Public Administration Revolutions in the American States: A Half-Century of Evolving Roles and Responsibilities Among State Agencies and Administrators in the Federal System," Third Annual Lent D. Upson Lecture, Graduate Program in Public Administration, Wayne State University, Detroit, MI, March 20, 2002. Current figures are for 1999.

[12] F. Ted Hebert, "Governors as Chief Administrators and Managers," in *Handbook of State Government Administration*, John J. Gargan, ed. (New York: Marcel Dekker, 2000). The research was conducted in 1994.

[13] National Commission on the State and Local Public Service, *Hard Truths/Tough Choices: An Agenda for State and Local Government Reform*. First Report (Albany, NY: The Nelson A. Rockefeller Institute of Government, State University of New York, 1993), p. 16.

[14] Yoo-Sung Choi, Chung-Lee Cho, and Deil S. Wright, "Administrative Autonomy among American State Agencies: An Empirical Analysis of Fragmentation and Functionalism," *International Journal of Public Administration* 27 (January 2004), pp. 373–398. The quotations are on pp. 382 and 394.

[15] Tanis J. Salant,"Trends in County Government Structures," *Municipal Year Book, 2004* (Washington, DC: International City/County Management Association, 2004), p. 40. Figures are for 2002.

[16] Susan A. MacManus and Charles S. Bullock III, "The Form, Structure, and Composition of America's Municipalities in the New Millennium," *Municipal Year Book, 2003* (Washington, DC: International City/County Management Association, 2003), pp. 9,17. Figures are for 2001.

[17] U.S. Bureau of Census, *Census of Governments, 1992*, Vol. 1, No. 2 (Washington, DC: U.S. Government Printing Office, 1995), pp. 9–19.

[18] Salant, "Trends in County Government Structure," pp. 35–41, and MacManus and Bullock, "Form, Structure, and Composition of America's Municipalities in New Millennium," pp. 3–18.

[19] See, for example, J. Edward Benton, "County Government Structure and County Revenue Policy: What's the Connection?" *State and Local Government Review* 35 (Spring 2003), pp. 78–89; Victor De Santis and Tari Renner, "The Impact of Political Structures on Public Policies in American Counties," *Public Administration Review* 54 (May/June 1994), pp. 291–295; William E. Lyons, "Reform and Response in American Cities: Structure and Policy Reconsidered," *Social Science Quarterly* 59 (June 1978), pp. 118–132; and Robert J. Lineberry and Edmund P. Fowler, "Reformism and Public Policies in American Cities," *American Political Science Review* 61 (September 1967), pp. 701–716. However, one examination of twenty counties found that when counties moved to a strong chief executive, there was "virtually no effect on rates of change in county fiscal behavior" (p. 315). See David R. Morgan and Kenneth Kickham, "Changing the Form of County Government: Effects of Revenue and Expenditure Policy," *Public Administration Review* 59 (July/August 1999), pp. 315–324.

[20] Pew Research Center for the People and the Press, *Deconstructing Distrust: How Americans View Government* (Washington, DC: Author, 1998), p. 2. Data are for 1997.

[21] Ibid.

[22] Hart-Teeter Poll, *America Unplugged: Citizens and Their Government* (Washington, DC: Council for Excellence in Government, 1999), p. 4. Data are for 1999.

[23] John R. Hibbing and Elizabeth Theiss-Morse, "Americans' Desire for Stealth Democracy: How Declining Trust Boosts Political Participation," Paper Presented at the Annual Meeting of the Midwest Political Science Association (Chicago, April 2001), Table 1 and pp. 2–3. Data are for 1998. See also John R. Hibbing and Elizabeth Theiss-Morse, *Stealth Democracy: Americans' Beliefs about How Government Should Work* (New Delhi: Cambridge University Press, 2002).

[24] Pew Research Center for the People and the Press, *Deconstructing Distrust*, p. 2. Data are for 1997.

[25] Richard L. Cole, John Kincaid, and Alejandro Rodriguez, "Public Opinion on Federalism and Federal Political Culture in Canada, Mexico, and the United States, 2004," *Publius* 34 (Summer 2004), p. 210. Figures are for 2004. Surveys also indicate that top public executives and administrators have no more confidence in government and the people running it than the average citizen. See: Gregory B. Lewis, "In Search of Machiavellian Milquetoasts: Comparing Attitudes of Bureaucrats and Ordinary People," *Public Administration Review* 50 (March/April 1990), pp. 220–227; and National Academy of Public Administration, *Key Issues of Governance, Public Management and Public Administration* (Washington, DC: Author, 1999).

[26] Annenberg Campaign Data Base, as cited in Paul C. Light, *The True Size of Government* (Washington, DC: Brookings, 1999), p. 88.

[27] Subcommittee on Intergovernmental Relations. Committee on Government Operations, U.S. Senate, *Confidence and Concern: Citizens View Government, A Survey of Public Attitudes. Part 2*. 93rd Congress, 1st Session (Washington, DC: U.S. Government Printing Office, 1973), p. 310. This was national Harris poll. Consider some representative findings from this unique survey: 60 percent of elected officials said civil servants did things "by the book" compared to 23 percent of the public; 48 percent of politicians said civil servants "play it safe" compared to 21 percent of the citizenry; 58 per-

cent said they were "bureaucratic" versus 14 percent; 25 percent said they "make red tape" versus 12 percent; and 14 percent of elected officials said public administrators were "dull," compared to 6 percent of the public. Only in questions that concerned the honesty of public administrators did elected officials express more favorable opinions of their bureaucrats than did the public, possibly because these officials realize that they can be held accountable for bureaucratic corruption.

[28] Thad E. Hall, "Live Bureaucrats and Dead Public Servants: How People in Government Are Discussed on the Floor of the House," *Public Administration Review* 62 (March 2002), pp. 242–251. The terms "public servant" and "civil servent" are associated with positive connotations about 95 percent of the time, and even "government workers" garners over 60 percent positives when it is used. But, relative to the use of "bureaucrat," these terms are not used much. Republicans call public administrators "bureaucrats" more frequently than do Democrats, and its use is increasing over time.

[29] Beverly A. Cigler and Heidi L. Neiswender, "Bureaucracy in the Introductory American Government Textbook," *Public Administration Review* 51 (September/October 1991), p. 444.

[30] David J. Lorenzo, "Countering Popular Misconceptions of Federal Bureaucracies in American Government Classes," *Political Science and Politics* (December 1999) p. 744.

[31] Marc Schwerdt, "Stories of Service: Public Service in the Children's Literature of United States and Great Britain," *Politics and Policy* 31 (June 2003), pp. 195–214.

[32] C. Artwick and Margaret T. Gordon, "Daily Newspapers and Portrayals of US Cities," *Newspaper Research Journal* 19 (1,1998), pp. 54–63.

[33] Carrie Rickey, "Hollywood Movies Cast Government as Bad Guy," *Philadelphia Inquirer* (July 7, 1996). The review covered the first half of the 1990s.

[34] Partnership for Trust in Government, Council for Excellence in Government, *Images of Government in TV Entertainment* (Washington, DC: Center for Media and Public Affairs, 1999), pp. 1–2. The analysis encompassed 1,234 series episodes and 9,588 characters, of whom 2,664 (28 percent) were public sector employees: teachers, law enforcers, public officials, and civil servants. Teachers and law enforcers fared better than civil servants and public officials (with civil servants portrayed slightly more favorably than public officials) and were positively portrayed but also slipped over time. Seventy percent of the episodes that dealt with governmental performance portrayed government as a poor performer. It is noteworthy that 29 percent of the American public hold the media responsible for "what's wrong with government." Only special interest groups score higher, at 38 percent. See Hart-Teeter Poll, *America Unplugged*, p. 3. Data are for 1999.

[35] Pew Research Center for the People and the Press, *Deconstructing Distrust*, p. 2.

[36] Ibid. Figures are for 1997 and 1981.

[37] Hart-Teeter Poll, *America Unplugged*, p. 4. Figures are for 1999. Twenty-four percent of respondents blame elected politicians for government's problems.

[38] Subcommittee on Intergovernmental Relations, Committee on Government Operations, U.S. Senate, *Confidence and Concern, Part 1*, pp. 173–175, and *Part 2*, pp. 301, 303, 305, 311, 313, 315, 319, and 321. Data are for 1973.

[39] Daniel Katz, Barbara A. Gutek Robert L. Kahn, and Eugenia Barton, *Bureaucratic Encounters* (Ann Arbor: Institute for Social Research, University of Michigan, 1975), pp. 64, 68, 69, and 221. Data are for 1973.

[40] Pew Research Center for the People and the Press, *Performance and Purpose: Constituents Rate Government Agencies* (Washington, DC: Author, 2000). Data are for 2000.

[41] As derived from data in Theodore H. Poister and Gary T. Henry, "Citizen Ratings of Public and Private Service Quality: A Comparative Perspective," *Public Administration Review* 54 (March/April 1994), p. 158; Subcommittee on Intergovernmental Relations, Committee on Government Operations, U.S. Senate, *Confidence and Concern, Part 1*, pp. 173–175 and *Part 2*, pp. 301, 303, 305, 311, 313, 315, 319, and 321; Barbara J. Nelson, "Clients and Bureaucracies: Applicant Evaluations of Public Human Service and Benefit Programs," paper presented at the American Political Science Association, Washington DC, 1979, pp. 6–8; and Stuart M. Schmidt, "Client-Oriented Evaluation of Public Agency Effectiveness," *Administration & Society* 8 (February 1977), pp. 412, 421–422.

The Poister and Henry article is based on a poll of Georgians conducted in 1993. The congressional data are from a national Harris poll conducted in 1973. The Nelson paper reflects a 1978 survey of applicants for Ohio's government services. The Schmidt article is based on a questionnaire administered in 1976 concerning the Wisconsin State Employment Service.

[42] Thomas I. Miller and Michelle A. Miller, "Standards of Excellence: U.S. Residents' Evaluations of Local Government Services," *Public Administration Review* 51 (November/December 1991), p. 503.

[43] See Steven A. Peterson, "Sources of Citizens' Bureaucratic Contacts: A Multivariate Analysis," *Administration and Society* 20 (August 1988), pp. 152–165, and any of the editions of Charles Goodsell's *Case for Bureaucracy*, Chapter 2.

[44] Poister and Henry, "Citizen Ratings of Public and Private Service Quality," p. 155.

[45] American Customer Satisfaction Index, *ACSI Overall Federal Government Scores with Historic Scores of Agencies Measured, 1999–2004* and as derived from data in *National Quarterly Scores: ACSI 1994 to Q4 2004* at http://www.customerservice.gov. Fifty-three "customer groups" served by thirty-nine federal agencies, accounting for essentially all customer services provided by the federal government, are surveyed. The private sector has surpassed the federal government on customer satisfaction in five out of six years, but the scores are close, ranging from 68.6 percent to 72.1 percent for the federal government, and from 70 percent to 74.2 percent for industry.

[46] Charles T. Goodsell, *The Case for Bureaucracy: A Public Administration Polemic*, 2nd ed. (Chatham, NJ: Chatham House, 1985), p. 106.

[47] As derived from data in Pew Research Center for the People and the Press, *Performance and Purpose*.

[48] Poister and Henry, "Citizen Ratings of Public and Private Service Quality," p. 158.

[49] Susan M. Willis-Walton and Alan E. Bayer, *Quality of Life in Virginia: 2003* (Blacksburg: Center for Survey Research, Virginia Polytechnic Institute and State University, 2003), pp. D9–D10. This was a 2002 survey

of Virginians.

[50] U.S. Advisory Commission on Intergovernmental Relations, *The Federal Role in the Federal System: The Dynamics of Growth, A Crisis of Confidence and Competence*, A-77 (Washington, DC: U.S. Government Printing Office, 1980), pp. 111, 131. In 1900, the total government labor force (1.4 million workers) amounted to 1.8 percent of the population (in 1870 it was only 0.7 percent but had attained 2.8 percent by 1920), and in 1902 all government revenues ($1.7 billion) amounted to 8.2 percent of the gross national product. Even by 1913, this figure was still 8.1 percent, but by 1922 (following World War I), it had hit 12.8 percent.

[51] As derived from data in U.S. Bureau of the Census, *Statistical Abstract of the United States, 2006* 125th ed. (Washington, DC: U.S. Government Printing Office), Tables 418, 451, and 1335. The government employment-to-population ratio is for 2003. Government receipts as a percentage of GDP, total receipts, and receipts per person are for 2003.

[52] Ron Chernow, *Titan: The Life of John D. Rockefeller, Sr.* (New York: Random House, 1998).

[53] "Forbes Four Hundred," Forbes Magazine, http://www.forbes.com. Figures are for 2005.

[54] The national debt was $2.8 billion in 1912, the year when Rockefeller's Standard Oil Corporation was shattered by federal antitrust litigation.

[55] For readers wishing to know the current federal debt precisely, check U.S. Bureau of the Public Debt, The Federal Debt to the Penny, http://www.publicdebt.treas.gov/opdpenny.htm.

[56] As derived from data in U.S. Bureau of the Census, *Statistical Abstract of the United States, 2006*, Table 1335. Figures are for 2004. This percentage is very stable over time. In 1970, American taxes as a percentage of GDP were 29 percent. It appears that the United States not only has a very low tax rate overall, but also that each kind of its taxes—that is, income, Social Security, sales, and property taxes—is lower than the same tax in its counterpart countries. See Sven Steinmo, "Why Is Government So Small in America?" *Governance* 8 (July 1995), pp. 303–334.

[57] Mandy Rafool, "The Fiscal Perspective: State Tax and Expenditure Limits," *The Fiscal Letter* 5 (Fall 1996), all. Figure is for 1996.

[58] American Association of State Colleges and Universities, *State Issues Digest* (Washington, DC: Author, 1998), pp. 8–9. Figure is for 1998.

[59] As derived from the data in U.S. Advisory Commission on Intergovernmental Relations, *Tax and Expenditures Limits on Local Governments*, M-194 (Washington, DC: U.S. Government Printing Office, 1995), pp. 5–10.

[60] As derived from data in American Council on Intergovernmental Relations, *Significant Features of Fiscal Federalism, 1995*, Vol. 2 (Washington, DC: Author, 1998), p. 54, for 1978–1994 growth rates, and David Osborne and Peter Hutchinson, *The Price of Government: Getting the Results We Need in an Age of Permanent Fiscal Crisis* (New York: Basic Books, 2004), pp. 44–47, for subsequent growth rates.

[61] As derived from American Council on Intergovernmental Relations, *Significant Features of Fiscal Federalism, 1995*, Vol. 2, p. 54. Current growth rates are for 1978–1994. State and local revenue growth refers to revenue derived from these governments' own revenue sources and does not includes intergovernmental revenue transferred to them by other governments. For some related analyses, see Tyson King-Meadows and David Lowry, "The Impact of the Tax Revolt on State Fiscal Caps: A Research Update," *Public Budgeting and Finance* 16 (Spring 1996), pp. 95–112; Paul G. Lewis, "Durability of Local Government Structure: Evidence from California," *State and Local Government Review* 32 (Winter 2000), pp. 34–48; and Tom Rown, "Constitutional Tax Expenditure Limitations in Colorado: The Impact on Municipal Governments," *Public Budgeting and Finance* 20 (August 2000), pp. 29–50.

[62] Jim Clark, "The International Screwthread Commission," *Washington Monthly*, as reprinted in *Doing Public Administration: Exercises, Essays, and Cases*, Nicholas Henry, ed. (Boston: Allyn and Bacon, 1978), pp. 41–42.

[63] Herbert Kaufman, *Are Government Organizations Immortal?* (Washington, DC: Brookings Institution, 1976). The years covered were 1923–1973.

[64] B. Guy Peters and Bryan W. Hogwood, "The Death of Immortality: Births, Deaths, and Metamorphoses in the U.S. Federal Bureaucracy, 1933–1983," *American Review of Public Administration* 18 (June 1988), p. 131.

[65] Jerrell D. Coggburn and Saundra K. Schneider, "The Quality of Management and Government Performance: An Empirical Analysis of the American States," *Public Administration Review* 63 (March/April 2003), pp. 206–213. The quotation is on p. 206.

[66] The judiciary has ruled only rarely that the constitutional principle of separation of powers is an adequate reason for legislators to negate a policy made by an executive agency, rather than by the legislature. The last time that the Supreme Court ruled in any major way that agency rule making violated separation of powers was in 1935, in the cases of *Schechter Poutry Crop. v. United States and Pamamá Refining Co. v. Ryan*. In both, the Court held that the National Industrial Recovery Act was unconstitutional. The 1983 case, in which the Court ruled that the legislative veto was unconstitutional, was U.S. Immigration and Naturalization Wervice v. Chada.

[67] Robert Kasten, "It's a Tough Competition for the Werst Regulation," *Washington Times* (July 23, 1996).

[68] John W. Kingdon, *Agendas, Alternatives, and Public Policies* (Boston: Little, Brown, 1984), p. 47.

[69] Ibid., p. 34.

[70] For a good review of this research, as well as some original findings, see Virginia Gray and David Lowery, "Where Do Policy Ideas Come From? A Study of Minnesota Legislators and Staffers," *Journal of Public Administration Research and Theory* 10 (July 2000), pp. 573–597.

[71] Kim U. Hoffman, "Legislative Fiscal Analysts: Influence in State Budget Development," *State and Local Government Review* 38 (1, 2006), p. 49.

[72] Peter Baker and Dafnia Linzer, "Policy Shifts Felt after Bolton's Departure from State Dept.," *Washington Post* (June 20, 2005). Rose Gottemoeller, a Clinton administration official who worked on nonproliferation issues, is quoted.

[73] Kingdon, *Agendas, Alternatives, and Public Policies*, p. 34.

[74] Harrison W. Fox, Jr. and Susan Webb Hammond, *Congressional Staffs: The Invisible Force in American Law Making* (New York: The Free Press, 1977), p. 144.

See also: Barbara S. Romzek, "Accountability for Congressional Staff," *Journal of Public Administration Research and Theory* 10 (August 2000), pp. 413–446.

[75] Julia Lays, "Then and Now," *State Legislatures* (July/August 1999), pp. 50–56. Figures are for 1999.

[76] Michael J. BeVier, *Politics Backstage: Inside the California Legislature* (Philadelphia: Temple University Press, 1979), p. 229.

[77] MacManus and Bullock, "Form, Structure, and Composition of America's Municipalities in New Millennium," p. 11. Figures are for 2001. Nineteen percent of municipalities have no chief appointed official.

[78] Tari Renner and Victor S. DeSantis, "Municipal Form of Government: Issues and Trends," *Municipal Year Book, 1998* (Washington, DC: International City/County Management Association, 1998), pp. 34, 36. Figures are for 1996.

[79] See, for example, Ronald A. Loveridge, *The City Manager and Legislative Policy* (Indianapolis: Bobbs-Merrill, 1971); Robert J. Huntley and Robert J. McDonald, "Urban Managers: Managerial Style and Social Roles," *Municipal Year Book, 1975* (Washington, DC: International City Management Association, 1975), pp. 149–159; Betty A. Zisk, *Local Interest Politics: A One-Way Street* (Indianapolis: Bobbs-Merrill, 1973), p. 58; R. E. Green, "Local Government Managers: Styles and Challenges," *Baseline Data Report* 19 (March 1987), pp. 1–11; and James H. Svara, *Official Relationships in the City* (New York: Oxford University Press, 1990).

[80] James H. Svara, "Council and Administrator Perspectives on the City Manager's Role: Conflict, Divergence, or Congruence?" *Administration and Society* 23 (August 1991), p. 231.

[81] Robert T. Golembiewski and Gerald Gabris, "Today's City Managers: A Legacy of Success-Becoming- Failure," *Public Administration Review* 54 (November/December 1994), p. 525.

[82] James H. Svara, "The Shifting Boundary between Elected Officials and City Managers in Large Council-Manager Cities," *Public Administration Review* 59 (January/ February 1999), pp. 47–48.

[83] John Nalbandian, "Politics and Administration in Council-Manager Government: Differences between Newly Elected and Senior Council Members," *Public Administration Review* 64 (March/April 2004), pp. 200–209. This was an analysis of council members in the greater Kansas City area.

[84] Harmon Ziegler and M. Kent Jennings, with the assistance of G. Wayne Peak, *Governing American Schools: Political Interaction in Local School Districts* (North Scituate, MA: Duxbury, 1974).

[85] Harvey L. Tucker and L. Harmon Ziegler, *Professionals versus the Public: Attitudes, Communication, and Response in School District* (New York: Longman, 1980), p. 143.

[86] Quoted in Clinton Rossister, *The American Presidency* (Ney York: American Library, 1956), p. 42.

[87] Richard Nixon, as quoted in Richard P. Nathan, *The Plot That Falled: Nixon and the Administrative Presidency* (New York: John Wiley and Sons, 1975), p. 69.

[88] Jimmy Carter, as quoted by Haynes Johnson, "Tests," *Washington Post* (April 30, 1978).

[89] John F. Kennedy, as quoted in Peter Goldman et al., "The Presidency: Can Anyone Do the Job?" *Newsweek* (January 26, 1981), p. 41.

[90] United Press International, "Amy's Homework Aid Likely Costs Thousands," *Arizona Republic* (February 9, 1981).

[91] See, for example, Hugh Heclo, *A Government of Strangers: Executive Politics in Washington* (Washington, DC: Brookings, 1977); B. Dan Wood, *Bureaucratic Dynamics: The Role of Bureaucracy in Democracy* (Westview, CN: Westview, 1994); and Marissa Martino Golden, *What Motivates Bureaucrats? Politics and Administration during the Reagan Years* (New York: Columbia University Press, 2000).

[92] For a good, brief review of this, see George C. Edwards, III, "Why Not the Best? The Loyalty-Competent Trade-Off in Presidential Appointments," *Brookings Review* 19 (Spring 2001), pp. 12–16.

[93] Matthew Potoski and Neal Woods, "Designing State Clean Air Agencies: Administrative Procedures and Bureaucratic Autonomy," *Journal of Public Administration Research and Theory* 11 (April 2001), pp. 203–221.

[94] James D. Carroll, "Service, Knowledge, and Choice: The Future as Post-Industrial Administration," *Public Administration Review* 35 (November/December 1975), p. 578.

[95] James D. Carroll, "Noetic Authority," *Public Administration Review* 29 (September/October 1969), pp. 492–500.

[96] The notion of "knowledge management" first appeared in Nicholas Henry, "Knowledge Management: A New Concern for Public Administration," *Public Administration Review* 34 (May/June 1974), pp. 189–196. A symposium on knowledge management soon followed. See James D. Carroll and Nicholas Henry, symposium editors, "Symposium on Knowledge Management," *Public Administration Review* 35 (November/ December 1975), pp. 567–602. The term and the concept continue to be salient. See, for example, Ramón C. Barquin, Alex Bennet, and Shereen G. Remez, eds., *Knowledge Management: The Catalyst for Electronic Government* (Vienna, VA: Management Concepts, 2001), and Ramón C. Barquin, Alex Bennet, and Shereen G. Remez, eds., *Building Knowledge Management: Environments for Electronic Government* (Vienna,VA: Management Concepts, 2001).

[97] Ziegler and Jennings, *Governing American Schools*, pp. 177–178.

[98] Huntley and McDonald, "Urban Managers," p. 153.

[99] Ibid., p. 150.

[100] David E. Rosenbaum, "Politics as Usual, and Then Some," *New York Times* (September 20, 2005).

[101] Ibid.

[102] Robert Pear, "Agency Sees Withholding of Medicare Data from Congress as Illegal," *New York Times* (May 4, 2004). The actuary was Richard S. Foster. The head of Medicare said he was just kidding when he threatened to fire Foster.

[103] Quoted in Rosenbaum, "Politics as Usual, and Then Some."

[104] Marc Kaufman, "FDA Official Quits Over Delay on Plan B." *Washington Post* (September 1, 2005). Susan F. Wood was the assistant commissioner for women's health and director of the Office of Women's Health in the FDA. The contraceptive the question was known as Plan B.

[105] U.S. Government Accountability Office, *Climate Change Assessment: Administration Did Not Meet Reporting Deadline*, GAO–05–338 Climate Change Assessment (Washington, DC: U.S. Government

Printing Office, 2005). None of the planned twenty-one studies met this requirement of the Global Change Research Act of 1990.

[106] Leonard Pitts Jr., "A Political- Free Zone in D.C.? Ridge Must Be Kidding," *Savannah Morning News* (August 9, 2004).

[107] Eric Lichtblau, "9/11 Report Cites Many Warnings about Hijackings," *New York Times* (February 10, 2005).

[108] James Surowiecki, "Hail to the Geek," *The New Yorker* (April 19 and 26, 2004), p. 70.

[109] Ibid.

第2章

公共行政的百年发展与困境

所有专业都与知识分子有着千丝万缕的密切关系，因为知识分子的职能就是定义自身专业的内容。公共行政也不例外。

在这一章里，我们回顾一下公共行政领域连续发生的定义危机，也就是怎样从历史的角度来“审视公共行政这个领域”。[1]公共行政这些范式是很值得了解的，因为要理解一个领域现在发展到了什么地步，就必须知道该领域的历史进程。我们首先要指出，公共行政非常独特，它既不同于政治科学（公共行政的“母学科”），也不同于管理学（公共行政的传统伙伴）。

经过连续六个范式的更迭演变，公共行政已经发展成为一个学科领域。每个阶段都具有“定向”或“焦点”的特征。[2]

定向（locus）是指该学科领域所设定的位置（where）。公共行政的一般定向是指政府官僚制度，但也不尽然。通常情况下，公共行政的传统定向总是模糊不清的。

焦点（focus）是指该学科领域所研究的问题（what），是该学科的知识与专业体系。公共行政的一个焦点是研究特定的“公共行政原则”，但是该学科的很多焦点都会随着公共行政范式的变迁而改变。

公共行政的范式可以依据定向或焦点来理解，当定向在学术界里被严格界定时，焦点就被忽略了，反之亦然。

2.1 初始阶段

伍德罗·威尔逊1887年发表在《政治科学季刊》上的论文《行政学研究》，确定了早期公共行政学研究的基调。在他的论文中，威尔逊观察到“执行宪法要比制定宪法越来越困难”，并号召应投入更多的智力资源承担国家管理任务。[3]

威尔逊开创性的文章被后来的学者赋予了不同的解释。实际上，威尔逊本人似乎也并不清楚公共行政到底是什么。他也没有“进一步阐述公共行政研究中真正需要的是什么，政治领域和行政领域之间的适宜关系又是什么，以及公共行政研究能否成为像自然科学一样的抽象科学”[4]。

然而，毫无疑问，威尔逊在他的论文里确定了一个清楚的论题，对公共行政领域具有很持久的影响，即公共行政值得研究。政治学家后来围绕威尔逊的论点创立了第一个可以确认的公共行政范式。

2.2 范式1：政治与行政的二分法，1900—1926

范式1的基准日期确定是弗兰克·J. 古德诺和罗纳德·D. 怀特论著发表的时间，这些日期与以后发展阶段的日期仅仅是粗略的指标。在《政治与行政》(1900年)中，古德诺断定政府有“两种独特职能”，正如他的书名所确定的那样。“政治”，古德诺说，“与政策有关，或是国家意志的表达”，而行政“与这些政策的执行有关”。[5]权力分离提供了这种划分的基础。立法部门，在司法部门解释职能的辅助下，表达国家意志并形成政策；行政部门负责公正而中立地贯彻这些政策。

范式1强调的是定向，即公共行政应该在哪里。很清楚，在古德诺及其追随者的观念里，公共行政应该处于政府官僚制度的中心。对这种定向的阐明形成了政治与行政的二分法（politics/administration dichotomy)。

而这种对政治和行政有点天真的划分，在后来的很多年里一直困扰着公共行政学科的理论与实践。

美国公共行政：起源

公共行政第一次受到学者认真关注是20世纪早期美国高等院校发起的“公共服务运动”的结果。

公共服务的思想库。能够反映公共服务运动精神的首发具体活动之一是约翰·D. 洛克菲勒于1906年出资成立的纽约城市研究局。该局是我们目前熟知的“思想库”的原型，在设置公共行政基础智力框架方面发挥着超凡的影响，为广泛的公共行政工作提供着早期的指导。该局的研究主要是为了改进纽约市政府的行政管理工作。

尽管对于我们来说，这些活动看上去可能非常平凡，但在当时却相当具有革命性。当时运行纽约市的腐败的政治机器——坦慕尼厅（Tammany Hall）感受到了来自城市研究局的直接威胁，将之称为“城市丑化局”（The Bureau of Municipal Besmirch），并启动了一场旨在削弱该局的诽谤活动。出乎人们意料的是，这一活动不仅没有起到灭火的作用，反而极大地鼓舞了其他城市的改革者陆续仿效纽约城市研究局的成功做法。到 1928 年，已经有 74 个城市独立成立起自己的研究局，一直到 20 世纪 40 年代早期，国内外城市研究局的数量还在持续增长。[6]

公共行政与高等院校。1912 年，美国政治与社会科学院编年史对纽约研究院及其在全国的同行进行了特别推介[7]，而这一学术出版物的出版进一步激发了美国教授会、特别是政治学家们对公共行政这一新生概念的已有兴趣。

同年，美国政治科学学会成立了公共服务实践培训委员会，并于 1914 年撰写报告提出了非常具有前瞻性的建议：必须建立培养公共行政人员的“专业院校”，同时也有必要为此设立新的技术学位。[8]于是，该委员会于 1914 年形成并建立了公共服务培训促进协会（the Society for the Promotion of Training for the Public Service），也就是 1939 年成立的美国公共行政学会（American Society for Public Administration）的前身。

公共行政很快就发展成为政治科学的一个区域。美国政治科学学会 1914 年发布的一份报告中表明：政治科学领域要考虑到公民的培训，法律或新闻等专业准备，培训“专家并为政府的职位准备专门人才”。[9]

其实，这个时期的“公共行政学家”（学术界）和公共行政人员（实践领域）之间的关系相当接近，二者之间几乎没有什么区别。1911 年，纽约城市研究局成立并运行了全国首家公共行政学院——公共服务培训学院。这个学院在 1924 年曾经培训出美国第一批公务人员，后来把该学院的机构设施和学生均转入锡拉丘兹大学，在那里形成了美国第一个隶属于大学的公共行政项目，即马克斯韦尔公民和公共事务学院（Maxwell School of Citizenship and Public Affairs）。[10]

在 20 世纪 20 年代，公共行政开始获得学术合法地位，特别是罗纳德·怀特 1926 年所出版的《公共行政研究导论》，成为了对公共行政领域作出贡献的第一本教科书。怀特的教科书具有美国进步时期的基本特征，并且反映了对这个领域的一般性推力：政党政治不应该侵入公共行政；管理学本身能进行科学性研究；公共行政自身能够成为“价值中立”的科学；行政的使命是经济性、效率性和周期性。[11]

二分法的使用

范式 1 具有两个长期的影响，一个是实践方面的影响，而另一个是智力方面的影响。

二分法与专业人员。作为实践的事实，政治与行政二分法为刚刚发展的专业提供了保护。[12]当 1929 年经济大萧条爆发时，公共行政在总体上还是新生事物。而相信一群专业公共行政人员将被视为当选政治官员随意处置的奢侈品这一看法还是有一定理由的，特别是在压力较大的小政府里。政治与行政二分法认为，公共行政人员的行为完全不同于当选的政治官员的行为；这种理念提供了一个意识形态的盾牌，公共行政人员可以凭借这个盾牌采取政治上的低调策略，并且能够为其相应的成本提供正当性理由。

早期公共行政人员会有意或无意地赞同，他们与政治活动家是极为不同的。尽管在保护年轻的公共行政专业上，这种理念可能是睿智和谨慎的，但却产生了令人非常遗憾的结果。最值得关注的是，它降低了公共行政人员成为真正的或有潜力的政治领导人的公众期望。具有讽刺意味的是，从受过特殊教育的公共行政人员中大量提拔政治领导人，一直是那些主张政治与行政相分离的学者的期盼。

二分法与知识分子。从智力上说，通过将政治/行政二分法与价值/事实二分法相联系的方式，范式 1 的最终结果是在强化一种具有明显差别的政治与行政二分法理念。因此，公共行政学者在行政部门内部考察每一件事情的时候，都会受到某种“事实性”或“科学性”等色彩与合理性的影响，于是将公共政策制定及其相关事务方面的研究留给了政治学者。大概是因为公共行政强调“科学”和“事实”，这就为以后对行政科学原则的“发现”奠定了一个基础。

2.3　范式 2：行政原则，1927—1937

1927 年，W. F. 魏楼拜的《公共行政原则》问世，它是公共行政学科领域的第二本教科书，我们将这本书的出版设定为第二种范式的开端。尽管魏楼拜的《公共行政原则》与怀特的《公共行政研究导论》都有美国进步时期的基调，但是从魏楼拜的书名上已经表明了公共行政的新进展：存在科学的行政原则；也能够发现这些原则；如果行政人员学会怎样应用这些原则，他们就能够成为其工作领域的专家。

声誉的高峰

在公共行政原则时期，我们看到了公共行政在专业和学术方面的发展进步。“政府雇员专业联合会正以‘史无前例的速度’激增……公共行政学科领域的研究也显著地扩大……高等院校的公共行政项目发展迅速［事实上，十年内已经翻了两番］，政府开始越来越多地频繁要求公共行政学会就公共行政问题提出咨询建议。”[13]

对于建立公共行政日益增长的合法地位起关键作用的是“洛克菲勒的慈善事业”，该项事业向城市各司局和大学捐赠了几百万美元。在 1927 年和 1937 年间，“公共行政的重要部分几乎都受到了这些慈善事业的资助”[14]。

正是在范式 2 时期，公共行政的声誉达到了巅峰。尽管没有人认真地思考公共行政学科的定向，但公共行政学科的焦点增加了，其专业知识仍是以公共行政原则的形式表现。的确，至少根据范式 2 的认识，公共行政学科定向可以在任何地方，因为原则就是原则，行政就是行政。鉴于行政原则的确就是原则这一事实，通过定义，它们可以在任何公共行政背景里“发挥作用”，无论是什么样的部门、文化、功能、环境、使命或制度框架都无一例外，所以它们能够成功地应用到任何地方。

1935 年，公共行政交流院（Public Administration Clearing House）在普林斯顿大学召开了一次会议，会后形成的报告与 1914 年发表的报告有着天壤之别。突然间，政治学家们很难接受建立独立公共行政专业院校的理念，而是相信，只要将政治学系现有的课程以及其他相关学科的课程结合起来，就可以为成长中的公共行政人员提供一整套独特的教育。因此，大会发现自己“无法找到一种简单的模式，可以保证一门孤立的大学或学院课程能够单方面满足公共服务人员的培训需求”。因为公共行政教育问题超出了“任何单一学科体系或特殊院校的范围”，只能靠“大学规模的培训模式”才能真正满足公务人员的培训需求。[15]

正如一位更现代的学者曾观察到的，由 1935 年普林斯顿会议所表明的这种推论产生出的“一个逻辑结果，可能就是要排除公共行政作为高等院校一个具体的研究领域”[16]。由此看来，不能在一个稳固的知识焦点上建立课程是很危险的。

有理由的反叛

尽管存在这些困难，但是那些致力于公共行政研究的学者，在普林斯顿报告发表四年之后，发现建立美国公共行政学会还是大有裨益的，因为它可以作为全国公共行政学者与实践者联合会继续发挥效力。很明显，美国公共行政学会“代表了从政治科学桎梏中解放公共行政的一种尝试”[17]。

但是，美国公共行政学会建立的意义并非仅限于此，它好似有另外一个企图，那就是促进公共行政成为一种可以确认的专业。

20 世纪 30 年代的反叛表达出公共行政有必要成为一门学科与专业的意识。但是，学科与专业都有其自身的正统性，正如人们所常说的，公共行政“如日中天的正统学说”[18]是以卢瑟·H. 古立克和林达尔·厄威克 1937 年出版的《行政科学论文集》为标志的。这项里程碑性质的研究也标志了公共行政的最高声望。古立克和厄威克是富兰克林·罗斯福总统的知己朋友，并向罗斯福总统提出了针对各种管理问题的建议；他们的论文集其实就是给总统行政科学委员会提交的一份报告。

对于古立克和厄威克来说，原则是非常重要的，但是将原则应用到什么地方则并不是很重要；焦点要比定向更受到青睐，而且焦点不需要框架。正如他们在论文集中所说的，“不论企事业的目的、人事的组成以及组织设立所依据的宪法、政治或社会理论，这些原则都可以作为一种技术性问题来研究”[19]。

古立克和厄威克提出了行政的“七项原则”并为公共行政领域的学生们提供了一个字母术语，即 POSDCORB。POSDCORB 乃是行政原则的最后表达形式，它所表达的是：

计划（Planning）
组织（Organizing）
人事（Staffing）
指挥（Directing）
协调（CO-ordinating）
报告（Reporting）
预算（Budgeting）

原则的使用

POSDCORB 代表了 1937 年的公共行政。公正地讲，古立克和厄威克清楚地明白（尽管古立克或许更是这样），他们所提出的“原则”并不是一成不变的事实本身，而仅仅是帮助大家理解组织运行和公共行政所为的一些切入点。[20]然而，随着时间的推移，这些原则在许多读者的内心深处变成了僵化的“科学原则”。毫无疑问，这个时期的研究途径受到后来学者的推崇和鼓励，这些人偏好建立容易被摧毁的稻草人。

2.4　挑战时期，1938—1950

在古立克和厄威克的论著发表后的第二年，主流公共行政接受了第一次真正意义上的知识挑战。在 1938 年，查斯特·I. 巴纳德的《行政长官的职能》一书问世。这本书对公共行政的影响在当时还不是非常广泛，但是后来对赫伯特·A. 西蒙却有相当大的影响，因为当时的西蒙正在撰写对公共行政这一学科具有毁灭性批判的论著——《行政行为》。

不同于主流公共行政的观念在 20 世纪 40 年代沿着两个相互强化的方向得到了加速发展。一种反对意见认为政治与行政绝对不能以任何疏远的形式分离，另一种反对意见则认为行政原则还不足以成为管理理性的最终表达。

反对二分法

虽然不同意见的理念开始于 20 世纪 30 年代，弗里兹·莫斯坦·马克斯 1946 年编著的公共行政学科领域的论著选读《公共行政要素》，是主要质疑政治与行政分离假说的著作之一。这本书的 14 章内容都是由公共行政的实践者撰写的，并表明了一种新的意识，那就是，通常表现中立的“行政”决策，往往带有很强烈的政治偏好和回报。

二分法的终结。1950 年，摒弃政治与行政二分法已达到巅峰。一位前沿学者在一份公共行政一流杂志中写道：“在我们这个年代，公共行政的理论也同样意味着政治的理论。”[21]伴随着这一声明，政治与行政二分法宣告就此终结。

其结果是，公共行政领域的性质不仅发生了根本性变化，同时也很遗憾地被减弱了。但是，公共行政领域的奠基者们对他们从政治众生中鉴别公共行政的智慧还是毋庸置疑的，因为他们坚定地相信，只有知识广博、高贵显赫的精英们（也就是公共行政人员）才能将人民从城市苦难的瘟疫中解救出来，然后投进繁荣与进步的光明之中。让我们来看一看威尔逊曾对此写下了什么：“群众，人民……是自私的、无知的、胆小的、固执的……他们并不是理智的孩子……［因此］只有将官僚制度［完全］从人民的公共政治生活中清除掉，官僚制度才可能生存……”[22]

哎呀，也许我们会仁慈地忘却，公共行政领域最初的思想家们是何等的傲慢自大。但的确有一种傲慢的态度，那就是，无论遇到多么大的障碍，公共行政先驱者们的内心都会充满一种使命感、领导感、优越感以及满腔的热忱，而当公共行政变得与政治一样“普通”的时候，这种感觉就会大为迷失。随着时间的推移，修正主义所鼓吹的理念，即政治与行政不可分离也的确不易分辨的理念，则逐渐扎根并且固化。

二分法能否复活？如今，这种不适中的论调已然成熟。[23]是的，政治与行政的确在同一个连续体上共同生存，只不过彼此处于连续体的两个极端。政治行为（诸如将政府的工作岗位授予不合格的侄子们）是能够与行政行为（诸如将政府的工作岗位授予经过竞争选拔的最合格的申请者）区分出来的，而且很容易区分。诚然，也许在连续体的中间部分区分政治与行政不太容易，但我们都了解，政治的价值观大多会与社团、多元论、人格、忠诚、激情和理念相联系，而公共行政的价值观多与等级、精英论、非人格化、专业主义、冷静和中立相关。政治与行政应该是“逻辑的不同星座”[24]。

具有讽刺意味的是，在更大的利益中，新的研究表明，首次阐述政治与行政二分法的早期公共行政倡导者们可能至少一部分是正确的。针对美国 516 个城市的经济发展活动所做的分析研究发现，“在城市议会—经理规划体制中将政治与行政分离的制度化激进理念，令行政人员和竞选官员能够更轻松地抵制机会主义者的行径。经济和政治力量对市长—议会制和议会—经理制均产生了不同的重要影响”[25]。

不同事物在变化的过程中可能会保留相同的东西。

戳穿原则

就公共行政领域而言，与挑战传统政治与行政二分法同时产生的一种更为基本的论点认为，行政学科不存在所谓的“原则”。尽管几位学者对这种观点有所贡献[26]，但是对公共行政原则理念最有力的解析当属 1947 年西蒙的《行政行为：针对行政组织决策过程的研究》一书的出版，书中所表现的知识力量最终让西蒙于 1978 年获得了诺贝尔奖。

西蒙精辟地指出，对于每一个行政“原则”都有一个逆反原则，因此使得整个原则理念变得毫无意义。例如，传统的行政文献认为，如果行政命令能够有效地得以沟通和贯彻，官僚制度的“控制幅度”就必然狭窄。控制幅度意味着一位经理只能适度“控制”数量有限的下属，当超过一定数量后（权威刚好有别于这个数目），行政命令沟通被断章取义的可能性就会增多，控制就会越来越无效，也会变得更加“松散”。一个遵循狭窄控制幅度原则的组织会呈现出“高架型的”组织结构（见图 2-1）。

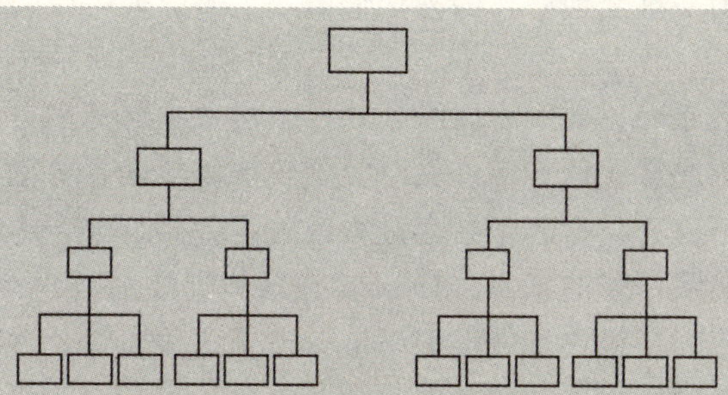

图 2-1　狭窄控制幅度“原则”

控制幅度在这一点上是合理的。[27]然而，正如西蒙所观察到的那样，行政文献还以同样的力度论证了另一个原则：如果组织要最大化地有效沟通和减少歪曲（以便增强反应和控制），就应该有尽可能少的层级，也就是要求“扁平的”科层结构。这一原则背后的逻辑是，越少的人在科层制里自上或自下传递信息，当信息到达指定地点时所受到改变或曲解的可能性就越小。在这一点上，这个原则也是合理的。“扁平的”科层结构需要公共官僚制度呈现图 2-2 的组织结构。

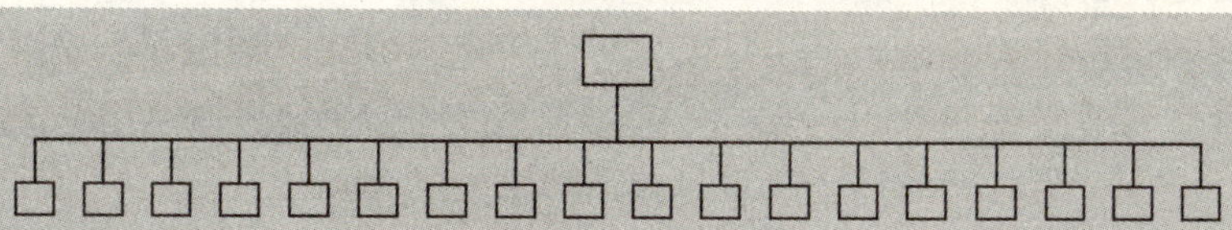

图 2-2　最大化的沟通“原则”

很显然，对于西蒙以及对于现在的我们来讲，这两个“原则”是互相矛盾的，因此根据定义，它们就不能被称为原则。这种困境贯穿在整个传统公共行政的文献当中，但是直到西蒙的论著出版之前，从来就没有人对此提出过质疑。[28]

到 20 世纪中期，公共行政的两个支柱，也就是政治与行政二分法和行政之原则，均被该学科领域富有创意的知识分子所摒弃。这种摒弃使公共行政丧失了作为独特认识和知识的身份认同。

2.5　回应挑战时期，1947—1950

就在西蒙的《行政行为》动摇公共行政学科基础的同一年，他对旧有的范式也提出了一个可供选择的途径。对西蒙来讲，公共行政的一个新范式意味着有两种类型的公共行政学者能够和谐共事并相互促进：一类学者关心“纯粹行政科学”并“完全以社会心理学为理论基础”；而另一类比较多的学者关注的则是“为公共政策开方抓药”[29]。

尽管西蒙的提议是严谨的，也是规范的，但他所提倡的“纯科学”使许多公共行政学者感到不满。西蒙推崇利用社会心理学提供理解行政行为的基础，这使许多公共行政学者感到陌生甚至担心，因为他们中的大多数人都没有接受过社会心理学的培训。

然而，无论什么原因，如果说战后公共行政学者不愿意离开政治科学的话，政治学者当时也正好不愿意让他们走。面对美国政治科学联合会财政紧缩的困境，政治学者们意识到，不仅公共行政学者在过去威胁要分离，如今在其他领域，如国际关系，目前也处于焦躁不安的状态。1952 年在《美国政治科学评论》（该领域的一流学术期刊）上发表的一篇文章就很坦率地论述了这件事情，并呼吁“政治科学应该继续支配［其］怪异而人造的孩子——公共行政”[30]。

2.6 范式 3：作为政治科学的公共行政，1950—1970

由于对政治的实质性关注，以及该学科领域所面对的冷酷的理性批判，公共行政敏捷地回到了政治科学温暖而深情的怀抱。其结果就是更新了其定向的定义，即政府官僚制度，从而相应地丧失了其焦点。

简而言之，公共行政界定的第三个阶段很大程度上是重建政治科学和公共行政之间的联系。这种建构的结果至少是以分析性焦点的形式“剔除了”公共行政学科领域的基本“专业知识”。因此，20 世纪 50 年代的公共行政论著把该领域说成是一个“重点”、一个“兴趣领域”，或者是政治科学的“同义语”[31]。

一项针对美国公共行政研究生教育的调查发现，大学公共行政研究项目的形式和重点具有很明显的多样性[32]，这位观察家可以准确地说：“美国公共行政研究的特征是缺乏完整的知识框架。”[33]作为可确认的研究领域，公共行政开始了长期下滑的演变过程。

十年之后，事态变得有点糟糕，而这种情势一直持续到 20 世纪 70 年代。1962 年，在美国政治科学联合会的政治科学学科委员会报告中，公共行政并没有包含在政治科学的二级学科领域里。1964 年，对政治学者的一项重要调查表明，教职员工对公共行政的兴趣普遍下降。[34]1967 年，公共行政在美国政治科学联合会年会议程上的组织类别消失了。一位知名的学者在 1968 年写道：“许多没有认同公共行政的政治学者是冷淡的，甚至是敌视的；但他们迟早会予以释怀”，而且公共行政学者也有“不舒服的二等公民”的感觉。[35]在 1960 年至 1970 年期间，发表在五大政治科学杂志上的文章中，只有 4%的文章涉及公共行政。[36]甚至在 20 世纪 70 年代末，美国政治科学联合会主席竟然将公共行政称为“知识的荒地”[37]。

2.7　政治科学的影响：服务于民主的官僚制度

政治科学身为公共行政的“母学科”，明显对该领域特征具有深远的影响。公共行政诞生于政治科学的大家庭里，早年成长于这个家庭的后院。美国政治科学的基本信念，如民主的自证价值、多元主义政体、政治参与、法律面前人人平等以及正当程序等都在继续影响着甚至是思想最为独立的公共行政学者。虽然能够很有说服力地阐明，美国的公民文化在其知识分子当中孕育了这些价值，而且不论这些民主价值在政治科学中的根基如何，美国的公共行政学者都会予以珍视。然而，政治科学环境似乎强化并加深了公共行政学者对这个国家宪政核心理念的责任感。如果允许假设公共行政诞生并成长于这个国家的工商学院，那么还会有今天的公共行政吗？或许不能。但无论怎样，人们可以认为，尽管政治科学经常以轻蔑的态度对待公共行政，但政治科学仍然是公共行政有益的塑造者，它奠定了公共行政的哲学和理论基础。民主体制中存在的官僚机制不是为统治者服务的，而是为被统治者服务的。

除了提供民主价值的基础之外，政治科学似乎对公共行政人员的教育效用越来越小。有位学者这样问道：“政治科学到底能在多大程度上提高公共行政人员的技能？而政治科学范畴内的主要研究综述表明，问题的答案应该是‘不太多’。”[38]或者，更朴素地讲，政治科学培养的是公共行政的“理性认识”（引自一个特别清晰的概括），公共行政本身培养的则是“知识性行动”[39]，而这些是学术性与专业型认识论之间的根本差异。

2.8　范式 4：作为管理学的公共行政，1956—1970

部分原因是由于公共行政在一些政治学系里处于“二等公民”的地位，使得有些公共行政学者开始寻求替代途径。尽管范式 4 基本上与范式 3 同时出现，但是受政治学熏陶出来的公共行政学者从来就没有将之视为范式。相反，管理学的选择（有时称为“行政学”或“一般管理学”）对相当一部分公共行政学者来讲，倒是一个可行的途径，而且对于某些人来说，他们仍抱有这样的观点。但是在政治学和管理学的范式中，公共行政所面临的基本冲击在于，在“更大的”概念范畴里会失去其原有的身份和独特性。

作为一种范式，管理学提供的是焦点而不是定向。它提供的是技术，而且往往是非常精细的技术，需要专门的知识和专业化水平，但却没有界定应该在怎样的制度背景下运用这些专业知识。正如范式 2 一样，无论在哪里出现，行政就是行政。

管理学的飓风

绝大部分源于工商管理学院的众多发展促进了管理学可选范式的不断发展。从20世纪50年代中期一直到60年代中期，大批学者在管理学杂志上撰文，加速了一般性管理学在逻辑上成为较“狭隘”范式的继承者，例如公共行政和工商管理。[40] 1956年，一位公共行政学者创办了重要的《公共行政季刊》，其前提就是假设公共、私人和非营利部门的行政并无区别，行政就是行政，我们应该将这本杂志的创刊作为范式4的诞生标志。

这些思想潮流对大学的课程产生了真正的影响。1961年对美国公共行政研究生项目的一项调查发现，“一股趋向遍及其他各学科领域的飓风正在形成与发展”，而这就是一种观念，认为一般性管理学在制度和组织研究中构成了一种认识论，统一适用于公共、私人或非营利部门。[41]于是，到20世纪60年代早期，多达1/5的工商管理课程都将公共行政学、经济学或其他社会科学融进了工商管理学的研究中。[42]

在所有次要领域都基本相似

那么，公共行政学是否是隶属于管理学的一个二级领域呢？无论对于商界、非营利组织还是政府，预算、计划和人力资源管理等核心管理职能同样都是至关重要的活动，但从根本上说，公共行政是否只不过是对各种公民服务规定的一种认识和理解呢？

组织研究的作用。当然，从某种程度上讲，决定公共行政学与管理学到底是二者归一且相同还是互为独立且有区别，还要视观察者的角度来判定。那些认为组织具有工具性使命（诸如利润）的理论家针对组织的理解是碎片化的，其特征往往是案例研究。而那些以独立单元和过程来理解组织的理论家则通常会认为，公共行政学与管理学之间假定的差别是虚假的，因为作为手段，管理是管理就是管理学（management is management is management）。与此相反，那些认为组织具有社会使命的分析家以及那些以整体和系统方式看待组织的理论家一般都会认为，公共行政与管理截然不同。[43]

正如学者个人对于公共行政适应性问题持有不同观点一样，他们在研究撰写和阅读的大量文献中，也会抱有不同的看法。在管理学文献中，尽管偶尔有管理学学者提出相左的意见，但行政管理现象一般还多见于工商管理领域。如果粗略浏览任何管理学导论性质的教科书，都不难理解这一观点。而在提及政府的时候，政府经常会被看成是公司“任务环境”中的一个“约束条件”。

然而，比研究者个人的偏见更为重要的是，不断有针对这一话题的客观学术性概论认为，公共行政与私人管理的确是有区别的。正如我们在随后所看到的那样，大量萌芽阶段的研究对公共组织与私人组织进行了实证比较，而比较的结果认为，除了主观想象的轻描淡写之外，公共行政与私人管理部门可以作为一个实体开展富有成效的研究。

如果认为公共管理和私人管理的确是有区别的话，那么试图理解这些不同管理部门的学科，在很大程度上就必须依靠不同类型的知识，而研究也正说明了这种情况。针对八所具有代表性的且相对重要的一般性管理学院进行的一次仔细研究分析之后发现，硕士学位“共同的”核心课程竟然是由不少于 30 门的不同课程组成！这可以说是“对行政工具与管理技术共性的实质反对”[44]。

真实世界的现实性。实验性和实证性数据信息都在支持公共行政具有独特性的论断。正如本书随后所讨论的那样，这些数据信息揭示出，在真实世界中，公共行政人员和工商管理人员所需要的技能很明显是不同的。那些已经转变成公共管理人员的商界成功人士就首先会否认在公共部门和私人部门之间具有很大的相似性[45]；而进入企业的公共行政人员也将会经历一个相对困难的转变过程。[46]

一些针对联邦局局长的重要研究确认，事务型公共行政人员担任政府管理者要比从工商界或学术界等其他领域进入政府的管理者表现优秀。尽管这些新进入政府的管理者一般都比事务型公共行政人员的学历高，专业经历也更加丰富多彩，但他们在“部门管理的系统评价中，所获得的得分却没有公务系列出来的局长分数高”。到目前为止，还是那些政府事务型官员被视为更为有效的机构领导人。实际上，教育和多种专业背景“与管理绩效并不相关”[47]，而部门的工作经验至关重要。

然而，学者和实践人员逐渐达成的共识似乎是，借用华莱士·塞尔的老格言，公共行政与私人管理“在所有次要方面基本上是相似的”[48]。

2.9　管理学的影响：认识公共行政的“公共性”

如果说政治学对公共行政的基础价值和发展演进有着深远的影响，那么管理学的影响就少得多了。但在许多方面，管理学对公共行政的影响也是比较积极的。而这并不是说管理学为公共行政创建的家庭环境就是温暖而富有建设性的，真实的情况并不是这样。管理学不像政治学，对待公共行政像是施虐的父母，管理学更像是家中心不在焉的阿姨，永远也不清楚谁住哪个房间，而且还经常忘记做饭。

管理学对公共行政产生了某些独特而有益的影响，其中之一就是迫使公共行政学者因传统私人部门方法行不通而开发新的方法论[49]，本书将在第二部分对其中的一些技术进行评价。然而，管理范式的一个清晰而明确的影响是，推动了公共行政学者反思公共行政中“公共性”的真正意义。

“公共性”与“私人性”

界定公共行政的“公共性”长久以来一直是学界的一个棘手问题。部分原因是西方文化还没有理清社会上公共性和私人性的“复合结构理念”[50]。

社会的公共性和私人性由三个维度组成：行为、利益和可介入性。

行为在这个意义上指的是个人行为和公共行为之间的根本区别，个人行为是作为代理人自身而采取的行动（即私人性），公共行为是作为政府官员而采取的会影响到他人的行动（即公共性）。[51]

利益考虑的则是受益方和受损方。因此，私人公司的利益只能受益于公司内部员工或公司的所有者。与此相对应，政府的利益应该是普惠于社会的每一个成员。

可介入性指的是区分公共性和私人性的开放程度。可介入性包含可以接触的各种活动、空间、信息和资源。

对“公共性”的制度定义

传统上，当公共行政人员思考公共行政“公共性”到底意味着什么的时候，往往是以制度或机构的形式来理解的。换句话说，是对出现在政府组织图表中靠财政支持的机构实行的管理。官僚制度，也就是这些机构，构成了公共行政的“定向”，摇摆于范式 1（政治/行政二分法）和范式 3（作为政治学的公共行政学）时期的焦点。“公共性”的制度定义仍然是这一领域的主流思想。针对公共组织较为重要的文献所作的评论指出，绝大多数作者（70%的文献）在分析公共组织的时候都倾向于采用“行为”的观点，而反对“利益”或“可介入性”的看法。[52]

然而，行为定义中也存在着许多现实的问题，而这些问题需要在范式 4 的公共行政经验中得以疏解。最显著的问题是关于现实世界的问题。民营化、非政府组织的兴起以及其他形式的发展都使公共行政变成了一个令人难以捉摸的实体，至少试图在制度架构下以实证术语界定公共行政的时候是这样。这就需要寻找不同的解决方案。

“公共性”的哲学定义

20 世纪 70 年代产生的解决方案是一种规范性的哲学方案。公共行政的规范性定义不再只重视政府机构，还要重视那些会影响公共利益的更加动态的现象。比方说，公共行政学者已不再将国防部集中于适当的公共定位而将波音公司留给工商管理的学生，他们开始认识到，国防部与波音公司之间的各种合同和政治关系应该成为他们研究的中心问题，因为这些关系明显涉及公共利益。

“公共性”的组织定义

公共行政的哲学定义明显优于公共行政的制度定义，但也存在一定的问题。毕竟，上述定义并不是十分准确的；一个人的公共利益观点可能不被他人共享。因此，定义公共行政“公共性”的第三种方案则是代表自己：组织。

公共行政学者多年以来一直困惑于一个概念，即公共组织和私人组织明显是有差异的，但许多人更多的是基于意识形态的信念而不是基于实证研究来得出上述结论。然而，进入 20 世纪 70 年代末以后，大量新的关注公共组织的研究开始出现。正如将在随后所解释的那样，这种研究已经相对明确，至少在公共组织和私人组织之间存在一个绝对重要的差异，这种差异也是其他重要区别的基本来源，那就是，组织外部环境对组织内部各项工作和一般行为的影响力。也就是说，有关组织问题的新文献（在这个问题上是相对于旧文献而言）主张，环境对公共组织行为的影响远比对私人组织行为的影响大得多。

公民个人、立法委员、特殊利益集团、公共委员会和其他组织在塑造公共组织资源、流程、决策和使命的过程中更为重要，更为精密，也更为权威，因为相对于私人组织来说，它们会更多地进入公共组织的各种会议、办公室、信息和资源。

我们对于公共行政的制度、规范和组织定义绝对不是相互排斥的，而是互为促进的。三者结合起来构成了公共行政的“公共性”，也就是公共行政领域和专业的共同定向。

公共行政与私人管理之间的工作差异

研究者们确认出公共行政和私人管理之间的大量差异，而这些差异属于执行工作的四大方面：组织的任务环境、组织的使命、组织的结构性约束以及个人的价值观。

更明确地说，相对于私人管理者来说，公共行政人员必须应对更为复杂、更为动荡和更少竞争的组织环境，在组织方面要更多地剖析各种环境力量。从组织角度出发，公共部门的目标更为独特，数量更多，定义更少。公共部门的决策会更多地受到官僚制度、文牍主义的约束，自主性更少。最后，公共行政人员本身也更加唯心，更少忠诚于自己的组织，但在促进社会变革中会更多地承诺为公共利益服务。[53]

学者们可能针对这些区别的有效性展开争辩[54]，但也可能广泛接受这些区别。我们会通过本书以不同的态度予以评价。

2.10 分离主义的力量，1965—1970

即便是在范式 3 和范式 4 的巅峰时期，公共行政也一直在播撒自身复兴的种子。而这一过程，虽然在当时是非常无意识的过程，但至少采取了三种不同而又互补的形式。其中，两种形式是学术性的，第三种是专业性的。

学术殿堂中的分离主义：细微差别的概念

大学中出现的两种理论发展产生了令人意想不到的效果，鼓励公共行政学者重新思考公共行政学与政治学之间的关系。

“科学、技术与公共政策”。其中一个发展是大部分于20世纪60年代在大学中发展起来的“科学、技术与公共政策”课程。尽管具有广泛的跨学科性，但这些课程往往被身在政治学系的公共行政学者主导。到20世纪60年代末期，美国大约有50门这样的课程，而且大部分开设于美国的最高学府。

正是科学、技术和公共政策的新焦点，促使附属于政治系的公共行政学者于20世纪60年代开始宣称，公共行政学与政治学在知识上存在差别。而能够产生这种新的认同，部分是因为对科学、技术和公共政策的关注在概念上并不依赖于政治学所偏爱的多元主义论题。相反，新的焦点更加关注精英主义而不是多元主义，更加关注研究的综合性而不是特殊性，更加关注科层性而不是公共性。

“新公共行政”。第二个学术发展是“新公共行政理论”。1968年，年轻的公共行政学者就新公共行政问题召开了一次大会，大会随后的出版物揭示出，年轻公共行政学者开始不再倾向于研究效率、效力、预算和行政技术等传统的现象。相反，新公共行政学已经更多地意识到规范性理论、哲学和行动主义。如果新公共行政有什么基调的话，那就是道德。[55]而“新公共行政学”可以被视为提倡独立于政治学（毕竟，新公共行政学没有被称为“官僚制度的新政治学”）和管理学（因为管理学的实证研究总是强调方法的技术性而不是规范性）的新学派。

一次光明但短暂的间歇。科技和公共政策运动以及新公共行政运动虽然都很短暂，但科技和公共政策课程最终演变成信息系统和环境管理方面的专业化课程。尽管新公共行政从未实现其学科革命的野心，但两个运动都对公共行政学产生了持久的影响，刺激公共行政学者重新思考与政治学和管理学之间的传统知识纽带，同时也对其学术自主性进行了深入思考。

权力走廊中的分离主义：实践者的骄傲！

当这些知识潮流通向学术殿堂的时候，一股完全独立的浪花涌进了权力的走廊。用一个更好的形式称呼，我们可以称其为“实践者的骄傲”，而这也促进了公共行政学作为独立学科领域的崛起。

这一不断增强的公共行政专业化骄傲的象征就是1967年成立的美国国家公共行政科学院。

科学院的创始人希望创建一个全国最著名的公共行政人员和学术界联合会，让学者和实践者能够作为解决公共问题的一种资源提供相应的服务，就像美国国家科学院作为政府科学问题的最权威性顾问一样。实际上，正如美国国家科学院一样，美国国家公共行政科学院也隶属于美国国会，这是美国仅有的两个持有国会执照的科学院。

科学院的院士要经过大约500名会员的选举产生，其会员制的运行模式基本上是按照创始人的构想进行的。

总之，20世纪60年代的最后几年里，无论是公共行政的学术界还是其实践领域，都在不断转向一种强化的自我意识。到1970年的时候，分离主义运动也就粉墨登场了。

2.11　范式 5：作为公共行政学的公共行政：1970 年至今

"作为公共行政学的公共行政"是指公共行政成功的理论研究和实践领域。

公共行政第五种范式从某种形式上讲是政府官僚制度定位的一种回归。学生、教授和公共行政人员之间的联结能够在一种滋养的氛围中慢慢增强，全然不必在乎政治学家关于公共行政偏好具体细节的批评，也不必理会工商学派有关胆小如鼠的政府官僚"闲职"的傲慢评价。

全美公共事务及行政院校联合会的起源

1970 年，全美公共事务及行政院校联合会（National Association of Schools of Public Affairs and Administration，NASPAA）成立了，我们选择这一事件作为一直延续至今的公共行政第五种范式的起点标志。该联合会由 250 家提供公共行政硕士学位（MPA）教育的大专院校组成，它的形成不仅代表了公共行政学者的脱离行动，也是他们自信心增强的一种表现。1983 年，联合会成员决定变成公共行政硕士学位教育的认证机构，如今，已经有 100 多个公共行政硕士教育项目获得了该联合会的认证。

针对获得公共行政硕士学位的行政人员展开的调查发现，全美公共事务及行政院校联合会的认证能为公共行政硕士学位教育带来更高的声望，教育项目的运行更加有效，招收高品质教师和学生的能力也更强。[56]

针对全美公共事务及行政院校联合会认证通过的所有教育项目进行分析后得出的结论是："全美公共事务及行政院校联合会认证标准运行良好，分布在不同认证学校中学习的学生也基本上能接受到相同核心课程的培养教育……相对于那些不经过认证标准评估的公共行政硕士课程来说，[经过认证的] 课程普遍更加重视专业技能。"[57]

分离的统计

根据自 1973 年开始的针对全美公共事务及行政院校联合会成员机构（按照美国公共行政硕士学位教育最权威性机构名单排列）的各项调查结果显示，公共行政学真正地开始脱离政治学和管理学领域。在所有大学公共行政教育中，负责公共行政、公共政策和城市问题研究的独立院、系、所已经占据了一半的份额，而这一比例还在上升。[58]

在过去的 30 年左右，不足 1/3 到几乎 2/5 的公共行政硕士课程仍然保留在政治学系，但这一比例正随着时间的推移而下降。[59]寄居在其他院系，比方说工商管理学院或管理学系，其公共行政教育项目的数量也已经在逐年下降，由 1973 年的 17%下降到目前的 12%。[60]

这一向着自主学术领域发展的趋势似乎对公共行政学非常有利。研究表明，最有效的公共行政教育是那些由公共行政独立院系承办的课程[61]，在所有组织类型中，这些机构的学生增长率发展得最快。[62]

超过 26 000 名学生注册参加公共行政和公共事务硕士学位课程的学习，而 1973 年招收的学生还不到 11 000 名。在攻读公共行政硕士课程的学生中，一半以上是女性，超过 1/4 的学生是有色人种。[63]

2.12 范式 6：治理，1990 年至今

自 20 世纪 80 年代开始，大量的发展趋势加速了人们构想政府及其行政方式的根本性变革。我们将这些趋势分组归类于全球化、重新定义和权力下放题目之下[64]，而这些发展在公共、私人和非营利部门内部和部门之间产生了巨大的变化，成为美国制度建设的重点。[65]

- 全球化。在其他的发展中，跨国公司、互联网、全球环境问题、更加自由和便捷的国际贸易与旅行正在挑战着美国以及其他国家政府的传统地位和权力。
- 重新定义。逐渐地，政府会更多地使用伙伴关系和协作而更少地使用权力和层级来“重塑”自身。授权政府工作人员和公民，与非政府组织共同提供服务，引入竞争机制，测评绩效，“顾客”满意度调查以及相关的发展都反映了这一定义上的转变。
- 权力下放。经过设计或默认，美国政府将其传统的权力下放给了公民个人（经常通过信息技术的形式）；公民团体；公私伙伴关系；非营利部门，私人部门；公共权力机构；政府协会；以及其他政府组织。

政府的未来

在随后的章节中，我们还会更加详细地思考这些发展，但是，这些加速发展变化的趋势到底意味着什么？

更加模糊，更加扁平，也更加具有毁灭性。我们认为这些发展将会以下列方式改变政府：

- 界限会变得模糊不清。公共部门、私人部门、非营利部门以及联邦、州和地方政府之间的制度性差异已经变得模糊、混浊和暗淡，而且还会变得更加模糊、混浊和暗淡。
- 政府会变得扁平与延展。政府一直是层级式管理，好像将来还会一如既往。但是，就像私人公司正在趋向扁平和延展一样[66]，政府也正在大面积地调整和重组自身纵向的组织，以适应并开发新的包含信息技术、其他政府和其他部门的横向

网络，而且这种重组的步伐还将进一步加快。

- 政府将缩减自己的能量和规模。全球化迫使政府缩减自身的主权以使地球能够按一个星球来管理，气候、商务和暴力（包括国家内部和国与国之间的暴力）等方面的国际合作无不指向这一成果目标。重新定义和权力下放都在说服政府减少自身的职责，以便三个部门中的其他实体能够接管并提供公共服务。正如一位颇具学者风度的智者提出的问题一样："是要让国家的概念消亡吗？"[67]

治理的兴起。换句话说，我们正在远离政府管理，或者远离对公民控制，或者说远离由国家机构提供公共福利，而是正在走向政府治理，或者是走向控制公民并提供公共福利的法律、政策、组织、制度、合作机制以及各种协议的架构与配置。政府管理是制度化的，而政府治理既是制度化的，也是网络化的。

治理的出现具有丰富的文献资料。一份针对 800 多个跨学科实证研究所作的分析发现，"层级性政府"普遍转移，而且明显转向了"横向治理"。在过去的几十年里，一直"不断有新的行政形式促进政府治理的发展"[68]。

政府治理的相应名称——"网络化治理"[69]，"是我们这一时代的一个中心政策和管理问题：一定要认识到，让不同的伙伴参与政府服务生产会给公共官员增加更多的职责，而不是减少职责"[70]。

治理的实践。政府治理在实践中意味着什么？让我们来思考一些事例：

联邦政府在与私人公司签订合同执行国家政策方面的投入要比政府自身开支多出 53%。[71]联邦政府通过合同、专项拨款和政府间协议等途径所雇用的人员数量是其支付工资雇员总量的 8 倍。[72]

美国 50 个州都将自己部分的公共服务进行了民营化。[73]各州大约 1/5 的预算花费在与私人公司和非营利组织签订的合同。[74]比方说，威斯康星州通过协调一个由政府机构、商界和非营利组织共同组成的网络，将其福利名单减少了 90%[75]，并且在该州部分地区，"福利领受者能够在不接触公共雇员的情况下就可以使用社会服务系统所提供的大部分服务"[76]。

至少在过去的 20 年里，一半的城乡服务是由政府自己的雇员提供的，但另一半地方服务是通过公私伙伴关系、营利公司、非营利组织、其他政府组织、各种补贴、特许经营、志愿服务、优惠购物券（凭单）以及其他方式实现的。[77]每一个城市和乡村至少选择其中的一种方式进行了一次性尝试或多次运用，而且地方政府所运行的每一项服务，从公园管理到警务服务，都已经被承包了出去。[78]

根据在 237 个美国城市中就公共行政人员承担经济发展责任问题所进行的广泛调查研究发现，这些政府管理人员 5 天中会花费相当于一整天的时间"处理他们组织与其他组织之间的依存关系问题"。当典型的城市政府在试图发展其经济时，仅仅两年的时间就需要同大约 60 个其他政府组织、非营利组织和私人公司建立起各种联系。[79]

了解并管理这些复杂的政府间和部门间依存关系是公共行政面临的新问题。

治理的结果。大约半个世纪以前，著名学者保罗·阿博柏在描述这一公共行政过程时使用了网络化治理的术语。阿博柏说，公共行政是在“建立一个囊括众多事物的网络”[80]。

建立事物运行网络似乎能够得到合理的解释。根据针对得克萨斯州500个学区进行的为期5年的研究总结道：“管理网络化运行至少促进了教育绩效的提高”，针对学生标准化考试通过率这种“最为显著的绩效指标”来说，“管理的网络化运行也获得了积极的结果”[81]。

我们建议的东西是政府治理发挥作用的各种指标，而且政府治理可能比政府管理更为有效。

公共行政的未来

从20所最好的公共行政学院毕业的学生中，有1/3强或36%的毕业生会从政府起家，然后一直留在政府供职。很少有人先在私人公司或非营利组织任职，然后转入政府工作。[82]这些顶尖级公共行政硕士教育的毕业生不会为了更好的境遇而离开政府；只有27%的人说离开政府是为了谋求更好的工资待遇，但几乎三倍的人数，也就是73%的人会说，离开政府是为了寻求“更富有挑战性的工作”[83]。

我们不是有意找政府的碴儿，而是的确想说明，能够赢得最有热情投身于公共服务事业的美国人的想象力和忠诚度，这样的机构好像越来越不是政府机构。

2.13 是一种范式的平衡还是公共行政的最终幸福?

我们认为，即便是在目前治理的范式下，政府仍将保留公共行政的核心机构。但是，应该在什么样的制度背景下，公共行政所要选择的模式才会比以往更为开放，是公共的、非营利的还是私人的？正如范式2和范式4一样，范式6中对公共行政领域的制度定位开始减弱，但其推行的社会变革焦点，可能是迄今为止最为尖锐的。

然而，目前的范式仍然保留了公共行政的定位，因为以定位为主的范式5，即作为公共行政学的公共行政，继续保持不变。正像范式5一样，不论在哪里实践，公共行政学都将保留一种自治性专业。

变成自身独立的领域是范式5的核心和持续现实，就像哈佛大学校长所言，公共行政教育必须为国家“培养公务员队伍”奠定基础。[84]范式6并没有取代范式5，而且似乎永远也不会取代。相反，范式5和范式6还会在时间上交叉重叠。难得的是，两种范式会彼此前后交替运行。

也许，公共行政最终还是在其定位和焦点之间达到了一种有益的平衡。

注释

[1] We do not go too far down the past, however, and confine ourselves to the last hundred years or so in the United States. For those who would like to explore deeper and wider, we suggest Mark R. Rutgers, "Beyond Woodrow Wilson: The Identity of the Study of Public Administration in Historical Perspective," *Administration & Society* 29 (July 1997), pp. 276–300.

[2] Robert T. Golembiewski, *Public Administration as a Developing Discipline*, Part I, *Perspectives on Past and Present* (New York: Marcel Dekker, 1977).

[3] Woodrow Wilson, "The Study of Administration," *Political Science Quarterly* 2 (June/July 1887), pp. 197–222; reprinted 50 (December 1941), pp. 481–506.

[4] Richard J. Stillman II, Woodrow Wilson and the Study of Administration: A New Look at an Old Essay," *American Political Science Review* 67 (June 1973), p. 587. More accurately, in formulating his politics/administration dichotomy, Wilson apparently misinterpreted some of the German literature that he read on public administration. In any event, the politics/administration dichotomy clearly has had an impact on the evolution of public administration. See, for example, Paul Van Riper, "The American Administrative State: Wilson and the Founders—An Unorthodox View," *Public Administration Review* 43 (November/December 1983) pp. 447–490, and Daniel W. Martin, "The Fading Legacy of Woodrow Wilson," *Public Administration Review* 48 (March/April 1988), pp. 631–636.

[5] Frank J. Goodnow, *Politics and Administration* (New York: Macmillan, 1900), pp. 10–11.

[6] This discussion was drawn from Daniel W. Williams's two enlightening articles: "Evolution of Performance Measurement until 1930," *Administration & Society* 36 (May 2004), pp. 131–165, and "Measuring Government in the Early Twentieth Century," *Public Administration Review* 63 (November/December 2003), pp. 643–659. The New York Bureau of Municipal Research continues to this day as the Institute of Public Administration (it was renamed in 1931), and it still is located in New York City, where it consults locally, nationally, and internationally.

[7] *Annals of the American Academy of Political and Social Science* 41 (May 12, 1912), entire issue.

[8] Committee on Practical Training for Public Service, American Political Science Association, *Proposed Plan for Training Schools for Public Service* (Madison, WI: American Political Science Association, 1914), p. 3.

[9] *Proceedings of the American Political Science Association, 1913–1914*, p. 264, as cited in Lynton K. Caldwell, "Public Administration and the Universities: A Half Century of Development," *Public Administration Review* 25 (March 1965), p. 54.

10] The financier of the Bureau's Training School for Public Service was Ms. E. H. Harriman, who raised some $250,000 and turned it over to the Bureau of Municipal Research for a school. Ms. Harriman had preferred that her school be in a university in the first place but could find no takers; the presidents of Harvard, Yale, and Columbia were approached by her, but she found them to be "polite but amused" by her proposal. See Luther Gulick, "George Maxwell Had a Dream," *American Public Administration: Past, Present, Future*, Frederick C. Mosher, ed. (Syracuse: Maxwell School of Citizenship and Public Affairs and the National Association of Schools of Public Affairs and Administration, 1975), p. 257.

[11] Dwight Waldo, "Public Administration," *Political Science: Advance of the Discipline*, in Marian D. Irish, ed. (Englewood Cliffs, NJ: Prentice Hall, 1968), pp. 153–189.

[12] Much of this discussion is based on Svara, "The Politics/Administration Model as Aberration."

[13] Alisdair Roberts, "Demonstrating Neutrality: The Rockefeller Philanthropies and the Evolution of Public Administration, 1927–1936," *Public Administration Review* 54 (May/June 1994), p. 222.

[14] Ibid.

[15] Morris B. Lambie, ed. *Training for the Public Service: The Report and Recommendations of a Conference Sponsored by the Public Administration Clearing House* (Chicago: Public Administration Clearing House, 1935).

[16] Caldwell, "Public Administration and the Universities," p. 57.

[17] Dwight Waldo, "Introduction: Trends and Issues in Education for Public Administration," in *Education for Public Service: 1979*, Guthrie S. Birkhead and James D. Carroll, eds. (Syracuse: Maxwell School of Citizenship and Public Affairs, Syracuse University, 1979).

[18] The famous phrase was first written by Wallace Sayre in "Premises of Public Administration: Past and Emerging," *Public Administration Review* 18 (March/April 1958), pp. 102–105. The quotation is on p. 104.

[19] Lyndall Urwick, "Organization as a Technical Problem," in *Papers on the Science of Administration*, Luther Gulick and L. Urwick, eds. (New York: Institute of Public Administration, 1937), p. 49.

[20] For a good analysis of this point, see Thomas H. Hammond, "In Defense of Luther Gulick's 'Notes on the Theory of Organization,'" *Public Administration* 68 (Summer 1990), pp. 143–173.

[21] John Merriman Gaus, "Trends in the Theory of Public Administration," *Public Administration Review* 10 (Summer 1950), p. 188.

[22] Wilson, "The Study of Administration," pp. 501, 504.

[23] For an enlightening example see Robert S. Montjoy and Douglas J. Watson, "A Case for a Reinterpreted Dichotomy of Politics and Administration as a Professional Standard in Council-Manager Government," *Public Administration Review* 55 (May/June 1995), pp. 231–239.

[24] John Nalbandian, "Reflections of a 'Pracademic' on the Logic of Politics and Administration," *Public Administration Review* 54 (November/December 1994), pp. 531–536. For a similar approach to this point, see also James E. Skok, "Policy Issue Networks and the Public Policy Cycle: A Structural–Functional Framework for

Public Administration," *Public Administration Review* 55 (July/August 1995), pp. 325–332.

[25] Richard C. Feiock and Jaehoon Kim, "Credible Commitment and Council-Manager Government: Implications for Policy Instrument Choices," *Public Administration Review* 63 (September/October 2003), pp. 616–625. The quotation is on p. 616.

[26] See, for example, Robert A. Dahl, "The Science of Public Administration: Three Problems," *Public Administration Review* 7 (Winter 1947), pp. 1–11, and Dwight Waldo, *The Administrative State: A Study of the Political Theory of American Public Administration* (New York: Ronald, 1948). Simon himself granted a foreshadowing of his *Administrative Behavior* with his aptly titled, "The Proverbs of Administration," *Public Administration Review* 6 (Winter 1946), pp. 53–67.

[27] Span of control is a venerable block in the theory of organizations, and Luther Gulick, an early advocate of span of control in public organizations, lamented the lack of empirical research concerning it. Happily, the objective study of the concept of span of control is emerging. See, for example, Kenneth J. Meier and John Bohte, "Span of Control and Public Organizations: Implementing Luther Gulick's Research Design," *Public Administration Review* 63 (January/February 2003), pp. 61–70, and Nick A. Theobald and Sean Nicholson-Crotty. "The Many Faces of Span of Control: Organizational Structure across Multiple Goals," *Administration & Society* 36 (Winter 2005), pp. 648–660.

[28] Ironically, the notion of "principles" of public administration has been quashed so thoroughly that there is some scholarly activity underway to bring principles back. As one writer in the field has contended, "The utility of tested administrative principles . . . is as great as it was in 1939." However, this author, as well as other, argues that we should define the concept of administrative principle considerably more flexibly than does the dictionary and has suggested that, "A principle is a generalized normative statement based on experience and does not purport the universality of a theory of law." See Ronald C. Moe, "Traditional Organizational Principles and the Managerial Presidency: From Phoenix to Ashes," *Public Administration Review* 50 (March/April), p. 136.

A principle as a "generalized normative statement" seems to be what Luther Gulick had in mind when he wrote "Notes on the Theory of Organization," in his and Urwick's *Papers on the Science of Administration* of 1937 (pp. 1–45). And while we agree that there are some general precepts that public administrators would be well advised to follow (e.g., authority should match accountability), and that it is the responsibility of the academics to, in conjunction with the practitioners, develop these precepts, we do not believe that changing the definition of the word "principle" is the way to do it. Its somewhat casual use by Gulick and Urwick in 1937 not only set them up for scholarly attack later, but also the attacks themselves probably deflected needed research on how public organizations work, and this was a disservice. Nevertheless, the first condition in any field of academic and professional endeavor should be retaining clarity and precision of language; hence, redefining or fogging up what "principle" means is not a particularly fruitful way of advancing the discipline.

Moe also has stated that principles of public administration should be resurrected in the form of a renewed recognition of public law as the foundation of the field, and this is a more straightforward argument. See Ronald C. Moe and Robert S. Gilmore, "Rediscovering Principles of Public Administration: The Neglected Foundation of Public Law," *Public Administration Review* 55 (March/April 1995), pp. 135–146.

[29] Herbert A. Simon, "A Comment on 'The Science of Public Administration,'" *Public Administration Review* 7 (Summer 1947), p. 202.

[30] Roscoe Martin, "Political Science and Public Administration—A Note on the State of the Union", *American Political Science Review* 46 (September 1952), pp. 660, 665.

[31] Martin Landau reviews this aspect of the field's development cogently in "The Concept of Decision-Making in the 'Field' of Public Administration," *Concepts and Issues in Administrative Behavior*, Sidney Mailick and Edward H. Van Ness, eds. (Englewood Cliffs, NJ: Prentice Hall, 1962), pp. 1–29. Landau writes, "Public administration is neither a subfield of political science, nor does it comprehend it; it simply becomes a synonym" (p. 9).

[32] Ward Stewart, *Graduate Study in Public Administration* (Washington, DC: U.S. Office of Education, 1961).

[33] William J. Siffin, "The New Public Administration: Its Study in the United States," *Public Administration* 24 (Winter 1956), p. 357.

[34] Albert Somit and Joseph Tanenhaus, *American Political Science: A Profile of a Discipline* (New York: Atherton, 1964), especially pp. 49–62 and 86–98.

[35] Dwight Waldo, "Scope of the Theory of Public Administration," in *Theory and Practice of Public Administration: Scope, Objectives, and Methods*, James C. Charlesworth, ed. (Philadelphia: American Academy of Political and Social Science, 1968), p. 8.

[36] Contrast this figure with the percentage of articles in other categories published during the 1960–1970 period: "political parties," 13 percent; "public opinion," 12 percent; "legislature," 12 percent; and "elections/voting," 11 percent. Even these categories dealing peripherally with "bureaucratic politics" and public administration evidently received short shrift among the editors of the major political science journals. "Region/federal government" received 4 percent, "chief executives" won 3 percent, and "urban/metropolitan government" received 2 percent. The percentages are in Jack L. Walker, "Brother, Can You Paradigm?" *PS* 5 (Fall 1972), pp. 419–422. The journals surveyed were *American Political Science Review, Journal of Politics, Western Political Quarterly, Midwest Political Science Journal*, and *Polity*.

[37] Heinz Eulau (1977) as quoted in Krishna K. Tummala, "Comparative Study and the Section on International and Comparative Administration (SICA)," *Public Administration Review* 58 (January/February 1998), p. 21.

[38] David L. Weiner, "Political Science, Practitioner Skill, and Public Management," *Public Administration Review* 52 (May/June 1992), p. 241. Opposite views, of course, exist. See, for example, Marcia Lynn Whicker, Ruth Ann Strickland, and Dorothy Olshfski, "The Troublesome Cleft: Public Administration and Political Science," *Public Administration Review* 53 (November/December 1993), pp. 531–541.

[39] Caldwell, "Public Administration and the Universities," p. 57.

[40] See, for example, Edward H. Litchfield, "Notes on a General Theory of Administration," *Administrative*

Science Quarterly 1 (June 1956), pp. 3–29; John D. Millett, "A Critical Appraisal of the Study of Public Administration," *Administration Science Quarterly* 1 (September 1956), pp. 177–188; William A. Robson, "The Present Stage of Teaching and Research in Public Administration Towards the Future," *Public Administration* 39 (Autumn 1961), pp. 217–222; Andre Molitor, "Public Administration Towards the Future," *International Review of Administration Sciences* 27 (No. 4, 1961), pp. 375–384; Ivan Hinderaker, "The Study of Administration: Interdisciplinary Dimensions," *Summary of Proceedings of the Western Political Science Association*, Supplement to *Western Political Quarterly* 16 (September 1963), pp. 5–12; Paul J. Gordon, "Transcend the Current Debate in Administration Theory," *Journal of the Academy of Management* 6 (December 1963), pp. 209–312; Lynton K. Caldwell, "The Study of Administration in the Organization of the University," *Chinese Journal of Administration* (July 1965), pp. 8–16, 70; and Keith M. Henderson, *Emerging Synthesis in American Public Administration* (New York: Asia Publishing House, 1966).

[41] Stewart, *Graduate Education in Public Administration*, p. 39.

[42] Delta Sigma Pi, *Eighteenth Biennial Survey of Universities Offering an Organized Curriculum in Commerce and Business Administration* (Oxford, OH: Educational Foundation of Delta Sigma Pi, 1962).

[43] James L. Perry and Kenneth L. Kraemer, "Part Three: Is Public Management Similar of Different from Private Management?" in *Public Management: Public and Private Perspectives*, James L. Perry and Kenneth L. Kraemer, eds. (Palo Alto, CA: Mayfield, 1983), p. 56.

[44] Kenneth L. Kraemer and James L. Perry, "Camelot Revisited: Public Administration Education in a Generic School", *Education for Public Service, 1980*, Guthrie S. Birkhead and James D. Carroll, eds. (Syracuse: Maxwell School of Citizenship and Public Affairs, Syracuse University, 1980), p. 92.

[45] See, for example, Michael Blumenthal, "Candid Reflections of a Businessman in Washington," *Fortune* (January 29, 1979); A. J. Cervantes, "Memoirs of a Businessman-Mayor," *Business Week* (December 8, 1973); and James M. Kouzes, "Why Businessmen Fail in Government," *New York Times* (March 8, 1987).

[46] Donald Rumsfeld, "A Politician Turned Executive," *Fortune* (September 10, 1979).

[47] David E. Lewis, *Political Appointments, Bureau Chiefs, and Federal Management Performance* (Princeton, NJ: Princeton University, Woodrow Wilson School of Public and International Affairs, 2005). The quotations are on pp. 2 and 4, respectively. Prior to the advent of the administration of George W. Bush in 2001, it essentially was impossible to objectively and comparatively grade agency performance. Under Bush, the Office of Management and Budget, in cooperation with the President's Management Council, the National Academy of Public Administration, Congress, and others, developed a management grading system for all agencies. Once this system was in place, objectively determined agency performance could be correlated with the backgrounds of agency heads.

[48] The original expression of this mythic and enduring *pronunciemento* by Sayre is unclear. Graham T. Allison Jr. reports that, after being a formative figure in the planning of the nation's first generic school of management at Cornell University, Sayre departed for Columbia University and, evidently as a parting shot, issued his famous aphorism. See Graham T. Allison Jr., "Public and Private Management: Are They Fundamentally Alike in All Unimportant Respects?" in Perry and Kramer, eds., *Public Management*, pp. 72–92.

[49] Five good example of this literature are Susan Welch and John C. Comer, *Quantitative Methods for Public Administration: Techniques and Applications*, 2nd ed. (Homewood, IL: Dorsey, 1988); E. S. Quade, *Analysis for Public Decisions*, 2nd ed. (New York: North Holland, 1982); David N. Ammons, *Tools for Decisions Making: A Practical Guide for Local Government* (Washington, DC: CQ Press, 2002); Richard D. Bingham and Marcus E. Etheridge, eds, *Reaching Decisions in Public Policy and Administration: Methods and Applications* (New York: Longman, 1982); and John Kenneth Gohagan, *Quantitative Analysis for Public Policy* (New York: McGraw-Hill, 1980). For an applied version of some of these techniques, see Nicholas Henry, ed., *Doing Public Administration: Exercises in Public Management*, 3rd ed. (Dubuque, IA: William C. Brown, 1991).

[50] Stanley I. Benn and Gerald F. Gaus, "The Public and the Private: Concepts and Action," in *Public and Private Social Life*, S. I. Benn and G. F. Gaus, eds. (New York: St. Martin's, 1983), p. 5. Much of the following discussion is drawn from this source.

[51] Ibid., p. 9

[52] James L. Perry, Hal G. Rainey, and Barry Bozeman, "The Public–Private Distinction in Organization Theory: A Critique and Research Strategy," Paper presented by the 1985 Annual Meeting of the American Political Science Association, New Orleans, August 29–September 1, 1985, Table 1.

[53] This list is based on one provided by George A. Boyne, "Public and Private Management: What's the Difference?" *Journal of Management Studies* 39 (January 2002), pp. 97–122. The author identified thirteen "distinctions," and all are covered in the paragraph, if in abbreviated form.

[54] Boyne, in ibid., analyzed thirty-four studies published in Britain and the United States (twenty-eight were American) on distinctions alleged in the literature between public and private management. He found them to be "methodogically crude" in some significant respects (p. 104). Five of the thirteen distinctions identified by Boyne had not been tested empirically, and he found that only three of the remaining eight were possibly valid: Public organization are more bureaucratic, and public administrators are less materialistic and less organizationally loyal than are their counterparts in business.

[55] The key work in this tradition remains the papers presented at the 1968 conference, which are published in Frank Marini, ed., *Toward a New Public Administration: The Minnowbrook Perspective* (Scranton, PA: Chandler, 1971).

[56] Mark R. Daniels, "Public Administration as an Emergent Profession: A Survey of Attitudes About the Review and Accreditation of Programs," Paper presented at the National Conference of the American Society for Public Administration, New York, April 1983, and J. Norman Baldwin, "Comparison of Perceived Effectiveness of MPA Programs

Administered Under Different Institutional Arrangements," *Public Administration Review* 48 (September/October 1988), pp. 876–884.

[57] David A. Breaux, Edward J. Clynch, and John C. Morris "The Core Curriculum Content of NASPAA-Accredited Programs: Fundamentally Alike or Different?" *Journal of Public Affairs Education* 9 (October 2003), pp. 259, 271.

[58] National Association of Schools of Public Affairs and Administration, *Almanac of Public Affairs, Administration, and Policy Education Data* (Washington, DC: Author, 2005). http://www.naspaa.org/principals/almanac/Survey2003/. In 2003, 59 percent of these programs were in separate schools, colleges, departments, institutes, centers, or some "other organizational location." The survey was conducted in 2004, and the response rate was 80 percent. In 1973, public policy and urban studies programs were not specifically identified in the survey, but 48 percent of public administration and public affairs programs were in separate professional schools or departments that reported to the central university administration or a dean. See National Association of Schools of Public Affairs and Administration, *1986 Directory: Programs in Public Affairs and Administration* (Washington, DC: Author, 1986), p. xix.

[59] Ibid (both citations). In 2003, 29 percent of public administration programs were in political science departments, and in 1973, 36 percent were. The current 2003, figure is the lowest proportion of political science departments yet recorded in these surveys; the highest, 38 percent, occurred in 1983.

[60] H. George Frederickson, "The Respositioning of American Public Administration," *PS* 32 (December 1999), pp. 701–711.

[61] Baldwin, "Comparison of Perceived Effectiveness of MPA. Programs Administered Under Different Institutional Arrangements," p. 876. Baldwin surveyed 207 M.P.A. program directors, and received responses from 158, over a 76 percent response rate.

[62] Robert Cleary, "Masters Programs in PA Continue to Expand," *PATimes* 19 (December 1, 1996), p. 2.

[63] National Association of Schools of Public Affairs and Administration, *Almanac of Public Affairs, Administration, and Policy Education Data*. Current figures are for 2003. Figure for 1973 is from National Association of Schools of Public Affairs and Administration, *1986 Directory*, p. xix.

[64] Some of the following discussion has been drawn from Frederickson, "The Repositioning of American Public Administration," and Donald F. Kettl, "The Transformation of Governance: Globalization, Devolution, and the Role of Government," *Public Administration Review* 60 (November/December), pp. 488–497.

[65] As one prestigious report written by leaders in all three sectors put it: "Sea changes in technology, communication, the global economy, and the power and role of government are causing self-assessments within the business, nonprofit, and government sectors. The roles of the sectors are changing. . . . " See the Three Sector Collaborative Project of the Conference Board, Council on Foundations, Independent Sector, National Academy of Public Administration, National Alliance of Business, and National Governors' Association, *Changing Roles, Changing Relationships: The New Challenge for Business, Nonprofit Organizations and Government* (Authors: ND), p. iii.

[66] Raghuram Rajan and Julie Wulf, *The Flattening Firm: Evidence from Panel Data on the Changing Nature of Corporate Hierarchies*, NBER Working Paper 9633 (Washington, DC: National Bureau of Economic Research, 2003). This study of more than 300 large U.S. firms found that the number of corporate officers who reported directly to the CEO had almost doubled from an average of four in 1986 to seven in 2003; that the number of levels in the management hierarchy between division heads and CEOs had declined by a fourth; and that there had been a reduction in the ranks of middle managers.

[67] Ira Sharkansky, *Wither the State? Politics and Public Enterprise in Three Countries* (Chatham, NJ: Chatham House, 1979).

[68] Carolyn J. Hill, "Is Hierarchical Government in Decline? Evidence from Empirical Research," *Journal of Public Administration Research and Theory* 15 (Spring 2005), pp. 173–196. The quotations are on p. 173. For a succinct placement of governance in a historical context, see Eran Vigoda, "From Responsiveness to Collaboration: Governance, Citizens, and the Next Generation of Public Administration," *Public Administration Review* 62 (September/October 2002), pp. 527–540.

[69] Stephen Goldsmith and William D. Eggers, *Governing by Network: The New Shape of the Public Sector* (Washington, DC: Brookings, 2004).

[70] Stephen Goldsmith and William D. Eggers, "Government for Hire," *New York Times* (February 21, 2005).

[71] Federal Procurement Data System, *Federal Procurement Report* (Washington, DC: Author, 2004), p. 2, and U.S. Bureau of the Census, *Statistical Abstract of the United States, 2004–2005*, 124th ed. (Washington, DC: U.S. Government Printing Office, 2005), Table 483. In 2003, the federal government spent more than $305 billion in contracts and $143 billion in federal civilian payrolls.

[72] Paul C. Light, *Fact Sheet on the New True Size of Government* (Washington, DC: Brookings, 2003), p. 4. In 2002, there were 14,434,000 federal civilian employees, including 1,756,000 who were on the federal payroll. The rest were paid indirectly via federal contracts, grants, and mandates.

[73] Keon S. Chi, Kelley A. Arnold, and Heather M. Perkins, "Privatization in State Government Trends and Issues," *Spectrum: The Journal of State Government* 76 (Fall 2003), pp. 12–21.

[74] John R. Bartle and Ronnie LaCourse Korosec, *Procurement and Contracting in State Government, 2000* (Syracuse, NY: Syracuse University Government Performance Project, 2001), p. iv. Figure is for 2001 and refers to state operating budgets. Medicaid contracts are not included.

[75] Goldsmith and Eggers, "Government for Hire."

[76] Goldsmith and Eggers, *Governing by Network*, p. 14.

[77] In 1982, 51 percent of all city and county services were delivered by those governments' own employees; in 1988, 49 percent were; in 1992, 48 percent; in 1997, 49 percent; and in 2002, 52 percent. See Elaine Morley, "Patterns in the Use of Alternative Service Delivery Approaches," *Municipal Year Book, 1989* (Washington, DC: International City Management Association, 1989), p. 37, for data from which were derived the 1982 and 1988 figures, and Mildred Warner and Amir Hefetz, "Pragmatism over Politics: Alternative Service Delivery in Local Government, 1992–2002," *Municipal Year Book, 2004* (Washington, DC: International City/County Management Association, 2004), p. 10, for

the 1992–2002 figures.

[78] Rowan Miranda and Karlyn Andersen, "Alternative Service Delivery in Local Governments, 1982–1992," *Municipal Year Book, 1994* (Washington, DC: International City/County Management Association, 1994), p. 28. All counties and municipalities contract out services to the private and nonprofit sectors, and half contract with other governments to deliver services.

[79] Robert Agranoff and McGuire, "American Federalism and the Search for Models of Management," *Public Administration Review* 61 (November/December 2001), pp. 671–681. The quotation is on p. 677.

[80] Paul H. Appleby, *Policy and Administration* (Tuscaloosa: University of Alabama Press, 1949), p. 15.

[81] Laurence J. O' Toole., Jr. and Kenneth J. Meier, "Desperately Seeking Selznick: Cooptation and the Dark Side of Public Management in Networks," *Public Administration Review* 64 (November/December 2004), pp. 688, 690. A downside of networking was that most of its benefits went to "privileged" students, but not "marginalized" ones.

[82] "On the Move," *Government Executive* (January 2000), p. 10.

[83] Paul C. Light, *The New Public Service* (Washington, DC: Brookings, 1999), p. 89.

[84] Derek Bok, "President's Report, 1973–1974," *Harvard Today* 18 (Winter 1975), p. 10.

第2篇

公共管理

公共管理（public management）是方法性和系统性技术的发展与应用，通常会使用比较、量化和测评等手段，使公共组织的运行更有效率、效力而且越来越具有回应性。比起我们对公共行政的定义而言，公共管理的定义较为简明、扼要甚至狭窄，而且其更为鲜明的焦点可以归因于公共管理更大领域的价值氛围，而这种价值超越了效率、效力和回应性的范畴。

本部分主要研究的是绩效测评、公共项目评估以及生产力改进的各种技术，并分别进行了透彻评价。随后，通过公共财政、预算编制以及人力资源管理问题的探讨，相应总结了我们在公共管理细节方面的研究态度与做法。

第 3 章

腐败的后果：公共生产力

种植于大规模政治变革的肥沃土地上，在革命性的根基中发展壮大，公共生产力运动，特别是绩效测评和公共项目评估方法，已然成长为公共管理领域的巨型仙人掌：高大、坚韧、多刺、耐渴。

据估计，公众有可能从政府生产力的提高中获取更大的收益。联邦政府问责局声明，联邦政府生产力每提高 5%，联邦政府就能节省 45 亿美元。而美国国会则主张，联邦政府生产力每提高 10%，联邦政府开支就能在保持现有服务水平的基础上减少 80 亿美元。[1]

尽管这些数字听起来很让人难忘，但是，政府实际上还是无法达到私人部门的生产力水平。因为政府服务具有精细化特征，而正是这一本质特征抑制了公共生产力水平的提高。

在私人部门，特别是制造业和农业，技术方面的投资可以利用替换人力的方式来提高生产力。但政府服务却无法从这样的投资中获得同等水平的收益。大部分政府雇员，比方说教师、社会工作者、警察和消防员，他们都是直接传递的生产者。他们的服务是有效的最终产品，而这一产品的质量却是公共生产力本身的一部分。因此，通过扩大班级规模让老师更具生产力，通过增加工作量提高社会工作者的生产力，或者是通过减少警察和消防员的数量来提高他们的生产力，是非常困难的。在这些情况下，服务的质量无疑会受到损害。“这好比用两种乐器弹奏一部弦乐四重奏：也许会更具生产力，但那绝对是两回事。”[2]

头脑中绷着这根弦后，我们开始进入关于公共生产力的讨论，特别关注公共生产力的服务技术、绩效测评和公共项目评估问题。

3.1 为各种事物命名

中国人有个说法，大致翻译过来是："先正其名"。用这句话来测定和评估公共生产力这么一个令人难以捉摸、有时甚至是颇为混乱的领域是再合适不过了。

政府提高其生产力的努力一直可以追溯到19世纪早期[3]，那时的政府所关注的领域较为宽泛，诸如支出控制、税收削减以及问责机制等。然而从根本上讲，政府从来没有忽视效率和效力的价值，而是通常将它们视为关注的焦点/中心。效率指的是尽可能利用手中最少的资源完成一项工作任务；而效力则指的是预期结果的全面实现。

我们强调这些基本定义是因为术语并不像人们所期望的那么通用。比方说，俄语中虽然没有表示效率概念的词，却有效力这个词。[4]而那些曾经领教过红军威力的人，很可能非常欣赏他们的效力。

公共部门提高效率和效力的基础是绩效测评，或者有些分析家愿意叫"绩效指标"，在这里，"测评"这一术语意味着准确测量政策效果的一种能力，即便这种准确性在混乱的人类政策执行领域中很难达到。[5]绩效测评是"项目完成的持续监控和报告，特别是面向既定目标而取得的进步"[6]。绩效测评一般必须在公共项目评估之前进行。

公共项目评估或者评估研究是"各种定期或特别进行的独立而系统的研究，负责评价项目的进展情况"[7]。更充分地说，"项目评估是一种途径，可以让公共决策制定者能够认识一个问题，了解以往战略政策或应对措施的有效性，以及特定项目的可观测性效力"[8]。

项目评估和绩效测评在两个维度上存在区别：一个是关注的焦点，一个是使用效果。绩效测评关注的是一个项目是否达到了可测量的目标，而项目评估在范围上要更加广泛，是在一个更大的环境中检验更大范围的信息。类似地，尽管二者都被用来提高服务供应和项目效力，但绩效测评大部分被用做管理者的预警系统来了解项目进展是否顺利，也是一种用来提高政府公共责任性的方式；相应地，项目评估则要对项目绩效及其相关背景进行更为深入的调查，对项目是否有作用以及如何进行改善等问题进行全面评估。[9]

生产力是我们有关定义讨论的总结。生产力是政府服务供应效率和效力的改善，或者更为正式的表述是"投入和产出之间的比率。如果每个单位的产出大于投入，生产力就提高了"[10]。投入是一个项目所使用的资源，比方说资金、人力或者时间。产出是一个项目的最终产品，比方说抓捕的数量或者发放的社会保障联单数量。

生产力是进行各种公共项目评估的较为广泛的环境，同时这一环境还并没有达到有条不紊。有一份文献研究得出结论，恰如其分地指出："令人惊讶的是，在公共生产力研究中，不同群组的研究人员以不同的方式研究着同样的问题……而同一群组中的绝大多数研究人员根本就没有意识到其他群组的研究，更不用说是熟悉了……所有这些差异将研究人员带入了知识产权的贫乏地带（intellectual ghettos）。”[11]

然而，尽管存在这些问题，公共生产力还是为公共管理改良构筑了一个乐观的环境。生产力是对更好政府的积极要求。尽管生产力包括绩效测评和项目评估，但在概念上更为广泛，其独特性就在于它展望未来的倾向：政府还能做什么？政府能够采取什么样的举措？政府应该进行什么样的创新才能提高公民对政府的认识，认为政府更有回应性、更有效率、更有效力、更加开放、也更加诚信？

3.2　减少腐败：生产力测评有帮助吗？

政府生产力是由一个简单而道义的观点演变而来：通过整饬腐败来改进政府工作。19 世纪的改革家们普遍相信，而且是不切实际地相信，消除政治腐败是获得政府效率和效力的关键的第一步。但改革家们的推理还更进一步：他们坚持认为，如果政府非常缺乏效率和效力，就说明这些政府可能是腐败的。这在当时的背景下也是不合情理的。为此，绩效和生产力测评方法作为各种手段应运而生，不仅以客观的形式显示政府是否有效率和效力，还会显示政府是否腐败。简而言之，绩效测评被视为一种消除腐败的强大工具，而且这种认识一直保留至今。

正如表 3 - 1 所示，绩效测评和项目评估总是与美国人控制腐败的心理相联系，尽管这种联系有时并不直接，而且未被人们所认识。当社会认为腐败是一个重要问题时，正如 20 世纪早期那样，研究政府生产力的兴趣就会增加；而当腐败所带来的忧患不是很大时，提高政府生产力的努力就会减少。

表 3 - 1　　绩效测评、公共项目评估以及政府生产力的演进

特征	效率（1900—1940 年）	预算（1940—1970 年）	管理（1970—1980 年）	民营化（1980—1992 年）	新公共管理（1992 年至今）
动机	“好政府”意味着更高的效率、更少的腐败	控制开支	效率与效力	减少赤字、税收、政府开支和政府规模	减少政府开支、增加责任性、效率、效力以及回应性，授权公共行政人员
主导的政府层级	地方政府，到 20 世纪 30 年代是联邦政府	所有层级的政府参与水平都不高	联邦、州和地方政府	联邦政府、部分地方政府	先地方政府，然后是联邦政府
倡导者	公民、商人、学者和专家、工时与操作研究者、市政府研究局、新政管理局、国家城市标准委员会	预算导向的公共行政人员、运营和管理专家、大社会时期的行政管理人员、组织发展的先驱	竞选官员、公共行政人员以及学术业研究人员、城市研究院、大学	公民和商人、大学、保守性智库	公共行政人员、竞选官员、大学

续前表

特征	效率（1900—1940年）	预算（1940—1970年）	管理（1970—1980年）	民营化（1980—1992年）	新公共管理（1992年至今）
政治环境/工作假设	政治与行政是分离的；效率等同于更好的政府；更好的政府等同于消除腐败	综合生产力不是显而易见的目标，而是作为预算创新的一部分	公共和私人部门都非常重视生产力的发展	私人部门可以提高公共部门的生产力	经过授权的公共行政人员能够产生更有责任、更有效力和效率且更有回应性的政府
腐败的不同文化观念	腐败是政党滥用政府的结果，而且腐败遍及政府上下	当欺骗政府的机会升高时，腐败还仅限于少数不正直的个人和团体	腐败是浪费、欺诈以及滥用三种罪恶的结合，严重地侵害了纳税人和公民的利益		
控制腐败的不同方法	把行政从政治中分离出来，并使公共行政逐渐专业化	把行政的原则应用于公共机构的组织与过程设计	以对公共行政人员与竞选官员采用新的更为严格的制衡、程序以及调查等形式执法		经授权的公共行政人员与新的信息系统能够控制腐败

那么，美国人今天是如何描述腐败问题的呢？他们的构想是正确的吗？

抗击腐败

2/3的美国选民相信政府是腐败的[12]，而民众认为腐败问题还在不断加深。[13]那么，事实又是怎样的呢？

联邦政府财政作假问题似乎还不到联邦预算的1%。“但是，尽管影响预算的比例相对很小”，一种分析总结道，但因为联邦预算的数额巨大，即便是比例很小也可以证明联邦政府内部所隐藏的假账“数额可能会相当可观”[14]。

自1980年以来，针对联邦政府官员及其他人因欺骗政府而受到起诉的案件已将近翻了4倍，目前每年的控告数量正接近500起。[15]（相比较而言，州与地方政府的腐败案件同期一直保持相对平稳，比联邦政府的起诉案件少多了。[16]）这些不断增加的诉讼案件到底反映的是腐败程度的加深还是联邦检查官员的高昂斗志尚不得而知。然而，涉嫌自己造假的联邦雇员中只有不到一半的人（42%～46%）被起诉（伙同别人一起造假的检举率为60%），这种起诉率被形容为“不高”[17]。

按照腐败识别指标系统（corruption perceptions index），针对159个国家与公共官员打交道的风险分析师、国际商界人士和普通民众进行了综合性的社会调查，即年度民意测验，调查的结果将美国排在政府腐败程度的第17位。[18]

总之，大部分美国人认为他们的政府是腐败的，虽然支持这种想法的证据并不十分强有力，但美国政府还是存在腐败问题，只是还没有系统化而已。

控制腐败

针对腐败问题，绩效测评、项目评估以及其他生产力工作到底能发挥什么作用呢？

测评与评估：虽在揭露但很有限。测量和评估公共项目的确能帮助公共行政人员客观地确定公共项目的生产力情况，如果项目生产力异常低，就会不可避免地下一定的结论，特别是项目设想有问题而且难以运转；或者项目根本没有必要；项目管理很差；项目腐败问题严重；或者诸如此类的结论。换句话说，确定项目的生产力水平能够，至少有可能，引领我们发现腐败。

然而，绩效测评和项目评估不是治疗腐败的万能药。公共行政用来保证政府廉政的许多其他手段如审计、会计、监察以及列出的几项公民服务改革也都不是治疗腐败的万能药。在合适的条件下，腐败的公共官员都很善于伪装自己，规避调查，保住自身利益丰厚的职位。

如何不用真正费力就能够成功腐败？在美国等四个国家进行的研究令人惊讶地发现，因腐败问题接受调查的公务人员会一致想办法影响调查过程的可信程度，并试图让调查中途夭折。这些腐败官员成功与否有赖于政治体制集权化的程度及其向媒体开放的程度。政府内部的政治权力越集中、越“保险”，政府面向媒体的概率越低，腐败官员在起诉中得以生存的机会就越高。[19]

然而，即便是在那些分权化的、分散型的政治权力以及向媒体开放的政府背景下，比方说通常可以在美国找到的环境，已然确立的制度性腐败还是能够成功地对抗消除腐败的各种努力。这里可以考虑几个案例。

作为俘虏的腐败。在一个偶然的情况下，一个不太正直的公共机构被一个腐败的下属组织有效“俘获”。通常，这一下属组织在机构中是关键的“主导同盟”[20]，按照各种目的和意图，该组织成了真正运行更大组织的操权中心。或者至少是，腐败的下属单位充分打入了做出有效让步的相对不腐败的组织机构。

一个例子是纽约市的校舍管理人。校舍管理人丑闻自1924年爆发后就一直没有衰减过。针对校舍管理人进行的一项历时三年的调查发现，这些校舍管理人“为了贿赂、敲诈、偷窃和建立裙带关系，正在将各自的学校系统转变为各种企业。微乎其微的问责机制以及在预算和人员方面所具有的广泛自由裁量权，让学校管理人为其家人和爱人设置了各种助理的岗位，随着时间的推移，他们以欺诈的方式将成千上万的美元转移进了这些人的腰包。他们利用学校的维修预算修缮自己的住房，从应急合同商那里敲诈回扣。有些人甚至根本就没在学校露过面，而一直在外面做第二份工作”[21]。声称在1 200所学校“工作”的8 500名雇员占据着5亿美元的预算。尽管管理人被迫接受了“绩效问责”、工作标准以及其他的控制手段，但他们的腐败仍在继续。“大部分校长……对校舍管理人的‘恐怖统治’都有些谈虎色变。”[22]

作为文化的腐败。另一种腐败的背景就是定义公共文化本身的背景，这种腐败可以变成一种卑鄙的怪物。

让我们思考一下亚拉巴马州罗素县的凤凰城案例。经过一个世纪的演变，到20

世纪50年代，凤凰城和罗素县几乎每一个地方官员的个人报酬中都有一部分与不正当收入有关，主要来自博彩业和色情业。一位名叫艾伯特·帕特森的州议员被选为首席检察官之后，发誓要铲除这两个已将州政府陷于窘境的腐败毒瘤。

帕特森在竞选之后不久就被刺杀了。亚拉巴马州州长旋即请求沃特·J. 汉纳将军展开调查并随后任命他为军队司令接管县、市政府。州长在罗素县宣布了临时戒严令，并用汉纳的军队替换所有的执法机构和法院，最终将152名腐败分子绳之以法。[23]

惩治腐败：政治的愿望。上述这些事例似乎很明显，铲除政治腐败所要求的战略措施远远超过审计、调查、绩效测评和项目评估这些相对绵软的手段。重要的是，应该记住，这些手段以及其他手段本身并不能减少任何种类的腐败，甚至是对于平常的、从办公室窃取一支钢笔这样的腐败都无济于事。它们从来就没有这方面的意思。公共管理标准手段的反腐力量只是限定于劝阻和侦查腐败，并不是摧毁腐败。

摧毁政府腐败的真正力量需要公共行政人员、执法人员、立法人员和人民群众本身的政治愿望。将近一个世纪以来，纽约市并没有显示出必要的政治愿望，在各学校中工作的守门人还在继续着他们美好的生活，如果他们的生活是腐败的，那么也只能是牺牲学生、老师和纳税人的利益。相比较而言，消沉了一个世纪之后，亚拉巴马州明确地表示出强烈的政治愿望，最终彻底击碎了凤凰城和罗素县的腐败毒瘤。

腐败问题越深入，消除腐败所需要的政治决心就越大。连根拔起普遍深入的腐败就必须“彻底清查管理，消除特殊利益，积极惩治渎职问题”[24]。或者是像凤凰城那样，宣布临时戒严令并派驻军队予以整饬。然而，如果只是以官员和公民报告少量违法犯罪问题并采取适当行动的形式，那么即便是拔除一般性腐败，也需要有一定的政治愿望。所以，我们的根本观点仍然是：不论腐败的范围有多大，也不论是腐败的种类还是腐败温床本身，政治愿望都是减少腐败的关键。

正如我们所注意的那样，对腐败问题的普遍关注是通过政府提高公共生产力的努力而实现的。下面的几个章节回顾了美国生产力运动的演进过程，并且是以效率、预算、管理、民营化等术语来描述这场运动，而公共生产力目前的术语是新公共管理。同时通过这一讨论，我们还会触及政治腐败的问题，特别是以另外两种形式讨论腐败问题的拓展定义：一种蕴涵在公众的头脑中，另一种是在新公共管理背景下。表3-1列出了生产力运动的演进过程。

3.3 好政府的效率问题，1900—1940

政府中注重提高公共资源生产力水平的运动起始于城市。20世纪初，美国政府管理集中于地方一级；除了国防预算之外，将近3/4的公共支出都用于地方政府的开支。[25]此外，因为当时地方政府的职能大多是（现在也是）提供日常事务性的服务（例如清理垃圾、火灾防护、供水等），所以人们经常认为，地方政府可以通过科学管理的各种技术提高工作效率，这种做法在当时非常盛行。

1906年，纽约市成立了市政府研究局（第2章中有所注释），负责探索能使市政府工作更加有效的途径，该局的成立象征着关于城市政府管理的科学管理运动。1928年组建的国家城市标准委员会则是在政府服务效率测评方法开发方面的另一项重大贡献，大概也是全国首个公共部门绩效测评的发起者。当然，1938年出版的克拉伦斯·E. 里德利和赫伯特·A. 西蒙[26]共同撰写的经典著作《市政府活动测评》，给政府绩效测评运动注入了强大的动力。

这些在市府一级的早期努力为联邦政府的改革铺平了道路。尽管联邦政府对生产力和项目评估的兴趣始于20世纪30年代富兰克林·罗斯福的新政时期，但在1912年，联邦政府就创办了经济与效率委员会。第2章中提到的总统行政管理委员会1937年发表了一篇精彩的报告，从中佐证了联邦政府致力于提高生产力方面的努力。"效率"显然被看成是开启各种好政府门锁的钥匙。正如路德·古里克在报告中所指出的那样："效率从此成为行政价值衡量的头号原则。这使得行政与政治的价值尺度之间产生了明显的冲突……"[27]

这一时期对效率的重视还巧妙地与国家系统性政府改革的更为宽泛的背景相吻合，这项改革的重点就是要把政党纷争剔除出华盛顿、州议院和县法院，特别是市政厅。公共项目评估和生产力提高正是19世纪末20世纪初席卷美国的政府改革运动的一部分。

3.4 控制成本的预算编制，1940—1970

到了1940年，提高政府生产力的动因不仅是消除腐败的结果，更多的是为了控制成本。当然，控制腐败仍然还是政府改革的一个价值取向，但已经不像之前那样突出，而是被融进了改善公共管理的更大努力中，更加强调的是财政管理。实际上，这种努力产生出一种观点，这种观点认为组织设计能够制衡腐败，在那个时代伟大的公共行政学家洛纳德·怀特曾直率地表示："因为改革，道德动机的含义在技术和管理上都得到了重新组织。"[28]

腐败不再被看成是一个政党通过分肥制度用纳税人的钱犒赏自己的深入而普遍的问题，而是被看成是一种偶然发生的个别现象，大多是指那些不正直的个人或小集团利用断断续续的机会赚取钱财。人们总是觉得，随着时间的推移，这些机会能够通过应用行政原则以及设置计划完备的组织结构与程序得以锁闭，对综合性处理生产力问题的兴趣也降到了最低点。

然而，这些毕竟还是为日后的各项发展奠定了一定的基础。早期研究组织发展的前辈们，已经建立了一些项目评估的基础理论。[29]随着20世纪60年代林登·约翰逊总统大社会立法的正式启动，社会科学家们又重新发现了贫穷、教育以及类似的国内问题。约翰逊总统的经济机会办公室（LBJ's Office of Economic Opportunity，1975年更名为社区服务管理局，后于1981年取消）在不同项目中鼓励进行评估研究的态度特别积极，1965年出台的《中等和初等教育法》在很大程度上也促进了教育领域的项目评估工作。

3.5 效率与效力的管理问题，1970—1980

到1970年，公共行政界的人们开始关注项目评估和生产力的发展情况。1971年，一位著名的公共行政学者在该领域主要期刊上以编者按标题的形式提出了这样一个问题："公共行政为什么忽视评估?"[30]甚至四年以后，这位学者仍能准确地观察到"公共行政领域的评估实践还是处于初期的形成阶段"[31]。

20世纪70年代是测量、评价和提高公共生产力的重要的十年。州政府和地方政府都在积极地重新发现和发展提高公共生产力的方式方法，而联邦政府对其以往在这些方法上采取的麻木态度也已是悔恨不已。

联邦政府断续前进的步伐

1970年，一项针对联邦政府评估实践所进行的研究总结道："制定政策与预算的联邦整体机器受累于一个关键的缺陷，即缺少一个测评项目效力的综合系统。"[32]同年，美国一位有影响的参议员提请总审计长（也是联邦政府问责局局长）注意，"令人沮丧的是，我们还没有真正的方式方法能够测量联邦政府部门的效率"[33]。

联邦政府的一些发烧举措。除了这些批评之外，美国行政部门在20世纪70年代提高联邦生产力方面所作的努力并不是很强，尽管这一时期的某些创新举措产生了一些出其不意和令人满意的长效结果。

1970年，总审计长任命了一个任务小组，致使理查德·尼克松总统在同年成立了国家生产力委员会，后来演变成国家生产力和工作质量中心。尽管委员会，也就是后来的中心，重视的是私人部门的生产力，但两个组织都含有公共成分。

国家生产力和工作质量中心于1978年进行精简，其公共部门的职能被转移进一个新的组织，即生产力公共管理中心，后来改名为国家公共生产力中心。该中心现在成为美国各级政府公共生产力研究成果的交流中心。

总检察长。国会在20世纪70年代重要的生产力激励行动是在联邦官僚机构中建立了总检察长的职位。总检察长负责揭露政府机构中浪费、欺诈和渎职问题并协助行政人员消除这些问题。[34]总检察长不仅存在于联邦政府，也存在于州政府、县政府、市政府以及各大学区政府，各级政府都发现总检察长在提高公共生产力方面非常有用，在偶然的情况下还会特别有用。

联邦总检察长的任命要追溯到20世纪60年代几个机构的自愿行为，但正式的机构始于1978年颁布的《总检察长法案》，1988年对该法案进行了扩充。目前，作为联邦机构，全国大约有60家总检察长办公室。[35]仅14个内阁部委的总检察长办公室就雇用了84 000多人。[36]

负责最大型联邦机构的27个总检察长需由总统提名，由参院批准通过。剩下的 34 位总检察长可以不经过参院确认，直接由机构首长任命就行。但唯一不同的是，总检察长每年的工作报告既要报送任命他的部门或机构领导，同时还要报送国会。另外，作为总统任命的官员，他们可以直接与国会沟通，不用经过管理与预算局的批准——这是对他们在政府所拥有权力的明确指示。

总检察长们都非常富有进取心，也很有工作成效，通过各检察长们的调查，在过去十年间已经成功起诉了 38 000 多位联邦雇员、合同商和其他人员的腐败问题。总检察长们通过法院对公司和个人征收罚款和处罚，一年可以为联邦政府收回大约 7.5 亿美元，每年找回并节省 230 亿美元的可疑费用，这些费用要么是承包商收取的费用，要么是政府机构以更巧妙方式扩充的机构经费。[37]

在最近几年，联邦总检察长的预算已经减少，也有人建议合并一些总检察长办公室。另外，他们的审计性质也已经从传统的财务审计转变成绩效审计。目前至少有 60%的总检察长审计时所采用的方法是绩效审计。[38]根据一份调查显示，总检察长虽然对他们的进步“充满信心”，但是考虑到他们的资源基础、独立性以及来自国会的尊重和行政部门的赏识程度，他们已经认识到，自己正处于一个“脆弱的交点”[39]。

州政府的热身

1972 年，一项针对各州情况的调查发现，在 42 个接受调查的州政府中，只有一半的政府在至少一个机构中拥有全职的项目分析人员。[40]1978 年，一项联邦政府所进行的调查指出，州政府有必要进行更多的评估研究，但在如何获取这类研究的问题上却面临着非常大的困难。[41]一项 1980 年针对州政府所进行的调查发现，尽管大多数州政府没有正式而全面的提高生产力项目，但各州对项目评估的研究仍然保持着相当大的兴趣。[42]

这一兴趣产生出各种结果。表 3－2 说明了州政府机构与州立法机关在 20 世纪 70 年代进行项目分析所取得的显著进展。进行有效性评估的州政府机构比例几乎增长了三倍，而那些进行生产力分析的州政府比例则上升了一倍多。到 20 世纪 70 年代末期，超过 2/5 的州政府机构都正在进行此类研究。

表 3－2　各州所进行的项目分析，选择的年份分别是 1970 年、1980 年、1990 年和 2000 年

州政府机构	进行项目分析的州政府比例			
	1970 年	1980 年	1990 年	2000 年
中央预算办公室所进行的有效性/生产力分析	18%/31%	53%/75%	66%/94%	59%/59%
大部分重要机构所进行的有效性/生产力分析	14%/20%	44%/41%	45%/49%	50%/53%
立法机关所进行的有效性/生产力分析	14%/16%	42%/39%	51%/51%	53%/53%
事后审计人员所进行的项目分析	4%	42%	38%	59%

说明：百分比针对的是美国所有 50 个州以及哥伦比亚特区。

资料来源：信息数据摘自 Robert C. Burns and Robert D. Lee，Jr.，“The Ups and Downs of State Budget Process Reform：Experience of Three Decades，”Public Budgeting and Finance 24 (Fall 2004)，p. 10。

地方政府的领导作用

与州政府一样，地方政府评估研究的发展最早可以追溯到 20 世纪 70 年代初。如表 3－3 所示，1971 年一项针对地方政府的全国性调查发现，不到 2/5 的受访地方政府在其一个或更多部门单位中已经拥有某些形式的项目评估。然而，仅仅 5 年之后，这一比例就快速增长到 2/3 左右。

与联邦政府相比，地方政府在 20 世纪 70 年代就热衷于重新追求项目评估与生产力。纽约市政府十分重视市政府生产力的提高，在这个以管理为导向的阶段，城市研究所以及各种城市专业协会提供了大量关于公共项目评估与生产力新技术的研究。

表 3－3　地方政府对项目评估、绩效监控以及生产力提高项目的运用，1971—2001 年

	1971 年	1976 年	1982 年	1987 年	1993 年	2001 年
	N＝354	N＝404	N＝460	N＝451	N＝520	N＝277
项目评估	38%	64%	—	80%	75%	—
绩效监控	—	28%	68%	67%	75%	88%
生产力提高	—	43%	67%	54%	53%	—

说明：1971 年调查的范围是人口在 5 万以上的市与县；1976 年至 1993 年调查的范围是拥有 2.5 万到 100 万人口的城市；2001 年所调查的市与县并没有确认人口数量，调查投票针对的是“绩效测评”，并没有像更早期进行的调查那样与“绩效监控”密切相关。

资料来源：1971 年的数据来自 Richard E. Winnie，“Local Government Budgeting，Program Planning，and Evaluation，” *Urban Data Services Report* 4，No. 5（Washington，DC：International City Management Association，May 1972）；1976 年的数据来自 Rackham S. Fukuhara，“Productivity Improvement in Cities，” *The Municipal Year Book，1977*（Washington DC：International City Management Association，1977），pp. 193－200；1982 年的数据来自 Theodore H. Poister and Robert P. McGowan，“The Use of Management Tools in Municipal Government：A National Survey，” *Public Administration Review 44*（May/June 1984），p. 218；1987 年的数据来自 Theodore H. Poister and Gregory Streib，“Management Tools in Municipal Government：Trends over the Past Decade”，*Public Administration Review 49*（May/June 1989），pp. 240－248；1993 年的数据来自 Theodore H. Poister and Gregory Streib，“Municipal Management Tools from 1976 to 1993：An Overview and Update”，*Public Productivity and Management Review 18*（Winter 1994），pp. 115－125；2001 年的数据来自美国会计标准委员会，*Performance Measurement at the State and Local Levels：A Summary of Survey Results*（Washington，DC：Author，2002），p. 5。

3.6　为政府更小而进行民营化，1981—1992

1981 年里根总统上任以来，给正在进行中的公共项目评估与生产力发展提供了一条新的途径，这种新的途径叫做民营化，或者是把政府的项目外包出去交由私人公司去具体实施，其影响力大部分（但不完全只是）针对联邦政府。民营化可以说是一个庞大且在某种程度上很复杂的现象，我们会在第 7 章中予以详细讨论，而此处所要评价的则是它对公共项目评估与政府生产力的影响。

联邦政府的固执依恋

民营化阶段所强调的动因是提高联邦政府的生产力，但是，好像还有其他更为核心的动因，包括减少赋税、削减政府开支，而更具意识形态的形式则是减少联邦政府自身的规模和权力。

纵然面对民营化的狂潮，20世纪80年代联邦行政人员仍然提高了绩效测评、项目评估以及政府生产力的价值。1982年，联邦政府问责局专门成立了一个处室——项目评估与方法处（遗憾的是，该处于1996年被撤销），“领导了该机构大部分开创性研究”[43]。1987年，联邦政府问责局总结道，尽管20世纪80年代早期可用于项目评估研究的联邦资源显著减少，但由联邦政府主持的项目评估数量却仍然保持在前些年的水平上，“这表明，行政部门在获得评估信息方面一直很感兴趣”[44]。联邦行政部门在20世纪80年代的这种持续兴趣，在90年代以及后来突然转变成了全面而强烈的联邦偏好。

基层政府的稳定情景

20世纪80年代，民营化在州与地方政府中也有所发展，但是基层政府从未对民营化表现出像联邦政府那样的固执依恋。

正如表3-2所显示的那样，尽管各州从20世纪70年代开始在采用绩效测评、项目评估以及政府生产力方面进展缓慢而且渐趋平稳，但它们仍在继续着各自的发展进程。到了20世纪80年代中期，35个州的立法机关要么扩大现有机构，要么成立新的机构，用来负责全州范围内的项目效率与效力评估。[45]

地方政府长期以来一直是绩效测评、项目评估以及政府生产力提高运动的领头羊，仍然保持着领导地位。正如表3-3所显示的那样，到20世纪80年代末期，4/5的地方政府都在实行项目评估。

3.7 浪费、欺诈以及滥用：腐败的新含义，1975年至今

从20世纪70年代中期开始，人们把政府不断加快提高生产力的努力，与在公众心目中形成的一个日趋扩散的谜团（即什么造成了政府的腐败）联系在了一起。很快，人们就逐渐把腐败不仅看成是一种欺诈，也就是人们过去一直对腐败的界定，即用不正当的途径或是采用非法手段获得个人财务利益，而且还包括了“滥用”和“浪费”[46]。从20世纪70年代至今，我们都还能在竞选时听到，政客们最喜欢鼓吹的就是要“消除浪费、欺诈以及滥用”，这种咒语被嘲讽般地兜售成能够提高政府服务水平并降低税负的无痛疗法。[47]

20世纪70年代和80年代被曝光的三起事件，可能会永久地改变公众对腐败的

看法。下面，我们按照浪费、欺诈和滥用的顺序介绍一下这三起事件。

作为腐败的浪费：纽约的堕落

第一起事件说的是1975年在纽约市发生的空前的财政危机，该市在当时险些破产。尽管其中含有欺诈的成分，但发生在纽约市的这起不幸事件的主要原因很明显，就是浪费，是由于政府的无能和不负责任造成的，但并不构成违法。浪费，如果借用一个合理的定义，就是“因无效率或无效力的实践、制度或管理而导致的不必要开支”[48]，但这并不是一个对腐败的合理界定。

然而今天，浪费已经被人们当做是一种腐败行为。一项关于政府浪费的文献评论对浪费做出了“九种合乎逻辑的分类”，其中就有一个分类称为“腐败、欺诈、盗窃以及繁文缛节”[49]。但是，繁文缛节能够与腐败、欺诈以及盗窃相提并论吗？类似地，20世纪90年代又出版了一本专揭疮疤的书，书名言简意赅：《政府欺诈：详述美国联邦政府如何浪费》（*Government Racket: Washington Waste from A to Z*）。[50]浪费是一种欺诈吗？

我们应该注意，政府浪费并不是一桩鸡毛蒜皮的小事。20世纪90年代，根据联邦政府问责局以及总检察长、审计以及国会听证等研究，美国众议院政府改革与监督委员会（the Government Reform and Oversight Committee of the U. S. House of Representatives）提出了两份报告。报告指出，联邦政府因为“浪费、欺诈以及管理不当”而损失的金钱，估计每年差不多占联邦政府总预算的1/3。[51]尽管报告不可避免地掺杂了政治因素（两份报告都是在一党控制国会而另一党控制白宫的情况下发布的），但这两份报告的态度还是很严肃的。

在这里我们所要提示的是，浪费已经被当成了一个对腐败构成因素普遍认识的新维度，而这一被扩大的定义不仅不恰当，而且还会对公共行政人员可能做出的自由裁量性判断和行政决策带来新的约束。

作为腐败的欺诈：联邦政府的堕落

在20世纪80年代，公众对老式欺诈的担忧又被赋予了更新的动力。

大量的欺诈行为都集中发生在华府空前规模的公共服务民营化过程中，并且震荡着整个住房与城市发展部（Department of Housing and Urban Development）。始料未及的民营化浪潮也是美国国防部在这个时期发生欺诈行为的根本原因，该事件被人们称为“美国最大的国防丑闻”，有将近100家公司与联邦政府的行政主管因此被判有罪。[52]医疗保险制度当中也充斥着严重的欺诈行为，从整个20世纪80年代一直到90年代，老年人医疗保险项目中欺诈的金额高达2 000亿美元。20世纪80年代的储蓄与信贷丑闻是国会不负责任放松管制的直接后果，其中大约有5 000亿美元的纳税人钱财被用来保释几千个储蓄与信贷协会，而这些协会通过经常性欺诈已经“损失”掉了数百万投资者的存款。20世纪80年代，联邦政府的欺诈行为以前所未有的规模突然爆发，这就使得公众对政府中存在的欺诈行为更为敏感，也更加无法容忍。

作为腐败的滥用：白宫的堕落

在 1973 年至 1975 年之间，“三流的入室盗窃”（引用尼克松总统的说法）演变成为政治丑闻之冠，这就是水门事件（Watergate）。水门事件指的是尼克松总统极力掩盖其助手针对民主党办公室资料而进行的入室盗窃行为，他本来想通过此举获得对他再次当选有利的信息。丑闻的结果除了造成尼克松辞职之外，还使公众充分意识到，掌权者（officeholders）如何能够滥用他们的职权。

滥用职权（abuse of authority）可以被定义为不恰当、不道德、不合法地错误运用了公共职位所赋予的权力。在水门事件中，这种滥用行为碰巧是违法的。但是滥用职权虽然常常受到谴责，却并不总能构成犯罪。

不恰当和不道德的滥用事例最近一直较为突出。在 20 世纪 90 年代中期，特别检察官（the special prosecutor）负责一起诉讼案，对比尔·克林顿总统担任阿肯色州州长期间的一些个人投资进行调查，这就是众所周知的白水事件（Whitewater）。最后，特别检察官并未发现白水事件中有可证实的不当行为，但他却在与此事并无关联的总统与白宫实习生事件中确实佐证了总统有非法行为。

特别检察官对最初使命的热情膨胀是合法的，但在大多数美国人的眼中，这显然是对权威的一种不恰当滥用。与之形成对照的是，克林顿总统与白宫实习生之间发生的性关系显然是不道德的（而且他在宣誓的情况下撒谎也是有罪的）。这两种滥用行为导致已经实施了 21 年的独立检察官法被彻底废除；致使国会对总统进行了弹劾、讯问并最终宣判无罪；同时也进一步加深了公众对权力滥用的认识，即便是在合法的范围内，权力滥用也是一种腐败。

浪费、欺诈以及滥用：腐败的模糊混合体

总之，公众心目中的“腐败”目前已经是由浪费、欺诈以及滥用组成的一种模糊的混合体。而控制腐败已经不再被看成是反对政党政治的改革或是巧妙的组织设计，而被看成是法律的强制执行。如今，胜任力不足也可以等同于犯罪。

从 20 世纪 70 年代开始，这种对腐败扩大了的界定，一直导致各种标准、规则、严格规定以及调查官员（例如总检察长、伦理官员、审计师、律师和会计师）的数量呈几何级数增长，其产生的结果大大超出了 100 年前“好政府”改革者所能想象的行政控制范围。严格地讲，正是由于出现了这些新的控制方法，才部分导致了当前绩效测评、项目评估以及生产力运动的第五个阶段：新公共管理阶段。

3.8 新公共管理，1992年至今

在20世纪的最后20年里，知识、政治以及财政等力量引起了政府的关注，这些力量包括高绩效大公司的崛起；其他国家为减少财政赤字而进行的创新；美国城镇所发起的首创精神；科技的飞速发展；冷战的结束，导致参战国公民对国内事务的重新关注；美国人对政府忠诚度的不断下降，也就是所谓的“信任赤字”[53]；最后，但并不意味着最不重要，各种针对公共行政人员设定的新限制，导致他们开始寻找新的管理方式。

超出了再造政府范围

这些社会趋势在20世纪90年代早期引起了一股出版热潮，号召进行一场全新的政府改革。[54]这些论著中最著名的是一本全国畅销书名为《政府再造：企业家精神如何改造公共部门》(*Reinventing Government*: *How the Entrepreneurial Spirit Is Transforming the Public Sector*)。由于该书出版于1992年，因此我们就选择这一年作为生产力运动的当前阶段，也就是新公共管理运动的开端。

新公共管理是“政府再造”的拓展观点，而开始于20世纪80年代的政府再造运动几乎都是在地方层面上展开的[55]，这些地方层级的发展产生了克林顿总统所倡导的一项非凡事业。在1993年宣誓就职之后的三个月内，克林顿总统成立了国家绩效评估委员会（the National Performance Review），由副总统戈尔主持。克林顿总统宣称：“我们的目标是使整个联邦政府花费更少，效率更高，更有进取心也更有能力，同时还要改掉自以为是的官僚文化。我们要重新设计、重新创造整个政府，让它重新振作起来。”[56]1998年，国家绩效评估委员会更名为国家政府再造伙伴关系协会（National Partnership for Reinventing Government），该协会于2001年终止。

最后，来自联邦政府各个部门的250名资深联邦雇员集合成一个团队，在听取了全国上下3万多名公民和几百个组织的意见之后，国家绩效评估委员会向总统一共提交了1 200多条建议。[57]但是，这些想法对再造联邦政府具有多么大的革命性作用，仍是一个值得讨论的问题。例如，联邦政府问责局认为，国家绩效评估委员会提出的建议的确都非常中肯，但在该委员会成立的几年前，联邦政府问责局就一直在推荐实施这些建议。[58]尽管如此，国家绩效评估运动仍然是“美国联邦政府历史上持续时间最长的改革”[59]。

新公共管理的五个基本理念

从根本上来讲，新公共管理由以下五个理念组成。[60]

• 机警，政府应该在事件发生之前预见各种问题和变化，然后有效地予以应对。

• 敏捷，政府应该具有企业家精神，应该开放，善于沟通，既应该授权于公民，也应该授权于公共雇员。

• 适应性，政府应该不断改进项目和服务的质量，应该通过利用可测量性结果评价绩效的方式实现其质量改进，应该警惕变化的环境并且善于利用各种新的机遇。

• 结盟，政府应该通过有效管理信息技术，让自己充满知识，应该与其他政府、非营利机构和私人部门开展合作，以实现各种社会目标。

• 责任性，政府应该拥有明确而紧迫的使命去关注人民的需求，应该提高政府对公共利益的责任性，这一点应该通过法律、社区和共同价值的形式加以理解与认识。

这些理念导致人们比以前更加重视公共管理的某些方面，尽管过去只是时断时续地强调过它们。这些被强调的方面主要包括绩效测评、合作、联合组队、标杆设定、公民满意度研究、项目评估、战略计划、培训、团队建设、分权化、裁员、民营化、强化行政权力以及精简与创新采购、预算编制和人力资源等。美国政府已经对这些发展做出了回应，一项针对美国各级政府的调查发现，只有 10%的政府“没有经历过”与新公共管理相关的概念、方法和技术。[61]

到 1996 年，国家绩效评估委员会所提交的 1 200 条建议中，几乎有 2/3 的建议都通过立法予以颁布实施（但这之后几乎没有再实施任何建议），其结果为纳税人节省了 1 360 多亿美元。到 2000 年，联邦政府一共出台了 4 000 多条新的顾客服务标准，废除了大约 64 万页的机关内部条例，取消了 42.62 万个工作岗位。将近 2 000 个现场办公室和 250 个项目与机构被关闭，比方说，羊毛补贴项目和矿务局等。[62]

用以测评联邦政府再造努力的“报告卡”，给联邦政府评定了一个“B”，这一结果表示，“这是政府目前得到过的最好的持续支持评价”[63]。政府再造运动进行了十年之后，超过 4/5 的联邦高级行政人员以及 3/5 的联邦管理人员报告说，他们机构的高层领导“都高调做出承诺，一定要实现既定结果”[64]。

到 21 世纪最初的十年，联邦政府似乎在购买、采办和获取的方式方法上进行了真正重要的改革；在人力资源管理上投入了显著的精力，尤其突出的是把人事管理办公室的许多传统职责下放给了直线管理机构（line agencies）；另外，还建立了一个标杆基础，用来改进财务管理、结果导向型预算、绩效监控以及战略计划。[65]

新的州政府管理

新公共管理改革在美国各州也取得了成效，但改革的强度有多大还值得进一步探讨。一个针对州政府采纳的体现新公共管理价值的 11 项特定改革（例如民营化、战略计划和公民满意度调查等）所进行的分析发现，从总体上看，只有1/10到1/5的州政府完全实施了11项改革中的任何一项改革，尽管部分政府实施改革的力度还要大一些。“有一种明确的可能性……在‘再造’旗帜推动下的改革还不能被各州广泛而迅速地接纳。”[66]

新的地方政府管理

地方政府全面启动的新公共管理改革已经趋于稳定，而且目前似乎建立的非常稳固。[67]

市政经理们都是新地方管理最活跃的前沿，超过9/10的人都支持“再造行动”[68]。“几乎所有的”市政经理都“相信纳税人应该被当做顾客来看待，服务与供应领域的第三方合同竞争机制是可以接受的，政府应该受其使命所驱，应该具有企业家精神，应该开发各种非税收财政资源”[69]。

还有地方政府承诺新公共管理改革所带来的大量的额外启示。比方说，地方政府运用的合作化与民营化是实质性的，几乎一半的地方服务是与其他组织共同提供，或通过合同与公司或非营利组织合作提供的[70]，而且几乎2/3的地方政府都制定了战略计划。[71]10个城市中有近乎6个城市实施了“企业家活动”，10个中有7个以上的城市为雇员培训提供了资金，以便提高顾客服务水平以及雇员对待顾客抱怨的回应能力，同时还出资进行过各种公民调查活动。[72]

总之，联邦政府在新公共管理改革中精力充沛地追赶着逝去的时光；州政府尽管也有些进步，但多少还有些步履蹒跚；但地方政府，尤其是市政府，依然是新公共管理改革运动的先锋力量，在改革过程中留下了先行者的足迹。

3.9 是控制还是腐败？是混乱还是灵活？

从根本上讲，新公共管理者正在反抗一种我们在第1章中探讨过的核心文化潮流：制约政府。

新公共管理与旧公共行政

正如在公共行政背景下所表达的那样，这种文化潮流催生了19世纪推崇“好政府”的改革分子，这些人非常看重通过建立各种腐败控制机制来制约公共官员。从20世纪70年代开始，对政府各种丑闻的普遍厌恶以及将浪费、滥用以及欺诈视为腐败的修正主义的结果性定义，都重新唤起了美国人制约政府的愿望。而这一愿望产生出反复重叠的各种新生而死板的行政禁令、官僚组织结构、各种复杂性以及各种程序，所有这些都是为了规劝一线行政人员而设计的。于是，新公共管理者大声疾呼：应该把官僚行政人员从这些过时且具有压迫性的约束中解放出来，以便他们能够为公众提供更有效的服务。

这种呼声有很多好处，正如昔日改革分子与今天腐败控制者的动机也有很多好处一样。这些动机，可以简略地归纳为清理腐败政府并保障正直人免于腐败，仍然具有真实的针对性。而旧公共行政人员抵制新公共管理者的实质则是害怕传统行政控制的放松将会导致更为严重的政府腐败。

对抗控制

美国的腐败并没有达到像 19 世纪那样普遍的程度，甚至还没有接近那个程度。然而，我们愿意为了建立一个更加具有回应性的政府，而不顾保持并增进廉洁政府的需求吗？

我们的回答虽然是否定的，但问题的提法本身就具有误导性。我们的回答既不意味着控制导向的公共行政传统价值能够像其捍卫者所声称的那样予以很好地实现，也不接受新公共管理所强调的更新价值（机警、敏捷、适应性、结盟以及责任性）在某种程度上会影响廉洁政府的观点。

但是有一点值得注意，毕竟，由 19 世纪提倡好政府的改革人士所提出的所有建议（尤其是某些建议！），在美国国防部已经是根深蒂固，即便在 20 世纪末期有些腐败的公共行政人员将它“卖”给了腐败的私人承包商也是如此：“几十万名政府雇员除了严密监视承包商以外，无事可做。79 个不同单位针对政府雇员颁布了繁多的采购法规，这些法规堆起来的高度相当于列夫·托尔斯泰《战争与和平》(*War and Peace*）书稿的 5 倍。光是甜饼，陆军就曾颁布过长达 15 页纸的细则。”毋庸置疑，在美国国防部中，传统公共行政的价值与实践是根深蒂固的，至少从官方角度来看，的确是无处不在的；而正是那个时期某些军官参与腐败的比例也是空前高涨。“然而，在一个显然是根据严格规则与绝对纪律运行的系统之中，为什么还能存在腐败现象呢？”[73]

调解新与旧

一种回答可能是，传统的公共行政方法再也不能提供完满解决控制腐败问题的途径，尽管以前它们曾经做到过。我们并不建议应该轻蔑地抛弃旧公共行政因循守旧的价值观念，但要建议应该热情地拥抱新公共管理光鲜而富有企业家精神的价值观念。

让传统与创新相融合。然而，我们提议，引入新公共管理价值并不必然产生像批评者所坚持认为的较少正直或较少法治的政府，而是可能会像新公共管理者所承诺的那样（或许是轻率地承诺），产生出更为机警、灵敏并具有适应性、结盟性和责任性的政府。一位新公共管理发展的紧密追随者讲得很好：“传统模式并不是废旧的；因为它永远不可能像美国是法治政府那样长久，但它必须适应一个新的为共同目标分担责任的现实。”[74]

换句话说，旧的公共行政与新的公共管理都有其各自的用途。任何一种方式虽然在驱除腐败的问题上都不会特别有用，都还需要借助政治意愿，但二者在认识腐败现状以及让政府变得更为灵敏、创新、有效率和有效力方面都非常有用。确定使命能否成功完成则要看如何能将二者有机结合起来使用。下面就让我们来考虑一下实践中的几个实例，了解一下这种有机结合是如何起作用或不起作用的。

得克萨斯州的一种胶着的混乱状态。一项针对得州 476 个学区政府行政人员操控学生标准化考试成绩[75]的倾向分析结果清楚明白地显示了旧公共行政和新公共管理在对抗腐败、促进更加柔和性政府方面的效用。研究人员发现，两种模式的要素在学区中均有表现：规则、繁文缛节和监控程序（或者其他与旧公共行政相关的特点），以及绩效手段、结果型预算和激励机制（或者其他与新公共管理相关的特征）。然而，各学区之间的“组织欺骗”却相当普遍，而且在资源稀少、需求急剧、行政人员的日常活动缺乏严格监控、工作绩效与各种激励挂钩的时候，这种腐败好像最容易发生。

而这一研究的一个著名发现是，建立了允许腐败盛行的体制，这说明政策制定者们缺乏相应的常识，而这种错误是令人无法理解的。狐狸不应该守着鸡舍，通常母鸡们也不应该守着鸡舍。荣誉制度在政府中发挥不了作用，因为这不是火箭科学。

在得克萨斯州，人们就违背了这些常识性的规律。财政上捉襟见肘的学区行政人员要负责为他们的学校增加预算，反过来，这些人就得靠提高其学生考试成绩的方式实现这一目标。然后，这些行政人员又被变成唯一的责任人，负责监控、管理和报告学生的考试分数。这是否就是突然出现的“组织欺骗”？母鸡，而且只有母鸡在监守自己的鸡舍，出现这种欺骗行为，如果不是因为教育奖金，那肯定就是因为货币性报酬。

当然，如果能够由完全独立于学区的一个机构负责管理学生考试并负责报告成绩，那么通过这种简单的保障方式，就能够很容易地避免诸如此类的学区欺骗行为。

独立的星州并不寂寞。得州的学区问题在这一令人遗憾的综合症状中绝不孤单寂寞，其不同的表现形式其实是一种全国现象。

比方说，联邦法律要求各州必须报告高中毕业率，而且各州学校所接受的联邦经费数额部分也要取决于学生毕业率的高低。比如在得克萨斯州，这一报告程序就既有旧公共行政的要素，也有新公共管理的要素。

在与得州学区平行的另一个实例中，领取联邦经费的行政人员负责收集并提供将会获得经费的数据信息：州政府自己负责计算并报告其学生毕业率。结果是可以预测的，而且绝大部分州政府都会省略掉重要的数据，一些州政府甚至不报告任何信息。

最重要的是，各州可以自由界定“毕业率”，并且能够以任何自己选定的方式设定毕业率目标（假定这些目标都是为了提高毕业率）。而这种自由导致各州采取了一些自欺欺人的做法。一些州使用了一种“不合理的毕业率定义”，比方说，不将高中低年级学生的辍学计算在内，设定的毕业率目标实际上低于他们目前报给华盛顿的毕业率等。[76]

结果，似乎有许多州，也许是大部分州，都将自己的毕业率吹成了河豚比例。实质上，针对毕业率的多方面分析都一致认为，将近 1/3 的高中生都没有按时毕业[77]，但是“在许多州提交的报告中，根本找不到这些令人警惕的数字，而且他们所提供的信息对于改进学校工作来说也根本没有任何价值”[78]。

再一次像得克萨斯州的案例一样，对于这些异常现象的纠正措施并不需要多么精明的智慧。更正行为只是要求全面收集所需要的数据，提供可强制执行的毕业率定义，建立附加条件要求所设定的目标水平不能低于现有的绩效。这些都是些异常理性的规定。

总而言之，旧公共行政和新公共管理在减少腐败以及强化政府机警、灵敏、适应性、结盟性和责任性方面都非常具有潜力。如果两种方式一起应用，而且明智地交替运用，那么这些使命就有可能被完成的更加充分。

正如前面所讲述的那样，公共生产力运动历史暗示出，绩效测评和公共项目评估就是蕴涵其中的方法论基础。我们应该从绩效测评开始，反过来论述这些基础。

3.10　测评公共绩效

政府采纳和实施绩效测评都不是件容易的事情。比方说，经过研究已经发现，州政府和地方政府在很大程度上是通过技术和理性的争论才被说服接受绩效手段的，而真正在决策中使用绩效手段在很大程度上也要受到政治和文化考虑的影响。这一研究发现产生出的一个结果就是，尽管政府可能已经在表面上拥有了各种绩效手段，但大部分情况下仍然可能不去具体执行。[79]另外，一些机构却发现绩效手段特别有用，而且比其他方法好用得多。带有简单和可测量性工作任务的高速公路安全机构发现，绩效手段收益多、效益大；而带有更多主观判断性工作任务的儿童福利项目就不会这样认为。[80]

绩效手段的目的

简而言之，“没有富有魔力的绩效手段”，但是不同的绩效手段都有不同的目的，而且这一现实使得各种绩效手段应用起来非常复杂。一位学者确认出绩效手段的八种目的。它们分别是：

- 评估，或者探知机构的绩效水平；
- 控制，或者确保下属正在做正确的事情；
- 预算，或者决定公共行政人员应该在什么项目和计划上花费公共资金；
- 动力，或者激励所有的利益主体，从工作人员到公民，去从事改善绩效所必需的事情；

- 推销，或者让上司、政治家、记者以及其他人相信行政人员的机构正在做一件好事情；
- 庆祝，或者认可成功；
- 学习，或者确定什么有效、什么无效并了解其中的原因；
- 改进，或者确定谁应该采取什么不同的方式提升绩效。[81]

正如这一清单所提示的那样，在战略思想中使用绩效手段可能是一种复杂而令人烦恼的锻炼。但是，测评绩效已经无限制地成长为公共行政领域的一个重要思想观点：国家公共行政科学院、美国公共行政学会、联邦会计标准咨询委员会、政府会计标准委员会以及政府财政官员联合会都已经批准认可了绩效测评。[82]美国的民众也已经认可绩效测评。70%的美国民众“都希望建立一种制度，可以按照产出的[目标性]结果而不是按照项目创制或所花费用来评估政府机构”[83]。

接下来，我们集中介绍美国各级政府在回应职能运行进而测评绩效的过程中所展现出的专业且普遍的积极性。

测评联邦政府绩效

如果说华盛顿在20世纪70年代很不情愿地探求提高生产力的途径，在80年代时的热度稍微有所提高，那么在90年代，联邦政府已经发展成为生产力的狂热追求者。

联邦政府对绩效测评的兴趣在明显快速增加。联邦政府问责局1991年针对103家机构（这些机构占联邦政府总支出的3/4）进行的一项调查结果发现，所有机构实际上都征集了大量的绩效手段，但只有9个机构能够被称作是以合法和有意义的方式测评了各自的绩效。[84]正如联邦政府管理与预算局副局长所描述的那样，“在级别为10的度量值上”，联邦政府测评绩效的能力“大约处在第2个级别”[85]。国家公共行政科学院一名官员所做的评估正好也回应了上述评价，这位官员观察到，澳大利亚和新西兰的中央政府已经开发和利用绩效手段长达“几十年”，从这个意义上说，美国政府“已经是这场革命的后来者”[86]。

但是华盛顿似乎决心要提高这一级别。从1993年的《政府绩效与结果法案》以及国家绩效评估委员会等名称上就能略见一斑。1998年，国会在联邦层级中创建了第一个“以绩效为基础的组织”：教育部的学生财政援助办公室，随后又成立了内部财税服务局、联邦民航局以及专利与商标局。以绩效管理为主的组织对其联邦行政人员实行合同管理，所签订的合同要求行政人员对其提供的可测评结果承担相应的责任；作为回报，联邦行政人员可以拥有更大的管理灵活度，其薪资以及工作保障也都直接与机构的绩效挂钩。

2001年，小布什总统发起了总统管理议程，要求在6个关键领域测评联邦政府绩效。[87]到21世纪的最初几年，89%的联邦管理人员报告说，绩效手段在他们的项目中都已经基本到位。[88]

测评州政府绩效

同华盛顿一样，各州政府也在20世纪90年代测评其绩效的过程中获得了相当大的资金收益。实质上，在所有的州政府机构中，98%的州政府都使用了至少一种绩效手段，而且令人鼓舞的是，40%的机构至少在其一半的项目中运用了绩效手段。[89]此外，所有的州政府都要求一种预算过程，需要各个机构提供量化数据，也就是提供有关项目结果的有意义的信息。[90]大约有3/4的州预算部门定期使用政府项目的测评手段，量化与成本相关的生成物品或服务，4/5的州政府在其预算文件中都包含了生产力测评内容。[91]

政府能够使用绩效方法使州政府行政人员非常高兴。10个州政府机关行政人员中超过7个人会说，因为使用了绩效方法，他们机构的工作效率和效力都已经得到了提高。[92]

一些重要因素可以确定州政府是否成功地运用了绩效手段，这些因素包括：明确确认特定需求；了解绩效手段的使用方法；学习的渴望；利用以绩效为主的信息编制预算；拥有质疑机构绩效的立法议员和州长；提供充足的时间让绩效测评到位；强有力的领导等。[93]随着时间的推移，人口较多的州好像比人口较少的州更愿意继续保留绩效方法和手段。[94]

测评地方政府绩效

绩效测评的发展产生于20世纪初的城市，可能也正是21世纪的城市才使这一技术得以最为透彻而创新的应用。

几乎有9/10的市县报告称，它们使用了相应的绩效手段（见表3-3）。[95]3/5的城市在全市范围的所有项目中都使用了绩效手段，而其余城市只是在选定的项目上使用了绩效手段。[96]

大部分的地方政府行政人员都很喜欢绩效手段。一项针对城市经理进行的全国性调查发现，61%的受访者都认为绩效测评的作用是一分为二的："他们辖区使用绩效手段所取得的积极收益基本上可以弥补收集这些数据所需要的成本和组织损耗，但也有不到1%的受访者认为事实并非如此。"[97]后来针对地方政府高级行政人员的调查结果确定出，95%的人将绩效测评手段评定为"非常有效"（38%）或者"某种程度上有效"（57%）。[98]那些在所有机构中使用绩效测评方法的城市中，差不多有一半也就是46%的城市经理都会把运行成本的减少归功于在全市范围采用了绩效测评方法。[99]

在超过90%的城市中，在全市范围内使用绩效测评的城市政府行政人员（或者近1/4的城市）认为，绩效测评方法的应用已经导致其城市的预算发生了变化，包括有11%的人会说，这些预算的重新分配是实质性的。[100]12%的城市通过增加预算配额的方式奖励了那些完成绩效目标的政府部门。[101]

将经费与可测评的绩效挂钩意味着政府对待绩效的态度是严肃认真的，地方政府在这一结合点上可能比其他任何层级的政府都更强劲一些。

3.11 绩效测评的排列

一般来讲，人们可以确认出五种在政府中普遍使用的绩效手段。我们在这里进行逐一介绍，并分别解释联邦政府、州政府和地方政府使用它们的范围与程度。

工作量或产出测评手段

工作量或产出测评手段（workload，or output，measures），是绩效测评手段中最基础的类型，负责计算工作绩效或所供服务的数量。举一个例子就是垃圾收集的吨数。

因为工作量方法相对来说容易使用，所以各级政府采用此种方法最为广泛。在使用绩效手段的机构中，超过半数也就是54%的联邦管理人员（或者89%的所有联邦机构[102]）报告称，他们在很大范围或非常高的程度上运用了产出绩效测评手段。[103]在至少一半项目中使用过绩效测评手段的州政府机构中，有63%（或者占州政府所有机构40%）的州政府机构都在使用产出类测评手段。[104]在采用绩效测评的城市中（88%的市县报告称，它们使用了某种绩效测评手段[105]），有1/2以上到4/5的城市（根据功能而定）都采用了工作量测评手段。[106]

单位成本或效率测评手段

单位成本或效率测评手段（unit cost，or efficiency，measures），是一种更为细致的方法，负责评价每单位产量或工作量的资金耗费。衡量每个居民区垃圾收集的成本就是一个例子。

在使用绩效测评手段的联邦机构中，43%的行政人员广泛使用了效率测评手段；而在至少一半项目中使用过绩效测评手段的州政府机构中，34%的机构使用了效率手段。奇怪的是，地方政府在频繁使用的各种绩效测评手段中，对效率测评手段使用得最少。根据不同的机构，效率测评手段的使用率只有1/5到2/5不等。

结果或有效性测评手段

结果或有效性测评手段（outcome，or effectiveness，measures），是对目标达成程度、需求得到满足程度以及预想效果实现程度的量化手段。一个例子就是计算一个正在进行更新的邻里社区中已经翻新的房屋数目。

55%的联邦行政人员报告称，他们在很大范围或程度上使用了有效性测评手段，超过一半也就是 52%的州政府机构说它们使用了有效性测评手段。根据不同功能，大约 1/3 到差不多 2/3 的地方政府使用了结果测评手段。

服务质量测评手段

服务质量测评手段（service quality measures），是以价值为基础的评价，针对的是管理层对客户需求与期望的回应性，例如时效、准确性以及礼貌周到等。尽管回应性有的时候能够进行客观测量（比方说，救护车到达事故发生地点所花费的时间），但决定这样的回应是否达到充分的质量标准则往往是一种主观判断。（平均到达时间为 30 分钟就可以算作充分的服务质量，还是应该为 5 分钟？）

46%的联邦政府行政人员广泛地使用了服务质量测评手段。1/4 的州政府部门使用的是“质量/顾客满意度测评手段”。根据不同的服务，超过 1/4 到一半以上的地方政府使用的是服务质量测评手段。

公民满意度测评手段

最后一种重要的绩效测评手段就是公民满意度测评手段（citizen satisfaction measures），主要是评价公民对政府服务项目满足其需求的满意程度。

在使用绩效测评手段的联邦机构中，接近一半也就是 47%的联邦管理人员报告说，他们在很大范围或程度上使用了“顾客服务测评手段”。正像前面所注意到的那样，至少在一半项目中使用过绩效测评手段的州政府中，只有 25%的机构报告说它们使用了“质量/公民满意度测评手段”，尽管另一份调查结果表明，将近 2/3 的州政府机构“完全或部分地”启动了顾客满意度调查。[107]根据不同的功能，有不足 1/3 到一半以上运用绩效测评手段的地方政府机构表示，它们使用过“客户或公民满意度”测评手段。

3.12　实践中的绩效测评

绩效测评在美国的政府中已经根深蒂固，而且随着时间的推移好像还会不断向纵深方向发展。为此，了解政府绩效测评的方式方法非常重要。接下来我们要考虑的就是测评绩效的实践性、生产性以及不足之处。

测评的泥潭

在公共行政人员使用绩效测评手段之前，首先要了解有关绩效测评的至少八种限制因素。[108]下面，我们来逐一进行简要评价。

测评错误的事情。有的时候，由于对测评对象定义不准确，可能导致测评的事情牛头不对马嘴。比方说，政府在关乎人类生命健康、安全以及其他公共项目上要决定应该投入多少资金，就必须知道一个人的生命到底值多少钱。费了半天劲得到的却是一些显然很不一致的估计值。根据联邦政府机构做出的估计，范围从 100 万美元[109]到 600 多万美元[110]不等。然而，真正的问题不是人的生命值多少钱，而是人们愿意为他们的健康和安全（通过税收的形式）支付多少钱。一旦懂得了这种区别，我们便不再徒劳无功地去估算人的价值是多少，而是要测量人们愿意支付多少钱来保护自身安全。我们可以通过民意调查分析，或者通过考虑风险因素的市场价格来做出决定。[111]

使用毫无意义的测评手段。让我们来思考一个案例，几位法院工作人员在被问及如何收集每周报告的数据时，他们的回答竟然是："我们会在报告中加一些听起来很合理的数据。"[112]或者，我们来看一下一位退休警官写的东西："在我当警察的 30 多年时间里，我制造了有的时候甚至是编撰了各种犯罪统计数据。虽然没有正式下达少报或者不报犯罪的行政命令，但一个遵章守纪的官员不久就会从警官那里发现，这其实是一种态度。一旦警官裁定你的态度有问题，那就是你应该卷铺盖走人的时刻。市长并不喜欢犯罪统计高却没有抓捕记录，警察专员也不喜欢。因此，让新手去报告一个没有抓捕的抢劫案件并不是什么好主意。"[113]

法院工作人员和警察似乎都在尽最大可能地适应环境，但是他们所采取的方法却说明，行政人员在测评绩效时必须面对一个严重的信息数据问题：不可靠性。联邦政府问责局确定，在 24 份重要联邦机构的绩效报告中，只有 5 份报告"包含全面可信的绩效数据评价分析"[114]。在 24 个机构中，有 20 个机构有限地相信它们自己的绩效数据；但是没有一个机构完全相信自己的数据![115]项目设计问题、评估能力有限以及"机构长期薄弱的财务管理"，所有这些因素都降低了数据的可信程度。[116]

不论公共行政人员编造或歪曲"事实"的动机是天真的还是险恶的，其结果都是一样的：绩效测评被认为是毫无意义的。

"相同"概念的不同解释。无论如何严格界定，概念（及其测评）的意义可以根据使用者的不同而发生改变。例如，社区健康机构的"客户"应该是指打电话来进行咨询的那类人，还是指定期造访社区健康机构并在该机构存有档案的那类人呢？如果我们将"客户"的意义解释为前者，那么该机构的预算就有可能膨胀；但是另一个使用后者解释的健康机构就有可能挨饿，即使后者的生产力可能比前者还要高一些。

置换目标。正如我们在以前所观察到的那样，目标置换会在所有的组织中发生，在绩效测评项目中也不例外，特别是当机构需要数字美化其形象的时候更是如此。比方说，"在共产主义时期的波兰，家具工厂的绩效是以家具出厂的吨数来测量的。结果，波兰现在拥有世界上最笨重的家具"[117]。由于所用的绩效手段，致使波兰家具生产目标由家具置换成了重量。然而，如果波兰共产主义者规定绩效测评的标准是无须支撑的家具项目而不是吨位数的话，那么波兰如今可能会有世界上最轻、最小巧的家具。

转嫁成本而不是节约成本。因为机构项目经常接受单独测量，所以项目管理者可以声称他们节约了公共资金，而实际上他们只是把成本转嫁给了其他项目。例如，一家医院承认将垂死的临终病人转移到疗养院，这样一来，不仅转嫁了成本，也使该医院的病人死亡率大大降低。[118]福利机构一般情况下只是使用“退出”作为衡量成功的手段，但“几乎很少有系统尝试着去揭示人们为什么离开福利机构，离开了多长时间，又去了哪里”[119]。

利用总体目标掩盖亚群体差异。通过把目光集中在“大图景”，绩效测评能够隐藏一些关键的（或许是尴尬的）信息。举个例子，尽管美国人口普查局报告说，1996 年所有美国人的年平均收入都有 1.2%的提高，但是这个报告没有看到，人口中最富有的 1/5 人收入增加了 2.2%，而最穷的 1/5 人则降低了 1.8%。平均收入水平的整体提高（好消息）隐藏了在最富有与最贫穷的美国人之间正在扩大的收入鸿沟（坏消息）。[120]

忽视客观测评的局限性。绩效测评无论做得多好，对我们的帮助也只能达到一定程度。行政人员应该认识到，绩效测评可能会不公平地低估创新项目而高估常规项目，或者对项目及其变化环境的意外效果视而不见。美国国内财税服务局倒是提供了一个这两种局限性兼备的相关事例。该局多年来一直有效地采用单个指标（财税征收率）来衡量该局工作人员的绩效。结果却产生了一些没有人情味的工作人员、问题扎堆的实践做法以及相当苦恼的纳税人。最终，国会为了回应公众日益膨胀的怨气，于 1998 年做出了对国内财税服务局进行整顿、重组以及重新定位的决定。

不能回答怎么样以及为什么之类的问题。当孤立使用绩效测评手段时，可能是无用的，甚至还可能会起反作用。单独采用绩效测评手段无法确认下面可能出现的结果：使项目合理化的理论可能会产生误导而且应该予以替换，重要的项目成效可能还不被人们所理解，管理不善，资金不足或资金过剩，以及各种独特的情况。

比方说，如果镇上唯一的雇主破产了，应该怎么办？该镇就业机构的项目绩效测评手段只能告诉我们，该机构无法为镇上的失业人口找到工作，却不能告诉我们，镇上根本就没有工作。

将绩效测评的缺陷最小化

绩效测评手段的许多潜在缺陷是真实存在的，但至少有以下六条预防措施可以让这些缺陷的危害性降到最低。这些预防措施包括[121]：

- 现实面对能够使用或不能够使用绩效测评的政治与组织环境。正如医生所讲的那样：不要造成伤害。
- 确保测评处在一个恰当的水平，不要把精力集中在那些影响最小的项目成效上。
- 总是提前检验测评。
- 经常评价、修订以及更新测评手段。
- 积极邀请各利益主体参与开发并评价项目测评手段。
- 使用多种项目测评方法，包括那些不仅测评结果也测评其他变量的方法。例如，经常可以测评组织的各种过程。

为绩效设定标杆

测评绩效是绩效标杆设定的基础。标杆设定可以被定义为经由系统探索与运用最佳实践的方式来寻求上等绩效，并且借由内外比较性评价来鼓励更高的绩效。[122]

绩效测评实施一段足够长的时间后，就能显示出公共项目的生产力到底是在上升还是在下降，这是很重要的信息。这种简单的绩效跟踪做法在政府之间非常流行，大约有 2/3 的城市都在这么做。[123]

然而，标杆设定能做的事情不仅如此：它还允许进行比较。换句话说，我们做某项工作是否与其他做同样工作的组织表现得一样好？或者，我们是做得更好还是更糟？

在美国政府中，标杆设定的测评方法取得了一些缓慢的发展。联邦政府正在探索标杆设定测评方法，并且建立了联邦标杆测评协会（Federal Benchmarking Consortium），该协会包括来自其他国家从事标杆测评研究的代表，同时还成立了美国跨部门标杆测评与最佳实践委员会（Inter-gency Benchmarking and Best Practices Council）。

州政府也逐渐注意到了标杆测评方法。针对美国各州进行的一项全国性调查发现，将近 3/4 的州政府机构将自己的绩效数据与其他政府机构的绩效数据进行了比较，至少在有的时候是这样[124]；有 6 个州实际上已经立法，专门要求其政府进行标杆测评。[125]

在地方层面上，一项针对全国城市的调查发现，3/4 的政府至少在偶尔的情况下，将它们的绩效与其他政府的绩效进行比较。[126] 另一项全国性城市调查发现，在 146 个反馈城市中，70％的城市将标杆测评用做普遍实践方法（19％）或者是时而为之的实践手段（51％）。[127]

针对地方标杆测评项目的分析发现，尽管地方行政人员倾向于期望标杆测评能够“超越项目所及的能力”，但是他们也相信，标杆测评方法提供了某些“实质性利益”，比方说可以确认出服务供应的可替代手段等。实际上，标杆测评本身在减少成本或改进项目方面贡献极少，但它的确可以揭示出成本在什么地方可能太高，或者什么项目可能达不到同等标准，由此来帮助地方行政人员采取相应的纠正行动。[128]

3.13 评估公共项目

正如我们所注意到的，绩效测评为实施大部分公共项目评估提供了基础。而且正如我们也已经观察到的那样，项目评估比绩效测评要进行得更加深入，而且还要深入得多。

公共项目评估、偏执狂以及公民美德

与一个官僚死气沉沉地提出“我们正在怎么做?”这样的问题相比，公共项目评估的内容要丰富得多。实际上，这一普通的问题掩盖了一个过程，其中可以领悟理性的激励、政治的胁迫以及公民的高尚。

由于公共项目评估“总是在针对资源使用的决策环境中进行，由此也影响着权力的获取、分配以及丧失……”[129]。在偶然情况下，更好地利用资源事实上根本就不是启动项目评估的真正理由。“评估研究可以源于不同的目的……有的时候，实施评估是为了证明或认可一个进行项目的合理性，有的时候是为了对项目进行调查或审计，以便对其失败进行谴责，予以废止，撤换其领导或者减少其活动。”[130]

所以，项目评估可能是一种威胁，特别是对那些受雇管理被评估项目的人来说。但是，评估研究这一层面的作用也许被夸大了，实际上，如果评估真的导致项目的变更，那也极少是非常严厉的变化。针对大约600个市政府项目的评估分析发现，不到1%的评估“导致了被评项目的终止”，而78%的评估只是“导致项目活动的调整”[131]。除了公共项目评估周围有的时候存在这种偏执氛围之外，评估研究对公共管理的毁灭性攻击是远远不够的，所得到的结果往往只是改变原有的设计以提高公共项目的生产力。

总的来说，评估研究能够产生更好甚至是更明智的政府。下面，我们来逐级讨论公共项目评估在政府中的地位与作用。

评估的产生

公共项目评估几乎在所有政府中都经历了漫长的发展历程。

评估联邦政府项目。随着绩效测评在联邦政府的广泛应用，成功的项目评估不久也紧随其后。20世纪90年代，国会还为此专门设计并颁布了一系列法律，这些法律集合在一起具有深远而重要的潜在意义。

这些法律中最有意义的当数1993年颁布的《政府绩效与结果法案》(非正式场合被称为《结果法》)，该法鼓励联邦行政人员脱离按照不同程序进行报告的传统做法，转而根据各自可测评结果的完成情况进行报告。

但是，《结果法》绝不是为提高联邦政府内部绩效导向型管理而设计的唯一法律。另外，国会在20世纪的最后十年中还颁布了各种新的法律，修订或重新发现了几个比较老的法律，希望创建一个立法的内联网络，以大规模的形式改变联邦政府的管理文化。这一立法在某种程度上与《政府绩效与结果法案》的形式相关，关注联邦行政的三个关键领域：信息技术、财税控制和财政管理。20世纪90年代的财政管理立法实现了1998年非凡而迫切需要的成就：联邦政府首次进行全面审计的财政声明。

这些法律，无论新旧，都是联邦政府公共项目评估的基石。联邦政府问责局注意到，“一旦合并执行，这些法律将提供出一个强有力的框架，应该能够在国会和行政部门内部进一步推动结果导向型管理和政策制定过程”[132]。

评估州政府项目。各州政府在测评其机构的工作绩效中所取得的明显进步，似乎在州政府的项目评估领域中也已经得到了印证。所有的州政府都在某种程度上使用了以结果为导向的管理方法[133]，而且正如表 3-2 所显示的那样，经过 30 年的发展，大部分政府机构实施了有效性或生产力评估分析，所占比例翻了一倍还多，从 1/5 或不到 1/5 发展到一半或一半以上。在同一时期内，执行这类评估分析的各中心预算办公室，也由原来最多不足 1/3 发展到将近 3/5。另外，一半以上的州立法机关如今也在进行项目评估分析。

评估地方政府项目。在所有层级的政府中，地方政府在引进公共项目评估中好像取得的进步最大。正如表 3-3 所示，如今有 3/4 的城市报告说，它们使用了项目评估。而专家们普遍相信，这一水平应该是在合理情况下可能接受公共管理创新技术的最高值。现如今，一半以上的城市都拥有某种提高生产力的项目，而且几乎一半的城市都在它们的政府内部组织了特别工作人员专门负责评估生产力情况，并确认改善服务供应的更优方法。[134]

采用生产力提高手段取得相当大成功的地方政府，都是那些在城市管理方面采用参与式管理模式、民营化程度相对高、重视经济发展、部门领导具有大专教育背景、相比之下又不太依赖联邦与州政府财源的城市政府[135]，而且在市政府中开展了大范围的公务员制度改革，比方说，人事决策权限的分权化、高级行政服务岗位的创立以及在录用和晋升中取消退伍军人的优先选择权等。[136]

3.14 实践中的公共项目评估

在介绍了公共项目评估的范围和排列组合之外，还有一个评估研究中非常重要的实践问题。践行公共项目评估可以被简化成以下三个基本步骤：选择评估人，确认评估问题，进行评估设计。

第一步：选择评估人

要想了解公共项目评估的过程，我们首先必须知道谁是评估人。

机构外部评估人所持的看法与内部行政人员的看法有所不同。这些不同的观点包括：特殊性与普遍性（研究人员更感兴趣的是解决长期问题，而实际工作者更感兴趣的则是如何解决即时问题）；现状与变化（一方面，实践中的行政人员可能企图掩盖管理不善的项目，并抵制任何他们看来可能会引起混乱的变化；而另一方面，学术型评估人经常声称拥有人类事务的优越知识，这会令他们更加倾向于改变行政人员工作中的不妥之处）；学术知识与实践经验（实际上，评估人通常是学者，但实际工作人员会认为他们缺乏“现实世界”的经验，或者意识不到诸如预算约束和人力资源等诸如此类的实际问题)。[137]有时，这些不同的观点有可能就会导致双方的冲突。

因此，大多数评估专家都赞同，项目评估应该由组织中负责该项目的最高层领导进行委托代理并提供相应的支持；为了制衡起见，非常可取的做法是由外部机构或者第三方顾问来进行评估。[138]当评估研究由机构高层主管委托并由外部评估人执行时，实际工作人员和研究人员之间的一些自发性冲突就可以避免。另外，外部评估人员更可能就组织的基本前提提出疑问；还可以因其客观的评价成为更为有效的仲裁者；更可能将时间全部投入到手中所研究的问题上。当然，机构内部人员也具备一定的有利条件，包括他们对组织的了解更为细致，而且，其所处的位置还能够使他们进行持续而长期的项目评估工作。[139]

第二步：你的问题是什么？

要想确定决策者的需求，我们就必须知道决策者对问题是如何认识的。他们是对项目完成特定社会使命的有效性或者结果不满意，还是对缺乏这类项目不满意？

定义问题。要想完全理解项目的目标是什么，就应该有一项书面的陈述，罗列出项目所带来的预期效益。它应该包括预期获得的效益是多少，在什么时间范围内完成；确认无法避免的负面结果或非预期收益的可能接受者；包含一些重要的定性特征；最后，还应该说明可能会互相冲突或是相互支持的多项目标。“对［项目］目标加以综合考察的重要性无论怎样强调都不过分。过于简化的陈述（1）不能抓住预期效果的所有基本方面；而且（2）可能包含预期收益者之外群体的内在冲突后果。”[140]

奇怪的是，定义问题的关键就是定义成功。也就是说，我们如何知道而且在什么时候知道我们的项目是成功的？研究人员已经发现，如果项目经理对项目成功的意义有了明确的认识，他们就能够随着时间的推移不断更新他们对成功的定义。而且他们还发现，这一过程可以提高长期项目的发展和政策制定水平。[141]

评估这个问题值得吗？一旦界定了机构的问题以后，另外一个问题就会出现：该机构的问题值得耗费金钱和精力去进行评估吗？

如果想回答上述问题，首先要明确以下五个问题：

- 机构行政人员对评估的结果存有多大的信任度；也就是说评估的效度（validity）水平如何？
- 评估结果对该机构有用吗？也就是说评估结果的针对性（relevance）有多大？
- 评估研究能给项目行政人员提供出比他们通过自身观察而获得的更多的洞察力吗？也就是说评估研究的意义（significance）何在？
- 评估研究的价值高于其成本吗？也就是说评估的效率（efficiency）如何？
- 最后，评估研究能在机构所规定的时间内完成吗？也就是说评估研究的及时性（timely）如何？

如果针对上述问题的回应是肯定的，那么项目评估就值得进行。

第三步：进行评估设计

一旦机构问题界定之后，评估人员必须围绕该问题来设计他们的研究。[142] 这可能是一项非常棘手的工作，因为评估研究与基础研究不同。评估研究可能有意或无意地影响社会活动，因此评估研究采用的是应用研究或行动研究（action research）方式。与基础研究一样，评估研究也关注理论与实验设计，但其主要目的是综合评估一项特定活动，而且评估过程还需合乎机构的日程安排。

因为公共项目评估是一种行动研究，所以一定的权衡是不可避免的。最明显的一点就是，"在研究的广度与结果的精确性之间就需要进行权衡取舍"[143]。研究的广度大结果势必模糊，而研究的范围狭窄，结果势必明晰。

研究计划。准备一个详细的研究计划是设计评估的首要步骤。研究计划应该总是要包括以下内容：

- 问题的清晰陈述；
- 研究的目标；
- 仔细列出阐述问题时所使用的前提假设与约束条件；
- 可使用的资源；
- 可采用的方法；
- 目标实现的评估手段；
- 沟通途径；
- 修正研究计划的特定程序；
- 设计完成评估主要内容的日程表，包括最后的期限；
- 设定使用评估结果的特定程序。

行动研究的衰减：技术的挑战。研究计划一旦完成，就会面临核心的设计问题，而且"评估的核心科学性问题是（a）一方面要从随机变量中分离处理效果本身，而另一方面要从无法控制的非处理因素所导致的系统偏差中分离处理效果本身；（b）同时还要针对这些效果提供可靠性测评"[144]。

在行动背景（action setting）中，通过控制项目变量来达到项目评估的目的是非常困难的。当控制组（即一群客户，他们无法获得来自特定实验项目的利益，该实验项目是为研究如何改善服务而设计的）被单独分出来，以便与实验组（即一群客户，他们的确获得了来自特定项目创新的利益）做比较时，经常会遇到很大的社会与政治压力，这些压力希望给实验中的两个组别都提供相同的利益。因此，项目的行政人员与项目的客户都不情愿剥夺特定客户群体所能得到的服务利益，即使这么做将会造成评估的失败。为此，自我选择（self-selection）是行动背景中需要解决的一个项目评估问题；"拒绝为那些寻求服务的人提供服务，却反过来给那些抵制服务的人提供服务，这的确是一个两难困境"[145]。

简而言之，各种行动背景只会限制评估人员使用控制良好的实验设计。另外，项目评估人员的潜伏动机也会妨碍测评的准确性。比方说，由于要从公共机构获得合同作为谋生手段，所以私人咨询顾问在其研究设计中可能会摒弃技术挑战而过多做出承诺。一个较为生动的事例是1972年经济机遇办公室（the Office of Economic Opportunity，目前已经撤销）所尝试的评估项目。在这项研究中计划评估6个城市的120个戒毒中心，访谈9 000名目前或过去的吸毒人员，所有研究活动都应该在13个月内完成。而经过了7个月相当怪诞的尝试与失败之后，这个项目就被放弃了。在那段研究期间，项目评估人（一家私人咨询顾问公司）仅仅从9个戒毒中心及其1 270名研究对象那里收集了大量数据，就已经花费了200多万美元。[146]

行动研究的衰减：伦理的挑战。在设计项目评估时，评估人员应当把与项目评估活动相关的一些基本的伦理道德问题考虑在内。其中，主要的问题是涉及隐私的问题。

隐私、保密性以及告知同意。隐私与保密性问题虽然不是评估研究所特有的问题，但是在评估研究的背景下，这些问题的确假定了一些不同的要旨。在项目评估中，隐私（privacy）指的是个人的状况，而保密性（confidentiality）则指的是信息的状况。因此，隐私就成为评估人员和应答人员之间存在的问题；它视评估人员的问题让应答人员感觉到受窥视或难堪的程度而定。所以，隐私并不是一个谁知道答案的问题，而是除了应答者之外还有谁知道这些特殊信息的问题。检测是否侵犯隐私的方法是看应答人员是否愿意在适当限制使用他们回答结果的条件下自愿提供问题的答案。

保密性是指调查人员对应答人员保密的承诺是否为充分而必要的问题。评估人员的承诺，无论其做出承诺的时候多么严肃，都不会是充分的，因为在一定法律条件下，调查人员不得不让步披露他们所收集的信息，否则就有坐牢的危险。这种问题的法律现实就是，社会科学研究的记录不同于律师和医生的记录，不能作为专有沟通形式而受到成文法的保护。

隐私与保密性的核心伦理问题就是告知同意（informed consent）的问题。告知同意是指应答人员是否理解他们正在同意的事情。“项目评估的实验设计以及为了项目评估目的而任意分派处理参与者，律师已经对这种做法的合法性和道德性提出了质疑，这些质疑的基础包括告知同意、平等保护以及进行实验性评估研究机构的法定（或其他）权限等问题。”[147]

你是否遇到了那样的问题？当实施项目评估的过程中引发了道德问题时，评估人员能做什么？通常情况下，他们对是否出现了道德问题持有不同的看法。

当项目评估人员被问及是否应该对一系列假定的道德场景做出反应的时候，分歧的规则是这样定的：当涉及道德问题时，“不好的消息就是”评估人员中的“一种声音不存在”。但是，私人顾问类的评估人员与其他如非营利组织和大学等背景的评估人员相比，“他们可能更不相信评估人员所描述的不道德行为”[148]。

同时我们也看到，实际上，一旦确定已经违背了道德伦理，研究人员都会进行报告（至少9/10的人会这么做），但是向谁汇报却要根据他们参与研究的密切程度而定。针对研究项目中的行政人员和科学家而进行的一项研究发现，行政人员会更多地（75%）倾向于把不道德的实践做法报告给“外部问责的单个组织”，从大学官员一直到媒体都有可能；而科学家们则更多地（58%）将此类事件报告给同一研究小组的同事，而不会报告给其他人。“这就提出了一个问题，科学家们的行为到底是属于专业自律还是属于事实瞒报？”[149]

3.15 使用公共项目评估的结果

通常情况下我们都会假设，公共项目评估一旦完成就会投入使用。

既然所有的事情都要评估，那么最后这个极为重要的一步就不是一件容易的事情。如果行政人员与项目评估人员产生分歧，评估人员应该怎么办？评估人员是应该承担评估结果的使用责任，还是一旦完成评估就应该完全把评估结果交由行政人员来处理？

是被动评估还是主动评估？

这些问题成了评估界耗时费力的争论中心。一方认为，因为行政人员会面对各种各样的信息（社会的、经济的、政治的信息），而且他们必须根据这些信息评判公共项目（评估研究刚好就是如此）。所以一旦评估完成之后，评估人员撤离是比较合适的；因为评估人员的责任只不过是提供适当而准确的知识。[150]

争论的另一方则认为，评估人员有责任在促进评估结果使用方面扮演积极的角色。[151]这一方的观点反映了评估人员中存在的沮丧情绪，即认为他们的评估很少被使用。“人们普遍感觉到政府官员对他们花钱买回来的评估不够重视，而且似乎一致地认为，大多数评估研究并未在政策制定过程中留有多深的痕迹。”[152]

与项目行政人员相比，项目评估人员会更倾向于强调评估的重要性，这一点并不令人感到惊讶。一位观察员提议，评估人员应当使用某些策略来克服官僚制度对他们研究成果的抵制，这些策略可以排列在一个连续体上，从强制与诱导，经由理性劝服，最后到“两相情愿的合作”[153]。

现在，两相情愿的合作是评估人员在进行项目评估时喜欢采用的模式；在项目评估领域中，这种途径被称为“评估的合作模式”（collaborative modes of evaluation），该模式意味着评估人员可以与行政人员在项目评估中密切合作。当然，合作性评估的危险是行政人员对评估的“不当利用”，也就是说，评估人员应该如何描述关乎“评估人能力方面的严肃问题，即在面对主要来自项目共同体（也就是评估对象单位的行政人员）的压力时，评估人仍然能够保持充分的中立立场”[154]。

公共项目评估是不是很重要？

在如何使用评估的问题上，我们比较喜欢较为被动的模式，即评估人员与行政人员之间的合作较少，这样就可以更大程度地确保准确而有用的评估。我们偏好这种做法，不仅因为它更能够确保避免相关利益方玷污评估中的某些发现，而且也因为项目评估的自身行为常常服务于某种目的。这一点对于评估人员来说非常重要，也是他们所没有充分认识到的。

卡罗·威斯把这种隐藏着的目标称为“启蒙功能”（enlightenment function），并引用了关于评估研究使用的三项主要研究作为其存在的证据；这些研究暗示出“某种其他的过程也在发挥作用”[155]。然而，这个过程并不是评估人员的传统智慧所能左右的，所以评估人员认为，“因为政策制定者所坚持的目标与设想相互分离，所以他的研究将会与‘现实世界’脱离关系，而且也将会被忽视”[156]。

威斯认为评估研究人员的这种观点，不但玩世不恭，而且还很天真（好像也有些夸张，回想一下我们之前的观点，一份针对成百上千个公共项目进行分析之后发现，几乎 4/5 的评估分析都导致了项目的变更[157]）。按照威斯的说法，公共项目评估的真正功用是以社会批评主义形式表现的，评估人员也应该拥有如此观念。“启发性模型意味着……研究虽然不一定根据现今的操作可行性来进行，但研究需要提供关于政策的理智背景，包括概念、取向以及实证总结。随着新概念和数据的大量涌现，这种知识积累的效果能够改变政策制定者所遵循的传统，对实际政策领域的目标与优先权进行重新排序。”[158]

威斯提出的这种启蒙模型或许是关乎公共项目评估在公共行政中作用的最简明而有用的观念。尽管没有严格的科学性，但他的确诉诸了知识是怎样使用的基本法则。从这点上看，公共项目评估不仅使政策制定者越来越敏感，而且也能够提供出一些新的选择方案，随着时间的推移，因为评估研究项目提供了相应的背景信息，所以这些新的选择方案更有可能被予以采用。也许，评估研究结果不能像评估人员所希望的那样得到迅速而完全的使用，但从长远来看，政策制定者还是会使用项目评估的结果，或许是在一个评估研究人员还没有认识到的较为广阔的平台上。

我们在本章中已经介绍了许多新的公共技术与创新方法，能够让政府变得更有效率、效力，也更加富有责任性和生产力。而资金，也就是公共资金，是这一努力的核心，关于这一点我们会在下一章“公共资源”中加以详细介绍。

注释

[1] Cited in C. Dineen, “Productivity Improvement: It's Our Turn,” *The Bureaucrat* 14 (Winter 1985), pp. 10–14.

[2] John E. Petersen,“Productivity Pinch,” *Governing* (September 2003), p. 62. Petersen is citing the work of economist William Baumol. This is not to say that technology is incapable of producing more productivity in the public sector, as the introduction of information technology has demonstrated (see Chapter 4) . But governments remain inherently less benefited than the private sector by the introduction of most new technologies.

[3] U.S. Office of Personnel Management, *Investing in Federal Productivity and Quality* (Washington, DC: U.S. Government Printing Office, 1992). In 1816, the U.S. House of Representatives established a standing committee to oversee the operations of the War Department, and this may qualify as the nation's first attempt at productivity improvement in government.

[4] Susan E. Knapp, “Budget Reform in Kazakstan,” *IPA Report* (Summer 1998), p. 1.

[5] Gerald Gaither, Brian P. Nedwek, and John E. Neal,

Measuring Up: The Promises and the Pitfalls of Performance Indicators in Higher Education ASHE-ERIC Higher Education Report No. 5. (Washington, DC: The George Washington University, Graduate School of Education and Human Development, 1994), p. 5.

[6] U.S. General Accounting Office, *Performance Measurement and Evaluation: Definitions and Relationships*, GAO/GGD–98–26 (Washington, DC: U.S. Government Printing Office, 1998), p. 3.

[7] Ibid.

[8] Eleanor Chelinsky, "Evaluating Public Programs," in James L. Perry, ed., *Handbook of Public Administration* (San Francisco: Jossey-Bass, 1989), p. 259.

[9] U.S. General Accounting Office, *Performance Measurement and Evaluation*, p. 3.

[10] Robert Birnbaum, *Leadership and Campus Productivity* (College Park, MD: National Center for Post Secondary Governance and Finance, 1990), p. 1.

[11] Geert Bouckaert, "The History of the Productivity Movement," *Public Productivity and Management Review* 14 (Fall 1990), p. 83.

[12] Harris Poll, "Confidence in Political Institutions, 1967–1995," *Harris Survey* (November 1995), pp. 1–4. In 1995, 66 percent of American voters thought government was corrupt. As we observed in Chapter 1, few Americans believe that public administrators are corrupt, but, obviously these views do not extend to governments as a whole.

[13] The National Election Studies, "Are Government Officials Crooked, 1958–2004" (Ann Arbor: University of Michigan, 2005). In 1958, 26 percent of Americans said hardly any government officials were crooked, and 24 percent said quite a few; by 2004, these responses had altered to 10 percent and 35 percent, respectively.

[14] Sandra T. Welch, Sarah A. Holmes, and Jeffrey W. Strauser, "Fraud in the Federal Government: Part I—The Perpetrators and the Victims," *Government Accountants Journal* 46 (Spring 1997), p. 24. These figures are the product of a survey of the 8,000 members of the Association of Certified Fraud Examiners; response rate was 31 percent, and 208 defalcations were reported and described in detail. Depending on the agency, losses attributable to fraud amounted from 0.03 percent to 0.40 percent of the agency's budget request. Nevertheless, these 208 defalcations added up to $157 million!

[15] U.S. Bureau of the Census, *Statistical Abstract of the United States, 2006*, 125th ed. (Washington, DC: U.S. Government Printing Office, 2006), Table 327. In 1980, 123 federal officials were indicted on public corruption charges, and in 2003, 479 were.

[16] Ibid. In 1980, 72 state government officials and 247 local government officials were indicted on public corruption charges. In 2003, these figures were 94 and 259, respectively.

[17] Sandra T. Welch, Sarah A. Holmes, and Jeffrey W. Strauser, "Fraud in the Federal Government Part II—Characteristics of the Schemes, the Detection and Resolution of the Cases," *Government Accountants Journal* 46 (Summer 1997), p. 44.

[18] Transparency International, *Corruption Perceptions Index 2005* (Berlin: Author, 2005). Figure is for 2005, when the United States was rated 7.6 on a ten-point scale. The five Scandinavian countries, New Zealand, Singapore Switzerland, Australia, Austria, Netherlands, U.K., Luxembourg, Canada, Hong Kong, and Germany, with scores ranging from 9.7 (Iceland) to 8.2 (Germany), scored better than the United States, which generally ranges from 16th to 18th in these surveys.

[19] M. Maor, "Feeling the Heat? Anticorruption Mechanisms in Comparative Perspective," *Governance* 17 (January 2004), pp. 1–28. The author investigated five "anticorruption mechanisms" in the United States, Russia, Italy, and Australia.

[20] James D. Thompson, *Organizations in Action: Social Science Bases of Administrative Theory* (New York: McGraw-Hill, 1967), p. 142.

[21] Lydia Segal, "Roadblocks in Reforming Corrupt Agencies: The Case of the New York City School Custodians," *Public Administration Review* 62 (July/August 2002), pp. 445–446.

[22] Ibid, p. 448.

[23] For two good treatments of the Phenix City follies, see Alan Grady, *When Good Men Do Nothing: The Assassination of Albert Patterson* (Tuscaloosa: University of Alabama Press, 2003), and Margaret Anne Barnes, *The Tragedy and Triumph of Phenix City, Alabama* (Macon, GA: Mercer University Press, 1998).

[24] Segal, "Roadblocks in Reforming Corrupt Agencies," p. 445.

[25] Frederick C. Mosher and Orville F. Poland, *The Costs of American Governments: Facts, Trends, Myths* (New York: Dodd, Mead, 1964), pp. 12–15.

[26] Clarence E. Ridley and Herbert A. Simon, *Measuring Municipal Activities: A Survey of Suggested Criteria and Reporting Forms for Appraising Administration* (Chicago: International City Managers Association, 1938).

[27] Luther Gulick, "Science, Values, and Public Administration," in Luther Gulick and L. Urwick, eds., *Papers on the Science of Administration* (New York: Institute of Public Administration, 1937), p. 192.

[28] Leonard D. White, *The Administrative Histories: The Federalists* (New York: Macmillan, 1948), p. 16.

[29] See, for example, Kurt Lewin, *Resolving Social Conflicts* (New York: Harper & Row, 1948); Ronald Lippitt, *Studies in Experimentally Created Autocratic and Democratic Groups*, University of Iowa Studies: *Studies in Children's Welfare*, Vol. 16. (No.3, 1940), pp. 45–198; and Leon Festinger and Harold Kelley, *Changing Attitudes Through Social Contact* (Ann Arbor: University of Michigan Press, 1951).

[30] Orville F. Poland, "Why Does Public Administration Ignore Evaluation?" *Public Administration Review* 31 (March/April 1971), p. 201.

[31] Nicholas Henry, *Public Administration and Public Affairs* (Englewood Cliffs, NJ: Prentice Hall, 1975), p. 222.

[32] Joseph S. Wholey, John W. Scanlon, Hugh G. Duffy, et al., *Federal Evaluation Policy: Analyzing the Effects of Public Programs* (Washington, DC: Urban Institute, 1970), p. 23.

[33] Senator William Proxmire, quoted in Thomas D. Morris, William H. Corbett, and Brian L. Usilaner, "Productivity Measures in the Federal Government," *Public Administration Review* 32 (November/December 1972), p. 754.

[34] For a thorough review of the federal government's experience with inspectors general, see Paul C. Light, *Monitoring Government: Inspectors General and the Search for Accountability* (Washington, DC: Brookings, 1993).

[35] Dana Priest, "Panel Inspects Inspectors General," *Washington Post* (May 27, 1992).

[36] Tom Shoop, "The IG Enigma," *Government Executive* (January 1992), p. 31.

[37] President's Council on Integrity and Efficiency, as cited in ibid., p. 40. Figures are for 1990.

[38] Kathryn E. Newcomer, "Opportunities and Incentives for Improving Program Quality: Auditing and Evaluating," *Public Administration Review* 54 (March/April 1994), p. 150.

[39] Ibid., p. 135.

[40] Unpublished report conducted by the Council for State Governments and the Urban Institute, 1972, as cited in Harry P. Hatry, Richard E. Winnie, and Donald M. Fisk, *Practical Program Evaluation for State and Local Government Officials* (Washington, DC: Urban Institute, 1973), p. 17.

[41] U.S. General Accounting Office, *State and Local Productivity Improvement: What Is the Federal Role?* (Washington, DC: U.S. Government Printing Office, 1978). The report said much the same for local governments, too.

[42] James E. Jarrett, "Productivity," *Book of the States, 1982–83* (Lexington, KY: Council of State Governments, 1982), pp. 296–301.

[43] Juliet Eilperin, "Cuts Kill GAO Evaluation Division," *Roll Call*, July 11, 1996, p. 1.

[44] U.S. General Accounting Office, *Federal Evaluation: Fewer Units, Reduced Resources, Different Studies From 1980*, GAO/PEMD–87–9 (Washington, DC: U.S. Government Printing Office, 1987), p. 1.

[45] Judith R. Brown, "Legislative Program Evaluation: Refining a Legislative Service and a Profession," *Public Administration Review* 44 (May/June 1984), p. 258.

[46] We are indebted to two scholars for much of the original thinking in this discussion: Frank Anechiarico and James D. Jacobs, "Visions of Corruption Control and the Evolution of American Public Administration," *Public Administration Review* 54 (September/October 1994), pp. 465–473. It is worth noting that Americans' growing intolerance, and expanding definition, of corruption can be traced to the country's origins, when General George Washington's unusual expense claims to the Continental Congress raised no eyebrows. Neither did the purchase of a Pierce-Arrow, Rolls-Royce, house, and an annuity by President Woodrow Wilson's friends bother Americans in the early 1920s. Times have changed.

[47] According to the Annenberg Campaign Data Base, the words "waste, fraud, or abuse" were not spoken by the presidential candidates during the 1960 campaign, but in 1980 the candidates uttered them eighty-three times, and they have shown strong appearances in presidential campaigns every since. See: Paul C. Light, *The True Size of Government* (Washington, DC Brookings, 1999), p. 88.

[48] J. B. McKinney, "Concepts and Definitions," in J. B. McKinney and M. Johnstone, eds., *Fraud, Waste, and Abuse in Government: Causes, Consequences, and Cures* (Philadelphia: Institute for the Study of Human Issues, 1986), p. 5.

[49] William Stanberry and Fred Thompson, "Toward a Political Economy of Government Waste: First Step, Definitions," *Public Administration Review* 55 (September/October 1995), pp. 418–427.

[50] Martin L. Gross, *Government Racket: Washington Waste From A to Z* (New York: Bantam, 1992).

[51] Reports by the U.S. House Government Reform and Oversight Committee issued in 1992 and 1996, as cited in: Stephen Barr, "Panel Finds Little Progress in Government Reform," *Washington Post* (October 22, 1996). The 1992 report estimated a loss of $300 billion, and the 1996 report estimated $350 billion.

[52] Andy Pasztor, *When the Pentagon Was for Sale: Inside America's Biggest Defense Scandal* (New York: Scribner, 1995).

[53] John M. Kamensky, "Role of the 'Reinventing Government' Movement in Federal Management Reform," *Public Administration Review* 56 (May/June 1996), pp. 248–249.

[54] David Osborne and Ted Gaebler, *Reinventing Government: How the Entrepreneurial Spirit is Transforming the Public Sector* (Reading, MA: Addison-Wesley, 1992); Michael Barzelay and Basak J. Armajani, *Breaking Through Bureaucracy: A New Vision for Managing Government* (Berkeley; University of California Press, 1992); Philip K. Howard, *The Death of Common Sense: How Law is Suffocating America* (New York: Random House, 1994); Mark Goldstein, *America's Hollow Government: How Washington Has Failed the People* (Homewood, IL: Business One/Irwin, 1992); and Larry M. Lane and James E. Wolf, *The Human Resource Crisis in the Public Sector: Rebuilding the Capacity to Govern* (New York: Quantum, 1990).

[55] Paul Teske and Mark Schneider, "The Bureaucratic Entrepreneur: The Case of City Managers," *Public Administration Review* 54 (July/August 1994), pp. 336–340.

[56] Cited in Al Gore, *From Red Tape to Results: Creating a Government That Works Better and Costs Less.* Report of the National Performance Review. (Washington, DC: U.S. Superintendent of Documents, 1993), p.1.

[57] Al Gore, *Creating a Government That Works Better and Costs Less.* Status Report of the National Performance Review (Washington, DC: U.S. Government Printing Office, 1994).

[58] U.S. General Accounting Office, *Management Reform: GAO's Comments on the National Performance Review's Recommendations*, GAO/OCG–94–1 (Washington, DC: U.S. Government Printing Office, 1994).

[59] National Partnership for Reinventing Government, "Accomplishments, 1993–2000: A Summary," *History of the National Partnership for Reinventing Government* (Washington, DC: Author, 2001), p. 1.

[60] The following discussion is based on Paul C. Light, *The Four Pillars of High Performance: How Robust Organizations Achieve Extraordinary Results* (Washington, DC: Brookings, 2005); U.S. Government Accountability Office, *21st Century Challenges: Transforming Government to Meet Current and Emerging Challenges*, GAO–05–830T (Washington, DC: U.S. Government Printing Office, 2005); Osborne and Gaebler, *Reinventing Government*; Barzelay and Armajani, *Breaking Through Bureaucracy*; and Robert B. Denhardt, and Janet Vinzant Denhardt, "The New Public Service: Serving Rather than Steering," *Public Administration Review* 60 (November/December 2000), pp. 549–559. The Denhardts argue that the new public management is "a cluster of ideas and practices . . . that seek, at their core, to use their private-sector and business approaches in the public sector" (p. 550), and urge that the new public management be modified into a more public-interest-intensive approach they call "the new public service," a notion that is somewhat reminiscent of "the new public administration" of the

1960s, discussed in Chapter 2. Their comparison of "the old public administration," "the new public management," and "the new public service" is valuable, and we have incorporated several of their ideas in what we still stubbornly call "the new public management."

The titles of the first four ideas that we have listed as constituting the new public management are Light's; the final title, Accountability, is ours. Light's enlightened book has contributed to our discussion in more ways than just titles, however.

For other oars churning this pond, see: Daniel W. Williams, "Reinventing the Proverbs of Government," *Public Administration Review* 60 (November/December 2000), pp. 522–534; Peri E. Arnold, "Reform's Changing Role," *Public Administration Review* 55 (September/October 1995), pp. 407–417; James D. Carroll and Dahlia Bradshaw Lynn, "The Future of Federal Reinvention: Congressional Perspectives," *Public Administration Review* 56 (May/June 1996), pp. 299–304; H. George Frederickson, "Painting Bull's Eyes Around Bullet Holes," *Governing* 6 (December 1992), pp. 60–62; Hugh T. Miller, "A Hummelian View of the Gore Report: Toward a Post-Progressive Public Administration?" *Public Productivity and Management Review* 18 (Fall 1994), pp. 59–71; and Ronald C. Moe, "The 'Reinventing Government' Exercise: Misinterpreting the Problem, Misjudging the Consequences," *Public Administration Review* 54 (March/April 1994), pp. 111–122.

[61] Samantha L. Durst and Charldean Newell, "Better, Faster, Stronger: Government Reinvention in the 1990s," *American Review of Public Administration* 29 (March 1999), p. 63. Figure is for 1996; eighty governments responded to the survey.

[62] National Partnership for Reinventing Government, "Accomplishments, 1993–2000," pp. 1–2. We should note that in 1996, the National Partnership claimed enactment of 380 of its 1,203 "action items," based on reports by federal agencies to the vice president. The GAO's audit revealed, however, that only 294 (or 77 percent) of these reported implementations had actually been enacted. See U.S. General Accounting Office, *Management Reform: Completion Status of Agency Actions Under the National Performance Review*, GAO/GGD–96–94 (Washington, DC: U.S. Government Printing Office, 1996). In 1998, the National Partnership discontinued tracking the accomplishment of action items because "a majority" of them had been achieved. See National Partnership for Reinventing Government, *Status of the Recommendation of NPR Recommendations* (Washington, DC: Author, 1998), p. 1. Similarly, the GAO has questioned the National Partnership's claims of savings, suggesting that not all agency savings it claims can properly be attributed to it. See: U.S. General Accounting Office, *NPR's Savings: Claimed Agency Savings Cannot All Be Attributed to NPR*, GAO/GGD–99–120 (Washington, DC: U.S. Government Printing Office, 1999).

[63] Donald F. Kettl, *Reinventing Government: A Fifth Year Report Card* (Washington, DC: Brookings, 1998), p. 8.

[64] U.S. Government Accountability Office, *Results-Oriented Government: GPRA Has Established a Solid Foundation for Achieving Greater Results*, GAO–04–38 (Washington, DC: U.S. Government Printing Office, 2004), p. 71. Figures are for 2003.

[65] For a slightly different take on this, see the useful piece by James R. Thompson, "Reinvention as Reform: Assessing the National Performance Review," *Public Administration Review* 60 (November/December 2000), pp. 508–521.

[66] Jeffrey L. Brudney, F. Ted Hebert, and Deil S. Wright, "Reinventing Government in the American States: Measuring and Explaining Administrative Reform," *Public Administration Review* 59 (January/February 1999), p. 29.

[67] Richard C. Kearney, "Reinventing Government and Battling Budget Crises: Manager and Municipal Government Actions in 2003," *Municipal Year Book, 2005* (Washington, DC: International City/County Management Association, 2005), pp. 27–32. The survey found that "support for the reinventing government movement remains strong among managers and councils, although it has weakened slightly since 1997" (p. 27).

[68] Barry M. Feldman, "Reinventing Local Government: Beyond Rhetoric to Action," *Municipal Year Book, 1999* (Washington, DC: International City/County Management Association, 1999), pp. 23–24. Data are for 1998, and refer to 912 council-manager cities of 10,000 people or more.

[69] Richard C. Kearney, Barry M. Feldman, and Carmine P. F. Scavo, "Reinventing Government: City Manager Attitudes and Actions," *Public Administration Review* 60 (November/December 2000), p. 544. All council-manager cities with populations of 10,000 (1,484 cities) or more were surveyed in 1997.

[70] Mildred Warner and Amir Hafetz, "Pragmatism over Politics: Alternative Service Delivery in Local Government, 1992–2002," *Municipal Year Book, 2004* (Washington, DC: International City/County Management Association, 2004), p. 11. Cities and counties delivered from 48 percent to 52 percent of their services using only their own employees, and they contracted out from 26 percent to 27 percent of their services to the private and nonprofit sectors in 1992, 1997, and 2002. We devote much of Chapter 7 to privatization, and some of Chapter 8 to local intergovernmental collaborative arrangements.

[71] Theodore H. Poister and Gregory Streib, "Municipal Management Tools from 1976 to 1993: An Overview and Update," *Public Productivity and Management Review* 18 (Winter 1994), pp. 21–22. Figure (63 percent) is for 1993. We review governments' use of strategic planning in Chapter 6.

[72] Kearney "Reinventing Government and Battling Budget Crises," p. 31. Figures are for 2003. See also Gregory Streib and Theodore H. Poister, "Performance Measurement in Municipal Governments," *Municipal Year Book, 1998* (Washington, DC: International City/County Management Association, 1998), pp. 9–15. The municipal courts' use of citizen satisfaction surveys was a unique outlier at 6 percent.

[73] Pasztor, *When the Pentagon Was for Sale*, p. 10.

[74] Donald M. Kettl, *Reinventing Government? Appraising the National Performance Review* (Washington, DC: Brookings, 1994), p. 54. See also: Marilyn Marks Rubin, DeWitt John, Donald F. Kettl, et al., "What Will New Governance Mean for the Federal Government?" *Public Administration Review*, 54 (March/April 1994), pp. 170–175. This is a nice synopsis of how the new public managers and the traditionalists differ in their approaches to public problems.

[75] John Bohte and Kenneth J. Meier, "Goal Displacement: Assessing the Motivation for Organizational Cheating,"

Public Administration Review 60 (March/April 2000), pp. 173–182. See also Diana Jean Schemo and Ford Fessenden, "Gains in Houston Schools: How Real Are They?" *New York Times* (December 3, 2003).

[76] Daria Hall, *Getting Honest about Grad Rates: How States Play the Numbers Game and Students Lose* (Washington, DC: The Education Trust, 2005), p. 6.

[77] See, for example: Christopher Swanson, *Who Graduates? A Statistical Portrait of Public High School Graduation, Class of 2001* (Washington, DC: Education Policy Center, The Urban Institute, 2004); Jay Greene and Greg Foster, *Public High School Graduation and College Readiness Rates in the United States* (New York: The Manhattan Institute of Policy Research, 2005); and Paul Barton, *One-Third of a Nation: Rising Dropout Rates and Declining Opportunities* (Washington, DC: Policy Information Center, Educational Testing Service, 2005).

[78] Hall, *Getting Honest about Grad Rates*, p. 1. The report is based on state figures for 2002–2003, and which were collected by the U.S. Department of Education in 2005; this was the first year that Washington received state graduation rates as required by the No Child Left Behind Act of 2001. See also U.S. Government Accountability Office, *No Child Left Behind Act: Education Could Do More to Help States Better Define Graduation Rates and Improve Knowledge about Intervention Strategies*, GAO–05–879 (Washington, DC: U.S. Government Printing Office, 2005).

[79] Patricia de Lancer Julnes and Marc Holzer, "Promoting the Utilization of Performance Measures in Public Organizations: An Empirical Study of Factors Affecting Adoption and Implementation," *Public Administration Review* 61 (November/December 2001), pp. 693–705. See also Richard C. Kearney and Carmine Scavo, "Reinventing Government in Reformed Municipalities: Manager, Mayor, and Council Actions," *Urban Affairs Review* 37 (September 2001), pp. 43–66.

[80] Jane Lynch, "Skewed Results," *Governing* (December 2004), pp. 42–45.

[81] Robert D. Behn, "Why Measure Performance? Different Purposes Require Different Measures," *Public Administration Review* 63 (September/October 2003), pp. 586–606. The quotations are on p. 588.

[82] Ronald C. Nyhan and Herbert A. Marlowe Jr., "Performance Measurement in the Public Sector: Challenges and Opportunities," *Public Productivity and Management Review* 18 (Summer 1995), p. 333, and Thomas D. Lynch and Susan E. Day, "Public Sector Performance Measurement," *Public Administration Quarterly* 19 (Winter 1996), p. 412. All these endorsements were garnered in the early 1990s.

[83] A poll of 900 Americans conducted in 1994 by the Americans Talk Issues Foundation, as cited in Kevin Merida, "Americans Want a Direct Say in Decision-Making, Pollsters Find," *Washington Post* (April 17, 1994).

[84] U.S. General Accounting Office, *Program Performance Measures. Federal Agency Collection and Use of Performance Data*, GAO/GGD–92–65 (Washington, DC: U.S. Government Printing Office, 1992). See also: Amy Waldman, "You Can't Fix Anything If You Don't Look Under the Hood," *Washington Monthly* (July/August 1995), p. 35.

[85] Frank Hodsoll, as quoted in Charles F. Bingham, "Installing the M-Team," *Government Executive* (January 1992), p. 25.

[86] Christopher Wye, quoted in Jeff Shear, "It's Time to Win One for the GPRA," *National Journal* (October 26, 1996), p. 1042.

[87] The six areas in the President's Management Agenda are human capital, competitive sourcing, financial management, electronic government, budget and performance integration, and (added in 2004) federal asset management. Quarterly scores may be accessed at www.whitehouse.gov/results/agenda/scorecard.html.

[88] U.S. Government Accountability Office, *Managing for Results: Enhancing Agency Use of Performance Information for Management Decision Making*, GAO–05–927 (Washington, DC: U.S. Government Printing Office, 2005), Highlights page. Figure is for 2004.

[89] Governmental Accounting Standards Board, *Performance Measurement of the State and Local Levels: A Summary of Survey Results* (Washington, DC: Author, 2002), p. 6. Figure is for 2001.

[90] Julie Melkers and Katherine Willoughby, *Staying the Course: The Use of Performance Measurements in State Governments* (Washington, DC: IBM Center for the Business of Government, 2004).

[91] Robert D. Lee Jr., "A Quarter Century of State Budget Practices," *Public Administration Review* 57 (March/April 1997), p. 137. Data are for 1995.

[92] Governmental Accounting Standards Board, Performance Measurement at the State and Local Levels, p. 6. Figure is for 2001. See also Katherine G. Willoughby, "Performance Measurement and Budget Balancing: State Government Perspectives," *Public Budgeting and Finance* 24 (June 2004), pp. 21–39.

[93] Cherlye A. Broom, "Performance-Based Government Models: Building a Track Record," *Public Budgeting and Finance* 15 (Winter 1995), pp. 3–17. The states were Florida, Minnesota, Oregon, Texas, and Virginia, and were selected from a list of eleven states that the magazine *Financial World* had ranked as the top "quality of management" states. See Katherine Barrett and Richard Greene, "The State of the States," *Financial World* (May 11, 1993), p. 10.

[94] Robert D. Lee Jr., and Robert C. Burns, "Performance Measurement in State Budgeting: Advancement and Backsliding from 1990 to 1995," *Public Budgeting and Finance* 20 (Spring 2000), pp. 50–51. Population was the only independent variable of significance in this regard.

[95] Governmental Accounting Standards Board, Performance Measurement at the State and Local Levels, pp. 17–18. Figure is for 2001.

[96] Streib and Poister, "Performance Measurement in Municipal Governments," pp. 9–15. Figures are for 1997. All cities with populations of 25,000 or more were surveyed with a response rate of 55 percent.

[97] Robert P. McGowan and Theodore H. Poister, "The Impact of Productivity Measurement Systems on Municipal Performance," paper prepared for delivery at the 1984 Annual Conference of the American Political Science Association in Washington, DC, August–September 1984, pp. 12–13.

[98] Gregory Streib and Theodore H. Poister, "Performance Measurement in Municipal Governments," *Municipal Year Book 1998* (Washington, DC: International City/County Managment Association, 1998), p. 11.

[99] Gregory Streib and Theodore H. Poister, "Performance Measurement in Municipal Government: Assessing the State of the Practice," *Public Administration Review* 59 (July/August 1999), pp. 331, 333. Data are for 1997.

[100] Ibid., p. 333. In 1997, 23 percent of all municipalities used performance measures in all agencies, and an additional 15 percent used them in at least one major agency.

[101] Julia Melkers and Katherine Willoughby, "Models of Performance-Measurements Used in Local Governments: Understanding Budgeting, Communication, and Lasting Effects," *Public Administration Review* 65 (March/April 2005), p. 184. This was a national survey of almost 300 city and county governments conducted in 2000. Four percent of county governments reward their departments in this fashion.

[102] U.S. Government Accountability Office, *Managing for Results: Enhancing Agency Use of Performance Information for Management Decision Making*, Highlights page. Figure is for 2004.

[103] U.S. Government Accountability Office, *Results-Oriented Government: GPRA Has Established a Solid Foundation for Achieving Greater Results*, GAO–04–38 (Washington, DC: U.S. Government Printing Office, 2004), Highlights page. The remaining references in the text concerning the use of each type of performance measurement used by federal government are from this source. All forthcoming figures are for 2003 and, as noted in the text, refer to federal administrators whose agencies have performance measures (89 percent of all federal agencies), and who use the specific measure cited to a great or very great extent.

[104] Governmental Accounting Standards Board, *Performance Measurement at the State and Local Levels*, pp. 5–6. Figures are for 2001. The remaining references in the text (unless noted otherwise) concerning the use of each type of performance measurement by state agencies are from this source. All forthcoming figures are for 2001, and, as noted in the text, the percentages of state agencies that use each type of performance measure are drawn from a universe of the state agencies that use some type of performance measure in at least half of their programs (or 40 percent of all state agencies).

[105] Ibid., p. 6. Figure is for 2001.

[106] Poister and Streib, "Performance Measurement in Municipal Government," p. 329. Figure is for 1997. The remaining references in the text concerning the use of each type of performance measurement in local governments are drawn from this source.

All forthcoming figures are for 1997. The authors report that, in 1997, only 38 percent of the municipalities they surveyed indicated that their cities used any sort of performance measures. As we note in Table 7-3, however, 88 percent of municipalities and counties reported in 2001 that they use some sort of performance measure, and we rely on this figure in our discussion. It may be that the 1997 finding is an anomaly; as the authors themselves admit (p. 328), their 1997 figure is "a significantly lower percentage than reported by some of the earlier surveys."

[107] Jeffrey L. Brudney, F. Ted Hebert, and Deil S. Wright, "Reinventing Government in the American States: Measuring and Explaining Administrative Reform," Public Administration Review 59 (January/February 1999), p. 23.

[108] This discussion is based (with some modifications) on: Burt Perrin, "Effective Use and Misuse of Performance Measurement," *American Journal of Evaluation* 19 (Fall 1998), pp. 367–379.

[109] Christopher Scanlan, "U.S. Measures Human Value, a Life-and-Death Calculation," *Philadelphia Inquirer* (September 2, 1990). Figure is for 1990 and is the product of separate calculations by OMB and the U.S. Department of Agriculture.

[110] Jim Holt, "The Human Factor," *New York Times* (March 28, 2004). Figure is for 2004, and is the calculation made by the Environmental Protection Agency for the per capita cost of removing arsenic from drinking water.

[111] Maureen L. Cropper and George L. VanHoutven, *When Is A Life Too Costly to Save?* (Washington, DC: Resources for the Future, 1994).

[112] Perrin, "Effective Use and Misuse of Performance Evaluation," p. 374.

[113] Joseph T. McNamara, "Crime Statistics—Only Game in Town," *Savannah Morning News* (February 5, 2002).

[114] U.S. General Accounting Office, *Performance Reporting: Few Agencies Reported on the Completeness and Reliability of Performance Data*, GAO–02–372 (Washington, DC: U.S. Government Printing Office, 2002), p. 2. Figure is for 2000.

[115] U.S. General Accounting Office, *Managing for Results: Opportunities for Continued Improvements in Agencies' Performance Plans*, GAO/GGD/AIMD–99–21 (Washington, DC: U.S. Government Printing Office, 1999).

[116] U.S. General Accounting Office, *Managing for Results: Challenges in Producing Credible Performance Information*, GAO/T–GGD/RCED–00–134 (Washington, DC: U.S. Government Printing Office, 2000), p. 4.

[117] "Report on Business," *Toronto Globe and Mail*, "about 1996," as quoted in Perrin, "Effective Use and Misuse of Performance Evaluation," p. 367.

[118] Katherine Barrett and Richard Greene, "Poisoned Measures," *Governing* (May 1998), p. 60.

[119] Perrin, "Effective Use and Misuse of Performance Measurement," p. 375.

[120] Cited in ibid., p. 376.

[121] The following discussion is based on ibid., pp. 367–379.

[122] Christopher E. Bogan and Michael J. English, *Benchmarking for Best Practices* (New York: McGraw-Hill, 1994), p. 17.

[123] Alfred Tat-Kei Ho and Anna Ya Ni, "Have Cities Shifted to Outcome-Oriented Performance Reporting?—A Content Analysis of City Budgets," *Public Budgeting and Finance* 25 (Summer 2005), p. 74. In 2002, 67 percent of twenty-one big cities tracked performance over time.

[124] Governmental Accounting Standards Board, *Performance Measurement at the State and Local Levels*, p. 12. Figure is for 2001.

[125] Julie Melekers and Katherine Willoughby, "The State of the States: Performance-Based Budgeting in 47 Out of 50," Public Administration Review 58 (January/February 1998), p. 69.

[126] Governmental Accounting Standards Board, *Performance Measurement at the State and Local Levels*, p. 12. Figure is for 2001.

[127] Streib and Poister, "Performance Measurement in Municipal Government," p. 14. Figure is for 1997.

[128] David N. Ammons, Charles Coe, and Michael Lombardo, "Performance-Comparison Projects in Local Government: Participants' Perspectives," *Public Administration Review* 61 (January/February 2001), pp. 104, 106.

[129] Henry W. Riecken, "Principal Components of the Evaluation Process," *Professional Psychology* 8 (November 1977), p. 405.

[130] Ibid.

[131] Peter Dahler-Larsen, "Surviving the Routinization of Evaluation: The Administrative Use of Evaluations in Danish Municipalities," *Administration and Society* 32 (March 2000), p. 70.
[132] U.S. General Accounting Office, *Managing for Results: The Statutory Framework of Performance Management and Accountability*, GAO/GGD/AIMD–98–52 (Washington, DC: U.S. Government Printing Office, 1998), p. 1.
[133] Moynihan and Ingraham, "Look for the Silver Lining," p. 469.
[134] Poister and Streib, "Municipal Management Tools from 1976 to 1993," pp. 115–125.
[135] David H. Foly and William Lyons, "The Measurement of Municipal Service Quality and Productivity," *Public Productivity Review* 10 (Winter 1986), pp. 21–33.
[136] Jonathan P. West, "City Government Productivity and Civil Service Reforms," *Public Productivity Review* 10 (Fall 1986), pp. 45–59.
[137] Caro, "Evaluation Research," pp. 13–15.
[138] Riecken, "Principal Components of the Evaluation Process," p. 405.
[139] Caro, "Evaluation Research," p. 17.
[140] U.S. General Accounting Office, *Evaluation and Analysis to Support Decision-Making*, p. 14.
[141] Mary E. Poulin, Phillip R. Harris, and Peter R. Jones, "The Significance of Definitions of Success in Program Evaluation," *Evaluation Review* 24 (October 2000), pp. 516–536.
[142] Much of this discussion on evaluation design is drawn from, U.S. General Accounting Office, *Evaluation and Analysis to Support Decision-Making*, especially pp. 11–41; Caro, "Evaluation Research," especially pp. 23–27; and U.S. General Accounting Office, *Designing Evaluations*, GAO/PEMD-10.1.4 (Washington, DC: U.S. Government Printing Office, 1991).
[143] U.S. General Accounting Office, *Evaluation and Analysis to Support Decision-Making*, p. 13.
[144] Riecken, "Principal Components of the Evaluation Process," p. 398.
[145] Caro, "Evaluation Research," p. 24.
[146] H. Donald Messer, "Drug Abuse Treatment: An Evaluation That Wasn't," in *Program Evaluation at HEW: Research Versus Reality*, Part 1: *Health*, James G. Abert, ed. (New York: Marcel Dekker, 1979), pp. 113–168.
[147] Riecken, "Principal Components of the Evaluation Process,"p. 408.
[148] Michael Morris and Lynette R. Jacobs, "You Got a Problem with That? Exploring Evaluators' Disagreements about Ethics," *Evaluation Review* 24 (August 2000), pp. 384–406. The quotations are on pp. 384 and 403. Questionnaires were returned by 397 members of the American Evaluation Society; 40 percent worked in universities, 19 percent in business or consulting, and 15 percent in nonprofit organizations.
[149] Neil S. Wenger, Stanley G. Kornman, Richard Berk, and Honghu Liu, "Reporting Unethical Research Behavior," *Evaluation Review* 23 (October 1999), p. 553. A survey was conducted of 924 scientists and 140 research administrators working under federal grants. The 58 percent figure includes the 6 percent of scientists who would not report the violation at all; only 1 percent of administrators would not report it.
[150] See, for example, Carol H. Weiss, "Evaluation for Decisions: Is Anybody There? Does Anybody Care?" *Evaluation Practice* 9 (Spring 1988), pp. 5–19.
[151] See, for example: M. O. Patton, "The Evaluator's Responsibility for Utilization," *Evaluation Research* 9 (Summer 1988), pp. 5–24.
[152] Carol H. Weiss, "Research for Policy's Sake: The Enlightenment Function of Social Research," *Policy Analysis* 3 (Fall 1977), p. 532.
[153] Thomas V. Bonoma, "Overcoming Resistance to Change Recommended for Operating Programs," *Professional Psychology* 8 (November 1977), pp. 451–463.
[154] Lynn M. Shulha and J. Bradley Cousins, "Evaluation Use: Theory, Research, and Practice Since 1986," *Evaluation Practice* 18 (Fall 1997), p. 200.
[155] Weiss, "Research for Policy's Sake," p. 535.
[156] Ibid., p. 544.
[157] Dahler-Larsen, "Surviving the Routinization of Evaluation," p. 70. To be fair, we should note that the 600 evaluations were conducted in Danish cities, not American ones.
[158] Weiss, "Research for Policy's Sake," p. 544.

第 4 章

公共资源：政府融资与预算编制

在政府中，资金就是血液。流通就是经由国家根据政府获取和支付其美元的方式运用于城市卫生或公共瘟疫的过程。

在本章中，我们试图传达一种对公共部门财政和预算的认识。首先，我们会从美国人愿意为其政府支付的价格开始，然后转而解释公共财政，税收制度问题，联邦政府在国民经济中发挥的作用，赤字和债务的含义，国会的预算制定，机构的预算获取战略以及预算理论的演进过程。

4.1 政府应该值多少钱？

政府在市场中有自我调节的价格。自由党人也许会鼓吹政府应该拥有更多的钱，而保守党人可能会不满地认为，政府应该拥有更少的资金。但是事实上，美国人应该有愿意为其政府埋单的价格上限。美国人并不会无厘头地要求更低的税收以及更小的政府，实际上，他们会坚持政府应该在相对固定的价格上提供更多的服务。

渐渐地，政府不得不与其他的经济力量进行竞争，而这些经济力量正逐渐占据着美国人越来越多的收入份额。自 1972 年以来，家庭在基本需要，特别是食品、衣服、交通以及存款等方面的个人收入支配比例已经下降，而另外两项生活必需品的开支则不断上升。这两项必需品分别是：医疗保健，在过去的 30 年中翻了一番；其他服务尤其是金融服务，在相同的时间里增长了大约 50%。[1]

家庭经济学方面出现的这些变化趋势已经影响到美国人愿意为其政府埋单的数额，而且 20 世纪 70 年代开始的反对政府开支不断上涨的基层税收抵制运动也已经让政策制定者们产生了某种政府现实价格的概念。自 1972 年以来，美国人支付各级政府的价钱一直保持得相当恒定。在过去 30 年的时间里，美国人已经为各级政府支付了他们 35%～37%的个人收入。联邦政府在这段时间的变化最大，个人收入所占份额的比例由 20%～22%不等。但自 2001 年以后，由于小布什总统发起的史无前例的联邦税收削减运动，结果使联邦政府开支占个人收入的比例下降到了 20%以下。州政府开支在过去 30 年间占个人收入的 7.3%～8.3%，地方政府占 6%～6.6%。[2]

在美国人愿意为其政府埋单的这些范围内，各级政府运用了不同的手段筹措公共政策执行的经费。下面，我们将逐一讨论这些手段。

4.2　公共财政：支付公共政策

首先介绍一些基本概念。公共财政，是指政府通过财政收入的方式筹措资金以投资各种公共政策。财政收入，是指政府为扩大对公共政策的支持而收集的资金。政府支出，或政府开支，是指政府用来投资公共政策的资金。

所有政府在投资其活动的时候都会使用两种收入和支出类型：一般性经费和特别经费。两种类型加在一起，就组成了一个政府的全部收入及其全部支出。

一般性经费

一般性经费是由那些可能因政府所选择的任何目的而扩大的财政收入组成。一般性经费接收通常被称为一般目的收入或一般性收入，从中所花费的资金通常被用于一般性费用支出或可自由支配性开支。当在国会以及在州与地方立法机构发生预算之争的时候，一般性经费往往会面临被削减的危机。

税收是各级政府一般性经费的重要财源，为一般性经费征收的税金被称为一般税。然而，每级政府一般性收入主要依赖的一般税收类型相差很大，多年以来，每级政府都建立了一种特殊税的“所有权”。也就是说，联邦政府有效地“拥有”收入所得税，而州政府主导商品消费税，地方政府传统上会依靠财产税作为它们一般性收入的主要财源。我们会在接下来的讨论中继续更加详细地介绍这些以及其他税种。

特殊经费

特殊经费是由那些只是因为特殊且事先确定的目的而扩大的财政收入组成。对这种安排的重要辩解是，有些承诺支付给公共政策的经费太重要，必须受到法律的保护，以避免它们被政治潮流及其相伴随的机会主义分子将这些政策所需资金挪用于其他次要但很流行的目的。这种特殊经费的一个例子就是社会保障税，这是联邦政府向工作人员及其雇主征收的税种，其唯一的目的就是为退休人员每月提供生活津贴；这类税收收入是不能被挪作他用的。

特殊经费的另一条基本理论是有些特殊经费是自筹的，也就是说，纳税人不仅仅支付普惠于大众的政策，还为自己付费。一般来讲，这些特殊经费依赖于用户的使用费用，这种费用是向使用政府特殊服务的公民收取的，比方说，高等院校、桥梁以及政府拥有的企事业等。

联邦政府的特殊经费。联邦政府一半以上的经费来源都是特殊经费。[3]这种情况很大一部分是国会决定通过公式分配联邦税收日益增收部分的结果。

在这些公式中，有些是与特殊人口类型的增长或缩减相联系的，在这类人口中，政府对公民的支付水平会根据有资格接受服务的人数增减而自动增加或缩减，联邦政府的失业保险就是其中的一个例子。其他公式是以经济为基础，可以作为通胀或通缩的指标，社会保障就是其中的一个例子。

无论使用何种公式，这些项目在逻辑上都被称为政府津贴，符合津贴项目资格的任何人都有资格根据权利获得津贴。而大部分这类项目都是与经济起伏波动相联系的。在联邦政府 16 个重要的津贴项目中，8 个项目与消费价格指数挂钩，另外 3 个项目与消费价格部分指数挂钩。这些津贴加在一起汇成了联邦政府财政收入巨额的转移支付流量。几乎 1/3 的美国人接收着联邦政府某种形式的现金福利，超过 1/5 的美国家庭从联邦政府还接收着现金之外的福利。[4]

津贴项目构成了联邦政府支出的一个类别，联邦政策制定者将之称为相对不可控费用，用以支付各种强制性以及相关项目。这些津贴项目大部分是必须投入的政府津贴项目（比如像社会保障以及医疗保健等），而且国债的利息也是必须要支付的。

联邦政府的这种不可控开支正在毫不留情地稳步上升。1962 年，强制性以及相关项目不超过联邦政府开支的 1/3：联邦政府开支中有 26%投向了各种强制性项目，6%用于支付国债利息，这样可以给一般性经费和可自由支配项目的经费留出相当宽裕的份额，也就是联邦收入的 68%。而到了 2005 年，联邦收入中不得不花费给强制性以及相关项目的费用比例几近翻番，达到了令人不安的 61%：其中，54%的政府开支用于各种强制性项目，7%用于支付国债利息。国会判定的联邦政府用于一般性费用的支出比例已经比 43 年前下降了 2/5 还要多，目前还不到 39%。[5]

州与地方政府的特殊经费。州与地方政府的特殊经费，虽然不像联邦政府那样需要占据政府收入和支出的份额，但在州与地方政府财政中也占有相当大的比重。

信托基金、各种收费以及企事业。州与地方特殊经费适用于三种收入与支出类别，分别是保险信托基金、各种服务的日常收费以及政府拥有的各种设施和酒铺。这三种类型的特殊经费加在一起构成了州与地方政府一般性收入以外的收入，或者只能通过或是为了保险信托、特殊服务、设施或酒铺而花费的收入。超过 1/10 的州政府收入以及超过 1/5 的地方政府收入都来源于这些一般性收入之外的特殊经费。[6]

保险信托基金由公共雇员的失业保险、工人赔偿和退休基金所产生的收入组成，也是为了用于上述三方面的费用支出。保险信托是各州政府最重要的特殊经费来源，在州政府所有非一般性的收入中约占 3/4。[7]

收费性收入是对各种特殊服务收取的费用。收费包括多种支付形式的相互混杂。比方说，大学学费、学校午餐售卖、医院对病人的收费、公共住房的租金、桥梁和高速公路费，人们因使用公园、机场、港口、污水处理、休闲娱乐、垃圾收集以及其他特殊性服务而向政府支付的费用。各项收费是地方政府最重要的特殊经费来源，占地方政府所有非一般性收入的一半以上。[8]

最后，由一些政府所拥有的企事业单位向顾客收缴并花费的款项构成了我们的第三类特殊经费。特别是，这些企事业包括各种设施（即电厂和天然气厂、自来水厂以及公共交通等）以及各种酒铺。

大部分的用户收费、设施付费以及酒铺销售都由公共权力机构或者特殊行政区负责管理，这些机构或行政区的财政来源不仅仅是这些实体所收取的费用和报酬，还有立法拨款、市政债券以及借款。我们将会在下面的第 7 章中进一步解释公共财政的这一方面。

一些非官方形式的特殊经费。保险信托、各种收费项目、设施使用以及酒铺经营，构成了公共财政领域官方认可的州与地方政府的全部特殊经费，我们会在随后的讨论中更加详细地予以介绍。但是，有人也会信誓旦旦地争辩，还有其他的财政分类，尽管从技术上不被认作特殊经费，但却具有特殊经费的功能。

比方说，州与地方政府从其他政府处接收的援助性补贴，就明显类同于特殊经费。尽管这些补贴被认为是一般性收入以及可自由支配性支出，但它们也总是带有严格的附加条件，即这些补贴必须如何花费以及在什么项目上花费，进而可以被认为与特殊经费类似。

另一种非官方的特殊经费是为特殊目的而指定的一般性收入。加利福尼亚州就是一个比较显著的案例。加利福尼亚人已经不仅在大量削减财产税方面使用了这种方式，而且随后还限制了一般性税收收入的花费途径。

加利福尼亚州的预算限制既是迅速发展的，也是非常严格的。加利福尼亚州改革动议的投票数量由 20 世纪 60 年代的 9 项上升至 90 年代的 61 项。而且大部分动议都强制执行了各种纳税人必须投入的新项目，或者明确说明一般性收入的一定比例必须为新项目或者也为某些老项目融资。

其结果，加利福尼亚州大量的一般性收入都被指定用于特殊项目，从保障学校的最低花费到投资加利福尼亚州罪犯“三打”终身监禁的法律项目（“Three Strikes” life-sentencing of criminals）。州长和立法机关也许会在州预算中分出很少的部分用于可自由支配的开销，估计这一部分经费仅占总预算的 15%～20%。[9]

简而言之，从技术上讲，尽管州与地方政府的特殊经费被归入了信托基金、各种收费和政府拥有的企事业领域，但这些经费所拥有的特点在州与地方财政的其他领域中也是非常明显的。

我们在认识了一般性经费和特殊经费这两个非常宽泛的公共资金类别之后，下面就来考虑一下各级政府的运行情况：需要支付给各项公共政策的财政收入到底来源于哪级政府的储备？美国政府征收的重要税种是什么？联邦政府、州政府和地方政府到底将自己的经费花在了什么方面？

4.3 投资联邦政府

在 20 世纪的大部分时间和 21 世纪的所有时间中，与州政府和地方政府不一样，联邦政府已经拥有一套可靠稳定的财税流动渠道。

联邦政府的财政收入

联邦财政收入的重要来源是私人的或个人的收入所得税，也就是根据每个人每年收入所征缴的一般税。个人收入所得税几乎占联邦财政总收入的 44%。[10]

社会保险和退休基金将近占联邦总收入的 38%。这一类别包括老年和生存保险(或者叫社会保障)；残疾保险（九个独立的项目，目标人群大部分锁定年龄在 50～64 岁的人)；医院保险（或者叫做医疗保险)；失业保险；以及相对少量的支付给联邦政府和铁路雇员的退休基金。社会保障和医疗保险是为 65 岁以及 65 岁以上人设置的退休与健康保险项目，在这一类别中拥有重要地位，占社会保险和退休基金收入的 4/5 还要多。[11]

公司或法人收入所得税，是根据商业每年的利润而征收的一般性税种，占联邦总收入的 11%。[12]

消费税，是根据通常由制造商支付的特殊项目而征收的一般性税种。联邦政府主要的消费税都集中在生产汽油、酒精饮料、电话系统和烟草产品的公司身上，各种消费税加起来不到联邦总收入的 4%。[13]这一时期因消费税而产生的收入已经急转直下，因为 1950 年时的消费税超过了联邦总收入的 1/5。[14]

收入所得税

个人所得税和公司所得税加在一起超过了所有政府收缴税金的 60%，也包括那些没有开征收入所得税的政府。[15]其他税种的财政生产力均无法与收入所得税相媲美，特别是个人收入所得税。

收入所得税可以是累进制的，也可以是比例税制或递减税制。累进式收入所得税，对较高收入征税的税率要比对较低收入征收的税率高。比例式收入所得税是对所有收入进行征税，无论收入高低，都按一种税率征收，这正是比例税也被称为统一税的原因。递减式收入所得税对较高收入征收的税率比对较低收入征收的税率低。开征收入所得税的美国联邦政府以及其他政府，至少在名义上是在尝试应用适度的累进税率。

联邦政府的收入所得税。其中联邦政府的个人和公司所得税收入总量超过了联邦总收入的一半，也就是 55%。[16]尽管在过去的半个世纪里，个人所得税作为整个联邦政府收入的一部分已经保持得相当稳定，但是公司收入所得税却下降得相当厉害，已经由 1950 年占联邦总收入的 29%下降到了今天的 11%。[17]

继宪法被批准后的第一个 125 年，国家就禁止联邦政府直接向其公民收税。但是，向公司征税则是另外一回事，第一部《联邦公司收入所得税法》是 1909 年颁布实施的。

然而，作为一架空前的财政收割机，收入所得税的兴起应该始于 1913 年《16 州宪法修订案》的批准。《16 州宪法修订案》允许联邦政府对所有收入进行征税，而且联邦政府也很快抓住了这一次机会。如今，联邦政府已经占有各级政府所征全部收入所得税的 4/5。[18]

州与地方政府的收入所得税。除联邦政府之外，43 个州政府以及一些地方政府也开始征收个人所得税，45 个州和地方政府征收了公司所得税。威斯康星州是于 1911 年第一个征收所得税（个人所得税和公司所得税）的州政府。[19]

尽管个人所得税作为一种州政府财源一直在稳步上涨，从 1980 年占各州财税总额的 1/4 上涨到如今的几近 1/3，公司所得税也一直在突飞猛进，由 1980 年占财税总额的 1/10 上涨到了今天的 1/2。[20]州政府公司所得税的大幅上涨还要归因于各州经济条件的变化，也许更为重要的是，要归因于各大公司为配合各州政府之间的激烈竞争而实施的精税计划[21]，因为在当时，各州政府为了吸引公司重新落户而纷纷降低了公司所得税。[22]

14 个州政府允许其地方政府征收至少是某种形式的个人所得税。费城是第一个于 1938 年开征个人所得税的地方政府。

为社会保障和医疗保险付费：联邦政府感谢您所作的贡献

我们早些时候已经注意到，排在个人所得税之后的联邦政府重要财源是社会保险和退休基金，这一部分主要是社会保障和医疗保险费用。带着一定的羞怯，这两个巨额项目是按照“保险税”的形式筹措资金。保险税实际上是一种强制性的工资税，它的名称来源于 1935 年颁布的《联邦保险税法》(Federal Insurance Contribution Act，FICA)，该法专门用于社会保障和医疗保险。通过《联邦保险税法》收集的工资税款超过了联邦总收入的 1/3，达到 34%，远远超过了 1950 年的数据，那个时候的保险税款总额还不到联邦财政总收入的 8%。[23]

在这一税种中，雇主与雇员所交份额相同，二者的联合税率已经由 1950 年占工资总额的 3%上涨了 5 倍，如今已经超过了 15%。[24]工资税率不会根据一个人的工资规模进行调整，但在递减税额情况下除外。工资税是一种比例税，或者是统一税，也就是说，缴税的所有人都按照相同的税率纳税。

《联邦保险税法》的社会保障部分是一个例外，这一部分占工资税的4/5还要多。如果一个雇员一年中已经交够了一定数量的费用（目前是9万美元），那么社会保障这部分扣款就会停止，然后在下一个年度重新开始。（比方说，如果一名雇员今年已经支付了18万美元的社会保障费用，那么，FICA就会自本年度的6月份之后从这个人的工资单中消失，然后在来年的1月份再次出现。）如果一名雇员一年的社会保障费用没有超过规定缴纳的限额，那么就永远不会停止。

与社会保障税不同，保险税中的医疗保险部分没有工资上限，可以说是一种真正的统一税。医疗保险税可以永远继续而不用考虑你已经支付了多少。

联邦政府的财政支出

联邦政府3/5的经费会用于众所周知的个人支付形式，这是联邦政府对每一个人的补贴。在这些个人支付中，大约4/5会以直接支付的形式惠及每个人（其中包括社会保障和医疗保健），其余部分会以联邦津贴的形式由州与地方政府传递给每一个公民（比方说福利支付，包括对贫困家庭的临时援助等）。将近18%的联邦经费需要拨付国防费用；不到8%的资金用于支付国债利息，还有6%的资金支付其他津贴项目。[25]

4.4 税收时代：重新思考联邦税收

好税制的标准是公平、经济有效、简单、透明而且易于行政管理。[26]这些素质在零和环境中是同时存在的，也就是说，任何一方的价值都不可能在不影响他方价值的情况下被扩张或承包，所以，调整税收政策永远会是一个棘手而困难的事情。

但是联邦税收结构已经受到越来越强烈的批评，因为它违反了上述所谓的5项标准。

公平性

针对联邦税收结构提出的特殊批评涉及公平性，特别针对的是大量存在的（大约150条）优惠条例，或免税条款。最大的免税内容包括：雇主可以不用支付医疗保险和医疗保健税；可以扣除房主自用住宅的抵押贷款利息；排除退休金的净利润和净收益。自1974年以来，这些免税数量成倍增长，因其已经增至三倍，令联邦政府税收收入丧失了很多，所有的免税额加在一起估计能达到国内生产总值的7.5%。[27]

效率性

经济学家们大体上都会同意，联邦税收结构强加了很重的效率成本，而由于美国经济的巨大复杂性，我们很难测出这些成本到底是多少。但是，部分估计还是“暗示出，税收制度强加的全面效率成本很高，在国内生产总值中也占有几个百分点”[28]。

简单性

经济效率的一个重要组成部分就是税收结构的简单性，也就是说，纳税人遵守税收政策的成本是多少。正如全面效率成本一样，我们并不知道遵守联邦税政的准确价格，但更为全面的研究表明，其成本大小应该是占国内生产总值的 2%到 5%。[29]

透明性

透明的税收结构指的是纳税人能够理解的税制，而各种迹象表明，联邦税制的透明度正随着时间的推移而变得越来越差。根据联邦政府问责局的报告，“大量的税收条例已经让纳税人越来越难以理解他们税收义务的计算方式，税法背后的逻辑性，以及其他纳税人被要求支付的东西”[30]。

可行政性

最后，可行政性是一个在税收制度中发现的质量标准，能够允许政府在收税的时候轻松自如而且经济核算。可行政性不仅仅是国内财税服务局（Internal Revenue Service）的责任，而且每年还需要耗费 100 亿美元以上的预算来处理超过 1.3 亿美元的个人所得税返还问题。税法的可行政性/行政能力也要通过纳税人、雇主、银行、税收专业人士以及其他人共同来完成。但是，确定这些方面的行政成本会更加困难，估计每年的成本范围是 1 000 亿～2 000 亿美元。[31]

然而，除了这些令人震惊的巨大支出以外，每年大约有 15%的税收没有被收缴，大部分是因为纳税人“偷税漏税的持续稳定水平”[32]，也就是之前所讲的，是国内财税服务局在行政上无力强迫纳税人服从税政的稳定水平。如果联邦政府能够收缴到这些税，国会就会取消几乎全部的联邦政府年度赤字。所以，行政能力作为税制的一个组成部分，与其字面本身含义一样重要的是威严。

4.5　投资州政府

当我们从联邦政府转向州及其地方政府的融资问题时，就会出现财政收入的新的分类方式。一种类别是政府间财政收入，即指政府从其他政府处接收的资金。政府通常通过向其他政府请求援助补贴的方式获得政府间财政收入，我们会在第 8 章中探讨经常提到的“财政联邦主义”问题。

另一个财税收入类别是自源性收入，即指政府从自己财源中产生的资金。大部分自源性收入都是州政府或地方政府的税收产品。

州政府间财政收入

几乎 3/10，也就是 28%的州政府财政收入来自其他政府。几乎所有这种州政府间收入的形式都是联邦政府的补贴（约占州财政收入的 26%），尽管地方政府也贡献了一小部分（约占州财政收入的 2%）。[33] 数年之后，联邦政府提供的政府间财政收入已经保留成为所有州财政中相当稳定的部分。[34]

州政府自源性收入

余下的 3/4 的州财政收入均来源于各州自身的财源。超过 2/5 也就是 42 %的州财政（以及大约 3/4 的自源性收入）产生于各种州税。大约 13%的州财政来自保险信托基金，也就是第二大财政来源。医院、住房等特别服务收费约占州财政总收入的 8%。在这一类别中的老大哥是高等教育收费（这里大部分是学费收入），几乎占州财政总收入的 5%。[35]

各种州税

各州政府最重要的税种是消费税，这是一种在商品和服务的销售价格上征收的一般性税种，通常是在零售商店等地出售商品时需要交纳的税种。消费税超过整个州政府收入的 1/5，占州政府各种税收收入的一半。消费税之后是个人所得税，约占整个州政府收入的 14%，是州政府各种税收收入的 1/3。公司所得税占整个州政府收入的 2%，是州政府各种税收收入的 5%。[36]

消费税

45 个州使用消费税，长期以来，消费税都是州政府的主要税收。在密西西比州政府于 1930 年发明消费税以前，各州财政依赖最重的是财产税。

一种递减税。消费税本质上是一种递减税，因为从根本上说，它是一种针对消费收取的税种。尽管消费税对所有顾客都采用同一税率，但它毫无疑问会给那些穷困的顾客造成很大的负担。因为穷人必须比富人在药品和食品等生活必需品上面花费更大比例的资金，因此从效果上来看，穷人的税率要比富人的税率高。

各州都已经通过对基本生活必需品免税的方式来减少消费税更为递减性的因

素。比方说，在征收消费税的 45 个州中，有 43 个州免除了处方药的消费税；30 个州免除了消费者的电、气税；25 个州免除了食杂用品的消费税。[37]然而，尽管消费税的递减性也许通过这些减免政策以及类似的减免扣除方式得以中和，但其结构性的递减本质却是无法消除的。

缺乏公平、错综复杂以及愚昧无知的问题。另外，消费税好像也不同寻常地受到当今政治方面的攻击，被批评为缺乏公平性、简单性和透明性。[38]强大的（或者至少是隐性强大的）立法机构已经被发现在消费税中免交了各种优惠部分，但它们这么做并没有明显的经济或哲学理由。

比方说，佛罗里达州立法院就从其消费税中免除了大约 440 种交易，可以说是免除了超过 2/5 的采购税并将消费税大量削减了 30%以上。[39]在佛罗里达州水域租渔船收费的消费税被免除，但不免除租鱼竿的税；免除该州内“绅士俱乐部”的大腿舞收费税，但不免除电影票的税费；免除鸵鸟和赛马的食品税，但不免除猫和狗的食品税；免除割草服务税，但不免除割草工人的服务税；免除佛罗里达游泳池的泳池服务税，但不免除清理这些泳池所需的化学品税；文身、身体刺青、晒肤服务、卫星、太空船、成人陪护服务、理发以及农民（在任何一州都可能是强有力的游说者）所购买的许多产品（特别是种子、饲料和化肥），在佛罗里达州都可以被减免消费税。[40]一位州议员坦白说，他已经在不知道的情况下对这些被减免的许多事项都投了票，因为这些减税政策已经被“暗中完成了”[41]。

佛罗里达州绝不是一个例外，其他许多州也已经免除了众多的消费税业务，但这些做法似乎非常令人质疑。30 个州的立法院已经免除了海关电脑项目的消费税；13 个州免除了维修工的消费税；8 个州免除了酒店房间的消费税；7 个州免除了电讯服务税；3 个州免除了承包商的消费税。[42]但能够证明这些以及其他免税举措的逻辑合理性却并不明显。

州政府消费税的下滑。部分是因为其递减特性以及不明确的透明性，州政府消费税的长期霸主地位正在受到呈上升趋势的个人所得税的挑战。在 20 世纪 50 年代期间，消费税总额是个人和公司所得税的 3 倍，几乎占到州财政税收总额的 3/5，而个人所得税总额还不到州财政的 1/5。[43]如今，消费税仅比个人所得税多出 1/4，占州政府财政总额的一半。而个人和公司收入所得税总额快速上涨，如今已经接近州政府财政收入总额的 2/5。[44]

地方消费税的崛起。与州政府消费税下滑相比照，地方政府的消费税正在蓬勃发展。至少允许其部分地方政府开征消费税的州政府数量已经由 1950 年的一个州[45]迅速上涨为如今的 34 个州。[46]作为这些州政府政策的一个结果，一半以上的地方政府开始强制征收消费税。[47]

州政府财政支出

州政府最大的单笔支出是公共福利，至少要占州政府开支的 1/5。紧随其后的是教育支出，约占 13%，其中超过 4/5 的费用要支付给高等教育。保险信托基金支出约占 12%，其中大部分是用于雇员的退休金支付。高速公路的费用约占各州费用总支出额的 5%。[48]

4.6 投资地方政府

在各级政府中，地方政府（也就是县政府、市政府、镇政府、学区政府以及特别行政区政府）已经经历了最大的财政动荡。正像我们在第 8 章中进行的更详细的介绍那样，地方政府一旦成为联邦财政结构中起支配作用的成员，就已经具备了自己的财政身份。现如今，无论是与联邦政府还是与 50 个州政府相比，它们所收缴和花费的资金都要少一些。

地方政府间税收

与其他政府相比，地方政府比任何一级政府都更需要依靠其他政府来保持其正常运行。政府间财政收入是地方政府最大的单一财源，而且占地方所有财政收入的 37%，这一比例非常令人吃惊。[49]

在地方政府间财政收入中，几乎 9/10 是由州政府提供的，剩下的都是联邦政府直接转移支付给地方政府的。[50]然而，在地方政府从州政府那里获得的政府间财政收入中，将近 1/3 实际上是以过路补贴的形式由联邦政府拨付的。[51]过路补贴（pass-through grants）是指联邦政府拨给州政府的补贴，但规定州政府必须将这笔经费转拨给地方政府用于特殊项目。如果我们将这些过路补贴看做是地方政府接受来自联邦政府而不是州政府的政府间财政收入，那么，地方政府从联邦政府接受的政府间财政收入占地方政府间财政总收入的比例（包括过路补贴和联邦直接援助）就会上涨 4 倍，即从 1/10 左右上涨到大约 2/5，由占地方总收入的 11%上涨到 15%左右。[52]

总之，尽管各州政府一直向其地方政府运送最实际的补贴，但联邦政府同样也是地方收入的一个庞大而在很大程度上又很隐秘的财源。

地方政府的自源性收入

地方财政其余 3/5 的收入来自地方性财源。地方税是这一部分最大的单一税种，占整个地方财政的 1/3（并且超过了地方政府自源总收入的 3/5）。特殊服务的收费占地方财政总收入的 14%左右；最大的税源是医院对病人的收费，约占地方政府总收入的 4%。设施使用费约占 8%，而由利息赚取的收入不到地方财政总收入的 3%。[53]

地方税

财产税，这一税收的古老形式，是一种针对个人财富征收的一般税。只是除却那些主要依赖用户收费作为其财政收入的特殊区以外，财产税目前是所有地方政府自源性收入的领先财源。这一主要税收约占地方总收入的 1/4，在地方政府接收的每 10 美元税金中，7 美元就来自于此。消费税约占地方政府总收入的 4%，占全部地方总税金的 16%。个人所得税不到地方总收入的 2%，占地方总税金的 4%。[54]

财产税

地方政府根据一份财产值多少钱来征收财产税。要想确定一份财产的价值，政府（通常是县政府负责财产税的行政管理工作）会雇用和培训专业的评估师，这些评估师可能会从以下评估方法中进行选择：根据该份财产被出售时的价钱来确定价值（这是一种有的时候被戏称为“欢迎陌生人”的方法）；估算该份财产在当前公开市场中的价格；估算置换这份财产所需要的成本；或者是估算该份财产将会产生的可持续净收入。一旦作出了评估，财产税就会按照事前约定的财产评估价值的一定比例（比方说，30%）予以征收。

另一种递减税。与消费税一样，财产税也在某种程度上具有递减因素。尽管纳税人首先必须拥有支付财产税的财富（以地产的形式），而这一先决条件可能会让财产税呈现出累进特征，但是，财产税对于中低收入的人来说，还是具有不成比例的严重影响。

作为一个实际问题，财产税集中将人们的家庭住宅作为主要的财源。中产阶级业主不得不把他们相当大比例的财富绑在他们的住房上。而与之相对应，富有阶层的人往往会将其财富转为他用，比方说投资财产税以外的股票和证券市场，而在家中留有较少比例的财富。这样，针对中产阶级财富征收的财产税就要比从富人手中征收的比例更大。

穷人通常没有自己的住宅，他们的住房都是租的，但这些人也间接地支付了财产税。租房的房主只是简单地将其财产税的成本转嫁给了他们的租户。那么，与中产阶级一样，当财产税影响到低收入家庭的时候，也会具有一种递减因素。

减少累进性。州政府试图采用两种机制来改善地方财产税的递减性：断路开关机制以及区别对待居用和商用住宅机制。

断路开关机制是一种防止电路超载的装置，政府假借这一名称用于一项政策，当财产税达到纳税人收入的一定比例时就会自动“跳闸”。财产税支付人通常可以通过倒扣或收入所得税信用的方式从超过这一比例的财产税中解除支出。35 个州已经执行了断路开关机制，其中有 2/3 的州政府向出租人和业主提供了断路开关。只有一个州，也就是俄勒冈州，仅向房屋出租人提供断路开关机制。[55] 由于断路开关机制经常是很少公开而且应用程序也非常烦琐，所以，似乎不到一半的有资格的房产主能从中受益。[56]

州政府尝试的第二个方法是，通过评估或者对商用住房征税高于居用住房的方式，在地方财产税中引进某些累进因素。这一政策做法可以将部分税负从房屋租借人和业主转嫁给那些利用房产盈利的财产所有人。

4/5 的州政府通过家产免税的方式保护业主，这样可以免除或者至少保护每户住家减少部分房屋价值的财产税；当然，家产免税政策不适用于商用房屋。[57]其中一半的州政府要么以更低的水平评估居用住宅（18 个州），要么以比商用住房更低的税率征收居用住房的财产税（7 个州）。[58]

在某种程度因为有效而得到拍手称赞的同时，这些将地方财产税改变为累进税的尝试最终都以失败而告终，因为财产税与消费税一样，在结构上是递减性质的，所以不可能进行重大的累进性变革。

不受欢迎也没有预见性。公众意见投票一再表明，地方财产税是美国人最不喜欢的税种[59]，美国人的这种蔑视也许能够反映这一税收的不可预见性。比方说，那些拥有固定收入但需要面对快速上涨的财产税和生活成本的业主，可能会因为财产税而面临实际的困难，因为财产税会根据房产价值的攀升而上涨，有可能最终导致其住宅的丧失。

财产税的不可预见性是结构性的。财产税很难公平管理，因为按照目前的做法，财产税的管理需要仰仗政府评估师的能力和一致性，因为是他们在评估每处房产的价值，并据此确定房产所有人必须支付的财产税数额。令人遗憾的是，房产评估中的一致性很难保证，而且“缺乏统一性是财产税运行中的最大问题”[60]。

逐渐取消。尽管财产税仍然是地方政府的重要税种，但州政府正在削减其在地方的重要性。42 个州已经在地方财产税征收方面强制执行了某些形式的限制，包括限制税率，可能产生的财政收入量，还有就是财产的评估价值。[61]

州立法机构允许其地方政府不断引入新税种的倾向也侵犯了财产税在地方财政收入中所占的份额。在 20 世纪 60 年代，地方消费税所占总税金的比例不到 7%，收入所得税约占总税金的 3%。但是从那以后，消费税占地方税收的比例翻了一番，所得税的比例也涨了 3 倍多。而财产税，20 世纪 60 年代几乎是占地方总税额的 9/10，目前已经滑落到将近 1/4。[62]

部分原因是因为地方立法机构深知财产税不得人心，所以极尽所能地避免其涨价，尽管财产税是其自源性收入的源泉。立法机关不愿意增加财产税的做法自然也减少了财产税的收入份额。一般情况下，地方政府都会寻找其他自源性财源动力，而不是提高财产税。[63]

与财产税逐渐分手。最能够连续替代财产税源的是日益增加的地方用户收费。加利福尼亚州选民在 1978 年投票颁布实施了大量削减该州地方财产税的《第 13 号条例》，25 年以后，加州的各市政府开始越来越多地依赖各种收费和费用，不再像人们所期望的那样增加对消费税的依赖程度。[64]

另一项针对全国 162 个大城市进行的历时 24 年的调查分析，得出了相当具有可比性的结果。在这些城市中，财产税作为税源的情况已经大大缩水，在征收财产税的城市中，逐渐取而代之的是地方消费税和收入所得税。但是，正如加利福尼亚州一样，用户费用已经变成财产税的主要替代品，而且发展最快。在过去的 24 年里，人均收取的用户费用翻了一倍多，从占这些城市财政收入的 11%跃至 18%。仅用户费用一项的增长就足以弥补财产税的下降亏空。[65]

简而言之，地方政府将会一如既往地转向用户费用，不论是以顾客向政府企事业付费的形式，还是以公共服务收费的形式，以补偿不断下滑的财产税收。用户费用也是避免提高财产税的一个颇受欢迎的替换方式，不仅是针对财产税，也针对其他任何一种地方税。将近 9/10 的城镇使用从当地企事业募集的资金，将近 7/10 的城镇增加了服务性收费，而不是增加税收。这两种方法的使用都会随着时间的推移而不断增多。[66]

地方政府财政支出：一个资金的大杂院

尽管地方政府在收缴财政收入的方法上有些一致性（也就是说，大部分地方政府严重依赖政府间收入和财产税），但在地方政府的财政开销上面却没有一致性可言。美国全国有 87 849 个地方政府，不仅复杂多样，而且任务繁多。其结果，根本就不可能有易于理解的平均支出水平。比方说，县政府在福利方面的开销就比其他任何形式的地方政府都要多；与之相对应，多数特别行政区政府则把它们全部的收入只是用于自然资源的开销。我们会在第 8 章进一步讨论地方政府间的财税差异。

4.7 税收时代：州与社区的财税未来

美国经济正处在剧烈变革的阵痛之中。我们对这些经济走向进行一些评价，从中了解它们对州与地方政府税基的影响与启迪。

信息革命与税基

与传统的智慧不同，从制造型经济向服务型经济的转变似乎并没有逐渐侵蚀掉州税与地方税所提供的财政收入，其更大的意义在于信息化经济的逐渐兴起。消费税制和财产税制的设计不是为了跟踪无形资产所产生的财政流向，事实上也不可能是为了这个目的，这些无形资产包括数据库、软件、规则、版权以及商标等，而且这些新的财产形式正在作为国内生产总值的一分子而快速生长。[67]

类似地，电子商务的兴起，比方说在 eBay 网站上进行的各种交易，代表了一种新兴的经济交易方式，这种交易方式实际上不仅免除了消费税，也免除了公司所得税。[68]在这一时刻，电子商务不仅代表了整个零售业中一个特别重要的份额（约占 2%），也正在以每年超过 1/4 的速率急速发展。[69]随着时间的推移，州政府和地方政府正在这些新兴的财产和商务领域中不断损失着自己的税收收入。

初步计算了这一不断增长的税收消耗后，18个州小心翼翼地为在线零售商设计了一套简单协调的消费税征收制度，并于2005年启用。从严格意义上说，这一制度要求零售商自愿参加，而为鼓励零售商加入还设计了一个税收赦免部分。如果此项政策能够取得成功，则可能导致产生为在线零售商设置的强制性征税制度，但这只能是在国会和总统同时批准才能生效，因为任何州际之间的税收政策都必须以联邦法律的形式颁布实施。[70]

竞争公司

在这些发展趋势之外，州与地方政府之间不断发展的趋势就是卡脖式竞争，争着吸引服务业和制造业公司以及这些公司所带来的工作，以便让这些公司重新落户。一项民意调查结果发现，20年的时间里，为了吸引新的公司进入州域，50个州都已经提高了财政以及税收的激励水平和多样性，38个州已经在过去5年期间增加了对这些激励机制的应用。[71]

这些政策的一部分结果表明，仅仅在13年间，州与地方政府针对单个纳税人征收的个人所得税和费用负担已经超过了1/4，而州与地方政府在商业方面的公司所得税负担却几乎缩减了一半。[72]渐渐地，公民正在承担着政府为竞争更多公司而产生的税收成本。

政府应该做什么?

在信息时代里，针对销售、财产以及公司方面所征收的传统税种可能正在面临着衰退。州与地方政府在它们疯狂的公司竞争以及随之而来的工作和收入竞争中，似乎正在变成自己最糟糕的敌人。那么，政府应该怎么做呢？

好像没有人知道答案。“还没有一种解决方案能够向州与地方的政策决策者提供明确的双赢计划，该计划应该能在不牺牲自治性、竞争力、中立性或行政简单性的前提下停止或扭转税收生产力的颓势。”[73]然而，这些加快经济发展的税收力量还是令州与地方政府感到非常不安，一定要予以认真对待。

4.8 联邦政府以及国民经济

正如前面所讨论的那样，公共财政在一个辽阔的汪洋（即国民经济）中潮涨潮落。尽管经济引导着这些涨落，但政府还是影响着经济的流通，因此，公共行政人员对这些内在关系具备一定的了解是非常重要的。

在评价政府经济职能的过程中，很值得我们回忆的是，美国的经济并不是一个指令性经济，而是资本主义的经济。因此，联邦经济政策对经济只有相对边缘效应。另外，更强的力量才会有更大的影响力。比方说，20世纪90年代中后期，经济所表现出的令人称奇的发展在很大程度上是信息技术革命性发展的一个结果，因为信息技术催生了蓬勃发展的股票市场，由于保健管理而减缓了医疗卫生方面的开支。启蒙性的联邦政策虽然在这一浪潮中是一个积极的因素，但是相比来讲也是一个很小的因素。[74]

有关政府与经济的话题很大程度上是经济学家们的禁区，因为人们对他们所实践的一种职业并没有一致说法。正如一位著名经济学家曾经评论的那样："如果你向 5 位经济学家提问，你就会得到 5 种不同的答案；如果一个人还去过哈佛大学，那你就可能得到 6 种答案。"[75]让我们带着这种充分的思想准备进入下面的讨论。

货币供应与联邦接口

一个健康的经济，也就是指全面就业、物价稳定以及可持续的经济增长，有赖于到底有多少资金在其中流通。经济中资本流通的数量被称作货币供应。如果经济中的流通数量非常少，就可能导致经济衰退甚至是经济萧条和滞胀，因为人们已经没有足够的钱购买商品和服务。如果流通的钱太多，则可能导致通货膨胀甚至是恶性通货膨胀，因为人们必须为商品和服务支付过高的价钱。

经济衰退和通货膨胀的效应是一样的：都属于病态经济。要么人们花费太少，因为他们手中没有足够的钱用来消费；要么就是有钱，但物价太高。在两种情况下，经济健康与否的决定因素就是货币供应。

政府在决定经济中应该流通多少资金的问题上起着重要的作用，但是在各级政府中，国家政府才是目前为止最有能力的。联邦政府支出大致占国内生产总值的 1/5，相比之下，州政府与地方政府开支加在一起计算，只是约占联邦政府支出的一半费用。[76]接下来，"联邦接口"指的是联邦政府花费、征收以及借贷了多少钱，这在决定经济中流通货币数量方面起着相当重要的作用。如果从联邦接口处关闭财政流量，经济就会干涸缺水；如果接口流量开得过大，经济就会泛滥成灾。

问题的核心：政府开支

根据某个人的观点，联邦税收或联邦赤字都是美国经济悲哀的政府原因。这两种观点都是错误的。联邦政府对于经济的潜在威胁既不是充公的税率，也不是不负责任的借贷水平。更准确地说，税收和借贷都不是经济的重要威胁，政府开支才是问题的核心。

政府开支影响着经济中流通的货币量。当经济衰退的时候政府花费太少，其银根紧缩政策会进一步减少已经很低的货币供应，而这又是投资企事业以帮助经济增长所必需的货币供应。这种低水平的联邦消费会有效地鼓励经济衰退继续加深并扩大。

当经济健康的时候政府开销太大，这种不计后果的开销会"排挤掉"那些用于投资企事业以助经济增长的有效资金。联邦政府这一高水平的开销可以在许多方面影响一个健康的经济，比方说，衰退、通胀或者滞胀（就是停滞的经济与通胀的价格相结合的一个严酷事实）等现象都是有可能出现的。

简而言之，政府开支是政府从好的方面或者坏的方面影响经济的发动机。

征税与借贷。联邦开支可以从两种途径获得财力：可以通过征税，或者通过借贷。

征税是二者中人们较为熟悉的手段。如果政府的税收收入正好与政府的开支相匹配，那么政府的开支就被抹平，政府预算就是平衡的。这是所能提供的最佳状态，但是，政府花不了那么多，以至于相应的高税率不能够从经济中收回太多的货币，这样，就可能导致经济发展减速。

政府开支的第二种途径是通过借贷来融资。当政府的财政收入少于政府的开支时，就必须实行借贷。当政府的年度开销超过了其年度收入时，收支所产生的差额就叫做赤字。如果政府借了太多的钱（也就是说，政府的赤字消费占国内生产总值的比例太高），政府就要从经济中收回太多资金，这样势必会影响到经济的活力。

不论政府征税太高还是借钱太多，二者的成因和效应都是一样的。两种情形下的成因都是因为政府开销太大，而两种情形下的效应都是不健康的经济。

站在供方一边的经济学。有一派经济学思想坚持认为，我们把重点过多地放置在借贷和赤字开销的有害经济影响上，而对低税率的刺激效应重视不够。这一学派的观点在20世纪80年代期间相当流行，被称作供方经济学。

供方经济学（supply-side economics）认为，如果税收被大幅度削减，被降低的税率就会大幅度地增加经济中的货币供应。而这种增加的货币供应反过来又会为政府产生出更多的财政收入，实际上，如此不断增多的财政收入，就可以让政府不再需要借贷来筹措项目资金。即便税率被降低了，但由于降低的税率而产生出的生产力提高，政府的财政收入也会更高。这将是各种可能经济世界的最佳状态：低税率而且是非同期存在的低赤字，甚至也许是政府的盈余，都会促发更深层次的减税行动。

令人遗憾的是，支持供方经济学的证据至多是好坏参半的。供方经济学假定，如果降低税率，公民就可以省得多，而节省下来的钱可能会投资商业，这样就可以将经济刺激到一个新的高点。但是也有记录显示，降低税率对美国人储蓄率的影响微乎其微，只是占个人闲置收入的－1%～＋2%，但目前的税率已经低于底线，而且还在继续下降。[77]另外，呈负数的国家储蓄率“不仅低至过去几十年来的历史标准，也远远低于其他主要工业国家的储蓄率”[78]。欧洲人开玩笑地说，如果一个美国人拿到1美元，他或她则会花1.25美元。

实际上，在美国，越低的税率看上去大致会与越低而不是越高的储蓄率相联系。[79]发生这种不正当的排列关系（至少自20世纪80年代以来）是因为，联邦政府削减税收的时候极少削减政府开支，所以必须借钱以弥补政府开销。当然，增加的借贷意味着更多的赤字消费，赤字消费需要从经济中抽取资金，而这些资金可能正是美国人民与商界节省和投资的那部分。

事实是难以处理的事情。无法欺骗的固执事实就是，政府开支成了其中的罪魁祸首。所以，政府无论是通过征税还是借贷来为其开销融资，几乎都不能作为实质性的解决办法。

联邦经济政策的形式

联邦经济政策是根据凯恩斯的理论制定的，即经济健康可以通过政府行为加以改善。如果政府希望加热一下冷却而萧条的经济，就应该借的更多，要赤字花费，而且保持较低的税率和利息率，这些调整应该增加货币供应。另一方面，如果政府希望冷却过热和通胀的经济，就应该少借或者根本不借钱，要产生盈余并提高税率和利息率，这些变化都可以抽回经济中流通的货币。

为了进行这些调整，联邦政府需要依赖两种形式的经济政策：财政政策和货币政策。下面我们依次进行介绍。

财政政策。财政政策是联邦政府通过各种开支、征税以及借贷的决定来确保经济健康运行的做法。财政政策制定权集中在国会和白宫，而且财政政策通常也是以联邦预算的形式表达，由国会颁布政府预算规模，为支持该预算而需要征收的财政收入量，税率以及公共政策的价格，联邦借贷和赤字开销的水平，以及财政政策构成要素的数量。

货币政策。货币政策是联邦政府通过调整货币供应控制经济波动的方式确保经济健康运行的做法。货币政策制定权集中在联邦储备委员会（通俗地讲就是众所周知的“美联储”）及其 12 家联邦储备银行。美联储及其银行既独立于国会，也独立于总统，因为政策制定者在 1913 年建立美联储的时候相信，该机构应该与那些可能为了政治利益而想操控货币供应的人隔离开。

美联储在影响经济方面会运用三种主要的货币工具，它们分别是开放市场的运行模式，贴现率和联邦投资率，以及储备要求。下面我们来逐一进行介绍。

开放市场的运行模式。开放市场的运行模式是美联储最常使用的工具，指的是美联储负责购买或出售联邦政府发行的债券。如果美联储希望冷却经济，就会在开放市场中抛售这些债券。出售债券的效果是用债券兑换在经济中流通的货币，以此来减少货币供应。如果美联储希望刺激经济，就会收购债券。购买债券的效果是用钱换券，以增加货币供应。

贴现率和联邦投资率。贴现率和联邦投资率都是利息率，是储备银行向美联储借钱或相互借钱的利息率。调整这些利率可以比开放市场运行模式对经济产生更强有力的影响，因为这些利息率会直接影响整个经济的利率。如果美联储增加其借贷利率，那么所有银行的利率都会提高，经济活动就会减缓，从而减少通货膨胀的压力。如果美联储降低其借贷利率，那么所有利率也都会跟着下降，经济活动就会加快。

储备要求。最后，美联储还可以调整储备要求，就是美联储的下属银行有义务为了覆盖其未偿贷款而需要储备的资金。这些储备必须达到银行已经贷出总量的一定比例（通常大约是借贷额的 10%），储备银行必须在存款方面保证有这些储备。

如果美联储提高了储备要求，那么各大银行可以借贷的资金就会变少，这些银行可能还不得不调集某些贷款以建设自己的资金储备。当然，这样做的效果是减少了经济中流通的货币量并减缓了经济活动。如果美联储降低了储备要求，那么各大银行就会有更多的钱用于借贷，因此就会有更多的钱注入经济，经济随即就会被刺激起来。

了解赤字和债务

几乎很少有联邦现象能够比赤字和债务更能产生恐慌，但很少有人能够真正理解这两个方面。一次民意调查的结果发现，“很大范围的”美国人，也就是约70%的美国人“有点儿”或者是“非常”担心联邦赤字的规模；但比1/3多一些的美国人，也就是35%的美国人希望削减政府开支（以及服务）以平衡预算；还有更少的美国人，也就是18%的美国人倾向于靠提高税收来平衡预算。只有1%的人赞成将削减开支并提高税收的方式作为控制赤字的最有效战略。[80]

了解赤字。从1950年到2004年，美国人口增长了91%[81]；公民劳动力中拥有工作的人数翻了一倍多，达到了145%[82]；而国内生产总值暴涨了41倍。[83]在45年期间，联邦政府的预算只有四年达到了平衡状态。[84]而在随后的半个世纪里，联邦政府都在赤字消费。

我们列出这些数据是因为这些数据能够说明，联邦借贷及其所导致的赤字不会必然削弱经济。许多经济学家认为低水平的赤字消费，也就是不超过国内生产总值的2%，几乎对经济构不成任何伤害（除了增加债务之外）[85]，而且在一定的情况下，比方说经济衰退或萧条期，赤字消费实际上能够有助于恢复经济的健康。

然而，利用赤字进行消费可能是一种具有风险的业务。当赤字达到高水平并且持续保持很长一段时间的时候，许多经济学家就会担心从经济中抽回的货币太多了。[86]经济学家们好像都同意，“经过一段长时间的运行，联邦政府的借贷成本就会由未来的工人和纳税者承担……同时也会不可避免地导致国内生产总值以及未来国民生活水平的下降”[87]。相反，降低赤字消费可能产生实际的收益。联邦政府问责局已经预计，永久性赤字减少额即便仅占国内生产总值的1%，50年以后就会在实际更高的收入中，为美国的每一个男人、女人和孩子带来总计2 000美元左右的收益。[88]

了解债务。巨额赤字会带来巨额债务。国家没有债务的最后一个年头是1835年，而且自1797年美国的第一个财年开始，联邦债务占国内生产总值的比例“只有因战争和经济萧条的原因才能进行实质性提高”[89]。

但是，1980年以后，这一模式发生了巨大的改变。在仅仅27年的时间里，国家债务已经增长了10倍多。

从更大的范围考虑，尽管所处的时代最为和平，也最为繁荣，但联邦债务总量占国内生产总值的比例翻了一倍多，从1980年的1/3发展到今天已经超过了2/3。加上零头，联邦债务总量已经达到了9万亿美元。[90]

其实，减少国家债务是一件好事情，因为伴着减少的赤字，更低的债务会盘活更多的用于投资的私人资本，从而促进经济增长。另外，更低的债务也会盘活用于支付债务的现有公共资金，这些被盘活的资金可以被用于未来的公共福利或应急活动。简而言之，大笔债务可能带来不健康的经济以及不灵活的公共政策。随着时间的推移，平衡联邦预算可能会减少甚至是消除国家债务，尽管这是一种不可能的发展，但却会改善人们的生活。

4.9　国会所寻求的阿 Q 精神：不断降低赤字

1980 年是美国财政的标志年。这一年标志着联邦严重赤字的开始，而这一年之前即便是遇到经济低迷或为战争所困，联邦政府也几乎没有什么财政赤字。但在 1980 年以后，仅仅三年的时间，联邦财政赤字占国内生产总值的比例就翻了一番，从 1980 年的 3%上升到 1983 年的令人吃惊的 6%。在整个 12 年的时间里，联邦财政赤字已经上涨了四倍；从 1980 年到 1992 年，联邦赤字开支已经从不到 740 亿美元上升到超过 2 900 亿美元（或者说几乎占国内生产总值的 5%）。

观察家们将这一四倍的发展归功于 1981 年颁布的《多项预算调和法案》(Omnibus Budget Reconciliation Act)，该法实际上是削减税收收入（将个人收入所得税减少了 1/4 左右）但不增加政府开支。该法被描述成一个“导致大量赤字遗产的分水岭”[91]。1980 年以前，保守党还在照例指责联邦政府实行的“收税与消费”的肆意挥霍；1980 年以后，这种肆意挥霍被更好地描述成“借贷与消费”，或者，像一些爱开玩笑的人所说的那样，“消费与消费”。

联邦政府政策制定者逐渐认识到，20 世纪 80 年代和 90 年代早期不断加大的赤字量不仅威胁着国家的经济结构，国会还就此发出了一个冗长而富有阿 Q 精神的要求——降低赤字消费。

失败：1985 年和 1987 年的《平衡预算和紧急赤字控制法案》

最初，国会颁布了两项法案，旨在将赤字置于可控范围：1985 年和 1987 年的《平衡预算和紧急赤字控制法案》，也就是后来根据立法发起人命名的被人们熟知的《格兰姆-拉德曼-霍林斯法案Ⅰ号和Ⅱ号》(Gramm-Rudman-Hollings Ⅰ and Ⅱ)。1985 年的法案设计是要到 1990 年实现预算平衡，而 1987 年的法案通过“没收”的方式将时限一直延续到 1993 年。没收指的是一系列自动的开支削减，即如果联邦预算不能够完成 100 亿美元的赤字削减任务，就会自动削减政府开支。总统需要按照比例削减所有机构的预算（也就是说，他必须没收这些机构的经费），但有两个最大的赤字消费机构/项目不在其中，一个是国债利息支付机构，另一个是大部分津贴/补贴项目。

国会通过采取在其预算制定中过度乐观的经济预测方式来避免没收所带来的不

悦，但《格兰姆-拉德曼-霍林斯法案》却从来没有达到预期效果。可能是在无意识的情况下，历史和空前的观点都认为，预算过程已经不再是政策中立，现在应该被用来通过减少开支的方式减少赤字，而不是按照平等的逻辑通过增加税收来减少赤字，这并不是法案要求的选择方式。

成功：1990年的《预算强制执行法案》

当越来越明显地看出《平衡预算和紧急赤字控制法案》已经无力降低赤字开支的时候，国会变得相当强硬，并通过了1990年《预算强制执行法案》。该项法案也是通过削减开支的方式减少赤字，但是可以通过以下方式进行，即在一个项目中增加的预算一定要在另一个项目中同比相减。每一个财年都会设定可自由支配开支的上限，以禁止开支像通货膨胀那样增长太快。用来描述国会所形成的零和预算制定游戏规则的词是PAYGO，也就是所谓的"账单到期即付"(pay-as-you-go)。这些开支上限以及PAYGO字条都被写进了法律，一直到2002年自动废止。

意义及其敏感度：1993年的《多项预算调和法案》

《预算强制执行法案》通过了3年之后（该法案后来被证明在减少赤字方面很有用)，国会又颁布了一项似乎对正当赤字开支非常关键的预算。1993年《多项预算调和法案》与其前身完全不同，因为1981年的《多项预算调和法案》加快了赤字开支。不像1981年法案那样采取的办法是削减税收，1993年法案增加了大约2 500亿美元的税收，并利用5年的时间削减了相当额度的项目。尽管可能表现出的常识性问题是，这种提高税收而降低开支的组合形式可能导致经济不景气（这也是参议院对该法案投票时仅一票胜出的一个原因)，但它似乎有助于减少赤字开支：从1993年开始，联邦赤字开始稳步下降。

缺乏针对性：1997年的《平衡预算法案》

1995年至1997年期间，国会和白宫一直在赤字的问题上进行着不同寻常的争论，即便是在赤字开支于1992年呈现稳定下降的情况下也是如此。1997年，双方以《平衡预算法案》的形式实现了一种复杂的妥协，该法案在两院轻松获得通过，并最终由总统签发。

1997年的《平衡预算法案》承诺要在2002年消除联邦赤字开支。(这个承诺并没有兑现。）该法案希望通过利用紧缩开支上限将联邦开支下降12%的方式清除赤字（国债利息和津贴项目都不在其列)。同时，该法案还要削减1 520亿美元的联邦税收。[92]

是不是达到了天堂境界？预算盈余

1999 年（也就是财年 1998 年），联邦政府不仅没有赤字，而且还在 29 年里首次出现了 700 亿美元的盈余。2000 年，财政盈余是 1 270 亿美元，2001 年甚至达到了 2 360 亿美元。预算制定者已经不再哀叹“肉眼能够看到的胆大包天的赤字”[93]。取而代之的是，他们又开始极尽想象地吹捧财政盈余，在这一点上，国会的预算办公室就在设计，争取利用 10 年的时间实现惊人的 5.6 万亿美元的盈余。[94]

尽管受欢迎，但 1999 年至 2001 年的三次预算盈余却没能赢得全民的欢呼。因为联邦盈余中还包括社会保障税所产生的收入，还有一部分稍微少点的收入来自美国的邮政服务（两项财政收入的比例约占不到 3%）。来自社会保障和邮政服务的财政收入被官方列为预算外收入（也就是说，它们不会出现在联邦预算的细目中），但每年所产生的收入是 2 000 亿美元。[95]如果这些预算外收入不记入预算赤字的冲抵范围，那么 1999 年和 2000 年每年的盈余都会被抵消掉（因为要把这些盈余充入赤字），而且还会抵消掉 2001 年 2 360 亿美元最大盈余的绝大部分。

重要的是要重视这部分预算外收入，尽管社会保障税目前还是一项富有的税源，但一旦发生变化，社会保障税就会变成一个债务的黑洞。到 2017 年，社会保障福利的支付成本预计会超过其从工资税中赚取的收入。应该感谢利息收入，社会保障信托基金仍然能够支付所有福利，但从 2027 年开始，信托基金的平衡就将被打破。到 2041 年，当社会保障税收入少于其所供福利的 3/4 时，信托基金就会枯竭。[96]“如果没有改革，国家最终就不得不在持久增加的联邦赤字、重要税收增加，以及/或以空前幅度大量削减预算之间进行选择。”[97]因此，认识社会保障收入在计算联邦盈余中（在这个问题上牵涉的是要计算整个联邦财政）所处的关键而危险的地位是非常有价值的一件事情。

是要背对未来吗？

当美国进入第二个千年时，联邦政府削减其赤字的兴趣开始减少。

国会与开支。国会越来越不重视自己的预算过程，从 1999 年开始，收入与支出目标要么是以广泛而空前多的选票胜出，要么就根本不通过同时审议的预算决议。[98]从 2000 年到 2002 年，国会以复仇的形式违反了 1990 年《预算强制执行法案》所建立的量入为出型财政政策，而且沉湎于“一种损害可自由支配开支上限的开支混乱局面”[99]。2000 年，国会自己在可自由支配开支上限上超过了法律规定的 9%，2001 年超过了 15%，2002 年达到了 24%。[100]法案的开支上限于 2002 年下半年到期，此后就再也没有更新过。

国会在违反《预算强制执行法案》方面表现出了某些真正的创造性。在其他创新中，国会宣布每三年投入 300 多亿美元作为“应急开支”，这部分不受法案开支上限的约束。（1991 年和 1998 年之间，应急开支每年平均达到 70 亿美元左右。）国会投资的“紧急情况”包括十年一次的人口普查，而这是一个在 210 年前制定的宪法中曾出现过的词条，所以，这并不是一个紧急事务，国会用不着警惕它的紧迫性。[101]

无独有偶，国会的这些会计伎俩立刻得到了小布什总统的配合，他拒绝否决任何国会送给他的开支账单。联邦开支作为国内生产总值的比例已经从 1992 年以来稳步下降，但是从 2001 年开始，联邦开支占国内生产总值的比例实际上已在上升。[102]

总统、国会和收入减少。联邦开支在扩大，而与之相伴的联邦收入却在大幅萎缩。2001 年，在小布什总统的促动下，国会通过了《经济增长和税收免除调和法案》(the Economic Growth and Tax Relief Reconciliation Act)，该法将联邦税收在十年的时间大幅削减了 1.6 万亿美元。仅仅两年的时间，联邦收入占经济的百分比急剧下降，水平之低是自 1959 年以来从未看见过的。[103]

2001 年之后的每一年，总统和国会都会颁布扩大、延伸、加快或加深削减联邦税收的法律。[104]作为这些削减活动的一个结果，联邦政府 13 年里损失的财政收入预计会超过 3.3 万亿美元，或者是接近国内生产总值的 2%。[105]

它们又回来了：赤字的回归。在国会偏向于糟蹋自己的财税政策以及国会和总统决定同时提高开支并大幅减少收入之间，赤字的回归一点都不令人感到惊讶。2002 年，赤字实际上已经达到了 1 590 亿美元。2003 年，赤字创下了空前的纪录，达到了 3 750 亿美元。2004 年的赤字量更是惊人，达到了 4 130 亿美元。而这些赤字中，每一笔数量都差不多占国内生产总值的 3.6%。

2005 年，联邦赤字滑落到 3 190 亿美元，这要感谢联邦收入在数年下滑之后有了 15%的增长。尽管 2005 年的赤字量是迄今为止的第三大数，但还只是占到国内生产总值的 2.6%，因此这个比例尚未太令人担心。

一门沉闷的科学：赤字、债务和民主

国会和白宫已经触及了经济学家们对于民主所抱有的基本财政疑虑。疑虑是这样的：民主无法避免将未来的几代人埋葬在债务中，因为竞选出来的政策制定者还需要当选和再当选。当选的官员为了保证能够再次当选，会给选民越来越多的福利，征收越来越少的税来支付这些福利，从而产生越来越大的赤字亏空。最终，这些应计赤字所创建的公共债务会变得非常巨大，可以将未来年代的人压向一种观点，即推翻民主作为政府的一种存在形式。正像本章所提示的那样，美国第一财长对这一疑虑认识得非常清楚。

联邦政府继续抵制财税责任可能会有严重的后果。从全国范围来看，真正的问题是平衡预算更少了，而国家财税政策建立的更多了。一位著名的经济历史学家对这一重要危机作了一段很好的表述：“这并不是一个债务本身规模的问题，而是近来不祥的发展趋势。这种趋势并不是因一个故意用赤字消费的政治决定导致的结果[比方说，当国家介入战争时经常做的决定]，而是由多个关于税收和开支决定的总和集体替代了财税政策的结果。从某种非常真实的意义上讲，联邦政府没有财税政策，因为政治权宜的尾巴已经对着联邦政府这条审慎政策的狗摇摆了很长时间。”[106]

4.10　公共预算：为公共政策而开销

随着时间的推移，政府机构已经开发出大量催化其辩护和获得预算的战略战术。

许多学者都已经谈到了一个保证机构经费的政治家对该机构的意义所在，而且针对他们对这一话题的部分思想所做的梳理也是非常有价值的。[107]尽管他们提出联邦政府的预算过程几乎是独一无二的，但是州政府和地方政府的预算过程也应用了同样的基本规则。政治要求使用战略战术，预算进程的政治也不例外。正如阿荣·威尔达夫斯基在其针对该话题所写的经典文章中观察到：“在帮助一个机构获得其想要拨款的过程中，什么真正有价值？几个接受调查的人物几乎用了同样的语句：‘这并不是你所能估量的东西，重要的是，你是一个多么好的政治家。’”[108]

成为一个预算领域的好政治家要求运用威尔达夫斯基标榜的“普遍存在的”和“偶然发生的战略”。[109]我们喜欢更易于理解的形式——常备战略和投机战术，下面我们依次对它们进行介绍。

保证预算的常备战略

常备战略（或者是威尔达夫斯基所称的普遍存在的战略）是普遍深入的战略，而且可以被一个机构持续使用。目的是在该机构中建立对机构预算财源和公众的信心，并增加其客户量。至少有三种类型的常备战略。

为你提供的服务找到一个客户，向他提供服务并好好利用他。这里的想法是，当一个机构遇到威胁的时候，会动员自己的客户。相关的案例可以借鉴前经济机会局（Office of Economic Opportunity）。当经济机会局在尼克松总统执政期间遭遇预算被削减的时候，不同组织都对它的辩护表示同情，并在法庭上展开了保存该机构的非同寻常的支持行动。尽管经济机会局可能会因其他战略原因受到挑剔（最终还是被撤销了），但该局毫无疑问已经找到并利用了客户关系。许多观察员认为，经济机会局已经将美国“被遗忘的第五代”政治化和组织化到一点，即无论有还是没有经济机会局，在通过和执行联邦立法的时候，穷人都能够更好地为保护自己而战。

在评价者头脑中建立信心，你能够有效率并有效力地执行复杂的项目（这是他或她很少认识到的）。这里的关键概念在于，如果立法者相信你的能力，你就能够得到你想要的任何东西。在这一方面可举的例子是 1950 年成立的国家科学基金会（National Science Foundation）。许多公民最初担心的是国家科学基金会会变成一个大权独揽的美国“科学沙皇”。通过战略运用行政低调、学术包装以及利用广受欢迎的科学浪漫主义精神，基金会不仅消除了公民的这种担忧，而且最终运行在一个令人肃然起敬的预算环境中：科学能够（而且应该）只是为了科学而获得经费资助，而且只能是同行科学家来决定他们之中有谁应该获得国家科学基金。基金会的承诺是：科学应该根据什么能碰巧引起科学家的兴趣而进行资助，不应该根据实现更大的社会目标来进行资助，但这一承诺最终受到国会的强烈质疑。但是许多年来，除了确实没有对其资金花销建立相应的问责机制以外，国家科学基金会一直都享有非常高的预算成功度。

利用分割化的预算评审过程。这一战略的一个突出事例来自美国空军。在整个20世纪50年代，空军执行的是一种“阶段性购买”政策。也就是说，空军只是先购买预算拨款要求中有意向购买的大批武器中的部分零件，结果，要想让空军所购买的武器能够派上用场，国会和总统没有别的办法，只能是再次授权空军购买剩下的部件。这种饱受质疑的分割评审过程一直运用得非常漂亮，但在1957年激起公愤之后，国防部部长查理斯·威尔逊才终止了这种做法。然而，从效果上讲，“阶段性购买”还在继续，只是换了一身新的装束，即研究与开发合同。国防部（带着一定的理由）争辩道，富有生产性的研究不能严格按照日程进度执行，所以，研发项目会年年要求国会予以顺延（国会常常是非常的不情愿），从理论上讲，要想让研究盈利，几乎就没有别的选择，只能同意不停地顺延研发项目。

保证预算的投机战术

投机战术（也就是威尔达夫斯基所称的偶然性战略）的目的是利用机构所认识的可能保护或扩大其基础的非常机会。像常备战略一样，投机战术也有三种类型。

在老的项目中预防经费削减。一个机构可以有多种方式保护其项目。一个比较好的战术就是砍掉机构最受欢迎的项目，从理论上讲，这么做就可以将公民的抱怨更加迅速地传给立法者。当国家卫生学院（the National Institutes of Health）决定开始一项牙科研究项目的时候，学院就会考虑国会可能坚持从其他项目的现有经费中进行转移支付。为了占领主动权，国家卫生学院提议，为了资助牙科研究，必须削减其最受欢迎的研究项目：心脏、癌症和心理健康研究。出于选民的压力，国会不仅恢复了这些项目的经费，同时还批准了一个一揽子计划。

伴着老项目逐步前行。如果新项目被做的跟老项目很相像的话，就总能更容易地获得新的拨款。想实现这个目标的有利途径就是玩数字游戏。比方说，国家卫生学院长期以来就很善于运用这种战术，即减少研究津贴项目的数量（“看，我们正在节约经费!”），但却增加了每个项目的资金量（这就是逐步前行）。

添加新的项目。机构所运用的最后一个战术就是额外增加新的项目。因为那些授权拨款的人都不相信新项目，所以机构要做的就是努力让新项目尽可能长得像老项目一样无趣。这一战术的不同方法包括：辩护说新的项目只是一个暂时项目；这个项目特别小，根本都不值得一审；新项目只是老项目的合理延续；新项目是为了减少机构的某些积压问题，而且新项目能够节省经费等。[110]

在偶然的情况下，机构添加新项目的努力在下面所描述的场景中会腐败变质："申请经费的议价过程更像是在汽车销售大厅，而不是在参院的会议室。" 让我们来思考一个这种实际议价的例子："空军官员向成本意识很强的法律制定者保证，每架猛禽喷气式战斗机的最低谈判价是 1.1 亿美元，但他们对此还有些犹豫。当然，如果他们还想要一些额外的零部件的话，还得在固定的价格上再付 4 000 万～6 000 万美元。只有在被逼无奈的情况下，他们才会承认，其中一种配件碰巧是飞机发动机。" 就好像一位议员悲伤地注意到："我已经知道，你们是在绝对正确的时间提出了绝对正确的问题。"[111]

假如前面所评价的获得预算的战略战术听上去有些愤世嫉俗，事实上也是如此，而愤世嫉俗并没有必要腐败堕落。官僚和政治家一样都会为了高尚的结局而使用愤世嫉俗的手段，而且这种现象可以通过预算过程展示得非常清楚。

简言之，公共预算包含了各种专业性、技术性以及专家性陷阱，同时，它也是各种价值、偏见和政治的一个体制。

4.11　公共预算的演变：各种变量、观点和价值观

政府治理预算的核心是，让公共官员了解预算思想演变过程为什么是非常重要的？[112] 预算的发展过程可以被分为七个发展阶段：以控制为导向的传统预算或排列预算；注重管理的项目预算或绩效预算；重视经济规划的规划—项目—预算；重视预算分权化的目标管理预算；强调等级项目优势的零基预算；带有中央集权性质的目标基准预算；以及将新公共管理价值融入预算过程的结果预算。正如我们在其他地方针对公共行政不同理念的演变过程所做过的评价那样，与这些阶段相关的每一个时间段都不会像我们显示的那么整齐；比方说，某些层级的政府在继续开发一种预算理念的时候，其他层级的政府可能会转向新的理念，或者是退回到原来的旧理念。

有一种方法能够解释这种疯狂的行为。预算新形式的演变受到不断变化的公众舆论的驱动，而公众舆论针对的是政府的适当职能。在早期阶段，政府不得不向纳税人证明，他们可以放心自己所缴纳的钱，因为预算重视控制成本，解释财政并提高工作效率。随后，特别是在大萧条时期，美国人希望政府积极解决问题，因为私人部门饱受谴责而公共项目的效力问题也成为预算更大的关注点。[113] 近年来，这两项任务都被反映进了公共预算。

在我们所列出的七种预算中，每一种预算都对预算的概念以及实然和应然的问题进行了不同的假设。（表 4－1 对这些模式进行了总结，你可能也希望能够通篇予以参考。）但是不管怎样，"预算" 这个词的本质含义还是保持不变的。借用一种经典的定义，一份预算是 "贴满价格标签的一系列目标"[114]。当然，还有其他更长一点的定义，但是这一短小精悍的定义已经具备了易于理解、准确而短小的诸多优

势，所以我们应该对此感到放心。

表 4-1　　预算概念的一些区别

特征	排列预算（1921—1939 年）	绩效预算（1940—1965 年）	规划—项目—预算（1965—1972 年）	目标预算（1972—1977 年）	零基预算（1977—1980 年）	目标—基准—预算（1980—1992 年）	结果导向预算（1993 年至今）
基本方向	控制	管理	规划	管理	决策	单一整体系统使命的控制与完成	管理
范围	投入	投入和产出	投入、产出、效果和备选方案	投入、产出和效果	备选方案	使命—特定投入与使命—特定效果	投入与产出，与可选择性服务提供方法相关的备选方案
个人技能	会计	管理	经济学与规划	管理的“常识”	管理和规划	政治与协调能力，与整体系统使命相关的知识	管理、规划与交流
关键信息	支出目标	机构活动	机构目标	项目效力	项目或机构目标	项目或机构是否深化了系统使命？	机构活动
决策类型	渐进	渐进	系统	分权化	渐进与参与	系统与激进	渐进、参与与分权化
规划责任	大部分缺乏	分散	集权化	全面而被分配的	分权化	集权化	与中央预算机构共同负责
预算机构的作用	财税，财产	效率	政策	项目的效力与效率	政策优先顺序	系统使命的完成	确保责任性

4.12　排列预算，1921—1939

所有政府总是会有某种形式的预算。早在古代埃及、巴比伦和中国的宫廷中，就已经需要记录支出情形，这种非常基础的文献就是我们所知道的预算的最早期形式。但是在美国的公共行政中，预算文献的精细发展是 20 世纪早期改革主义压力的产物。

排列预算与行政改革

这些压力至少拥有三种形式，所有形式都与渐进运动相关联，具有相当持久的后果影响。

渐进式改革的一种推力。其中一种压力是建立整合性行政预算（a consolidated executive budget）的动力，或者是由当选的行政长官在行政机关制定然后交由立法机关审批通过的一种综合性预算。在这种动力背后所隐藏的价值在于消除政府中的财政腐败，完成这一目标的方法就是巩固行政长官领导下的公共财政管理机构。

与这一压力紧密相关的第二种压力是行政整合（administrative integration）运动。行政整合的支持者倡导功能性的机构合并、废除各种独立的委员会、强化行政长官的任免权限以及其他用来保证政府效率与协调的类似改革。

第三种压力来自政治改革者的诉求，通过限制公共行政人员的自由裁量权来建设行政廉洁。因此，出现了诸如中央集权化采购（centralized purchasing）、标准化会计程序（standardized accounting）、支出审计（expenditure audits）等制度上的创新。这些诉求与制度创新都与一个观念直接相关，这个观念就是：预算是一个控制公共行政人员（如果以一种纯粹消极方式来看）以及确保政府诚实正直的有效工具。

1921 年的《预算与会计法案》。在这些压力带来的其他结果中，所颁布实施的 1921 年《预算与会计法案》很值得注意。这一法案将联邦预算的形成集中于新成立的联邦预算局（1970 年更名为联邦管理与预算局，也就是 OMB），当时该局向财政部长报告，但目前是向总统报告。同时，该法案还成立了联邦会计总署（2004 年更名为政府问责局），该局向国会汇报，是国会对联邦支出的核查机构。《预算与会计法案》是一部具有重要历史意义的立法，它第一次赋予了联邦政府正式的行政预算过程，并且也影响了一些州的预算过程。[115]

什么是排列预算？

大部分的人都知道预算是什么样子。每一页纸上的每一行在左边都列有项目名称（例如：铅笔，112），紧接着在右边会跟着价格（例如：＄5.00）；因此，传统的预算就得到了它自身的描述性名称“排列”（line term），或者“支出对象”（objects of expenditure）。一个政府机构所使用的排列预算或者支出对象型预算，就是根据每个项目（从纸夹到人力）的支出简单地进行资源配置。

诚实、效率和缺乏弹性。排列预算迅速与政府诚实（governmental honesty）、效率（efficiency）以及较为反面的缺乏弹性（inflexibility）联系在一起。1923 年，联邦预算局的首任局长查尔斯·道威斯写道：“联邦预算局唯一关心的只是政府中低层次例行惯例性的事务，它并不过问政策问题，而只考虑经济与效率问题。”[116] 由于这些非常有限的目标，致使排列预算的概念比较强调下面这些因素，比如：纯熟的会计技术、办公室或计划运行所需要的雇员和物品及其成本、各级政府渐进式的政策制定、管理和规划责任的分散，以及预算机构的信用职能。同时，排列预算还强调预算项目的技术性明细（例如，铅笔，112，配 1/2 英寸的橡皮擦，木质，二级铅芯，6″×1/4″），另外，“财政看门狗”等词组的普遍使用，也表明了这一预算思想阶段背后的控制导向精神。

投入以及文件夹和公园的预算处置。排列预算仅仅涵盖了投入，这也意味着它仅仅关注使计划得以持续的事物，例如软盘、桌子、秘书等。让我们来考虑以下两个例子：文件夹和公园。在排列预算下，公共行政人员被问到的政策相关问题只有：(1) 我们需要多少文件夹，其费用是多少？(2) 我们需要多少公园，建设并维护这些公园需要多少费用？

我们随后会一再应用文件夹和公园的例子，来说明预算的一系列概念是如何改变其所涉及的相关政策问题。我们所要强调的重点是：预算描述了一种思考、衡量和评价公共政策的方法。

排列预算的政府效用

排列预算实现了一个重要的财政功能：可以向公共行政人员表明所花费用的详细情况。但是，偶然的情况下，排列预算也会被用于不经设计的任务。正如我们所看到的，排列预算的固有形式和简单化缺陷令它并不适合更大的目标，而最好是在较低层次的组织中使用。有的时候，行政官员并不完全欣赏这种预算方式，从而导致“在宏观层面出现微观管理的情形”[117]。

4.13 项目/绩效预算，1940—1964

尽管在20世纪20年代和30年代能听到这样一种独立的声音，即提倡预算应该与宏观的计划、政府绩效以及各种支出对象相调和，这种预算思想方面的重大转变，在富兰克林·罗斯福的新政时期就已见端倪。

新政与对新型预算的需求

大量的历史因素影响了这场预算改革运动。第一个因素就是，由排列预算人士所制定的严格的控制技术制度。在严谨的会计、采购与人事规定下，预算的概念已经从传统的看门人的角色中解放了出来。第二个因素是政府的规模急剧膨胀，因此相对地需要更有效地统合与协调各种管理活动，而预算显然为系统性调节政府管理提供了一个重要的工具。第三个因素则是，政府越来越被认为是福利供应机构，因此预算也被视为从管理方面衡量预算供应制度是否适当的政策工具。

随着罗斯福新政的实行，这些因素也逐渐形成。在1932年到1940年之间，联邦政府的支出增加了一倍还多。总统行政管理委员会（以卢瑟·古立克和林达尔·厄威克1937年所撰写的报告形式）建议，联邦政府预算局应该由控制导向转变为管理导向；而且该局应该具备在总统领导下负责调节联邦行政的功能。到1939年，联邦预算局从财政部转移进了新成立的总统行政办公室（Executive Office of the President)。该局的人力增加了十倍以上，即发展出了很多新的统计调节与预算分配方法；而且其人员的增补，特别是来自公共行政序列而不是来自会计系列的人员比例也在逐渐增加。《第8248号行政令》正式明确了联邦预算局新的管理职能：“要让总统知道政府机构活动中计划推动工作、实际运行工作以及已完成工作的进展情况，使政府行政部门相关机构的各项工作进度得以相互调节；最终防止政府各项工作的交叉重复。”[118]

阐明项目与绩效

新政期间开始的预算与管理之间不断增强的联系，逐渐明确地说明了联邦政府管理方面日益发展的两个问题，而这两个问题都是以预算的形式表现出来的。

项目问题。一个问题就是预算文件本身快速变质的一致性，而且这种不一致性使得管理愈加困难。排列预算没有能力向政策制定者表示公共资金的政策走向，只是简单地罗列出支出对象，比方说文件夹、铅笔以及钢笔等。排列预算也无法涉及政策，而且从来就没有这个打算。

排列预算中所固有的这种对政策和项目的忽视性，成为一个日益增长的大问题。胡佛委员会在第一次报告中观察到，1949 年的联邦预算报告长达 1 625 页，大约有 150 万字，由此质疑这种报告文件在促进更为协调而有效的公共管理方面到底有多大的效用。为此，胡佛委员会提倡根据“项目”来组织预算。[119]

绩效问题。所纠结的第二个问题是，为公共项目所编制的预算经费是否真的带来了什么好的成果。在联邦预算局局长哈罗德·D. 史密斯（1939—1946）的指导下，联邦预算局最先开始了工作绩效测评与绩效标准设定，并将这些新的测评手段和标准与一个机构的预算相联系，以确定这个机构的效率、效力和绩效的整体水平。这些尝试通常被称为“功能预算”或者“活动预算”。胡佛委员会 1949 年在其第一次报告中给这一预算创新赋予了一个名称，也就是我们熟知的“绩效预算”。

项目/绩效预算的产生。胡佛委员会的报告带来了迅捷的结果。1949 年，国会通过了《1947 年国家安全法案》的修订，按照新法案在国防部建立了项目/绩效预算；1950 年，国会颁布了《预算与会计程序法案》，并据此在剩下的联邦机构中引入了项目/绩效预算。从此，美国进入了一个新的预算时代。

什么是项目/绩效预算？

我们称之为项目/绩效预算，但这种预算方式既可以指注重在公共项目预算的项目预算，也可以指注重机构绩效及其测评的绩效预算。实际上，当这种预算方式在 20 世纪中叶被引入政府的时候，两种方式是并存的，所以我们称之为项目/绩效预算，并将它定义为一种资源配置系统，可以通过各种操作和项目来组织预算文件，并且将这些操作和项目的“绩效水平”与“特定的预算数额”相联系。[120]

投入与产出。绩效预算比传统的排列预算覆盖了更多的行政管理活动。在绩效预算之下，投入与产出同样被考虑在内。从事预算编制的官员，不只是从精确和控制的会计层面来看待他们的工作任务，更包括发展政府活动的分类、机构计划与绩效的描述以及各种工作/成本衡量方法的探究等事项。管理能力要比会计技能更加受到重视；政府机构的活动优先于办公室管理必备物品的购置；尽管管理规划责任依然分散但管理责任却重新集中；政策制定仍然保持渐进态势；而且预算机构的职能也从信托性（fiduciary）演变为效率性。

文件夹和公园。这种预算的新职能，对我们原来的文件夹和公园的例子意味着什么呢？在排列预算下，行政人员只问与投入相关的问题：为保证办公室文件夹的充足供应，明年要花多少钱？明年要花多少钱才能使为公众开放的公园得到充分的维护？

而在项目/绩效预算下，一个行政人员不仅仅要问与投入相关的问题，还要提与产出相关的问题。项目/绩效预算在项目的形式中就得提出这样的问题：文件夹和公园都属于什么项目？我们是不是有一个文件夹项目？我们是不是有一个公园方面的项目？

项目/绩效预算在绩效的形式中就要提出下列问题：需用文件夹的文件有多少？公园要为多少人提供服务？我们可能要预先通过行政研究来调查每个文件夹的平均夹纸量，或者每个公园的平均到访人数。总之，就是要看文件夹和公园的绩效如何？

项目/绩效预算的政府效用

在绩效预算对于美国政府产生的诸多长远影响当中，其中一项事宜是根据项目编制预算（例如：会计项目）来取代（但不排除）根据支出对象编制预算（例如：铅笔，112）。项目/绩效预算允许公共行政人员将自己抽离于排列预算的微观环境，将公共预算的项目运行转向更为宏大的环境。

项目/绩效预算的另一个方面，是注重测评结果并将这些结果与该机构预算相挂钩，但这一方面的改革并不是很成功。然而，各级政府竭力将预算资金与机构绩效挂钩的绝对事实，代表了政府预算职能方面一种特别坚持的新理念：预算不再只是控制支出的一种工具，也是实现公共目标的一种途径。

4.14 规划—项目—预算，1965—1971

项目/绩效预算一时间席卷美国各级政府，而且它的两个定义很快变得非常普通。但是，另一个结果却是，这种预算方式的局限性也变得越来越严重。

一种新兴的预算理论新标准

真正发生的事情是，公共行政人员和政策制定者都希望预算能够告诉他们有关公共政策的更多信息，而这一点却是项目/绩效预算无法做到的。

政策问题。尽管绩效预算在预算理论中前进了一步，但它并没有对政府的更深层次进行研究。毋庸置疑，绩效预算在试图设计政府机构效力测量方面作出了巨大的贡献，而且也有利于公共利益。但是，正如一位纽约州议员在审查完该州绩效预算之后说："谁真正在乎洗一磅脏衣服需要花多少钱？"[121]

绩效预算所提供的数据信息，的确代表了所需要的资料，但是更重要的问题最终还是政策问题：哪些才是最重要的项目？（在纽约州议员的案例中，他希望知道的是州政府为什么将洗衣服放在政府工作的第一位。）只有在这个政策问题解决之后，我们才能开始评价一个项目的绩效。

绩效问题（再一次提出）。项目/绩效预算遇到的另一个问题是：尽管最初有很高的预期，但是如果只是一半的预期、一半的绩效，就不算很好地完成了工作。正如 1955 年胡佛委员会第二次报告中所详尽指出的那样："绩效预算安装运行的成功总是忽高忽低的。"[122]这是用一种比较礼貌的态度在说，将联邦项目与其实际成本和绩效挂钩的过程中，联邦政府的项目/绩效预算政策很大程度上是失败的。

规划—项目—预算的兴起。这些影响最终导致绩效预算在政府中被规划—项目—预算（PPB）所取代。规划项目预算相关的概念源自产业界。早在 1924 年，通用汽车公司就使用了各种形式的规划—项目—预算。在第二次世界大战期间，美国战争生产委员会的所控物质规划（controlled materials plan of the war production board）也使用了规划—项目—预算的概念。

1961 年，福特汽车公司的首席执行官罗伯特·麦克纳马拉就任国防部部长。在他初进国防部时，美国国防部的体制正因为各部门之间的激烈竞争而变得极为混乱。国防部的各个部门都在为该部门能取得更多新式武器系统的控制权而相互倾轧。麦克纳马拉认为，这种竞争会影响国家的防务。于是，麦克纳马拉和他的"能人们"（军方给麦克纳马拉集团的一个并不完全讨人喜爱的称呼）通过强加规划—项目—预算手段来重建军队的集中控制，从而使军队重新振作起来。麦克纳马拉从 1961 年开始逐步实施规划—项目—预算，经过十年的时间，规划—项目—预算逐渐成为五角大楼的预算编制系统，而且一直保留至今。

林登·约翰逊总统也被深深地打动，于是，在 1965 年他命令联邦政府各个部门都使用规划—项目—预算。到 1967 年，联邦预算局已经指导了 21 个机构运用这一预算编制系统，而其最终的目标应该是 36 个政府机构。

什么是规划—项目—预算？

规划—项目—预算，也称作规划—项目—预算系统或 PPBS，是一个设计用来提高政府效率和效力的资源分配系统，它通过建立长期规划目标，分析用来达到这些目标的备选方案成本和效益，并且明确地把规划表达成预算和立法申请建议以及长期的计划项目。[123]

投入、产出、效果和备选方案。规划—项目—预算不仅考虑到投入与产出，而且也考虑到效果（effects）与备选方案（alternatives）。规划—项目—预算还和精通于经济分析、会计与行政的预算官员有着共同的关系。在规划—项目—预算之下，不同规划的目的成为主要的关注点，而支出或活动的目标则成为次要的关注点。整个官僚制度中的决策变得较少趋向渐进，但更多地倾向于系统化。最后，预算机构也比以往任何时候都更被看成是一个政策制定机构，首任局长戴维斯早在

1923年就针对该局“谦卑而例行的政府工作”表达过这种呼吁。

文件夹和公园。那么，这种范围更大的预算概念，如何影响我们前面提到的文件夹和公园的例子呢？针对投入，你应该记得，我们只是提问：一年的文件夹费用或一年的公园维护费用是多少？而针对产出，我们则会问：我们的文件夹要夹多少文件？或者是到底有多少人会访问我们的公园？

然而，由于纳入了效果和备选方案的考虑，就使得与预算相关的问题变得相当复杂而深刻。例如：为了确定文件夹的效果，我们就必须问：针对政府机构及其任务来说，这些文件夹到底能发挥多大的作用？是不是文件被夹起来就促进了政府完成其机构目标？这个过程是否促进了某些事物的发展？或者，文件夹应否从预算项目中剔除？我们又是如何衡量文件夹项目对于政府机构目标的影响呢？确定了文件夹在政府机构目标实现中的效果之后，我们还必须提出备选方案方面的问题：我们应该使用订书机来代替文件夹吗？是否有一种订书机和文件夹的最佳组合？是否还有其他的方案？

公园的例子也呈现出类似的两难困境。当我们询问公园的作用时，我们也必须问：公园的真正用途是什么？当然，问题的答案是，公园的目的是为公众提供休闲场地，允许公民来“休闲娱乐”。然而，我们很快会发现：休闲娱乐并不是真正的答案，尤其在我们试图衡量公园项目的效果时更是如此。计算每天到访公园的人数，也就是衡量公园的绩效产出，已经不再能充分回答我们的问题。现在，我们必须确定，每一个到访者是否都会在公园里休闲娱乐？他们玩得是否高兴？这项工作不仅极为困难，而且也可能无法完成。比方说，我们可能会发现，午夜之后到公园来的都是抢劫犯、流氓以及这些犯罪的受害者。而这并不是没有根据的假设，而是根据城市犯罪模式得出来的结论。

这种从规划—项目—预算衍生出来的想法，也会迫使我们更加系统地去思考有关公园的问题。我们可能发现，一个城市的休闲功能，可能会影响到其他诸如犯罪控制等城市应有的功能，如果我们发现公园的确与犯罪之间有正相关的关系，那么我们可能希望从城市整体系统的观念来重新规划公园的功能，至少，通过提出公园效能方面的问题，有助于澄清公园在较大城市系统中所发挥的作用，从而使公共政策的规划可能更加周密，更有回应性，也更加严谨。

最后，我们还可以考虑公园的其他备选方案。比方说，公共图书馆是否可以为市民提供更多的休闲娱乐机会呢？原先拨给公园的经费是否应该拨给图书馆呢？建立很多小型社区公园是不是可能不如少数大型公园提供的休闲娱乐更有效呢？在规划—项目—预算的要求下，就会提出这些或者那些方案用以评估。

规划—项目—预算的政府效用

规划—项目—预算也许是在美国所实行的最具综合性的“合理的”预算编制系统。而规划—项目—预算的理性主义到底是带来了利益？还是它那种硬性回旋只不过是给公共行政人员带来了令人厌烦的头痛呢？

针对各州预算进行了分析之后发现，严格而理性的预算的确是带来了一些积极的结果。最为明显的是，理性预算包含了一种整个系统范围的运行模式，真正定义规划—项目—预算的两个特征都“在很大程度上减少了支出”[124]。换句话说，理性而系统的预算实践带来了费用节省，而且使政府的花费更为有效。当然，这也正是公共预算的准确含义所在。

4.15　目标预算，1972—1977

在 20 世纪 60 年代后期，规划—项目—预算被联邦政府所摒弃（国防部是个明显的例外），预算家们转向了另一种新的预算概念（或者，更准确地说，是项目管理的一种变异）：目标管理。1954 年目标管理首先在私人部门开始得到运用，彼得·德鲁克写了一本名为《管理实践》（*The Practice of Management*）的书，该书被普遍认为第一次专业性地阐明了目标管理的概念。[125]

什么是目标预算？

目标管理可以被定义为“一种过程，通过这种过程，组织成员根据所期待的工作成果，参与组织目标和组织目的的设定”[126]。当被用做一种预算系统的时候，目标管理就会演变成目标预算（BBO），目标预算也可以被定义为一种过程，一种组织成员根据所期待的工作成果而参与组织目标和组织目的设定的过程，并且依照组织目标和目的实现的程度来配置资源。

投入、产出和效果。我们已经看到，规划—项目—预算如何重视投入、产出、效果以及备选方案等特点。相比之下，目标管理在某种程度上是向绩效预算的回归，特别是当它强调预算中持续令人讨厌的东西以及机构绩效的评估和投资的时候更是如此。

基本上，目标管理也重视投入、产出以及效果，不过，并不一定重视备选方案。虽然目标管理主要也针对政府机构的绩效问题和政府项目的效力问题，但是，在推动决策制定者完成某一社会任务时是否还会寻找其他备选方案方面，目标管理似乎显得有些缺失。在人事技能方面，目标管理具有一种有时被称为“常识”的管理导向。它首先关注的是项目的效力，而其政策制定的模式则是分权性的。从规划层面来看，目标预算与规划目标预算的观点迥然不同，从某种意义上说（比方说集中设定具体的运行目标），目标管理是一种全面综合性规划，只不过将这种全面综合规划责任分配给了一线管理人员。由此，预算机构的主要着重点变成了规划的效率和效力，呈现出了和 20 世纪 50 年代项目绩效预算非常相似的形态。

文件夹和公园。如果将目标管理的预算概念应用在先前所举的文件夹和公园的案例上，我们就不会提出“为了完成机构任务而应该具备什么样的文件夹和公园备选方案”这样的问题。取而代之的问题会是：保留文件夹和公园项目的成本是多少？文件夹和公园项目到底为我们做了什么？文件夹在实现机构使命的过程中发挥了怎样的效能？公园在实现社会目标中发挥了多大的效能？但是我们并不会提出“除了文件夹和公园之外还有什么其他备选方案”之类的问题。

目标预算和目标管理的政府效用

在总结有关目标预算方面的讨论时，我们应该注意目标预算的基础，也就是目标管理的一些一般性发现。

有关公共部门应用目标管理的成效问题已经拥有相当多的实证研究，但如果不经意间加以仔细考量，往往会发现这些研究所得出的结论并不能使人信服。主要是因为研究者本身经常根据自己未经充分论证的假定而摒弃他人的方法论。正如两位研究者曾经指出的那样：“目标管理已经成为公共部门增强管理能力的基本要素。而它的价值却好像经常被公共行政专业人士和学术界所低估。”[127]

我们对实施目标管理的政府经验进行过 30 项重要的调查研究，主要是针对方法论模式展开了异常全面的彻底分析，分析结果发现，在这 30 项重要研究中的每一项，都很精确而合理地报告了目标管理所产生的生产力和绩效效益；当高层管理人员坚定承诺推行目标管理时，“目标管理项目就会产生出很大的生产力收益”[128]。在这些研究所估算的收益率中，生产力收益的确很大，平均可达到 58%。

地方政府尤其发现目标管理非常有用。在这些政府中，目标管理已经证明自己相当的“全面，具有提高质量、控制成本、提高生产力和解决特殊问题的客观目标。因而，我们期望将来在城市中能够看到目标管理得到更加完整的应用”[129]。

总之，预算与目标管理仍然不失为一种非常有用的预算/管理/生产力工具。

4.16 零基预算，1977—1980

虽然杰拉德·福特总统相当支持目标管理，然而随着新总统的上任，也带来了新的预算概念。这位新总统就是吉米·卡特，他是一位来自佐治亚州非在编的政坛新人，在担任佐治亚州州长的时候，他曾经推行过一种名为零基预算（zero-base budgeting，ZBB）的成功经验。确实，尽管零基预算的模式是由美国农业部于 20 世纪 60 年代首先发展出来的[130]，而卡特却是第一位将零基预算引进公共部门的民选行政长官。[131]

什么是零基预算?

所谓零基预算，就是各机构资源的一种配置过程，这种资源分配需要根据各机构定期重新评估其所负责的全部项目并在机构预算建议中提出每个项目是继续还是终止的理由来决定的。换句话说，就是要求每个机构从一个假想的“零基”开始，由上而下地重新评估其业务。

备选方案。零基预算的奇特之处是真的不用重视投入、产出以及效果的问题，而是需要重视备选方案的问题。那我们的意见是什么呢？尽管零基预算向现有政策的产出和效果提出了一些模糊的问题，但其核心问题却是：我们应该采取什么其他的方式？

实际上，零基预算有两个步骤。第一个步骤是每一个机构提出决策组（decision packages），每个决策组中都包含着该机构各个项目的摘要分析。然后再由各机构的业务主管，根据其对整个机构优先顺序的认识，给这些决策组评定相应的等级。

第二个步骤则要求由上级机构来评估每一个决策组，以判定该项目是否能够据此获得更进一步的拨款。凡是被评定为没有效能的项目或者已经超出了效用期的项目，都会被终止、修正或合并。总之，零基预算要提出的问题是，在尚未决定预算经费的划拨之前，各机构将要如何使用这笔经费？为了做出这些选择，零基预算的实施者就会确认每一个决策单元，分析每一个决策组中的决策单元，评估所有的决策组并为它们评定等级，以开发出适当的拨款请求，最后，再为预算拨款核定后的决策组编制出具体的预算明细。

文件夹和公园。那么，零基预算对机构文件夹的使用或对城市公园到底有什么样的影响呢？首先，很多的公共管理者可能会将这两个议题视为进行中的决策过程，而零基预算有助于各层级在决策过程中的参与，这方面可能是零基预算有益的影响。但是，文件夹和公园的投入、产出以及效果等，将不会是主要的决策重点，决策者将会把焦点放在备选方案上。

比方说，在机构的层次上，对于文件捆扎技术局（the Office of Paper-Fastening Technologies）的主管来说，其决策的焦点只是在购买更多的文件夹、订书机、胶带还是胶水之间进行选择即可。而从较高的层次来看，一位城市经理可能就必须在购买更多文件夹还是关闭更多公园之间做出进一步抉择。随后，这些决策将会编制成为决策组，而且决策者会根据该机构或政府更为宏观的项目或目标，将这些决策进行分配或者汇集。最后，再根据其相对于政府整体使命的效用程度，为文件夹和公园项目评定等级。

零基预算的政府效用

零基预算究竟有没有功效呢？一份针对联邦、州和地方政府推行零基预算经验的实证研究评论总结道，零基预算在严格的限制下和特定的情境中，还是非常有效的。[132]尤其是在下列情况下：

- 零基预算绝没有它的名称所暗示的那样激进，事实上，项目几乎从来没有被删减到零的情形。一般而言，政府机构所提出的删减性决策组，其预算大约是上一年度预算的75%～90%。

- 零基预算对项目比较和帮助决策者决定他们应该在哪个项目上进行费用增减方面是非常有用的。但零基预算并不能（如20世纪70年代所经常兜售的那样）辨识问题、设置目标或者决定实施项目的备选方案。
- 零基预算能够与其他的预算理念和过程和谐共处，而且零基预算也相当容易适应。在这个意义上，零基预算是一项边际与渐进的预算工具，并不像规划项目预算那样在预算和管理上所扮演的核心角色。
- 项目管理者能够清楚地感受到，他们更多地参与了预算过程。而且，在导入零基预算之后，各级政府官员之间的沟通交流也得以改善提高。这些可能是这项研究最具决定性的发现。
- 但是，零基预算应该予以审慎实施，否则，项目管理者在推动零基预算的时候会变得更加狭隘，无法看到更为宏观的问题。
- 文书工作会随着零基预算的实施而不断增加，但其增加的幅度是可以控制的。然而，并不是所有的观察家都同意这样的结论，其中至少就有一位权威人士主张，联邦层级的零基预算已经“陷入了一个文书工作的巨大泥潭，甚至比规划—项目—预算的情况还要严重”[133]。另一项研究得出的结论是，在零基预算实施的头一年里，联邦政府的文书工作平均增加了229%。[134]
- 零基预算似乎并不能减少联邦政府和州政府的支出，因为这些支出主要是必须履行的公式分配的公共项目。但是，大多数的地方行政官员都相信，零基预算在控制成本上是非常有用的。

4.17 目标基准预算，1980—1992

1980年以前，引入一套新的预算系统都会具有相当高的戏剧性。排列预算是通过具有历史性的立法建立起来的，项目/绩效预算是因胡佛委员会第一次报告的出版而揭开了神秘的面纱，而该报告也促进了项目/绩效预算在联邦政府中得以实施。规划—项目—预算的应用应该归功于约翰逊总统自上而下的彻底革命。而目标预算的引进和使用，部分是因为尼克松总统希望牺牲联邦预算局而增强白宫权力的一个战术。零基预算是卡特总统期间受到青睐并繁荣发展的预算模式，而且充斥了他执政期间的每一个角落。

1980年以后，戏剧性鼓吹新预算制度的传统得以收敛。正如一位观察家所言：“自从卡特总统实施零基预算制度以来，就再也没有出现过制定新［预算］制度的重要推动力。”尽管如此，虽然预算制度“不再得到太多的关注，但是每一项制度都有其持续的影响力，而且这些预算制度的遗产，仍然持续影响着预算的实践工作”[135]。

目标基准预算是第一个反映这些新现实的预算制度。目标基准预算制度是静悄悄甚至是秘密地被引入到联邦预算体制中的；这种预算以及后来的预算模式——结果预算，都包含了可以在早期预算制度中找到的许多特征；但是这种预算改变了预算过程，甚至是从根本上改变了政府管理的过程。

什么是目标基准预算？

目标基准预算，也被称为目标预算（target budgeting）、封顶预算（fixed-ceiling budgeting）或自上而下预算（top-down budgeting），是一种面向机构的资源配置方法。在这一过程中，机构的支出限额（通常就是各机构的目标），或者是“目标任务”，都是由民选的政府行政长官来设定。

各机构长官被允许以一种方式获得他们的目标，也就是他们自认为在中央设定的支出限额内完成目标任务的最有效的方式。同时，各机构主管也必须在下一年度预算申请时，说明机构目标达成的进度。渐渐地，行政长官会提出各种便于实现其目标预算的激励机制。通常情况下，也会呈现出预算申请的第二部分，就是那些虽不属于目标任务但却是机构所需要的经费申请，这一部分的预算申请要根据工作任务的重要程度来评定等级。

目标基准预算是一种随着岁入的不同而进行调整的预算制度，从这个角度上说，目标基准预算是一种非同寻常的现实预算体制。无论岁入的基础是由政策制定者控制以外的经济条件所决定，还是由有意识的政治选择所决定，例如税收上限(tax caps)，这些都不重要：预算目标更有可能受到可用岁入的影响，因为设定预算目标的是民选行政长官。

与其他预算制度相处很好的目标基准预算。零基预算的大量要素都会出现在目标基准预算之中，而且它们都有助于目标基准预算制度的执行更为顺畅。这些要素包括：鼓励确定优先顺序的奖励（a premium on prioritization）；以服务水准为基础的机构预算申请（包括现有的水准和所期望的水准）；或者是在得到新政府政策支持下，由行政长官提出预算申请。“目标基准预算是一个没有大量额外工作的零基预算版本。目标预算不需要检查所有的项目，也不需要给各式各样的预算提供出备选方案。目标预算所依据的基准就是一个数据而已。”[136]因为在达成目标上赋予了机构主管更大的回旋余地，所以目标基准预算与目标管理之间具有相当高的关联性。又因为目标设定的方式同样也是中央集权化的形态，所以，目标基准预算也与新政府所强调的绩效测评和战略规划有着较好的关联性。

自下而上的预算终结。除了对机构主管分权化的资金管理表示重视之外，目标基准预算明确授权中央行政设定支出和项目目标；因此，目标基准预算（或者是自上而下的预算）可以说与传统政府自下而上的预算过程完全相反。

换句话说，在传统的预算编制过程中，政府各机构应该向预算主管和民选行政长官呈报预算请求。这些请求需要通过一系列的讨论和听证审议，而且各机构的规划上限均不得超出预算主管所制定的预算通则。最终，由民选行政长官核准或退回预算负责人的建议，各机构主管也可以就预算主管的建议提出申诉。目前，尽管这种形态的过程仍然或多或少地残留着，但大部分只剩下形式而已。如今，实际运行的预算制度已经是自上而下的预算模式。

投入与效果。因为目标基准预算具有确定的特殊使命，产出和备选方案就不是预算过程所考虑的主要因素。产出仅仅被视为达到目的（例如，完成政府高度关注的使命）的一个手段。备选方案则是无关紧要的，因为政府准确地知道它到底想要什么。

因此，投入和效果都是显见的变量，并且以极为特定的使命术语得以表达。我们能增加多少钱（通过增加税收、削减其他项目、赤字消费——无论什么途径）来保证完成我们的使命？我们能否达到使命任务所需要的效果？

目标基准预算非常清楚地呈现出这样一个事实：预算家和民选行政官员了解他们的使命以及专门为完成使命而编制的预算。政府的政策制定者也能够将预算当做一个整体来对待，而且也能用预算来强化他们所要完成的使命。实施目标基准预算所需的技能具有政治性和协调性，同时还需要了解预算制度相关的知识，特别是制度所需要的能够强化机构使命的知识。政府的政策制定方式应该是雄心勃勃的，集权化的，也是备受关注的。

文件夹和公园。就目标基准预算如何处理文件夹和公园的问题而言，我们可能被置于要么选择文件夹，要么选择公园的境地，而摒除其他一切公共项目。让我们这样来讲，作为政府的高层政策制定者，我们选择了文件夹。那么，公园就会像其他公共项目那样被牺牲掉了，因为我们要在政治意义上捍卫和强化我们的使命——那就是文件夹。相比较而言，文件夹使命就会兴旺发达，因为我们能把从公园以及其他项目中抽取的每一分钱都直接投给文件夹项目。

目标基准预算的政府效用

尽管目标基准预算被悄悄而且是小心谨慎地引进了美国的各级政府，但它的影响力却是非常实际的，也许是革命性的。令人感到矛盾的是，目标基准预算既向一线管理者赋予了新的自由，也向中央管理者赋予了新的权力。

也许更大的意义在于，目标基准预算改变了预算制定过程自身的真正流程。在目标基准预算制度下，是公共行政长官负责通知各机构所能申请的预算水平，而不再是他们为了满足机构预算的要求而忙得晕头转向。

4.18 削减管理：回应赤字的现实

目标基准预算是 20 世纪 80 年代基层政府在逐渐紧缩的财政状况下做出的一种回应，而削减管理则是用来减少政府支出的另一种做法。不像联邦政府可以并经常采用赤字消费，按照法律规定，州与地方政府必须平衡预算。从 20 世纪 70 年代末到 90 年代初，一直是一个财政收入减少的年代，套用某种说法，也是一个“赤字年代”[137]。公共部门以及州政府，特别是地方政府，为了回应这些新的现实，已经开发出了各种新的系统方法。这些方法被称作“削减管理”，而且它们也正好是由上而下预算管理模式的一部分。

削减管理是一群技术的组合，它们是由实践领域的公共行政人员在面临财政拮据的情况下开发出来的，目的是减少成本或者取消公共项目。[138]这些技术包括短期性与长期性两种途径。

短期性削减

短期削减管理包括了各种争取时间的技术，让我们接下来介绍其中的一部分技术。

雇用冻结。简单地说，雇用冻结就意味着不再招收新人，而是依赖自然的人员流失（比方说，人员退休或自愿离岗去从事别的工作）来影响成本结余。但是，无论是基于什么理由，如果某些机构自然流失的人员比其他机构要多，而且还要和其他机构一样不得录用人员进行补充，那么，这些机构就会比其他机构损失更多的利益。对于这些问题的一个补救办法就是，每流失三个人就允许补充一个人，直到合乎某个提前设定的编制水平为止。

一视同仁的预算削减。跨部门预算削减（across-the-board budget cuts）构成了削减管理的另一个短期方法。这种方法有着减轻高级行政官员大量决策压力的优势，不过，因为它基本上不讲情面，所以也可能产生负面的结果：所有单位都削减10%的预算，对于行政长官来说，可能是一个简单的决定，但是，这种方法却无法顾及所属各部门的不同需求和功能。通常，这种单方面的预算削减，对于拥有较高比例的技术人员或者是提供负责服务的机构来说，则会造成一定的伤害。比方说，科学实验室。然而，这种方法对于那些提供例行性服务或者可以通过减缓进度以适应预算削减的机构来说，就不会造成重大的影响，比方说，割除高速公路中间的杂草。

其他的短期战术。精减临时工、延长维修期限或者推迟设备采购，这些方法也是高级行政官员在贯彻削减政策时用不着费太大力气就能做出的决策。它们的优点也与雇用冻结和单方面削减预算一样，都是政府机构能够继续运作的权宜之计。最终，这些技术基本上都是短期性的削减管理途径，往往蕴涵着隐性的长期成本。如果想真正永久性地减少支出，还需要进一步进行更为长远的思考。

长期性削减

永久性地削减支出需要长期性的方法来进行削减管理，有些方法相当直接，而其他途径则稍微逊色一些。

重组政府。通过重组的方式精简政府机构及其项目经常是实现直接成本结余的一种途径，我们将其罗列在名单中，就是因为这种方法经常被引用。但是，很遗憾地说，几乎不可能以任何有意义的方式完成政府重组，即便在政府重组过程中出现过不多见的经费结余，但这种情况也是极为罕见的。

正如我们在前面用了很长的篇幅所讲述的那样，公共组织远比私人部门更容易受到外界压力的伤害。因此，重组政府及其机构就具有更大的挑战性，因为由机构、立法机关和特殊利益集团所组成的铁三角形式的外部权力，几乎总是能成功地抵制政府重组。当出现极少发生的政府重组时，也几乎总是根本无法呈现提高效率的概念。正如国家公共服务委员会所总结的那样，联邦政府的重组“实际上从来就没有”实现过更大的成本结余目标[139]，而且针对州政府的重组分析也得出了可以比对的结论。[140]

新的技术。尽管我们在上一章中注意到，服务集中的政府不能像产品集中的公司那样从技术创新中获得同样幅度的结余[141]，但是，新的技术仍然能够在公共部门中实现某种程度的直接费用结余。也许节省政府资金的最重要的技术就是信息技术，这一点我们在前面也讨论过了。

联邦政府是靠发展其信息技术缩减了联邦劳动力，这为我们提供了一个信息技术如何节省公共资金的间接例子。1989 年，联邦政府每 7 名雇员中几乎就有 1 名办公室工作人员，如今，这一比例缩减到 13∶1左右。正如一位前任的联邦秘书所观察到的那样，“我 15 年或 16 年前所从事的工作已经没有必要了，如今我们都需要掌握某种程度的计算机知识”[142]。

生产力提高。另一个直接节省资金的方法就是提高生产力。正如我们在前一章中详细介绍的那样，各级政府都深深卷入了提高生产力的活动中，可以采取绩效测评、标杆设定、项目评估和其他形式的手段。

运用可以替换的服务供应系统。在基层政府，服务供应系统的可替代方法取决于政府使用什么样的人来提供它们的服务项目，这些人并不是政府所办项目的全职雇员。经常的情况是，这些方法往往比传统的服务供应模式省钱，因为以往的服务都是靠政府全职的工作人员来提供的。而可以替代的方法包括将服务外包给公司和非营利组织，或者是使用成本较低的人员，比方说临时工或者志愿者。我们会在第 7 章中详细介绍这些方法。

重新排列政府间关系。另一种削减费用的方法就是重新排列政府之间的各种关系。那些与实现直接成本节约特别相关的重新安排包括：多种多样的政府间服务协议；大都市毗连地区的合并；两个或更多地方政府的结合或整合；以及区域政府治理的途径等。这些方法能够促进实现较为简单而有效的政府管理过程，增进服务供应的规模经济，从而减少政府的服务成本。我们将会在随后的第 8 章中更充分地讨论这部分内容。

为各个项目做出优先排序。最后的长期削减管理途径是为各个项目进行优先排序，并消除等级中评定最低的项目。

某种程度上令人惊讶的是，为项目做优先排序虽然在政府预算制定过程中仍然是相对新的做法，但其至少正在取得快速的进展。1975 年，只有不到 3/10 的州政府预算进行了项目等级的优先排序，如今这一比例已经超过了 4/5。[143]

对于各机构的行政官员来说，如何判定优先序列，即哪个项目应该优先而哪个不应该，是一个相当痛苦的过程。因为做这种决定需要更加综合而敏锐的能力，以化解这种决定所必然产生的各种冲突。实践领域的公共行政人员似乎都同意，在面对削减问题时，可以采取以下步骤来决定项目的优先权[144]：

- 确保所有的利益集团都了解削减的必要性，并征求它们对削减的意见。
- 确定应该如何设定优先权的标准。这些标准虽然应该由行政长官来确定，但机构内其他员工的意见也应当被考虑，并且在可能的情况下予以执行。
- 根据曾经制定过的明确标准，建立一个初步的优先权排序表。
- 试图通过各种会议和听证会，建立某种共识，以便决定正确的优先排序。
- 确保各种民选官员和其他相关的决策者都赞同这个优先排序。
- 必须了解在设定优先权排序的问题上，永远也不可能有完全一致的意见，但也不应该放弃以一般公众和机构成员的立场解释优先权排序所设定的理由。
- 在面对削减公共项目时，优先权排序的过程必须保持冷静、专业、诚恳、开放和镇静。最重要的是应该记住：削减管理本身就是一个化解冲突的过程。

4.19 结果导向预算，1993年至今

一个新的预算阶段正在形成，而且在预算改革的进程中，这一令人烦恼的问题至少被提出过三次，按测评的绩效向政府机构划拨公共经费，而不仅仅是因为机构本身的设置。这一阶段被称为结果导向预算，这一预算制度可以追溯到1993年，因为那一年通过并颁布实施了联邦《政府绩效与结果法案》（也被称作《结果法》），而且国家绩效评估委员会也建议推行预算改革。

什么是结果导向预算?

结果导向预算（budgeting for results）或者结果预算（results budgeting），也有人称之为使命预算（mission budgeting）、企业家预算（entrepreneurial budgeting）、绩效预算（performance budgeting），或者绩效为主的预算（performance-based budgeting）[145]，是一种资源配置系统，将资金的分配与绩效的测评联系在一起。更确切地说，结果预算可以说是回归了20世纪50年代项目/绩效预算的传统。

结果预算与项目/绩效预算。像项目/绩效预算一样，结果导向预算也着重将管理作为其基本定向。与绩效预算同样的是，结果导向预算的政策制定也是渐进的。但是，与绩效预算所不一样的是，结果导向预算所使用的政策制定模式不仅是渐进的，也是参与性的和分权化的。

结果导向预算所需要的公共行政人员类型和在项目/绩效预算体制中一样，也必须是纯粹的管理者，同时还必须是优秀的规划者和沟通协调者。与绩效预算一样，在结果导向预算体制下，必须相互沟通的关键信息是有关每一个机构活动的信息，而其沟通的焦点应该是这些活动的效率、效力以及责任性。规划，则是由各个机构和中央部门共同进行，而中央部门就是预算机构（在传统的绩效预算中，规划的业务则显得相当零散，而且也没有受到太多重视）。预算部门的重要职能就是确保责任性。这也是结果导向预算和绩效预算之间的另一个区别，而在绩效预算中，预算机构最主要的工作则是产生效率。

投入与产出。结果导向预算明显关心产出的质量，而这一点则是项目/绩效预算所比较欠缺的，但是，二者基本上都同样是以投入和产出为主要研究范围。另外，或许有人认为，在结果导向预算的范围内，还包括各种备选方案的开发。关于这一点，结果导向预算的确开发了一些备选方案，但这些备选方案可能都是应用于现有政策下的服务供应机制，比方说服务外包或者直接提供服务等，并不是引进可供选择的新政策。

文件夹和公园。结果导向预算将如何处置文件夹和公园的问题呢？本质上，它可能提出与绩效预算一样的问题：有多少文件要夹？有多少人需要得到公园的服务？但是，结果导向预算更可能提出一些服务供应方式备选方案之类的问题。如果将文件夹和公园的管理民营化，我们的文件夹和公园服务能不能更有效率、效力和回应性？是否可以通过政府间的协议来提供服务？是否可以使用政府赠券或者志愿者？或者还有其他的选择方式？

结果导向预算的政府效用

除了一些例外情况，结果导向预算基本上回归了项目/绩效预算的绩效部分。如果——是在很大程度上如果——政府能够正确地确定机构的卓越绩效，并用更大的预算奖励它们，而用更少的预算惩罚那些绩效不良的机构，那么，政府就会变得更加有效率和效力，公民所珍爱的政府也就应运而生了。

政府在之前已经尝试了这种做法（事实上，在绩效预算于 20 世纪中期首次浮出水面以后，政府就没有完全停止过尝试），但往往得到的却是令人失望的结果。然而，从方法上和审慎态度上来看，政府在 21 世纪将资金与测评结果挂钩的明确决心可能是空前的。如果结果导向预算能够实现政府划拨到位的投入，那么就真的会产生出非常稀有的政府效用。

在本章中，我们已经评价了政府征税、开支和预算的方式方法，政府如何履行这些财政职责应该是一个各种价值、政治和选择的综合产物。在下一章中，我们将会在一种更加以人为主的背景下（即公共人力资源管理）来评价各种价值、政治和选择。

注释

[1] David Osborne and Peter Hutchinson, *The Price of Government: Getting the Results We Need in an Age of Permanent Fiscal Crisis* (New York: Basic Books, 2004) p. 45. Figures are for 1972–2002.

[2] Ibid., pp. 44–47. Figures are for 1972–2002.

[3] U.S. Government Accountability Office, *Comptroller General's Forum: The Long-Term Fiscal Challenge*, GAO–05–282SP (Washington, DC: U.S. Government Printing Office, 2005), p. 47. There are twenty-six major mandatory programs. The largest ones, in order of the most dollars expended, are: Social Security, Medicare, Medicaid, federal employee retirement, unemployment compensation, food and nutritional assistance (largely food stamps and school lunches), the earned income tax credit, Supplemental Security Income, and veterans' benefits. For the full list, see U.S. Office of Management and Budget, "Historical Tables," *Budget of the United States Government, Fiscal Year 2007* (Washington, DC: U.S. Government Printing Office, 2006), Table 8.5.

[4] As derived from data in U.S. Bureau of the Census, *Statistical Abstract of the United States, 2006*, 125th ed. (Washington, DC: U.S. Government Printing Office, 2006), Tables 530, 531. In 2003, over 32 percent of persons with income who were fifteen or older received one or more benefits in the forms of Social Security, railroad retirement, Supplemental Security income, public assistance, veterans' payments, unemployment compensation, workers' compensation, military retirement, federal employee pensions, and Pell grants. In 2002, 20 percent of U.S. households received at least one federal means-tested noncash benefit, notably food stamps, school lunches, public housing, and Medicaid.

[5] U.S. Government Accountability Office, *Comptroller General's Forum: The Long-Term Fiscal Challenge*, p. 47. Discretionary spending declined by 37 percent, 1964–2004. Even by 1984, 55 percent of federal expenditures went to mandatory and related programs: Forty-two percent was spent from special funds, and 13 percent to pay interest on the debt; 45 percent was spent on discretionary programs.

[6] As derived from data in U.S. Bureau of the Census, *Statistical Abstract of the United States, 2006*, Table 427. Figures include current charges and expenditures, utility and liquor store revenues and expenditures, and insurance trust revenue and expenditures in 2002. In 2002, over 12 percent of state revenue and more than 22 percent of local revenue were in these funds.

[7] As derived from data in ibid. Figure is for 2000.

[8] As derived from data in ibid. Figure is for 2000.

[9] John E. Petersen, "Going for Broke," *Governing* (November 2003), p. 70. After almost a half-century of these micromanaging initiatives, it is hardly surprising that the finances of the Golden State and its local governments are bleak. The municipal bond ratings of the state government and California's local governments have slipped from a consistent AAA by all three major credit rating agencies in the 1980s to the lowest rated state in the country, and deficit spending is the rule, not the exception. California's abysmal bond rating is by populist initiatives, but also to other factors. The legislature's requirement that there must be a two-thirds majority vote to adopt a budget has led to a dysfunctional tyranny of the minority, and legislative term limits have ensured that California's legislators will always remain dilettantes.

In 2005, Californians overwhelmingly defeated Proposition 76, an initiative sponsored by the governor that would have slowed spending and loosened the grip of special interests on the state's general fund.

[10] As derived from data in U.S. Bureau of the Census, *Statistical Abstract of the United States, 2006*, Table 464. Figure is for 2005.

[11] As derived from data in ibid. Figure is for 2005. Social Security was enacted in 1935, its coverage was extended to survivors and dependents in 1939, and disability Insurance was added in 1956; these are all Social Security programs, and are called, officially, Old-Age, Survivors, and Disability Insurance, or OASDI. Hospital insurance was added in 1965, and refers to Part A of Medicare.

[12] As derived from data in ibid. Figure is for 2005.

[13] As derived from data in ibid. Figure is for 2005.

[14] U.S. Bureau of the Census, *Statistical Abstract of the United States, 1951*, 72nd ed. (Washington, DC: U.S. Government Printing Office, 1951), Table 354. In 1950, the excise tax accounted for 21 percent of all federal revenues.

[15] As derived from data in U.S. Bureau of the Census, *Statistical Abstract the United States, 2006*, Table 418. Figure is for 2004 and pertains to all "current tax receipts," but does not include "contributions for government social insurance," for example, Social Security and Medicare. When these contributions are included, the income tax accounted for 43 percent of governments tax receipts in 2004.

[16] As derived from data in ibid. Figure is for 2005.

[17] U.S. Bureau of the Census, *Statistical Abstract of the United States, 1951*, Table 354. Figures are from 1950 through 2003. In 1950 the personal income tax accounted for 49 percent of federal revenue, and in 1980 it accounted for 47 percent. As late as 1980, the corporate income tax accounted for 13 percent of all federal revenue.

[18] As derived from data in U.S. Bureau of the Census, *Statistical Abstract of the United States, 2006*, Tables 418, 464. Figure is for 2004.

[19] Actually, Hawaii was the first state to enact personal and corporate income taxes in 1901; it was not a state, however, when it did so, but a territory.

[20] As derived from data in U.S. Advisory Commission on Intergovernmental Relations, *Significant Features of Fiscal Federalism, 1980–81*, M–132 (Washington, DC: U.S. Government Printing Office, 1981), pp. 41, 44; and U.S. Bureau of the Census, "Table 1. Summary of State and Local Government Finances by Level of Government: 2002–03," *Census of Governments, 2002*. http://www.census.gov/ovs/estimate/03s100us.html. In 1980, the state individual income tax accounted for 27 percent of all state tax revenue, and in 2003 it

accounted for 32 percent. The state corporate income tax accounted for almost 10 percent of total state tax revenue in 1980, but only 5 percent in 2003.

[21] Gary Cornia, Kelly D. Edmiston, David L. Sjoquist, et al., "The Disappearing State Corporate Income Tax," *National Tax Journal* 58 (March 2005), pp. 115–139.

[22] Robert Tannenwald, *Are State and Local Revenue Systems Obsolete?* (Washington, DC: National League of Cities, 2004).

[23] As derived from data in U.S. Bureau of the Census, *Statistical Abstract of United States, 2006*, Table 481, and *1951*, Table 354. Current figure is for 2003. In 1950, federal revenues totaled slightly more than $37 billion, and what were then known as "employment taxes" (that is, Social Security revenue) amounted to almost $2.9 billion. We should note that self-employed workers "contribute" to Social Security and Medicare through the Self-Employment Contributions Act at the same rate as that of FICA.

[24] C. Eugene Steuerle, *Contemporary US Tax Policy* (Washington, DC: Urban Institute, 2004), p. 38. FICA currently levies on both employers and employees a combined 12.4 percent payroll tax to fund Social Security and a 2.9 percent tax to fund Medicare.

[25] U.S. Bureau Census, *Statistical Abstract United States, 2006*, Table 461. Figures are for 2005.

[26] U.S. Government Accountability Office, *Understanding the Tax Reform Debate: Background, Criteria, and Questions*, GAO–05–1009SP (Washington, DC: U.S. Government Printing Office, 2005). Much of the following discussion is from this source.

[27] U.S. Government Accountability Office, *Government Performance and Accountability: Tax Expenditures Represent a Substantial Federal Commitment and Need to Be Reexamined*, GAO–05–690 (U.S. Government Printing Office, 2005). Figures are for 2004. In 2004, there were 146 exemptions, or what are technically called *tax expenditures*.

[28] U.S. Government Accountability Office, *Understanding the Tax Reform Debate*, p. 40.

[29] U.S. Government Accountability Office, *Tax Policy: Summary of Estimates of the Cost of the Federal Tax System*, GAO–05–878 (Washington, DC: U.S. Government Printing Office, 2005).

[30] U.S. Government Accountability Office, *Understanding the Tax Reform Debate*, p. 49.

[31] Ibid., p. 51.

[32] U.S. Government Accountability Office, *Tax Gap: Multiple Strategies, Better Compliance Data, and Long-term Goals Are Needed to Improve Taxpayer Compliance*, GAO–06–208T (Washington, DC: U.S. Government Printing Office, 2005). Highlights page. The good news is that the tax gap is closing over time, if glacially. Each 10 percent reduction in the tax gap would translate into $25 billion more in additional annual revenue.

[33] As derived from data in U.S. Bureau of the Census, "Table 1." Figures are for 2002–2003.

[34] As derived from data in American Council on Intergovernmental Relations, *Significant Features of Fiscal Federalism, 1995*, Vol. 2 (Washington, DC: Author, 1998), p. 52. In 1980, the federal contribution to state revenues was 22 percent.

[35] As derived from data in U.S. Bureau of the Census, "Table 1." Figures are for 2002–2003.

[36] As derived from data in ibid. Figures are for 2002–2003.

[37] U.S. Advisory Commission on Intergovernmental Relations, *Significant Features of Fiscal Federalism, 1995*, Vol. 1, M–197 (Washington, DC: U.S. Government Printing Office, 1995), pp. 89–90. Figures are for 1994.

[38] One thorough review puts the matter succinctly: "As state sales taxes operate in practice, they flagrantly violate all the primary criteria [for a fair and effective tax:] . . . economic neutrality, equity, simplicity, and transparency." See Charles E. McClure, Jr., "Rethinking State and Local Reliance on the Retail Sales Tax: Should We Fix the Sales Tax or Discard It?" *Brigham Young University Law Review* 2000 (1, 2000), pp. 77–130. The quotation is on p. 85.

[39] George F. Will, "A Taxing Challenge," *Washington Post* (February 6, 2005).

[40] Ibid. and Michael Sandler, "State Sales Tax 'Not in Synch'," *St. Petersburg Times* (August 7, 2003).

[41] Quoted in Sandler, "State Sales Tax 'Not in Synch.'"

[42] U.S. Advisory Commission on Intergovernmental Relations, *Significant Features of Fiscal Federalism, 1995*, Vol. 1, pp. 89–90. Figures are for 1994.

[43] As derived from data in U.S. Advisory Commission on Intergovernmental Relations, *Significant Features of Fiscal Federalism, 1980–81*, p. 44.

[44] As derived from data in U.S. Bureau of the Census, "Table 1." Figures are for 2002–2003.

[45] Scott Mackey, *Critical Issues in State-Local Fiscal Policy*, Part 2, *A Guide to Local Option Taxes* (Denver, CO: National Conference of State Legislatures, 1997).

[46] National Conference of State Legislatures, "Local Option Sales Taxes," *Legisbrief* 6 (August/September 1998), p. 1. This figure was attained in 1998, and was still valid in 2006. Twenty-six states allow counties, municipalities, townships, and special districts to levy sales taxes; six permit only counties to do so; and two authorize only municipalities.

[47] John R. Bartle, "Trends in Local Government Taxation in the 21st Century," *Spectrum: The Journal of State Government* 76 (Winter 2003), pp. 26–29.

[48] As derived from data in U.S. Bureau of the Census, "Table 1." Figures are for 2002–2003.

[49] As derived from data in ibid. Figure is for 2002–2003.

[50] As derived from data in ibid. Figures are for 2002–2003, when states provided 89 percent of local intergovernmental revenue, and Washington provided 11 percent in direct grants to localities.

[51] David B. Walker, *The Rebirth of Federalism: Slouching toward Washington*, 2nd ed. (New York: Chatham House, 2000), p. 227. Figure is the average for seven selected years from 1957 through 1990.

[52] As derived from figures in U.S. Bureau of the Census, "Table 1." Figures are for 2002–2003. We have assumed that one-third of federal aid to the states continues to be pass-through grants to local governments.

[53] As derived from data in ibid. Figures are for 2002–2003.

[54] As derived from data in ibid. Figures are for 2002–2003.

[55] David, Baer, *State Programs and Practices for Reducing Residential Property Taxes* (Washington, DC: AARP Public Policy Institute, American Association of Retired Persons, 2003), p. ii. Figures are for 2003.

[56] Andrew Reschovsky, *The State Role in Providing Property Tax Relief* (Madison, WI: Department of Political Science, University of Wisconsin, no date). http://www.leg.state.nv.us.

[57] Baer, *State Programs and Practices for Reducing Residential Property Taxes*, p. ii. Figure is for 2003.

[58] Ibid., p. iii. Figures are for 2000.
[59] U.S. Advisory Commission on Intergovernmental Relations, *Changing Public Attitudes on Governments and Taxes*. Reports S–1 through S–23 (Washington, DC: U.S. Government Printing Office, 1972–1994); John Kincaid and Richard L. Cole, "Public Opinion on Issues of U.S. Federalism in 2005: End of the Post-2001 Pro-Federal Surge?" *Publius* 35 (Winter 2005), p. 175; and Richard L. Cole, John Kincaid, and Alejandro Rodriguez, "Public Opinion on Federalism and Federal Political Culture in Canada, Mexico, and the United States, 2004," *Publius* 34 (Summer 2004), p. 206.
[60] John L. Mikesell, *Fiscal Administration: Analysis and Applications for the Public Sector* (Homewood, IL: Dorsey, 1982), p. 230.
[61] Baer, *State Programs and Practices for Reducing Residential Property Taxes*, p. ii. Figure is for 2003.
[62] As derived from data in: U.S. Advisory Commission on Intergovernmental Relations, *Significant Features of Fiscal Federalism, 1980–81*, p. 44; and U.S. Bureau of the Census, "Table 1." Current figures are for 2002–2003.
[63] Richard C. Kearney, "Reinventing Government and Battling Budget Crises: Manager and Municipal Government Actions in 2003," *Municipal Year Book, 2005* (Washington, DC: International City/County Management Association, 2005), p. 31.
[64] Christopher Hoene, "Fiscal Structure and the Post-Proposition 13 Fiscal Regime in California's Cities," *Public Budgeting and Finance* 24 (December 2004), pp. 51–72.
[65] Bruce A. Wallin, *Budgeting for Basics: The Changing Landscape of City Finances* (Washington, DC: Brookings, 2005), p. 6. Figures are for 1977–2000 and are based on 162 cities that had populations of at least 100,000 in 1977. The property tax's contribution to general revenue in these cities declined by almost 6 percent, while the user fees' contribution increased by nearly 7 percent.
[66] Kearney, "Reinventing Government and Battling Budget Crises," p. 31. Figures are for 2003.
[67] Tannenwald, *Are State and Local Revenue Systems Becoming Obsolete?* pp. 7–26.
[68] Ibid.
[69] U.S. Bureau of the Census, *E-Stats* (Washington, DC: U.S. Government Printing Office, 2005), http://www.census.gov/mrts/data. In the third quarter of 2005, 2.4 percent of total resale sales were conducted electronically, and represented an increase of 27 percent from the third quarter of 2004. For a review of the Internet taxation issue, see Amy F. Haas, "Internet Taxation: The Battle Begins!" *Journal of State Taxation* 23 (Summer 2004), pp. 43–50.
[70] Christopher Swope, "Internet Sales Taxes Are a Giant Step Closer," *Governing* (August 2005), p. 56.
[71] Keon Chi and Drew Leatherby, *The States and Business Incentives: An Inventory of Tax and Financial Incentives Programs* (Lexington, KY: Council of State Governments, 1997).
[72] As derived from data in Tannenwald, *Are State and Local Revenue Systems Becoming Obsolete?* p. 29. Figures are for 1986–1999.
[73] Ibid., p. iv.
[74] Douglas Holtz-Eakin, director, Congressional Budget Office, as cited in: David E. Rosenbaum, "The Deficit Disappeared, but That Was Then," *New York Times* (September 21, 2003).
[75] Edgar R. Fiedler, as quoted in http://view.atdmt.com.
[76] As derived from data in U.S. Office of Management and Budget, *Historical Tables, Budget of the United States Government, Fiscal Year 2007*, Table 15.3. Figures are for 2005. Outlays by state and local governments refer to expenditures from their own sources of revenue and do not include federal and state grants.
[77] U.S. Department of Commerce, Bureau of Economic Analysis, "Personal Saving Rate," http://www.bea.gov/briefrm.saving.htm. In the first quarter of 2005, the personal saving rate dipped below 1 percent, a low that had not been seen since 1933, at the height of the Great Depression, and in the second quarter it neared minus 2 percent. In 1980, personal saving as a percentage of disposable personal income was about 11 percent. See U.S. Government Accountability Office, *Social Security Reform: Answers to Key Questions*, GAO–05–193SP (Washington, DC: U.S. Government Printing Office, 2005), p. 31.
[78] U.S. Government Accountability Office, *Federal Debt: Answers to Frequently Asked Questions, An Update*, GAO–04–485SP Federal Debt (Washington, DC: U.S. Government Printing Office, 2004), p. 44. Between 1984 and 2002, the United States ranked sixth out of seven industrialized countries in its average gross national saving rate.
[79] Research and Policy Committee, Committee for Economic Development, *Exploding Deficits, Declining Growth: The Federal Budget and the Aging of America* (Washington, DC: Author, 2003), p. 8.
[80] Associated Press/Ipsos survey of 1,000 adults taken in 2005, as cited in Robert Tanner, Associated Press, "Headed for a Crash?" *Savannah Morning News* (September 4, 2005).
[81] U.S. Bureau of the Census, *Statistical Abstract of the United States, 1951*, Table 4; and U.S. Bureau of the Census, *Statistical Abstract of the United States, 2006*, Table 2. In 1950, the U.S. population was slightly less than 154 million, and in 2004 it was slightly less than 294 million.
[82] Ibid. (*1951*), Table 204; and ibid. (*2003*), Table 576. In 1950, nearly 60 million people were employed in the U.S. civilian labor force, and in 2004 more than 147 million people were working in it.
[83] Ibid. (*1951*), Table 303; and ibid. (*2006*), Table 650. In 1950, the gross national product amounted to almost $279 billion in current dollars; in 2001, the GDP toted up to more than $11 trillion, $735 billion in current dollars. Another way of expressing this growth is that the economy grew by over 4,100 percent.
[84] The years in which the federal budget balanced (actually, there were surpluses) during this period were 1970, 1999, 2000, and 2001 (or Fiscal Years 1969, 1998, 1999, and 2000).
[85] See, for example, Louis Uchitelle, "Politicians May Be Up in Arms about Government Deficits, but Economists Aren't," *New York Times* (November 8, 1996); John Cassidy, "Ace in the Hole," *The New Yorker* (June 10, 1996), pp. 36–43; John M. Berry, "The Deficit Is (a) Still Really Big, or (b) No Big Deal," *Washington Post* (March 24, 1994); and Louis Uchitelle, "The Pitfalls of a Balanced Budget," *New York Times* (February 21, 1995). According to these reports, the economists interviewed agreed that federal deficit spending that did not exceed 2 percent of the GDP was manageable; however, when deficits neared 5 percent of the GDP, they became worried.

[86] The National Association of Business Economists describes the federal deficit as the single most significant problem facing the U.S. economy. See: "America's Deficits: A Flood of Red Ink," *The Economist* (November 6, 2003), http://www.economist.com. A bipartisan coalition of three economic think tanks charges that "Allowing a fiscal imbalance [as a result of deficit spending] of this magnitude to continue will do significant harm to the budget and the economy. . . ." See Committee for Economic Development, Concorde Coalition, and Center on Budget and Policy Priorities, *Mid-Term and Long-Term Deficit Projections* (Washington, DC: Authors, 2003), p. 19. The former chair of the Federal Reserve Board agrees, warning that deficits pose "a significant obstacle to long-term stability." See Alan Greenspan, as quoted in Robert B. Reich, "The Mixed-Up Politics of the Deficit," *New York Times* (May 11, 2004).

[87] U.S. Government Accountability Office, *Federal Debt*, pp. 39, 41. The GAO notes (p. 39) that "The fiscal policies in place today—absent substantive entitlement reform and dramatic changes in tax and spending policies—will result in large, escalating, and persistent deficits that are economically unsustainable over the long term. In other words, today's policies cannot continue forever."

[88] Ibid., pp. 41–42. The figure is in constant dollars, and the years covered are 2003–2054.

[89] Ibid., p. 17. Emphasis added.

[90] U.S. Office of Management and Budget, *Historical Tables, Budget of the United States Government, Fiscal Year 2007*, Table 7.1. Figures are estimated for 2007. In 1980, the gross federal debt was less than $910 billion and amounted to less than 33 percent of the GDP; in 2007, at an estimated $9.3 trillion, it accounted for almost 68 percent.

[91] Philip G. Joyce, "Congressional Budget Reform: The Unanticipated Implications of Federal Policymaking," *Public Administration Review* 56 (July/August 1996), p. 317.

[92] Robert Greenstein, *Looking at the Details of the New Budget Legislation: Social Program Initiatives Decline Over Time While Upper-Income Tax Cuts Grow* (Washington, DC: Center on Budget and Policy Priorities, August 12, 1997), p. 11.

[93] The phrase was probably first enunciated in 1983 by OMB Director David Stockman, who was predicting annual deficits of at least $200 billion. See "A Plea from David Stockman," *Washington Post* (April 20, 1983).

[94] U.S. Congressional Budget Office, *Budget Options, Part I*, Table I. The years covered are 2002–2011. CBO has since adjusted its February 2001, projection, based on "current policies and assumptions."

[95] U.S. Office of Management and Budget, *Budget of the United States Government, Fiscal Year 2007*, Table 1.1. These funds would be included in the budget according to generally accepted accounting practices, but Congress excludes them by law.

[96] U.S. Government Accountability Office, *Social Security Reform: Answers to Key Questions*, p. 22.

[97] U.S. General Accounting Office, *Social Security Reform: Analysis of a Trust Fund Exhaustion Scenario Illustrates the Difficult Choices and the Need for Early Action*, GAO-03-1038T (Washington, DC: U.S. Government Printing Office, 2003), p. 1.

[98] Research and Policy Committee, Committee for Economic Development, *Exploding Deficits, Declining Growth*, pp. 11–12. We are referring to the process established by the Congressional Budget and Impoundment Control Act of 1974, explained later in the chapter.

[99] Alan Schick, "The Deficit That Didn't Just Happen: A Sober Perspective on the Budget," *Brookings Review* 20 (Spring 2002), p. 46.

[100] As derived from data presented in Figure 2-1 in: Research and Policy Committee, Committee for Economic Development, *Exploding Deficits, Declining Growth*, p. 11.

[101] Philip G. Joyce and Roy T. Meyers, "Budgeting During the Clinton Presidency," *Public Budgeting and Finance Review* 21 (Spring 2001), p. 8.

[102] Robert Kogan, *Swelling Deficits: Increased Spending Is Not the Principal Culprit* (Washington: DC: Center on Budget and Policy Priorities, 2003), p. 1. Growth in federal spending is for 2001–2003.

[103] Isaac Shapiro, *Federal Income Taxes, As a Share of GDP, Dropped to Lowest Level since 1942, According to Final Budget Data* (Washington, DC: Center on Budget and Policy Priorities, 2003), p. 1. In 2003, total federal revenue as a share of GDP dropped to 16.6 percent. Federal income taxes dropped to 8.6 percent of GDP, the lowest level since 1942. Inadequate information technology in the IRS, and Congress's budgetary stinginess, also have cut federal revenue. Antiquated computers reduce federal revenue by 15 percent, and the number of IRS auditors shrank by 28 percent, 1995–2002. See Mary Dalrymple, Associated Press, "IRS Measures $300 Billion Tax Gap, Fails to Charge Interest on Tax Penalties," *Savannah Morning News* (March 30, 2005) and Paul Krugman, "Business as Usual," *New York Times* (October 22, 2002.) In 2005, federal fortunes reversed, and there was 15 percent surge in revenue. Federal spending in that year grew by 8 percent.

[104] Period covered is 2001–2005.

[105] William G. Gale and Peter Orszag, *Bush Administration Tax Policy: Revenue and Budget Effects* (Washington, DC: Tax Policy Center, 2004), p. 1. Period covered is 2001–2014. The tax cuts enacted in 2001 are set to expire in 2014 if Congress fails to make them permanent.

[106] John Steele Gordon, *Hamilton's Blessing: The Extraordinary Life and Times of our National Debt* (New York: Walker, 1997), p. 5. Emphasis is original.

[107] Aaron Wildavsky, *The Politics of the Budgetary Process*, 2nd ed. (Boston: Little, Brown, 1974); Richard A. Fenno, Jr., *The Power of the Purse: Appropriation Politics in Congress* (Boston: Little, Brown, 1966); and Jesse Burkhead, *Government Budgeting* (New York: John Wiley, 1956).

[108] Wildavsky, *The Politics of the Budgetary Process*, p. 64.

[109] The following discussion of budgetary strategy is drawn from ibid., pp. 63–127.

[110] Quoted in ibid., p. 120.

[111] Jeffrey McMurray, Associated Press, "Tight Budgets Heighten Scrutiny of F/A-22 Raptor," *Savannah Morning News* (April 4, 2004). The representative quoted is John Murtha of Pennsylvania.

[112] Much of the following discussion, at least as it pertains through the 1960s, is based on: Bertram M. Gross, "The New Systems Budgeting," *Public Administration Review* 29 (March/April 1969), pp. 113–137; and Allen Schick, "The Road to PPB: The Stages of Budget Reform," *Public Administration Review* 26 (December 1966), pp. 243–258.

[113] Janet M. Kelly, "A Century of Public Budgeting Reform: The 'Key' Question," *Administration and*

Society (March 2005), pp. 89–109.
[114] Wildavsky, *The Politics of the Budgetary Process,* p. 4.
[115] Irene S. Rubin, "Early Budget Reformers: Democracy, Efficiency, and Budget Reforms," *American Review of Public Administration* 24 (September 1994) pp. 229–252.
[116] Charles G. Dawes, *The First Year of the Budget of the United States* (Washington, DC: U.S. Government Printing Office, 1923), p. ii.
[117] Verne B. Lewis, "Reflections on Budget Systems," *Public Budgeting and Finance* 8 (Spring 1988), p. 7.
[118] Executive Order 8248, as quoted in Schick, "The Road to PPB," p. 250.
[119] Commission on Organization of the Executive Branch of Government, *Budgeting and Accounting* (Washington, DC: U.S. Government Printing Office, 1949), p. 8.
[120] U.S. General Accounting Office, *Performance Budgeting: State Experiences and Implications for the Federal Government*, GAO/AFMD–93–41 (Washington, DC: U.S. Government Printing Office, 1993), p. 1.
[121] Quoted in Allen Schick, *Budget Innovation in the States* (Washington, DC: Brookings, 1971), p. 127.
[122] Quoted in U.S. General Accounting Office, *Performance Budgeting: Past Initiatives Offer Insights for GPRA Implementation*, GAO/AIMD–97–46 (Washington, DC: U.S. Government Printing Office, 1997), p. 34.
[123] This definition is based on one contained in ibid., p. 35.
[124] Christopher G. Reddick, "Testing Rival Theories of Budgetary Decision-Making in the US States," *Financial Accountability and Management* 19 (Winter 2004), pp. 315–335. The author examined state budgeting practices as conducted from 1960 to 1996. The quotation is on p. 315.
[125] Peter Drucker, *The Practice of Management* (New York: Harper & Row, 1954).
[126] Jong S. Jun, "Management by Objectives and the Public Sector, Introduction," *Public Administration Review* 26 (January/February 1976), p. 3.
[127] Theodore H. Poister and Gregory Streib, "MBO in Municipal Government: Variations on the Traditional Management Tool," *Public Administration Review* 55 (January/February 1995), p. 54.
[128] Robert Rodgers and John E. Hunter, "A Foundation of Good Management Practice in Government: Management by Objectives," *Public Administration Review* 52 (January/February 1992), p. 34.
[129] Poister and Streib, "MBO in Municipal Government," p. 55.
[130] See Peter A. Phyrr, "The Zero Base Approach to Government Budgeting," *Public Administration Review* 37 (January/February 1977), p. 7; and Thomas P. Lauth, "Zero-Base Budgeting in Georgia State Government: Myth and Reality," *Public Administration Review* 38 (September/October 1978), pp. 420–430.
[131] Aaron Wildavsky and Arthur Hammond, "Comprehensive Versus Incremental Budgeting in the Department of Agriculture," *Administrative Science Quarterly* 10 (December 1965), pp. 321–346.
[132] Frank D. Draper and Bernard T. Pitsvada, "ZBB—Looking Back After Ten Years," *Public Administration Review* 41 (January/February 1981), pp. 76–83. The principal studies of ZBB's use in the public sector are: Allen Schick, *Zero-Base 80: The Status of Zero-Base Budgeting in the States* (Washington, DC: National Association of State Budget Officers and The Urban Institute, 1979); Perry Moore, "Zero-Base Budgeting in American Cities," *Public Administration Review* 40 (May/June 1980), pp. 253–258; and, for the federal experience, Frank D. Draper and Bernard T. Pitsvada, *A First Year's Assessment of ZBB in the Federal Government—Another View* (Arlington, VA: Association of Government Accountants, 1978); Frank D. Draper and Barnard T. Pitsvada, "Congress and Executive Branch Budget Reform: The House Appropriation Committee and Zero-Base Budgeting," *International Journal of Public Administration* 2 (3, 1980), pp. 331–374; Comptroller General of the United States, *Streamlining Zero-Base Budgeting Will Benefit Decision-Making*, PAD–79–74 (Washington, DC: U.S. General Accounting Office, 1979); and Comptroller General of the United States, *Budget Formulation: Many Approaches but Some Improvements Are Needed.* Report to the House Committee on Government Operations, PAD–80–31 (Washington, DC: U.S. General Accounting Office, 1980). See also Thomas H. Hammond and Jack H. Knott, *A Zero-Based Look at Zero-Base Budgeting* (New Brunswick, NJ: Transaction, 1980), for a more general treatment.
[133] Harry P. Hatry, "The Alphabet Soup Approach: You'll Love It!" *Public Manager* 21 (Winter 1992–1993), p. 9.
[134] Cited in U.S. General Accounting Office, *Performance Budgeting: Past Initiatives Offer Insights for GPRA Implementation*, p. 49.
[135] Lewis, "Reflections on Budget Systems," p. 4.
[136] Irene S. Rubin, "Budgeting for Our Times: Target Base Budgeting," *Public Budgeting and Finance* 11 (Fall 1991), p. 6.
[137] Penelope Lemov, "The Decade of Red Ink," *Governing* (August 1992), pp. 22–26.
[138] Much of the following discussion is based on the chapter by Frank Sackton, "Financing Public Programs Under Fiscal Constraints," in Robert E. Cleary and Nicholas Henry, eds., *Managing Public Programs: Balancing Politics, Administration, and Public Needs* (San Francisco: Jossey-Bass, 1989), pp. 147–166. Among the better examples of the cutback management literature are: Charles H. Levine and Irene Rubin, eds., *Fiscal Stress and Public Policy* (Beverly Hills, CA: Sage, 1980); E. K. Keller, ed., *Managing With Less* (Washington, DC: International City Management Association, 1979); G. W. Wynn, ed., *Learning from Abroad—Cutback Management: A Trinational Perspective* (New Brunswick, NJ: Transaction Books, 1983); and Charles Levine, Irene S. Rubin, and G. Wolohojian, *The Politics of Retrenchment: How Local Governments Manage Fiscal Stress* (Beverly Hills, CA: Sage, 1981).
[139] National Commission on the Public Service, *Urgent Business for America: Revitalizing the Federal Government for the 21st Century*, Report of the National Commission on the Public Service (Washington, DC: U.S. Government Printing Office, 2003), p. 36.
[140] Richard C. Elling, *Public Management in the States: A Comparative Study of Administrative Performance and Politics* (Westport, CT: Praeger, 1992).
[141] John E. Petersen, "Productivity Pinch," *Governing* (September 2003), p. 62.
[142] Michael A. Fletcher, "A Sea Change in the Secretarial Pool," *Washington Post* (May 11, 2000). Susie M. Grant is quoted.
[143] Robert C. Burns and Robert D.Lee, Jr., "The Ups and Downs of State Budget Process Reform: Experience of

Three Decades," *Public Budgeting and Finance* 24 (Fall 2004), p. 4. In 1975, 28 percent of state budgets ranked priorities, and in 2000, 81 percent did. These polls include the District of Columbia,

[144] Sackton, "Financing Public Programs Under Fiscal Constraints," pp. 147–166.

[145] Dan A. Cochran, "Entrepreneurial Budgeting: An Emerging Reform?" *Public Administration Review* 53 (September/October 1993), pp. 445–454.

第 5 章

公共部门人力资源管理

在美国，2/3 的人有工作，约占 16%的劳动人口，或者是 2 100 万工作人员在政府部门就职。[1]所以说，管理好公共部门人力资源是一项艰巨的任务。

人事行政的传统研究领域已经突破其思考的界限，现在被称为“人力资源管理”。而公共部门人力资源管理是指对公共部门的人与职位的管理以及相关的人事政策制定。

5.1 谁愿意为政府工作？

政府面临的基本人力资源挑战就是寻找有才能、忠诚而又充满活力的人，而这些人还希望在政府部门工作。换句话说，就是要想办法录用到高素质的申请者。然而，素质必须按照相对的概念来理解，十年前所谓的优秀申请者，如今可能未必得到认可。

日益提高的门槛

私人部门与公共部门雇主对雇员期望值的提高导致了这一标准变化。例如，一项针对 21 家具有产业代表性的大型公司做出的调查发现，将近 3/4 的公司在过去 5 年里提高了对其雇员的计算、写作以及认知能力的要求，结果 71%的雇员被认为“不符合工作标准”[2]。公共部门也正在发生类似的情况，针对 33 个联邦政府机构的调查发现，近 3/4 的机构预见到它们的工作需要更高的技能和教育水平。[3]

人力资源越来越萎缩了吗？

大约 1/4 的人愿意在政府工作，而几乎 3/4 的人都希望在商界打拼。“政府在吸引最好、最优秀年轻人进入公共服务领域方面遇到了巨大的挑战”，这是针对美国人对政府就业态度的一项重要调查得出的结论。调查结果发现，十年间希望在政府部门工作的人数比例下降了 1/3，由 28%下降为 19%。按照这一重要数据差异来分析，有色人种、退伍军人、民主党人以及年龄比较大的美国公民，要比白人、尚未在军队服役的人、共和党人以及较年轻的美国人，更愿意在政府找工作。[4]将近 1/3 在 1940 年以前出生的美国人愿意在公共部门找工作，而 1960 年以后出生的美国人愿意在政府工作的人还不到 1/5，而且“在政府部门找工作的愿望好像还在继续下降”[5]。只有 1/3 年轻的成年人说，他们会想到在政府工作，这已经说明了下降趋势，因为仅仅两年前，这一比例还保持在 2/5。[6]毫无疑问，家长、老师以及其他年长的人，都在这一下降趋势中起到了推波助澜的作用。只有 11%的家长和 24%的高中老师将政府评定为最希望做出的事业选择[7]，而且超过一半也就是 54%的成年人不会向年轻人建议，“他们是从政治界或政府起家的”[8]。

这些观点似乎对具有更高学历的年轻人产生了很大的影响。只有 26%的大学毕业生说，他们对在政府部门工作“非常感兴趣”，相对几乎三倍于此的比例，也就是 73%的人会说，他们对政府的工作岗位“有点儿意思”，或者“根本不感兴趣”。[9]

总之，政府也许不能吸引到所需要的有能力的人去充分运行好政府职能。为了缓解这一“公共服务领域的危机”，联邦政府开始试图确保其官僚的“管理自由”，而且想办法让联邦政府的工作“更加具有挑战性，更加令人满意，也更加容易完成”[10]。2001 年成立的非营利性质的公共服务伙伴关系，就是为了吸引更有才华的人进入联邦政府工作。

人才储备越来越少了吗？

有前途的公共行政人员的储备正在萎缩，这可能意味着人才储备的减少，会引起一些针对公共服务领域录用人才前景方面的担忧。比方说，大多数联邦政府监督人员都认为，申请人储备的质量已经下降。实际上，不足 1/3 的人认为，专业和行政初级岗位的申请人素质有待于提高。[11]在州政府一级，开发录用专业人士统计模型的分析家们总结道：“专业职位的申请人储备规模并不大，[而且] 申请人储备的素质似乎也不是太好。”[12]

他们也许是对的。尽管进入联邦政府部门工作的雇员几乎一半都拥有某一特殊领域的大学学历，但在政治学或公共事务领域接受过培训的人还不到 3%，而且

"大部分人没有接受过政府最基本结构、程序和制度知识的培训"[13]。调查还发现，并不只是大部分大学生不愿意将政府作为他们未来工作的第一选择[14]，学习比较好的学生更不太愿意将公共服务领域视为就业首选；只有5%的学生愿意将政府评定为"最受欢迎的雇主"，相比较而言，喜欢大公司的人数占到了34%。[15]

所以，谁愿意为政府工作呢？与数十年前相比，愿意为政府工作的人越来越少，这期间有才华的人可能也越来越少。

5.2　谁在为政府工作?

针对这些现实情况，政府在人员录用中如何能取得成功？他们能够雇用到既有能力又很忠诚的人吗？总体上讲，除了潜在劳动力储备质量可能有所下降之外，答案还是认为，政府已经雇用到有能力且忠诚的人。

公共部门劳动力

实证论据表明，联邦政府劳动力的素质仍然保持很高，对接受或拒绝联邦政府工作的两个群体进行比较后发现，"他们的受教育水平以及平均学分等级几乎没有差别"[16]。尽管随后的一项分析确定，在四年的时间里，联邦政府新雇用人员的受教育水平有轻微下滑。[17]一项更为广泛的研究表明，联邦政府工作人员素质的提升，是过去16年来占据职位分类较高等级员工比例增加的重要原因。[18]

随后我们还会详细介绍，州政府和地方政府也雇用到了高素质的工作人员，而且员工的素质还在逐年提升，这种上升趋势在州政府中表现得尤为迅速。数十年来，州政府和地方政府员工的受教育水平以及专业化程度一直在稳步攀升，长期以来已经可以与联邦政府雇员持平，或者是超过联邦政府的水平。[19]

留住公共部门人才

政府能够留住自己的员工，还是让更多有才华的人流向了其他部门？答案可以说是不一而终。

联邦层级的调查发现，尽管37%的联邦雇员声称计划在来年谋取另一份工作，但其中一半以上的人都会说，真正能接受的工作仍然在政府部门，只有不到1/10的人会接受政府以外的工作。[20]然而，几乎没有联邦雇员会真正地离开政府，离开的也只是那些不是很优秀的人。至少根据大量数据信息所做的一项分析结果发现，"没有证据支持联邦政府正在流失自己最有能力人员的说法"，这一发现"与之前所做的关于联邦雇员远离质量的研究结果是一致的"[21]。

令人遗憾的是，州与地方政府的情况可能就不一样了，在这一领域已经出现了智力流失的现象。州政府正在流失高素质的男性雇员和管理者，而地方政府正在流失高素质的少数民族、女性雇员和文秘工作人员。[22]

也有一些好的消息：并不是所有离开政府的工作人员都会转向美国公司的肥沃土壤。在离开美国联邦、州以及地方政府的工作人员中，将近1/4也就是23%的人会接受其他政府的工作。[23]

每个公共雇员至少要在四种人力资源管理“制度”中的一种制度下工作，而每一种制度都代表了不同的价值和哲理。一种是公务员制度，其余三种分别是：集体的、政治行政的和专业的公共行政体制，这三种制度至少在某种程度上不断进行着演变，以便与公务员制度产生互动。

5.3 公务员制度：功绩制的含义

文官序列一直是公共行政的历史核心。一般的公务员制度或者功绩制度[24]是一种事业型人事管理制度，在这种制度下，从业人员拥有官职任期，需要按照“传统的功绩实践”进行管理。[25]

功绩制的含义

这些实践是什么呢？中央政府传统的功绩实践就是各种职位、考试以及文官服务的主权。

职位。功绩制最为核心也最为重要的是将重心放在职位上：所谓职位就是对职务、责任、要求以及资格所下的定义。公务员制度假设：政府职位可以被科学、客观和正确地分类；最优秀的人可以被科学、客观以及正确地安排在每一个职位上；同时按照同工同酬的原则，能够为每一个职位确定出科学、客观而正确的薪酬。

按照分数录取。传统的功绩实践也注重公共行政人员的录用方式。能否进入文官序列需要按照申请人的“功绩”来确定，而传统意义上讲，功绩是要由公开竞争考试的分数确定的。性别、种族、宗教、家庭、政治、各种关系以及其他非功绩类的因素都不会考虑在内。平等主义和政治中立是至高无上的原则。

一个独立自主的文官序列。最后，“功绩制原则”就像它所经常称谓的那样，也要求人力资源管理能够独立自主于政府的其他领域，而且人事行政人员所做的人员录用和安排决定一定是单方面的，也是最终决定。否则，就会影响功绩制原则本身的客观性和中立性，继而就会导致政府工作效率不足，裙带关系更多，腐败程度也更深。

功绩制度听上去很不错，但也存在许多问题。最明显的问题是，一个独立自主的文官序列会带来一个高度规范化的公务员制度。“功绩制，如果像公务员人事制度所标榜的那样，是在一种集权性的管制和服从制度中运行，那么，无论是对管理者还是对人事专家，都会产生消极的作用”，而且，“重视服从规章制度也会成为人事制度的核心任务”[26]。

功绩制的阴暗面。这些所固有的以道德和信念为主（这里的信念指的是科学信念，而不是宗教信仰）的价值观念成为了公务员制度的基础。正如我们将在公共部门人力资源管理制度的讨论中所看到的那样，“第二次世界大战以来的各种发展，已经令人们对功绩制原则的含义颇感困惑，对功绩制的内容也是越来越糊涂”[27]。

功绩制的范围

功绩制在整个 20 世纪的美国各级政府中都取得了稳固的进步，但是在 21 世纪还是有明显而不断增加的萎缩证据。

步履蹒跚的联邦功绩制。在联邦政府层面上，继 1884 年通过《文官法案》之后，功绩制开始取得进展，在那一年涉及不足 1/10 的联邦雇员。但随后功绩制的涉及面在稳步扩大，法案颁布实施了一个世纪以后，已经有 9/10 以上的联邦公务员都进入了功绩制的管理范围。[28]

从那以后，联邦政府文官制度的覆盖面开始急速下降。通过了解美国联邦一般薪俸表（general schedule，GS）（即联邦政府为一般类公务员制定的主要职位分类和薪酬制度）中所涵盖的公务员人数，至少可以部分地跟踪这一下滑趋势。

到 2000 年初期，联邦一般薪俸表中的人数已经由 20 年前的 9/10 多下降到不足 4/5。[29]大约一半的政府工作人员从至少与公务员序列相关的一些传统规定中被剔除了出去。[30]

2000 年中期，国会又颁布法律，从本质上让另外 2/5 的联邦雇员脱离了功绩制。[31]因此，大致上讲，传统的公务员制度最多只是覆盖了 2/5 的联邦雇员，剩下的人都涵盖在其他的人力资源制度中，或者是供职于传统公务员政策相对弱化的机构。联邦一般薪俸表“已经支离破碎，无法修复，而且在这一阶段，它也失去了拥护者”[32]。

联邦公务员制度的这一掏空式发展太突然，太快，也太严重，以至于自身已经脱离联邦一般薪俸表的政府问责局提出警告，“联邦政府正在快速接近一个点，在这个点上，‘标准的、政府上下运行的’人力资本政策和过程既不标准，也不是政府的整体运行模式”。所以，政府问责局迫切要求联邦政府采取适当的措施“避免公务员制度内部的进一步分化”[33]。如果这些措施运行失败，则肯定会产生更大的不一致性，从而在联邦劳动力内部产生日益不公平的实践做法。

州与地方的功绩制度。国会在 1939 年《社会保障法修订案》中鼓励州与地方政府实施功绩制，该法案规定，实行功绩制的州政府可以获得联邦政府的资助。当然，这些修订案只是在尚未实行功绩制的州政府中推行了功绩制。

到 20 世纪 70 年代，每一个州都至少有一部分政府雇员是在功绩之下工作。[34]从那时起，功绩原则在州政府中的情况每况愈下，我们会在本章的后面继续评价这种逐渐糟糕的状况。

功绩制在美国地方政府应用广泛。除教育部门以外，估计有 95%的市政府雇员都受到公务员制度的保护[35]，24 个州政府要求它们各自的城市采用功绩制。[36]尽管有 19 个州要求县政府至少在某种程度上推行功绩制，但功绩原则在县政府运用的并不是很广泛。[37]

公共人力资源管理的专业性

美国将近有 62 万人是人力资源职业经理和专业人士，这些人中，超过 13%，或者说，8 万多人都是在公共部门工作。[38]超过 2/5 的公共部门人力资源经理是女性，9/10 以上是大学毕业生，她们都在各自领域和政府中拥有很长时间的从业历史。[39]公共部门人事行政人员似乎拥有很高的岗位满意度，而且大部分人都将其岗位看做是长期的职业仕途。[40]

那么，公共部门人力资源经理都做什么工作呢？本质上，他们要负责细化和执行功绩制度。按照所花费精力和时间长短的大致顺序排列，公共部门人力资源经理的主要工作包括人员录用和雇用；福利管理；工资管理；人力资源政策开发，比方说，退休计划或者是公共雇员在政治活动方面的限制等；职位分类；人员培训与开发；处理投诉抱怨；人员绩效考评；绩效测评；冲突管理；多元化管理；集体谈判以及其他活动。[41]

文官的录用

录用高素质的新员工是各级政府的一项重要任务。针对联邦政府白领工作的研究结果发现，只要使用了精干的选拔程序，在随后的生产力绩效中就能获得 17%的提高。[42]

令人遗憾的是，有证据显示，政府在人员录用方面特别不成熟。将近 3/4 的美国人报告称，没有人（包括假定的政府人力资源管理机构）曾经问过他们，他们是否考虑在政府工作，而且即便是针对被提问过的人来说，随着时间的推移，这一本来就很小的比例还在继续大幅下降。[43]

接下来，我们来思考一下国家、州与地方政府所进行的各种人员录用程序。

联邦政府的人员录用。1955 年到 1974 年间，联邦政府大部分新进人员都要通过联邦政府公务员录用考试（federal service entrance examination）。联邦政府管理岗位录用考试主要测验语言与数学技能，这是联邦政府录用大学毕业生所采取的最普遍的手段。在 1974 年，专业与行政职业测验（professional and administrative career examination）取代了这一考试，专业与行政职业测验不仅考察一般技能，还考察申请人的专业训练技能。因为黑人通过考试的比例大大低于白人，于是人事管理局在 1981 年签署协议取消了这一测验。

1981 年到 1990 年之间，正如人事管理局局长所言，靠竞争进入联邦政府行政职位的进展情况面临着“理智混乱、程序烦琐、学生难以成功以及难以解释缘由”的问题[44]，而最后被录用的人也很难说就是最能够代表竞聘人的佼佼者。[45]

于是，法院要求联邦政府建立新的考试录用制度。1990 年，人事管理局为联邦政府管理职位的人员录用出台了一套新的“通用”考试办法，称为美国行政职业测验（administrative career with america examination）。结果这套考试办法并没有想象中那么理想。几乎没有多少机构用它来录人[46]，所以，该办法出台 4 年以后，人事管理局就从根本上放弃了这套方法，虽然目前仍在使用，但非常稀少。

联邦的挫折。招募和录用新的联邦雇员已经不再是一项主要活动，随着联邦政府的不断裁员，政府雇员人数相对减少，只有大约 8 万人。而每年新录用的初级专业和行政职位只占 1/10 左右。[47]一位观察家注意到，“由于国家层面上的招募人数似乎非常少，所以，将［吸引人才］的问题描述成［招募］问题可能有些用词不当。”[48]

但是，尽管面临的录用率很低，但联邦政府的人员招募工作仍然存在各种问题。在公开招募的联邦岗位中，1/3 的岗位从来就没有对外宣布过[49]，这一结果可能源于一个事实，那就是，超过 7/10 “新”录用的联邦工作人员是从本机构（46%）或其他联邦机构（25%）中产生的，只有 29%的“新人”来自联邦政府以外的部门。[50]完成整个公务员职位竞聘活动平均需要 3 个多月的时间。[51]

一项调查结果发现，相对于非营利部门和私人部门来讲，联邦工作人员更倾向于将他们所经历的录用过程描述为困惑不解而且还相当缓慢，时间过于浪费，而不紧凑。只有 3/4 的联邦工作人员说，他们的录用过程是公平的，相比较而言，非营利部门和私人部门中有 9/10 的人会认为自己参加的录用过程是公平的。[52]

更重要的是，联邦政府可能无法为自己的岗位录用到合适的人选。将近 2/5 的联邦雇员认为，他们的机构没有录用到具备合适技能的人。[53]如果这是事实，理由是很明显的：联邦政府录用公务员所使用的选拔评估方法，只是根据申请人自己汇报的培训与工作经历来打分，“这在岗位绩效预测中是最没有效力的运行方式”[54]。

联邦的未来。从 20 世纪 90 年代开始，联邦政府开始重新思考其招募和录用程序。1994 年，联邦政府转而利用互联网和语音信箱作为其主要的招募和录用手段。被称作美国工作（USA Jobs）的软件，可以让公民通过上网或拨打免费电话的方式获知联邦政府按照分类和地点而公布的各种招聘信息。

而且在同一年，人事管理局也放弃了其臭名昭著的“第 171 号标准表格：联邦政府工作申请”，自 1938 年以来，这套由无数张纸组成的标准表格一直都是联邦政府招募新员工的基础，取而代之的是差不多 650 个“代表性考试单位”，也就是以政府机构为基础的办公室，这些考试单位有权“真正考察参与竞争每一个公务员职位的申请者”[55]。

在进一步加速和简化联邦录用程序的过程中，比尔·克林顿总统在 2000 年签发了总统《第 13162 号行政令》，该行政令创建了联邦职业实习生项目，作为竞争考试的一种替代方法。从传统的角度来看，这一直是联邦政府重要的人员录用手段。在联邦政府所使用的所有人员录用方法中，联邦职业实习生项目是近几年来唯一增加外来新人的一种方法。如今，联邦政府越来越多的新人录用都是靠这种方法完成，而不是通过其他的录用手段。[56]

州政府的人员录用。在州政府这一层面上，人员录用问题看上去好像也反映了联邦政府的那些问题。一项调查研究发现，将近 3/5 的州政府机构领导认为，人员招募最严重的障碍是工资低；将近 2/5 的人提到了人员招募的程序过于复杂；而将近 3/10 的人对这些录用过程表现得非常挑剔。[57]研究人员最后总结道："州政府的人员录用过程在不久的将来会运行得相当缓慢。"[58]

地方政府的人员录用。从地方上来讲，人员录用一直在扩大，而且地方政府依赖的都是非常直接的招募方法。最为流行的招募工具就是简单地广而告之。3/5 的市县会将岗位空缺信息放在它们的网站上，而在那些还没有这么做的地方政府中，也有将近 60%计划采取网上公布的方式。[59]

在这之后，地方政府也运用其他更为积极的人员录用方法：比方说听取来自少数民族和妇女组织、国家与私人就业机构、工会和专业组织的推荐建议。同时，市县政府也利用见习制作为一种人员的招募工具。[60]地方政府在人员招募的时候非常依赖笔试，95%的大城市至少在录用特定职位的人员时，都会使用笔试的方法，而且这种做法正在不断增多。[61]

文官的职位分类

一旦被录用，文官们就会被分类管理。职位分类制度是公务员制度的核心原则，这一点在任何政府的层级上均一视同仁。

联邦政府的一般薪俸表。1923 年，由于民众对联邦政府薪酬政策缺乏刚性（联邦政府主管人员在确定工作人员薪酬的问题拥有无限的自主权）而日益感到不满，同时大家也一再认为同工应该同酬，于是美国国会通过了《职位分类法案》，并根据该法案建立了目前人事管理局下属的职位分类项目处，该处负责根据工作性质、责任大小和所需技能，将公共职位从逻辑上进行按组分类。

1949 年，美国国会再度通过了一个更新也更全面的职位分类法案，这一法案为联邦政府建立了重要的职位分类和薪酬制度，也就是一般薪俸表（the general schedule）。一般薪俸表为白领员工一共设计了 15 个等级，在这些等级中大约有 450 多个工作种类，也就是所谓的"序列"。处在最高一级的是 8 000 名高级公务员，这一层级于 1978 年取代了广为人知而非正式的"超级职位"，也就是原制度中的第 16 级到第 18 级。

21 世纪来临之际，大约有 3/4 的联邦公务员明确涵盖在一般薪俸表中，而如今，就像前面所陈述的那样，由于最近出台的各种规定和立法，一般薪俸表所覆盖的范围已经变得越来越模糊不清。

基层政府的职位分类。几乎所有的州政府，实际上是所有的地方政府，如今都已经有了职位分类制度。有 12 个州要求自己的市政府也采用职位分类方案。[62]大部分的市县政府对其所有雇员都使用同一种职位分类制度，尽管也有许多政府（例如联邦政府）会针对不同种类的雇员使用不同的分类方案，比方说，文秘、贸易人员、专业人士以及高级行政人员等。行政管辖范围越小，职位分类制度多样化的可能性就越大。[63]

然而，在这一背景下，州与地方政府开始掉头远离重复联邦政府做法的职位分类制度。自 20 世纪早期在各级政府内“已经普及的职位分类技术”“在大量的州与地方政府中开始全面退却”[64]。

薪酬结构扁平化。一些观察家相信，职位分类制度已经发展得过于繁杂与僵化，比方说，一个州政府的平均工作类别数量就得有 2 000 个左右。[65]结果，与政府改革相关的各种工作小组都建议薪酬结构扁平化（broadbanding）、薪酬宽带（paybanding）或者工资宽带（salary banding）[66]，所有概念指的都是将各种工作类别简化进各类岗位“家族”的不同宽带中。一般来讲，宽带岗位分类被认为是促进更有效招募人员的手段，在能够成功引进更为灵活而迅捷的管理改革之前，这是政府迈出的非常必要的第一步。

联邦政府也正在以越来越快的速度转向薪酬宽带。[67]国家公共服务委员会已经建议，一般薪俸表中的 15 个工资等级大体上应该在数量上减半。[68]

基层政府也转向了工资宽带，30 个州在 20 世纪 90 年代已经减少了各自的工作类别（尽管有 15 个州反而在增加其种类）[69]，一项调查结果发现，56%的市政府都已经开始合并一些职位类别。[70]

文官的薪酬

文官的职位分类是决定其薪酬的基础。

公共部门和私人部门薪酬。整体上说，公共部门的薪资条件要比私人部门好，但是，公共部门就业储备的补偿性资源基本上都汇聚在蓝领工人的池塘里。一般情况下，政府蓝领或较低级别的白领工人通常要比私人部门的同行挣得多。[71]

然而，随着组织阶梯的逐级上升，这些比较性优势就会逐渐下降，最终会完全消失。当达到最高档次的时候，政府高级行政人员的薪金和福利就会远不及他们私人同行的水平（私人部门的高级主管往往享有数百万美元的福利补偿组合），只能是维持同等或者更小规模的薪金。[72]

这种情况的持续，部分原因是因为美国人不喜欢他们高级公务员的薪金太高。一份调查研究的结果发现，只有 13%的美国公民认为，应该提高公共行政人员的工资以“鼓励最优秀的人进入政府工作”[73]。为此，让公共部门工资与私人部门工资继续保持竞争，可以说是一件非常微妙的事情。

而联邦公务员系统则是展现这一微妙之处的最佳领域。

提高并改革联邦工资。一共为联邦雇员制定了四种工资制度：一般薪俸表；覆盖大约 30 万蓝领工人的联邦薪资制度；邮政服务制度；以及各种范围有限的工资制度，比方说外事人员制度。

部分由于总统的原因，到了 20 世纪 90 年代早期，联邦行政人员的薪酬状况已经出现危机态势。[74]许多联邦政府雇员离开公共部门进入私人部门，其中 70%政府人员离职的主要原因是个人对政府薪资感到很失望，相比较而言，他们在私人部门可以获得平均高于政府部门25%的收入![75]

1990年，国会颁布了《联邦雇员薪资可比性法案》（the Federal Employees Pay Comparability Act），该法案在解决联邦政府雇员的薪资问题上跨出了一大步。法案制定了新的联邦薪资制度，提高了联邦政府高级官员的薪资水平。

该法案通过与私人部门以及地方的职位（因为73%的联邦雇员都在哥伦比亚特区之外的地方工作[76]）进行比较后制定联邦政府官员的薪资标准。该法案在立法上取得了很大的突破，很快地再次激活了联邦服务体制。法案通过实施以后，联邦高级官员对自己薪资感到满意的人数比例几乎增长了八倍[77]，而对自己薪资感到满意的联邦雇员比例差不多也增长了两倍。[78]

基层做得好而且做得非常好。一般来讲，基层的公务员薪资条件很好，不客气地说，是相当的好。

美国所有州与地方政府雇主的补偿费用总额（也就是雇员的工资加上福利）差不多是工作每小时付35美元，而私人部门的雇主所偿付的费用总额还不到每小时24美元。所以，州与地方政府的补偿费用超过了私人部门的2/3。许多年以来，两个部门的雇主都在以基本上同样的比例持续提高着各自的补偿费用，大概是每年略微超出3%，因此，这种差距看上去还会在未来继续下去。[79]

当然，相对于私人部门来说，州与地方政府雇员的补偿金优势主要集中在薪资标准的较低部分，这一点与联邦政府的标准一样。职位越高，补偿越低，基层政府的高级行政人员的补偿最低。然而，州与地方政府的高级官员即便比大公司的首席执行官挣得少，也还是比他们的联邦政府同行挣得多。

即便是《联邦雇员薪资可比性法案》通过以后，联邦高级官员的补偿金也“没有处在州与地方政府同等职位官员的薪资标准上”[80]。正如英国一家权威出版社所声称的那样：“美国国务卿和国防部长所赚取的薪资，还不如亚利桑那州凤凰城的城市经理以及佐治亚州高等教育部部长赚取的薪资高。”[81]

文官的培训

一旦被录用，公共行政人员通常要接受工作培训，以提高其自身的技能。培训拥有许多有益的理由，而不仅仅是给公共雇员带来愉快的问题；60%的地方政府雇员接受培训福利之后报告说，他们“非常喜欢自己的工作”，相比较而言，没有享受过培训福利的雇员，只有48%的人喜欢自己的工作。[82]

培训的主要目的是提高雇员的生产力，总体上来看，培训在这方面还是做得很成功。澳大利亚政府经常被视为有效率和效力的公共行政典范，它们在雇员培训上面支出了5%的预算经费，而且，澳大利亚人也将不断更新的培训项目看做是其政府创新的“最有用的工具”[83]。同样地，“最有效的私人公司”也会在人员培训方面花费3%～5%的预算经费。[84]

令人遗憾的是，许多美国政府在某种程度上却没有达到这些水平。

联邦雇员培训。《政府雇员培训法案》(Government Employee Training Act) 于 1958 年通过并颁布以后，联邦政府出现了大量的在职培训。1967 年，林登·B. 约翰逊总统颁布了《第 11348 号行政命令》，进一步促进了培训事业的发展，结果国家公共服务委员会建立了培训与发展处以及全国范围的地区性培训中心。一年以后，约翰逊总统建立了联邦行政学院 (Federal Executive Institute)。

尽管每年大约有 20 万联邦政府雇员参加培训，但是联邦政府似乎依然没有充分意识到员工培训的巨大作用。在联邦政府的预算中，用于员工培训的经费不到 1%[85]，而且更糟糕的是，一旦政府需要削减预算，联邦行政人员就倾向于聚焦各个机构的培训项目，培训费用往往比其他项目经费削减得多。[86]

有迹象表明，这些传统的态度正在向好的方面转化。联邦管理者报告说，在 6 年的时间里，他们为结果导向型政府建设投入的 7 个培训项目经费都得到了稳步提升，比方说绩效测评的开发培训。以前依赖活动的联邦机构，现在已经有 1/3 到一半的机构开始提供和安排这种培训，或者是为培训付费。[87]

但是仍然还是有某些需要改进提高的部分。尽管一半以上的联邦雇员认为，他们接受了充分的培训以完成好自己的工作，但也有 1/4 的人没有接受足够的培训，而且也感到“还没有准备好完成其岗位的基础性工作”；而且这些数据随着时间的推移也都相当的稳定。然而，说自己需要更多培训以便有效完成自己工作的联邦雇员人数，8 年之间还是从不到 1/3 上升到了差不多一半。[88]

基层政府培训。州政府十分重视改善其雇员的培训，而且培训是一个不断发展的领域。但是，至少有一个针对州政府培训实践所做的调查分析总结道，其中还是存在一些严重的缺陷，包括缺乏进一步分析了解培训是否达到了令人满意的影响效果以及是否需要改善培训评估的方法等。[89]

46 个州强制性地要求其市政府人员接受培训，尽管绝大多数培训是针对警察和消防人员进行的（只有 7 个州要求“其他”市政人员也参加培训）；45 个州要求其县政府对人员进行强制培训，其中 13 个州要求警察以外的“其他人员”也要接受培训。[90]

州与地方行政人员的一些培训项目是在机构内部进行的，也有一些是专业性组织（如市政联盟）承担的，但许多项目（可能占大多数）是在大学完成的。[91]一项调查研究发现，大约 4/5 的州与地方政府官员报告说，他们一直利用大学的院所提供各种培训服务，而且他们认为，这些院所的培训服务不逊于私人部门的培训服务；此外，他们对以大学为基础的培训项目所提供出的各类培训服务均给予了最高评价。[92]

文官的绩效评定

绝大多数的公共行政人员都要根据其工作完成情况接受正式评级或评价。这种做法被称为绩效评定 (performance rating)、绩效评估 (performance assessment) 或绩效评价 (performance appraisal)，各种说法都是指对雇员工作实绩或生产力的评估。[93]

功绩原则，至少在其原始的表现上，从来就没有真正涉及文官要生产各种结果的想法。的确，功绩原则推动而且是极力推动着政府的效率，但在政府采用功绩原则的时候，有效率的政府只是意味着廉洁政府。如果一个政府没有腐败，那它从定义上说就是有效率的；毕竟，当一个政府的官员在定期抢劫公共钱柜的时候，这个政府是很难有效率的。

因此，几十年来，从一种实际的角度出发，一个有效率、效能和生产力的公共行政人员就被定义成一个根本没有触犯过法律也没有任何犯罪行为的人。"绩效"在被评估的时候，也是看一个官僚遵守规章制度的严格程度。也许这不是一个特别高的标准，但一定是19世纪后半叶必需的标准，而且进入20世纪以后更加需要。

这一观点在20世纪40年代以后发生了改变。1949年第一届胡佛委员会首次提出要在政府中推行绩效评定。[94]如今，联邦政府、49个州政府（罗得岛州除外）[95]以及超过4/5的市县政府[96]都在使用绩效评估。

绩效评估的陷阱。总的来说，绩效评定是公共部门一种最复杂也最令人头疼的行政事务。[97]相比在商界工作的同行们而言，公共行政人员对绩效评估的批评要更多一些。[98]只有1/5的联邦雇员报告说他们的绩效评价制度能激励他们把工作做得更好，或者是进一步改善了他们与其上司就工作问题而进行的沟通！[99]一项针对人力资源经理们所做的调查发现，将近1/3的人对他们组织的绩效评估制度表示"不满意"或者是"相当不满意"。[100]令人惋惜的问题是，绩效评价制度已经"臭了"，那么"雇员的评价也就转入了一种员工和经理都唯恐避之不及的厌恶状态"[101]。

考评者的偏见、评估标准模糊不清、文献资料不全、程序失误或缺乏培训等都是公共部门绩效评定可靠性和权威性的影响因素。[102]而有些公共官员就不像其他人那样更容易受绩效评估的影响。比方说，客户服务的好坏，就可以通过行政人员一小时接听多少电话以及他或她的应答能够多少次令对方满意来进行测评，但是，如果假定美国财政部国际职员的工作是监控国际经济发展、协调与其他政府的关系以及推动某些政策，那么又该如何量化他们的绩效呢？[103]

正如它们目前所管理的那样，绩效评价为数不多的明确好处之一，就是通常所说的消极方面。绩效评估记录着雇员的绩效，或者至少是记载着上司对这一绩效的评价意见，而且这种文件提供出一种重要的书面印记，能够合理说明降职、雇用终止等方面的消极举措，而这些也应该是非常必要的。

绩效评估的前景。然而，在人力资源的地平线上还是闪烁着一种希望之光的。政府逐渐意识到，如果它们想改善其行政管理，就必须创建有效的、积极的并且受人尊敬的评价制度。其他国家在绩效评价方面的研究和实践经验表明[104]，个体绩效的成功评价有赖于个人评价和系统评价两种方式。

评估者与被评估者。在一对一也就是上级对下级的层面上，日益受到赞赏的做法是，从事评估的行政人员一定在领导、管理和沟通方面受过足够的培训，必须包括能够制定准确沟通并明确表达的绩效测评手段。[105]为了减轻评定过程中的个人偏好，可以通过人力资源部门等外在机构进行“独立的合理评审”，还有必要引入透明和责任机制，比方说，公布绩效评价的所有结果等。[106]政府也在转向各种绩效评估，重视个性而灵活的目标设定，将绩效评价人员打造成教练而不是裁判。[107]

系统与被评估者。在系统层面上，政府应该在各自机构上努力为绩效评估制度建设重要的舆论环境，包括开发一系列指导绩效评估的价值和目标。[108]当个人目标和组织目标紧密结合的时候，绩效评定工作就能达到最佳境界；个人的能力以及个人的绩效都会接受评估；薪资不仅与个人绩效挂钩，同时还要与整个组织的绩效挂钩；而且，这里存在一种机构上下对结果导向型绩效管理的承诺。[109]

成功的绩效评估是可能的。从本质上讲，绩效评价方面的研究似乎在一个核心观点上达成了共识。这个观点就是，绩效评估只有被嵌入更大且上下统一的管理系统环境中才能有效运行，而这些系统在文化、组织和个人方面都注重全面一致地改善绩效。[110]

当政府将这些价值观融进它们的绩效评价制度时，结果可能是戏剧性的。华盛顿州政府 1998 年曾经这样做过，用一套新的注重沟通与合作并取消评分标准的绩效评估制度，取代一种 93%的州政府雇员都投反对票的传统评估制度。如今，对华盛顿州政府雇员的调查显示，员工满意率达到了 97%，“这一左右摇摆的数据，说明了政府雇员对于绩效评价的典型态度”[111]。

文官的无绩效评定

绩效评价的黑暗面是有时无法确认出“不良绩效人员”或“无绩效人员”，也就是官方所描述的没有能力的政府雇员。

联邦雇员的能力不足。在旁观者的眼中，为联邦政府工作的绩效不良者人数已经达到了某种程度，但联邦政府问责局承认，“联邦政府并不知道绩效不良者的准确数字”[112]。但是研究结果认为，不管什么数字，即便是少数几个绩效不良者，也可能对整个政府工作环境的生产力产生消极的影响。[113]

联邦雇员自己报告说，相当于 1/4 的同事“是没有达到绩效标准的”，这一数据在根本上与私人部门雇员对其同事的估算是一样的。[114]

更深一步的调查结果既有更好的消息，也有更坏的消息。更好的消息是，绩效不良人数可能没有联邦员工认为的那么多；而更坏的消息是，他们都是深藏不露的不良绩效者。

在一项针对 200 名联邦政府主管人员进行的独特而深入的采访调查发现，不到 4%的联邦工作人员以及主管被归类于绩效不良者，不到 4%的联邦雇员可能还不算是一个重大问题，直到有人计算出大约有 54 000 名职业性联邦政府雇员的绩效表现不佳时，这个问题才引起重视。令人震惊的是，这些绩效表现不好的联邦工作人员在各自的岗位上深藏不露，而且平均在联邦政府工作了 14 年之久![115]

根据这些令人沮丧的数字，我们不难理解为什么公众会把政府工作看做是工作清闲而报酬丰厚的职位。在联邦政府中，有大量超乎寻常的实例存在。让我们看一看下面的这些例子：一位兼职工作人员打伤了劳动部一位秘书的下颚，因为她抱怨文件归档不及时；这位兼职人员转岗之后不仅变成了正式员工，还获得了将近4 000美元的加薪。另外一件事是，联邦政府的一位生物学专家，因为花了4个月的时间才完成一项简单任务而遭到革职，而这样的任务他的上司只需要两天就能完成，但是不久他又被复职了，因为没有人能够解释“太慢”代表的含义是什么。再举一个例子，一位邮差曾因强奸罪而被解职，但他以受害人不在其送信路途的逻辑抗辩而最终得以复职。还有一件事，一位因不称职而被解雇的秘书不仅得以复职，还进行了转岗，就是因为不得不“忍受与糟糕的上司打交道而导致了精神障碍”[116]。

每年有不到11 500个联邦雇员，或者说占联邦公务员总人数1%的一小部分人，会因为绩效不良（大致是1/3）、行为不当或者“其他行为方面的不足”等原因被立即解雇或者自愿离职，另外1 400名左右的联邦雇员会因为绩效不良而被降职或被拒绝自动晋升工资。[117]这些数字并不是不重要，但正如美国功绩制度保护委员会自己所言：“在美国的公务员制度中，对绩效表现不佳的人进行开除或降职的情况仍然相当稀少。”[118]

处理联邦不称职的人员。在处理不称职的问题上，联邦政府一直都做得不是很有效。

真诚的上司。联邦政府行政主管在尝试积极处理绩效不良人员的工作中可谓尽职尽责。一半以上的联邦主管在过去两年里监督过绩效有问题的人员（30%）、行为有问题的人员（7%），或者是两种问题兼有的人员（22%），将近90%处理过这类问题的行政主管对这些有问题的员工进行过规劝（每星期平均花5个小时的时间用于这类规劝活动[119]），只有不到1/10的人没有采取任何行动。[120]然而，不良绩效评估工作是可以忽略不计的，因为在联邦政府1%的绩效不良雇员中，只有不到1/3的人接收到“不能接受的”绩效评定等级。[121]

大部分联邦管理者似乎在处理绩效不良和有罪之人时，至少都会尽到自己的本分。但他们能有效地从事自己的工作吗？从某种程度上说，没错，他们能够做到。几乎一半的行政主管报告称，规劝提高了雇员的绩效，也有超过1/3的人认为，采取正式行动可以提高雇员绩效。[122]

懒散的制度。可是，处理胜任力不足的联邦制度似乎又是另一个问题。“在过去至少18年来，针对联邦雇员所做的调查结果以及其他指标显示，大部分雇员，包括联邦的行政主管在内，都认为联邦政府在对待不良绩效的问题上做得还很不够。”[123]

2/3的联邦雇员都相信，他们组织在处罚绩效不良人员上面做得不好，持这种观点的人在私人部门还不到一半。[124]另一项调查发现，认为自己组织在规范绩效不良人员方面做得非常好或比较好的政府工作人员也不到1/3，而非营利部门和私人部门持这种观点的人数却超过了一半。[125]

当我们意识到，联邦政府雇员基本上没有比其他部门雇员享受更多法律保护的时候，联邦政府在处理自身不称职员工方面所表现出的明显无能，就会变得更加的令人困惑。正如一项联邦报告所观察的那样，“非联邦部门就业员工所受的法律保护与联邦部门就业员工非常类似，公共部门（比方说州与地方政府）以及私人部门的就业员工也一样”[126]。

处理联邦政府不称职人员所存在的问题，至少部分原因归咎于一种非常复杂的申诉过程，这一过程需要 5 个以上的联邦机构参与其中，各个机构都拥有自己的不同权限、运行程序以及判例法主体。任何一个特定案例都有可能提交给一个或多个此种机构进行讨论，这么做自然就会进一步延长上诉过程，也会使整个过程陷入困惑与混乱。[127]

总之，处理绩效不良人员的问题可能是联邦政府人力资源管理中最为严重的问题。

州政府的胜任力不足问题。州政府也必须处理胜任力不足但受到良好保护的员工。1/3 州政府部门机构的领导认为，各种人事规章和程序使他们很难处罚或解雇绩效表现不好的雇员。[128]

然而，州政府似乎慢慢限制了其雇员长期所拥有的上诉权利。[129]结果，州政府雇员被解雇的比率看上去大大超过了联邦政府。[130]

地方政府的胜任力不足问题。在处理政府不称职人员的时候，地方政府似乎比其联邦政府和州政府同行更加注意确保他们自己的权威。一项针对美国城市的调查结果发现，与公共雇员工会进行集体谈判的城市中（超过 9/10 的城市确实拥有这样的集体谈判协议），91％的市政府至少在其中一项合约中插入了管理权的条款。[131]

另外，雇员对处罚措施提出的申诉在市政府也比在联邦政府处理得更快，联邦雇员向平等就业机会委员会提出的申述需要 9 个月以上才能得到答复。[132]相比较而言，超过 9/10 的城市在解决雇员抱怨申述的问题上平均用时不到 3 个月。[133]

确保文官的工作

公务员制度受欢迎的形象就是终身就业。但这一点正确吗？实际上，政府雇员的工作的确比私人部门员工的岗位有更多的保障吗？

你可以打赌，他们的确有保障。

如果我们用稳定性作为衡量工作保障的一项间接指标（而且是一种不寻常的信息手段），我们就会发现，政府工作人员平均工作任期超过 20 年，这要比私人公司雇员的工作期限长 80％。私人部门员工的平均工作年限是 3.6 年，而且这一平均年限在 21 年间基本没有浮动过。相对应地，公共部门员工不仅有更长时间的工作任期，他们的任期还可以随着时间延长，在同一期间可以从平均 6 年的任期延长到 7 年。[134]

另外的数据信息能够进一步强化这些令人吃惊的统计数字。针对 12 年来联邦政府公务员“解职率”的分析得出的结论是，“联邦政府白领就业人数的解职率一直是相当稳定的，仍然保持着大多数私人公司的相同比例，或者更少”[135]。

总之，政府工作非常有保障的普遍认识是有据可查的。

功绩制的变形意义

公务员制度以功绩原则为基础，功绩制度长期以来的定义就是，“功绩制是一种人事制度，在这一制度下，可比性的功绩或实绩决定着每一个人在服务序列中的选拔和进步，而个人的绩效表现和报酬与其服务的能力和连续性相挂钩”[136]。

正如我们在评价公务员制度中所指出的那样，功绩制的这种标准定义在实践中一直被严重弱化。尽管在政府工作的人员选拔中有一些功绩因素，但是实绩，而不仅仅是职级年限，在功绩制中却很难作为薪酬和晋升的一个要素。在联邦政府的一般薪俸表中以及在其他许多政府薪酬制度中，绩效良好的员工也只能是等法律所规定的一定年限之后才能予以提升。另外，在功绩制的实践中，按照绩效奖励政府雇员的情况即便有，也非常稀少。相反，在这些制度中，因为无绩效表现而被处罚、降职或解雇的政府雇员也为数不多。政府雇员在功绩制中所享有的工作保障就是这些现实的一种反映，这种保障比私人部门牢靠的多得多。

我们在这一点上就不再赘述完美的词句了，应该说，公务员制度的功绩制实践已经不再反映其被普遍认同的含义。在乔治·奥威尔名为《1984》的书中，思想警察提出了“新潮说法”，也就是平民百姓所要求的邪恶反话：战争就是和平；自由就是奴役；无知就是力量。[137]根据这些词句，我们还可以增加一条，功绩就是报酬丰厚但无事可做的闲差。

5.4 集体谈判制度：蓝领官僚

第二个政府人事制度是集体谈判制度，它最初是指管理层与有组织员工之间达成的协议对蓝领员工进行管理的制度。集体谈判制度的核心价值就是工人的团结组织，换句话说，就是工会。

工会与功绩：根本的区别

从根本上讲，集体谈判制度和公务员制度有两个理念上的区别。一个区别涉及主权观念（sovereignty）。公务员制度主张公共职位是一种特权，而不是一种权利，而且每一个公务人员有义务以传统上父权观念的政府形态来赢得社会大众对政府的信任。相反，集体谈判制度认为雇员与雇主拥有平等的地位，雇员有权使用集体的力量要求改善他们的就业环境。公务员制度认为集体谈判制度有损国家权威，而集体谈判制度则认为公务员制度充满了剥削意味。

第二个区别关系到个人主义的观念。美国公务员制度长期以来一直坚持根据公务员独立完成工作的能力来安排其职位；而集体谈判制度则认为，个人应该融入集体之中，通过集体的力量改善全体雇员的工作环境。因此，个人与政府雇主的原有关系被打破，取而代之的是政府雇主与雇员集体之间的一种新型关系。

由于这种制度存在以上这些根本区别，在公共人事管理中，就出现了许多冲突，它们是：有关雇员参与与权利的争论（也就是，应该平等对待还是依赖工会决定）；员工录用（也就是，通过竞争考试还是通过工会会员的资格认定）；晋升（也就是，根据绩效还是根据资历深浅来决定）；职位分类与薪资条件（也就是，依赖客观分析还是依靠协商机制来决定）；工作条件（也就是，应该由立法机关和管理当局来决定，还是通过集体谈判来商定）；申诉（也就是，应该由公务员委员会裁决，还是由工会提交仲裁机构裁决）。

这些都是与功绩理念非常根本的区别。

有组织的劳工范围

1953 年，有组织的劳工人数达到最高点，几乎占全国 1/3 的非农业就业人口。将近 36%的私人部门的员工都加入了工会，不到 12%的公共部门的员工也被组织了起来。[138]

从那时起，整个工会会员人数呈直线下滑趋势，私人部门和公共部门工会会员的相对人数更多情况下是颠倒的。美国有不到 13%的工人都是劳动工会的会员，但私人部门的工人中只有不到 8%的人加入工会。[139]私人部门的工会会员人数已经退回到大萧条时期所看到的水平[140]，大萧条时期成百上千万失业的美国人所希望的仅仅是找到工作，而不是找到工作中的正义。

与私人部门相比，公共部门的工会化进程在过去的半个世纪中翻了三倍。几乎 37%的政府雇员，也就是超多 740 万的公共部门工作人员，都加入了工会。政府员工如今已经成为有组织劳工的中坚力量。尽管公共雇员在国家劳动力中所占的比例还不到 1/5，但他们却占全国工会总人数的一半左右。[141]

联邦政府的集体谈判制度。将近 1/3 也就是 28%的联邦公务员[142]隶属于 125 个的工会或者大致 2 200 个谈判单位的类似组织，这一数字差不多一直持续了很多年。[143]三家工会比较重要，代表了联邦政府大约 3/4 的有组织劳工。它们分别是：美国政府雇员联合会，全国联邦雇员联合会以及国家财政雇员工会。另外，在美国邮政服务的 78.6 万名雇员中，大部分雇员都属于邮政工人工会和全国邮递员联合会。

基层政府集体谈判制度。几乎 31%的州政府雇员以及超过 41%的地方政府雇员都是工会会员。[144]消防员是长期以来公共雇员工会组织率最高的职业之一，随后是教师工会和警察工会。这些领域以及其他职业群体由将近 34 000 个谈判单位所代表。[145]在州与地方层级最重要的工会包括：全国教育委员会，全美州、市、县政府雇员联合会，美国教师联合会，警察兄弟会，以及国际消防员协会。

代表制与会员制。公共部门所有工会所代表的工人人数要略多于交会费的会员人数。各个工会代表了将近41%的公共雇员、33%的联邦工作人员、35%的州政府雇员和将近46%的地方政府雇员。[146]而接受工会代表却不属于该工会的雇员，也会被包含进工会与管理层协商谈判的各种福利之中。

组织的权利，谈判的权利

州政府和地方政府与有组织的雇员进行谈判的政策有两种形式：一种是集体谈判，这种方式允许雇员与雇主代表共同制定工资、工时和工作条件方面的决定。另一种形式是会见与协商，这种方式只是说双方必须见面并就这些问题进行协商，但最终的决定是由管理层做出。

尽管在1912年颁布《劳埃德拉福莱特法案》（Lloyd-La Follette Act）以后，联邦政府雇员可以确保自己组织工会的权利，但是直到20世纪60年代才获得集体谈判的权利，而且最先获得集体谈判权利的并不是联邦政府雇员，而是州与地方政府雇员。1959年，威斯康星州颁布了第一部法律，允许地方政府建立集体谈判制度。到今天为止，已经有35个州授权它们的市政府与至少部分员工进行集体谈判[147]，还有28个州授权其县政府建立集体谈判制度。[148]

从州与地方政府的成文政策来看，绝大多数州政府与地方政府都赞成集体谈判的方式。42个州政府制定了劳资关系政策[149]，30个州的公共雇员拥有集体谈判的权利[150]，只有3个州特别使用了会见与协商性谈判制度。[151]94%的市政府都与其雇员进行集体谈判。[152]

与公共雇主谈判并举行反对他们的罢工

总体来说，公共行政人员和公共工会之间的集体谈判关系并不很好。针对公共部门谈判员的两次全国调查所进行的大量分析总结出，“应该值得特别关注的问题是，只有少数工会和管理层的谈判员认为他们之间的关系正趋改善（相反，大部分会说他们的关系要么原地踏步，要么逐渐恶化），只有不到10%的人说他们之间的关系是合作的，也是在不断改善的”[153]。

这些年来，联邦政府以及州与地方政府在处理与有组织劳工的关系方面积累了大量经验，但它们的经验却各有不同。

联邦政府与工会。约翰·肯尼迪总统于1962年发布了《第10988号行政令》，这标志着联邦政府正式建立了集体谈判制度。该行政命令声明联邦政府雇用条件可以通过机构管理层与雇员之间的集体谈判来制定，但所谈判的雇用条件中并不包含薪资、工时和附加福利。

联邦政府雇员的首次大规模罢工发生于1970年3月，大约有20万的邮政员工破天荒地走出来，这是联邦政府雇员工会代表第一次要求工资谈判（随后获得国会批准），后来国会将邮政员工集体进行工资谈判的权利合法化。

尽管联邦政府对有组织劳工的认识大大加深，但在处理与工会的关系上面却越来越强硬。卡特总统签署了《第 95—610 号公法》(Public Law 95-610)，禁止工会组建任何武装力量，任何加入军事劳工组织的成员都要受到严惩。任何企图征募士兵和海员加入集体谈判的工会组织也将受到严惩。

也就是在同一年，国会通过了《公务员改革法案》(Civil Service Reform Act)。按照这一法案，联邦雇员有权利参加工会，但罢工和怠工是被禁止的。

1981 年，联邦政府在吊销航空管制专业人员协会资格的过程中展示了它对付有组织联邦工人的态度，即不再承认工会是协会成员的官方代表。结果，这一举动不仅撤销了工会，还剥夺了工会所有会员的工作。取消工会资格是空前的历史性举措，解雇了大约 11 000 名航空管制人员（罗纳德·里根总统的著名论断是："他们不是被解雇的，而是自愿辞职的。"），同时，这一举措似乎也增强了各级政府公共行政人员与工会打交道的力度。

1993 年，比尔·克林顿总统签发了《第 12871 号行政令》(Executive Order 12871)，第一次要求政府机关与工会就"下派到下一层组织的雇员人数、类型和级别问题"进行协商，同时还要就工作设备、技术、任务以及其他事宜进行谈判。这是联邦政府谈判范围的重要扩张，而这也是工会比联邦管理者更希望获得的扩张。[154]

2001 年，小布什总统签发了《第 13203 号行政令》(Executive Order 13203)，允许联邦政府机构自由决定最适合自身需求的劳动关系战略。

基层的集体谈判。与联邦政府集体谈判制度相比，州与地方政府集体谈判制度的历史演进更富有争议性。在劳工组织和管理层之间经历了多年的集体谈判之后，它们已经发展出足以达成协议的很多种方式。

州与地方政府在与其雇员进行谈判的过程中，其方式方法也在不断创新。金鱼碗谈判 (goldfish bowl bargaining)，又称阳光谈判 (sunshine bargaining)，就发展应用得非常快，这种谈判要求将谈判的整个过程公之于众。传统上来讲，特别是在私人部门，谈判都是封闭进行的。目前约有 12 个州通过了阳光谈判法案[155]，而大约 14%的城市也将其谈判过程对外公开。[156]

资金与工会。公共雇员工会一直是提高政府工作人员工资、福利和养老金的一个要素，而这些对于公共预算的成本是相对明显的。一项针对州政府雇员补偿方面的研究结果发现，"州雇员工会的密度"是"补偿金最牢固也最重要的决定因素"[157]。

另外，这些费用似乎也不是特别的吃紧。一份分析调查发现，在有工会组织的州政府机关工作的工人工资要比没有工会组织的同行工资高出大约 7%。[158]相关研究也发现，与私人部门工会谈判后工资上涨给公司带来的财政影响相比，公共部门工会谈判后的工资上涨给政府带来的财政影响力比较小。[159]

在一份针对 162 座大城市财政进行的调查分析也间接地证明了一个观点，工会对地方预算并没有产生特别重大的影响。研究发现，在 11 个被认定的"开支领域"中，工资和薪金的比例 24 年来一直都在萎缩，从占城市总支出的 50%下降到不足 43%。工资与薪金方面的开支量也达到了最低的增长点。城市人均工资和薪金在过去的 24 年间只增长了 1/5，而 11 个领域所增长的平均开支却几乎是工资与薪金增长率的两倍。[160]

与工会进行调解。到底是应该让管理层和劳工组织之间的谈判陷入僵局，还是应该引入调解（mediation），或是自愿利用公正的第三方来化解分歧以促进双方相互妥协。斡旋（conciliation）也是一种选择，但它不同于调解，因为第三方可以不提供问题的解决方案。州政府和联邦政府通常是以联邦调解与斡旋服务机构（federal mediation and conciliation service）的形式，提供调解或斡旋人员帮助解决管理层与劳工组织之间的各种争议。

当调解或斡旋失败的时候，因为偶尔会出现这种情况，协调双方可能会请出一位仲裁者，特别是当谈判的议题涉及公共利益的时候。仲裁（arbitration）包含正式的听证与寻找事实的正式过程，可以是一种自愿行为，即谈判双方事先同意接受仲裁者的决定；也可以是一种强制行为（也称之为法律约束行为），即双方在法律规定下，必须接受仲裁者的最终判决。2001 年，美国最高法院规定，雇主可以强迫其员工将工作相关的争议交于仲裁处理。[161]

仲裁既是自愿性的，也是强迫性的，但这种方式似乎有利于公共部门雇员。一项分析表明，公共部门中 23%的申诉案件要求组织仲裁听证![162]而合同终止的案件更是公共雇员普遍要求进行仲裁的申诉领域。在私人部门，工作人员也非常支持这种问题的解决途径。[163]

公共部门劳工组织在仲裁中表现出色。大多数调查分析一致表明，在仲裁中，公共部门雇员工会的获胜率要高于私人部门雇员工会。[164]有组织劳工有理由坚持将仲裁作为解决他们与政府雇主争端的一种方法。

然而，政府部门在解决有组织劳工的争端时，也愿意采用仲裁方式，因为这样可以将双方争端可能带来的损失降到最低。因为 20 世纪 70 年代是公共部门雇员罢工的高潮，而教师是其中的主导力量，所以一项针对教师罢工的研究分析发现，州强制性的仲裁法律是“有效减少教师罢工活动的政策选择，而禁止罢工和惩罚罢工者所产生的影响却不甚明了”[165]。

基层的怠工与罢工。只有 13 个州对州政府雇员的罢工权利提供直接保护，尽管这些州对该项权利也都有明确限制。[166]此外，还有 4 个州允许某种类别的地方政府雇员罢工。[167]然而，当州与地方政府雇员对他们的工作条件感到极为不满，并认识到必须改变现状的时候，就会举行罢工，或者至少是进行怠工。“蓝色流感”（Bluc Flu）（指警察怠工）、“红色鲁莽”（Red Rash）（指消防队员怠工）以及“人类错误日”（Human Error Day）（圣迭戈市政人员将办公室从文件到接听电话等工作搞得乱七八糟）等，都是公共部门雇员消极怠工的不同表现形式。

1979 年，州与地方政府雇员的罢工与停工达到了最高峰，总共发生了 536 起。从那以后，罢工与停工发生的次数和持续时间都有所减少。1986 年以来，州与地方政府发生的罢工与停工次数，每年不到 30 起。[168]

罢工与停工次数的急剧下降要归因于政府部门更加强硬的态度和政府雇员对其工会的不满。这种不满情绪部分原因来自工会内部。许多观察家指出，正是在 1979 年，也就是公共部门雇员罢工最高潮的那一年，民众开始指责公共部门雇员工会。

因为在那一年，新奥尔良市的警察罢工刚好在狂欢节（Mardi Gras）之前举行，这严重影响了民众的度假心情，而且还造成了数百万美元的商业损失。目前在公共关系中，像这些惊人的过失（例如罢工）已经极少再发生了。

公共部门工会的力量有多大?

正如 1979 年新奥尔良市的黑暗一幕所暗示的那样，特别是在 20 世纪 70 年代，公共部门工会的力量大大加强。公共部门的工会开始雇用全职人员，这些人的唯一职责就是对州与地方政府的预算进行分析（与他们今天的做法没什么两样），唯一的目的就是想办法挑出能够转向其会员的公共资金。[169] 全美州、县、市政府雇员联盟（American Federation of State, County, and Municipal Employees）研究退休金的专家简洁地表达出公共部门工会对其会员的态度。当被问及该联盟成员高额退休金的财源时，他回答道："这是政府的事情。不能只是为了节俭而成为让雇员劳无所获的借口。"[170]

尽管州与地方政府有组织的雇员工作已经取得了很大的进步，但从 20 世纪 80 年代早期开始，它们就开始从辉煌的顶峰走下坡路。从 20 世纪 90 年代开始，"公共部门工会组织的会员人数和市场份额都已经下滑"，应该说两方面都有下降的实证。[171]

如此说来，今天的公共部门工会究竟有多大的力量呢？很显然，如果它们与公共部门雇主合作，就能发挥更大的作用；反之，如果它们与公共部门雇主对抗，它们的力量就会减弱。

5.5　政务官制度：行政中的政治学

在标尺的另一头，或者是与蓝领官僚的集体谈判制度相对的是政务官制度。政务官（political executives）是被任命担任某一职务的公共官员，他们所担任的职位不属于公务员系列，也不是终身制的，但却拥有较大的政策制定权。他们一直被称为"政治与行政的真正纽带"[172]。

政务官制度的重要价值是为当选的首席执行官开发并执行政策议程，与公务员制度重视职位、集体谈判制度重视工会相对应，政务官制度重视的是政策。

华盛顿的政务官

处于联邦官员序列头三级，也就是占 12.6 万名联邦雇员不到 3%的大约 3 500 名官员，他们就是美国总统直接提名或任命的政务官。[173] 而英国、法国和德国首相或总理可以任命的政务官人数大致上只有 100 名。[174]

然而，联邦政府的政务官数量"并不是固定不变的，而是会根据核算人和职位定义的不同而有所差异。重要的是有一种发展趋势，每位总统任命的政务官数量都在不断增加。而这一发展方向已然无可争议”[175]。也就是说，发展方向是向上增长的。

才智的增加。作为公共部门雇用的男女群体，政务官表现出一定的系统变化。最显著的也许就是重视聪明才智。一半以上的政务官都拥有高学位[176]，而且平均来讲，他们的教育水平也都是同行中的佼佼者。[177]

政党分肥制的弱化。至少是从 20 世纪下半叶开始，在政务官人事制度中已经开始越来越不重视政党分肥。一项针对美国助理部长的广泛研究发现，仅有 10%的人最初是靠“对党忠诚”而上台的。[178]另一项分析表明，属于总统党派的高级政务官比例从来没有超过 70%，目前只是 56%。[179]而在富兰克林·罗斯福总统执政期间，民主党人或者与总统党派关系密切的高级政务官比例曾高达 90%。[180]

尽管政党分肥不断弱化，但绝对还没有离开总统的任命进程。当卡特里娜飓风 2005 年袭击海湾沿线的时候，联邦政府对这一场三级风暴的反应是迟钝的、微弱的、也是毫无价值的。这种反应结果部分原因可能是联邦政府处理此类危机的核心组织——联邦应急管理机构专业人才的减少所致。当飓风登陆的时候，联邦应急管理机构 5/8 的最高级长官，包括机构的主任及其前任，上任都只是因为具有重要的政党背景，“而根本没有真正处理过灾难的工作经历”。只能是 3/5 的机构长官和 9/10 的地区主任冲锋陷阵，因为联邦应急管理机构的经验丰富的专业人员都辞职了，因为他们已经对政党分肥式的拨款和升迁感到了深恶痛绝。[181]

有的时候，传统的功绩原则看上去好像还相当不错。

白宫政治忠诚测试的崛起。虽然政党分肥制在联邦政务官选拔中的作用不断减小，但人们不应该就此推断，对个人忠诚的需要也会减弱。实际上，对白宫主人的忠诚（包括对总统意识形态的忠诚），似乎成了越来越重要的资格条件。

行政部门的民选行政长官在政策制定与执行的过程中，有控制的企图是无可非议的，而任命一位相当忠诚的人，把他放置在一个重要的职位上，则是建立这种控制的关键。但这种方式也存在许多问题。其中之一就是，为政务官制度建立广泛而集权型控制是相当难以实现的任务。一位曾担任美国总统人事助理的人士，因为坚信总统有必要控制政务官任命过程而备受攻击，声名狼藉。后来他不得不承认：“处理总统任命的事情实为一件苦差事。如果你做得过头，可能就会被降到无效的地步。”[182]

也许从更根本的角度出发，白宫在政务官制度中的主导地位是否就是能干的官僚机构实现总统政策反应的必要条件，这一点还不是很明确。针对服务 40 年以上的所有政务官员的调查发现，将近 4/5 到 9/10 以上的人（根据不同的机构）认为，事务官既有能力，反应也敏锐。[183]

具有讽刺意味的是，在推行总统议程中表现最为有效的总统亲自任命的政务官们，其工作有效并不是因为他们效忠于总统或者总统的思想，而是因为政务官所领导机构存在的变革机遇，以及政务官本人的管理能力、性格及其实现目标的计划。[184]

品质要求：联邦政务官评价

总之，能力是非常重要的。那么，联邦政务官具备这样的能力吗？

大部分事务型行政人员对此深表怀疑。针对高级官员序列人员的调查发现，政务官们对事务官所持有的高度敬意却远远没有得到同样的回报。只有18%的事务官员相信，政务官拥有“良好的领导素质”，而且只有15%的人认为，这些政务官具有“良好的管理能力”[185]。

难以承受的复杂形式：任命过程。很可能，总统已经不再像以往那样能够吸引才华横溢的人为他效力。当然，无论多么有才干，不断增加的冗长而复杂的政治任命过程，也是这些人进入联邦机构成为高级长官的一个阻碍因素。20世纪60年代早期，这一政治任命过程平均需要消耗的时间不到两个半月，而到90年代早期，这一过程则需要平均消耗8个月以上的时间，而且这也仍然是进入21世纪以来的平均确认时间。[186]

另外，国会所关心的是利益冲突的事情，所以要求所有具备行政职务资格的人具有牺牲精神，但并不是所有符合资格的人都愿意像国会要求的那样去做。令人惊讶的是，25万名联邦政府雇员每年都必须汇报他们个人的详细财产状况，其中，大约25 000人必须向公众公布这些详细数字。[187]为了遵守联邦政府的这些规定，41%的总统任命官员辞去了在公司或其他组织中的职位（这些职位往往是董事会成员），32%的人卖掉了自己的股票或其他资产，14%的人则成立了各种各样的秘密委托基金，将自己个人的资产控制权（和知情权）委托给他人。[188]不仅要求政务官经过一种令人精疲力竭的认定程序，还要求他们牺牲掉个人的财产，这可能（而且已经）导致那些极具资格的人不愿意就职于华盛顿（也就是联邦政府）。

是贪婪的精英吗？另一方面，也有证据显示，那些真正被任命过程搞得心力交瘁（20世纪80年代和90年代就任的政务官中，几乎1/4的人描述这一任命过程“令人尴尬不已”，1/5的人发现这一过程“混乱不堪”[189]）而最终得到任命的政务官，大部分可能是为了钱。

1964年至1984年之间，39%的政务官说，“实现重要的公共目标”是“工作中最令人满意的部分”，而只有2%的人会说，“提高你长期的仕途发展机会”最令人满意。但是，1984年至1999年之间，仅仅15%的政务官会说，他们最大的满足感是来自于公共目标的实现，而10%的人会说增加其事业发展机会给他们带来了最大的满足。足足有30%的人说，任命以后“挣了更多的”钱，而只有6%的人说自己上任后挣得“比以前更少了”[190]。

而这些人是国家需要的那种联邦高级官员吗？难道就是这些经常苦恼于任命程序，对服务公共利益不感兴趣，却把在联邦政府任职视为他们挣“大钱”机会的掘金政客吗？

经验商：我们对行政长官素质的新认识

联邦政务官最与众不同的特点之一就是他们在公共行政领域没有相关经验。

“一个陌生人的政府”？一项（名为陌生人政府的）研究结果发现，副部长和助理部长的平均在位时间都不到 22 个月。[191]政治任命人员的在位时间似乎在逐年缩短[192]，越到高层，人员流走得越快。一项分析发现，高级官员序列中政务官的平均任期大约是在位 18 个月，职位越高，在位时间越短。[193]

与之相对应的是，联邦政府事务行政长官的平均在职时间大约是政务官的 2 倍，超过了 3 年。[194]

这些数据可能产生出某些误导，因为它们只是说明了联邦行政长官在单一职位任职的时间长短。实际上，总统任命的政务官平均会在政府不同的职位上工作 9 年以上。[195]即便是 9 年，也仍然无法与联邦政府的高级事务官的工作经历相比，他们在政府工作的时间平均长达 26 年之久。[196]

经验的重要性。联邦政府在到底是政务官还是事务官表现最好这一长久的辩论中有其独特的见解。这种独特性表现在两个方面。首先，只有联邦政府能够提供“进出自由”的政治任命人选，或者在政府以外的各部门中具有更多经验的政务官员。州与地方政府也有政务官，但其数量更少，而且他们的事业大部分（即使不是全部）都在各自的政府中发展。

其次，只有联邦政府（这是最近的一项发展）拥有一套独立的系统，可以根据每一个机构与其他机构进行绩效比较的结果来评定该机构的级别。[197]一旦该系统到位，我们就可以理性地获得这些机构领导行政素质高低的准确评价。另外，我们还可以让这些机构领导在各种维度上进行比较，比方说他们的专业经验，以及他们所领导机构的绩效等级等。

当我们进行这些比较的时候，所产生的一个重要问题就是经验。事实上，经验比我们所了解的任何素质都更加重要，可以让我们直接了解与认识政务官和事务官在其机构的绩效中所发挥的作用。

一项针对 242 个联邦局级领导进行的调查分析表明，政治任命的局领导所获得的“系统管理等级要比公务员系统提拔的局领导等级低”。为什么呢？因为事业型公务员具有双倍的政府工作经验。“事业类管理者具有更多局务工作的直接经验，任职时间也更长，而且这些特征都与管理绩效有着重要的关系。”[198]简单地说，机构领导长期的政府工作经验与机构的优等绩效密切相关。

在审视了这些信息之后，问题就变得简单明了了：一个陌生人的政府，或者更切题地说，一个由忽视政府管理方式且服务时间还不足以了解本职工作或进行彼此了解的人组成的政府，如何能够明智地管理好世界上最大也最复杂的民主体制下的国家政府？能力政府的早期倡导者亚历山大·汉密尔顿如果还在世的话，也一定会对此感到震惊。汉密尔顿曾有这样的评论，如果高层公共行政官员的流动频率过高，“则应该是政府行政管理方面既不光彩也相当危险的异常现象”[199]。这些话在今天仍值得我们铭记于心。

基层政府的政务官

与联邦层面过去 40 年的发展相比较，州与地方层面的公共人事管理政务官制度更倾向于保护事业型行政人员的利益。政治恩赐现象在衰落，而公共专业主义却在不断上升发展。

恩赐制的衰落。自 1976 年以来，联邦最高法院就一直卷入了以恩赐制为基础的政治任命领域，而且其明显的判决（也包括地区法院的判决）一直倾向于在州与地方政府中减少恩赐的权力。[200]

州政府恩赐制的消逝。反对恩赐的最重要案例也许是若坦诉伊利诺伊州共和党（Rutan v. Illinois Republican Party）一案。1990 年，联邦最高法院以 5 比 4 票的比例最终裁决，规定政党隶属成员不得参与伊利诺伊州 6 万名政务官的任命、晋升和调任。伊利诺伊州州长对此极为震惊，声称这项决定“扭曲了政治”[201]。

其他那些曾拥有大量政治任命官员的州（如印第安纳州、马萨诸塞州、纽约州、北卡罗来纳州、宾夕法尼亚州以及西弗吉尼亚州），在伊利诺伊州若坦一案判决之后，也开始采取措施削弱各自人事体系中的党派力量。正如一位观察家所言，“没有人愿意被起诉，所以他们都非常关注类似这样的重大决定”[202]。

地方政府恩赐制的消逝。对州政府是真实的事情，对地方政府更是如此，改革者的压力在地方政府里向来是有根基的。今天，大约 4/5 的美国城市拥有非党派专业行政长官（nonpartisan professional chief administrative officers）[203]，其中大部分人所拥有的权力可以令所有政治任命人员嫉妒不已。在所有城市（包括没有城市经理的城市）中有一半以上，也就是 57%的城市，其城市经理拥有制定市政府预算的绝对权力[204]，而且在几乎 2/3 也就是 39%的城市中，城市经理拥有任命部门主管的特权。[205]

专业主义的兴起。当基层政府政治性恩赐走向衰落时，专业主义开始崛起。州与地方政府高层行政人员受教育的程度现在可以与联邦政府高级官员相媲美，而这在 40 年前是根本不可能发生的（特别是对州政府而言）。或许更明显的是，如同公共行政人员所拥有的悠久历史那样，州与地方的政务官也都将自己的职位看成是一种终身事业，这一点与联邦政务官有着很大的不同（联邦的政务官一般只是在联邦政府干两年以后就“走人”）。

州政府专业的高级行政人员。在美国，作为席卷大部分州政府 30 年的行政重塑改革的一部分，对受过良好教育并具有丰富工作经验的公共行政长官的开发使用，在 20 世纪 60 年代开始蓬勃发展。[206]一般来说，这种州政府行政长官制度所涉及的人员不到州政府雇员的 1%。[207]

许多证据表明，州政府高层行政官员的素质和专业化水平正在稳步上升。[208]一项自 1964 年开始定期进行的州政府机构领导人员的研究就是其中之一[209]，这一研究持续跟踪了州政府机构领导 40 年来的教育水平情况。1964 年，1/3 以上的州政府机构领导（也就是州长任命官员）都没有大学文凭。（相比较而言，联邦政府的同行中只有1/10的人没有完成大学教育。[210]）只有40%的人拥有研究生学历。而在1994年，只有6%的人没有完成大学教育，60%的人获得了硕士学位，而且绝大部分是管理学和公共行政学硕士。[211]这些数字表明，州政府高级行政官员的教育水平已经提高到了联邦同行的同等水平。[212]

专业主义深入发展的第二个现象是，越来越多的州政府机构领导已经将州公共行政工作看成是自己一生的事业。在州政府机构领导中，有70%的人来自政府的其他职位（联邦政府、州政府或地方政府），而在这70%的人员中，几乎9/10的人来自州政府的其他职位。平均来说，州政府机构领导要在州政府中工作15年之久。[213]这些统计数字表明了对专业主义的个人承诺。

地方政府专业的高级行政人员。地方政府也拥有与州政府相类似的模式。地方政府对第二次世界大战以后马上开始采用的高级行政人才储备库建设非常感兴趣，并随之建立了城市经理的地方管辖范围以及政府管理的其他类似形式。[214]

像联邦政府和州政府高级行政人员一样，地方政府的高级行政人员也具有良好的受教育程度，只有10%的人没有大学本科学位，63%的人拥有硕士学位，而且大部分是公共行政学硕士。另一个与州政府机构领导相匹配的是，城市管理者也倾向于对专业的个人承诺，他们在地方政府从事政府管理工作的平均年限都会超出17年。[215]

地方高级行政人员的这种长期工作经历，为更有效的地方政府管理作出了应有的贡献，而且这种贡献要比前面所描述的联邦政府高级官员的绩效还要大。一项针对市政府预算官员所进行的调查分析发现，地方政府财政领导的任职越长，他们管理地方资金的工作就越顺畅、越有效率、也越有效力。[216]

5.6 专业的公共行政制度：同时拥抱政治学与管理学专业

未来公共人力资源管理的两大重要价值都将是“专业化主义”和“管理学”的理论。[217]专业公共行政制度承认这些现实，既接受“政治学”（公共部分）也接受“管理学”（行政部分）专业的实质。这一点是新的观念。

专业公共行政制度的核心价值不是职位、工会或政策，而是公共行政。

专业公共行政制度是三项发展的结果，这些发展要么改变了公共行政和公共人力资源管理的现实，要么改变了人们对两种事物的普遍看法。专业公共行政制度所依靠的三项发展分别是：全国公务员联盟的1970年《模范公共人事行政法》；1973年至1975年全国对水门事件的反应；以及1978年颁布的《公务员改革法案》。我们会在下面对此逐一进行介绍。

1970年的《模范公共人事行政法》

由如今已不存在的全国公务员联盟制定、1970年颁布的《模范公共人事行政法》（第 6 版）有两个重要的原因。首先，全国公务员联盟是作为公务员改革同盟于 1881 年成立的，最早是由伍得罗·威尔逊主持工作，在当时的学界和实践界的人事领域（当时就是这么称呼的）拥有很大的声望和权力。其次，联盟的模范法代表了关键领域的一致性意见，该共识反映了“大量关于公共服务应该是什么以及应该如何管理公共服务等问题的观念变化”[218]。

1970 年《模范公共人事行政法》替代了之前联盟于 1953 年发布的《模范法》，而且与之前的 5 个版本相比，这是一份迥然不同的文件。1970 年的模范法在反对政党恩赐和类似违规做法中并没有强调对公务员的保护，而是将管理转化成其重要的价值。“人事行政必须被视为管理学的一部分，而不是作为对抗管理的一种保护手段。”[219]在模范法发布的随后 5 年间，一半以上的州与地方政府都制定了对行政领导体制更具回应性的人事制度。[220]

水门事件与为“功绩”而缄默的发言人

但是，如果说公共人事行政领域第一次热情地接受了公共管理的重要性，公众却开始对公共管理者的行为做出了相当不同的反应。一句话，1973—1975 年发生的让国家备受考验的水门事件，就是总统及其公共行政人员犯罪的直接产物。

尽管一线的公务员实际上并没有参与水门事件，但公共官僚机构在公众的心目中已经不那么完美了。“即便他们对水门事件所产生的影响进行了合理或不合理的解释，但毫无疑问，这一事件诋毁了整个公务员系统的声誉。另外，美国公共服务委员会在成立之初就具有部分监督公务员制度廉政与否的职责，但是在事件的大部分过程中，该委员会并没有攻击、叫嚣或者是咆哮。水门事件令全国人民对公务人员产生了怀疑，这一点既针对事务型公务员，也针对非事务型公务员。”[221]

也许，许多公民都认为，旧的公共人事功绩制度已经不那么具有功绩性，而是需要其他的制度予以替代。

1978 年的《公务员改革法案》

如果说公共人力资源经理在保护功绩制不受白宫冲淡时表现出了明显的懦弱，但在试图控制管理自身公共项目的联邦管理人员方面却似乎表现得非常凶悍。调查研究显示，在联邦高级行政人员和管理人员中，相当多的人都对不能充分行使其雇用和提拔雇员的权力深表失望，而且他们似乎也认为，缺乏管理权限的部分原因至少应该归咎于人事管理人员的管理权限太大。[222]

由于全国公共服务委员会好像并没有从事其应该从事的工作，而是热心于根本不属于自己的工作，于是就产生了要求在联邦政府人事领域内进行广泛变革的压力。吉米·卡特总统在他 1978 年的联合演说中提到，公务员改革“绝对重要”[223]，他关于联邦行政人员缺少控制和权限的报告令人感到非常震惊，随后，国家公共服务委员会主任也撰写报告表示支持。[224]

这些举动的一个结果就是促进了一项庞大而意义深远的公共人事行政研究，参与该项研究的人员涉及1 500多名实际工作人员、研究学者、各级组织和其他各类专家。最终，《公务员改革法案》于1978年公布实施，取代了《潘德莱顿法案》(Pendleton Act)。该法案95年以来一直是美国的公务员政策。

《公务员改革法案》的颁布实施，创生出三个新的人力资源管理机构：其中之一就是取代公共服务委员会的人事管理办公室。人事管理办公室负责向总统提供人事方面的建议，协调政府的各种人事计划。

另外，该法案还建立了一个有两党合作但由三名成员组成的功绩制保护委员会，负责裁定雇员的申诉，对违反联邦人事法律的指控进行调查，同时还拥有行政命令机构依法行事的权力。

最后，该法案还使联邦劳动关系局的地位合法化，负责实施各种调查并开发和执行联邦劳动关系政策。联邦劳动关系局就是1981年取消全国航空管制人员工会资格的机构，这一部分在前面已经提到过。

也许最重要的一点是，该法案创建了高级行政人员序列，这一点在本章中也已经提及。美国高级行政人员序列相当于欧洲传统的专业行政人员阶层，高级行政人员可以按照其能力或绩效水平进行任命、重新任命或撤换。在该服务序列8 000名左右的高级行政人员职位中，政务类官员不应超过10%，而45%的职位必须留给联邦事务类行政人员。高级行政人员序列接受人事管理办公室的管理。

“卡特改革的主要推手，也就是在他的所有演讲及其支持者的争辩中真正重复的概念，就是管理。”[225]

5.7 专业的奥妙：绩效与薪资

在重要的发展过程中，专业公共行政制度一直在传达其价值的深远意义。这是一种理念，认为公共雇员应该根据其专业性和绩效水平来给付薪资。

关于补偿的一个问题：功绩就意味着徒有虚表吗？

我们在前面已经注意到，各级政府都使用了功绩这一概念，所以，在其推及的工资袋上也使用了功绩工资这一短语。从20世纪中叶开始，尽管功绩工资这种形式在私人部门仍然很流行，但在政府中已很少出现。“绩效薪资实际上是对白领工人的通用政策，但在公共部门已不再广泛使用。”[226]

这种语言上的退化暗示是令人担忧的，这意味着功绩原则本身已经转变进一种弥漫于公共官僚机构的权利文化。

另外还有可能出现的情况是，由于功绩制的结构中植入了财政抑制性因素，结果就会导致美国政府雇用一些吸血鬼之类的人员，公共部门工资就会受到其他问题的困扰。联邦政府可以为此提供非常丰富的事例。尽管一半的联邦雇员声称，他们对自己的工资很满意[227]，但他们对自己工资方案的公平性评分却很低。超过 1/4 的联邦雇员说，确保同工同酬是一个主要问题，这一点在“工资表的任何一个层级”[228]上都能够感觉到。正如人事管理办公室的一位官员所言，目前的“制度是允许管理者准确地出错，但管理者真正需要的却是大致正确的机会”[229]。

这些条件所产生的一个结果就是，从 20 世纪 70 年代起，政府已经开始重新思考如何向其官僚给付工资，并且开始转向按照绩效付薪的思路。绩效薪资(pay for performance)，也叫贡献工资（pay for contribution）或能力工资（pay for competence)，就是将员工的工资部分或全部与个人、小组或组织的绩效相挂钩。[230]

绩效薪资的基础是每个工作人员之前经过评审的绩效等级。如果没有令人信服的绩效评价制度，就会面临没有工具手段的挑战，绩效薪资制度就会无功而返。

下面，我们来谈谈政府所使用的绩效薪资制度。

联邦政府绩效评估和绩效薪资经验

联邦政府的绩效薪资历史一直死气沉沉、犹豫不决，而且最后一点，也一直都有种犹抱琵琶半遮面的感觉。

评估联邦行政人员。这一历史上踌躇不前的情形，部分原因是因为评估联邦行政人员的绩效非常困难，而这个问题本身也有一段历史了。

1984 年，美国国会修订了 1978 年的《公务员改革法案》，建立了绩效管理和认可制度，并将之作为评定联邦雇员绩效等级的手段。实际上无论从哪个理由来解释，这一法律都是一个很糟糕的笑话。一位观察家很巧妙地将这一情况概括为：“目前的人事制度是在 1978 年最后审定的，但是其所依赖的思想却是 20 世纪 50 年代的，所依据的研究成果是 20 世纪 30 年代的，而研究的数据是由 20 世纪初接受培训的学者于 20 世纪 20 年代收集整理的。”[231]

但是新的制度中也有许多弱点，远远超过了已过时制度的缺点。绩效管理与认可制度建立了 5 个等级，而这些等级实际上不久就被有组织的劳动者以及代表华盛顿附近行政区选民的国会议员认为是毫无意义的，而这些行政区的选民大部分是联邦政府雇员。这些利益就会让计划偏离轨道，以限制能够接受评估并被包含进 5 类评估中的雇员比例（因此就会强制性广泛分配等级)，导致每年被评估的联邦雇员中，99%以上的人都是“表现突出”“优秀”或“完全称职”。[232]（但研究表明，在典型的工作小组中，只有 15%～20%的工作人员能被同事评定为特别具有生产力。)[233]另外，研究还显示，因为只是在等级、性别、区域和民族的类别中任选其一，所以评定的等级分配也不均衡，为此，联邦雇员评估制度“被工人、国会议员和大学研究人员广泛认为是一种失败的制度”[234]。

结果，国会于 1993 年允许调整绩效管理与认可制度，人事管理办公室于 1996 年的创新改革中也将其人事评估的权力下放给了联邦政府各个机构，让这些机构在创新中能够设定通过/没通过的标准，开发自己的评定等级，建立雇员以及个人的评定小组。许多联邦机构，也许是大部分联邦机构都倾向于选择最简单、信息也最少的评估方式，即要么通过，要么就没通过。[235]

给联邦绩效人员付薪。联邦政府克隆了它早期在与绩效薪资纠结的过程中所总结的绩效评估经验。尽管1978年的《公务员改革法案》要求提高给中层主管和管理人员（公务员13～15级）给付的功绩薪资，但并没有具体说明应该如何执行这些薪资提高工作。为了保证通过之后能够运行30年左右，国会没能建立一个计划完善且资源充分的制度，只是采取了一系列间断性努力，将薪资与绩效进行了挂钩。

困难重重的进展。这些企图都是零打碎敲的，而且并不令人感到惊讶的是，改革的进展仍然扑朔迷离。在这一时期进行的调查分析表明，绩效薪资并没有如愿以偿，换句话说，绩效薪资好像并没有提高政府内工作人员的生产力。[236]联邦政府各机构也好像对绩效薪资表现得越来越失望，在20世纪90年代下半叶，所有重要的联邦机构都在减少使用货币绩效激励机制。[237]针对联邦雇员进行的各项调查结果显示，一个机构接一个机构，年复一年，这些工作人员“以绩效为基础的奖励和提升实践”一直都不如其他人事做法的评定等级。[238]

在绩效薪资制度实施了将近30年之后，联邦政府绩效薪资制度所覆盖的联邦雇员还不到4万人[239]，其中包括8 000名联邦高级公共行政人员，而他们中有7/10的人挣的是完全一样的工资！[240]

更新的做法。自小布什总统2001年上台以来，绩效薪资制度被重新激活。同年，特别重视绩效薪资需求的“战略人力资本管理”被融进了布什的新任总统管理议程中，而且被添加进联邦政府问责局的“高风险系列工作”，以保证对此问题的持续关注和不断改进。同样在2001年，总统授权对高级公共行政人员的工资制度进行改革，明确强调联邦高级公共行政人员的绩效奖励问题。

2002年，国会通过了《国土安全法案》，该法案就包含一种要求，在国土安全部内实施以绩效为主的人事管理制度。2004年颁布的《国防授权法案》创建了国防人事制度，极大地促进了绩效薪资制度在美国五角大楼内的推行工作。这两项法律的实际结果就是在联邦政府中引进了绩效薪资制度以及相关的各项改革，所涉及的范围将近75万名联邦雇员，或者是大约2/5的联邦所有民间工作人员。

2003年，国会又授权拨款总计为5亿美元的人力资本绩效基金，这一新的拨款经费用于对高绩效人员的特别奖励。该基金将建立范围限定于15%的联邦公务员，这一获奖比例反映了在典型工作环境中的高绩效人员实际比例的研究中所发现的事实。[241]而国会实际上是否会给该项基金拨付足够的经费，而不是像20世纪80年代那样再次屈服于特殊利益，还都是值得探讨的问题。

尽管联邦政府似乎承诺要达到一个点，即可以根据其雇员的绩效偿付工资，也可以根据雇员的零绩效让他们一无所获。但是，引用一个并不夸张的评价，“按绩效付薪的转换工作将会相当棘手”[242]。尽管这样，大部分有见地的观察家还是认为，绩效薪资“虽然在实际所实施的每一项任务上都是失败的，但它仍将是目前制度的一次重大改进”[243]。

给基层的绩效人员付薪

基层政府也同样进入了绩效薪资的复杂领域。在州与地方政府中间，“补偿制度逐渐与工作类别相分离，这样就可以给主管们更大的行政裁量权，按照绩效大小配置工资”[244]。

30个州至少在一个机构中使用了绩效薪资制度，而这一数字还在不断加大。[245]几乎有3/5的州使用了个人绩效奖金制度，1/3以上的州使用了群体绩效奖金制度，而且所使用的频度也是从“极少”到“经常”不等（14%的州经常使用个人奖金制度，2%的州经常使用群体奖金制度）。[246]

1/3以上的地方政府中[247]，可能是两倍于这一数字的政府数量[248]（实际数量要根据研究人员对绩效薪资的不同定义来具体确定）都使用了绩效薪资计划。将近一半的大县都在“频繁”（36%）或者“经常”（11%）使用绩效薪资制度，只有1/4的地方政府从来没有使用过绩效薪资制度。[249]2/3以上的地方政府人事主任都会给绩效薪资制度评定为“非常有用”，其余的人则会表示“在某些方面很有用”[250]。

5.8 人力资源管理会削弱公共行政吗?

公共人力资源管理现今阶段的讽刺意味在于，政策制定者逐渐相信公共人事行政能够通过避让的方式或者甚至是通过完全避开政府的方式最好地提高政府的管理能力。

是公平还是效力?

渐渐地，政策制定者认为，公共部门人力资源管理的传统职能已经陈旧不堪。岗位分类与岗位分析这一公共人事行政的基本原则，就是一个很好的例子。一般来讲，机构的行政人员一定要与人力资源经理讨价还价，讨论一个职位在机构行政序列的等级高低以及应聘者应该具备的资格条件。对战略和有效管理感兴趣的机构领导与在分类制度中需要统一和公平的人事行政人员之间，经常会存在意见分歧。

在全国范围内进行的一次广泛调查也支持这一观点。调查结果发现，公共人力资源行政人员一直将所有雇员一律平等的相关价值观念奉为他们的最高价值，随后的一些价值才是与一线管理人员相关，比较明显的依次是效率、专业主义以及执行首席执行官的工作议程。[251]

大部分公共人力资源经理认为，雇员平等胜于机构效力，而这正是公共行政中持续而根本的矛盾。

是不知道还是毫不相干？

除了坚持不同的组织价值以外，人力资源经理可能不会理解普通公共行政人员范围广泛的专业和行政需要。

一线的行政人员基本上一致认为，他们对人力资源经理的行政愚钝感到非常的失望。在联邦政府一级，1/3 的行政人员抱怨，联邦政府的人力资源主管单位也就是人事管理办公室，在录用、开发或使用雇员方面很少或者根本无法给他们提供帮助，这是在调查中得到的最负面的反应。[252] 针对州政府的全国性调查结果“产生出一个画面，该画面显示了一个行政人员受困于各种制度，这些制度刚性、缓慢而繁重，并且也无法满足政府人力资源的需求”[253]。

也许更重要的一点是，研究表明，更好的人力资源管理程序似乎也不重视组织人才的录用和保留。换句话说，强有力的人力资源管理办公室和有能力的普通行政人员之间的联系最多也就是朦胧的意识而已。[254]

对这项研究进行一番评价之后，头脑中就浮现出 Catbert 的形象。Catbert 是流行戏剧 *Dilbert* 中一个令人难忘的角色，他总被认为是永远“邪恶的人力资源主任”。在许多公共行政人员的看法中，人力资源管理就好像是 Catbert 法则。

政府要取消人力资源管理制度吗？

机构行政人员和人事经理之间这些难以更改而又非常紧张的关系所产生的一个后果就是，我们正在见证公共人力资源机构的分权和萎缩过程。让我们来考虑一些事实。

联邦发展。在联邦一级，联邦政府从 20 世纪 60 年代开始，也许还要更早一些，就有效地将特殊专业从官方的公务员规定中抽离出来，显然是为了回应这些专业人士对传统公务员制度刚性原则所表现出来的抵触情绪。[255] 正如我们所提到的那样，一般薪资表中涵盖的雇员数量在逐渐减少，大部分联邦公务员至少已经脱离了一些传统的公务员政策[256]，或者是执行了完全不一样的人事制度。[257]

公务员制度的衰落对联邦政府的人力资源管理总局产生了一些可以预见的有害影响。在 1993 年至 1998 年之间，人事管理办公室剔除了将近一半的雇员，“比其他联邦任何机构的裁员都多得多”[258]。如今，更为精简的人事管理办公室直接管理的也不过就是联邦退休制度。

基层改革。在州与地方政府层级进行的广泛而持久的人力资源管理研究提供出一些富有启迪意义的发现，这些政府是如何改革自身的人力资源管理方式方法？这项分析揭示出在州与地方政府人力资源管理中大约 200 项创新，而且研究结果还得出了至少两个结论。第一个结论是，任何领域的 200 项创新都应该是一个大数字；另一个结论是，基层政府都在深深承诺要重新思考并改革他们对待自己人的方式。[259]

州政府的发展。公共人力资源管理改革中最富有革命意义的发展也许都发生在州政府。

州政府公务员制度的分权化管理。像联邦政府一样，州政府也将其人事职能进行了分权化改革。16 个州政府至少将其部分的人事项目和服务外包给了私人部门。[260]46 个州已经将其人力资源管理的核心职能，也就是人员录用，下放给了一线机构，其余各州执行的是混合制度。只有 9 个州还保留着中央人事办公室录用新雇员的权力。[261] “人事非规范化达到高水平的州政府数量表明，这已经远远超出了只是另一次时髦行政改革的含义。”[262]

大部分愿意将其人力资源管理分权化改革的州政府都具有某些共同的特征。它们都倾向于拥有相对软弱的政府工会组织；都是共和党控制的政府；具有很高的行政专业性[263]；具有很高的法律专业性；州失业率都不高；而且州政府的各项资源非常丰厚。[264]

州政府公务员制度的消亡。三个州，即佛罗里达州[265]、佐治亚州[266]和得克萨斯州，无论是从内容还是从目的上，都已经取消了各自的公务员制度。伴随着其他改革，这些州转向了被人们称之为意愿就业（at will employment）的模式，也就是说，雇员要依据其上级的忍耐程度来提供服务，而且不受功绩制度的保护。他们可以根据其上司的意愿被立即雇用、提拔、重组、转任、降职和解雇。

在这三个州的公共行政人员都相信，公务员制度改革（或者说的也许更准确一些，是公务员制度精华部分的剔除）已经让他们大受裨益。录用、提升、重任和解雇已经变得轻松、快捷而且简练；“政党分肥之类的录用似乎只是沿着一般层级进行”，在政治录用和解雇中并没有出现不正常的花絮；高收入雇员早退休的期望得到加强；一线机构人力资源管理的责任得以增加。当这些改革与一些集权型质量控制相伴的时候似乎最为成功，这些集权型质量控制与州政府的人事政策相一致，而这些人事政策又与全州战略人力资源计划相接轨。[267]

地方政府的发展。人力资源管理似乎是地方政府的一个痛处，很显然，会极大地促使地方政府采取全面的改革措施。针对实行重大政府改革的郡县所做的调查分析表明，70%的改革都与人力资源管理政策相关。[268]

这些改革举措之一就是民营化，而且地方政府正在以逐渐加快的步伐将它们的人力资源管理民营化。这种外包服务具有重要的启示，因为所有的政府长期以来一直将人事行政看成是一项核心且本质所固有的政府职能，而这项职能应该保留在政府内部；将其外包就意味着在政策制定者眼中，人力资源管理这一职能的价值在逐渐下降。

在过去十年的时间里，将其人事服务职能民营化的市县比例增长了两倍多，从不到 4%上升到几乎 9%，远远超出所有外包服务民营化的平均增长，地方政府所有服务民营化的同期增长不到 1/10。将近 11%的地方政府通过公私伙伴关系提供人力资源服务，而这一实践也会随着时间的推移而不断扩大。[269]这些虽然不是什么大数字，但是数字的增长以及增长背后的启示，却非常值得传统公务员制度注意。

一条中肯的建议

人力资源机构的结构和职能正在发生变化，也许，诸如岗位分类与分析、人力资源计划、绩效评估、人员筛选、纪律约束以及开除等公共人事行政的传统活动，都应该转给机构的行政人员负责，或者甚至是外包给其他部门。

虽然这样，但是值得人们期待的是，公共人事行政中的其他传统活动仍然保留在一个或多个独立的人员单位中，比方说人力资源部门，因为这些单位不直接具有非常关键的管理职能，或者说可以由一个中央机构更加有效地予以管理。这些活动包括培训，雇员发展，劳资关系，研究以及工资、薪金、福利和服务的行政管理工作。尤其重要的是雇员发展和培训工作，政府人事部门的这些活动在过去并没有受到足够的重视。

公共部门的人力资源管理的确具有非常好的未来，但是，这种未来还需要某些修改和适应。

5.9 种族、性别和工作：积极行动的挑战

也许在适应和改变的进程中最具挑战性的国家工作就是给所有人赋予更加平等的成功机会。

尽管偏见有所消失，但仍然存在于美国社会，这些偏见依然指向广大妇女、有色人种、残疾人和老年公民。[270] 在这样的就业环境中，我们发现了“黏性地板”（或者说晋升潜力有限的工作）、“玻璃上限”（在组织上下限制某类群体的进步），以及“玻璃墙”（很少雇用少数民族或妇女的领域）的现象。[271]

为了应对此类的偏见和社会现象，美国政府制定了“积极行动”（affirmative action）的保护政策。积极行动是一项政策，为了保护弱势群体成员的录用和晋升，所根据的理由是工作应该尽可能地向众人敞开。

联邦影响：一次曲折的演进过程

积极行动的法理渊源人们至今尚不清楚，也令人迷惑不解。从技术上讲，这一短语只适用于总统发布的行政命令，但却经常包含了机构的指令、法规和法院的判决。积极行动的演进过程之所以“无法考证”，是因为“这些不同的法律和规章零零散散，没有一个强有力的政府或者一套法律体系将它们统一集合在一起，这样就会减弱这些法律规章的效力，也无法给法院提供解释它们的明确指导”[272]。

根源。这一困难的法律历史根源可以追溯到 1941 年，富兰克林·D. 罗斯福总统签发了《第 8802 号行政令》，该行政令禁止任何承包联邦政府合同的企业存在种族、宗教以及国籍的歧视行为。20 年以后，约翰·F. 肯尼迪总统于 1961 年签发了

《第10925号行政令》，该行政令虽然鼓励雇用少数民族，但却没有相关的执行程序。

LBJ：积极行动的重要天使。积极保护行动的重要天使是林登·贝纳斯·约翰逊，约翰逊总统几乎完全是靠个人的力量推动了1964年《公民权利法案》的颁布实施，该法案的第6条和第7条明确禁止任何公共部门和私人部门执行任何形式的歧视性雇佣政策。该法案还首次包括了女性、拉丁裔美国人、美国原住民、亚洲裔美国人以及非洲裔美国人，这些人都被列为其权利理应受联邦法律保护的群体。

继这一历史性的立法之后，约翰逊总统又于1965年签发了《第11246号行政令》，借以指导所有执行联邦政府合同的公司和组织，必须推行“积极的保护行动”政策（揭开了这一阶段的序幕），给所有不同种族、宗教或原始国籍的人提供平等就业与晋升机会。按照《公民权利法案》规定，少数民族的权利已不再仅仅是受到保护，如今，少数民族在雇用和晋升问题上也更为激进。这倒是很新鲜。并不令人惊讶的是，《第11246号行政令》被描述成了“美国政府关于积极保护行动的最重要文献”[273]。

1967年，约翰逊总统签发了《第11375号行政令》，首次将女性添加进需要得到积极行动特别保护的队列当中。

年龄歧视。继约翰逊总统执政以后，国会也开始大范围积极倡导并领导了对其他弱势群体的权利保护，而且国会最初把关注的焦点落在了老年人身上。1967年，国会通过了《就业中年龄歧视法案》，禁止在就业时因为年龄而受到歧视。该法案分别于1974年和1981年进行修订，目前是禁止因为年龄原因而在大部分岗位中实行强制性退休，而且该法案还保护所有40岁或以上员工免遭年龄歧视。该法涉及了大约7 500万美国人，或者是覆盖了国家一半左右的劳动者。

为少数民族和女性预留名额。20世纪70年代末，国会开始执行众所周知的预留计划，或者是联邦政府的各种政策，要求联邦、州与地方政府储备（或者预留）一定比例的合同用于少数民族或女性所拥有的商业。联邦少数民族预留计划原则上是要在小商业行政局“8（a）计划”的保护下执行，小商业行政局可以为具备弱势群体企事业以及五角大楼“1207号计划”资格的公司颁发证书。少数民族和女性所拥有的公司可以获得8%以上的联邦合同经费，而这并没有包括州与地方政府合同预算的比例。[274]

最早的预留计划出自1977年的《公共企业就业法案》（Public Works Employment Act）。然而，这一做法却受到了白人承包商的挑战，他们在法院中表示这样的措施有违宪法的平等保障权利，也违反了正当的法律程序原则，且在1980年联邦最高法院弗勒拉诉克鲁兹尼克（Fullilove v. Klutznick）一案的判决中获得确认。

限制基层的预留计划。然而，不到十年，法院就开始后撤。1989年，在理士曼市诉克鲁森（City of Richmond v. Croson）一案中，法院判决理士曼市不能像以前那样将合同资金的30%配给少数民族所经营的商业，除非该市在推动这样的方案时能够从中获得利益，而且解决方法也是“经过精细设计的”，能够缓解因此而产生的问题。因为理士曼市的预留方案不符合上述任何一条，所以被裁定为违宪。这确实是一个新的解释。

克鲁森案件的持续结果就是迫使州与地方政府进行差异性研究或分析，借以说明种族意识或预留方案是否有必要。对这些研究进行检验之后得出的结论是，“对所有样本进行的差异性研究中，很少有针对种族中立活动进行评估的研究”[275]。这一结论似乎表明，州与地方政府准备用差异性研究分析与最高法院“对话”（talk the talk），同时又通过继续保留它们积极的保护行动传统而“走自己的路”（walk the walk）。

限制华盛顿的预留计划。1996 年，美国最高法院将 16 年前在克鲁森案件中对州与地方政府执行的标准扩大到了联邦政府。

在阿黛蓝德建筑有限责任公司诉佩纳哥（Adarand Constructors，Inc. v. Pena）一案中，法院以 5∶4 票最后裁定，要求基于种族考量的联邦合同必须接受“严格审查”。

在回应阿黛蓝德案件的过程中，白宫要求联邦政府各机构在没有获得司法部明确批准的前提下，不要在其人力资源管理计划中使用种族、民族或以性别为基础的积极保护性分类。阿黛蓝德迫使联邦政府延迟了（但没有必要取消）为少数民族和女性经营商业配置具体数字性合同目标而设置的预留计划，这一变动致使少数民族预留合同中至少有 10 亿美元受到影响。[276]

但是，这些举措到底真正影响了多少由少数民族和女性经营的企业，还是一个值得争论的问题。针对阿黛蓝德影响所做的一项分析总结道：“除非是针对最微小的少数民族群体，否则，在建立种族、民族和性别目标的宪法灵活性以及促进联邦劳动力多元化的时间表之间是不会产生多大区别的。”[277]

有残疾的美国人。1990 年，美国国会颁布实施了《美国残疾人法案》，确定美国残疾人是享有基本公民权利的一个群体，禁止在就业和调节中有针对残疾人的歧视行为。该法案基本上涵盖了以前的法律，尤其是 1968 年的《建筑物障碍法案》和 1973 年的《康复法案》。

《美国残疾人法案》将残疾定义为“人的身体上或精神上有缺陷以致会影响其一项或多项日常活动”。这一定义具有不同寻常的包容性，它涵盖了大约 4 500 万美国人，或者说是大约 15%的美国人口。学者认为，《美国残疾人法案》是“自 1964 年《公民权利法案》以来最根本的一项反歧视法”[278]。然而，法院一直忙于自己的事情，在根据该法提出的申诉案件中，雇主获胜的比例却高达 9/10 以上。[279]

性别取向。1998 年，比尔·克林顿总统签发了《第 13087 号行政令》，该行政令首次在联邦政策中提出个人的性别取向不应该作为拒绝其在联邦政府工作或晋升的基础。26 个州以及哥伦比亚特区已经禁止以性别取向为基础的就业歧视，200 多个地方政府也已经颁布实施了相应的政策。[280]

奇怪的是，看上去相对于异性恋来说，同性恋男性可能在工作中会成为消极歧视的受害者，而同性恋女性却可能成为积极歧视的受益者。对这一问题进行的大量分析结果表明，同性恋男性要比异性恋男性的收入少 14%～16%，而同性恋女性却比异性恋女性的收入高出 20%～34%。[281] 根据联邦政府问责局的统计，在任何情况下，基于性别取向的“相对少的”正规歧视辩解都要遵循这些法律的规定。[282]

总结。总之，联邦政府禁止任何雇主基于种族、宗教、性别、国籍、年龄和残疾而实施的歧视行为。联邦政府以及部分州政府和地方政府，也禁止基于性别取向的歧视行为。这些受保护的阶层，就像他们被称呼的那样，总体上构建起一个相当大的美国人群体，致使大约 9/10 的美国成人能够得到联邦积极行动政策的庇护。

联邦积极行动的执行情况

联邦政府的三大分支机构都站在保护行动的立场上采取积极的执行措施。

国会的执行情况。积极保护行动执行中的关键法律是 1972 年颁布的《就业机会法案》，该法案成立了平等就业机会委员会，负责调查全国范围的就业歧视案件，一旦发现有歧视现象，就可以对任何部门的雇主进行处罚。

司法部门的执行情况。司法在执行中最著名的创新也许就是“差异性影响”。差异性影响，也被称为反向影响，该观点认为，声称在工作中遭受歧视的雇员没有必要证明他们的雇主故意歧视他们，只要证明他们因不公正的工作政策而受到伤害就可以。据此，雇主就可以受到处罚，并被要求改变工作政策，即便他们没有蓄意歧视。

几年过后，美国最高法院引用 1964 年《公民权利法案》第 7 条，在涉及性别、宗教和种族的歧视案件中使用了差异性影响原则。2005 年，法院引用《就业中年龄歧视法案》，将这一差异性影响的范围扩大到年龄歧视。[283]

行政部门的执行情况。林登·贝纳斯·约翰逊总统的《第 11246 号行政令》和《第 11375 号行政令》涉及了大约 20 万个政府承包商以及分承包商，雇用了将近全国 1/4 的劳动力。这两项行政令通过 1971 年劳动部的《第 4 号行政命令》被强制执行，并要求劳动部的联邦合同服从项目办公室予以具体实施。1978 年，劳动部发布了《第 4 号修正行政命令》，要求所有承包联邦政府合同的组织和公司必须建立有效执行弱势群体积极保护行动政策的目标和时限。正是这项行政命令将积极保护行动办公室的责任扩大到了大学、组织、机构和公司，因为大部分雇主如今都被要求开发、更新和执行特殊的积极保护行动目标。另外，联邦通信委员会（Federal Communications Commission）也从 20 世纪 70 年代开始，在全国 5 000 家广播电台和 1 500 家电视台中强制推行积极行动，而这些电台和电视台一般都没有联邦合同。1990 年，最高法院坚持认为，联邦通信委员会在配发广播执照的时候也应该考虑种族问题。[284] 不同的联邦机构，比方说联邦储备局、货币管制局以及住房与城市发展部等部门，也纷纷在全国的银行、住房抵押公司以及保险公司开展了积极的保护行动。

积极行动以及基层政府

第一个感受到联邦政府这些冲击影响力的机构当属州与地方政府，它们找出了大量的公共职位，也就是大约 1 900 万个工作岗位。当联邦政府于 20 世纪 60 年代将积极保护行动计划推向全国的时候，有迹象表明，州与地方政府最初是反对执行这些计划的。[285]但是随着时间的推移，这种态度发生了改变，而且地方公共行政人员尤其在领导这一变革。在 20 世纪 70 年代针对城市所作的全国性调查发现，城市经理们成了“在其政府内大力推行积极保护政策的主创人员”[286]。

今天，超过 2/3 的市县都拥有囊括政府上下的积极保护行动政策，而 15 年前只是一半左右。在这些地方政策中，95%以上都包括少数民族，9/10 包含女性，超过 3/4 的政策都针对残疾人问题。[287]

这些数字都意味着公共部门的真正进步，正如所注释的那样，这一进步似乎要归功于公共官僚。

“反向歧视”与配额问题

在积极保护行动中如何衡量成功呢？一个雇主只是通过承诺（当然是认真承诺）会审阅更多来自“受保护阶层”的工作申请就可以算作成功吗？还是说成功就是要求解雇所有在精神上和身体上都符合条件的 40 岁以下白人男性，而由那些来自同类阶层的人予以取代呢？

这些质疑将我们快速带向了配额的问题。公共人事行政中的配额指的是传统的公务员录用和晋升资格，比方说考试高分等相关资格要求都应该对弱势群体降低或取消，直到在政府各个职级上工作的女性、少数民族群体成员、残疾人以及老年人数量至少与他们在总人口的比例大致持平为止。比方说，如果一个城市人口的 10%是非洲裔美国人，那么，黑人在市政厅的工作岗位也应该占岗位总职数的 10%。[288]

当然，这里的矛盾是，在配额制度下，一些精神上和身体上条件俱佳的 40 岁以下白人男性也可能不会被录用、培训或晋升，因为这些职位必须留给残疾美国人、少数民族、女性或任何 40 岁以上的人。一旦发生这种情况，“反向歧视”的投诉偶尔也会将原有的歧视扯平。

1991 年的“配额法”。国会通过在当年颁布《公民权利法案》的方式对这一问题表达了直截了当的立场，这使得雇主在解雇弱势群体工作人员时变得更加困难，成本消耗也更大。实际上，反对者嘲笑 1991 年的《公民权利法案》是一项“配额法”。

令人感到意外的是，该法案似乎具有逆向火源。据一项分析结果表明，因为该法案让被解雇的弱势群体人员更容易证明其受到歧视，而且一个成功原告能够收集歧视伤害证据的浮动空间也越来越大，所以雇主们开始尝试寻找减少其损失的新途径。

这一点他们的确是做到了。只有大约 1/5 被解雇的工人是有真正理由的，所以，对于管理层来说，将他们实际上想解雇的弱势成员与一个包括白人男性在内的更大的群体混在一起解雇，就不是一个重大问题了。这只是一个等待经济低迷期而引发工人下岗的问题。这种做法使得歧视问题变得越来越难以取证。

结果，被终止工作合同的弱势工人的总体比率仍然保持在 1991 年法律生效前的水平。非洲裔美国男人如今被据理解雇的频率大大降低，但这一方面的减少却因为更加频繁的黑人下岗问题而抵扣殆尽。至于白人男性，解雇与下岗的比率仍旧是持平的。[289]

简而言之，1991 年《公民权利法案》不仅是“几十年来劳动市场更大整合趋势”的一个事实，也是少数民族和女性在“历史上不受欢迎的领域”内取得的进步。但是雇主们也正在提供“越来越少的机会”录用那些“没有经过考试的弱势群体工作人员”[290]。

总之，国会在处理配额的问题上表现出自己尚不成熟，但司法部门虽然按照自己的意图处理了几十年，到头来也发现自己已经深陷于让所有美国人的工作生活更加公平的奋斗之中。

两个定义性裁决。最著名的反向歧视案件就是加州大学诉贝克（Regents of the University of California v. Bakke）一案，在这个案件中，阿兰·贝克是一个白人男性公民，被加州大学医学院拒之门外，因为该机构的每个新生班都要给“合格的少数民族生”留出一定比例的名额。1978 年，最高法院以 5∶4 票的优势做出裁决，反对大学的决定，并坚持认为根据 1964 年的《公民权利法案》规定，贝克应该被医学院录取。更重要的是，九个最高法院的大法官全都认为，积极的保护行动计划在本质上既不违宪也不违法，而且按照法官的观点，少数民族成员应该可以“在特殊申请事项上予以‘加分’”。

贝克案件一年之后，最高法院又聆听了第二个案件，也就是后人所称的“蓝领贝克”裁决。在韦伯诉凯撒铝钢公司及联合钢铁工会（Weber v. Kaiser Aluminum and Steel Corporation and United Steel Workers Union）一案中，布莱恩·韦伯是一名实验室工程师，白种人，控告其雇主和工会对白人有歧视行为，因为在一项培训计划中，要求一半是白人，而另一半全是黑人。联邦最高法院坚持认为，雇主不仅在制定培训计划时，还应该在制定录用和晋升计划时，都应该把种族因素考虑在内。

在效果上，两项裁决都认为配额的使用是不合法的，但还是给学院和雇主留有一定的回旋余地，以改善他们在少数民族申请人和雇员方面的不平等问题。

两个权威性裁决。在随后的 25 年中，在积极行动和配额的合法性问题上，司法界又做出了一系列在很大程度上相互矛盾的裁决。这些裁决的大部分都在赞成或反对多元化问题上摇摆不定；在言词中直截了当地否决配额，但却常常允许在实践中运用配额；同时还在积极保护政策的行政管理方面实施着精细管理。这种矫揉造作又含糊其辞的司法实践所带来的结果是，国家对积极保护行动的未来越来越拿不准。

最后，在 2003 年，美国最高法院裁定了两个案例，相对权威而强制性地表达了种族优先计划是否是违宪歧视白人的行为。

两个案件都是密歇根大学提交的。在第一个格拉兹诉保林格（Gratz v. Bollinger）案件中，法院以 6∶3 的绝对优势做出裁决，认为大学在本科生招收政策中，为增加多元化而设计了一种分数制度，这种拿分数制度作为实现多元化目标工具的做法构思拙劣，并被裁定为违宪。

在第二个格拉特诉保林格（Grutter v. Bollinger）一案中，法院以 5∶4 票的优势裁定，大学法学院在执行结构性录取政策时比大学规定的本科生录取名额少。法学院的政策中尽管考虑了种族因素，但不如大学本科录取政策考虑得多，所以法院裁定大学为其法学院制定的录取政策是合宪的。

然而，最重要的是，两项裁决都认为，密歇根大学在增加大学校园多元化的问题上表现出了令人注目的兴趣，而这一目标是合乎宪法的。通过这一启发，在全社会鼓励多元化也应该是合乎宪法的行为。

测试：效度的苦恼

与反向歧视紧密相关的一个积极行动方面，就是对岗位或晋升的申请人进行测试。这就给我们带来了一个测试效度的问题，或者说，雇主在通过考试成绩预测申请人在特殊岗位上表现好与坏的过程中能够理性拥有的信度水平。正如我们应该看到的那样，与白人和男性在就业和晋升测试中的表现相比，少数民族的学历要更低，而女性的成绩也会更低。因此，测试效度确实与保证政府不再实施具有差异性影响政策相关。

为了缓解这种反向影响的问题，国会和法院特别重视两种检测效度。第一种是看测试是否真的考察了所从事岗位真正需要的资格条件；这些资格条件可以包括特殊技能、一般认知能力的特殊水平、最低的教育水平要求以及其他方面。第二种检测效度是看测试是否对少数民族和女性申请人是公平公正的。我们接下来会逐一进行介绍。

资格效度。1971 年，美国最高法院在格瑞格斯诉杜克电力公司（Griggs v. Duke Power Company）这一划时代的案件中做出了裁决，法院认为 1964 年的《公民权利法案》禁止私人公司有针对黑人的就业歧视行径，因此也禁止那些与工作绩效无关却排斥弱势群体成员的就业实践。

认知能力的检测。在格瑞格斯案件的裁决中，法院有效禁止了一般认知能力的检测（也就是“智力”测验）以及最低教育水平的要求，除非检测的分数以及教育水平要求与工作绩效挂钩。这就产生了问题。“利用认知能力测试预测最佳人选的确是一种两难的选择，到底是选择使用工作绩效这一单一的最佳预测指标并产生逆向效果，还是选择使用其他效果较差但可能会提高少数民族代表性的绩效预测指标。”[291]

法院与认识论。可以理解的是，政府对法院在录用和晋升考试中所持的明显立场感到悲观失望，因为法院认为一般性认知能力检测是非法的。但是，更加密切的考察之后发现，司法部门几年来虽然在这个问题上一直理性地坚持自己的观点，但并不排除使用构思巧妙和管理完善的智力测验。

针对 12 年来挑战认知性测试的 22 个法律案件进行的研究发现，大部分案件是根据种族权利提出的要求，而且属于公务员岗位。

在法院如何判定这些案件的过程中产生出一个清晰的模式。如果机构或公司采用的是专业开发的有效测试，也适当使用了依靠专业标准进行效度检测的专家，而且如果这些检测的结果被适当用于设定录取分数的话，那么，法院一般会支持这种依靠此类检测来确定应该录用和晋升人员的组织。[292]

文化效度。编写一份笔试考卷，让笔试具有某些预测的能力，可以测试申请者在某项特定工作的预期绩效，这是测试效度的一种方式。另一种方式也是编写试卷，这种笔试可以宣布完全有资格的申请人合格，这种可能性被称作“文化偏见性”测试。

文化偏见指的是那些受过高等教育的人在编写考试试卷的时候，会无意识地倾向于能够反映其自身文化的答题理念或措辞方式。这样的话，那些不在主流文化中的人在参加考试的时候就会在得分机会上受到不公正的待遇，而这一点对于那些落后于流行文化的应试者来说也是一样。

地方政府管理者们一直将“笔试结果”看成是少数民族寻求就业的最大不合格因素，紧接的第二大因素是最低教育水平要求。[293]一般来讲，非洲裔美国人在认识能力测试中的得分要低于白人，拉丁裔美国人也是一样，只是比非洲裔美国人的分数稍高一些，离白人的分数略近一些。[294]在这些测验中，女性的分数要低于男性分数，但在所有分数中，性别差距要少于种族差距。[295]

这里有两个重要的案件，一个是 1975 年判决的阿贝马勒纸业公司诉穆地（Albemarle Paper Company v. Moody）一案，另一个是 1982 年判决的康涅狄格州等诉阿戴勒（State of Connecticut et al. v. Adele）一案。这两个案件的裁决都坚持一项原则，即测试中的文化偏见是违法的。在阿贝马勒一案中，法院裁决文化偏见性测试是违法的，即便雇主无意歧视。而在康涅狄格州的案件中，法官坚持认为，尽管该州提升黑人的比率要高于白人，但使用带有文化偏见的测试仍然是违法的。

简言之，司法部门并不是反对测试，而是反对没有效度的测试。

政府的反应。法院对测试效度方面的裁决直接挑战了功绩制的根本性基础：使用考试的方式来决定申请者是否进入政府工作，以及通过考试来决定公共行政人员以及政府其他工作人员的仕途发展。对此，政府采用了不同的方式回应法院提出的这一挑战。

正如我们前面所提到的那样，因为文化偏见的问题，联邦政府已经有十年被法院禁止使用普通笔试来录用联邦公务员，而且联邦政府已经从根本上放弃了申请人的“通用”考试。而竞争录用考试仍然被联邦政府广泛使用，尽管大部分是在联邦机构一层使用，但这种考试的总体应用情况却在急剧下降。在联邦政府新的行政人员和专业人士中，只有大约 1/4 的人是通过考试录用的。[296]

与之相对应，也像我们前面所观察到的那样，基层政府还在继续广泛使用笔试，而且与联邦政府的发展趋势正好相反，它们对笔试的应用情况好像在不断上升。[297]更重要的是，州与地方政府相当重视测试效度的问题。针对 1970 年对各州与地方重要公共人事制度所做的调查发现，只有 54％的各类测试接受了效度检验，接受效度检验的考试类型既包括笔试，也包括口试和其他类型。[298]而五年以后进行的第二次调查却发现，87%的考试都已经启动了测试效度程序。[299]

总之，美国国会、法院以及联邦、州与地方政府的官僚机构都以一种建设性的方式将人才与就业公正匹配起来。

女性的工作又将如何?

政府在终止就业歧视的尝试中，至少有两个问题尽管不是专门针对女性，却都与女性相关。这两个问题分别是比较价值和性骚扰。下面，我们就来评价一下这两个问题。

比较价值的奇特问题。“比较价值”是积极保护行动中的一个比较新的概念。

比较工作价值。比较价值指的是，如果有两个工作任务，其重要性大致相当，所要求的知识、强度、技能和职责也大致相当，那么，从事这两项工作任务的雇员就应该获得同样的绩效工资，并不考虑那两项任务本身是否差异很大。比较价值中使用的分析单元并不是像一个秘书这样的个性化职位，而是像所有秘书这样的全面职位分类。当一个岗位类别被判定与另一个岗位类别有可比较价值（比方说，如果认为秘书所从事的工作能够与高速公路养护工人的工作相比较），那么，处在两种类别中的雇员所获得的薪资也必须具有可比性。在实践中，比较价值有助于提高以女性为主的职位分类中的雇员工资。

比较价值有赖于一种思想，也就是说，职业的社会价值是可以进行比较的，而怎样进行比较却是一个棘手的问题。比方说，对于一个社会来讲，某个城市交响乐团的音乐家们是否就比该市水厂工人的价值“大”？音乐家们的贡献可以陶冶情操，净化心灵，但我们同样也需要饮用水。由于比较价值理论会产生这种问题，所以美国公民权利委员会主席（一名男性）声称，比较价值是“自从鲁尼·图恩斯上镜以来的最疯狂思想”[300]，而美国人事管理办公室主任（一位女性）在国会上反对比较价值的证词中却说，应用比较价值的压力“最能让人困顿不安”[301]。对此，女性权益组织立刻与上述两位官员展开了争论。

执行比较价值。比较价值的大部分利益涉及美国州、县、市职员联盟诉华盛顿州政府（American Federation of State, County, and Municipal Employees v. State of Washington）一案，在该案中，第9巡回上诉法院在1985年驳回了地方法院的裁决，认为华盛顿州无须补偿女性为主的职位类别中15 500名州政府雇员工资。法院的裁决认为，按照《公民权利法案》，华盛顿州政府没有义务“取消并未产生的经济不平等”。最终，本案采取的是庭外解决，华盛顿州政府同意投入57 100万美元，为大约6万名州政府雇员设定新的工资标准，以便让女性的工资与男性持平。

尽管司法部门对比较价值抱有矛盾的否定心理，但是州政府和社会都在反对男女同工不同酬的问题上表现得非常激进。只有5个州没有在比较价值领域采取任何行动，20个州已经通过比较价值行动提升了女性的工资水平。8个州颁布了法律，建立了针对所有政府雇员的比较价值原则。[302]将近10%的市政府和12%的县政府都颁布了比较价值政策。[303]

执行比较价值政策无论是在经济上还是在难度上都是非常矛盾的。在颁布了比较价值法律的 8 个州中，尽管男女雇员之间的工资差距在 14%～31%之间，但要消除这些差距就需要州政府相对中等的财政支出，也就是工资总额的 1%～4%。尽管如此，比较价值的引进还是导致了一些异常现象，例如：加剧了更低与更高等级之间的薪酬压缩（pay compression），包括某些员工的工资会高于他们的上级；相对于私人部门的同行，州政府雇员的工资有很大滑坡；另外，自从引进比较价值政策，男性雇员离职的数量越来越多。[304]

比较价值到底是"疯狂的"、激进的还是"窘困的"，这一定会是今后某个时期需要讨论的问题，部分原因是人们好像还很支持它，赞成与反对的比例也许是 3∶1。[305]

工作中关于性别的新含义。显然不是疯狂但也许会令人感到非常困窘的是另一项人事政策，这项政策虽然不是专门针对女性而言，但尤其适用于女性，那就是性骚扰的问题。性骚扰（sexual harassment）是指在工作场所的某个同事采取某些行为或发表某些言论，而在另一位同事看来，这些行为或言论包含了色情的内容，并且令其不适或对其构成了冒犯。性骚扰的范围很广，从卑鄙的（例如上级以解雇相威胁，要求下级提供性服务）到粗俗的（例如同事之间的庸俗玩笑）不等。

大部分私人公司、联邦政府机构，以及至少 2/3 的州政府（只有 8 个州显然还没有触及这一问题）[306]和将近 90%的地方政府都制定有禁止性骚扰的政策。[307]尽管拥有这些政策，但在全国范围内，雇员向平等就业机会委员会提起的诉讼中，有关性骚扰案件的增长速度是其他各类歧视案件增长速度的 5 倍。如今，每年大约有 16 000 起该类案件，或者说，几乎占委员会所受理案件的 1/5。[308]

谁在骚扰以及在哪里骚扰？自 1980 年以来，联邦政府便开始对自己的雇员展开了有关"不愿被性关注"的事件调查，调查结果显示，2/5 以上的女性以及将近 1/5 的男性报告说在过去的两年时间里遇到过此类事件。[309]

联邦雇员所报告的不愿被性关注的事件中，几乎有 4/5 的骚扰事件源于同事或其他雇员，而不是来自上级。因为上级并没有参与，所以法院似乎不认为此类关注就是性骚扰。28%的女性和 14%的男性报告称，直接上司或更高级主管应该对此负责，而且这种关注可以被视为性骚扰。如果情况果真如此，那么成本会很高：据联邦政府估计，每年在性骚扰案件上的花费将会超过 1.6 亿美元。[310]

当然，前景并不是一片黯淡，公共部门里的性骚扰案件似乎没有私人部门多。在政府机关以外工作的联邦职员中，22%的人相信在非联邦工作场所中发生的性骚扰事件会更多。相比之下，7%的人认为联邦政府工作场所之外发生性骚扰事件会更少。[311]而一项针对私人企业 400 多位女性高级行政人员的调查发现，将近 2/3 的人报告说她们都曾经遭遇到性骚扰，这一比例要比政府部门的比例高多了。[312]另一项针对私人部门工人的调查表明，在声称受到性骚扰的官方申诉中，2/5 以上是抱怨其主任或其他主管在进行骚扰，而这一比例也比政府部门的比例高很多。[313]

法院参与其中。1986 年，美国最高法院听审了首例性骚扰案件，即梅里特储蓄银行诉文森（Meritor Savings Bank v. Vinson）一案。法院认为 1964 年的《公民权利法案》第 7 条内容涵盖性骚扰问题，实际上已经将性骚扰界定为一种形式的歧视。

1992 年，法院在富兰克林诉格温奈特县公立学校（Franklin v. Gwinnett County Public School）一案中，表现得相当强硬。在这个案例中，最高法院推翻了两个地区法院的判决，而且最终裁决作为性骚扰事件的受害者——学生（或雇员）可以起诉其学校（或雇主），要求其赔偿损失。

1998 年，法院裁决的 3 个重要案件，都对澄清性骚扰的法律性质具有重要意义。第一个案件是盎克诉夕阳境外服务公司（Oncale v. Sundowner Offshore Services），在本案中，最高法院的法官一致推翻了下级法院的裁决，而且发现，骚扰也可以发生在同性的环境中。换句话说，骚扰并不是针对性别而言，而是针对行为。

另外两个案件分别是法纳福尔诉勃卡雷顿市（Fanapher v. City of Boca Raton）以及伯灵顿产业公司诉埃勒斯（Burlington Industries，Inc. v. Ellerth），两起案件都是以 7∶2票的绝对优势做出了裁决。法院坚持认为，如果雇员的上级以实际的不利行动（比方说降职和解雇）相威胁对雇员实施性骚扰，那么雇主就理应承担法律责任，而不管其是否知道骚扰事件。但是，法院也给雇主提供了一些保护性措施，如果雇主能够证明他的组织中制定有反对性骚扰的政策，也有相应的申诉程序，说明雇主在预防和纠正性骚扰事件中给予了“合理性关注”，那么雇主就可以因此而免于承担法律责任。如果受到性骚扰的雇员对这些政策和程序置若罔闻，那么他们就很难得到司法部门的庇护。法院目前所面临的任务可能需要把判例法建立在“合理性关注”的实际含义之上。

性骚扰案件的司法历程不仅对管理者产生了重大影响，因为如果处理不当，管理者就有被起诉的危险；同时对工作人员来说也产生了重大影响，特别是对于政府部门的工作人员。1980 年，在联邦政府中，只有 65%的男性雇员认为因性偏爱而对雇员施压就构成性骚扰，而 14 年以后，持有这种观点的人高达 93%。[314]

各种努力的效果

在说到积极保护行动的时候，好像每一个人都参与其中：政府、商界、非营利组织以及市民自己。那么，这种努力是不是已经取得了成功呢？

联邦的记录。随着时间的推移，联邦政府的劳动大军中已经提高了少数民族和女性的代表性。

联邦政府少数民族工人和高级行政人员。有色人种几乎占美国人口的 31%，是私人部门劳动力的 29%，在联邦政府雇员中超过 31%。将近 18%的联邦公务员是非洲裔美国人（非洲裔美国人数占美国居民总人口的 13%，10%以上的非洲裔美国人供职于私人部门）；7%是拉丁裔美国人（拉丁裔美国人占美国总人口的 13%，13%以上的拉丁裔美国人供职于私人部门）；还有 7%以上是其他少数民族（这一部分人占美国总人口的 5%，就业人口超过 5%）。[315]

这些都是鼓舞人心的数字。另外，少数民族在联邦政府低级岗位上工作的人数在不断下降，而在高级岗位上工作的人数却在不断上升。联邦最高级行政人员中，14%是非洲裔美国人、拉丁裔美国人或者其他少数民族成员。[316]

表 5-1 能够提供很多详细的情况，该表显示出，在过去的 24 年中，联邦政府少数民族的进步一直都非常稳定，在有些情况下，这种进步还相当引人注目。[317]

表 5-1 按照一般薪俸表和相关等级计算，联邦政府全职黑人、拉丁裔和女性雇员分配比例，1980 年和 2003 年

等级范围	1980 年			2003 年		
	黑人	拉丁裔	女性	黑人	拉丁裔	女性
行政长官/高级行政人员的整体薪酬水平（$ $ $ $ $）	5%	少于 50	4%	7%	3%	26%
13～15 级（$ $ $ $）	5	2%	8	11	4	33
9～12 级（$ $ $）	9	3	19	15	8	47
5～8 级（$ $）	20	4	46	24	9	65
1～4 级（$）	24	5	74	24	9	64
全体，所有雇员	15	4	45	17	7	45

说明：图表中的比例是经过四舍五入的大致数据，是按照每一职级范围内的所有联邦雇员的比例计算的。该数据只包含行政部门一般薪俸表中所涉及的雇员以及相关雇员，不包括邮政部门的雇员、工资薪酬制以及其他类薪俸制度下的雇员。女性在 1980 年和 2003 年的某些等级范围略有不同。仅从女性来讲，图表中的 9～12 级实际上是 1980 年的 11～12 级；5～8 级是 1980 年的 7～10 级；1～4 级是 1980 年的 1～6 级。而 13～15 级的女性在 1980 年和 2003 年的薪酬是一样的。在等级范围中，1983 年①和 2003 年的“行政长官/高级行政人员的整体薪酬水平”都是一样的，但对于女性来说，该数据只包含这两个年头的行政长官。

资料来源：图表数据摘自 U. S. Office of Personnel Management，*The Fact Book*，*2004*（Washington，DC：U. S. Government Printing Office，2005），pp. 10，11，28，52，74；U. S. Bureau of the Census，*Statistical Abstract of the United States*，*2006*，125th ed.（Washington，DC：U. S. Government Printing Office，2006），Table 485；and U. S. Bureau of Census，*Statistical Abstract of the United* States，1982—1983，103rd ed.（Washington，DC：U. S. Government Printing Office，1982），Table 460 and 457。

联邦女性工人和高级行政人员。在联邦就业岗位中，女性也有类似的发展证据。女性占美国人口的 51%，在私人部门中工作的将近 47%，而在联邦政府全职工作的公共雇员中，将近 45%是女性。[318]正如表 5-1 中所示，女性已经取得了实质上的进步，超过 1/4 的高级岗位由女性所拥有，可以说，在过去的 24 年里，女性在这一层级上的岗位数量增长了 7 倍。

州与地方政府记录。正如表 5-2 所示，在州与地方政府层级也能找到类似的模式。

表 5-2 按照职业计算，州与地方政府（不包括教育）全职黑人、拉丁裔和女性雇员分配比例，1980 年和 2003 年

职业类别	1980 年			2003 年		
	黑人	拉丁裔	女性	黑人	拉丁裔	女性
官员/行政人员（$ $ $ $）	6%	2%	23%	11%	5%	37%
专业人士（$ $ $）	9	3	44	15	7	37
技术人员（$ $）	12	4	39	16	8	43

① 原文如此，疑为 1980 年。——译者注

续前表

职业类别	1980年			2003年		
	黑人	拉丁裔	女性	黑人	拉丁裔	女性
蓝领工人/职员（$）	19	5	40	22	10	42
全体，所有雇员	16	4	41	19	9	45

说明：图表中的比例是经过四舍五入的大致数据，是按照每一种职业的所有州与地方政府雇员的比例计算的。在职业分类中，“蓝领工人/职员”包括保卫人员、专业辅助人员、行政辅助人员、熟练技工以及服务维护人员。

资料来源：图表数据摘自 U. S. Bureau of the Census，*Statistical Abstract of the United States*，*2006*，125th ed.（Washington，DC：U. S. Government Printing Office，2006），Table 454；and U. S. Bureau of Census，*Statistical Abstract of the United States*，*1982—1983*，103rd ed.（Washington，DC：U. S. Government Printing Office，1982），Table 504。

基层少数民族工人与高级行政人员。31%的州与地方政府全职雇员（不包括教育人员）是非洲裔美国人、拉丁裔美国人以及其他少数民族成员，但是，与联邦政府相比，少数民族的大量成员都处在州与地方政府就业职级的底层或接近底层。然而，在过去的24年中，非洲裔美国人在所有职业类别中都取得了稳定的进步，而拉丁裔美国人在每一个职业类别中都至少将其代表性翻了一番。

但是在高级行政岗位上仍然需要很多努力。因为很少有少数民族是州政府机构的一把手，而州政府机构由少数民族高级行政人员领导的比例不到11%。其中，非洲裔美国人不到7%，拉丁裔美国人不到3%，但这些数字正在随着时间的推移而不断上涨。[319]

在地方政府层级，进步要略小一些。在地方任命的最高级别行政人员以及市政和县政经理中，少数民族只有5%，而正如州政府高级行政人员的发展一样，地方政府的这些数字也在不断攀升。[320]

基层的女性工人和高级行政人员。45%的州与地方政府全职雇员（也不包括教育工作者）是女性。正如表5-2所显示的那样，在基层的职业阶梯中，女性处在上层的人数相对较多。

在州政府中，29%以上的长官任命型部门首长是女性，这一比例虽然不是很稳定，但还在不断上升。[321]

在地方政府层级，市政府和县政府接受任命的高级行政人员中，12%是女性，而且这一比例也在上升。[322]在大部分被美国人口普查局确认为独立的地方政府公共机构中，1/4的执行主任是女性。[323]“三级政府中，地方层级显然在性别平等问题上取得的进步最大。”[324]

第三部门的记录。在非营利部门的雇员中，16%是有色人种；7%是非洲裔美国人，4%是拉丁裔美国人。在这个独立的部门中，2/3到3/4的雇员是女性。[325]

几乎15%的非营利协会的执行主任以及17%以上的协会主席和董事长是女性。尽管这些数字还达不到令人尴尬的低水平，但与独立部门中工作的大量女性人数相比，也许令人窘困的还是在高级岗位上的女性太少。当协会的预算经费比较少、成立的时间相对比较短、工作地点不在华盛顿特区而且董事局中女性所占比例相对较大的时候，女性更可能拥有这些职位。[326]

一个明显进步的公共部门

我们刚才评述的公共部门和非营利部门的许多数字可能而且也应该更大一些，但是，正如我们常常指出的那样，数字背后的启示还是很值得我们理解与认识。这一点，对于评价国家在面向更加多元化职场中所取得的进步来说，也不例外。

一个更受欢迎的工作场所。毫无疑问，少数民族和女性在公共部门要比在私人部门所受的待遇要公平得多。

在国家一级，各项分析结果表明，在对待弱势群体成员的“录用、培训和发展问题上，联邦政府机构与它们的公司同仁水平相当，甚至要领先于公司”[327]。

州与地方政府机构似乎做得更好，在州与地方政府从事技术、专业和管理工作的女性和非洲裔美国人（不包括拉丁裔美国人）人数大大多于私人部门。另外，他们（包括拉丁裔美国人）的薪资也要高于商界同仁。“总体上看来，州与地方政府在成就性别和种族/民族就业平等方面的确比私人部门做得好多了”，所取得的成绩也是“相当令人难忘”[328]。

一个更加活跃的工作场所。公共部门的这些成就已经扩展到了最高管理层。正如我们所注意到的那样，按照政府的不同层级，全国有 5%～14%的高级公共行政人员是少数民族。拿这些数据与私人部门相比较，在任何一年跻身财富 500 强的公司中担任首席执行官的少数民族人数还仅仅是从零到 1%的微小部分不等。[329]

类似地，正如我们前面所观察到的那样，在各级政府的高级公共行政人员中，有 12%～29%是女性。相对应的是，在财富 500 强公司中的首席执行官中，1%是弱势群体成员，而其中只有非常少的一部分是女性，尽管这一微小比例随着时间的推移在缓慢上升。[330]

这些统计数据暗示出，女性在私人部门的未来日子要比在公共部门艰难得多，而且研究还表明，情况确实如此。比方说，针对两家大公司进行的研究结果认为，统计数据明确表明，在做出晋升决定的时候，女性经理“总是会受到怀疑，而且她们的忠诚和能力也要经过过度考察”[331]。另一项针对私人部门所作的研究结果发现，尽管女性经理比男性同行更加积极要求进步，而且也拥有更高的绩效评定分数，但每年男性获得晋升的比例还是比女性高。[332]

与私人部门相比较，公共部门中的少数民族和女性做得就很好，非营利部门的水平稍差点，但也做得不错。

是一种人口统计学的解决方案吗？

美国政府和非营利组织已经做出了很大努力，给少数民族、女性以及其他受保护阶层提供更多的机会。但具有讽刺意味的是，针对这些人口更加公平的未来而做出的任何展望，可能都与政府和非营利组织的努力无关。积极保护行动计划执行半个世纪以来，“民众中只有很小的一部分”，也就是差不多 16%的人口，“报告说直接受到了该保护计划的影响”，而这种影响既有好的方面，也有坏的方面。[333]

在三个部门的工作场所中，与已经实施的积极保护行动政策相比，人口统计学也许能够“执行”更大范围的多元性政策。

处境危险的白人男性。这里解释一下原因。自 1940 年以来，白人男性在美国整体劳动力（也就是说，所有部门的工作人员都包括在内）中所占比例一直在稳步下滑，而在 1940 年，这一比例曾经高达 69%。[334] 如今，这一比例已经滑落到将近 1/3 至不足 45%，据劳工统计局预测，这一比例还会继续下滑，到 2012 年会下滑到不足 43%。[335]

白人男性在劳动力中的损失要归咎于一个事实，即尽管最近几年不是很明显，但全国年轻白人男性的供应量在缩减。[336] 虽然白人男性仍然是工人中最大的单体群，但少数民族和女性将会取代而且正在取代他们的位置。

少数民族和女性的崛起。1980 年和 2004 年之间，在全美劳动总人口中，少数民族工人所占比例扩展了 70%，从 17%上升到将近 29%。据预测，少数民族工人占劳动力总人口的比例到 2012 年将会接近 1/3。[337] 增长最快的似乎是亚洲裔美国人和拉丁裔美国人。[338]

女性进入工作领域的发展速度继续比男性快。[339] 如今，女性在劳动力总人口中已经占 46%，经过预测，这一比例在今后的十年中会保持稳定，而男性所占比例却会继续逐步下滑。[340]

当我们把上述人口统计学方面的变化考虑进来时，就会得出一个倾向，即少数民族和女性进入公共部门的速度都会比进入私人部门快。那么，我们就有可能期望政府能比现在招收更多的女性和有色人群，但这也会造成一种现象，即未来在政府工作的女性和少数民族数量仍将继续多于在美国公司工作的同类人群数量。[341]

注释

[1] U.S. Bureau of the Census, *Statistical Abstract of the United States, 2006*, 125th ed. (Washington, DC: U.S. Government Printing Office, 2006), Tables 451, 452. Figures are for 2003.

[2] Gary W. Loveman and John J. Gabarro, "The Managerial Implications of Changing Work Force Demographics: A Scoping Survey," *Human Resource Management* 30 (Spring 1991), p. 15. See also American Management Association, as cited in "A Crash Course in the Three Rs?" *Business Week* (May 20, 1996), p. 31. In 1990, 26 percent of job applicants lacked basic reading and math skills; in 1995, 33 percent.

[3] U.S. Merit Systems Protection Board, *Evolving Workforce Demographics: Federal Agency Action and Reaction* (Washington, DC: U.S. Government Printing Office, 1993), p. 29. Twenty-four agencies held this view. Figure is for 1992.

[4] Gregory B. Lewis and Sue A. Frank, "Who Wants to Work for the Government?" *Public Administration Review* 62 (July/August 2002), pp. 395–344. In 1998, 62 percent of 2,609 respondents stated that they preferred a job in private business, 24 percent preferred working for the government, and 14 percent could not choose between them. This article focuses on that 24 percent. The quotation is on p. 401. The years covered are 1989–1998. The data source is the General Social Survey conducted by the National Opinion Research Center at the University of Chicago.

[5] Ibid., p. 401.

[6] Peter D. Hart Research, *Calling Young People to Government Service: From "Ask Not" . . . to "Not Asked"* (Washington, DC: Council for Excellence in Government, 2004), p. 3. Figure is for 2004.

[7] Harris Poll, as cited in Paul C. Light, "To Restore and Renew: Now Is the Time to Rebuild the Federal Government Public Service," *Government Executive* (November 2001), http://www.brook.edu, p. 7. Figures are for 2000.

[8] Pew Research Center, as cited in Partnership for Public Service, *Public Opinion on Public Service*, Poll Watch, PPS–05–3 (Washington, DC: Author, 2005), p.4. Figure is for 1998.
[9] Panetta Institute, as cited in ibid., p. 2. Figures are for 2001.
[10] President George W. Bush, quoted in David S. Broder, "A Crisis in Public Service," *Washington Post* (October 21, 2001).
[11] U.S. Merit Systems Protection Board, *The Changing Federal Workplace: Employee Perspectives* (Washington, DC: U.S. Government Printing Office, 1998), p. 25. Figure is for 1996.
[12] James B. Conant and Dennis L. Dresang, "Retaining and Recruiting Career Professionals," in Frank D. Thompson, ed., *Revitalizing State and Local Public Service: Performance, Accountability, and Citizen Confidence* (San Francisco: Jossey-Bass, 1993), p. 127.
[13] Larry M. Lane and James E. Wolf, *The Human Resource Crisis in the Public Sector: Rebuilding the Capacity to Govern* (New York: Quorum Books, 1990), p. 77.
[14] U.S. Merit Systems Protection Board, *Attracting Quality Graduates to the Federal Government: A View of College Recruiting* (Washington, DC: U.S. Government Printing Office, 1988).
[15] National Commission on the Public Service, *Leadership for America: Rebuilding the Public Service* (Washington, DC: Author, 1989).
[16] U.S. General Accounting Office, *Federal Recruiting: Comparison of Applicants Who Accepted or Declined Federal Job Offers*, GAO/GGD–92–61BR (Washington, DC: U.S. Government Printing Office, 1993), p. 3.
[17] U.S. Merit Systems Protection Board, *Competing for Federal Jobs: Job Search Experiences of New Hires* (Washington, DC: Author, 2000), pp. 4–5. In 1994, 50 percent of new federal hires had four-year college degrees, compared to 40 percent in 1998.
[18] Gregory B. Lewis, "Grade Creep in the Federal Service?" *American Review of Public Administration* 27 (March 1997), pp. 4–21. We are referring to higher grades in the General Schedule. The years covered were 1977 through 1993.
[19] See, for example, Julia E. Robinson, "The Role of the Independent Political Executive in State Governments: Stability in the Face of Change," *Public Administration Review* 58 (March/April 1998), pp. 119–128, and Tari Renner, "The Local Government Management Profession at Century's End," *Municipal Year Book, 2001* (Washington, DC: International City/County Management Association, 2001), pp. 38–39.
[20] U.S. Merit Systems Protection Board, *The Federal Workforce for the 21st Century: Results of the Merit Principles Survey 2000* (Washington, DC: U.S. Government Printing Office, 2003), p. 15. Figures are for 2000.
[21] Phillip C. Crewson, "Are the Best and the Brightest Fleeing Public Sector Employment? Evidence from the National Longitudinal Study of Youth," *Public Productivity and Management Review* 20 (June 1997), p. 368.
[22] Ibid.
[23] Ibid.
[24] Stahl is precisely correct when he writes the that the civil service is different from the merit system. The civil service refers to the corpus of government civilian employees, who may, in theory, be managed by political patronage as well as by a merit system. A merit system, by contrast, is a personnel management system. We have chosen to use as one the terms *civil service system* and *merit system* on the logic that almost all governments in the United States purport, at least ostensibly, to manage their civil services with a merit system. See O. Glenn Stahl, *Public Personnel Administration*, 8th ed. (New York: Harper & Row, 1983), p. 35.
[25] Frederick C. Mosher, *Democracy and the Public Service*, 2nd ed. (New York: Oxford University Press, 1982), p. 145.
[26] Collleen A. Woodard, "Merit by Any Other Name—Reframing the Civil Service First Principle," *Public Administration Review* 65 (January/February 2005), p. 110.
[27] Mosher, *Democracy and the Public Service*, pp. 217–218. The foregoing discussion is based loosely on pp. 217–221.
[28] Stahl, *Public Personnel Administration*, p. 42. In 1980, the federal merit system officially covered 94 percent of federal civilian employees.
[29] National Commission on the Public Service, *Urgent Business for America: Revitalizing the Federal Government for the 21st Century* (Washington, DC: U.S. Government Printing Office, 2003), p. 27. Figure is for 2002.
[30] U.S. General Accounting Office, *Human Capital: OPM Can Better Assist Agencies in Using Personnel Flexibilities*, GAO–03–428 (Washington, DC: U.S. Government Printing Office, 2003), p. 7. Figure is for 2003. These employees were exempted, at least partially, from what are known as "Title 5 laws" (for Title 5 of the *United States Code*), which deal in part with classification, appointment, pay and benefits, and adverse action.
[31] The legislation is the National Defense Authorization Act of 2004 and the Homeland Security Act of 2002. We detail these laws later in the chapter.
[32] Howard Risher, "How Much Should Federal Employees Be Paid ? The Problems with Using a Market Philosophy in a Broadband System," *Public Personnel Management* 34 (Summer 2005), p. 121.
[33] U.S. Government Accountability Office, *Human Capital: Selected Agencies' Statutory Authorities Could Offer Options in Developing a Framework for Governmentwide Reform*, GAO–05–398R Human Capital Authorities (Washington, DC: U.S. Government Printing Office, 2005), p. 1.
[34] Stahl, *Public Personnel Administration*, pp. 38, 41.
[35] Andrew W. Boessel, "Local Personnel Management," *Municipal Year Book, 1974* (Washington, DC: International City Management Association, 1974), pp. 92–93. Figure is for 1974.
[36] U.S. Advisory Commission on Intergovernmental Relations, *State Laws Governing Local Government and Administration*, M-186 (Washington, DC: U.S. Government Printing Office, 1993), p. 49. Figures are for 1990.
[37] Ibid. Figure is for 1990.
[38] As compiled from data in Bureau of Labor Statistics, U.S. Department of Labor, *Occupational Employment Statistics, 2004* (Washington, DC: Author, 2004), http://stats.bls.gov/oes/current/oes. In November 2004, there were in the United States 58,610 human resources managers (10,050 of whom worked in government); 32,610 training and development man-

agers (2,100 were in government); and 53,320 compensation and benefits managers (3,280 in government). There were 173,160 employment, recruitment, and placement specialists (20,670 of whom worked in government); 95,800 compensation, benefits, and job analysis specialists (14,490 were in government); 206,140 training and development specialists (30,900 in government); and 168,580 human resources, training, and labor relations specialists (13,330 in government).

[39] Steven W. Hays and Richard C. Kearney, "Anticipated Changes in Human Resource Management: Views from the Field," *Public Administration Review* 61 (September/October 2001), pp. 585–597. Data are for 1998. This was a national survey of 984 public personnelists at all levels of government and includes some consultants and professors of human resource management. The response rate was 33 percent.

[40] Myron D. Fottler and Norman A. Townsend, "Characteristics of Public and Private Personnel Directors," *Public Personnel Management* 6 (July 1977) p. 252. and American Society of Personnel Administrators, *The Personnel Executive's Job* (Englewood Cliffs, NJ: Prentice Hall, 1977).

[41] Hays and Kearney, "Anticipated Changes in Human Resource Management," p. 593. Data are for 1998.

[42] A. L. Schmidt, et al., "The Economic Impact of Job Selection Methods on Size, Productivity and Payroll Costs of the Federal Work Force: An Empirically Based Demonstration," *Personnel Psychology* 39 (Spring 1986), pp. 1–30.

[43] Peter D. Hart Research, *Calling Young People to Government Service,* p. 7. In 2004, 73 percent of young American adults said that no one had ever asked them about working in government. In 2002, 62 percent said this.

[44] Constance Horner, as quoted in Judith Havemann, "New Federal Job Exams Set for June," *Washington Post* (April 22, 1990).

[45] Carolyn Ban and Patricia W. Ingraham, "Retaining Quality Federal Employees: Life After PACE," *Public Administration Review* 48 (May/June 1988), pp. 708–725.

[46] U.S. Merit Systems Protection Board, *Entering Professional Practices in the Federal Government* (Washington, DC: U.S. Government Printing Office, 1994). The study covered 1984 through 1994. Only 19 percent of applicants who entered federal service did so by taking any kind of competitive examination. Nearly a third were hired directly by the agency, and almost a fourth were promoted from within.

[47] U.S. Merit Systems Protection Board, "Are New College Grads Landing Government Jobs?" *Issues of Merit* (September 2002), p. 6. In 2001, a total of 81,391 appointments into full-time nonseasonal federal positions were made. Of these, 47,053 were "career-conditional appointments" (the typical mode of entry for new permanent employees who have no previous civilian government service). Only 8,325 of the 47,053 career-conditional appointees were hired into entry-level professional and administrative positions, and only 3,149 of these were in the 21- to 25-year-old age group, or the group most likely to make federal administration a lifelong career.

[48] Conant and Dresang, "Retaining and Recruiting Career Professionals," p. 127.

[49] U.S. Office of Personnel Management, as cited in Light, "To Restore and Renew." Figure is for 1999.

[50] U.S. Merit Systems Protection Board, "Who Gets Selected for Federal Jobs?" *Issues of Merit* (August 2001), pp. 1–3. Figures are for 2001, and are drawn from a survey of federal supervisors. See also U.S. Merit Systems Protection Board, *Help Wanted: A Review of Federal Vacancy Announcements* (Washington, DC: U.S. Government Printing Office, 2003).

[51] U.S. General Accounting Office, *Human Capital: Opportunities to Improve Executive Agencies Hiring Processes*, GAO-03–450 (Washington, DC: U.S. Government Printing Office, 2003), p. 3.

[52] Paul C. Light, "The Content of Their Character: The State of the Nonprofit Workforce," *Nonprofit Quarterly* 9 (Fall 2002), p. 11. In 2000 and 2001, 37 percent of 1,051 federal workers said that their hiring process had been simple, 18 percent said that it had been fast, and 75 percent said that it had been fair. The corresponding figures for 1,140 nonprofit employees were 72 percent, 44 percent, and 90 percent, respectively. For 1,005 private-sector workers, the numbers were 75 percent, 53 percent, and 90 percent, respectively.

[53] U.S. Office of Personnel Management, *Human Capital Survey, 2002: What Do Federal Employees Say*? (Washington, DC: U.S. Government Printing Office, 2003), p. 22. Federal respondents are evenly divided on this. In 2002, 38 percent of federal employees said their work unit was hiring people with the wrong skills, and 39 percent said it was hiring people with the right skills.

[54] Partnership for The Public Service, *Asking the Wrong Questions: A Look at How the Federal Government Assesses and Selects Its Workforce* (Washington, DC: Author, 2004), p. 1.

[55] U.S. Merit Systems Protection Board, *The Role of the Delegated Examining Units: Hiring New Employees in a Decentralized Civil Service* (Washington, DC: U.S. Government Printing Office, 1999), p. vi.

[56] U.S. Merit Systems Protection Board, *Building a High Quality Workforce: The Federal Career Intern Program* (Washington, DC: U.S. Government Printing Office, 2005). From 2000 through 2004, the total number of hires under the FCIP increased 28 percent. Hiring through competitive examinations decreased from 48 percent in 2000 to 26 percent to 2004.

[57] Richard C. Elling, Lyke Thompson, and Valerie Monet, "The Problematic World of State Management: The More Things Change the More They Remain the Same," paper Presented at the Annual Meeting of the Midwest Political Science Association, Chicago, 2003. Figures are for 2000–2001.

[58] Conant and Dresang, "Retaining and Recruiting Career Professionals," p. 127.

[59] David Coursey, "E-Government: Trends, Benefits, and Challenges," *Municipal Year Book, 2005* (Washington, DC: International City/County Management Association, 2005), p. 17. Figures are for 2004.

[60] Siegrun Fox Freyss, "Continuity and Change in Local Personnel Policies and Practices," *Municipal Year Book, 1996* (Washington, DC: International City/County Management Association, 1996), pp. 11–17.

[61] Lana Stein, "Merit Systems and Political Influence: The Case of Local Government," *Public Administration Review* 47 (May/June 1987), p. 267. Lana Public safety positions are the highest scorer in this regard, with

97 percent of large cities reporting that they use written tests for determining hires in the police field, followed by positions in fire departments and clerical jobs; the lowest use of written examinations (15 percent) is for positions as sanitation workers. About 45 percent of cities use written tests for entry level professional positions. Stein sent questionnaires to personnel departments in 172 cities with 100,000 people or more, and obtained a response rate of 86 percent. Data are for 1986.

[62] U.S. Advisory Commission on Intergovernmental Relations, *State Laws Governing Local Government Structure and Administration*, p. 49. Figure is for 1990.

[63] N. Joseph Cayer, "Local Government Personnel Structure and Policies," *Municipal Year Book, 1991* (Washington, DC: International City/County Management Association, 1991), p. 9.

[64] Steven W. Hays, "Trends and Best Practices in State and Local Human Resource Management," *Review of Public Personnel Administration* 24 (October 2004), pp. 265–266.

[65] Jonathan Walters, "Untangling Albany," *Governing* (December 1998), p. 20.

[66] National Commission on the State and Local Public Service, *Hard Truths/Tough Choices: An Agenda for State and Local Reform.* First Report. (Albany: State University of New York, 1993), p. 27; National Academy of Public Administration, *Modernizing Federal Classification: An Opportunity for Excellence* (Washington, DC: National Academy of Public Administration, 1991); and Al Gore, *From Red Tape to Results: Creating a Government that Works Better and Costs Less. Reinventing Human Resource Management: Report of the National Performance Review* (Washington, DC: U.S. Government Printing Office, 1993).

[67] National Commission on the Public Service, *Urgent Business for America*, pp. 41–42. In 2002, five agencies had broadbanding: Office of Personnel Management, National Institute of Standards and Technology, Internal Revenue Service, Federal Aviation Administration, and Government Accountability Office. The Departments of Homeland Security and Defense are implementing broadbanding.

[68] Ibid, p. 27. The Commission recommended that the fifteen grades be consolidated into six to eight broadbands.

[69] Sally Coleman Selden, Patricia Wallace Ingraham, and Will Jacobson, "Human Resource Practices in State Government: Findings from a National Survey," *Public Administration Review* 61 (September/October 2001), p. 604. Data are for 1991–1998. Forty-nine states responded to the national survey.

[70] J. West, "City Personnel Management: Issues and Reforms," *Public Personnel Management* 13 (Fall 1984), pp. 317–334.

[71] Steven Gold and Sarah Ritchie, "Compensation of State and Local Employees: Sorting out the Issues," in Frank Thompson, ed., *Revitalizing State or Local Public Service*, (San Francisco: Jossey-Bass), pp.163–196; and M. L. Miller, "The Public/Private Pay Debate: What Do the Data Show?" *Monthly Labor Review* (May 1996), pp. 18–29.

[72] Ibid., both citations.

[73] Kevin Merida, "Americans Want a Direct Say in Political Decision-Making, Pollsters Find," *Washington Post* (April 17, 1994). The 1994 survey of 900 citizens was conducted by the Americans Talk Issues Foundation.

[74] Commission on Executive, Legislative, and Judicial Salaries, *High Quality Leadership: Our Government's Most Precious Asset* (Washington DC: U.S. Government Printing Office, 1987), and Task Force on the Senior Executive Service, Twentieth Century Fund, *The Government's Managers* (New York: Priority Press Publications, 1987). See also Task Force on Pay and Compensation, *Report of the Task Force on Pay and Compensation to the National Commission on the Public Service* (Washington, DC: National Commission on the Public Service, 1989). Between 1970 and 1987, the purchasing power of federal administrators fell by as much as two-fifths, while the purchasing power of corporate executives rose by more than two-thirds.

[75] U.S. Merit Systems Protection Board, *Why Are Employees Leaving the Federal Government? Results of an Exit Survey* (Washington, DC: U.S. Government Printing Office, 1990). The reasons cited most frequently for resigning after pay and advancement were organizational management concerns, with 17 percent—a distant second.

[76] U.S. Office of Personnel Management, *The Fact Book: Federal Civilian Workforce Statistics, 2004* (Washington, DC: U.S. Government Printing Office, 2005), p. 74. Figure is for 2004.

[77] U.S. Merit Systems Protection Board, *Working for America: A Federal Employment Survey* (Washington, DC: U.S. Government Printing Office, 1990), and U.S. General Accounting Office, *Senior Executive Service: Opinions about the Federal Work Environment.* GAO/GGO–92–63 (Washington, DC: U.S. Government Printing Office, 1992). In 1989, 11 percent of SES executives were satisfied with their salaries; in 1991, 78 percent were.

[78] U.S. Merit Systems Protection Board, *The Changing Federal Workplace: Employee Perspectives* (Washington, DC: U.S. Government Printing Office, 1998), p. 28. In 1989, 28 percent of all federal workers were satisfied with their salaries; in 1992, 42 percent; and in 1996, 50 percent.

[79] Ken McDonnell, "Facts from EBRI: Compensation Costs in the Private and State/Local Public Sectors," *EBRI Notes* 26 (March 2005), pp. 10–15. In 2004, private-sector employer compensation costs were \$23.76 per hour worked, up from \$13.42 in 1987. Compensation costs for state and local governments were \$34.72 per hour worked, up from \$22.31 in 1991. Compensation costs for both sectors had risen at an annual rate of 3.3 percent. Benefits as a percentage of total compensation costs were over 30 percent for all workers (the private and public sectors were not separated), and over 36 percent for "public administration." The analysis was conducted by the Employee Benefit Research Institute and was based on data from the Bureau of Labor Statistics.

[80] National Commission on the Public Service, *Urgent Business for America*, pp. 23–24. Between and 2001, the salaries of Cabinet officers lost more than half of their value with respect to median family income.

[81] "Federal Pay: Better at the Top," *The Economist* (January 10, 1987), p. 35.

[82] Victor S. De Santis and Samantha L. Durst, "Job Satisfaction Among Local Government Employees," *Municipal Year Book, 1997* (Washington, DC: International City/County Management Association,

1997), p. 10.

[83] Donald F. Kettl, *Reinventing Government? Appraising the National Performance Review* (Washington, DC: Brookings, 1994), p. 20.

[84] National Commission on the Public Service, *Leadership for America: Rebuilding the Public Service,* p. 43.

[85] Kettl, *Reinventing Government?* p. 20. In 1993, Washington spent 1.3 percent of its budget on training.

[86] U.S. General Accounting Office, *Training Budgets: Agency Budget Reductions in Response to the Balanced Budget Act,* GAO–GGD–86–98BR (Washington, DC: U.S. Government Printing Office, 1986), p. 2. The GAO's analysis of fifty-six federal agencies in 1986 found that forty-two of them cut training budgets in an effort to comply with the Deficit Control Act (i.e., the Gramm-Rudman-Hollings balanced budget act), and that thirty of the agencies cut their training budgets by 10 percent or more, even though the Act required a reduction of only 4.3 percent.

[87] U.S. General Accounting Office, *Results-Oriented Government: GPRA Has Established a Solid Foundation for Achieving Greater Results*, GAO–04–38 (Washington, DC: U.S. Government Printing Office, 2004), p. 84. Figures are for 1997–2003.

[88] U.S. Merit Systems Protection Board, *The Federal Workforce for the 21st Century,* p. 7. Figures are for 1992–2000.

[89] George R. Gray, et al., "Training Practices in State Government Agencies," *Public Personnel Management* 26 (Summer 1997), pp. 187–202. The authors surveyed 323 state agencies in thirty states; response rate was 43 percent.

[90] U.S. Advisory Commission on Intergovernmental Relations, *State Laws Governing Local Government Structure and Administration,* p. 49. Figures are for 1990.

[91] Charles J. Spindler, "University-Based Public Sector Management Development and Training," *Public Productivity and Management Review* 15 (Summer 1992), p. 447.

[92] Joseph W. Whorton Jr., Frank K. Gibson, and Delmer D. Dunn, "The Culture of University Public Service: A National Survey of the Perspectives of Users and Providers," *Public Administration Review* 46 (January/February 1986), pp. 39–40. Seventy-nine percent of local administrators and 80 percent of state administrators reported using universities for training, research, technical assistance, or education at least once over the last three years. See also James D. Slack, "Information, Training, and Assistance Needs of Municipal Governments," *Public Administration Review* 50 (July/August 1990), p. 453. Forty-nine percent of mayors and city managers said they had been contacted by universities regarding training services.

[93] We have selected this definition of performance rating because results-based appraisal systems are what governments are moving toward. There are, however, other types, such as trait-based and behavior-based appraisal systems that have little, if anything, to do with productivity. For an explanation of these systems, see Everett M. Berman, James S. Bowman, Jonathan P. West, and Montgomery Van Wart, *Human Resource Management in Public Service: Paradoxes, Processes, and Problems* (Thousand Oaks, CA: Sage, 2001), pp. 259–286.

[94] Commission on Organization of the Executive Branch of the Government, *Personnel Management A Report to the Congress* (Washington, DC: U.S. Government Printing Office, 1949).

[95] Selden, Ingraham, and Jacobson, "Human Resource Practices in State Government," p. 605.

[96] Freyss, "Continuity and Change in Local Personnel Policies and Practices," p. 15. The precise figure is 81 percent.

[97] Gary E. Roberts, "Perspectives on Enduring and Emerging Issues in Performance Appraisal," *Public Personnel Management* 27 (Fall 1998), pp. 301–320.

[98] Hal G. Rainey, Carol Traut, and Barry Blunt, "Reward Expectancies and Other Work-Related Attitudes in Public and Private Organizations: A Review and Extension," *Review of Public Personnel Administration* 5 (Summer 1986), pp. 50–72.

[99] U.S. Merit Systems Protection Board, *The Federal Workforce for the 21st Century*, p. 26. Figure is for 2000. This was also true in 1996. See U.S. Merit Systems Protection Board, "Director's Perspective: Performance Appraisals Are Not Performance Management," *Issues of Merit* (August 2001), pp. 1–3.

[100] A "recent survey" conducted by the Society for Human Resource Management and Personnel Decisions International, as cited in Dayton Fandray, "The New Thinking in Performance Appraisals," *Workforce* 80 (May 2001), pp. 36–40. The figure was 32 percent.

[101] Jonathan Walters, "I Have to Talk to You About Your Job . . . " *Governing* (March 2001), pp. 44–45.

[102] Dennis M. Daley, *Performance Appraisal in the Public Sector* (Westport, CN: Quorum, 1992).

[103] "Reforming Government Pay," *Washington Post* (July 28, 2005).

[104] U.S. General Accounting Office, *Results-Oriented Cultures: Insights for US Agencies from Other Countries' Performance Management Initiatives,* GAO–02–862 (Washington, DC: U.S. Government Printing Office, 2002). The countries surveyed were Australia, Canada, New Zealand, and the United Kingdom.

[105] U.S. Government Accountability Office, *Human Capital: Symposium on Designing and Managing Market-Based and More Performance-Oriented Pay Systems,* GAO–05–832SP (Washington, DC: U.S. Government Printing Office, 2005).

[106] U.S. General Accounting Office, *Posthearing Questions Related to Pay for Performance,* GAO–03–793R Pay for Performance (Washington, DC: Author, 2003), pp. 1–2.

[107] Tom Coens and Mary Jenkins, *Abolishing Performance Appraisals: Why They Backfire and What to Do Instead* (San Francisco: Berrett-Koehler, 2000).

[108] U.S. Government Accountability Office, *Human Capital: Symposium on Designing and Managing Market-Based and More Performance-Oriented Pay Systems*, Highlights page.

[109] U.S. General Accounting Office, *Results-Oriented Cultures*, Highlights page.

[110] See, for example, Howard Risher, *Pay for Performance A Guide for Federal Managers*, Human Capital Management Series (Washington, DC: IBM Center for the Business of Government, 2004), p. 5; George T. Mikovich and Alexandra Widgor, *Pay-for-Performance: Evaluating Performance Appraisal and*

Merit Pay (Washington, DC: National Academy of Sciences Press, 1991); U.S. General Accounting Office, *Results-Oriented Cultures: Creating a Clear Linkage between Individual Performance and Organizational Success*, GAO–03–488 (Washington, DC: U.S. Government Printing Office, 2003); and U.S. General Accounting Office, *Major Management Challenges and Program Risks: Office of Personnel Management*, GAO–03–115 (Washington, DC: U.S. Government Printing Office, 2003).

[111] Hays, "Trends and Best Practices in State and Local Human Resource Management," p. 267.

[112] U.S. Government Accountability Office, *Issues Related to Poor Performers in the Federal Workplace*, GAO–05–812R Poor Performers in the Federal Workplace (Washington, DC: U.S. Government Printing Office, 2005), p. 2.

[113] U.S. Merit Systems Protection Board, *The Federal Workforce for the 21st Century*, p. 24.

[114] Light, "To Restore and Renew," p. 13. Figures are for 2001. Federal workers said that almost 24 percent of their coworkers were less than able, compared to 26 percent of private-sector employees, in the opinions of their coworkers. The higher one ascends the federal hierarchy, the less incompetence is perceived. Another survey found that 14 percent of federal employees felt that their coworkers were performing below reasonably expected levels. See U.S. Merit Systems Protection Board, *The Federal Workforce for the 21st-Century*, p. 23. Figure is for 2000.

[115] U.S. Office Personnel Management, *Poor Performers in Government: A Quest for the True Story* (Washington, DC: U.S. Government Printing Office, 1999). 3.7 percent were viewed as poor performers. The average tenure of fourteen years refers to "rehabilitated poor performers"; no tenures were given for unrehabilitated poor performers.

[116] James B. King, then-director of the Office of Personnel Management, as cited in Frank Greve, "Civil Service Can Be a Job for Life," *Baltimore Sun* (November 29, 1993).

[117] U.S. Merit Systems Protection Board, *Federal Supervisors and Poor Performers* (Washington, DC: U.S. Government Printing Office, 1999), pp. 15–16. In 1997, over 3,550 federal employees "were separated from their jobs" for unacceptable performance, "either directly through removal or indirectly through their own voluntary actions in lieu of management action." Another 7,900 "separations" related to conduct. One hundred employees were demoted for poor performance, and another 1,275 were denied pay raises. This report is a useful summary of the three large "MSPB Merit Principles Surveys" conducted in 1989, 1992, and 1996, and other sources.

[118] Ibid., p. 8.

[119] U.S. General Accounting Office, *Performance Management: How Well is the Government Dealing with Poor Performers?* GAO/GGD–91–7 (Washington, DC: U.S. Government Printing Office, 1990), pp. 32–33.

[120] U.S. Merit Systems Protection Board, *Federal Supervisors and Poor Performers*, pp. 13, 17. In 1996, 88 percent of supervisors counseled re poor performance and 87 percent for both poor performance and misconduct; 17 percent took formal action against poor performers and 26 percent did so against both poor performance and misconduct; 33 percent gave less-than-satisfactory performance ratings for poor performance, and 334 percent for both poor performance and misconduct; and 8 percent took no action in both categories.

[121] U.S. Government Accountability Office, *Issues Related to Poor Performers in the Federal Workplace*, p. 11. Figure is for 2003.

[122] U.S. Merit Systems Protection Board, *Federal Supervisors and Poor Performers*, p. 19. In 1996, 48 percent of supervisors said counseling "made things better," and 37 percent said formal action did so.

[123] Ibid., p. 8.

[124] "Federal vs. Private: Whose Workforce Is Better?" *Government Executive* (November 2001). http://www.brook.edu. In 2001, 67 percent of federal employees and 47 percent of private employees said this.

[125] Light, "The Content of Their Character," p. 15. In 2001–2002, 30 percent of federal employees, and 52 percent each of nonprofit- and private-sector employees said this.

[126] U.S. Office of Personnel Management, *Poor Performers in Government*, p. 33.

[127] National Commission on the Public Service, *Urgent Business for America*, pp. 40–41. The five federal appellate bodies are the Merit Systems Protection Board, the Office of Special Counsel, the Federal Labor Relations Authority, the Office of Personnel Management, and the Equal Employment Opportunity Commission. These agencies are free to review each other's decisions, and often do, further confusing the process.

[128] Elling, Thompson, and Monet, "The Problematic World of State Management."

[129] See Jerrell D. Coggburn, "Personnel Deregulation: Exploring Differences in the American States," *Journal of Public Administration Research and Theory* 11 (April 2001), pp. 223–244; and Jonathan Walters, *Life after Civil Service Reform: The Texas, Georgia, and Florida Experiences*. Human Capital Series (Washington, DC: IBM Endowment for the Business of Government, 2002).

[130] Richard C. Elling, "Dissin' the Deadwood? Patterns in the Dismissal of Civil Servants in American State Bureaucracies," paper Presented at the Annual Meeting of the Southwestern Political Science Association, San Antonio, Texas, 1999. Elling found that the average annual dismissal rates for 1993 through 1995 in eighteen states average about 1 percent, which is higher than the federal dismissal rate of a fraction of 1 percent.

[131] Unless noted otherwise, this paragraph is drawn from, Robert Hebdon "Labor-Management Relations in the United States, 1999," *Municipal Year Book, 2000* (Washington, DC: International City/County Management Association, 2000), pp. 22–27.

[132] U.S. Equal Employment Opportunity Commission, *Annual Report on the Federal Workforce for Fiscal Year 2004* (Washington, DC: U.S. Government Printing Office, 2005). In 2004, agencies took 280 days, on average, to investigate a complaint. This is an improvement over a few years earlier. In 1998, "the average age of cases in agencies' inventories" was 446 days. See U.S. General Accounting Office, *Equal Employment Opportunity: Complaint Caseloads Rising, With Effects of New Regulations on Future Trends Unclear*, GAO/GGD–99–128 (Washington, DC: U.S. Government

Printing Office, 1999), p. 1.
[133] Hebdon, "Labor-Management Relations in the United States, 1999," p. 23.
[134] Craig Copeland, "Employee Tenure: Stable Overall, but Male and Female Trends Differ," *EBRI Notes* 26 (March 2005), pp. 2–10. Figures are for 1983–2004. This was an analysis by the Employee Benefits Research Institute based on 2004 data from the U.S. Census Bureau's Current Population Survey. Public employee tenure actually peaked in 1998 at 7.5 years.
[135] Gregory B. Lewis, "Turnover and the Quiet Crisis in the Federal Service," *Public Administration Review* 51 (March/April 1991), p. 154. The years analyzed were 1976 through 1988.
[136] Stahl, *Public Personnel Administration*, p. 35.
[137] George Orwell, *1984* (New York: Harcourt Brace Jovanovich, 1949).
[138] Seymour, Martin Lipset, and Ivan Katchanovski, "The Future of Public Sector Unions in the U.S.," *Journal of Labor Research* 23 (Spring 2001), p. 230.
[139] U.S. Bureau of Labor Statistics, *Union Members in 2005* (Washington, DC: Author, 2006), Table 3. http://www.bls.gov.news.release/union2.nr0.htm. Figures are for 2005.
[140] Joel Cutcher-Gershenfeld and Thomas Kochan, "Taking Stock: Collective Bargaining at the Turn of the Century," *Industrial and Labor Relations Review* 58 (October 2004), p. 3.
[141] As derived from data in U.S. Bureau of Labor Statistics, *Union Membership in 2005*, Table 3. Figures are for 2005, when over 16 percent of U.S. labor worked for government, and 47 percent of all union members worked for government. In that year, there were more than 7.4 million government workers who belonged to unions, and another 832,000 who were represented by unions.
[142] Ibid. Figure is for 2005.
[143] U.S. Office of Personnel Management, *Union Recognition and Agreements in the Federal Government* (Washington, DC: U.S. Government Printing Office, 1991), pp. 6–7.
[144] U.S. Bureau of Labor Statistics, *Union Members in 2005*, Table 3. Figures are for 2005.
[145] U.S. Bureau of the Census, *Statistical Abstract of the United States, 1986*, 106th ed. (Washington, DC: U.S. Government Printing Office, 1986), Table 714. Figure is for 1982.
[146] U.S. Bureau of Labor Statistics, *Union Membership in 2005*, Table 3. Figures are for 2005.
[147] Hebdon, "Labor-Management Relations in the United States, 1999," p. 22. Figure applies to police and firefighters.
[148] U.S. Advisory Commission on Intergovernmental Relations, *State Laws Governing Local Government and Administration*, p. 49. Figure is for 1990.
[149] John Thomas Delaney and Raymond D. Horton, "Managing Relations with Organized Employees," in James L. Perry, ed., *Handbook of Public Administration*, (San Francisco: Jossey-Bass, 1989), p. 439.
[150] Richard C. Elling, "Administering State Programs: Performance and Politics," in Virginia Gray and Russell L. Hansen, eds. *Politics in the American States: A Comparative Analysis*, 8th ed., (Washington, DC: CQ Press, 2004), p. 278. Figure is for 2001.
[151] David A. Dilts, William J. Walsh, and Constanza Hagmann, "State Labor-Management Relations Legislation: Adaptive Modeling," *Journal of Collective Negotiations in the Public Sector* 22 (1, 1993), p. 80.
[152] Hebdon, "Labor-Management Relations in the United States, 1999," p. 23.
[153] Cutcher-Gershenfeld and Kochan, "Taking Stock," p. 15.
[154] Not much more than half of agency officials wanted to expand the scope of bargaining, but all union officials did. Four-fifths of "neutral experts," however, favored an expansion, indicating that it likely is a good idea. See Gore, *From Red Tape to Results*, p. 81.
[155] Marvin J. Levine, "The Status of State 'Sunshine Bargaining' Laws," *Labor Law Journal* 30 (November 1980), p. 713.
[156] Chambers, "Labor Management Relations in Local Government," p. 92. Figure is for 1988.
[157] Richard C. Kearney, "The Determinants of State Employee Compensation," *Review of Public Personnel Administration* 23 (Winter 2003), p. 305.
[158] Dale Belman, John Heywood, and John Lund, "Public Sector Earnings and the Extent of Unionization," *Industrial and Labor Relations Review* 50 (April 1997) pp. 610–628.
[159] Richard T. Kearney, with David G. Carnevale, *Labor Relations in the Public Sector*, 3rd ed. (New York: Marcel Dekker, 2001).
[160] Bruce A. Wallin, *Budgeting for Basics: The Changing Landscape of City Finances* (Washington, DC: Brookings, 2005), pp. 8–9. Figures are for 1977–2000. Cities with populations of at least 100,000 in 1977 were studied. Per capita library spending grew by 19.9 percent and spending for salaries/wages by 20.1 percent.

Average per capita spending for all eleven spending areas was 38 percent.
[161] The case was *Circuit City Stores, Inc.* v. *Adams*.
[162] G. W. Bohlander, "Public Sector Grievance Arbitration: Structure and Administration," *Journal of Collective Negotiations in the Public Sector* 21 (2, 1992), pp. 271–286.
[163] Debra J. Mesch and Olga Shamayera, "Arbitration in Practice: A Profile of Public Sector Arbitration Cases," *Public Personnel Management* 25 (Spring 1996), p. 123.
[164] For research showing that management wins more frequently than labor in private-sector arbitrations, see ibid., p. 125; P. A. Zirkel, "A Profile of Grievance Arbitration Cases," *Arbitration Journal* (Spring 1983), pp. 35–38, and Debra J. Mesch and D. R. Dalton, "Arbitration in Practice: Win, Lose, or Draw?" *Human Resource Professional* 44 (December 1992), pp. 27–41, 45. Zirkel found that management won 54 percent of the cases and labor 25 percent. Mesch and Dalton found 48 percent for management, and less than 38 percent for labor.

For research showing that labor wins more frequently than management in public-sector arbitrations, see, for example, D. A. Dilts and E. C. Leonard, Jr., "Win-Loss Rates in Public Sector Grievance Arbitration Cases: Implications for the Selection of Arbitrators," *Journal of Collective Negotiations in the Public Sector* 18 (3, 1989), pp. 337–334, and M. Rahnama-Moghadan, D. A. Dilts, and A. Karim, "The Arbitration of Disciplinary Matters in the Public Sector: Does Objective Evidence Make a Difference?" *Journal of Collective Negotiations in the Public Sector* 21 (1, 1992), pp. 151–157.
[165] Dane M. Partridge, "Teacher Strikes and Public Policy:

Does the Law Matter?" *Journal of Collective Negotiations in the Public Sector* 25 (1, 1996), p. 3.

[166] Carolyn Ban and Norma Ricci, "Personnel Systems and Labor Relations: Steps Toward a Quiet Revitalization," in Thompson, ed., *Revitalizing State and Local Public Service*, p. 79. Figure is for 1990.

[167] U.S. Advisory Commission on Intergovernmental Relations, *State Laws Governing Local Government Structure and Administration*, p. 49.

[168] Walters, "The Chastening of the Public Employees," p. 29.

[169] Llewellyn M. Toulmin, "The Treasure Hunt: Budget Search Behavior by Public Employee Unions," *Public Administration Review* 48 (March/April 1988), pp. 620–630.

[170] Quoted in Sterling Spero and John M. Capozzola, *The Urban Community and Its Unionized Bureaucracy* (New York: Dunellen, 1973), p. 218.

[171] Leo Troy, "Has Public Sector Unionism Topped Out?" *Government Union Review* 17 (Spring 1996), p. 1. Between 1994 and 1995, public union membership slipped by more than 2 percent, and market share by nearly 1 percent. More recent data confirm this decline. See U.S. Bureau of Labor Statistics, *Union Membership in 2005*, Table 3.

[172] Frederick C. Mosher, *Democracy and the Public Service* (New York: Oxford University Press, 1968), p. 166.

[173] Joseph A. Ferrara and Lynn C. Ross, *Getting to Know You: Rules of Engagement for Political Appointees and Career Executives*, 2004 Presidential Transition Series (Arlington, VA: IBM Center for the Business of Government, 2005), p. 8. Figures are for 2003, and include grades GS 14–15 (the two top grades in the General Schedule) and the approximately 8,000 members of the Senior Executive Service.

[174] Pffifner, "Political Appointees and Career Executives," p. 57.

[175] Ibid., p. 58.

[176] Ferrara and Ross, *Getting to Know You*, p. 9. Figure is for 1992, but the authors provide some evidence that it is still roughly correct.

[177] David E. Lewis, *Political Appointments, Bureau Chiefs, and Federal Management Performance* (Princeton, NJ: Princeton University, Woodrow Wilson School of Public and International Affairs, 2005), p. 35. Data are for 2004. This was a seminal comparison of 242 federal bureau chiefs. Three-fourths of this group were political appointees, and a quarter were career executives in the Senior Executive Service.

[178] Dean E. Mann and Jameson W. Doig, *The Assistant Secretaries: Problems and Processes of Appointment* (Washington, DC: Brookings, 1965), p. 120.

[179] Roger G. Brown, "Party and Bureaucracy: The Presidents Since JFK," paper prepared for the 1981 Annual Meeting of the American Political Science Association, New York: September 3–6, 1981. Tables 1–10. This analysis included all cabinet, subcabinet, policymaking officials, judges, and ambassadors, from 1960 through 1978. The percentage of appointees who were members of the president's party that were appointed by Kennedy was 70 percent, Johnson 56 percent, Nixon 70 percent, Ford 61 percent, and Carter 61 percent. The Carter appointees cover only 1977 and 1978. After 1978 information on partisan affiliation became unavailable on a systemic basis.

[180] David T. Stanley, Dean E. Mann, and Jameson W. Doig, *Men Who Govern* (Washington, DC: Brookings, 1967), p. 24.

[181] Spencer S. Hsu, "Leaders Lacking Disaster Experience: 'Brain Drain' at Agency Cited," *Washington Post* (September 9, 2005).

[182] Fred Malek, presidential personnel assistant in the Nixon Administration, as quoted in Pffifner, "Political Appointees and Career Executives," pp. 63–64. Emphasis is original.

[183] National Academy of Public Administration, *Leadership in Jeopardy: The Fraying of the Presidential Appointments System* (Washington, DC: Author, 1985), p. 67, and Paul C. Light and Virginia L. Thomas, *The Merit and Reputation of an Administration: Presidential Appointments on the Appointments Process* (Washington, DC: Brookings, 2000), pp. 9, 31, 32.

[184] A 1985 survey of five agencies during the Reagan administration by Laurence Lynn, as cited by George C. Edwards III, "Why Not the Best? The Loyalty-Competence Trade-Off in Presidential Appointments," *Brookings Review* 19 (Spring 2001), pp. 12–16.

[185] U.S. Merit Systems Protection Board, *The Senior Executive Service: Views of Former Federal Executives* (Washington, DC: U.S. Government Printing Office, 1989), p. 20. Both political appointees and fellow career executives rank career executives considerably higher on these and every other dimension surveyed. A GAO study brought comparable results. See U.S. General Accounting Office, *Senior Executive Service: Opinions About the Federal Work Environment*, GAO/GGD–92–63 (Washington, DC: U.S. General Accounting Office, 1992).

[186] National Commission on the Public Service, *Urgent Business for America*, p. 19. See also Task Force on the Presidential Appointment Process, *Obstacle Course* (New York: Twentieth Century Fund, 1996); and Light and Thomas, *The Merit and Reputation of an Administration.*

[187] National Commission on the Public Service, *Urgent Business for America*, p. 21. Figures are for 2001.

[188] National Academy of Public Administration, *Appointee Survey Data Base*. (Washington, DC: Author, 1985). The report covered 1979 through 1984.

[189] Light and Thomas, *The Merit and Reputation of an Administration*, p. 10.

[190] Ibid., pp. 4–6.

[191] Hugo Heclo, *A Government of Strangers: Executive Politics in Washington* (Washington, DC: Brookings, 1977).

[192] C. Brauer, "Tenure, Turnover, and Postgovernment Employment Trends of Presidential Appointees," in G. Calvin MacKenzie, ed., *The In-and-Outers* (Baltimore, MD: Johns Hopkins University Press, 1987), pp. 1–29.

[193] Ingraham, "Building Bridges or Burning Them?" p. 429.

[194] Lewis, *Political Appointments, Bureau Chiefs, and Federal Management Performance*, p. 35. Figure is for 2004. It was found that career bureau chiefs served more than thirty-eight months in a position, compared to sixteen to twenty months for political appointees.

[195] Ferrara and Ross, *Getting to Know You*, p. 9. Figure is for 1992. The authors provide some evidence that it has not changed much since then.

[196] Ibid. Figure is for 2003, and refers to about 122,500 career senior executives.
[197] This federal grading system is called the PART program, introduced in 2004. Its scoring is not perfect, but "the scores almost certainly capture some of the variance in true management quality among federal programs. . . ." See Lewis, *Political Appointments, Bureau Chiefs, and Federal Management Performance*, p. 8.
[198] Ibid., pp. 4, 2.
[199] Alexander Hamilton, "No. 72," in Clinton Rossiter, ed. *The Federalist Papers* (New York: New American Library, 1961), p. 436.
[200] David K. Hamilton, "The Continuing Judicial Assault on Patronage," *Public Administration Review* 59 (January/February 1999), pp. 54–62.
[201] James R. Thompson, as quoted in Jeffrey L. Katz, "The Slow Death of Political Patronage," *Governing* (April 1991), p. 58.
[202] Stephen Allred, as quoted in ibid., p. 62.
[203] Susan A. MacManus and Charles S. Bullock III, "The Form, Structure, and Composition of America's Municipalities in the New Millennium," *Municipal Year Book, 2003* (Washington, DC: International City/County Management Association, 2003), p. 12. Figure is for 2001.
[204] Ibid, p. 11. Figure is for 2001.
[205] Tari Renner and Victor S. DeSantis, "Municipal Form of Government: Issues and Trends," *Municipal Year Book, 1998* (Washington, DC: International City/County Management Association, 1998), p. 34. Figure is for 1996.
[206] James Conant, "Management Consequences of the 1960–1990 'Modernization' of State Government," in John J. Gargan, ed., *Handbook of State Government Administration* (New York: Marcel Dekker, 2000). Twenty-six states reorganized their governments, 1965–1990.
[207] Frank P. Sherwood and Lee J. Breyer, "Executive Personnel Systems in the States," *Public Administration Review* 47 (September/October 1987), p. 411.
[208] See, for example, Deborah D. Roberts, "A New Breed of Public Executive: Top Level Exempt Managers in State Government," *Review of Public Personnel Administration* 8 (Spring 1988), pp. 20–36; and Robinson, "The Role of the Independent Political Executive in State Governance," pp. 119–128.
[209] Cynthia J. Bowling and Deil S. Wright, "Change and Continuity in State Administration: Administrative Leadership across Four Decades," *Public Administration Review* 58 (September/October 1998), pp. 429–442.
[210] Mann and Doig, *The Assistant Secretaries*, p. 120. In 1964, 90 percent of the assistant secretaries and deputy agency administrators were college graduates.
[211] Bowling and Wright, "Change and Continuity in State Administration."
[212] Ferrara and Ross, *Getting to Know You*, p. 9.
[213] Bowling and Wright, "Change and Continuity in State Administration."
[214] In 1945, there were 622 municipalities that had a council manager plan; by 2004, 3,475 had it. Between 1945 and 1969, the number of municipalities that had the plan had burgeoned by almost three-fourths. See "Inside the *Year Book*," *Municipal Year Book, 2005* (Washington, DC: International City/County Management Association, 2005), p. x.
[215] Renner, "The Local Government Management Profession at Century's End," pp. 38–39. Figures are for 2000. In 1994, nearly half, 45 percent, of city managers and chief administrative officers had M.P.A. degrees. See Victor S. DeSantis and Charldean Newell, "Local Government Managers' Career Paths," *Municipal Year Book, 1996* (Washington, DC: International City/County Management Association, 1996), p. 4. Another survey found that 79 percent had a graduate degree, and that 62 percent of these city managers held M.P.A.s. See Craig M. Wheeland, "Council Evaluation of the City Manager's Performance," *Municipal Year Book, 1995* (Washington, DC: International City/County Management Association, 1995), p. 14.
[216] Carolyn Cain, Enamul Choudhury, and James C. Clingermayer, "Turnover, Trust, and Transfers: An Examination of Local Government Budget Execution," *International Journal of Public Administration* 27 (August/September 2004), pp. 557–576. This was a study of municipal budget leaders in metropolitan Cincinnati.
[217] Mosher, *Democracy and the Public Service*, pp. 109, 238–239.
[218] Ibid., p. 103.
[219] Ibid.
[220] Couturier, "The Quiet Revolution in Public Personnel Laws," pp. 150–159. Three hundred thirty-eight public personnel systems responded to the survey. Sixty-three percent were influenced by the law, and 55 percent had acted on it.
[221] Mosher, *Democracy and the Public Service*, pp. 104–105.
[222] U.S. Office of Personnel Management, *Federal Employee Attitudes, Phase I: Base Line Survey, 1979, Government-Wide Report* (Washington, DC: U.S. Government Printing Office, 1979), p. 25.
[223] Jimmy Carter, *State of the Union Message*, January 19, 1978.
[224] A good example is Allan K. Campbell, "Civil Service Reform: A New Commitment," *Public Administration Review* 38 (March/April 1978), especially pp. 101–102.
[225] Mosher, *Democracy and the Public Service*, p. 107.
[226] Risher, *Pay for Performance*, pp. 4, 7, citing the glossary on the Web site of WorldatWork, formerly the American Compensation Association.
[227] U.S. Merit Systems Protection Board, *The Federal Workforce for the 21st Century*, p. 11. In 1996, 50 percent of federal workers said that they were satisfied with their pay, and in 2000, 49 percent.
[228] U.S. Office of Personnel Management, *Adherence to the Merit Principles in the Workplace: Federal Employees' Views* (Washington, DC: U.S. Government Printing Office, 1997), p. 3.
[229] James E. Clovard, deputy director, OPM, as quoted in National Academy of Public Administration, *Modernizing Federal Classification: Operational Broad Banding Systems Alternatives* (Washington, DC: Author, 1995), back cover.
[230] Ibid., p. 7.
[231] Light, "To Restore and Renew," p. 15. See also Larry M. Lane, "Public Sector Performance Management," *Review of Public Personnel Administration* 14 (Summer 1994), p. 27.
[232] U.S. Office of Personnel Management, *The Fact Book, 1999: Federal Civilian Workforce Statistics* (Washington, DC: U.S. Government Printing Office,

1999), p. 71. Figures are for 1991–1996. After 1999, OPM ceased collecting these statistics "ostensibly because it could not figure out how to present data from the increasing number of pass/fail systems in its appraisal statistics." See Light, "To Restore and Renew," p. 12.

[233] Risher, *Pay for Performance*, p. 41.

[234] Stephen Barr, "OPM Shucks 'One-Size-Fits-All' Annual Employee Reviews for Designer Versions," *Washington Post* (August 23, 1995).

[235] U.S. General Accounting Office, *Posthearing Questions Related to Pay for Performance*, GAO-03–793R Pay for Performance (Washington, DC: Author, 2003), p. 2.

[236] See J. Edward Kellough and Haoran Lu, "The Paradox of Merit Pay in the Public Sector," *Review of Public Personnel Administration* 13 (Spring 1993), pp. 45–46. Jone L. Pearce and James Perry, "Federal Merit Pay: A Longitudinal Analysis," *Public Administration Review* 43 (July/August 1983), pp. 315–325; Mikovich and Widgor, *Pay-for-Performance*; and Joan E. Pynes, *Human Resource Management for Public and Nonprofit Organizations* (San Francisco: Jossey-Bass, 1997).

[237] U.S. Government Accounting Office, *Human Capital: Using Incentives to Motivate and Reward High Performance*, GAO/T–GGD–00–118 (Washington, DC: Author, 2000). Between 1995 and 1999, the use by twenty-four agencies of performance incentives declined in terms of both dollars awarded and employees who received them. On the other hand, this analysis also found that other sorts of monetary awards are increasing. The *Washington Post* reported that in 2002 some two-thirds of all federal civilian employees receive some form of cash award or paid time off, and the typical award was less than 2 percent of salary. Some critics allege that, in some agencies, awards "are spread like peanut butter," with everyone getting something. This information is provided in Risher, *Pay for Performance*, p. 17.

[238] Risher, *Pay-for-Performance*, p. 4. The author is citing the average responses found in the four Federal Human Capital Surveys, conducted by the Office of Personnel Management, 1989–2000.

[239] Ibid., p. 7. Figure is for 2004.

[240] National Commission on the Public Service, *Urgent Business for America*, p. 31. Figure is for 2001. This condition was largely due to pay compression of the six pay levels in the Senior Executive Service.

[241] Risher, *Pay for Performance*, p. 41.

[242] Ibid., p. 10.

[243] Paul C. Light "The End of the Civil Service?" *Washington Post* (May 9, 2003). In 2003, the National Commission on the Public Service called for the abolishment of the General Schedule, and the Council for Excellence in Government also has supported the idea of far-reaching change in federal human resources management. See Gerhart, "A New Deal." In 1991, the National Academy of Sciences also added its support to pay for performance. See Mikovich and Wigdor, *Pay-for-Performance.*

[244] Hays, "Trends and Best Practices in State and Local Human Resource Management," p. 266.

[245] J. Edward Kellough and Sandy Coleman Selden, "Pay-for-Performance in State Government," *Review of Public Personnel Administration* 17 (Winter 1997), pp. 5–21. Figure is for 1994.

[246] Selden, Ingraham, and Jacobson, "Human Resource Practices in State Government," p. 605. Figures are for 1998.

[247] Gregory Streib and Lloyd Nigro, "Pay-for-Performance in Local Governments: The Views of Personnel Directors," *International Journal of Public Administration* 18 (12, 1995), pp. 1775–1794.) Figure (36 percent) is for 1992.

[248] Freyss, "Continuity and Change in Local Personnel Policies and Practices," p. 15. Figure (70 percent) is for 1995. See also Richard C. Kearney, Barry M. Feldman, and Carmine P. F. Scavo, "Reinventing Government: City Manager Attitudes and Actions," *Public Administration Review* 60 (November/December 2000), pp. 535–548. This national survey found that 47 percent of city managers had "recommended setting aside funds for employee incentives" in 1997.

[249] Sally Coleman Selden, "Human Resource Management in American Counties, 2002," *Public Personnel Management* 34 (Spring 2005), p. 81. Figures are for 2002. Thirty-six out of forty counties responded to the survey.

[250] Streib and Nigro, "Pay-for-Performance in Local Governments," p. 1781. Figure (67 percent) is for 1992.

[251] Hays and Kearney, "Anticipated Changes in Human Resource Management," p. 592. Ironically, the protection of public employees from political influences—the central value underlying to the passage of the Civil Service Act of 1883 that created the modern civil service—was ranked dead last out of eight possible values by public H. R. managers.

[252] U.S. Merit Systems Protection Board, *Civil Service Evaluation: The Evolving Role of the US Office of Personnel Management* (Washington, DC: U.S. Government Printing Office, 1999), p. 24. Twenty-three major departments were surveyed. Figure is for 1997.

[253] Coggburn, "Personnel Deregulation," p. 227.

[254] Perhaps the most famous of these analyses is Ed Michaels, Helen Hatfield-Jones, Beth Axelrod, *The War for Talent* (Cambridge, MA: Harvard Business School Press, 2001). See also Baruch Lev, *Intangibles: Management, Measurement, and Reporting* (Washington, DC: Brookings, 2001).

[255] Mosher, *Democracy and the Public Service*, pp. 140–141. Mosher first reported this development in the original edition of his book (p. 131), which was published in 1968.

[256] U.S. General Accounting Office, *Human Capital: OPM Can Better Assist Agencies in Using Personnel Flexibilities*, p. 7. Figure is for 2003.

[257] Not only have the departments of Homeland Security and Defense been effectively removed from the General Schedule, but Washington is also outsourcing its human resource management. An analysis of eight selected agencies found that all of them were using alternative means of service delivery, primarily privatization, "for the full range of their human capital efforts." See U.S. General Accounting Office, *Human Capital: Selected Agencies' Use of Alternative Service Delivery Options for Human Capital Activities*, GAO–04–679 (Washington, DC: U.S. Government Printing Office, 2004), p. 3. Data are for 2004.

[258] U.S. Office of Personnel Management, *Federal Human Resources Management for the 21st Century*

(Washington, DC: U.S. Government Printing Office, 1997), p. 8. Figures are for 1998. OPM was reduced from approximately 6,200 employees to 3,250.

[259] Hays, "Trends and Best Practices in State and Local Human Resource Management," pp. 256–275. The study referred to is conducted by the Annie E. Casey Foundation and was launched in 1999. It focuses on state and local human service providers. The article is based on this research.

[260] As derived from data in Keon S. Chi, Kelley A. Arnold, and Heather M. Perkins, "Privatization in Government: Trends and Issues," *Spectrum: The Journal of State Government* 76 (Fall 2003), p. 16. Figure is for 2002.

[261] Selden, Ingraham, and Jacobson, "Human Resource Practices in State Government," p. 600.

[262] Coggburn, "Personnel Deregulation," pp. 233–244. The quotation is on p. 241.

[263] Ibid.

[264] J. Edward Kellough and Sally Coleman Selden, "The Reinvention of Public Personnel Administration: An Analysis of the Diffusion of Personnel Management Reforms in the States," *Public Administration Review* 63 (March/April 2003), pp. 165–176.

[265] For a good report on Florida's civil service reform, see James S. Bowman, Mark G. Gertz, Sally C. Gertz, and Russell L. Williams, "Civil Service Reform in Florida State Government: Employee Attitudes One Year Later," *Review of Public Personnel Administration* 23 (Winter 2003), pp. 286–301.

[266] For a thorough and excellent explanation of Georgia's innovation, see Charles W. Gossett, "Civil Service Reform: The Case of Georgia," *Review of Public Personnel Administration* 22 (March 2002), pp. 94–113.

[267] Walters, *Life after Civil Service Reform*, pp. 5, 12.

[268] Selden, "Human Resource Management in American Counties, 2002," p. 61. Figure is for 2002.

[269] Mildred Warner and Amir Hefetz, "Pragmatism over Politics: Alternative Service Delivery in Local Government, 1992–2002," *Municipal Year Book, 2004* (Washington, DC: International City/County Management Association, 2004), pp. 10–11. Data are for 1992–2002. In 1992, 8 percent of personnel services were delivered through public-private partnerships.

[270] For a couple of good analyses of long-term trends of racial and gender inequalities in the United States, see: Reynolds Farley, "Racial Trends and Differences in the United States 30 Years After the Civil Rights Decade," *Social Science Research* 26 (September 1997), pp. 235–262; and M. Therese Seibert, Mark A. Fossett, and Dawn M. Baunach, "Trends in Male-Female Status Inequality, 1940–1990," *Social Science Research* 26 (March 1997), pp. 1–24. The former article finds that as racial diversity increases, inequities are reducing (especially for blacks), although some severe problems remain; the latter article concludes that gender inequities "declined sharply" during the 1980s but still remain.

[271] We are grateful to Elling, "Administering State Programs," p. 276, for the provision of these terms.

[272] Reginald Wilson, *Affirmative Action: Yesterday, Today, and Beyond* (Washington, DC: American Council on Education, 1995), p. 6.

[273] Bob Zelnick, *Backfire: A Reporter's Look at Affirmative Action* (Washington, DC: Regnery, 1996), p. 29.

[274] Mitchell F. Rice and Maurice Mongkuo, "Did *Adarand* Kill Minority Set-Asides?" *Public Administration Review* 58 (January/February 1998), p. 82. Figures are for 1994.

[275] George R. La Noue and John C. Sullivan, "Race Neutral Programs in Public Contracting," *Public Administration Review* 55 (July/August 1995), p. 354.

[276] Rice and Mongkuo, "Did *Adarand* Kill Minority Set-Asides?" p. 85, and *Federal Register*, cited in Ann Devroy, "Affirmative Action Rules are Revised," *Washington Post* (May 23, 1996).

[277] Lorenda A. Naylor and David H. Rosenbloom, "Adarand, Grutter and Gratz: Does Affirmative Action in Federal Employment Matter?" *Review of Public Personnel Administration* 24 (June 2004), p. 150.

[278] Pan S Kim, "Disability Policy: An Analysis of the Employment of People with Disabilities in the American Federal Government," *Public Personnel Management* 25 (Spring 1996), p. 73. In 1999, the Supreme Court ruled in three cases that the ADA did not apply to people whose condition could be corrected.

[279] American Bar Association, as cited in Laurie Asseo, "High Court Limits Disabilities Law," *Washington Post* (June 22, 1999). 700 cases from 1992 through 1997 were analyzed.

[280] Charles W. Gosset, "Lesbians and Gay Men in the Public-Sector Workforce" in Norma M. Riccucci, ed., *Public Personnel Management: Current Concerns, Future Challenges*, 4th ed. (New York: Longman, 2006), pp. 76–77. Figures are for 2005.

[281] Dan A. Black, Hoda R. Makar, Seth G. Sanders, and Lowell J. Taylor, "The Earnings Effects of Sexual Orientation," *Industrial and Labor Relations Review* 56 (April 2003), pp. 449–470. This investigation was based on the General Social Survey data from 1989–1996.

[282] U.S. General Accounting Office, *Sexual Orientation-Based Employment Discrimination: States' Experience with Statutory Provisions*, GAO–02–878R (Washington DC: US Government Printing Office, 2002).

[283] The case was *Smith* v. *City of Jackson*.

[284] The case was *Metro Broadcasting* v. *Federal Communications commission*.

[285] See Thompson, *Personnel Policy in the City*, pp. 112–130.

[286] Robert J. Huntley and Robert J. McDonald, "Urban Managers: Organizational Preferences, Managerial Styles, and Social Policy Roles," *Municipal Year Book, 1975* (Washington, DC: International City Management Association, 1975), p. 157. Emphasis has been added.

[287] Moulder, "Affirmative Action in Local Government," pp. 47–52. Data are for 1989. In 1974, 46 percent of cities had affirmative action plans for women and 55 percent for minorities. See: Huntley and McDonald, "Urban Managers," p. 157.

[288] This is not as clear-cut as it may appear. The Supreme Court ruled unanimously in 1987, in *St. Francis College* v. *Al-Khazraji*, that Arabs and other ethnic groups no longer could be counted as whites in discrimination suits but must be treated, to quote the Court, as "identifiable classes of persons" who may have been victims of discrimination "solely because of their ancestry or ethnic characteristics."

[289] Paul Oyer and Scott Schaefer, "Sorting, Quotas, and the Civil Rights Act of 1991: Who Hires When It's Hard to Fire?" *Journal of Law and Economics* 45 (April 2002), pp. 41–68.

[290] Paul Oyer and Scott Shaefer, "The Bias Backfire," *Harvard Business Review* 82 (November 2004), p. 26.

[291] Elizabeth L. Schoenfelt and Leslie C. Pedigo, "A Review of Court Decisions on Cognitive Ability Testing, 1992–2004," *Review of Public Personnel Administration* 25 (September 2005), p. 272.

[292] Ibid., pp. 271–287.

[293] Moulder, "Affirmative Action in Local Government," p. 51; and Eveline R. Moulder, "Affirmative Action: The Role Local Governments are Playing," *Municipal Year Book 1986* (Washington, DC: International City Management Association, 1986), p. 26.

[294] See, for example, James L. Outtz, "The Role of Cognitive Ability Tests in Employment Selection," *Human Performance* 15 (Spring 2002), pp. 161–171, and Kevin R. Murphy, "Can Conflicting Perspectives on the Role of g in Personnel Selection Be Resolved?" pp. 173–186, in the same issue. African Americans typically score one standard deviation lower than whites on cognitive ability tests.

[295] Earl Hunt, "When Should We Shoot the Messenger? Issues Involving Cognitive Testing, Public Policy, and the Law," *Psychology, Public Policy, and Law* 2 (September/December 1996), pp. 486–505.

[296] U.S. Merit System Protection Board, *Building a High-Quality Workforce*, p. 24. In 2001, 48 percent of "total accessions" in professional and administrative positions (GS grades 5, 7, and 9) were admitted to the federal employ through competitive examinations, specifically the Office of Personnel Management's Certificates of Eligibles (in which OPM ranks applicants' education, veterans' status, and other variables that often include a written examination and then submits its top three recommendations to the agency for selection); agencies' delegated examining units; and the Administrative Careers with America written test. By 2004, only 26 percent of all accessions were made through these test-based means. By contrast, employees hired through the Federal Career Intern Program had increased from 1 percent in 2001 to 28 percent in 2004.

[297] Stein, "Merit Systems and Political Influence," p. 267.

[298] Jean Couturier, "Court Attacks on Testing: Death Knell or Salvation for the Civil Service System," *Good Government* 88 (Winter 1971), p. 12.

[299] Couturier, "The Quiet Revolution in Public Personnel Laws."

[300] Clarence M. Pendleton, Jr., quoted in Associated Press, "Rights Panel Chief Scoffs at Idea of Comparable Pay for Women," *New York Times* (November 17, 1984).

[301] Constance Horner, quoted in Mike Causey, "Comparable Worth Plans," *Washington Post* (April 22, 1987).

[302] Susan E. Gardner and Christopher Daniel, "Implementing Comparable Worth/Pay Equity: Experiences of Cutting-Edge States," *Public Personnel Management* 27 (Winter 1998), pp. 475–489.

[303] Cayer, "Local Government Personnel Structure and Policies," p. 9.

[304] Gardner and Daniel, "Implementing Comparable Worth/Pay Equity," and U.S. General Accounting Office, *Pay Equity: Washington State's Efforts to Address Comparable Worth*, GAO/GGO–92–87BR (Washington, DC: U.S. General Accounting Office, 1992).

[305] James E. Campbell and Gregory B. Lewis, "Public Support for Comparable Worth in Georgia," *Public Administration Review* 46 (September/October 1986), pp. 432–437; and Mark A. Emmert, "Public Opinion of Comparable Worth: Some Preliminary Findings," *Review of Public Personnel Administration* 6 (Fall 1985), pp. 69–75.

[306] Cynthia S. Ross and Robert E. England, "State Governments' Sexual Harassment Policy Initiatives," *Public Administration Review* 47 (May/June 1987), p. 261. Data are for 1985.

[307] Cayer, "Local Government Personnel Structure and Policies," p. 12. Over 87 percent of cities and over 88 percent of counties have policies forbidding sexual harassment.

[308] As derived from data in U.S. Equal Employment Opportunity Commission, "Charge Statistics," and "Sexual Harassment Charges," http://www.eeoc.gov/staff. Between 1992 and 2000, sexual harassment charges filed with the EEOC grew by over 50 percent; the remaining types of charges (i.e., discrimination based on race, sex, disability, age, religion, and national origin) grew by less than 11 percent. In 1980, 3,661 sexual harassment charges were filed with the EEOC; in 1991, 6,883; in 2000, 15,836. Sexual harassment charges have exceeded 15,000 every year since 1995.

[309] U.S. Merit Systems Protection Board, *Sexual Harassment in the Federal Workplace* (Washington, DC: U.S. Government Printing Office, 1995). Figures for both sexes (44 percent for women, 19 percent for men) are for 1994, but the numbers are fairly stable over time. The 94 percent of the employees who did not intend to file charges said, in about even numbers, that they were not going to do so because either the "attention" was not serious or that they did not trust the government to be responsive. The 1994 survey was sent to 13,200 federal workers with a response rate of 61 percent.

[310] Ibid., p. 19. Figures are for 1994.

[311] Ibid.

[312] 1993 survey by the UCLA Graduate School of Management and Korn Ferry International, as cited in ibid., p. 20.

[313] American Management Association survey of large U.S. corporations, as cited in Kirsten Downey Grimsley, "Co-Workers Cited in Most Sexual Harassment Cases," *Washington Post* (June 19, 1996). Not quite 50 percent of private-sector workers who lodged sexual harassment complaints did so against peers, over 26 percent against their direct supervisors, over 17 percent against "other supervisors," and nearly 7 percent against customers or vendors.

[314] U.S. Merit Systems Protection Board, *Sexual Harassment in the Federal Workplace*, p. 7.

[315] U.S. Office of Personnel Management, *The Fact Book, 2004*, p. 48, for federal and private-sector workforce employment percentages, and as derived from data in U.S. Bureau of the Census, *Statistical Abstract of the United States, 2006,* Table 13, for population percentages. All data are for 2003.

[316] U.S. Bureau of the Census, *Statistical Abstract of the United States, 2006*, Table 485. Figure is for 2003.

[317] For additional analyses, see U.S. General Accounting Office, *The Public Service: Issues Confronting the Federal Civilian Workforce,* GGD–94–157 (Washington, DC: U.S. Government Printing Office, 1994), and Salomon A. Guarjardo, "Minority

Employment in U.S. Federal Agencies: Continuity and Change," *Public Personnel Management* 25 (Summer 1996), pp. 199–208.

[318] U.S. Office of Personnel Management, *The Fact Book, 2004*, p. 48. Data are for 2003.

[319] Center for Women in Government and Civil Society, State University of New York at Albany, *Appointed Policy Makers in State Government: Five-Year Trend Analysis: Gender, Race, and Ethnicity* (Albany, NY: Author, 2004), p. 2. Figure is for 2003.

[320] Renner, "The Local Government Management Profession at Century's End," p. 37. Figure is for 2000.

[321] Center for Women in Government and Civil Society," *Appointed Policy Makers in State Government*, p. 4. Figure is for 2003.

[322] Renner, "The Local Government Manager at Century's End," p. 37. Figure is for 2000. Prospects seem good for enlarging this proportion. In 1991, 34 percent of assistant city managers were women. See Joy Pierson Cunningham, "Fostering Advancement for Women and Minorities," *Public Management* 14 (June 1992), p. 23.

[323] Jerry Mitchell, "Education and Skills for Public Authority Management," *Public Administration Review* 51 (September/October 1991), pp. 429–437.

[324] Gayle A. Lawn-Day and Steven Ballard, "Speaking Out: Perceptions of Women Managers in the Public Service," *Review of Public Personnel Administration* 16 (Winter 1996), p. 42.

[325] Light, "The Content of Their Character," p. 8.

[326] Ronald G. Shaiko, "Female Participation in Association Governance and Political Representation: Women as Executive Directors, Board Members, Lobbyists, and Political Action Committee Directors," *Nonprofit Management and Leadership* 8 (Winter 1997), pp. 121–139.

[327] Eleanor V. Laudicina, "Managing Workforce Diversity in Government: An Initial Assessment," *Public Administration Quarterly* 19 (Summer 1995), p. 170.

[328] Nelson Dometrius and Lee Sigelman, "Assessing Progress Toward Affirmative Action Goals in State and Local Governments: A New Benchmark," *Public Administration Review* 44 (May/June 1984), pp. 244–245. Data are for 1980. See also Gregory B. Lewis and David Nice, "Race, Sex, and Occupational Segregation in State and Local Governments," *American Review of Public Administration* 24 (December 1994), pp. 393–410.

[329] Lisa Genasli, "Women, Minority Executives Remain Few," *Philadelphia Inquirer* (September 27, 1994). In 1994, two *Fortune* 500 CEOs were minorities.

[330] "The 2005 Fortune 500: Women CEOs," *Fortune*. http://www.fortune.com/fortune/fortune500/articles/. In 2005, nine *Fortune* 500 CEOs were women.

[331] Alison M. Konrad and Kathy Cummings, "The Effects of Gender-Role Congruence and Statistical Discrimination on Managerial Advancement," *Human Relations* 50 (October 1997), pp. 1305–1328.

[332] Kathleen Cannings and Claude Montmarquette, "Managerial Momentum: A Simultaneous Model of the Career Progression of Male and Female Managers," *Industrial and Labor Relations Review* 44 (January 1991), pp. 212–228.

[333] Pew Research Center for the People and the Press, *Conflicted Views of Affirmative Action*, (Washington, DC: Author, 2007), p. 3. Figure is for 2003,

[334] Judith J. Friedman and Nancy Di Tomaso, "Myths about Diversity: What Managers Need to Know About Changes in the U.S. Labor Force," *California Management Review* 38 (Summer 1996), pp. 54–77.

[335] As derived from data in U.S. Bureau of the Census, *Statistical Abstract of the United States, 2006*, Table 577. Current figure is for 2004.

[336] Friedman and Di Tomaso," Myths about Diversity," p. 58.

[337] As derived from data in U.S. Bureau of the Census, *Statistical Abstract of the United States, 2006*, Table 577. Current figure is for 2004. There are some anomalies in theses figures, as, beginning in 2003, the Current Population Survey allows respondents to choose more than one race, if they wish. The figures cited in the text represent people who selected that particular racial group only, and exclude people who reported that they belonged to more than one race. Prior to 2003, the Current Population Survey allowed respondents to report only one racial group.

[338] U.S. General Accounting Office, *The Changing Workforce: Demographic Issues Facing Employers*, GAO/T–GGD-92–61 (Washington, DC: U.S. Government Printing Office, 1992), pp. 1–7.

[339] Friedman and Di Tomaso, "Myths about Diversity," p. 58.

[340] As derived from data in U.S. Bureau of the Census, *Statistical Abstract of the United States, 2006*, Table 577. Current figure is for 2004.

[341] Friedman and Di Tomaso, "Myths about Diversity." But see also Audrey J. Cohen, "Predictors of Public and Private Employment for Business College Graduates," *Public Personnel Management* 22 (Spring 1992), p. 167. This and other research suggests that minority college graduates are considerably more favorably disposed toward working in the public sector than are white college graduates.

第3篇

执行公共政策

在《公共行政与公共事务》一书的第3篇也就是最后一部分，我们来解释如何完成公共行政的使命。在这一部分，我们会更广泛地讨论组织中的行政学问题。

政策执行是通过组织以及组织之间的安排来执行和提供公共政策的。它可能是公共行政中最属于“实务”的一个层面，但是政策执行这个课题，却出人意料并理所当然地具有相当的理论性，而且常常具有抽象性，这是研究公共政策执行中既讽刺又自相矛盾的事实。

我们将公共政策执行这一复杂领域切割成宽幅不大的条块，首先要看公共政策本身是如何制定的，三个部门又是如何执行公共政策的，然后介绍公共部门是如何执行公共政策的，最后到公共行政人员个体又如何执行公共政策。

为此，在第三部分的介绍性章节中，我们会解释需要执行的是什么，也就是公共政策，或者更具体一些，是介绍制定、提供并调整公共政策的各种模型。

随后的两个章节重点介绍政府用于执行公共政策的机构，例如公司、公共管理机构、非营利组织、政府创办的企事业单位以及其他各级政府。这些以及其他手段使得政府的作用范围已经远远超过了它名义上的范围。根据一位研究人员计算，联邦政府在由联邦行政人员直接执行的民间项目上只花费7%的财政预算[1]，另一位分析家总结道，联邦政府民间雇员的数字还不到190万，而正如华盛顿所反驳的那样，实际数字要超过1 440万！[2]

其间的数字差异要归因于在商界、非营利组织以及州与地方政府工作的雇员人数，这些人既可以通过联邦政府的合同和补贴雇用，也可以干脆由基层政府雇用。如果我们在定义联邦政府雇员人数的时候包括这些“间接”雇员，那么，2/5的美国家庭都会有人在为联邦政府工作。[3]

类似地，州与地方政府也用同样的制度和方法扩大了自己的影响。有些人将这些安排统称为“代理人政府”（government by proxy）[4]，而这又导致了在“影子政府”（shadow of government）[5]中耕耘的“影子劳动力”（shadow workforce）。

最后，或许也是最重要的，我们将焦点放在特定范畴上，即公共行政人员个体在公共政策形成和执行过程中的伦理决策，而且在本书的结尾部分，我们将会谈一谈有关公共行政满腔热情的一些想法。

注释

[1] Donald F. Kettl, *Government by Proxy* (Washington, DC: Congressional Quarterly Press), 1988.

[2] Paul C. Light, *Fact Sheet on the New True Size of Government* (Washington, DC: Center for Public Service, Brookings Institution, 2003), p. 4. In 2002, the federal government had almost 1.76 million civilian workers on its payroll, contracted out nearly 5.17 million jobs to private employers, effectively ordered state and local governments to hire an estimated 4.65 million employees through mandates (estimate is for 1996), and paid state and local governments to employ 2.86 million workers through federal grants-in-aid. These figures do not include almost 1.46 million military personnel and 875,000 Postal Service workers. If these two groups were included, the total would be almost 16.77 million federal workers in 2002.

[3] Ibid., p. 3.

[4] Kettl, *Government by Proxy*.

[5] Paul C. Light, *The True Size of Government* (Washington, DC: Brookings, 1999).

第 6 章

认识并改善公共政策

公共政策是公共行政人员予以执行的东西，所以在执行部分开篇讨论构思、分析和认识公共政策的方式方法是非常明智的。

公共政策就是政府采纳并追寻的行动过程。公共政策分析则是研究如何制定和执行政府的公共政策，以及如何利用有效的知识提高和改善这些政策的制定和执行方式。[1]

“政策分析家”是联邦政府、大部分州政府以及众多大地方政府中一个官员的岗位说明，而“公共政策分析则是在美国已然建立的知识产业之一”[2]。在联邦政府，1993 年《政府绩效与结果法案》的颁布执行以及管理与预算办公室 1994 年做出的在其各关键资源管理办公室中配备政策分析家的深远决定，都确保了政策分析在美国联邦政府中的地位。另外，政策分析对实际的政策具有影响力。一项针对 19 世纪非党派政策研究组织对立法人员产生影响的研究发现，这些组织，“甚至是处于高度政治化环境中的那些组织，主要通过提供信息和分析类决策者的方式不仅可以对政策制定产生非常重要的影响，同时还可以影响公共政策的成效”[3]。

6.1 政治科学、公共行政和政策分析

认识并理解公共政策这一分支领域的一种途径就是将其一分为二。其中一个支系（branch）是实质性的（substantive）、过

程性的（processual）、描述性的（descriptive）以及客观性的（objective）。这就是说，它所关注的重点是某些问题的实质（例如环境、犯罪或其他问题），并且常常出版冠名为一些实质性领域的“政治学”。这一部分的焦点在于公共政策的过程，也就是政策过程在某一特定领域是如何运行的，并试图客观地描述这一政策过程。

这是政治科学家处于支配地位的领域，我们称其为公共政策制定与执行的渐进主义范式（incrementalist paradigm），与公共政策分析定义中的第一部分相关：“研究如何制定并执行政府政策”。

第二个支系是理论性的（theoretical）、效果性的（effectual）、指示性的（prescriptive）以及规范性的（normative）。也就是说，它主要研究公共政策理论的发展过程以及这些理论在实践中的产出与效果。这一部分的焦点在于描述制定与执行更好政策的更优途径，而不太考虑公共政策可能涉及的实际问题和领域。

公共行政人员在这一支系里处于支配地位，我们称其为公共政策制定与执行的理性主义范式（rationalist paradigm），与公共政策分析的第二部分相关：“如何利用有效的知识提高并改善政府政策的制定与执行。”上述两种范式提供出政策制定的几种模式，我们将会在本章中逐一讨论。

近几年来，战略规划（strategy planning）作为公共政策制定中一种相对实践性较强的范式已经出现了，在许多情况下用来协调渐进主义范式与理性主义范式之间的不同观点。我们会通过讨论战略规划及其在公共部门和非营利部门中的应用对本章进行总结。

6.2 公共政策制定与执行的渐进主义范式

我们之前至少已经以某种方式间接地考虑了公共政策的渐进主义范式。组织理论中见到的“满足感”（satisficing）、组织变迁（organization drift）、有限理性（bounded rationality）、有限认识（limited cognization）以及其他术语，都反映了渐进主义范式的基本思想。

查理斯·E. 林德布鲁姆的许多著作都与渐进主义紧密相连。事实上，他与任何用“不连贯的渐进主义”（disjointed incrementalism）一词来描述决策过程的人一样，对这一名词负有同样的责任。[4]所谓“不连贯”，在这种情况下，意味着对各种环境条件的分析与评估以及回应上述条件可选择的方案之间是不协调的，而且这种不协调遍布于整个社会；而渐进主义则意味着，只有一小部分的可选择方案会提供给政策制定者，而且每一个可选择方案只能代表非常细微的现状变化。

林德布鲁姆通过冠名“不连贯的渐进主义”而使渐进主义思想在学术上变得更具合法性（也更加华而不实），在这之前，他将这一概念称为“得过且过”（muddling through）[5]。得过且过作为一个专业术语，不仅仅是针对决策过程的一种更加多彩的描述，而且也更为清晰并更具自我解释性。

从根本上说，渐进主义范式在公共决策中呈现的是一种保守的发展趋势，新的公共政策都被视为过去政策的变异。公共政策制定者也被认为是没有头脑、时间和金钱去形成真正差异性政策的人，这些人会以满足或合意的心态，接受过去的各种政策。一旦采用全新且变革幅度很大的过程，就会在现有的政策中产生某些可能无法收回的“沉没成本”，而这会阻碍创新行为。与那些基本上重新分配社会价值所必需的政策相比，渐进政策几乎总是在政治上更为有利。正如一位研究政治可行性的学者所言：“最具有可行性的就是渐进主义。”[6]图 6－1 是渐进主义范式的解说。

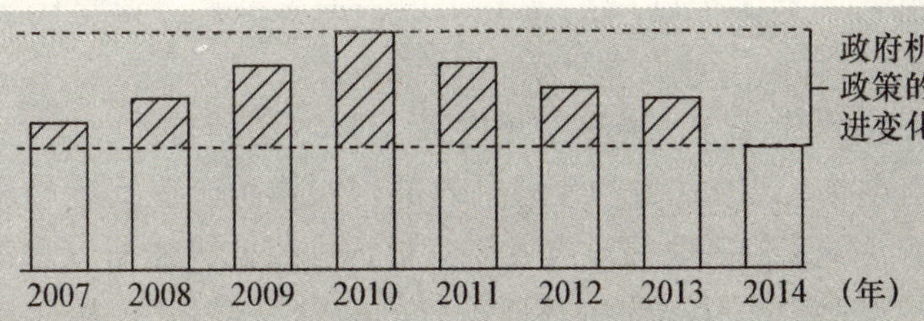

图 6－1　公共政策制定与执行的渐进主义范式

对公共政策制定与执行的渐进主义范式的理解尝试可以被归类于以下六种模式：精英模式、群体模式、系统模式、制度主义模式、新制度主义模式以及组织的无政府模式，我们会按顺序对每个重点逐一进行探讨。

精英/大众模式

精英/大众模式以粗略的形式认为，一位政策制定与执行的精英，因为能够在一个充满无情和信息扭曲的环境中有效运作，所以能够治理绝大部分被动的群众。政策可以从精英阶层下传至普通大众，社会也因此分为拥有权力和没有权力的人。精英们共享他们有别于一般大众的共同价值，因此普通公共政策就会反映精英们的价值观念，从而最终维持他们所拥有的社会地位。最后，与普通老百姓相比，精英们拥有较多的收入、较好的教育和较高的社会地位。或许，我们可以在 C. 赖特·米尔斯所著的《权力精英》(*The Power Elite*) 一书中[7]，找到对精英理论的最佳诠释。图 6－2 就是精英理论中公共行政相关部分的图解说明。

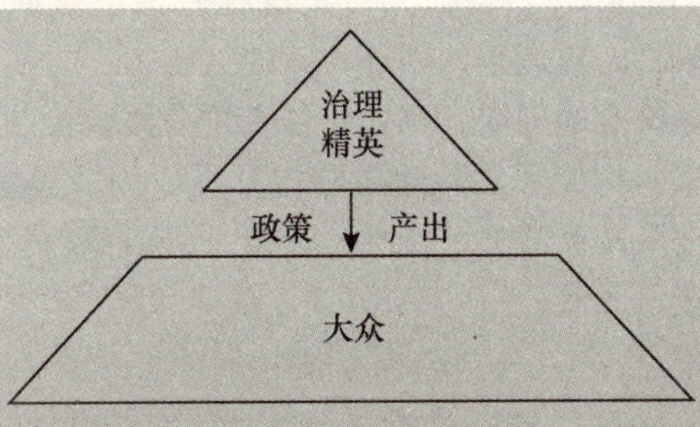

图 6－2　公共政策制定与执行的精英/大众模式

群体模式

渐进主义公共政策的第二种模式就是群体模式。当今令人质疑的竞选资金和强有力的既得利益都属于这种模式，压力集团和游说群体的概念也与这种模式相关。另一种描述群体模式的途径是“液压理论”，在这种理论中，政治体制被看成是公共政策制定过程中各种力量和压力彼此互动的一个系统。阿瑟·F. 本特利所著的《政府管理过程》（*The Process of Government*）应该是代表群体模式的一部典型佳作。[8]

正常情况下，群体模式与立法部门相联系，而不是和官僚制度相联系。但是，学者们长期以来也承认，“中立的”政府行政部门同样也会受到各种压力集团的冲击。比方说，政治科学家们对联邦政府各监管机构进行的大量研究，都不约而同地指向同一个结论：监管机构最终会被其所监管的对象“俘获”，从而使这些机构中的行政人员逐渐难以区分什么是对公共利益有利的政策，而什么又是对监管对象利益有利的政策。在监管人的眼中，对群体有利的事情，对国家也同样有好处。[9]图6-3就说明了这种群体模式。

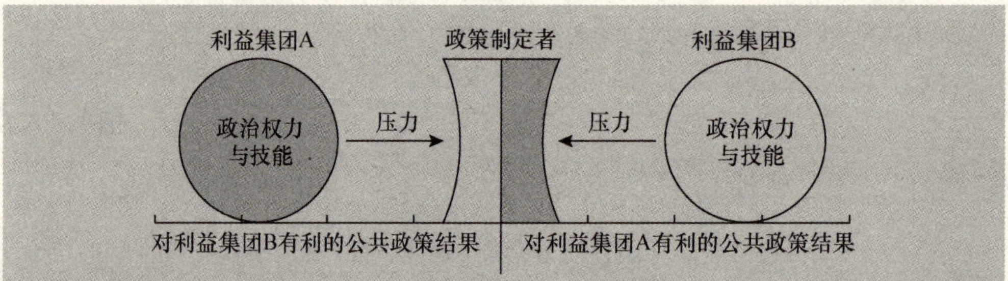

图6-3 公共政策制定与执行的群体模式

系统模式

渐进主义公共政策的第三个重点是系统模式。系统模式有赖于信息理论的概念（尤其是反馈、输入与输出），相信公共政策过程基本上是循环的。政策是一个产生、执行、调整、再执行、再调整的循环往复的过程。

系统模式研究诸如此类的问题，例如：什么是公共政策制定系统中的重要变量和模式？究竟是什么东西构成了实际政策制定过程中的“黑箱”？政策制定过程中的输入、内投入、输出以及反馈又是什么？大卫·伊斯顿应该是这一主流文献的代表人物，他所著的《政治系统》（*Political System*）更是经典之作。[10]图6-4说明了系统模式所强调的重点。

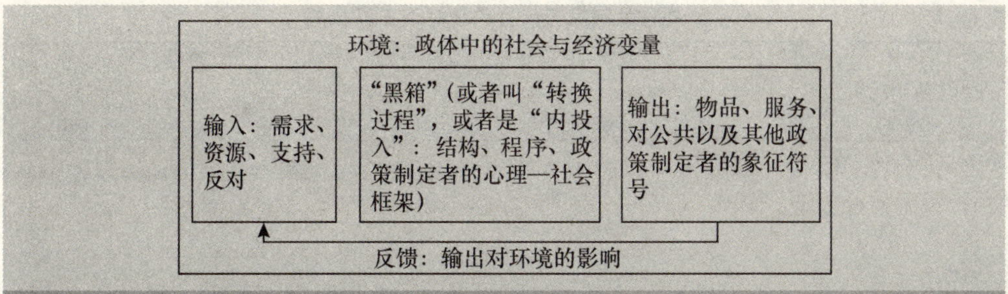

图 6-4　公共政策制定与执行的系统模式

制度主义模式

我们把传统的制度主义模式也包括在渐进主义范式里。制度主义模式关注于政府的组织框架，它描述官僚制度与行政部门的安排与法定职责，然而却忽视了二者之间的关联。宪法条例、行政法与普通法以及其他类似法规，是制度主义模式追求的最大目标；而对于政府部门与其所制定的各种政策之间的行为联系却很少关心。卡尔·J. 弗里德里克所著的《宪政与民主》（*Constitutional Government and Democracy*）就是一部代表著作。[11]

随着政治科学行为主义革命的到来，公共政策过程中的制度研究被搁置一边，而更多地偏好依靠群体模式、系统模式和精英/大众模式开展研究。图 6-5 对制度主义模式进行了图解说明。

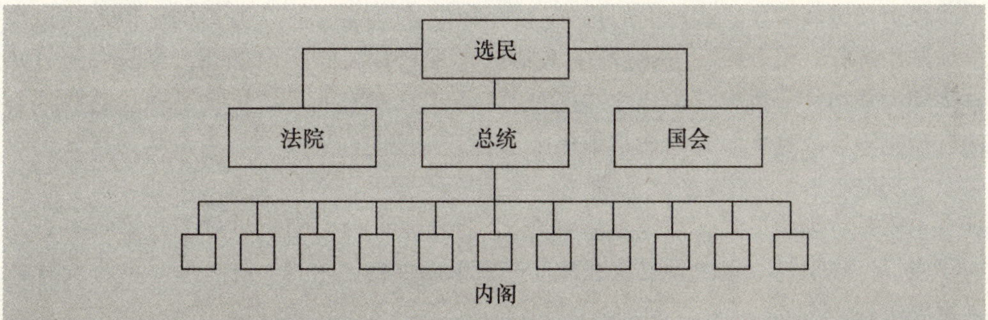

图 6-5　公共政策制定与执行的制度主义模式

新制度主义模式

制度主义模式经历了一场复兴，最好把它称作新制度主义模式。新制度主义模式基本上建立在一个更为成熟而复杂的分析基础上，有很多人对此作出过贡献[12]，但西奥多·J. 卢威是对这一创新理论贡献最大的人。新制度主义模式试图根据政策制定的子系统对公共政策进行分类。比方说，卢威就将公共政策分为四个“权力领域”：再分配权力、分配权力、民选权力和规制权力。这些都可以在表 6-1 中有所展现。

表 6-1　　公共政策制定与执行的新制度主义模式

政府施压的可能性	政府施压的对象	
	个人行为	系统行为
鞭长莫及的	诸如农业补贴等分配性政策领域： 政治行为与特征 分权的 割裂的 地方的 党派的/选举的 互相捧场的 以法律为中心的	诸如立法机构重新分配等选区性政策领域： 政治行为与特征 集权的 系统的 全国的 意识形态的 党派的/选举的 互相捧场的 以法律为中心的
立竿见影的	诸如取消欺骗性广告等规制性政策领域： 政治行为与特征 分权的 割裂的 地方的 特殊利益的 群体间讨价还价的 以官僚制度为中心的	诸如收入累进税等再分配性政策领域： 政治行为与特征 集权的 系统的 全国的 意识形态的 特殊利益的 群体间讨价还价的 以官僚制度为中心的

权力领域。例如，在权力的再分配领域中，权力会以一个基本的比例形式在政治体制中进行“再分配”。再分配的政策通常具有较高的意识形态，容易引起特殊群体间的情绪性争执，其中包含“拥有者”和“未拥有者”之间的斗争。这些斗争比较少见于各政党之间，而通常都集中于官僚制度内。事实上，卢威认为再分配政策所关切的事务，“不是资产的使用，而是资产本身；不是平等的待遇，而是平等拥有；不是行为的举止，而是本质存在”。而且他认为，由于再分配政策具有一定的秘密性，政策过程也主要发生在政府的官僚制度内，所以，这一领域最不受社会学家的重视。[13]

卢威对公共政策制定的其他三个子系统仅进行了小范围的研究，也不是很深入。

政府施压：可能性与对象。正如表 6-1 所示，新制度主义模式存在两个方面：一个是施压的可能性，另一个是施压的对象。施压的可能性也许是鞭长莫及的，也有可能是立竿见影的。比方说，在规制政策领域中，施压可能性是相当直接的，因为违反联邦法规者就得受到处罚。另外，违反联邦法规的人员可能会视同个体接受处罚，例如，一家违反《舍曼反托拉斯法案》（Sherman Antitrust Act）的公司，就会被当做一个个体公司来接受处罚。

为此，我们接着讨论施压对象的问题，施压对象可以是单独的个体，也可以是系统组织。在选区政策和再分配政策的领域中，政府试图通过一定的手段操控系统组织的行为。比方说，政府可以通过改变联邦储备贴现率而对全国的经济投资规模产生巨大的影响。然而，这类政策并没有把个人单独列为施压的对象。

卢威认为，靠政府施压对象和可能性而确定的这些政策领域，产生出了某种可以确认的政治行为类型。[14]

组织的无政府模式

渐进主义范式的最后一个主要模式是公共政策制定的组织的无政府模式，图 6-6 详细说明了这一理论。约翰·W. 金顿的经典著作《议程、可选择方案以及公共政策》(*Agendas, Alternatives, and Public Policies*) 就是这一理论典型的实证代表。[15]

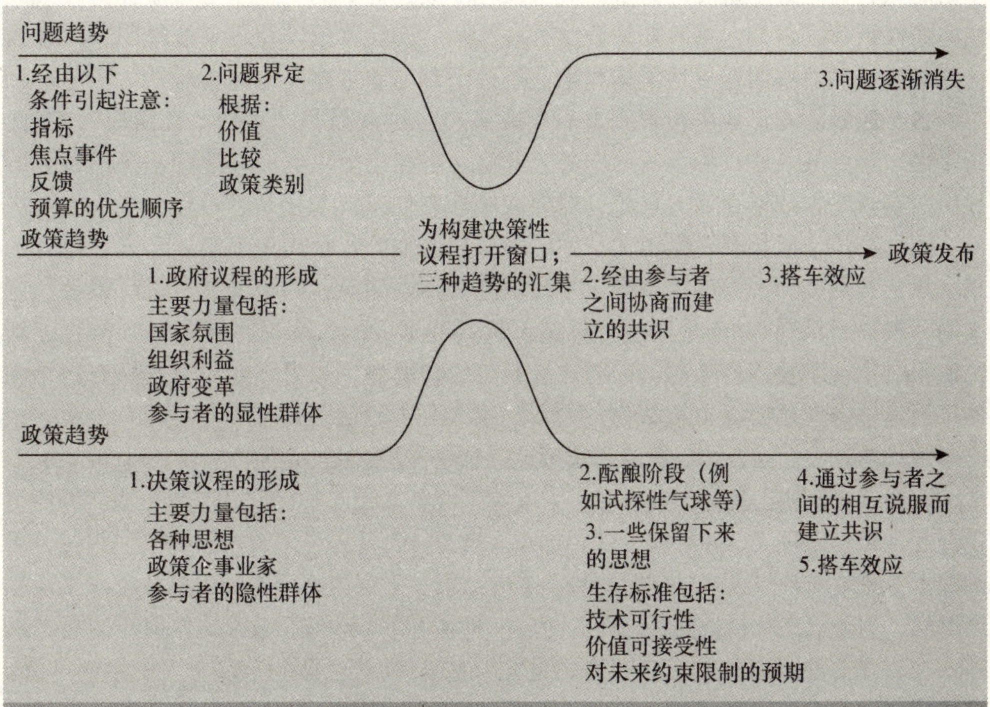

图 6-6 公共政策制定与执行中组织的无政府模式

问题、政治与政策趋势。该模式基本上代表了构成政策制定过程的三个“趋势”，这些趋势相互之间大体上是独立流动的。

问题趋势。第一个就是所谓的问题趋势，它将公众与政策制定者的注意力集中于某一特定的社会问题，对这一问题进行界定之后，要么运用新的公共政策解决问题，要么就让问题从眼前消失。一般来讲，各种问题可以以价值的形式界定，比方说保守的或自由的取向；也可以以比较的形式界定，比方说美国与伊朗；还可以以类别的形式加以界定，比方说，残障人士的交通运输到底是“交通”问题还是“民权”问题？为此，在解决问题的过程中，对问题进行分类就变得越来越重要了。

政治趋势。第二个是政治趋势，在政治趋势中会形成政府议程，也就是形成有待解决的问题或事件目录。在政府议程形成的过程中，重要的参与者都是由政策成员的显性群体或在公共场合下曝光率最高的那些人组成，包括高层政务官员和总统幕僚、国会议员、媒体以及各大利益集团。经过这些参与方之间的讨价还价之后会形成一个共识，并且在某一个点上，会形成一种“搭车效应”（bandwagon or tilt effect）。也就是说，所有参与者在处理政策解决方案时会渐渐产生一种强烈的需求，希望能够“被包含进”这个过程，而不要被排除在外。

政策趋势。第三个是政策趋势，在政策趋势中会形成决策议程或者“可选择的详细方案”。政策议程其实就是各种选择方案的目录，政策制定者可以从中选出一个公共政策去解决一个问题。在这里，最主要的力量不是来自政治，而是来自知识界和个人。政策企业家的思想和作用，或者对一项特殊政策的改变抱有深入而持久承诺的人，都是其中重要的力量。决策议程形成过程中的主要参与者被称为政策成员的隐性群体，他们包括事业型公共行政人员、议会幕僚以及各利益集团（在金顿的分析中，利益集团在显性群体和隐性群体中都是非常重要的成员）。

各个阶段。在形成决策议程之后，政策趋势进展到另一个“柔性阶段”，在此阶段中，会释放一些试探性气球，并公开或私下提出解决某一问题的不同建议。所提出的观点是否能够存活或延续，需要取决于它们在技术上是否可行；是否能被广义上的社会价值所接受；是否估计到了未来要面临的各种约束限制，比方说预算约束、政治接受度和公众的默认度。与政治趋势不同的是，共识（或者说政策替代方案的“精简目录”）并不是通过讨价还价的过程形成的，而是通过政策参与者之间的说服与理性争论而产生的。而与政治趋势一样的是，如果问题与可选择方案相联系，而这些方案本身又不被认为“太新”或太激进的话，就会产生“搭车效应”。

窗口与议程。当问题、政治和政策这三种趋势汇聚在一起时，一个公共政策就形成了。金顿将这些汇聚称为窗口。在国家氛围（通常因变革性选举产生）或新的流行理念发生转变的时候，各种窗口就会打开。当窗口打开并导致政府议程的重组时，可能基本上是政治趋势或者是问题趋势产生的结果。当窗口打开的时候导致了决策议程的重组，则要求三种趋势同时出现。在后一种情况下，政策企业家的作用至关重要。

在许多方面，组织的无政府模式是公共政策制定过程中非常令人满意的解释。它梳理了公共政策制定过程中的各种凌乱、脱节、人性以及幸运。

6.3 公共政策制定与执行的理性主义范式

理性主义试图成为渐进主义的对立面。作为一种智力努力，理性主义致力于理解现存于社会的广为接受的各种价值，并赋予每一种价值一个相关的权重，然后发现所有可选择的政策方案，了解每一种政策选择方案的各种后果，计算出选定任何一个特定政策后在机会成本考量下会对其余选择方案产生什么影响，以期在最后能选择一个在社会价值成本收益方式考量下最具有效能的政策选择方案。

许多的理性主义范式都与公共政策的构建有关，这可以保证制定出更好的政策。亚赫泽尔·德鲁尔（作为理性主义者的良好代表）将这样的关心称为元政策(metapolicy)，也就是政策制定程序方面的政策。[16]

理性主义研究途径提供了各种研究方向，最为显著的就是关注公共物品和服务的性质[17]；正规的决策结构与个人行动[18]和集体行动[19]倾向性之间的关系；宪政的先决条件以及相应的集体行动模式；[20]生产者、绩效、消费者利益以及公共物品和服务供应之间的脱节[21]；以及技术创新的广泛启迪。[22]

以图解来说明，理性主义范式将公共政策的形成表示成一个线性的流程图，如图 6－7 所示。当然，理性主义范式还存有子集，包括理性选择模式和排他性/消费模式。

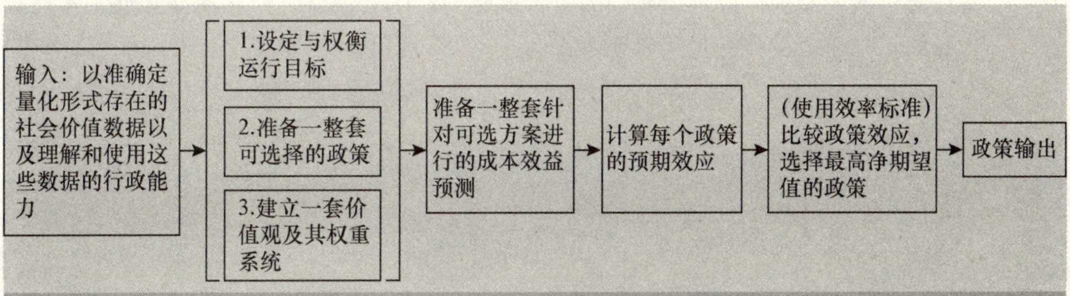

图 6－7 公共政策制定与执行的理性主义范式

理性选择模式

1963 年，一定数量的学者聚集在一起，用他们的话说，开始讨论有关“公共行政‘无名领域’的发展情况”[23]。从那个时候起，出现了各种各样的名称，包括“理性选择”“公共选择”和“政治经济”[24]。以更为实用的形式来看（在第 8 章中将有所介绍），这类文献经常被称为“都市型组织”或“地方政治经济”。

我们可以利用理性选择概念从各种新的途径来评估公共政策。比方说，让我们来考虑一下空气污染、能量守恒和汽车作用的问题，从中说明美国大部分空气污染和燃油消费的情况。政治经济学家们认为，与其制定一项法律断然“拒绝空气污染或使用过多燃油”，还不如转向税收制度。政治经济学家可能会研究，如果一个特殊公民购买了一辆法拉利轿车而不是本田，那么普通公民就不应该承担那位法拉利用户的共同成本（也就是说，法拉利轿车会排放额外的污染，消费额外的燃油），但如果这些公民确实需要购买法拉利，那么他们也不应该遭到拒绝。为此，我们就可以建立一种特殊的税基，可以根据汽车排放的污染和消耗的燃油来纳税；污染越高，消耗越大，所交的税越多。按照这种方式，个体公民仍然可以购买法拉利，但需要通过特殊税种的方式，抹去分摊到普通公民身上的汽车购买成本。同时迫使汽车拥有者纳税，以偿付各种减少污染和能源研究项目的费用。这就是公共选择文献所显示的评估本质。

最优状态（optimality）。在一个更为复杂的环境里，理性选择与“帕累托最优状态”有关，这一概念最初是由经济学家威尔弗莱德·帕累托提出的。或者更确切地说（而且因为最优状态在任何情况下都是极难达到的），理性选择关注“帕累托改进”（Pareto improvements），以及权衡和外部性的概念。帕累托改进就是指“经济组织中的一种变化，可以使组织中的每一个人的状况都得到改善。或者更确切地说，可以让一个或多个社会成员的状况得到改善，但不会使任何成员的状况恶化”[25]。

可以用图表的形式来说明公共选择中所采用的帕累托最优状态。图 6－8 展现了一个假设的社会价值（价值 X）与其他所有社会价值成就之间的相对关系。其中，无差异曲线（indifference curve）指的是，社会各种价值组合之间没有差异（至少在某一特定点上）；而价值成就曲线（value achievement curve）指的是，政府在有限资源内所能激励出的各种价值的最优组合。价值 X 的最优化成就与其他所有社会价值的最优化成就所构成的点，就是帕累托最优点。社会逐渐接近帕累托最优点的过程，就被认为是帕累托改善。

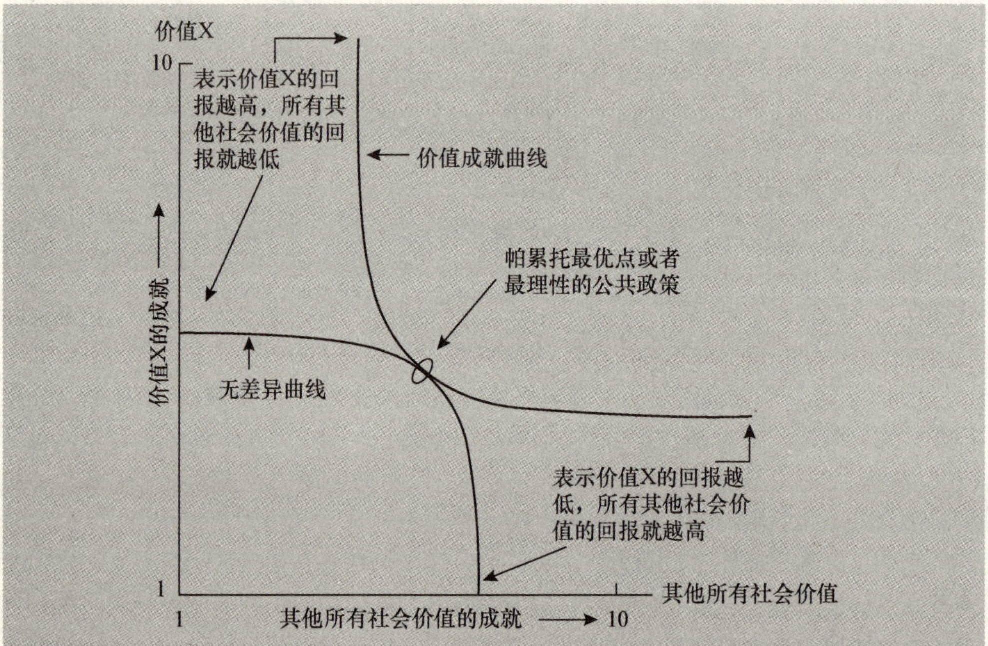

图 6－8　帕累托最优状态

权衡（tradeoffs）。图 6－8 还说明了理性选择作者们的“权衡”含义。权衡指的是一种价值被用来交换另一种价值（在这种交换中，也产生了社会成本与收益）。换句话说，当每一次获得更多的价值 X 时，其他所有价值的成就就会相应减少；而如果为了增加价值 X 的收益而提高资源投入水平，那么就必须减少对其他所有价值的资源投入。

外部性（externalities）。执行公共政策是一个非常杂乱的过程，旨在解决某个社会领域问题的政策可能会导致其他社会领域出现问题。当某一个社会行为领域的公共政策影响到其他社会行为领域时，其他社会行为领域所受到的影响就被称为外部性或者是溢出效应（spillover effect）；也就是说，某一范围内的公共政策效应“溢散”进了其他的范围中。外部性可能是积极的，也可能是消极的；可能是有意的，也可能是无意的。比方说，一个旨在减少企业赋税的积极而有意的溢出效应可能会提高就业水平，而同一项公共政策的消极而无意的外部性则可能会减少政府用于福利计划项目的财政资源。

排他性 /消费模式

理性主义范式的一种变型[26]重在处理一个问题，即政府应该提供什么样的物品和服务，而其他部门又应该提供什么样的物品和服务？表 6 - 2 列出了随后的讨论内容，读者也许希望予以参考。

表 6 - 2　根据排他性和消费标准划分的物品和服务

排他性	消费/使用	
	个人使用	共同使用
可行性	私人物品与服务（一个杂货袋、一次理发、在餐厅的一顿饭）	收费的物品与服务（有线电视、电话服务、剧院、图书馆、电力）
不可行性	公共资源的物品与服务（公共井水、海洋中的鱼、呼吸的空气）	集体的或公共的物品与服务（和平与安全、公共安全、污染控制、天气预报、公共电视、广播）

排他性与消费性（excluding and consuming）。为了确定什么政策应该由政府负责，需要使用两个概念，即排他性和消费性。排他性指的是买卖双方对某一特定商品的控制程度；换句话说，就是看排除使用者或拥有者使用或拥有一项特殊物品或服务的容易程度有多大。大部分物品就像一个杂货袋，因为买方需要提着杂货袋走出超市，这就需要买卖双方在价格上达成一致。在这种情况下（这种情况在现实社会中非常普遍），卖方就行使了一种具有高度排他性的控制能力。

但是，其他的物品与服务并不是这样容易控制的。比方说，一个灯塔的排他程度就很低，所有在灯塔可照到范围内的船只，都可以从灯塔所提供的服务中获益。简而言之，排他性是一个经济学方面的东西，而不是一种选择。与其他物品与服务相比较，某些物品与服务在市场上可能更容易具有排他性。

消费性或者使用性是公共选择理论学者文献中探讨的第二个主要观念。有些物品与服务可以被许多消费者共同（也就是同时）使用或消费，而在质量或数量上都没有减少，而其他物品与服务只能用于个人消费或使用，不能用于共同消费。比方说，电视广播就是一个共同消费的典型例子，所有观众可以欣赏同一个电视节目，而不会降低该节目的质量或数量。而一条鱼或一次理发，则属于个人消费物品或服务的例子，一旦某人消费了这种物品或服务，其他人就不再可能消费它们。

物品与服务（goods and services）。运用排他性和消费性概念，我们可以将物品与服务分成四种“纯粹的形式”：私人的、收费的、共享的以及集体的。[27]

私人物品与服务（private goods and services）。私人物品与服务是纯粹由个人消耗的物品与服务，而完全排除他人使用是可行的。这不存在供应问题，因为市场会基于消费者的需求，迅速地提供这类物品与服务。政府在提供私人物品与服务中的作用，大部分局限于确保它们的安全（例如监督机制的建设等）和公正无欺的度量衡（例如重量和尺度等），等等。

收费物品与服务（toll goods and services）。收费物品与服务是纯粹共同消费的物品与服务，在这种物品与服务中，排他性也是完全可能的。同私人物品一样，市场可以方便提供收费物品与服务，也可以实际上排除消费者，不让他们消费这些物品与服务。但是，与私人物品与服务所不同的是，收费物品与服务是集体消费，不是个人消费。这是因为许多收费物品与服务都是自然垄断的，也就是说，当使用者的数目增加时，每个使用者所承担的费用就会减少。这类例子包括有线电视、电力和水的供应。在收费物品与服务的例子中，需要政府采取相应的行动，确保产生垄断并先期授予垄断权力，然后再进行管制，以避免经营者不当使用其垄断权。

共享物品与服务（common-pool goods and services）。共享物品与服务是纯粹由个人消费的物品与服务。在这种物品与服务中，排他性是不可行的。天空和空气就是共享物品与服务。在共享物品与服务的情况下，我们的确会面对供给问题，这是共享物品与私人物品以及收费物品所不同的地方。对于共享物品与服务，我们既不需要付费，也没有任何办法阻止别人消费；简而言之，它们是“免费的”。

共享物品带给我们的问题是加勒特·哈丁所称的“公地悲剧”（the tragedy of the commons）[28]，意思是说，属于每个人所拥有的东西，事实上并不为任何人所拥有。结果，问题的症结就在于，这些共享物品可能很快就会被消耗殆尽。一个例子就是纯净空气的提供，在政府对空气污染物排放进行管制之前，空气是“免费的物品”，至少把空气当做大型污染垃圾箱的工业家们是这样认为的。从这个意义上说，空气就是一种“共同用品”。相对于私人物品和收费物品来说，政府在共享物品中的行政作用更大。因为对于政府而言，对共享物品实行管制具有非常重要的意义，可以防止该物品遭到过度消费而被破坏殆尽。

公共物品与服务（public goods and services）。最后是集体或者公共物品与服务，这纯粹是共同消费而无法排除他人使用的物品与服务。市场无法提供这类物品，因为它们同时被许多人共同使用，没有一个人能被排除在外。有些人对集体物品会产生一种不想付费却想占便宜的经济动机，公共选择理论家们称这种人为搭便车者（free riders），或者是能从物品与服务中受益但不愿付费的人。国防、广播电视以及警察保护都是集体物品的例子。

集体物品在消费基础上与共享物品不一样，共享物品是个人消费的物品（也正因为此，共享物品可能会被完全消耗殆尽），而集体物品在共同消费后，该物品与服务本身的质量与数量仍然不会降低。

这正是政府对集体物品拥有最大管理与监管责任的原因。当我们意识到，诸如警察保护这类基本服务被认为是一种集体物品时，政府干预市场的重要性似乎就不言而喻了。

6.4 两种范式所存在的问题

公共政策的渐进主义范式和理性主义范式彼此之间存在强烈分歧，渐进主义者希望认识公共政策及其制定方式，而理性主义者希望改进公共政策及其制定方式。由于这些不同的观点，渐进主义者和理性主义者也会部分地进行相互指责，而这些批评还是有一些价值的。

针对渐进主义范式的批评

理性主义者对渐进主义者的批评基于几个理由，“得过且过”（muddling through）被描述成“赤身裸体倒入历史的一种形式”[29]。渐进主义这种类似不负责任的例子，也包括美国在越南战争中的经历。

谈判是否一无所获？针对渐进主义范式的一个重要批评在于，它是以谈判概念为基础而建立起来的。但遗憾的是，只有当资源相对无限且有额外的东西在参与者中间进行分配时，谈判在政策制定的过程中才能取得成功。而在资源匮乏的情况下，就必须寻找其他的方法（通常是理性方法）来做出各种艰难抉择。

猎犬谬误（the Beagle Fallacy）。另一个相关的批评就是所谓的“猎犬谬误”，指的是一种嗅觉出众但视力有限的猎犬，经常会错失就站在它们面前的兔子，因为兔子处在下风向。[30]换句话说，渐进主义者会忽视明显摆在他们眼前的东西。因为渐进主义是一种讨价还价的概念，所以参与者的真实目标往往会被他们自己有意隐藏起来。在这种批评中，渐进主义者被看成是扑克牌游戏中技术娴熟的牌手，却谁也不愿意承认，对方牌手的目的就是赢钱。

远见问题。对渐进主义的第三个批评就是，渐进主义者都非常缺乏想象力。他们没有远见。对于渐进主义者来说，只有存在的东西才是真的。正如一位批评家所言：“就像美丽健壮的文盲一样，渐进主义者过于发展了自己的政治计算力量，而对社会想象力则发展不够。”[31]与这项指责相关的是，渐进主义者过于沉迷于政治游戏，以至于在解决社会问题的方法上，实际上变成了一种不明智的行为。

小气的保守主义。最后，渐进主义本质上是一种保守途径。戏剧性和影响深远的变革是不可能发生的，取而代之的往往是许多微小的调整。当美国技术官僚制度变革进展的更为迅速也更具地方性时，渐进主义的保守本质就会变得越来越缺乏回应性，生产力也会越来越受到阻碍。

针对理性主义范式的批评

不仅仅是渐进主义范式受到各种批评，理性主义者也同样受到批评。

有人读过计划吗？比方说，渐进主义者会很快指向一个事实，在计划制定（尤其是由理性主义者进行的一项活动）和方案执行之间往往存在一个很大的差距。非常遗憾也不可否认的是，许多计划都只是用来收集书架上的尘土，尽管这些计划在开发的时候花费了相当多的时间和金钱。[32]

人民不是无权派。另一个问题是，理性主义者经常忽视个体政策成员在政策制定过程中的作用。要想执行一项计划并使之发挥效用，就不只是电脑操作和打印输出一个计划，而是需要人民与领导层去共同实现各种思想。无论是在政府公共政策制定还是在公共政策执行的过程中，“政策企业家”都相当重要。[33]

政策制定不是线性的。对理性主义范式的第三个批评认为，理性主义者在对待实际上非常复杂的政策过程中显得过于机械化。正如一位批评家所言：“我们已经不能再用简单的线性思维来讨论我们的世界及其未来，因为所有环绕在我们周围的证据，都是多维而复杂的行动。”[34]

他们仅仅是错了。针对理性主义者的第四个批评是，理性主义范式所做出的预测经常是错误的，或者当出现大量证据表明可以做出某一预测时，它却无法做出相应的预测。与未来事件的预言家相比，理性主义者的记录就显得较为逊色和苍白。[35]

理性主义成本。最后的批评则是公众所公认的，理性主义者经常努力“开发”大规模且全面综合的计划，结果到头来，这些计划所花费的成本远远大于为纳税人或投资者节省的钱。“在大部分州里，我们很可能发现，数据处理所产生的新成本，大多是靠削减评估活动的成本来弥补。”[36]总而言之，完全理性主义模式所产生的计划，其开销远远大于其结余。（或者其他的批评家也有这样的说法。但是，实际公共行政人员将不会同意这种批评，这一点会在本章后面的部分中看到。）

以上所述就是渐进主义者和理性主义者相互指责的主要内容。但是这些批评无论如何精确，也不总是具有建设性。“我们所需要的是一种战略，这种战略不像理性主义模式那样精确，但也不会像渐进主义模式那样要受自己观点的束缚。”[37]

6.5 公共政策制定与执行的战略规划范式

“第三种途径”就是“战略规划”，或者有时被称为“战略决策”或“战略管理”。由于它试图把渐进主义模式和理性主义模式的最强特征结合起来，而又避免了二者的弱点，因此，战略规划是一种非常有用的概念。

正如我们所知，战略规划起源于商界，阿尔弗雷德·钱德斯在 1962 年最先提醒人们对美国重要公司中出现的战略规划问题表示关注。[38]战略规划似乎使美国公司成为了更具有生产力的组织。一份在“以前发表的 26 种研究资料数据基础上”所做的元分析结果指出：“战略规划对公司绩效产生了积极的影响。”[39]

战略规划既不是首席行政长官的个人远见，也不是部门主管所提出的一连串不相关的计划。战略规划是由组织中的首席行政长官以及中层管理层等高阶官员共同拟订的。然而，战略规划并不是由规划者完成的。正如一位规划官员所写的：“首先，我们必须问清楚究竟是谁在领导规划过程？如果是规划者的话，我们的麻烦就大了。”[40]

战略规划不能以数字来取代诸如人类情感等这种不可触及的事务，但它确实能够以计算机和量化的方式说明各项选择方案。战略规划所做的，就是把身处一线的决策制定者安排在一个能对其组织未来具有积极而不是消极意义的岗位上。“战略规划的目的，就是把各单位安排在一个与自身环境相关的独特位置上。”[41]要想做到这一点，战略规划的参与程度就必须很高，还需要容忍各种争议。

借由这些方法，战略规划试图调和渐进主义和理性主义这两种研究途径，以探求公共政策的形成问题。

6.6 战略规划：公共部门与非营利部门的经验

战略规划已经在各级政府中广泛采用，在第三部门中也似乎如此。公共战略规划（public strategy planning）可以被定义为公共部门与非营利组织对重要政策目标的开发制定、明确表达、优先权设置以及沟通交流，而且是将这些政策目标整合进了公共部门与非营利组织的管理、预算以及绩效测评系统。图 6－9 总结了公共战略规划的主要特征。

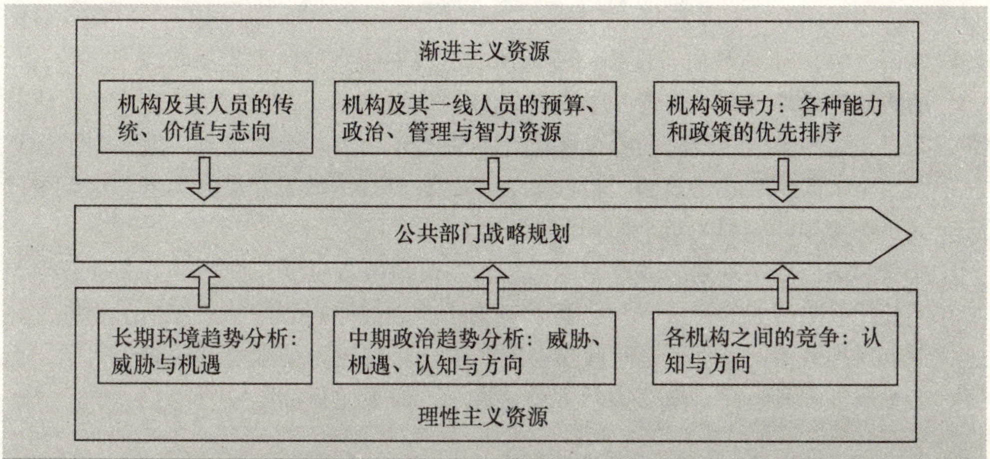

图 6－9 公共政策制定与执行的战略规划范式

公共战略规划的一种变型，也就是日渐流行的一种形式，是所谓的特定情节规划（scenario planning）。这种规划涉及众多成员制定的不同决策并将这些决策作为每一种叙述性进展描述的基础，从而建立起各种关乎未来的可选择性的规划描述。特定情节规划进一步拓展了战略规划。

公共部门的战略规划与私人部门的战略规划形式不同。一项针对地方政府的战略规划分析总结道："政府战略规划可能采用的评判标准应该与私人部门的公司战略规划不一样"；没有政府和机构"能够遵照商科政策课本中的线性而循序的规划模式行事，也没有政府和机构有能力准备一套与公司战略规划相媲美的熟练而精巧的公共部门战略规划"[42]。国际城镇管理协会（The International City/County Management Association）在其建议中也反映了这一思想，"一份架构完善的"公共战略规划平均也就是差不多 5～7 页纸。[43]

公共战略规划的范围

公共战略规划已经对三级政府都产生了不可否认的影响，对于非营利部门来说，影响也很大。

联邦政府战略规划。在全国层面上，1993 年的《政府绩效与结果法案》在联邦历史上首次要求，各联邦机构要向国会和预算管理局提交多年型战略规划。第一份整个政府范围的战略规划是于 1998 年出台的，按照法案规定，这一战略计划提供了“该财政年度绩效目标的一个统一蓝图”。

州政府战略规划。各州政府也似乎非常倾心于战略规划，所有州政府要么通过立法，要么通过行政手段，都要求其政府机构制定关于使命、目的和目标任务等方面的战略规划。[44]在准备政府机构预算要求的过程中，州长会向其下属机构提供书面的“全面政策指南”（很明显，就是战略规划），采用这种方式的州长比例已经从 1970 年的 1/3 稳步增加到今天的 4/5 左右，还有一半以上的州长是以“其他手段”提供这一政策指南。[45]在州政府中，将近 2/5 的政府机构已经全面采用了战略规划，将近 4/5 的政府机构已经“部分或全部”实施了战略规划。实际上，在针对州政府的调查中，11 项政府管理创新领域所实施战略规划的比率最高。[46]

地方政府战略规划。将近一半也就是 45％的城市都在全市范围内使用了战略规划，而且，这一数字随着时间的推移还在不断上升。城市规模越大，越倾向于拥有一个面向全市的综合战略规划。超过 1/3 也就是 34％的城市在过去的五年中至少已经完成了一次战略规划的整个周期。[47]

非营利部门战略规划。非营利组织也在战略地做着规划，尽管“许多非营利组织并不使用战略规划的方式”[48]。更加倾向于实施战略规划的第三部门组织都比较大，拥有重视政策问题而不是行政事务的董事局，有更为精细复杂的管理人员，而且都会受到外部投资的刺激而进行规划（这一点似乎尤其重要）。[49]

公共战略规划的执行

在公共部门制定并执行一项战略计划远没有想象的那么容易。

联邦政府的执行。联邦政府的第一个整体规划在两个“关键领域”还有许多工作要做：一是要加强旨在提高绩效的薄弱机构的规划工作；二是要“通过规划实现整体统一的政府视角”[50]。这些虽然是令人胆寒的挑战，但还是取得了一些进展，尽管进展缓慢，但至少有所表现。7/10 的联邦管理者报告说，他们认为，“战略目标在资源分配领域的范围很大，或者说非常大”，而且持有这种观点的管理者的比例还在稳步上升。[51]

州政府的执行。如果州政府财政状况良好，州政府机构有与私人部门打交道的经验，而且邻州的同类机构也已经采用了战略规划，那么，州政府机构采用战略规划就会与新上任的州长紧密相关。[52]州政府机构的战略规划似乎正在经历一场演变，在这一演进过程中，战略规划最终会变成更广泛质量管理的一部分。

地方政府的执行。在地方层级，一些研究结果表明，地方管理者在执行战略规划的过程中必须克服一些重要的政治和技术障碍。而地方战略规划中，技术困境有可能要比政治障碍的意义更大。一项针对英国地方公共机构的调查分析发现：“理性规划的问题大致上都是技术上的，并不是政治方面的。”比方说资源或者专业知识方面的匮乏等。[53]

针对明尼苏达州地方政府的一项分析表明，如果满足几个特征的话，一个政府或公共机构启动并完成一项战略规划工作是最可能取得成功的。这些特征包括：需要出现一个“强有力的过程发起人”［也就是说，即便是不热烈，也要有一个或（一般情况下）多个认可战略规划思想的重要人物］；一个强有力的“过程拥护者”（即一个了解自己所从事的事情并坚信战略规划的技能娴熟的行政人员）；机构上下对干扰和延迟的预期；以及灵活对待战略规划实际精确含义的一种意愿。[54]

对拥有 25 000 人或以上人口的所有城镇进行调查的结果发现，市政府都是在按照规划花钱，有 4/5 以上的地方政府将其预算与战略规划挂钩。几乎 2/3 的市政府是根据战略规划目标的完成情况给其管理人员提升工资。[55]

当然，这些执行技术也带来了一些成果。在已经完成一轮战略规划的市政府中工作的地方官员估计，战略规划中所设定的目标平均能够完成 2/5。而在多轮完成战略规划的组织中，目标完成的平均比率估计能升至 3/5。[56]

非营利部门的执行。非营利组织开始战略规划的最重要的内部变量，也许就是组织利益相关者对组织目标的一致赞同，而在非营利组织中实现目标一致可能要比在私人部门或者是公共部门还要困难得多。“最重要的外部因素就是资金来源方要求提交一份行动计划，这就导致几个文献作者得出结论，非营利组织做计划是迫不得已而为之的行为。”这是该领域“最强有力的研究发现之一”[57]。换句话说，如果一个第三部门组织需要做计划并随后实施该计划，那么，这个组织就一定拥有以下两种人，首先就是要拥有同意组织运行发展思路的成员；其次是要拥有坚持战略性组织规划的重要捐资人。而这似乎是一种不同寻常的组合。

公共战略规划的局限性

开始一项战略规划需要各个部门都付出相当大的努力，而这一点在公共部门中尤其如此。尽管战略规划一直被描述成一种“强健并可常年生长于公共部门的植物”[58]，然而很明显，虽然是一种常年生植物，但其强健只是因为在更浅薄的土壤中生长的结果：与私人部门相比较，公共部门工作环境中存在的干扰性，让战略规划变成了一项更为艰难（也好像更不令人满意）的工作。

环境的影响。比方说，一项针对 4 家联邦机构和 12 家财富 500 强公司进行的详细而彻底的比较研究发现，相对于公共部门来说，由于公司拥有更为明确的目标、更为清晰的绩效评估结果以及更少受到外界的影响，所以它们要比公共机构更为广泛地使用战略规划。而这仅仅是因为，公司更容易进行战略规划。[59]

从更广泛的意义上来说，公共组织的政治环境渗入了组织的内部工作系统，严重限制了公司化的战略规划。机构使命的“普遍模糊”；利益群体、媒体以及其他势力所形成的环境限制，使得公共部门的行政长官“几乎完全不可能”进行“大刀阔斧的变革”；不仅要考虑这个政策能达到什么目的，更要顾虑民众对这一政策的敏感程度；诸如预算、选举周期等随意的时间限制，又会迫使仓促制定政策或延迟执行政策，从而使这些政策不再具有战略性；而各种联盟通常也会在战略规划完成之前解体等，诸如此类的问题都会限制战略规划在公共部门中的应用。[60]一项针对议会一经理制城市中的城市经理和市长进行的调查研究发现，在这些市政府中，成功完成战略规划工作的最大障碍，就是“需要对外部政治环境实行更大的控制”[61]。

更大但也很危险的公共战略规划目的。从根本上来说，战略规划是“一种产生基本决策和行动的规范行为，负责定义组织的性质、职责以及意义”[62]。而公共战略规划似乎在执行这一更大目的过程中具有一种特殊的针对性。

但是，重视更大的蓝图的确有其危险性。公开确认并强调宏大而鼓舞人心的组织目标，如果公共组织没有实现这些目标，就会挫伤士气。一般情况下，主要是因为预算缩减而无法完成目标任务，而这一点却是公共机构无法控制的。在公共部门的背景中，战略规划倾向于过度承诺（或者，至少是提高人们的期望值），如果承诺无法兑现，失望和不适将会弥漫整个组织。

非营利组织是象征性使用战略规划吗？在非营利组织中成功使用战略规划的情况好像也非常有限，这里存在着相当迥异的原因。在第三部门中，战略性失败可能不太像政府那样是一种虚幻希望的功能，更多的则是一种组织玩世不恭的后果。

由于外部资金来源的“内聚性压力”似乎是独立组织致力于战略规划的重要原因，所以，这种情况下制定的战略规划实际上也较少具有战略性。相反，所制定的规划“可能相当具有象征性，而且规划过程还可能减弱其他战略活动的成效”，比方说绩效改进。[63]换句话说，非营利部门的战略计划也许并不是组织发展的精明之道（正如它的意义所在），而是摆放在办公室落满灰尘的书架上的一张画像（就好像它在所有部门中经常扮演的角色一样）。

公共战略规划的利益

尽管存在潜在的危险，但是战略规划并不一定是无效的。如果一个公共机构或非营利组织能够完成一项战略规划，那么，它就能够把问题确认出来，对问题进行优先排序，并勾勒出解决问题的途径（比方说各种战略）。但是，公共战略规划的成效有多大，也就是说它们是否明显地促进公共部门以及第三部门的行政人员实现了他们的目标并解决了各种问题，这还不是很清楚。一篇文献综述这样总结道，“还没有对政府战略规划效力进行过仔细的研究”。尽管大家都知道，这些开发和完成战略规划的公共行政人员都相信，他们的努力不会白费。[64]

公共战略的利益。在一项针对州政府官员应用战略规划的调查中发现，战略规划的一个最有价值的特点就是能够对各项战略目标进行清楚表达并优先排序的能力。90%的官员认为，在“阐明机构优先权”和“确立管理方向”方面，战略规划对他们的机构贡献最大。[65]

地方行政人员给战略规划的评价也非常高。在至少完成一轮战略规划过程的市政府中，4/5 以上的城市对其规划执行和目标完成感到非常满意（33%）或者满意（52%）。在这些城市中，93%的行政人员认为，战略规划所花费的时间和经费都是值得的（只有 2%的人说不值得）。将近 9/10 的地方政府行政人员说，完成战略规划有利于或者非常有利于关注市议会重点问题的议事日程，并向其社区政府提供出“一种真正的使命感”[66]。

非营利战略的利益。在独立部门中应用战略规划好像比在政府中应用能够获得更多的可测量性回报。战略规划与非政府部门存在着各种关联：组织在资金和会员方面的发展；较高的绩效水平；更有效地完成非营利组织的社会与组织使命；以及非营利组织董事局更大的工作效力等。[67]

基本上，针对公共部门和非营利部门的战略规划研究表明，公共战略规划值得为其付出极大的努力。

战略规划是执行公共政策的一种手段，也是本章所回顾的公共政策制定与执行的一种途径。除了我们在第 2 篇中介绍的公共管理自身的技能之外，公共政策还可以通过形式多样的跨部门和跨政府的组织安排予以执行。我们会在随后两章中逐一介绍这些方法。

注释

[1] This definition is based loosely on Harold D. Lasswell, *A Pre-view of Policy Sciences* (New York: American Elsevier, 1971), pp. 1–2.

[2] William N, Dunn, *Public Policy Analysis: An Introduction,* 2nd ed. (Englewood Cliffs, NJ: Prentice Hall, 1994), p. 50.

[3] John A Hird, “Policy Analysis for What? The Effectiveness of Nonpartisan Policy Research Organizations,” *Policy Studies Journal* 33 (Spring 2005), pp. 83–105. The quotation is on p. 83.

[4] Charles E. Lindblom, *The Policy Making Process* (Englewood Cliffs, NJ: Prentice Hall, 1968).

[5] Charles E. Lindblom, “The Science of Muddling Through,” *Public Administration Review* 19 (Spring 1959), pp. 79–88.

[6] Ralph K. Huitt, “Political Feasibility,” in Austin Ranney, ed., *Political Science and Public Policy* (Chicago: Markham, 1968), p. 274. We should note, however, that, although we agree largely with Huitt's assessment, far-reaching policy change can be both fast and rational—that is, not incremental. Nonincremental policymaking has occurred, for example, in Medicaid policy in Arizona, Michigan, and Tennessee. See Carol S. Weissert and Malcolm L. Goggin, “Nonincremental Policy Change: Lessons from Michigan's Medicaid Managed Care Initiative,” *Public Administration Review* 62 (March/April 2002), pp. 206–216.

[7] C. Wright Mills, *The Power Elite* (New York: Oxford University Press, 1956).

[8] Arthur F. Bentley, *The Process of Government* (Bloomington, IN: Principia Press, 1949). First published in 1908.

[9] For a good review of how this works, see Louis M. Kohlmeier, *The Regulators: Watchdog Agencies and the Public Interest* (New York: Harper & Row, 1969). For an explanation of why it works this way, see Murray Edelman, *The Symbolic Uses of Politics* (Urbana, IL: University of Illinois Press, 1964).

[10] David Easton, *The Political System* (New York: Knopf, 1953).

[11] Carl J. Friedrich, *Constitutional Government and Democracy* (Boston: Little, Brown, 1941).

[12] See, for example, Theodore J. Lowi, “Decision-Making versus Policy-Making: Towards an Anecdote for Technocracy,” *Public Administration Review* 30 (May/June 1970), pp. 134–139; Theodore J. Lowi, “Four Systems of Politics, Policy and Choice,” *Public Administration Review* 32 (July/August 1972), pp. 298–310; Randall B. Ripley, “Introduction: The Politics of Public Policy,” *Public Policies and Their Politics: An Introduction to the Techniques of Government Control*, Randall B. Ripley, ed. (New York: Norton, 1966), pp. i–xv.

[13] Theodore J. Lowi, “American Business, Public Policy, Case Studies, and Political Theory,” *World Politics* 16 (July 1964), p. 691. But see also Theodore J. Lowi, “Population Policies and the American Political System,” *Political Science and Population Studies*, Richard L. Clinton, William S. Flash, and R. Kenneth Godwin, eds. (Lexington, MA: D. C. Heath,

1972), pp. 25–53. For an attempt at integrating some of the contributors to this literature, see Leonard Champney, "Public Goods and Policy Types," *Public Administration Review* 48 (November/December 1988), pp. 988–994.

[14] Lowi, "Population Policies and the American Political System," pp. 29–33.

[15] John W. Kingdon, *Agendas, Alternatives, and Public Policies*, 2nd ed. (New York: Harper Collins, 1995). Kingdon addressed federal policymaking. For a similarly structured analysis of state policymaking, see Virginia Gray and David Lowery, "Where Do Policy Ideas Come From? A Study of Minnesota Legislators and Staffers," *Journal of Public Administration Research and Theory* 10 (July 2000), pp. 573–597.

[16] Yehezkel Dror, *Public Policy Making Reexamined* (San Francisco: Chandler, 1968), p. 8.

[17] See Otto Eckstein, *Public Finance*, 2nd ed. (Englewood Cliffs, NJ: Prentice Hall, 1967); Robert L. Bish, *The Public Economy of Metropolitan Areas* (Chicago: Markham, 1971); and L. L. Wade and R. L. Curry Jr., *A Logic of Public Policy: Aspects of Political Economy* (Belmont, CA: Wadsworth, 1970).

[18] Gordon Tullock, *The Politics of Bureaucracy* (Washington, DC: Public Affairs Press, 1965); and Anthony Downs, *An Economic Theory of Democracy* (New York: Harper & Row, 1957).

[19] Mancur Olson, *The Logic of Collective Action* (Cambridge, MA: Harvard University Press, 1965).

[20] James M. Buchanan and Gordon Tullock, *The Calculus of Consent: Logical Foundations of Constitutional Democracy* (Ann Arbor: University of Michigan Press, 1962).

[21] Garrett Hardin, "The Tragedy of the Commons," *Science* 162 (December 13, 1968), pp. 1243–1248; and Joseph J. Seneca, "The Welfare Effects of Zero Pricing of Public Goods," *Public Choice* 7 (Spring 1970), pp. 101–110.

[22] Early examples include Lynton Keith Caldwell, *Environment: A Challenge to Modern Society* (Garden City, NY: Natural History Press, 1970), and Nicholas Henry, "Copyright, Public Policy, and Information Technology," *Science* 182 (February 1, 1974), pp. 384–391.

[23] Vincent Ostrom and Elinor Ostrom, "Public Choice: A Different Approach to the Study of Public Administration," *Public Administration Review* 31 (March/April 1971), p. 203.

[24] For two good, if wildly different, discussions of the huge impact that the "rational choice" school has had on public administration and political science (but especially the latter), see William C. Mitchell, "Political Science and Public Choice: 1950–70," *Public Choice* 98 (March 1999), pp. 237–249; and Jonathan Cohn, "Revenge of the Nerds: Irrational Exuberance," *The New Republic* 221 (October 25, 1999), pp. 25–31.

[25] E. J. Mishan, *Economics for Social Decisions: Elements of Cost-Benefit Analysis* (New York: Praeger, 1972), p. 14.

[26] Vincent Ostrom and Elinor Ostrom, "Public Goods and Public Choices," in *Alternatives for Delivering Public Services*, E. S. Savas, ed. (Boulder, CO: Westview Press, 1977), pp. 7–14; and E. S. Savas, *Privatizing the Public Sector: How to Shrink Government* (Chatham, NJ: Chatham House Publishers, 1982). See also, Hardin, "The Tragedy of the Commons," and Seneca, "The Welfare Effects of Zero Pricing of Public Goods."

[27] Savas, *Privatizing the Public Sector*, p. 33. Much of the following discussion is drawn from Savas, pp. 29–52.

[28] Hardin, "The Tragedy of the Commons."

[29] George Keller, *Academic Strategy: The Management Revolution in Higher Education* (Baltimore, MD: The Johns Hopkins University Press, 1983), p. 111.

[30] Harold Enarson, "The Art of Planning," *Educational Record* 56 (Summer 1975), p. 173.

[31] Keller, *Academic Strategy*, p. 113.

[32] See, for example, David Clark, "In Consideration of Goal-Free Planning: The Failure of Traditional Planning Systems in Education," *Educational Administration Quarterly* 17 (Summer 1981), pp. 42–60.

[33] Kingdon, *Agendas, Politics, and Public Policies.* But see also Joseph Schumpeter, "The Creative Response in Economic History," *Journal of Economic History* 7 (November 1947), pp. 149–159.

[34] Derek Viray, *Planning and Education* (London: Routledge and Kegan Paul, 1972), p. 4.

[35] For examples of critiques of the forecasting weaknesses of the rationalists models, see Paul Ward and Benjamin Ward, *What's Wrong with Economics?* (Basic Books, 1972); Seymour Martin Lipset, "The Limits to Futurology in Social Science Analysis," in Seymour Martin Lipset, ed., *The Third Century: America as a Post Industrial Society* (Cooper Institution Press, 1979), pp. 3–18; and William Ascher, "Forecasting Potential of Complex Models," *Policy Sciences* 13 (May 1981), pp. 247–267.

[36] Emerson Schuck, "The New Planning and the Old Fragmentism," *Journal of Higher Education* 48 (September/October 1977), pp. 494–602.

[37] Amitai Etzioni, *The Active Society* (New York: Free Press, 1968), p. 283. See also Amitai Etzioni, "Mixed Scanning: A Third Approach to Decision Making," *Public Administration Review* 27 (December 1967), pp. 385–392.

[38] Alfred Chandler Jr., *Strategy and Structure: Chapters in the History of the Industrial Enterprise* (Cambridge, MA: Massachusetts Institute of Technology Press, 1962).

[39] C. Chet Miller and Laura B. Cardinal, "Strategic Planning and Firm Performance: A Synthesis of More than Two Decades of Research," *Academy of Management Journal* 37 (December 1994), p. 1649.

[40] Michael Aiken and Jerald Hage, "The Organic Organization and Innovation," *Sociology* 5 (January 1971), p. 80.

[41] Richard Cyert, as quoted in Keller, *Academic Strategy*, p. 147.

[42] John M. Bryson and Wiliam D. Roering, "The Initiation of Strategic Planning by Governments," *Public Administration Review* 48 (November/December 1988), pp. 995–1004.

[43] International City/County Management Association, "Strategic Planning: A Guide for Public Managers," *IQ Report* 34 (August 2002), p. 9.

[44] Julia Melkers and Katherine Willoughby, *Staying the Course: The Use of Performance Measurements in State Governments* (Washington, DC: IBM Center for the Business of Government, 2004).

[45] Robert C. Burns and Robert D. Lee, Jr., "The Ups and Downs of State Budget Process Reform: Experience of Three Decades," *Public Budgeting and Finance* 24 (Fall 2004), p. 5. In 2000, 77 percent of governors provided their agencies with overall policy guidance in writing, and 53 percent did so by other means.

[46] Jeffrey L. Brudney, F. Ted Hebert, and Deil S. Wright, "Reinventing Government in the American States: Explaining Administrative Reform," *Public Adminis-*

tration Review 59 (January/February 1999), p. 23.

[47] Gregory Streib and Theodore H. Poister, "The Use of Strategic Planning in Municipal Governments," *Municipal Year Book, 2002* (Washington, DC: International City/County Management Association, 2002), pp. 18–25. Data are for 2001.

[48] Melissa M. Stone, Barbara Bigelow, and William Crittenden, "Research on Strategic Management in Nonprofit Organizations: Synthesis, Analysis, and Future Directions," *Administration and Society* 31 (July 1999), p. 383. Much of our discussion of nonprofit strategic planning is drawn from this excellent review of sixty-five empirically based journal articles published from 1977 through 1998.

[49] Ibid., pp. 378–423.

[50] U.S. General Accounting Office, *The Results Act: Assessment of the Governmentwide Performance Plan for Fiscal Year 1999,* GAO/AIMD/GGD–98–159 (Washington, DC: U.S. Government Printing Office, 1998), p. 2.

[51] U.S. General Accounting Office, *Results-Oriented Government: GPRA Has Established a Solid Foundation for Achieving Greater Results,* GAO–04–38 (Washington, DC: U.S. Government Printing Office, 2004), p. 43. Figure is for 2003. In 1997, 64 percent of federal managers so reported.

[52] Frances Stokes Berry, "Innovation in Public Management: The Adoption of Strategic Planning," *Public Administration Review* 54 (July/August 1994), pp. 322–329. Figures are for 1992.

[53] George A. Boyne, Julian S. Gould-Williams, Jennifer Law, et al., "Problems of Rational Planning in Public Organizations: An Empirical Assessment of the Conventional Wisdom," *Administration and Society* 36 (July 2004), p. 328.

[54] Bryson and Roering, "Initiation of Strategic Planning by Governments."

[55] Theodore H. Poister and Gregory Streib, "Elements of Strategic Planning and Management in Municipal Government: Status after Two Decades," *Public Administration Review* 65 (January/February 2005), pp. 49–50. Figures are for 2001.

[56] Ibid., p. 51. Figures are for 2001.

[57] Stone, Bigelow, and Crittenden, "Research on Strategic Management in Nonprofit Organizations," pp. 391, 408.

[58] Gerald J. Miller, "Unique Public-Sector Strategies," *Public Productivity and Management Review* 13 (Winter 1989), p. 133.

[59] Richard E. Boyatzis, *The Competent Manager* (New York: Wiley, 1982).

[60] Miller, "Unique Public-Sector Strategies," pp. 137–138.

[61] Gregory Streib, "Strategic Capacity in Council-Manager Municipalities: Exploring Limits and Horizons," *International Journal of Public Administration* 15 (9, 1992), p. 1737.

[62] Bryson and Roering, "Initiation of Strategic Planning by Governments," p. 995.

[63] Stone, Bigelow, and Crittenden, "Research on Strategic Management in Nonprofit Organizations," p. 409.

[64] Bryson and Roering, "Initiation of Strategic Planning by Governments," p. 1003.

[65] Frances Stokes Berry and Barton Weschler, "State Agencies' Experience with Strategic Planning: Findings from a National Survey," *Public Administration Review* 55 (March/April 1995), p. 165.

[66] Streib and Poister, "The Use of Strategic Planning in Municipal Governments," pp. 23–24. Data are for 2001.

[67] Stone, Bigelow, and Crittenden, "Research on Strategic Management in Nonprofit Organizations," p. 391.

第 7 章

跨部门行政

在第 2 章中我们观察到，政府正在给治理搭建基础，也就是说，公共部门、私人部门和非营利部门正在不断通过各种合同或合作的形式，管理公共项目，提供公共服务，执行公共政策。我们将这些形式称为跨部门行政或者政府与私人部门和非营利部门组织之间为了完成特定政策目标而形成的各种管理与协调关系。

图 7－1 说明了这三个部门的主要特征，并将它们同时摆放在一个公共—私人的连续体中进行比较。

按照公共行政人员更具应用性也更为精确的实践模式，跨部门行政往往被称为（如果在准确性方面没有多少纷争的话）“民营化”“合同制”“政府采购”“资产购置管理”或者“服务外包”。“外包”更多的是与私人部门相联系，指的是美国公司将长期以来一直由美国工人完成的工作转移给其他国家较为廉价的工人来做。但是外包也会应用于公共部门。政府工作没有必要非要外包给其他国家（很明显，尽管可以这么做[1]），也可以而且也已经被外包给本国的其他部门和其他政府。

渐渐地，“采购”（sourcing）已经变成了选择性动词，尽管它比外包的含义广泛得多。采购是选择适当方法和实体用以提供或者实施一项特殊公共项目的过程。采购和外包之间的定义和实践的区别在于，采购允许在决定应该如何执行和提供公共政策的过程中既考虑公共部门也考虑私人部门和非营利部门。

政策实施与提供的方式是多种多样的。做采购决定的公共行

公共部门		独立部门		私人部门	
政府与政府机构 例如：美国政府	政府公司/公共机构与特别行政区 例如：美国铁路客运公司	公共服务性非营利协会或组织 例如：联合之路	会员服务性非营利协会或组织 例如：美国劳工联合会与产业工会联合会	政府出资企业 例如：联邦国家抵押协会	私人公司 例如：联合太平洋铁路公司
加利福尼亚州立大学	纽约和新泽西港务局	哈佛大学	共和党	联邦家庭贷款抵押公司	微软集团公司
克利夫兰市财政部	南佛罗里达自然保护区	主教教堂	梅迪纳县俱乐部	联邦家庭贷款银行	爸爸妈妈杂货店
所选特征	所选特征	所选特征	所选特征	所选特征	所选特征
由社会创建以制定、解释和执行公共政策	由政府创建以管理公共服务	由公民私人建立以提供与管理公共利益	由公民私人建立以提供与管理成员利益	由美国政府建立并管制以保护其利益	由个人投资者建立以便为投资人赚钱
公共所拥有、所监控	公共所拥有、所监控	私人所拥有、所监控	私人所拥有、所监控	私人所拥有、所监控	私人所拥有、所监控
经费来自税收和其他政府性收入	经费来自用户收费、税费、借贷以及/或者全部或部分政府拨款 独立机构或者隶属于某个政府机构	经费来自所征收入、政府合同与津贴以及/或者全部或部分私人捐助	经费来自所征收入、以及/或者全部或部分会员会费	经费来自私人投资者信用市场与投资人认识到美国政府在暗中提供财政支持	经费来自私人投资者
不追求利润 不用付税	不追求利润 不用付税	不追求利润 不用付税 捐赠部分免税	不追求利润 不用付税 捐赠部分/会费部分不免税	追求利润 不用支付公司所得税，但有些公司需要交纳财产税	追求利润需要交税

公共 ———→ 私人

图7-1 公共部门、独立部门和私人部门的组织与特征

政人员不仅可以选择传统方法利用自己的政府雇员执行政府政策，也可以选择使用私人公司、非营利组织、政府公司、其他政府、补贴项目、合资企业、特许经销权、自由市场机制、志愿者或者代金券的方式指定他人来执行政策。

总之，在发现和使用创新手段实施公共政策方面，公共行政人员正变得越来越敢作敢为。我们将在本章以及随后的章节中回顾这些比较重要的创新手段。

7.1 为什么要合作？

政府在执行公共政策中与商界和非营利组织开展合作的决定，无论是通过设计、默许还是通过战胜的方式，实际上都是源自几种积极的推动力（以及几个消极的因素[2]）。这些因素包括：

经费结余。经常能够实现结余。比方说，可以通过启用私人承包商的方式绕开公共服务序列工资等级和福利规则，这样他们就可以只给那些雇员支付最少的工钱和很少的福利，或者是干脆启用志愿者。正如我们后面所讨论的那样，经费结余的期望是公共行政人员寻求合作的一个重要动力。

财政疏解。与非政府组织合作能够绕开烦琐的财政程序，并通过更多受宪法约束的途径增加财政收入。

人事缓解。与私人部门或者第三部门组织开展合作可以允许政府雇用一些非同寻常的专业人士和人才，而不用过多关注一般常人以及政府制定的比较死板的人事政策。

实验。与外部组织进行合作允许政府对新的政策和新的施政系统进行实验。利用其他部门而不是政府本身的机构实验新的政策和程序，在公共行政人员中间似乎得到高度评价，或者至少在更为出类拔萃的公共行政人员中间是这样。针对民营化或者非常倾向于民营化的城市进行调查研究之后发现，这些城市的确都进行了上述合作实验，因为它们都拥有“创新性的管理与制度优势”[3]。

降低政治风险。当政府与其他机构合作时常常会产生更少的政治风险。当公共政策由政府之外的其他组织实施时，政府就变得更加隐秘，也更为间接。如果实验失败了，政府也总是能够结束合作关系，但随之也会遭遇来自受影响公众的相对无声的反对。经验主义研究显示，规避风险，特别是避免政治风险，是公共官员选择外包的一个主要动因。[4]例如，一项此类分析发现，“选举产生的官员正在使用私人承包商来承担有争议的服务责任”[5]。

提高形象。合作并没有使政府形象有多少改善。通过与私营和非政府机构签订合约，即使公务员的官方数量没有变化，或者事实上有所减少，但是为政府工作的人员总量却可以扩大。特别是政府与公司合作的时候，一种商务式的效率氛围就传到了政府，最终，庄严的呐喊——政府应该像公司一样运营——似乎也得到了回应。简而言之，合作能够提高政府精兵强干的形象。

更大的平衡。合作可以平衡各种公共项目，也使政府机构可以从私人部门和独立部门组织的存在中获益，从而完善它们的服务。这些机构也许已经在做政府希望从事的事情。

经济发展。将公共资金疏导到一个行政辖区的公司和非营利机构以后，合作就可以通过签订合同、提供资金和补助等方式推动这一辖区的经济发展，特别是本地辖区。然后，这些机构就可以雇用更多的人。

危机管理。有时，危机或近乎危机的情形发生时，政府必须与其他的部门合作。例如，在自然灾害中，政府就广泛启用了志愿者和非营利机构。

成本澄清。一种特别（而且重要）的合作形式就是将政府服务供应外包给私营和非营利部门，通过将公共项目放置于竞争性的市场，可以清楚地说明这些项目的真实成本。政府的施政成本可以与提供同样服务的公司或独立机构的相应成本进行精确比照。

在公共政策的实施中，这些促进政府与私营和非营利部门合作的动因产生出令人眼花缭乱的安排序列。下面，让我们在民营化、公共企事业、公共机构和独立部门广泛的评估标准之下，对这些制度安排进行逐一考量。

7.2 一种美式正统

除了政府本身，商界是公共商品的主要供应者，也是公共服务的主要提供者。正是这种政府和追逐利益公司之间的关系构成了民营化的基础。

政府本着实施某些政策的目标签订合同，将自己的资产卖给一个私有的营利性公司，或者是从这种公司那里购买商品或服务，这就是民营化。这虽然不是一个特别复杂的定义，但却非常清楚、使人信服也很具体。

与其他确实也将公共资产卖给私人部门的各国政府[6]相比，美国政府实施公共服务民营化的程度似乎更加深入，范围也似乎更为广泛。不过，我们的定义会涉及两种类型的民营化。

美国政府大规模使用私人部门来执行公共政策的做法与一些深层的潜在信仰模式息息相关，这些信仰模式是美国政治文化所特有的。在美国，有一种普遍的信念，那就是“商界会做得更好”——私营企业比起“惊人的大块头”政府，能更有效率和效力地完成工作。这种想法可以追溯到美国最早出现的公共行政可以作为一种职业的思想：从伍德罗·威尔逊在他 1887 年为之著名的文章中将公共行政刻画成“一个商业领域”（回想第 2 章）开始，到 20 世纪早期市政研究局的建立（之前章节中提到过），该局“并没有得到广大民众的支持……［而是］得到了一小撮富有商人的支持……在这种情况下，如果姑且不论这种论断的准确性，那么研究局工作人员在其文章中对商业效率奇迹所给予的敬意也就不足为奇了”[7]。

这些正统思想在政府的各个层面都有着深刻的影响，它们鼓励决策者放弃公共行政人员而选择非政府管理人员来实施公共项目。[8]

下面，我们逐一研究各级政府公共资产出售、私人物品采购以及公共服务民营化的情况，首先从国家一级开始。

7.3 人民财产的民营化：一场即将来临的联邦减价出售？

联邦政府已经被出售其资产的做法深深吸引。针对联邦政府通过万维网向采购商供应的商品数量进行的唯一一次调查发现，联邦政府仅在一年间已售出价值超过36亿美元的财产——出售商品从直升机到马匹应有尽有。相比之下，全国最大的互联网在线私营市场亚马逊，其一年的出售量还不到政府的1/3。联邦政府可能是世界上最大的一个互联网商家。[9]

渐渐地，联邦政府对脱离房地产业越来越感兴趣，联邦的不动产也开始以真实货币计算价格。华盛顿的不动产资产价值超过 3 350 亿美元，而在全世界所拥有和租赁的 33.47 亿平方英尺的不动产中，90%都是联邦政府的自有财产。[10]

联邦政府的房地产经由 30 多个联邦机构所控制，其中 2/3 的空间都属于五角大楼。其实，五角大楼的军事力量结构自 1989 年柏林墙倒塌以来已经减少了 36%。而且之后又执行了 5 轮关闭基地的政策。可是国防部仍然表示，与自身的需求相比，其所拥有的固定资产还是太多。[11]

维护多余的固定资产成本高昂。五角大楼估计，每年会支出 30 亿～40 亿美元用于维护不需要的设施。能源部的账单大约在 7 000 万美元，而退伍军人事务部每年的此项支出也在 3 500 万美元左右。[12]

联邦政府问责局表示，即使联邦政府裁员几十万人，大量机构的使命发生改变，技术创新改变了工作需求而许多建筑不进行重新装备以适应这些需求，“在很大程度上，联邦的不动产资产组合在很多方面仍然反映的还是 20 世纪 50 年代的商业模式和技术环境”[13]。

联邦政府可能即将开启 21 世纪以来的大规模减价出售行动。

7.4 联邦政策的民营化：公共项目和私人利益追求者

随着时间的推移，联邦行政人员倾向于通过合同外包的形式利用私营公司提供商品和服务，并以此作为他们实施本国和一些对外公共政策的首要方式。

截至 1961 年，联邦与企业签订合同的做法已经非常普遍，以至于艾森豪威尔总统，这个第二次世界大战时期的联军最高统帅，一个支持工业的共和党人，发明了“军事工业综合体”这么个词组，以此来警示美国人它所具有的“深刻影响”。而且他还表示，“在每座城市，每个州政府，联邦政府的每个办公室都已经能够感受到这一词组在经济、政治乃至精神方面的总体影响”[14]。用任何标准来衡量，艾森豪威尔关于“军事工业综合体”对民主政府意义方面的论述都是惊人的。而且，他也赋予了它充分的重要性，并用这一理念构建了他向全国发布的告别演说。

大笔的美元：联邦合同制的范围

联邦政府每年至少花费 3 050 亿美元用于完成 1 200 万宗合同[15]，占到联邦可自由支配开支总额的 1/4。[16]据预计，合同开支仍会继续增长。[17]

长久以来国防部都是最强大的联邦买家，但是，随着冷战的终结，国防部所占的比重已经从 1985 年联邦外包支出总额的 4/5[18]滑落到今天的不到 2/3[19]。大约有 3/4 的保留合同费用分别由 6 个民用机构共同支出。[20]首先，让我们看一下联邦合同中最大笔的支出项目，其中包括：各种服务、供给和设备，以及研发和建设。[21]

要正确地看待联邦政府与私营公司的合同制度：长期以来，联邦合同的支出就大幅超过了公务员薪资的支出[22]，前者大约是后者的 1.5 倍。在私营企业中，根据合同间接为华盛顿工作的人员数量将近 517 万人，几乎是联邦公务员人数的 3 倍，而且这一数字在过去的 12 年间增长了 14%。[23]这些数据都是民营化商业影响力的有力证明。

联邦民营化：政策和程序

随着联邦政府越来越多地开展民营化活动，民营化也变得越来越复杂。

基准立法。国会在 50 多年前就对民营化很感兴趣，而且还制定了法律，为这种活动设定了一些宽泛的规则。这些民营化的法律基础包括：1949 年《武装部队采购法案》，这一法案规定国防部和其他机构的外包要采取公开招投标的方式；1962 年《谈判真相法案》，这一法案要求承包商用数据支持自己的投标；1984 年《外包竞争法案》，这一法案建立了投标和上诉制度，这一制度后来虽经大幅简化，但是仍然保留了相应的原则；1988 年《采购诚信法案》，这一法案禁止政府外包官员和与之谈判的承包商洽谈就业期望或者向承包商透露内部消息。

《管理与预算办公室 A—76 号通知》。虽然这些和其他一些法规很重要，但都没有体现主要存在于行政法规中的联邦民营化政策的实质——或者，更准确地说，没有体现联邦民营化的哲学内涵。第一条联邦行政管理规定出现于 1955 年，当时的预算局（也就是现在的管理与预算办公室，或 OMB）发布了《预算局 55—4 号公告》，明确地表示政府会依靠私人部门来获取商品并提供服务，而不再与商业企业展开竞争。

1967 年，管理与预算办公室根据现在的《管理与预算办公室 A—76 号通知》精神，即“商业活动绩效”又改变了这一哲学。《管理与预算办公室 A—76 号通知》指出，“依靠有竞争力的私营企业来供应所需的商业和工业产品并提供相应的服务”仍是政府的政策，但是，这条指令也不情愿地指出（这是与 1955 年政策的不同之处），政府自身应该承担那些“政府本质上所固有的、与公共利益密切相关的并且应该法定由政府雇员行使的行政职能”。

《管理与预算办公室 A—76 号通知》似乎允许本质上不属于政府的所有职能都可以进行外包。[24]在这种宽泛的参数概念下，每个联邦管理人员都可以自行决定是否实行外包；1978 年《公共服务改革法案》第七条就授权联邦行政人员可以“做出与外包相关的决定”。

1998 年联邦活动详细目录法案。1998 年，国会通过并由总统签署颁布了温和的《联邦活动详细目录法案》。这一法案连同《管理与预算办公室 A—76 号通知》一起构成了联邦外包的政策基础。

执行机构将其每年的政府职位分成三类：“可竞争的商业类事务”“不可竞争的商业类事务”“本质上具有政府性质的业务”。每年，大约 1/4 的政府职位总会属于“可竞争性商业职位”这一类，这就意味着这些职位将参与“公—私竞争”，通过这种竞争来评定这些职位是否适于民营化。[25]《联邦活动详细目录法案》（英文缩写是 FAIR）的理论基础是，政府不应该参与商业的事务——在商业活动中与私人部门展开不公平的竞争。

红头文件令：各种民营化程序。这些法律和通知所建立的联邦外包制度是一个紊乱的复杂体。国会于 1984 年在管理与预算办公室内部成立了联邦采购政策办公室，负责为联邦政府开发采购系统。而开发采购系统需要查阅参考《联邦采购条例》（一份 1 600 多页的文件）和另外 2 900 页的机构补充性文件才能得以实现。相比之下，澳大利亚政府的采购条例就很精简，一共才只有 93 页。[26]

美国联邦政府的核心采购人员超过 58 000 人，几乎半数是负责外包的官员，这些负责联邦政府外包事务的人占据着中层管理岗位，负责制定或取消联邦合同。

理解和认识“本质上具有政府性的业务”

我们已经注意到，联邦政府民营化理论的核心价值是政府需保留与公共利益密切相关的职能。究竟什么是本质上具有政府性的职能很难说清楚，但是有一些职能似乎明显具有政府性质。

一个是战争。显而易见，宪法赋予的宣战权力是不能外包的。

然而，至少在某种程度上，战争已经被民营化了。华盛顿已经雇用了超过 25 000个私营承包商来辅助在伊拉克的军事行动，或者说，在伊拉克作战的每十名士兵就会配有一名相应的合同制工作人员。但五角大楼很快表示，“我们没有与任何承包商签订参战合同”，从技术上说，这话是真的。[27]

然而，承包商自身却不这么认为。由于伊拉克的战线飘忽不定，国防部的承包商不得不充当影子士兵。民用承包商曾在战斗中牺牲，至少有一名牺牲的外包人员死后被授予了军队的紫心勋章和青铜星章。[28]“‘我们真的是处于一种史无前例的情形之中……民用承包商工作在冲突的最险恶地方……［民用承包商］已经带着真枪实弹参与进了每一场战争。’……‘界限逐渐模糊……而且有可能变得更加模糊’，因为私人安保公司正在进行游说，以便得到许可携带更为重型的武器。”[29]

职能界限模糊不清，确实如此。一个私人顾问甚至按照五角大楼的合同，替国防部编写民用承包商在战场上的有关政策![30]

因此，即使诸如参加战斗这种可能从正常意义上说是具有政府性质的职能，华盛顿也已向人们表明，这一职能可以实行民营化，甚至是一些核心的公共项目也具备这样的能力。

7.5 联邦政府的民营化过程

民营化过程被描述为一个“整合—运营—分离模型”[31]。

整合：公共部门与私营逐利者的会合

整合这一阶段“在政治上可谓是不堪重负……外包官员的主要任务就是在各种政治需要和支持以及预算限制和政府需求之间寻求平衡”[32]。

承包与规避。政府主要通过两种相应的途径将公司整合进联邦工作：第一种途径是通过广告的形式为联邦事务招标，第二种途径是通过悄无声息的邀请和谈判。在后者的情况中，公司可能被授予一份谈判性竞争合同，签订这种合同可以先与几个提前选定的公司议价，然后与选定的一家或几家公司展开谈判，签订多家承包合同或独家外包合同。通过这一过程，联邦官员最终能够选出看上去最能胜任的外包公司。

独家外包合同是迄今为止最受联邦行政人员欢迎的。尽管联邦法律要求几乎所有联邦外包合同都要经过竞争性的招投标进行遴选，但是竞争性招投标在实际中却非常少见。联邦政府自身也公开承认，将近 2/5 的采购合同都不是“通过竞争完成的”[33]。然而，“根据大部分的文献作者和政府报告来推算，大约 85%的合同支出”从未进行过竞标。[34]

联邦机构如何规避招投标这一过程呢？大部分规避过程尽管都是合法的，但仍然存有一定的争议。外包官员有权放弃招投标要求而经常根据个人喜好开展招投标工作。联邦政府问责局针对这一问题进行了一项调查评审，结果发现 30%～90%的联邦合同都放弃过它们的竞争要求，而且大部分报告都显示，大概 4/5 的合同也放弃过相应的规定。一般来讲，这些弃权既是不合理的、不公平的，也是不公正的。[35]

另外，联邦机构还会使用诡计。所有的联邦外包合同都应该在政府的官方网站 FedBizOpps 上列出来。尽管未经过竞争性招投标就已经签订的合同占到了 2/3（或者真的如此），但剩下的 1/3 似乎也都被联邦官员私底下悄悄送给了承包商，以此来讨好他们。实际上，在 FedBizOpps 上为这些合同商做广告，严格意义上说也只是走走形式而已。这个网站的网络管理员说出了几种联邦机构用来避免竞争性投标的“骗局”，如在广告中弄错一个合同的编码，这样潜在的投标者就无法找到它

(“这种情况经常出现”)；或者在广告中提到某个公司（“这是个明显的告诫，就是说不会有什么竞争了”)；或者是为竞标规定一个奇短的期限；等等。另外，价值几十亿美元的联邦合同从来就不会在 FedBizOpps 上做广告。正如一位联邦承包商说的那样，“任何盼着通过浏览 FedBizOpps 网站就能得到合同的人，肯定会被饿死”[36]。

低价揽客和撒谎。私营公司倾向于低报自己的成本估算来保证取得合同。但是这正是联邦机构串通一气的做法：“我们必须在合同制中停止做的一件事就是在政府和承包商之间玩游戏……我们知道如果告诉［五角大楼］一个项目的真实成本，他们就会把那个数压低，因为他们知道，如果将真实成本告诉国会，国会也会压低那个数。所以从一开始政府和承包商就知道这个项目的成本会更高。”[37]

低价报告项目的预计成本，当然并不是只有国防部和承包商才会这么干；诚然，这种做法相当普遍。一项调查了五大洲 20 个国家（包括美国）1910—1998 年间 258 个交通基础设施项目（包括铁路、公路、桥梁和隧道）建设的研究发现，承包商对于项目的估价相比其实际成本平均会大幅度下降 28%！即便随着时间变化，这种差异仍然明显存在。研究人员称，他们那些具有“重要统计意义”的分析迫使他们得出这样的结论：“成本估算以往常常被用来决定这个项目是否应该建设，但是，这种估算具有高度系统性误导作用……而且还需要通过战略性误导即谎言，来进行最好的解释。”[38]

运营：机构、公司和亲密关系

联邦民营化中的运营阶段令人联想起了带有个人含蓄目的的私人承包商和公共官员，令人联想起大量的钱财、利益冲突以及特殊利益集团塑造公共政策的说客铁腕。

游说。游说行业总的来说欣欣向荣，到处都是小恩小惠。因此说客的就业机会不断膨胀并不令人惊奇。20 世纪 70 年代早期到 20 世纪 80 年代中期，通常具有游说性质的美国贸易联合会数量增长了一倍。[39]在 20 世纪 70 年代，很少有华盛顿的律师事务所具有游说业务，通常它们还认为这种钻营立法和监管的工作不值得他们去做。而现如今，“几乎所有的律师事务所都在忙于游说业务”[40]，至少有 800 个政治行动委员会在美国首都华盛顿登记注册。[41]

大约有 33 000 名华盛顿地区的游说人员在国会正式登记注册，这是法律规定的。这个数字还在增长，平均每年增长大于 9%。[42]一些政治学家相信，游说人员的真实人数远远超过登记在册的人数，应该接近 90 000 人。[43]

这些华盛顿的游说人员（也就是那些登记在册的 33 000 名说客）每年需花费 20 多亿美元不遗余力地使联邦立法和法规倾向于自己。仅仅五年时间，游说人员为影响公共政策而花在华盛顿的经费就涨了几乎一半。[44]

1995 年，国会通过了《游说信息披露法案》。根据这项法案，游说人员必须在国会注册，必须披露他们客户的身份，必须披露他们游说的议题以及他们用于游说的费用数额。在这项法案通过一年之后，官方登记在册的游说人员数目涨了三倍多。[45]

但是，虽然知道了游说人员是谁，但这与阻止他们对联邦决策者的有害影响还相差很远。《游说信息披露法案》也无力要求游说人员说明可能从事过的许多相关事实，比如要求游说人员披露他们在政府中到底游说了谁，到底是在什么时候进行的游说等。

其他游说法律中也存在着漏洞。1989 年的《道德改革法案》不仅禁止前联邦执行官员游说他们此前工作的机构，还禁止他们在自己专长的领域进行游说。禁期从他们离开政府开始算起，时间为一年。虽然法律这么规定了，但是其约束力却令人质疑。2000 年，比尔·克林顿总统在其任期的最后一个月中，取消了存在已久的一项禁令。这项禁令规定前联邦雇员在离任后五年内不得游说联邦机构。同时，克林顿还结束了对前联邦雇员不得为外国利益游说的终身禁令。[46]

总的来说，“很多规范［游说人员行为］的法规仍然属于故意模糊，众议院道德委员会［表面上是控制在国会里进行游说的机构］由于功能紊乱和党派纷争而陷于瘫痪”。就像一位众议员说的那样，“这里出现的丑闻并不是打破法规，而是法规本身”[47]。

旋转门。游说综合征的一种表现是“旋转门”。旋转门指的是退休或辞职的政府官员，特别是从涉及私人部门外包的机构岗位上退下来的政府官员，最后往往成了公司的高薪管理者，而这些公司曾是他们作为立法人员、办公人员以及行政人员时打过交道的公司。

随着游说机会的扩大，旋转门的旋转速度也加快了。在 20 世纪 70 年代，只有 3%的国会退休人员变成华盛顿的游说人员；而 20 世纪 90 年代，这个数字是 23%。同样的事情也发生在国会的工作人员身上，9 年的时间里，众议院高级助理的平均任期下降了 27%。大部分人认为想挣更多的钱是他们选择离开国会的首要原因。参议院高级助理的相同趋势也很明显。[48]自 1998 年以来，超过 2 200 个前联邦雇员已经注册成为联邦游说人员，另外还有大约 225 名前白宫助理和大约 250 个前国会议员。[49]

“这个行业里有很多钱。”我们已经提过，游说人员的收入很高。他们确实如此。为了正确地了解这个问题，我们来看一个 46 岁的国会工作人员的例子，他从年薪 132 000 美元的税务联合委员会工作转入了一个会计事务所——普华永道，新职位的年薪是 100 万美元。[50]

克林顿政府中离职的白宫官员和内阁秘书，他们的薪水都增加了四倍到五倍。[51]

一名国会议员试图解释，为什么她如此多的国会同事都拒绝改革旋转门现象，就像她所观察的那样，“因为这一行里有很多钱。”[52]听了她的这番话，人们可以想到美国年轻人常用的一个词：“咄。”

分离：未实现的法案

外包周期的最后一个阶段是分离，或者说政府如何结束与承包商的关系并解决分歧。

结束关系和解决分歧都不是简单的事情，因为一般情况下，政府机构从承包商那里获取商品和服务的做法已经持续了很长时间。因此，“政府的合同关系可能更像合约而不是合同，因为不会出现真正的分离”[53]。

7.6 联邦合同制：一种评论

想要恶意中伤联邦民营化的境况很容易，坦白地说，部分是因为一些联邦外包无能的例子实在太令人震惊。

外包无能的实例

人往往抵御不了诱惑，让我们来考虑一下最近发生的几个例子。

2004 年，国防部将一份 2.93 亿美元的合同签给了一家英国公司，内容是协调伊拉克境内的 50 多家私人安保公司，也包括提供自己的安保力量。这家英国公司成立不到一年，在安保协调方面几乎没有什么经验，而且在伊拉克也从没拿到过大的合同（它甚至不在国防部为伊拉克推荐的安保公司名单中）。这家公司的首席执行官之前所创立的公司还曾经违反了联合国在塞拉利昂的武器运输条例，而且也曾是新几内亚兵变中的关键人物。合同是由弗吉尼亚州尤斯蒂斯堡的军队运输司令授权签署的。可这名司令并没有与私人安保行业打交道的明显经验，因此，这次交易被称为“有着只能令卡夫卡得意的逻辑”[54]。

在伊拉克臭名昭著的阿布哥哈布监狱的严重虐囚事件所牵连的人员中，至少1/3的美国讯问者并不是美国士兵，而是由联邦政府雇用的私营企业的工作人员。他们不是由五角大楼雇用的（人们可以有理由这么认为），而是通过位于亚利桑那州的内务部办公室所监控的电脑服务承包商雇用的。另外，这一案例明显违反了联邦采购条例的地方是：合同是由获得合同的公司员工撰写的，而且整个外包过程从未向外界公开招标过。此外，外包的过程非常复杂曲折，以至于军方都不知道最初到底是谁要雇用私人讯问者。[55]

外包无能：系统性问题

截至 20 世纪 90 年代，非常明显，联邦外包活动已经接近于混乱的局面。政府一直没有任何关于承包商的重要记录，没有对承包商的服务质量、收取价格以及成本超支情况进行过中央监控。[56]

慢慢地，一份更加完整的联邦外包实践情况浮出水面，但其中的景象却相当不好看。20世纪90年代早期，不足10万美元的联邦采购计划平均需要三个月才能完成。相比之下，私人部门却只需要一至四个星期。[57]时间就是金钱。而一项独立分析的结论显示，联邦采购法律增加了采购成本，却没有增加采购价值。[58]

那么，这些采购政策与程序的代价是什么呢？仔细分析之后发现，联邦强加的各种要求将合同成本抬升了12%以上，而每年如果在联邦设备和供应总体采购中每结余1%，就可以节省出7亿美元。[59]

7.7 环路劫匪：服务合同与顾问的古怪问题

到目前为止，我们大部分都是在关注联邦政府采购合同的使用情况，或者是利用法律合约采购物品的情况。但是，服务合同也肯定能吸引我们的注意力，因为联邦外包服务合同占到了联邦政府外包总支出的60%，而且这种服务合同还在不断增多。[60]

服务外包增长是新生事物，因为在1985年时，服务外包还只占所有外包总额的23%。[61]服务外包重要性不断增强的指标是国会于2003年通过的《服务采购改革法案》，这部法案加强了服务外包的招募和培训，规定在文官机构任命首席采购官员，并为以绩效为基础的服务外包合同创立了激励机制。

咨询公司与混乱

一份联邦服务合同就是一份法律协议，内容是提供培训、租赁、技术、专业、后勤、社会或管理支持。[62]而实际上，这意味着联邦行政人员需要雇用外部咨询公司针对很多问题提出相关建议。管理与预算办公室表示，超过52 000家私营公司在利用自己员工的专业技能和建议辅佐着联邦政府。[63]

联邦政府机构私人顾问的工作环境既阴暗又官僚。政府问责局已经表示，无法准确探知联邦政府到底在咨询方面花费了多少钱。[64]

联邦政府问责局做过一项分析，分析能源部和国防部利用咨询公司的情况。但对成本、质量和服务供应情况进行评估之后，结果发现，使用政府雇员而不是咨询公司实际上可以节省1/4到一半以上的经费。[65]

更加耸人听闻但非常有启迪意义的是，使用这类“环路劫匪”的证据随处可寻。(这个具有贬义的指称来源于包围华盛顿的环城公路。) 让我们来看一看联邦政府外包官员的陈述[66]：

“合同的底线只是纯纸面研究……政府所能得到的……可能只是它们合同价值的10%。”

一项价值25万美元的研究，却被描述成“一份难以理解的文件”。一位联邦政府行政人员对此说道："我们花了几十万块钱却一无所获。这可真是一份官样文章……作为一名纳税人，我对此感到恶心。"

"我们都忙着把钱从门口铲出去，却没有时间留意钱没了之后会发生什么。所有的钱可能都被偷光了而我们却不知道……这地方简直就是一家精神病院。"

不断受到启发的承包商们也认识到了这种浪费和机遇。管理咨询学院的一位董事说道："这是场游戏……政府来找我们，希望我们帮忙认清他们的问题，但他们好像根本不会运用现有的材料，其实，他们完全可以少花钱多办事儿。"[67]

"这看上去像是一场阴谋，但实际上却是一种混乱的局面"[68]，一位国内数一数二的合同治理专家如是说，而且似乎他说的非常正确。

影子政府

混乱无能是一种情况，政策操控则是另一种情况。

当私人咨询公司的建议被公共行政人员采纳执行时，会出现一个严重的问题。联邦政府问责局早在 1961 年就在正式的报告中要求国会注意这个根本性的困境。就像该局的一位工作人员所说的那样，"联邦机构利用承包商……来执行本该由联邦雇员从事的工作。因为这涉及了最基本的管理决策……有时很难说清楚什么是'建议'而什么是'执行'。"[69]或者，像该局的一位高级官员所言，他的表述更为简洁有力："我们见过这样的情况，一个机构把自己收集数据和政策分析的大部分工作都外包了出去。它自认为拥有掌控权，其实是咨询公司在做着各种决定。"[70]

1980 年，为了解决"使用建议性和辅助性服务"的担忧问题，联邦政府推出了《管理与预算办公室 A—120 号通知》。这个《通知》禁止在"执行政策、决策和管理性质的工作"时利用咨询公司，因为这些工作都应该是"机构官员的直接职责"。令人遗憾的是，这份通知在这些年来似乎没有产生出任何效用。

简单地说，私人利益可能在以不适当的方式指导并形成着公共政策，参与着政府的各项活动，而这与大众的利益是相违背的。联邦政府问责局做过一份评价回顾，考察了四个联邦重要机构的咨询服务合同，评估结果发现，1/5 以上的合同都涉及"政府所固有的职能"[71]。这些可是根本性担忧，因为它涉及的是在一个进步的民主国家中到底由谁来制定并实施公共政策，是公共利益的代表还是私人利益的代表。

7.8 腐败中的合同制：一个资本案例

在联邦合同制的文化中，基本的诚信经常可能像简单的效率一样难以识别。国防部是联邦政府合同制的大富豪（五角大楼是世界上最大、最富有的官僚机构，其预算超过了除十来个国家之外其他所有国家经济的总和)，它为我们提供了一个发人深省的例子。

买子弹对打子弹

一方面，五角大楼似乎有能力、有效率且诚实地购买着很多商品。对比一下国防部和公司同时购买 676 000 件完全相同的电子和发动机配件花费，其间的差额竟然超过了 6 000 万美元。研究发现，国防部付的钱比公司要少很多（电子配件少了 14%以上，而发动机配件少了将近 32%）。节省这些经费的原因是国防部“已经应用了一些大公司所遵循的商务惯例”，包括狠狠地杀价。[72]

另一方面，这些恰当的发现必须放在恰当的环境中予以理解。总的来说，这些发现只适用于简单的交易，如购买子弹等，以及一些并不复杂的系统，如研究、开发和建造一个导弹防御网络等，这种情况被描述为“子弹打子弹”。而当五角大楼想要获得精细产品的时候，效率常常会失去优势，而且，从某种程度上说，这是可以理解的：毕竟，与为旨在提高技术能力的武器系统支付研发费用相比，买子弹要简单得多。而所谓的技术能力，如果有的话，在合同签订的时候也是一个未知数。令人遗憾的是，也正是这种情形在很大程度上助长了官员的渎职行为。

仅仅 7 年，五角大楼 100 个最大的承包商中就有 25 个因为采购诈骗而获罪，其中一些承包商还不仅仅获罪一次。[73]从 20 世纪 80 年代中期起，司法部开始秘密调查“经营性患病风”（Operation Illwind），以罚款和财产没收的方法追回了超过 2 400 万美元，导致 100 多起腐败案件最终定案。[74]从 20 世纪 80 年代中期到 90 年代中期，五角大楼购买新武器的费用减少了 70%，但是罚金和民事追缴数额却增长了 11%，而且，因为诈骗被调查的承包商数量也由 100 个最大承包商的 1/4 上升到 2/3 以上。[75]

为什么欺骗？

为什么欺骗行为持续不减？

欺骗的结构。部分原因是由于民营化的结构和实践本身通常很容易滋生腐败。联邦政府问责局认定了 25 项易于“欺骗、浪费、滥用权力和管理不善”的“高风险”运行项目[76]，其中超过 1/3 涉及“主要由第三方运行的大宗采购操作或者项目”[77]。

然而，还有另外一个预兆性的原因：除了极少数特例以外，联邦政府一直都在重复自己的承包商选择。尽管《联邦采购法规》要求官员只把合同授予“有责任心的承包商”，也就是那些具有“令人满意的诚信和商业道德记录”的承包商，而不是授予 20 世纪 80 年代至 90 年代因欺诈而被禁止向联邦政府提供外包服务的 25 家主要大公司中的任何一家。[78]但联邦机构每年针对承包商所签发的中止和禁止数量平均只有 5 700 份左右[79]，这个数目只占联邦政府每年将近 1 200 万份外包合同的一小部分（确实是很小的一部分）。[80]

然而，更重要的是，联邦合同制中最好的部分，也就是那些产生最大利益的部分，却几乎从未获得过禁令，尽管承接这些合同的承包商都有着长期的严重记录，包括一些违法犯罪现象。（根据充分合理的估计，因为很少有其他的承包商能够接手这些由大型复杂公司所管理的大型复杂项目，所以中止或禁止这些承包商提供服务并不是联邦政府切合实际的选择。[81]）在长达 14 年的时间里，联邦政府前十名承包商总共交付了大约 30 亿美元的罚款和处罚，涉及 280 起已证实或声称的不端行为，但它们中没有一个曾被中止或禁止过。[82]“政府中止或/和禁止承包商的制度可谓是不攻自破。”[83]

欺骗的文化。联邦政府一直将合同签发给有犯罪记录的承包商，部分原因是一些技术上面的小故障，因为这些技术故障令人吃惊地掩盖了 99%的既往禁令，因为所有禁令都是由其他的机构在以往对其承包商实施的。[84]然而，在有些人看来，更大的问题是联邦机构中的外包文化问题，特别是在五角大楼这个极不重视物有所值的地方。就像一位前空军采购官员说的那样，“你把一切都搞砸了也没事儿，只要你能让钱流动起来就行”[85]。

当这种根深蒂固的官僚文化（为了确保国会审批的资金畅流无阻而鼓励隐藏坏消息，不论坏消息是腐败还是成本超支）结合令人胆怯的机构与承包商相分离的政治困境（像我们之前所讨论过的那样，二者是由“合约”而不是合同连接起来的关系），即使面对犯罪记录，这个问题的大部分也会变得越来越清晰：只要联邦官员的仕途更加依赖于保证联邦资金的流动而不是资金管理，那么合同制中的腐败现象就永远也不可能得到控制。

道德迷雾

有一些情形尽管并不是那么直接的腐败，但也都处在道德的薄弱环节中。

钻法律的空子。一种情形是，尽管承包商可能违反了联邦法律，但该法只要与他们的合同绩效不相关，就仍然可以得到联邦合同。举个例子，根据一项研究分析，在联邦外包支出总额中，超过 1/10 的经费进入了违反《劳工法》的公司。[86]根据另一项分析，近 1/5 的联邦合同支出进入了严重违反《联邦健康和安全条例》的公司腰包，甚至包括那些因违反《联邦健康和安全条例》而在一年中就导致 35 名工人死亡的公司。[87]

克林顿总统在 2002 年离任的前一天，禁止将联邦合同授予那些曾经违反过环境、健康、安全和其他法律的竞标者。而这项规定很快被他的继任者小布什总统废除了。[88]因此这一特殊的道德困境仍然在联邦外包文化中根深蒂固。

压榨纳税人。第二个困境在前面提到过，但它值得我们在这里再简单地重复一下。这个问题涉及那些获得联邦合同却因公司总部在免税国家而不用交税的公司。仅仅在一年之内，这些海外公司就得到了接近 10 亿美元的合同，然而却让美国财政部损失了估计 40 亿美元的税收。[89]联邦政府问责局在其分析中说道：“[在竞争联邦合同时] 与本国的大型承包商相比，免税国家的大型承包商则更有税务方面的成本优势。"[90]

简而言之，纳税人被压榨了两次：第一次是因为不交税的承包商，第二次是政府，因为政府把纳税人的钱付给了这些承包商。而且，雪上加霜的情况是，与那些不交税的承包商比起来，交税的承包商则处在了竞争的劣势。

7.9　联邦民营化改革

渐渐地，华盛顿开始注意到，联邦民营化正面临惨败的境地。

1990 年，国会实施了《国防采购队伍改进法案》，这份法案要求国防部为其采购专员建立一条独立的职业发展路径。在其后的一年，国防采购大学成立，成为与著名的国防大学齐名的大学。1996 年，国会将这种思路扩展到了其他的机构，创建了联邦采购学院，隶属于管理与预算办公室的联邦采购政策办公室。设计这一机构的目的就是要完善民用采购队伍的培训，增强它们的能力。

四项基本改革

但是，潜在意义最为深远的改革是新推出的四项法律，还有对政府核心采购政策的修订。

在这些政策中，第一项是 1993 年颁布的《政府绩效与结果法案》。这项法案要求联邦机构进行绩效评估，包括测评承包商的绩效。令人遗憾的是，华盛顿仍有一些方法绕开这条道路，因为似乎只有不到 15%的合同达到了绩效标准。[91]

剩下的三项法律更直接地专注于外包制度。一个是 1994 年颁布的《联邦采购合理化法案》。这项法案明显简化了小件物品的采购，特别是总额小于 10 万美元的小件物品。1996 年颁布的《信息技术管理改革法案》授权联邦采购官员缩短购置信息技术的时间。同样，在 1996 年，国会颁布实施了《联邦采购改革法案》，在很多方面，这一法案在三个新法中最为重要，因为它取代了以往一系列的联邦法规，原有的法规大部分只能保证竞标的公平和低价，却不能保证花费的最大价值。

一项彻底修改的外包政策

这四项法律都是对联邦民营化政策实施的重要改革，似乎也对联邦外包制度起到了有益的作用。然而，四项法律中没有一个能够影响到联邦政府基本的民营化理念——《管理与预算办公室 A—76 号通知》。最终，联邦政府还是想办法将这项政策也包括进了自己的思路。

2003 年，管理与预算办公室全面修订了《管理与预算办公室 A—76 号通知》。改写后的《通知》确认出 10 项"外包政策的指导原则"，包括：建立一个合同外包过程，"使公共和私人渠道均可以竞争从事当前由政府内部执行的工作、目前已经承包给私人部门的工作以及新的工作”[92]。

联邦政府问责局将这些改革总结得很好：“在做采购决定时，通过更多地依靠判断和首创精神而不是严格的法规，联邦政府正在大幅度地改革其购买商品和服务的方式。”[93]

7.10 州政府的民营化过程

尽管联邦政府的民营化进程是实质性的，但如果放在基层政府所实施的民营化改革面前，很多方面就显得有些相形见绌。据估算，州政府和地方政府通过外包合同而开销的经费大约比联邦政府民营化开支总额还多出 1/4。[94]

至少在每个州都有一些机构以某种方式实行了民营化。[95]这些州把各自运行预算的 1/5 都花在了外包合同上，如果包括由州政府提供的医疗救助福利，那么这个比例就超过了 1/5。[96]

非减价甩卖：妥善管理州政府资产

直到 20 世纪 90 年代，联邦政府都在积极阻止州政府和地方政府出卖资产。联邦政府要求基层政府凡是要出售或者甚至是出租由联邦经费资助修建的基础设施，都必须归还联邦政府先前投入的项目资金。1992 年，老布什总统颁布了《第 12803 号行政令》，不仅废止了这项政策，还要求所有联邦的直接拨款机构都要与希望民营化此类资产的州政府和地方政府开展合作。1996 年，国会立法规定，联邦航空管理局鼓励州和地方机场进行民营化改革。

然而，这些联邦倡议似乎对州政府鲜有作用。虽然有 14%的州官方报告称在它们州内“已经使用了资产销售方式”（本身很难说是一个大数字）[97]，而在此之前的五年中，实际上只有 1%的州政府机构出售过州资产。[98]

州政府不想出售自己的资产并不是因为州政府没有多少资产可卖。实际上，州政府不仅拥有土地和建筑，而且还拥有公共企事业单位。一份分析结论指出，州政府和地方政府只要卖出政府的企事业就能获得数千亿美元，这些企事业包括公路、机场、水厂和公用设施。（按照分析人士的意见）这些企事业更适于私人部门拥有和管理。[99]

州政府服务民营化

州政府更喜欢通过服务外包给私人部门的方式进行民营化改革，而且超过 70%的州政府机构都是这样做的。[100]几乎 90%的州政府官员报告说，一份全国性调查所列出的 10 种民营化类型中，服务外包曾是他们州使用过的一种民营化方法。而州政府民营化过程中所频繁使用的下一个类型是公私伙伴关系，这种类型也与外包紧密相连。接近一半的州政府行政人员报告称，他们的州使用过这种方法。[101]

在州政府机构所签订的合同中，3/5 是与营利公司签订的，用于提供一项或多项服务。另外，州政府会更频繁地与公司而不是与独立机构或其他公共机构签订服务外包合同。[102] 教育和交通运输是与公司订立外包合同最多的政府机构。[103]

为什么州政府要民营化。节省经费是州政府行政人员将其项目民营化的最主要原因。超过 2/3 的预算和立法服务机构主任以及将近 2/5 的行政部门领导都说，“节约成本”是他们部分服务民营化的首要原因。[104]

缺乏专门人才和专业知识与技能则是另一个重要的改革动因，上述官员中超过半数的人都认为，这也是民营化的首要原因。更大程度的管理自由、更迅捷的项目实施、更高质量的服务供应也都是州政府进行民营化的重要原因。[105] 而州政府雇员联合会以及选举上任的官员是州政府民营化过程中最常见的阻碍因素。[106]

成本和质量。半数的州机构领导和几乎 1/3 的州预算和立法服务机构领导报告称，民营化所节省的钱数很小，不超过 5%。另一方面，却有几乎 30%的机构领导(在预算和服务机构领导中，这一数字很小，只有 4%）称，民营化改革为他们省出的钱超过了预算的 15%。[107] 总的来说，刚好 1/3 的州政府官员报告称，政府服务民营化改革降低了服务运行成本。[108]

州政府行政人员似乎对民营化服务的质量很满意。一份调查发现，实行外包之后，几乎一半也就是 49%的州政府机构负责人认为服务质量提高了，35%的人认为服务质量没有变化，只有 9%的人认为质量下降了。[109]

州政府的抵制

州一层的政府民营化程度，不如联邦政府，甚至也不如地方政府。就像我们提到过的，尽管有联邦政府的鼓励，州政府实际上还是没有出售自己的资产。而且，虽然大部分州政府机构都有至少一个民营化项目，但仅有 5%的州政府机构负责人称他们在重点项目上完全实施了民营化改革，也有不到 1/4 的人称，他们还只是“全部或部分”地实施民营化改革。[110] 几乎 30%的州政府机构没有跟任何人签订过服务外包合同——不论是公司、非营利组织，还是其他政府机构。[111]

相比之下，联邦政府比地球上互联网最大商家的物品销量还多出 1/3。[112] 联邦政府将大约 1/4 的可支配经费都用在了外包合同上[113]，经外包公司雇用的民间雇员数量至少是其本身雇员数量的三倍。[114] 类似地，接近 1/4 的城市和郡县每五年就会出售它们的部分资产[115]，通过与私人部门建立伙伴关系以及与营利公司签订合同的形式，地方政府已经外包了它们 2/5 以上的服务。[116]

虽然存在着变化的迹象[117]，但在所有层级的政府中，州政府在传统上一直最抵制民营化。

7.11 地方政府的民营化过程

几乎4/5的地方行政人员认为，“民营化是提供本地政府服务和设施的首要工具”[118]。地方政府民营化主要采取两种形式：一种是出售资产，另一种是将本地服务工作外包给公司。

出售本地资产

虽然地方政府和联邦政府及州政府一样，拥有公共企事业，如水厂和机场等，但它们却很少将这些企事业出售给私人部门，尽管它们可以这么做。相反，地方政府出售的资产几乎全部是土地和不需要的建筑物，即使是这样，地方政府对资产出售也不是很感兴趣。一份调查发现，在五年的时间里，只有24%的城市和郡县出售过资产，只有21%的市县计划在未来两年内出售资产。而在出售资产的地方政府中，将近70%出售的是闲置土地，而36%出售的是建筑物。[119]

地方服务民营化

地方一级政府更常见的民营化形式是将公共服务外包给公司和组织。实际上，几乎所有的城市和郡县都一两次外包过它们的部分服务[120]，“承包合同已经被用于地方政府提供的每一种服务”[121]。

城市和郡县利用自身员工提供大约一半的服务，这个比率20年间都很稳定。[122]地方政府利用自身员工专注于从事辅助性服务工作，比方说，4/5以上的人事、工资、秘书和公共关系服务等工作都是由政府人员完成的。[123]

另外，还有平均23%的本地服务是由政府雇员和私人部门的雇员共同承担的，这一比例跟20年前大约持平。这些工作主要是街道修护、树枝修剪以及举办文化艺术活动等。[124]

在所有的地方服务中，外包给营利公司的服务占18%[125]，这与20年前超过15%的水平相比略有增长。[126]这一缓慢的增长部分是由于新上任的地方政府积极推行商界做得更好的理念。21世纪早期，佐治亚州山迪泉市（人口9万）和科罗拉多州的百年城（人口10.4万）在进行民营化改革时，都有意回避了公共雇员的绝对概念。山迪泉市只将公共安全人员算作公共雇员，而百年城只雇用了30名市政工作人员，剩下的至今都还保持着民营化状态。[127]

地方政府与营利公司签订服务合同的最常见领域是拖车服务，其次是法律服务以及固体垃圾的回收与处理方面。[128]

7.12　要民营化还是不要民营化？地方的压力与公共项目

将一项本地服务进行民营化的决定可能非常困难，也往往极富争议。

地方政府为什么要外包？

地方政府会出于各种各样的原因外包它们的服务。其中一些原因是有意识的和理性的，而其他原因在意识和理性方面则要逊色一些。

外包的理性原因。到目前为止，城市和郡县民营化服务最常见的激励因素是降低成本的内部动力，88%的地方官员将降低成本作为民营化的主要原因，紧随其后的是外部财政压力（有一半的官员这么认为）。[129]

几乎 90%的地方官员相信，民营化可以节省政府资金，这是他们想法的一个巨大转变。而在 20 世纪 80 年代早期，只有不超过 2/5 的地方行政人员认为民营化可以省钱。[130]

外包的欠理性原因。省钱是民营化服务的首要理性原因。但是地方政府外包也有其他的一些更黑暗的原因。

朋友之间的外包。朋友或者至少是熟人是非常重要的。针对一项全国地方外包服务的调查分析发现，有迹象表明，“选举上任的官员会利用私人承包商来报答支持他的选民”[131]，有报告称，地方政客与签订政府合同的私营公司之间关系日渐亲密，可以预见的结果往往是地方政府爆发的各类金融丑闻。[132]事实上，当地方官员离职率升高时，外包服务量就会急速下降。这表明，地方官员和承包商在签订合同之前，一定存在相互熟识的基础。[133]

一项关于地方政府与非营利协会建立伙伴关系的研究发现，“社会因素”非常重要。政府机构雇员以及非营利协会职员之间这种“真正相互倾心”的社会因素，无论是在公共部门还是在私人部门，比合作关系所能产生的任何经济收益都更为重要。[134]

一种象征性关系？官僚制度非常重要。一份关于 1 000 多个得克萨斯州学区政府的分析发现，地方政府中的官僚越多，这些官僚就越会与其他部门进行接触，让这些部门为他们提供服务。这种关系是真实的，即便当地外包活动与学区政府的绩效之间不存在正相关关系。中央机关行政人员的雇佣总量每增长 1%，政府的外包数量就会增长 0.32 个百分点。“因此，外包制度与更加人浮于事的学区组织有关。长期的结果就成了一个自给自足的过程。”[135]

美好时代。最后，钱也很重要。针对地方政府的分析发现，即便节约成本在外包服务的理性原因中名列榜首，政府也只是在金库中钱多而不是钱少的时候才会更频繁地进行外包。[136]比起民主党当权的城市，共和党掌管的城市虽然更经常把工作外包给私人部门[137]，但在做出民营化决定时，好的经济发展时期似乎可能优于不同党派之间的意识形态。[138]

地方政府为什么不外包

地方政府不愿意实行服务外包的比率很低，而且随着时间的发展还会逐渐减少。几乎60%的城市和郡县都报告称，它们在民营化的过程中没有遇到过任何障碍。而且每次新的调查结果都表明，这一比例还在继续上升。[139]但是，仍然存在一些地方民营化的抑制因素。

雇员反对。在2/5民营化遇到障碍的城市和郡县中，有56%的市县报告称，来自政府雇员的反对是其民营化进程中一个最大的障碍。这是十多个可能性原因（其他的因素都没有接近一半）中占百分比最高的[140]，而且雇员的这种抵触情绪有增无减。[141]

当地公共雇员不赞成民营化是民营化改革的严重障碍，部分原因是因为地方政府工作人员在地方的政治中表现得异常活跃。据一些估计称，在地方选举中，当地政府雇员与其他当地投票者的比率从2∶1到6∶1不等。[142]

有组织的工会很可能也在本地雇员反对民营化的过程中发挥了重要作用。近1/3在外包中遇到阻碍的市政和郡县官员认为，约束性劳动合同也是一个障碍。这些约束条件在最常提到的阻碍因素中排名第三。[143]

然而，在地方民营化过程中，工会的角色似乎要比人们想象的更为复杂。当工会谈判成功并为其会员争取到高薪和福利时，则会导致更多的服务外包，因为政府想要减少这些逐渐加码的劳动力成本。然而，针对这一话题进行的一项全国性调查分析发现，“与我们的设想相反，公共机构的工会化反而增加了私人营利性服务供应的可能性……工会化可能并不像人们之前所认为的是民营化的障碍”[144]。

板着脸的政客。在民营化过程中遇到阻碍的地方政府行政人员，有44%的人认为，选举上任的官员不赞成民营化是民营化改革的第二大障碍，而且这一百分比还在随着时间而不断增长。[145]

地方政客不愿意外包政府工作，部分原因至少是因为他们担心我们早先提到的那种热情，即当地雇员在本地选举中大规模出动参与投票的热情。但政客在某种意义上可能也反映了更加谨慎的选民意见，因为选民对把公共服务交给私营公司提供的做法尚存有顾虑。在必须应对的外包障碍中，有30%的地方政府行政人员报告称，公民的反对也是一个因素。而且，他们还说，由于政府雇员和政客的抵制，公民的反对声也在不断增强。[146]

谨慎的公民。美国人对于民营化的态度虽然在过去这些年间有了很大的变化，但是总的来说，大部分美国人还是对私人部门能否提供公共服务心存疑虑。[147]

最近在20世纪90年代末和21世纪初做的一次全国性调查发现，只有不到1/6的美国人表示，他们对私人部门提供公共服务“最有信心”，剩下的人则说，他们对公共部门或者非营利部门提供公共服务最有信心。[148]

这里的重点在于，作为全球资本主义的一个重要堡垒，美国人通常在有效提供公共服务方面还是更倾向于相信政府而不是公司。

裁员：地方政府民营化后，公共雇员将会怎样？

也许，当公共雇员、政治家、公共行政人员和人民大众都抵制民营化时，最明显的恐惧，或者至少是担忧，就是因外包而失去政府工作的那些人的命运。

这是一种非常重要的忧虑，下面我们来谈一谈所了解的情况。

- 公共机构工作人员因民营化而失去工作的比例相对不大，估计仅占当地劳动人口的5%～7%。[149]
- 那些失去工作的本地工作人员几乎得不到什么政府资助。只有30%的人能够得到些福利。[150]而只有9%的地方政府制定相应的项目，以减少民营化对政府失业雇员所产生的负面影响。[151]
- 民营化过程既能创造工作岗位，也会消除工作岗位。因为就业机会从政府转移到了私人部门，所以岗位的丧失与获得实际上就是一种淘汰的过程；“而在大多数情况下，私人部门的岗位丢失需要私人产业至少产生出等量的岗位才能予以抵消”[152]。
- 地方政府以及地方政府承包商所支付的酬劳大致相同，但承包商所提供的附加福利就没那么大方。一半承包商所提供的福利比政府少，只有16%的承包商所供福利比政府多。[153]
- 当地有色员工与白人雇员相比，因民营化而失去工作的速度似乎更快。在10万～50万人口的城市中尤其如此，这也许是因为地方政府倾向于外包诸如卫生服务之类的服务业。而在民营化改革之前，这种工作的从业人员大多为少数族裔。[154]

总的来说，地方政府在民营化服务时需要面对一些重要障碍。但是，如果地方政府能够更加关心那些工作岗位岌岌可危的雇员，似乎多少可以缓解部分因民营化所产生的抵触情绪。

7.13 地方合同制：管理与成本

民营化有帮助吗？在服务管理问题上，公司是不是就比地方政府管理得更好、性价比也更高呢？

竞争、公司和质量管理

地方政府似乎对私营承包商采取了相对严密的控制，尽管有的时候控制稍有松懈。有39个州为地方政府设定了采购标准，另有12个州要求其地方政府将采购职能集中到一个办公部门，其实，对于所有地方政府来说，集中采购差不多已然成为它们的规范做法。[155]

竞争地方合同。另外，竞争性招投标虽然不像原本应该的那么常见，但似乎也经常被基层政府所使用。37个州中，32个州要求地方政府在采购超过一定限额就需要进行竞标，5个州要求特定类型的采购需要竞标。[156]只有18%的地方政府是在单一资源的基础上选择承包商[157]，相比之下，联邦机构与单一公司协商后签订合同的比例估计占85%。[158]

地方政府监管。地方政府对于公司绩效的监管虽然不够系统，但至少看上去还算是一个重点关注领域。不到一半也就是47%的城市和郡县对私营机构提供的服务进行过质量评估。[159]地方政府在评估私人服务质量时，最常用的指标就是看私营组织遵守服务成本和服务标准的程度，所采用的方法主要是监控公民投诉和分析各项数据。[160]

一份全国性的研究分析发现，地方政府收回从前外包的服务，“主要原因都与监控问题相关…… [但是] 很多政府没有监控程序，只是因为不满意承包商的服务绩效就将工作收了回去”[161]。更小更穷的地方政府改变服务供应安排的倾向尤为明显。[162]

相比之下，更大更富裕的地方政府不仅比小而穷的政府更少变换服务供应商，还经常会建立私营承包商监控机制。一份调查了美国66个最大型城市的研究结果发现，92%的城市都会为了质量和效力而正式监控其民营化服务[163]，这一比例几乎是全国平均水平的2倍。[164]

民营化地方服务的质量。最后，地方政府行政人员均表示，他们对民营化的服务质量很满意。在针对美国大城市进行的调查中，没有受访者表示自己对民营化“不满意”[165]。在另一项调查中，接近3/4即72%的地方行政人员将私营承包商提供的服务质量评价为“非常满意”[166]；而在另外两次调查中，这些地方行政人员中的1/3都相信，民营化可以提高服务质量。[167]

然而，地方政府行政人员在实际行动上却表明，他们对民营化服务的质量至少还存在一些保留意见。过去五年中，在进行过一项或多项民营化改革的城市和郡县中，超过1/5（22%）的市县又重新将服务收归政府。这些政府中的大多数（73%）之所以这么做，部分原因至少是因为它们对私人公司提供的服务不满意。[168]

进行实证分析的独立研究人员就不那么热衷于民营化服务的质量问题。一份异常可靠的分析评价得出了这样的结论：“没有什么迹象表明，民营化和服务质量之间存在可以辨别的相关性。换句话说，目前我们已经努力认识到一条法则，那就是，外包制度既不会提高服务质量，也不会降低服务质量。”[169]

总的来说，与联邦政府和州政府相比，地方政府在管理民营化的工作中，做得还是非常出色的。

成本问题

无论是地方行政人员的报告还是独立研究人员的分析普遍都发现，在正常情况下，民营化可以节省地方政府的经费。但是所节省的经费通常不如民营化狂热者所声称的那么多，他们中有些人会说民营化能够节省 50%的成本。[170]实际上，节省出的费用一般不会超过 30%，就这也是极少数情况。[171]当然，即便是有结余，节省出的费用也会因服务项目和服务地点的不同而不一样。有的时候，民营化某项服务的效果还真不如政府自己来做，因为民营化改革可能会让政府损失一大笔钱。[172]因此说，民营化绝对不会保证省钱。

地方政府行政人员的评估。地方管理者对成本结余的估计各有不同。一份针对全国城市和郡县所做的调查结果表明，41%的市县表示民营化服务节省了 20%甚至是更多的成本，另有 39%的城市和郡县报告称节省了 10%～19%的成本，而 18%的市县报告说节省的成本只有 9%甚至更少。[173]实际上，地方管理者所认为的这些成本节约都很真实，还不算是吹嘘。

但是地方管理者中也有一部分人不仅对民营化服务的成本表示不满，而且还针对不满采取了相应的行动。超过 1/5 的城市和郡县取消了民营化并收回了原有的服务，其中一半以上的市县这么做是因为民营化服务所节约的成本不够充分，另有超过 1/3 的市县是因为地方政府工作效率已经提高到一种水平，完全能够提供出比私人部门性价比更高的服务。[174]

独立研究人员的评估。独立进行的实证研究让人们看到了成本问题的另一种认识。就像地方行政人员的报告一样，独立研究的结果显示，地方政府的民营化改革能够带来全面的成本节约。虽然有大量关于外包性价比的量化研究成果（这本集子也许是目前世界上最全的，因为它收录了 19 年间所进行的 129 份研究成果[175]），但是，直到最近，我们才逐渐明白这些研究成果总体上说的是什么。

这项研究发现，政府把服务外包给私人部门后平均可以节省 6%～12%的成本。民营化费用节省最多的领域是清洁、维修和垃圾回收（占到 19%～30%），而其他的民营化服务不仅节约的钱不多，而且也更难算清到底节省了多少钱，因为节约多少似乎还要视当地的具体情况而定。[176]

总之，关于民营化问题，来自地方政府行政人员最一致的报告和独立研究人员的最一致发现都表明，与私人部门进行外包合作通常与降低服务供应成本相关，但也不尽如此。

然而，这种相关关系并不是因果关系。

7.14　商界会更好吗？竞争的案例

1986 年时，密歇根州的伊科斯镇（城市规模大约是 1.2 万人）正面临严重的金融困境，使它成为美国历史上第一个受破产保护的政府。[177]而到 1990 年时，由法庭指定的接收人报告称，该市的预算已经扭亏为盈，伊科斯又重新恢复了财政健康。

这个令人可喜的转变是如何发生的呢？就是把手中几乎所有的市政服务全都外包给私人部门。由此得出的“城市传奇”认为，“伊科斯的改革试验表明……民营化服务具有一种扫除胜任力不足和效率低下的强大力量，同时，私人部门也比官僚机构更能够快速应对不断变化的环境”[178]。

是这样吗？服务工作真的变得更好了？这一正式说法确实是真的吗？私营公司在提供公共服务上真的比政府花钱更少也更令人满意吗？还是有别的什么因素发挥了作用呢？

对此人们已经观察到，降低服务供应成本的真正因素是竞争而不是公司：“公共部门与私人部门的问题很重要，而通常情况下竞争性与非竞争性问题更为重要。”[179]下面让我们来思考有关这一论断的证据。

竞争的种类

竞争可以通过两种方式进行：招标和采购。

竞争性招标。4/5 以上的地方政府基本上专门依靠竞争性招投标的方式签发合同。[180]这是一个重要的事实，证明地方政府至少已经将竞争融入了服务供应中。(在这方面，联邦政府被调动起来的积极性就少得多。)

透明性竞标可以降低价格，这是不言而喻的，这方面的证据可以联想一下联邦政府的实践经验。当两个或两个以上的私人部门竞标者为得到同一份联邦合同而开展竞争时，每一个全职职位的标价应该比只有一家竞标者的标价高出 10 多万美元。[181]

或者，反过来从竞标者的角度想一想。一份针对 3 300 个与县政府有过合同关系的公司进行调查研究的结果发现，这些承包商主要担心的问题是，“来自其他公司的竞争会把价钱压得太低，以至于公司可能不再愿意继续参与竞争”。将近 3/4 的商业管理者反对地方政府一味地追求最低价。[182]

至于提供的最后证据，可以关注一下尼日利亚。尼日利亚于 1999 年从一个腐败的军事独裁国家转型变成了一个理性的民主法治国家。新成立的改革型政府要求建造公共设施的所有合同都进行竞争性招投标。之后，政府又非常谨慎地将这些标价与互联网上列出的可比性项目标价进行了对比。最终，尼日利亚公共设施项目的平均成本降低了 40%。[183]

竞争性采购。第二种保证竞争的方法是，政府与私人部门、独立机构和公共部门开展政府服务供应方面的竞争。这种方式被称为竞争性采购（用于联邦政府机构）或管理型竞争（州政府和地方政府喜欢用这个词）。在这一过程中，公共部门组织与私人部门组织、非营利部门组织以及其他的公共部门组织共同竞争提供一项公共服务的合同。

竞争性采购的潜在优势非常大。而管理型竞争不仅可以将竞争的领域拓宽、扩大，而且当一个政府机构在竞标中输给了营利公司、非营利组织或其他公共机构时，还可以转而集中精力反省自己失利的原因，促使该机构在未来的运行中追求更高的工作效率。

在政府中出现竞争性采购或管理型竞争是一个强有力的证据，它表明公共行政人员相信，建立更好政府的关键是竞争而不是民营化。我们下面来研究一下这两种竞争方式的产生背景。

竞争性采购：联邦经验

民营化背负着很多意识形态的包袱，而这种情形有时会阻碍关于它的实证调查。但联邦政府很早就对其表现出兴趣，试图探查公共部门或者私人部门提供政府服务背后的真正经济学。

20 世纪 70 年代，为更好地理解民营化，联邦政府发明了被人们俗称的“A—76 过程”，如此命名是因为该过程试图实施《管理与预算办公室 A—76 号通知》中所表达的各种政策。本质上，A—76 过程在竞争性采购中是一种拓展应用，这种应用包括对联邦政府的每一个职位正当性进行分析研究。

联邦政府似乎深信，A—76 过程已经节省出数额巨大的钱财。在实行 A—76 式竞争的最初 20 年里，联邦政府所取得的成本结余平均是 31%，从那以后结余数额有所上涨，达到了平均 42%。[184]而且，通过竞争省下来的资金并没有因为时间的流逝而减少，竞争之后的绩效也能够保持不变甚或有所提高。这些都说明，联邦政府还有潜力继续实施新的 A—76 竞争。[185]

根据管理与预算办公室的计算，A—76 改革过程目前已经帮助包括五角大楼和民用机构在内的联邦政府节省了大笔经费，每年可以超过 5 亿美元。平均每个联邦职位的年度净节约达到了 27%，而且这一数字还在快速增长。其中，在信息技术、维护和不动产管理领域中，每个职位节约的成本最多。联邦政府的这些努力非常合算，因为联邦政府在进行 A—76 竞争项目上花费的每一美元，都能产生 20 美元的结余。[186]

在早年的 A—76 成本对比中，私营承包商可以在联邦政府公私竞争中赢得半数以上的合同，这让联邦工作人员多少踌躇了一段时间。[187]而如今 90%的竞争合同都是由联邦政府内部机构赢得的。[188]

更重要的是，竞争性采购不一定会使联邦雇员大规模下岗。有研究表明，3%～8%的联邦雇员会因为选择商业部门实施一项政府活动而被迫失去工作。[189]这一比例如果与地方政府相比，即使不低，至少也是不相上下。[190]

管理型竞争：基层经验

地方政府也在以很快的速率采用着竞争性采购制度。事实上，正是这些地方政府发明了管理型竞争手段。

管理型竞争发源于 20 世纪 70 年代的凤凰城，其地方版本经常会涉及将一个城市划分为不同的竞争性服务区域。虽然管理型竞争好像在大城市中实施得更好，但超过 1/3 的城市也就是 35%的市政府都已经实行了管理型竞争政策。所采用的方式就是允许政府部门参与服务供应合同的竞争。这一数字比例代表着地方管理型竞争在不到十年的时间里翻了三倍。[191]

一大批研究结果都表明，不论采取竞争性招投标形式还是采取管理型竞争形式，美国地方政府降低服务供应成本的核心变量是竞争而不是与商家签订服务外包合同。[192]

研究说明什么：竞争是关键

事实上，令人惊奇的是，研究一致表明，是竞争而不是私人部门本身在很大程度上增加了政府效率提高的可能性，不论这个政府是国家级、州级还是地方级。在国家层级，联邦政府问责局报告称，“联邦机构实施A—76号通知过程的经验表明，不论机构职能最终是由私人部门实施还是保留在政府内部履行，竞争才是实现成本节省的关键”[193]。

在世界范围的所有研究中，大多数研究结果也都支持联邦政府问责局的这一重要评定。针对全球各级政府（但大部分是针对美国和当地政府）民营化的独立分析而做出的综合性评价将民营化简洁地概括为：“不论是公共部门机构还是私人部门机构赢得合同，最终都能实现减少成本的目标。在合同制服务中，总体上并不存在私人部门比公共部门服务供应更划算的倾向，这一发现具有重要意义。”[194]

这一发现确实具有重要意义。一份关于民营化实证研究的详尽评论（可能是迄今为止最深入的评论）得出的结论是，没有一个部门在提供公共服务方面天生就比别的部门做得更好。这一发现公然违抗了那些坚持认为私人部门在公共服务供应方面一定比政府更划算的思想。商界做的并不一定更好。在实际情况中，任何部门，无论是公共部门、非营利部门还是私人部门，都可以以一种可比性质量标准和一个相对较低的成本价格提供公共服务，执行公共项目。但这一点只有在各部门之间相互竞争的时候才能够做到。

赫伯特·西蒙既是诺贝尔奖获得者，也是公共管理和工商管理领域的元老，他在谈论这一问题时说得很好：“还有一种常见的说法是错误的：即公共组织和非营利组织不可能而且平均来说也不会像私人公司那样有效运行。”[195]

实际上，公共组织和非营利组织能够做到，而且也这么做了。在这个问题上，竞争才是关键。

7.15 实际的民营化：经验教训

该说的都说了，该做的也都做了，那我们对于民营化实践到底知道些什么？公共行政人员在与私人公司签订合同的时候又应该牢记什么？以下是我们学到的几条重要经验。[196]

- 强有力的公众支持和一次政治竞选很可能是实行民营化的先决条件。
- 仔细筛选民营化的潜在候选项目。具有明显商业特质的公共项目（比方说州彩票、垃圾收集、机场、公共事业和大学宿舍管理等）最容易成功实行外包。

- 逐渐民营化。整体快速的民营化进程经常会降低来自政治方面的支持。
- 在合同招标之前先开发出一套精准的成本定价系统。定义产出、设定基准、使用以活动为主的成本定价系统，这是一种涵盖提供一项服务所有成本的会计技术。[197]
- 注入最大的竞争可能性。当然，这既包括竞争性采购，也包括竞争性招投标。
- 使用定义明确的合同，该合同应设定绩效测评和整体评估程序。
- 减轻民营化对失业公共雇员的影响。在福利方面为他们提出建议，帮助他们找到工作。这不仅可以减少雇员对民营化的抵触情绪，也是道义上应该去做的事情。
- 要认识到，三级政府在外包过程中最薄弱的环节就是管理合同和实现问责。在政府服务民营化的过程中，这两个领域是需要公共行政人员最为关注的地方。[198]

7.16 公共企业：数目众多且千差万别

我们已经描述了政府怎样与公司签订合同来实施公共政策。但是政府也会创立公司来实施自己的政策，而这些创立的公司就叫公共企业。

一个公共企业单位是政府以市场为导向为公众提供一项服务的机构。国家支持的电话公司就是一个例子。

从一方面来考虑，美国公共企业数量相当少，而非洲、亚洲、欧洲和拉丁美洲的许多政府都拥有且运营着比美国政府多得多的公共企事业机构。例如，在西欧的国有企业产值平均占本国国内生产总值的9%，这还不包括各类政府性服务。在中欧社会主义垮台之前，国有企业占国内生产总值的比例更是惊人，达到了85%。相比之下，美国的国有企业只占国内经济的1%。[199]

这并不是说美国的公共企事业机构微不足道。尽管尚没有一个公共企业方面的明确调查[200]，但这些机构仍然是美国政府及其代理组织实施公共政策的主要手段。很多公共企业遍布广泛，而且存在于政府的各个层级。

虽然联邦企业很少，至少与成千上万个州和地方级企业比起来数量不多，但有些联邦企业的规模却是相当庞大的。这样的例子包括，为绵延7个州的田纳西山谷地带共约900万人口提供电与其他福利的电力公司；运输全国2 500万乘客的铁路公司；还有每天为超过2.81亿人投递信件的邮政公司等。有些联邦政府兴办的企业规模更大，例如一些上万亿产值的联邦企业，政府可以依靠这些企业帮助美国人购买住房，或者向农民提供低息贷款。

在基层，公共企业也在蓬勃发展，而且所涉及的领域非常广泛，令人惊讶。州政府或地方政府拥有和运营的公共企业包括：净水厂、住房公司、污水处理厂、公共泳池、公墓、公园、高速公路、健康项目、休闲设施、医院、机场、运输系统、海港、桥梁、环境保护和经济开发项目、停车场、发电厂和煤气厂等。以上还仅是一部分例子。[201]

地方政府实质上拥有和运营国内所有的商业机场，国内85%的市政供水系统和污水处理厂，4/5 的地方公共运输系统，1/4 的电厂（为 1 600 多万顾客服务的 2 000 多家电力公司），以及由 360 万个顾客账户支撑的 800 家市政天然气公司。[202]

基层政府的公共企业是国家商业发展的强大力量。

7.17 管理公共企业：公共权力机构和其他准政府

绝大部分公共企业由公共权力机构所拥有和运营。除了它们的权力和重要性之外，公共权力机构基本上还属于在公共领域边缘活动中隐蔽而神秘莫测的机构。

公共权力机构，也被称为政府公司、特别权力机构，或者是公共福利公司，它还有其他名字，指的都是依法创建的提供市场导向型服务的机构。联邦政府用公司这个词，而州政府和地方政府则通常喜欢用权力机构或者区域。

一般情况下，学术界倾向于使用哈利·S. 杜鲁门总统的标准来决定什么时间可以利用“组织的公司形式”执行公共项目。这些标准主要包括：该项目主要具备的商业性质；能够产生税收且具有潜在的自我持续性；包括大量与公众进行的商业类交易；与拨款预算通常所允许的惯例相比具有更大的灵活性等。[203]图 7－1 列出了公共权力机构的一些特点。

联邦企事业的早期管理

华盛顿大部分的公共企业是由复杂的“混合机构”管理运行的。这些混合机构被描述为“新兴的联邦准政府”[204]。

华盛顿的政府公司。许多这种联邦混合机构都基本上可以归为政府公司这一类。但是我们对这类机构了解不多，甚至还不知道这类机构到底有多少。对于联邦公司数量的估计最低是 18 家，而最高可以是 58 家。[205]根据联邦政府问责局的报告，目前还尚不存在联邦公司的“全面描述性定义”[206]。

联邦公司的所有权既可能全部由政府拥有，也可能与私人部门共享，但大部分联邦公司属于政府完全拥有。[207]

这些公共权力机构中的很多组织都有相当大的财政影响力。联邦政府问责局针对 22 个“自我报告的”联邦公司（其中大部分是小型公司）进行的研究分析结果发现，这些公司的年度总费用竟然超过了联邦商务部、教育部和能源部年度经费的总和。[208]

华盛顿的政府兴办型企业。管理大部分重要而大型联邦企业的混合组织被称为政府兴办型企业。政府兴办型企业是由美国政府创立的“金融中介机构”，用于直接“向特殊经济部门提供资金”[209]，尤其是住房和农业部门。为了做到这一点，这些企业会从银行借钱，然后再以低息贷款的形式向合格的借款人放贷。

权力和隐私。第一个政府兴办的企业是国会于 1916 年创立的。从那时起，政府兴办的企业数目并没有太多增长，直到今天总共也只有五家政府兴办企业。[210]虽然政府兴办企业的数目不多，但是这些独特的联邦实体却有着巨大的经济实力，而且其经济实力还在不断扩大，其财政债券也已高达近 7 万亿美元。[211]

联邦政府将政府兴办企业归为私人部门公司是有一些原因的。可能最显著的原因是，在五家政府兴办企业中，有三家企业也包括其中最大的一家企业，都已在纽约证券交易所上市。[212]而且至少有一家，也就是房地美公司，成为美国政党在全国最大的捐款人之一。[213]2006 年，因为该公司违反了选举法，联邦选举委员会针对房地美开出了美国历史上的最高罚单——38 亿美元。

然而，政府兴办的企业也表现出一些与政府公司相同的特点：它们似乎符合杜鲁门的所有标准；它们是由国会创立的；它们由联邦机构负责监管；它们可以免缴联邦、州和地方公司所得税；如果它们的贷款被拖欠，还能得到来自联邦财政部的暗中支持（因此才能够保持低利率）。所以，政府所兴办的企业像鸭子一样，无论是长相、走路的姿势还是呱呱叫的嗓音都很像公共权力机构。图 7-1 列出了这些公司的基本特征。

房利美、房地美和金融恐惧。对于联邦国家住房抵押委员会（也被称为房利美或简单地称为房利）和联邦住房贷款公司（也被称为房地美或房地）来说，人们都知道这两家政府资助的企业存在问题，但是却都避而不谈。这两家公司拥有 4/5 以上的政府企业资产。[214]房利美通常排在美国最大型公司的第一名，或者是前三名，而房地美通常排在第六名左右。[215]

房利美和房地美是由国会分别在 1938 年和 1970 年设计建立的，目的是保证抵押市场的稳定。这两家公司还是美国住房融资的最大渠道。两家公司算在一起，持有或担保了美国几乎一半的房产抵押。[216]这种强大的金融实力由联邦房产企业监管办公室负责监管。而这一鲜为人知的办公室是于 1992 年创立的，曾隶属于美国住房和城市发展部。

联邦政府对这两家大型政府资助企业的监管成效有多大一直还存在争议。2003 年，房地美公司的首席执行官及其他高管均被辞退，2004 年，他们在房利美公司的同行也同样被驱逐，因为他们用来美化其华尔街股票形象的数十亿美元核算不当。这两个财经巨头的不诚信加上 2002 年爆发的金融丑闻和公司腐败，最终导致阿瑟·安德森、安然、世通等大公司的破产倒闭。

房地美和房利美的前途令联邦政策制定者们胆战心惊，这是可以理解的。这些政府资助企业的金融债务非常巨大，而且这些债务的拖欠会使整个经济陷于危机。国会非常可能会以巨大的代价救助它们，就像国会在 1987 年救助另一个政府兴办公司一样，1987 年遇到财政困难的公司是农场信贷系统公司。

然而，不论是由联邦公司、政府资助企业还是其他类混合组织经营，联邦企事业机构都发挥了重要作用。虽然这些机构在数量上不是很大，但是在经济影响力方面却相当大。

州和地方公共权力机构，或者它们是特别行政区吗？

联邦政府管理公共企业的经验特点是通过许多不同而复杂的立法政策和机构安排来进行管理。与之相反，州和地方政府依靠的则是更为直截了当的方法。总的来说，基层的公共企业要么是作为州政府和地方政府的下属机构运行，要么是作为公共权力机构运行，同时，领导这些机构的董事会还拥有足够的自治权。让我们来认真研究一下这些独立的公共权力机构。

州和地方公共权力机构到底是做什么的？州和地方权力机构参与多种多样的业务领域。一份针对这些权力机构进行的可能是最为详尽的全国性调查发现，这些机构的领军领域是公共住房（占所有州和地方权力机构的45%）；环境保护，主要是污水、固体垃圾处理和污染控制（18%）；经济发展（14%）；公用设施，如停车场、公园、游泳池、汽车修理厂、花园、画廊、高尔夫球场、网球球场、会议中心、沙滩、体育场、博物馆和动物园（7%）；交通运输，不仅包括桥梁和道路，还包括公共交通（4%）；卫生保健设施，例如医院和疗养院（3%）；港口（2%）；建筑设施（包括水厂、煤气厂和电厂）和教育（主要是学生贷款和校园建设）（各占1%）；以及一系列其他的项目。5%的公共权力机构经营管理着一家以上的企事业单位。[217]

计算公司数量。和联邦公司一样，到底有多少州和地方权力机构目前尚不得而知。虽然"许多学者已经表示，州与地方公共权力机构的数目大概在10 000～12 000个之间"，而且大部分都是1950年之后创立的。[218]但是没有人真正知道具体的数目，所估计的范围也有些令人惊讶，基本上在5 000～18 000个之间。[219]

实际上，州与地方公共权力机构的具体数目可能更多。我们之所以这么说，是因为很多基层的公共权力机构似乎很难与特别行政区区别开来。目前，由州政府和地方政府授权的特别行政区一共有35 356个，美国人口普查局将它们都视为政府。

是公共权力机构还是特别行政区？独立公共权力机构和特别行政区之间有很多相似之处，而且二者之间的相似性非常有意义。其实，二者都是具有特殊目的的政府。（有关特别行政区的详细内容可参见第8章。）

当然两种类型的特殊行政辖区之间还存在着一些差异，但差异并不大。一个最明确也最一致的差异就是，从定义上来看，公共权力机构是由立法机关创立的，而特别行政区的创立常常需要辖区选民的赞成。然而，即使是在这一点上，模糊的做法也会使清楚的定义变得难以理解，因为有些特别行政区只能在立法机构授权之后才能建立。[220]

据说还有一种假定，即管理更加有序、更加技术化和商业化的公共权力机构是由指定的董事会运营的，其运行经费主要来源于用户使用费。相反，更加政治化也更具公共性和政府性的特别行政区一般是由民选的委员会运营的，其运行经费主要来源于征税的权力。[221]然而，并没有证据可以支持这些观点。事实上，公共权力机构和特别行政区表现出了彻底的治理和财政混乱，而且已经很难将二者进行有效区分。[222]

事实上，公共权力机构和特别行政区丝毫没有被这些定义上的争论所困扰。它们都在用任何可以产生作用的形式定义着自己。正如这方面的一位专家所言，“虽然似乎不能将政府公司与特别行政区等同起来看待，但这种等式也并不是绝对没有道理”[223]。

7.18 公共权力机构的演变

各级政府，无论是联邦政府还是州政府和地方政府，都建立起相应的公共权力机构，用于管理自己的公共企业。但是各级政府创立政府公司的经验却千差万别，各级公共权力机构随着时间演变的过程也大有不同。

联邦政府的经验

设计并创立于1792年的美国第一银行常常被人们看成是第一家联邦公司，或者至少在该领域内明显是一个先行者。1903年，联邦政府购买了巴拿马铁路公司，这标志着联邦政府从此开始进入了与我们现今定义相当的政府公司。

由于受到大萧条的冲击，联邦政府在政府公司上的利益有了长足的发展。截至1953年，联邦政府成了“国内最大的电力制造商、最大的保险商、最大的贷款者和最大的借款者、最大的地主和最大的租客、最大的牧场主和最大的林场主、最大的谷物拥有者、最大的仓库运营商、最大的船舶拥有者、最大的载重车队运营商”[224]。

然而，这样的公共企业并不愿意只是停留在公司化美国的状态。美国商会、各种投资者拥有的公共事业单位、全国制造商联合会以及其他特殊利益团体一起开展了统一的游说行动，试图诱导联邦政府工作人员退出与私人部门的“竞争”。20世纪50年代期间通过了一系列的行政法令，对大部分联邦政府公司进行了重组或者解散。具有讽刺意味的是，随着时间的流逝，这些企业又重新被联邦合同制文化所取代，而这种文化却是艾森豪威尔总统在其1961年告别演说中着力谴责的文化。

基层的经验

18世纪期间，各种不同的合作性联合会在各州和社区不断涌现。这些合作性联合会可以被合理地视为原始的（有些情况下是复杂的）公共权力机构。这些组织负责处理市民、教育甚至是教会方面的事务。

19世纪早期，州政府加快了它们对公共权力机构的应用速度，将这种“机构性公司”特设为银行和建造者——尤其是桥梁建造者、收费高速公路建造者、运河建造者包括纽约的大型伊利运河系统。事实上，州政府在19世纪时设立了所有的机构性公司，不论是公共公司还是私人公司，而且这二者之间的界限也一直不很清楚。每个立法机构和公司利益之间经常发展出来某些关系，可以加快公司特许商业执照的推广应用。随着时间的发展，这些关系可能会发展到非常亲密的程度，导致很多州都发生了重大丑闻事件。另外，州政府和市政府还经常欠贷不还，因为政府已经将贷款用于有问题的破产项目。直到20世纪20年代，这种拖欠贷款的事情还屡屡发生。

一种渐进性的推力。正是因为这些州和地方政府拖欠贷款，也因为世纪之交横扫全国的进步运动，几乎所有的州宪法都包含了禁止借贷的条款，也包括禁止把州政府和地方政府的资金或贷款借给或批给个人或公司。而这些古板的宪法条例会让州政府或地方政府的各种资本项目融资面临困难。一般情况下，这类项目包括道路建设以及其他改良工程，而有些时候，这类工程还相当急需。

如果进步运动在很大程度上造成基层政府项目融资越来越困难，而它在轻松建立政府公司为这些项目融资的问题上至少还是发挥了应有的作用。在起草首部州立公司法并为之游说的时候，进步运动还是起到了积极的作用，这部法律因为描述了公共公司和私人公司之间的区别，所以也就为竞选官员依法创立公共权力机构搭建了一个系统平台。纽约和新泽西港务局是美国最大型的一个政府公司，拥有9 000多名雇员，就是在那一时期（1921年）成立的。至少有一名学者这样认为，“近代政府公司的历史是伴随着公司成立才真正开始的”[225]。

联邦因素。尽管进步运动是基层特别权力机构扩张的巨大动力，但联邦政府才是最有责任的一个实体。最明显的一点就是，这些公司所发债券的利息几乎都不用交纳联邦所得税[226]，而这种利息免税的做法却找不出任何的宪法依据。

富兰克林·罗斯福总统将基层公共权力机构视为一种抵御大萧条的新手段，并将联邦政府参与州和地方公司的程度推向了史无前例的地步，他利用两种高度相关的途径做到了这一点：第一，鼓励州与地方政府颁布新的法律，降低成立政府公司的难度；第二，鼓励这些公司发行收入型债券。

首先，罗斯福起草了“典范立法”并让州政府和地方政府在创立政府公司的时候如法炮制。这些立法以及另外一些倡议很快就产生了作用。到1948年，48个州中已有41个州采用了罗斯福典范立法的变体形式，而且有25个州还授权它们的地方政府可以完全依靠地方动议成立公共权力机构。

政府公司通过发行收入型债券为自己的项目融资。收入型债券是一种市政债券，可以靠收入型债券支撑的项目收益来偿还债券购买人，同时还可以偿付一定的利息。正是这种收入型债券帮助富兰克林·罗斯福实现了第二次跨越式经济发展。

事实上，罗斯福向州与地方权力机构提出了令人无法拒绝的建议。罗斯福说，联邦政府可以买下州和地方权力机构所发行的所有收入型债券。于是，在1931年至1936年期间，同意发行收入型债券的州数从31个增加到40个。如今，所有州都同意使用这一手段。

7.19 神秘、财富和权力：基层权力机构尚未开发的经济

州政府公司和地方政府公司的经济力量虽然令人叹为观止，却常常被人们所忽视。公共权力机构雇用了全国3%的劳动力，拥有全国15%的固定投资。[227]州与地方公共权力机构在新资本设施方面的投入远远高于州政府和市政府的所有投资总和。[228]

借款和发行债券

公共权力机构持续经营的方式是向国内货币市场借钱，接受其政府的补贴，或者向使用其设施的顾客收取使用费。然而这些机构的大部分预算是借来的。事实上，公共权力机构是市政债券市场上最大的一类借款人，它所借的资金量比所有州政府和市政府借贷总和还要多。[229]另外，公共权力机构还可以通过发行市政债券来筹措资金。[230]

市政债券在债券买家中很受欢迎，因为这种债券所产生的利息收入不仅不用交纳联邦税，就像我们前面介绍的那样，还往往不用交纳各种州税和地方税，包括所得税。[231]这种免税的待遇是独一无二的，所以市政债券的销路特别火爆。

市政债券主要有两种形式：普通信用担保型债券和收入型债券。

普通信用担保型债券。从买家的观点来说，普通信用担保型债券通常是最安全的，因为它们表面上得到了发行政府的所有信誉和支持；这些政府承诺，在需要的时候可以通过增税的形式偿还这些债券所产生的债务。因为其假定的安全可靠性，所以这类债券通常给买家的利率回报相对不高（但是利息不用交税）。州政府、郡政府、市政府、乡政府以及学区政府都能够发行这种普通信用担保债券。

收入型债券。收入型债券是另一种主要的市政债券。债券市场通常认为，对于投资者来说，收入型债券要比普通信用担保型债券的风险更大一些。人们购买收入型债券是本着这样一种假设：收入型债券所支持的项目（如收费公路、停车场，或者大学宿舍）不仅能够产生足够的收益用来偿还买家，而且还有一定的剩余。与普通信用担保型债券一样，收入型债券所取得的收益也不需要纳税。公共权力机构和特别行政区能够发行这种收入型债券。

在过去的30年中，收入型债券已经成为债券投资商的首选。1970年，在包括公共权力机构在内的所有州政府和地方政府发行的债券中，收入型债券所占比例刚好超过1/3。[232]如今，这一比例已经占到了2/3。尽管如此，这个比例与20世纪80年代中期的最高点相比已经有所回落，那个时期在市面上出售的所有市政债券中，有4/5都是收入型债券。[233]

公共债务：公共权力机构的优先原则

当然，大量的借贷势必会产生大量的债务。1970 年，在州与地方政府所有的长期债务中（长期债务几乎囊括州和地方政府的各种债务），因公共权力机构和特别行政区产生的债务不到 1/3。[234]而 30 年后，这个比率翻了一倍多，公共权力机构和特别行政区债务占州与地方所有长期债务的比例目前已经超过 2/3。[235]这种债务"对国家的发展模式产生了巨大影响，而这种影响很大程度上没有得到公众舆论的监督"[236]。

7.20 做国王很好：公共权力机构及其对自由的沉溺

这种财政现实带来了一种经济上和政治上的行动独立性，这种独立性让任何公司的管理者或者选举上任的政治家都感到非常羡慕。公共权力机构虽然是由政府设立的，却很少受政府掌控。

联邦公司：优柔寡断的控制

理论上讲，根据大部分记载，一直到 20 世纪 70 年代联邦公司还被控制得相当好。保证联邦公司适当编制的杜鲁门标准以及管理联邦权力机构所遵循的基本政策，即 1945 年颁布的《政府公司控制法案》，也被遵守的相当严格。然而，从 20 世纪 70 年代末开始，联邦控制逐渐受到侵蚀，很大程度上是因为特殊利益集团和渗透性监管而产生的各种压力。

根据联邦政府问责局的一份分析报告，极少有联邦公司（事实上，根本没有）遵守涉及道德、诚信、公开和治理有序型政府等 15 项联邦法令，其中甚至还包括《政府公司控制法案》![237]"虽然已经颁布了法律并采取了相应的实施行动，但这些行动忽视了［杜鲁门］标准，而且从字面上和精神上都违背了"《政府公司控制法案》。[238]

有几个例子可以证明这种优柔寡断的控制问题[239]：

- 已经建立了联邦公司，如法律服务公司，但这种公司不产生收益，这一点违反了杜鲁门对于创立公司的主要标准。
- 一些联邦公司，如公共广播公司，不受《政府公司控制法案》的约束。
- 其他的一些公司，如联邦储蓄保险公司，由于被错误地归类于联邦所有权范围而免于联邦预算的评审。
- 政府资助兴办的企业，如房利美，不受《政府公司控制法案》管理。

还有其他一些关于联邦政府对联邦公司的失控案例，而且如果假定这些案例的经济影响非常重要（还没有提及政府出资兴办公司重要的经济影响），那么，政府控制的不断恶化就是真实的，需要予以合理关注。

基层权力机构：大型、松懈而且自由

基层的情况更加松懈，这种情形部分是由于市政债券持有者只要可以不间断地得到其免税的利息，就不会对监管公共权力机构运行感兴趣。

创立和忽视公共权力机构。纽约州和宾夕法尼亚州为创立政府公司开发出两种基本模型。在纽约州，公共权力机构是由州立法机构分别授权设立的。而在宾夕法尼亚州，地方政府可以通过几种不同的方法创立政府公司，而不会受到或者很少受到州政府的干预。大部分的州，即超过 2/3 的州，都采用了宾夕法尼亚州的做法；事实上，只有纽约州和缅因州需要州立法机构动用特别法律来成立每一家政府公司。[240]

在绝大多数州政府里，没有一个部门掌握着现有政府公司的确切名单。[241]这些权力机构也不向证券交易委员会报告自己的财政状况，相比之下，私营企业则必须向证券委员会报告自己的财务现状。实际上，作为政府公司的根基，市政府债券市场是美国唯一不受证券交易委员会监管的重要证券市场[242]，它是国内的第二大证券市场。[243]

管理政府公司。州公共权力机构和地方公共权力机构均由董事会领导，通常董事会有三名或多名成员，董事会成员的工作通常没有报酬。董事长人选倾向于拥有商业或专业背景，但他们中有许多人对自己所领导的机构事务并不感兴趣，这一点有充分的文件记载。因此，他们会指定大量董事会成员代替他们参加各种董事会议。但是事实上，代理们也很少出席会议，因此董事会常常出现空席。[244]

虽然没人知道董事会的确切数字，但从大概的情况看，董事会成员中约有半数是由民众选举产生的，另一半则是由选举上任的官员指定的。[245]然而，无论是选举进入董事会还是被指定进入董事会，二者之间的实际区别不大。通过选举进入管理董事会的候选人一般在选举中都比较顺利[246]，只要是出现在选举现场为数不多的投票者投票通过就可以了。如果现场能有 2%～5%的投票者出现，这个出场率就算“异乎寻常的高”了。[247]

至少有一名研究人员发现，选举产生的董事会成员不会比指定的董事会成员更多地回应民众的意见，这也许并不令人感到奇怪。[248]然而，另一名分析人员发现，与指定的董事会成员相比，选举产生的董事会成员较少依赖财产税作为税收来源，这表明，在董事会选举中参加投票的财产所有者可能对董事会政策产生了一定的影响。[249]

政府公司的董事会基本上是在一种异常宽松的环境中运行。董事会成员的任期漫长而固定，几乎从不会被委任他们的官员所辞退，也不会被其他什么人辞退，除非触犯了法律。而公众对于这些董事会的监督也几乎为零。一份针对佐治亚州公共权力机构进行的调查结果发现，虽然有法律严格规定会议公开，但很多公共权力机构的董事会议是不对外公开的；平均大约只有六个市民参加这些会议；而且媒体也没有定期参加近 2/3 的董事会议（事实上，对于 1/3 以上的公共权力机构来说，媒体从来就没有参加过它们的董事会议）。[250]

管理权力机构。大部分公共权力机构的董事会通常都有一项重要职责，就是任命一名执行董事。在超过 4/5 的政府公司中，执行董事是由其董事会指定的，剩下的则是由选举上任的首席执行官或者设立这家公司的政府立法机构指定。[251]

一些大概在同一时间独立进行的调查结果一致认为，与城市经理（城市经理是他们最亲密的同仁）相比，公共权力机构执行董事的工作更加保险[252]，他们的受教育程度更低[253]，在专业领域的经验显然也更少。[254]“一个更为根本的区别在于，权力机构执行董事面对的竞争要求和期望”会比城市经理更少。[255]另一个调查结果也支持这一发现，并且认为，权力机构执行董事（63%）和市县经理（58%）中的大部分人都同意，与城市和郡县经理相比，权力机构执行董事所受到的政治压力更少（这种一致意见非常少见，因为除此之外，二者总是意见相左）。[256]

这种权力机构执行董事所享受的不受需求、期望和压力所累的自由，似乎也带来了许多经济后果。根据一份针对特殊目的政府而进行的详细分析发现，对于同一种服务来说，特殊性政府人均成本要比一般性政府（如郡县和城市）的人均成本高。[257]

公共机构的权力。我们并不是有意在说公共权力机构执行长官的权力很小，因为他们显然是有权力的，就像各项研究一直以来所表明的那样。[258]事实上，有些机构的执行权力相当大，比如纽约罗伯特·莫斯的个人职业生涯。[259]（我们将在第 9 章谈及罗伯特·莫斯非凡的职业之路。）

“公共权力机构的成功实际上也激起了人们对它们的批评。左翼批评家寻求一个更加有目的性、更加有活力、管理也更加民主的公共部门。而右翼批评者则寻求减少政府企业的范围，或者至少是控制其增长，限制其活动，以帮助私人部门成长发展……然而，公共权力机构在经历了这一切攻击之后并没有受到伤害，而是继续享受着独立管理的权力。”[260]

放荡的自由派？

公共机构如何能够正当使用自己的独立管理权力？答案肯定会五花八门，而且在各级政府中都出现了很多特殊权力机构管理不善的例子。[261]

在联邦一级，一些重要的政府公司显然没能完成在财政上自给自足的任务。美国铁路公司是一家全国性的客运铁路公司，从 1971 年创立以来就在系统削减服务，不断接受联邦政府的补贴，目前平均每年的补贴数额已经将近 10 亿美元。与之相类似，田纳西流域管理局每年从联邦政府申领的补贴也高达 1 亿美元左右。

在州和社区一级，公共机构表现无能的例子也是随处可见。请看下面一些事例。

- 纽约和新泽西港务局于 1992 年在一个主要机场兴建了一个价值 2 100 万美元

的行李通道，却没有事先进行航空公司的需求调查，直到修好了才发现没有必要，因为没有航空公司需要这一设施。为此，这条通道自修好之后就只是用栅栏进行了隔离，从没有真正启用过。

- 这港务局真的是不长记性。20 世纪 80 年代，它曾建造了一个价值 2 500 万美元的水产市场。可无论从哪个角度来论证，这个水产市场都是一个“令人沮丧的失败”，因为渔船很少会用它。
- 纽约宿舍管理委员会在 20 世纪 90 年代时曾将上千万美元的建筑合同批给了一些公司，而这些公司都已经被其他公共机构下了禁令，因为它们与组织性犯罪有瓜葛，而且还有长期的违法记录。
- 路易斯安那州公用设施管委会 1984 年曾发售了价值 4 100 万美元的债券，举债的目的是修建房屋，并与开发商签订了合同。而这些债券于 1987 年到期的时候，房子却始终不见踪影。
- 事实上，公共住房牵扯着几乎半数政府公司的精力，这是行政管理中特别让人痛心的一个话题。20 世纪 90 年代早期，联邦政府单方面接管了国内最糟糕的公共住房工程，并在这一过程中赶走了管理拙劣的地方住房权力机构。这样的例子还包括花 35 万美元将自己办公室重新装修成粉红色的纽约市政机构主席；新奥尔良州 1/4 的公共住房因不适合人居而闲置至今（这里指的是卡特里娜飓风袭击之前）等。[262]

这里也存在腐败，还有数不清的诈骗、收受回扣、勒索以及挪用公款的情况，以及其他涉及上千万美元的犯罪记录，这些都是各级政府公共权力机构董事会成员、执行董事和机构雇员的所作所为。[263]

那么，政府公司是否在滥用管理自由？是的；这样的例子不胜枚举，以至于无法做出相反的结论。但是，这种滥用现象具有普遍的地方性吗？关于这一点我们还不甚了解。

7.21　独立部门：相互依赖的经验

在跨部门行政的迷宫中，独立部门的发展应该是最快、最明显的。独立部门也被称为非营利部门、第三部门，或者新兴部门。独立部门指的是那些不追逐利润、不由政府创立而由私人拥有的机构、协会和组织。图 7-1 提供了详细的情况介绍。

独立部门的范围

美国成年人中十之八九都至少属于一个非营利组织。这种组织在美国有 160 万个。[264]独立部门组织分两种类型：公共服务组织，或者公共福利组织，这类组织包括大学、基金会、教会以及其他组织，它们的存在是为了向公众提供各种福利，一共大约有 120 万个。会员服务组织，这类组织包括工会、政治党派、私人俱乐部，还有一些其他组织，它们存在的目的是向其会员提供相应的福利。这类机构大约有 40 万个。[265]

公共服务组织和会员服务组织都不用交纳联邦税，而且大部分也不用交纳州税和地方税。按照《国内税收法案》第 501 章第 3 条第 3 款的规定，公共服务组织可以不用交纳联邦税，因此它们又被称为“501（c）（3）组织”。但是，几乎与其他所有免税类型不一样的是，纳税人向 501（c）（3）组织捐赠的款项可以从其应交税款中扣除。[266]

这类免税部门雇用了美国 9%的劳动力，该比例可以与食、宿经济部门的比例相当。[267]而且非营利部门的就业增长比私人部门和公共部门都要快很多。[268]90%的非营利雇员都受雇于公共服务非营利组织，另外还有 630 万人为第三部门工作的志愿者。将报酬性服务和志愿服务的人员加在一起，可以使非营利部门的劳动力数量达到美国劳动力总量的 11%。[269]

所有免税机构的开支约占美国国内生产总值的 11%～12%[270]，这一支出总额超过了加拿大全国的国内生产总值。公共服务非营利组织的财政收入约占所有非营利机构总收入的 2/3[271]，它们的主要收入来源是各种费用（比如独立性院校向学生收取的学费），这一比例约占 51%而且还相当稳定。政府拨款与合同经费占到 37%而且还在不断上涨。私人捐赠的比例只有 12%而且还在下降。[272]

总的来说，公共福利组织在数量上占新兴部门组织总量的 2/3，收入也占 2/3。其雇员人数占总量的 90%，在第三部门中占有主导地位。下面我们就举一个例子，阐述一下这些部门与政府合作实施公共政策时的做法。

一个治理案例：人类服务的新兴部门

人类服务是政府政策的一个类别，包括健康服务和医院服务、文化和休闲服务、高等教育和职业培训，以及各种社会服务。社会服务指的是岗位培训；居民和儿童日托服务；以及个人和家庭服务，尤其是福利、食品票和公共住房等。[273]虽然合情合理，但是这些服务既不刚性迅速，也不充分完整。在文献中，“人类服务”和“社会服务”有时可以互换使用。

提到依靠这些非营利组织来提供福利，美国对此的依赖程度是独一无二的。托克维尔 1831 年至 1832 年在美国游历时，曾观察到美国人与欧洲人在从事这种团结兴邦的美好事业时所采取的不同态度。今天，我们看到了这种文化特征所产生的结果：“在创建福利国家的过程中，美国人与欧洲人走了不同的道路。美国的决策者们使用税制和直接补贴方式提供各种服务，而且美国政府利用非营利组织创建了一个福利制国家，而大部分的非营利组织都是 1950 年以后成立的。”[274]

一种跨部门治理。正如我们前面所提过的，公共服务非营利组织平均近 2/5 的预算来源于政府。这些组织大部分从事人类服务方面的工作，政府资金占其预算的比例可以从文化项目的 1/10 到社会服务收入的一半以上不等。[275]

一项研究发现，政府用于提供健康保健（不包括医院）、住房和社区发展、就业和培训、艺术和文化以及其他社会服务的所有开支中，42%都给了非营利组织，还有19%给了营利性公司。换句话说，在公共部门用于这些重要项目的开支中，60%以上都用在了外包服务上![276]

这些大笔经费在真正交到被服务公民手中之前，会在政府体系中经过各种迂回的方式进行转移。

联邦迂回方式。“令人遗憾的是，没有全面的统计数据跟踪记录联邦政府向非营利组织提供的经费支持。”[277]然而，研究人员认为，联邦政府1960年基本上没有向非营利组织的社会服务投入经费，而目前则有一半以上的社会服务经费是通过州政府和地方政府转移至非营利组织，或者采取直接拨付的形式转给非营利组织。[278]

州迂回方式。刚好半数以上的州政府机构与非营利组织签订了提供服务的外包合同。[279]虽然我们不知道州政府到底要在多大程度上依靠独立机构提供人类服务，但是我们知道，当一个州政府机构利用补贴提供某项公共服务时，非常可能获得这笔补贴的是提供此项公共服务的非营利组织。我们也知道，平均8%的州政府服务是通过补贴计划完成的。而在州政府人类服务机构中，这一比例恐怕还要高得多；州卫生机构几乎25%、州社会服务机构16%以及州精神健康办公室9%的服务都是利用补贴实现的。这些非营利组织/机构都是各种补贴项目的大户。[280]从这种间接的证据似乎可以看出，州政府机构在提供人类服务方面与非营利机构合作的相当紧密。

与此同时，州政府还管理着最大的联邦福利项目，即一笔价值165亿美元的巨额拨款，名为向需要家庭提供临时资助。这个项目是由国会在1996年创立的，州政府很大程度上都是依靠独立部门帮助它们管理运行这一项目。49个州每年通过大约5 400个合同将13%的联邦福利拨款（或者超过15亿美元）进行外包，而将近9/10也就是88%的外包合同都签给了非营利组织。[281]

地方迂回方式。在所有地方服务中，平均8%以上的服务是由非营利组织提供的[282]，这与20年前的比例相同。[283]当地外包给独立部门的最多服务是各种人类服务。

为无家可归的人开设庇护所是最常见的项目。3/5的流浪汉庇护所都是由非营利机构管理、由地方政府提供经费支持。在地方毒品和酒精治疗项目以及文化和艺术项目中，将近一半是由地方政府外包给第三部门管理的。超过30%的精神健康设施和项目、博物馆和日托中心以及超过1/4的老人和小孩福利项目，也都是由地方政府外包给非营利组织经营管理的。[284]

一种亲密的治理。虽然人类服务领域的管理混乱，很难理出头绪，但却是“政府与非营利组织之间建立的各种合作伙伴关系，而这种合作构成了美国人类服务供应系统的核心”[285]。这个核心是由强劲有力且亲密无间的纽带所维系的；就像另一份分析所总结的那样，“公共部门机构和非营利部门组织都声称彼此在同样的资源上互为依赖”[286]。

这种相互依赖性有可能会加强。小布什总统于2001年提出了“以诚信为本的动议”。这一动议负责探索政府与第三部门合作提供人类服务的新方法，拓宽联邦人类服务资金投入的新渠道。

一种负责任的治理？部分因为人类服务和社会服务都是通过亲密无间、纷繁复杂而又盘根错节的跨部门行政提供的，因此不可避免地会提到责任性的问题。一份详细的评论发现了很多一贯存在的有损于责任性的事情，比如公共机构和非营利机构都存在行政能力低下的问题；公共部门和私人部门之间在政策和程序方面存在“目标分歧”；非营利机构过度地依赖公共资金；“对所有顾客一视同仁”的险恶用心；粗制滥造的绩效测评；缺乏竞争；服务质量下降，目标流逝；“非专业化行为”；以及“定义糟糕且执行力不够的责任机制”等。[287]除此之外，林肯夫人，您认为这出戏演得如何？

当然，在沉闷的地平线上还是存在着些许光亮。比方说，非营利部门以信念为主的理念似乎有助于政府在实施人类服务时的诚信感。587 个基于诚信的非营利组织和宗教组织管理着价值 1.24 亿美元的政府合同，负责在 15 个州提供社会服务。针对这些组织进行的一份调查结果发现，在这些以诚信为本的承包商中，87%的人相信政府提供的资金能够让他们为更多的客户提供服务。实际上，这些承包商能够非常严格地遵守宪法规定的政教分离政策，70%的承包商都会将政府资助与个人经费分户而立。[288]

另有研究表明，在受教会影响不太大的环境中，外包人类服务也同样可以取得诚信，而且服务的责任性水平也可以令人接受。一份针对堪萨斯州人类服务外包工作的五个案例分析得到了这样的结论：“州政府已经达到了中级乃至高级的责任性水平。”[289]

7.22 第三部门以及其他两个部门：绩效和影响力的问题

虽然人类服务是第三部门治理的一个重要且很有启迪作用的例子，但还有一些其他系统性的实证研究（不是很多），也部分地得到了这三个部门相互关联的真知灼见。这些研究的角度是绩效和公共影响力。下面，我们借用简单回顾部分发现的方式结束有关新兴部门的讨论。

- 非营利机构和营利公司在提供公共服务的时候，质量和服务水平似乎是不相上下的。一份关于岗位培训中心的分析发现，非营利中心的服务并没有（像有人可能进行的理性假设那样）比营利中心更多地为弱势客户着想；一直以来，这两种类型的中心在提高客户收入和就业率的问题上也没有表现得更加有效。而如果政府合同中包含了经费激励机制，两种类型的中心就能够表现得更好。[290]“很清楚的一点是，非营利机构正在越来越多地与营利公司竞争，而且是以一种令人惊讶的多元化形式进行竞争。”[291]
- 政府拨款与第三部门组织有着明显而积极的关系。在一个非营利组织的预算中，政府收入占慈善捐款的比例越大，该组织就越可能拥有更多的成员，但其董事会的规模就会越小，其行政人员的数量也会越少（在那些不再新鲜的非营利组织中尤其是这样）；该组织的董事会成员、工作人员和志愿者就会更加多样化，同时也会使用更少的志愿者，更少地依靠自力更生。[292]政府似乎更倾向于资助第三部门中的赢家，而公司、公民、基金会和慈善团体则倾向于资助输家。

● 公民对于第三部门实施公共政策的能力似乎很有信心，还会随着的时间推移而不断增强。当民众被问及“在代表公共部门提供服务的机构中，他们对谁最有信心”时，老百姓中有 49％的人认为是政府，29％的人认为是非营利机构，而只有 17％的人认为是“私营承包商”[293]。5 年之后，当大学三年级的学生被问及同样的问题时，只有令人惊奇的 6％认为他们对政府提供服务最有信心，令人惊奇的是，44％的人会认为他们对非营利机构最有信心，而只有 16％的人认为他们对“服务政府的商业机构”最有信心，这一比例差不多与 5 年前一样。[294]

● 无论是政府精英还是商业精英都对非营利机构提供公共服务的能力非常有信心，他们对非营利机构管理项目的效率、效力和能力也充满信心。如果问及联邦政府和商业管理者，他们对什么样的机构在实行四项公共职能时“最有信心”，到底是联邦政府、州政府和地方政府，还是商业界、非营利机构？实际上，非营利机构这时几乎可以说是横扫全场无敌手，因为联邦政府和商业管理者通常给独立部门的评价都会比较高，而给它们自己机构的评价却要低一些。[295]美国人往往相信他们的独立部门，甚至比相信自己所在的部门还要有过之而无不及！

三个部门彼此间相互利用是政策实施的主要手段。在下一章中，我们将考虑另一个手段：政府之间的相互利用。

注释

[1] It appears that some public jobs, mostly in information technology and services, may have been outsourced, at least indirectly through public contracts with American companies, to other nations, for essentially the same reasons that private companies outsource jobs: Money is saved. In the public sector, however, offshoring jobs is even more controversial than it is the private sector, for obvious reasons. See Alan Greenblatt, “Offshoring Hits Home,” *Governing* (May 2004), p. 54.

[2] Unless noted otherwise, the following discussion is drawn largely from Ira Sharkansky, “Government Contracting,” *State Government* 53 (Winter 1980), pp. 23–24; Donna Wilson Kirchheimer, “Entrepreneurial Implementation in the US Welfare State,” paper presented the 1986 Annual Meeting of the American Political Science Association, Washington, DC, August 20 8–31, 1986; and Jeffrey D. Greene, *Cities and Privatization: Prospects for the New Century* (Upper Saddle River, NJ: Prentice Hall, 2002), p. 8; and some of the author’s own thoughts.

[3] Gerald W. Johnson and John G. Heilman, “Metapolicy Transition and Policy Implementation: New Federalism and Privatization,” *Public Administration Review* 47 (November/December 1987), p. 468.

[4] Ibid.

[5] James C. Clingermayer, Richard C. Feiock, and Christopher Stream, “Governmental Uncertainty and Leadership Turnover: Influences on Contracting and Sector Choice for Local Services,” *State and Local Government Review* 35 (Fall 2003), p. 150.

[6] Graeme D. Hodge, *Privatization: An International Review of Performance* (Boulder, CO: Westview, 2000). Hodge’s thorough analysis of quantitative studies of privatization found that only 4 percent of 164 empirical analyses that dealt with the sale of public enterprises to the private sector were done in the United States, whereas 66 percent of 129 comparable studies that dealt with contracting out services were conducted in the United States.

[7] Irene S. Rubin, “Who Invented Budgeting in the United States?” *Public Administration Review* 53 (September/October 1993), p. 443.

[8] Annmarie Hauk Walsh, *The Public's Business: The Politics and Practices of Government Corporations* (Cambridge, MA: MIT Press, 1978), p. 40. For an interesting extension of this critique, see Julia Beckett, "The 'Government Should Be Run Like a Business' Mantra," *American Review of Public Administration* 30 (June 2000), pp. 185–200.
[9] Graeme Browning, "Dot.gov goes Retail," *Federal Computer Week* (May 28, 2001), pp. 21–27. Figures are for 2001. Amazon.com sold $2.8 billion worth of products in 2001.
[10] U.S. General Accounting Office, *Federal Real Property: Executive and Legislative Actions Needed to Address Long-Standing and Complex Problems*, GAO–03–839T. Testimony before the Committee on Government Reform, House of Representatives, June 5, 2003. Statement of Bernard L. Ungar (Washington, DC: U.S. Government Printing Office, 2003), p. 2.
[11] U.S. General Accounting Office, *High-Risk Series: Federal Real Property*, GAO–03–122 (Washington, DC: U.S. Government Printing Office, 2003), pp. 5, 9.
[12] Ibid., p. 11.
[13] Ibid., p. 8.
[14] Dwight D. Eisenhower, *Farewell Address to the Nation* (January 17, 1961), p. 2.
[15] Federal Procurement Data System, *Federal Procurement Report* (Washington, DC: Author, 2004), p. 2. Figures are for 2003. The FPDS is the single best source for federal acquisition data, but it does not report a lot of federal or federally related contract actions, such as all contracts totaling less than $25,000 and contracts let by some agencies, such as the U.S. Postal Service (the largest), which spent $9.1 billion on goods, services and construction in 1999. Hence, the figures in the text are very conservative. See U.S. General Accounting Office, *Federal Acquisition: Trends, Reforms, and Challenges*, GAO/T–OCG–00–7 (Washington, DC: U.S. Government Printing Office, 2000), pp. 4–6.
[16] U.S. General Accounting Office, *Federal Procurement: Spending and Workforce Trends*, GAO–03–443 (Washington, DC: U.S. Government Printing Office, 2003), p. 8. Figure, 24 percent, is for 2001.
[17] Ibid., pp. 9–10.
[18] As derived from data in U.S. General Accounting Office, *Federal Acquisition: Trends, Reforms, and Challenges*, p. 2. In 1985, DOD accounted for 82 percent of contract dollars.
[19] As derived from data in Federal Procurement Data System, *Federal Procurement Report*, p. 5. In 2003, DOD accounted for.64 percent of contract dollars.
[20] U.S. General Accounting Office, *Acquisition Workforce: Status of Agency Efforts to Address Future Needs*, GAO–03–55 (Washington, DC: U.S. Government Printing Office, 2002), p. 1. The agencies are General Services Administration, National Aeronautics and Space Administration, and the Departments of Energy, Veterans Affairs, Treasury, and Health and Human Services.
[21] Federal Procurement Data System, *Federal Procurement Report*, pp. 7–8. Data are for 2003. The Federal Procurement Data System does not separate service contracts in its analyses. In the FPDS classification, "Other Services and Construction" (in which construction typically amounts to less than a fifth of the category) accounts for 49 percent of federal contract dollars, supplies and equipment amounts to 34 percent, and R&D for 12 percent.
[22] Ibid., p. 2, and U.S. Bureau of the Census, *Statistical Abstract of the United States, 2006*, 125th ed. (Washington, DC: U.S. Government Printing Office, 2006), Table 482. In 2003, federal payrolls surpassed $143 billion, which amounted to 47 percent of the $305 billion that Washington spent on contracts in the same year.
[23] Paul C. Light, *Fact Sheet on the New True Size of Government* (Washington, DC: Center for Public Service, 2003), p. 5. Figure is for 2002. "Contractor jobs" grew by 560,000, 1990–2002.
[24] U.S. General Accounting Office, *Government Contractors: Are Service Contractors Performing Inherently Governmental Functions?* GAO/GGD–92–11 (Washington, DC: U.S. Government Printing Office, 1991), p. 19.
[25] U.S. General Accounting Office, *Competitive Sourcing: Greater Emphasis Needed on Increasing Efficiency and Improving Performance*, GAO–04–367 (Washington, DC: U.S. Government Printing Office, 2004), p. 6. Approximately half of all federal civilian positions are classified as competable commercial and noncompetable commercial. Noncompetable commercial positions are exempt from competition because of legislative prohibitions or other reasons.
[26] Al Gore, *From Red Tape to Results: Creating a Government That Works Better and Costs Less. Reinventing Federal Procurement. Accompanying Report of the National Performance Review* (Washington, DC: U.S. Government Printing Office, 1993), p. 3.
[27] David Barstow, "Security Companies: Shadow Soldiers in Iraq," *New York Times* (April 19, 2004). Barstow is quoting the Pentagon's Mark J. Lumer.
[28] Ariana Eunjung Cha and Renae Merle, "Line Increasingly Blurred between Soldiers and Civilian Contractors," *Washington Post* (May 13, 2004).
[29] Barstow, "Security Companies." Barstow is quoting, respectively, Michael Battles, co-founder of Custer Battles; and Patrick Toohey, vice president of Blackwater. Both are security companies with employees in Iraq.
[30] Jonathan Werve, *Contractors Write the Rules* (Washington, DC: The Center for Public Integrity, 2004). The company, Military Professionals Resources, Inc., wrote Field Manual 100–21, also known as *Contractors on the Battlefield*. A principal author of the manual told an interviewer that, although he was provided with "some basic guidelines" from the Army, "for the most part, however, this was a clean slate."
[31] Phillip J. Cooper, "Government Contracts in Public Administration: The Role and Environment of the Contracting Officer," *Public Administration Review* 40 (September/October 1980), p. 461.
[32] Ibid., p. 462.
[33] Federal Procurement Data Center, *Federal Procurement Reports, FY 97* (Washington, DC: Author, 1997), p. 12.
[34] Cooper, "Government Contracts in Public Administration," p. 463.
[35] As derived from data in U.S. General Accounting Office, *Contract Management: Civilian Agency Compliance with Revised Task and Delivery Order Regulations*, GAO–03–983 (Washington, DC: U.S. Government Printing Office, 2003), pp. 22–24. This was a review of eleven investigations conducted by GAO, inspectors general, and others from 1998 to 2002, which found that from 45 percent to 88 percent of contracts had competition requirements excepted. This source also contains a separate investigation, which found that 31 percent of

twenty-six contracts "were issued using exceptions to the fair opportunity process" (Highlights page). See also U.S. Government Accountability Office, *Contract Management: Guidance Needed to Promote Competition for Defense Task Orders*, GAO–04–874 Washington, DC: U.S. Government Printing Office, 2004), p. 3. In 2004, thirty-four out of seventy-four multiple-award contracts and federal supply schedule orders (46 percent) had their competition requirements waived.

[36] John O'Mally, editor of *Commerce Business Daily*, and Vince Villa, Washington consultant, as quoted in "Most Ads for Contractors Meaningless," *Washington Post* (June 25, 1980). The references in this article were to *Commerce Business Daily*, a five-day-a-week publication that was discontinued and replaced in 2002 by FedBizOpps. Although the title and format of federal bidding opportunities were changed, we assume that the basic facts recounted in the text remain unaltered.

[37] Gordon Rule, quoted in William Proxmire, *Report from the Wasteland: America's Military Industrial Complex* (New York: Praeger, 1970), p. 83. Rule was a civilian cost containment expert for the Navy.

[38] Bent Flyvberg, Mette Skamris Holm, and Soren Buhl, "Underestimating Costs in Public Works Projects: Error or Lie?" *Journal of the American Planning Association* 68 (Summer 2002), pp. 279–295. The quotation is on p. 279.

[39] *The Washington Monthly*, as cited in Todd S.Purdum, "Go Ahead, Try to Stop K Street" *New York Times* (September 9, 2006).

[40] Jill Abramson, "The Business of Persuasion Thrives in Nation's Capitol," *New York Times* (September 29, 1998).

[41] Lobbyists.info, Home page, https://www.lobbyists.info. This is the Web site for *Washington Representatives*. Figures are for 2005.

[42] PoliticalMoneyLine and Rogan Karsh, Syracuse University, as cited in Purdum, "Go Ahead, Try to Stop K Street." In 2005, there were 32,890 registered lobbyists in the District of Columbia. In 1999, there were 14,690.

[43] Morris P. Fiorina and Paul E. Peterson, *The New American Democracy* (Needham Heights, MA: Allyn and Bacon, 1998), p. 213.

[44] PoliticalMoneyLine and Rogan Karsh, as cited in Purdum, "Go Ahead, Try to Stop K Street." In 2004, registered Washington lobbyists spent over $2.1 billion, an increase of 46 percent from 1999, when they spent less than $1.5 billion.

[45] U. S. General Accounting Office, as cited in Juliet Ellperin, "From Obscurity at GAO, Terry Deaver wrote the Report that Made Lobbying Disclosure Reform a Political Reality, "*Roll Call* (January 22, 1996).

[46] Associated Press, "Former Defense Secretary Sets Up Consulting Firm," *Savannah Morning News* (January 24, 2001).

[47] Purdum, "Go Ahead, Try to Stop K Street." Representative Martin T. Meehan is quoted.

[48] Abramson, "The Business of Persuasion Thrives in Nation's Capitol." In 1987, the average tenure for "most administrative assistants" in the House was 5.5 years; in 1996, it was four years.

[49] Center for Public Integrity, as cited in Purdum, "Go Ahead, Try to Stop K Street," Figures are for 1998–2003.

[50] Abramson, "The Business of Persuasion Thrives in Nation's Capitol."

[51] Susan Baer, "'Revolving Door' Spins Fast as Ever for Ex-Clintonites," *Baltimore Sun* (December 1, 1996).

[52] Representative Marcy Kaptur, as quoted in Gary Lee, "Trade, National Security, and the Revolving Door," *Washington Post* (April 13, 1992).

[53] Cooper, "Government Contracts in Public Administration," pp. 462–463.

[54] P. W. Singer, "Nation Builders and Low Bidders in Iraq," *New York Times* (June 15, 2004).

[55] Ibid., and P. W. Singer, "A Contract the U.S. Military Needs to Break," Washington Post (September 12, 2004).

[56] Sharkansky, "Government Contracting," pp. 23–24.

[57] Gore, *From Red Tape to Results*, p. 28.

[58] Center for Strategic and International Studies, *Integrating Civilian and Military Technologies: An Industry Survey* (Washington, DC: Author, 1993).

[59] Information Technology Association of America, *Key Issues in Federal Information Technology* (Arlington, VA: Author, 1992), p. 4.

[60] U.S. General Accounting Office, *Contract Management: Comments on Proposed Services Acquisition Reform Act*, GAO–03–716T (Washington, DC: U.S. Government Printing Office, 2003), p. 1. Figure is for 2001.

[61] U.S. General Accounting Office, *Federal Acquisition: Trends, Reforms, and Challenges*, p. 6.

[62] Federal Procurement Data System, *Federal Procurement Report*. Our definition of *federal service contract* is derived from information in this source.

[63] U.S. Office of Management and Budget, as cited in Frank Greve, "Hired Guns Running the U.S.," *Philadelphia Inquirer* (May 19, 1992). Figure is for 1992.

[64] U.S. General Accounting Office, as cited in Stuart Auerbach, "Disclosure Rules on Consultants Held Insufficient," *Washington Post* (November 2, 1990).

[65] "Draft analysis" by the General Accounting Office, as cited in Stephen Barr, "Federal Workers Cost Government Less Than Consultants, GAO Says," *Washington Post* (March 3, 1994).

[66] The federal contract administrators, in order of quotation, are Roy Higdon, Environmental Protection Agency; David Webb, Health, Education and Welfare; and William Stevenson, Department of Energy. All are cited in Jonathan Neumann and Ted Gup, "An Epidemic of Waste in U.S. Consulting, Research" *Washington Post* (July 22,1980).

[67] William Farris, cited in ibid.

[68] Daniel Guttman, appearing on the program *60 Minutes*, CBS Television Network (November 30, 1982).

[69] U.S. General Accounting Office, *Civil Servants and Contract Employees*, p. 6.

[70] Al Stapleton, as quoted in "Consultants: New Target for Budget Trimmers," *U.S. News and World Report* (December 1, 1981), p. 40.

[71] U.S. General Accounting Office, *Government Contractors: Are Service Contractors Performing Inherently Governmental Functions?* p. 5. GAO reviewed 108 consulting contracts let by the Departments of Transportation, Energy, and Defense, and the Environmental Protection Agency and found twenty-eight that may have involved "inherently governmental functions."

[72] Joseph Besselman, Ashish Arora, and Patrick Larkey, "Buying in a Businesslike Fashion—And Paying More," *Public Administration Review* 60 (September/October 2000), p. 421.

[73] Richard W. Stevenson, "Many Caught but Few Are Hurt for Arms Contract Fraud in U.S.," *Washington Post* (November 12, 1990). Period was 1983–1990.

[74] Ronald J. Ostrow and John M. Broder, "New Indictments a Possibility in Pentagon Probe," *Philadelphia Inquirer* (November 26, 1990).

[75] Derek Vander Schaaf, deputy inspector general of the Pentagon, as cited in Ralph Vartabedian, "Defense Fraud Cases Boom Amid Cutbacks," *Los Angeles Times* (March 26, 1995). Between 1986 and 1995, defense spending on weaponry declined by about 70 percent, but fraud-related collections increased elevenfold, attaining $1.2 billion in 1995. In 1985, twenty-five of the Pentagon's top 100 contractors were being investigated for fraud; in 1995, sixty-eight were.

[76] U.S. Government Accountability Office, *GAO's 2005 High-Risk Update*, GAO–05–350T (Washington, DC: U.S. Government Printing Office, 2005), pp. 2, 3. Four areas dealt specifically with contract management in Defense, Energy, NASA, and "interagency contracting." The GAO's high-risk areas typically fluctuate from twenty-five to thirty, depending on the year.

[77] Steven Goldsmith and William D. Eggers, "Government for Hire," *New York Times* (February 21, 2005).

[78] Stevenson, "Many Caught but Few Are Hurt For Arms Contract Fraud in U.S."

[79] U.S. Government Accountability Office, *Federal Procurement: Additional Data Reporting Could Improve the Suspension and Debarment Process*, GAO–05–479 (Washington, DC: U.S. Government Printing Office, 2005), p. 5. Figure is for 1995–2004. A *suspension* is a temporary exclusion of a contractor pending the completion of investigation or legal proceedings. A contractor can be suspended if he or she has been indicted, other federal agencies are conducting an investigation, or a serious accusation has been made. A *debarment* is a fixed-term exclusion, usually not exceeding three years. A contractor can be debarred if he or she has been convicted of fraud, other crimes, or a "willful failure to perform." It appears that most, perhaps two-thirds, of "excluded" (a term encompassing both suspension and debarment) contractors are debarred.

[80] Federal Procurement Data System, *Federal Procurement Report*, p. 2. Figure is for 2003.

[81] Anne Marie Squeo, "Are Firms Too Big to Debar?" *Wall Street Journal* (June 10, 2003).

[82] Scott Amey, "Suspension and Disbarment: The Record Shows That the System is Broken," *Federal Times* (March 21, 2005), http://www@federaltimes.com. Figures are for 1990–2003. By contrast, in 2003 and 2004, 43,000 firms, all of them small, had been banned from further federal contracts.

[83] Danielle Brian, *Contract Debarment and Suspension: A Broken System* (Washington, DC: Project on Government Oversight, 2003), p. 1.

[84] U.S. Government Accountability Office, *Federal Procurement: Additional Data Reporting Could Improve the Suspension and Debarment Process*, pp. 2–3. Figure is for 2003.

[85] Quoted in Russell Mitchell, "It Was Mr. Fixit Vs. The Pentagon—and the Pentagon Won," *Business Week* (December 24, 1990), p. 52.

[86] U.S. General Accounting Office study, as cited in John M. Biers, "Billions in U.S. Contracts Go to Labor Law Violators," *Baltimore Sun* (February 15, 1995). In 1993, $23 billion in federal contracts was awarded to eighty companies that had violated federal labor laws.

[87] U.S. General Accounting Office study, as cited in *Chicago Tribune*, "Federal Dollars for Safety Violators," *Washington Post* (September 3, 1996). In 1994, $38 billion in federal contracts were awarded to 261 companies that had seriously violated federal health and safety laws.

[88] Ellen Nakashama, "Clinton Contractor Rule Is Suspended," *Washington Post* (March 31, 2001), and David S. Broder, "Bush's Stealthy Pursuit of a Partisan Agenda," *Washington Post* (January 2, 2002). Clinton's ban became effective on January 19, 2001, was suspended by Bush on March 30, 2001, and officially killed on December 27, 2001. Industry had lobbied intensely against the ban, since it was first floated in 1997 as a pledge by Vice President Al Gore to labor leaders. There are, however, thirteen *statutory disbarments* (as of 2005), which are exclusions based on laws, executive orders, or regulatory authority other than the Federal Acquisition Regulation. For details, see U.S. Government Accountability Office, *Federal Procurement: Additional Data Reporting Could Improve the Suspension and Disbarment Process*, pp. 23–24.

[89] U.S. House Ways and Means Committee's Democratic staff, as cited in Jonathan D. Salant, Associated Press, "Companies Relocate to Escape Taxes," *Savannah Morning News* (May 27, 2003). In 2001, these tax haven companies were awarded $846 million in federal contracts.

[90] U.S. General Accounting Office, *International Taxation: Tax Haven Companies Were More Likely to Have a Tax Cost Advantage in Federal Contracting*, GAO–04–856 (Washington, DC: U.S. Government Printing Office, 2004), Highlights page. There are not many of these large tax haven contractors; in 2001 GAO analyzed only 50 out of 3,524 large contractors.

[91] As derived from data in U.S. General Accounting Office, *Contract Management: Civilian Agency Compliance with the Revised Task and Delivery Order Regulations*, Highlights page and p. 22. See also U.S. General Accounting Office, *Contract Management: Guidance Needed for Using Performance-Based Service Contracting*, GAO–02–1049 (Washington, DC: U.S. Government Printing Office, 2002), p. 3. In 2001, 11 percent of some 360,000 service contracts were performance-based.

[92] U.S. General Accounting Office, *Competitive Sourcing: Implementation Will Be Key to Success of New Circular A-76*, GAO–03–943T (Washington, DC: U.S. Government Printing Office, 2003), Highlights page.

[93] U.S. General Accounting Office, *Acquisition Management: Agencies Can Improve Training on New Initiatives*, GAO–03–281 (Washington, DC: U.S. Government Printing Office, 2003), Highlights page.

[94] In 2003, state governments and their local governments spent an estimated $400 billion through contracts, and in 2003 Washington spent at least $305 billion on contracts. See, respectively, Jonathan Walters, "Going Outside," *Governing* (May 2004), p. 26, and Federal Procurement Data System, *Federal Procurement Report*, p. 2.

[95] Keon S. Chi, Kelley A. Arnold, and Heather M. Perkins, "Privatization in State Government: Trends and Issues," *Spectrum: The Journal of State Government* 76 (Fall 2003), pp. 12–21. In 2002, 450 state budget and legislative service agency directors and the heads of those executive agencies dealing with personnel, education, health and human services, corrections, and transportation were

polled. The response rate was 77 percent. The survey is a follow-up, with some variations, to one conducted in 1997: Keon S. Chi and Cindy Jasper, *Private Practices: A Review of Privatization in State Government* (Lexington, KY: Council of State Governments, 1998). A somewhat more limited but comparable survey was conducted in 1992; see Keon S. Chi, "Privatization in State Government: Options for the Future," *State Trends and Forecasts* 2 (2, 1993), pp. 2–33.

There is not much in the way of national surveys of state privatization practices. As one of the few of these notes (p. 436), the states "have received remarkably little attention in the privatization literature." See Deborah A. Auger, "Privatization, Contracting, and the States: Lessons from State Government," *Public Productivity and Management Review* 22 (June 1999), pp. 435–454. The article is based on a national survey of state privatization practices conducted from 1995 through 1997. See also National Governors Association, *An Action Agenda to Redesign State Governments: Reports of the State Management Task Force Strategy Groups* (Washington, DC: Author, 1994).

[96] John R. Bartle and Ronnie LaCourse Korosec, *Procurement and Contracting in State Government, 2000* (Syracuse, NY: Syracuse University Government Performance Project, 2001), p. iv. Figure is for 2000.

[97] Chi, Arnold, and Perkins, "Privatization in State Government," p. 15. Figure is for 2002.

[98] Chi and Jasper, *Private Practices*, p. 14. Figure is for 1997.

[99] Robert W. Poole Jr., David Haarmeyer, and Lynn Scarlett, *Mining the Government Balance Sheet: What Cities and States Have To Sell*. Policy Study No. 139 (Washington, DC: Reason Public Policy Institute, 1992), p. 2. The "preliminary estimate" was $227 billion in 1992.

[100] Jeffrey L. Brudney, Sergio Fernández, Jay Eungha Ryu, and Deil S. Wright, "Exploring and Explaining Contracting Out: Patterns among the American States," *Journal of Public Administration Research and Theory* 15 (July 2005), p. 393. Figure is for 1998.

[101] Chi, Arnold, and Perkins, "Privatization in State Government," p. 15. In 2002, 87 percent of about 450 state administrators reported that their states contracted out services, 45 percent used public–private partnerships, and 32 percent used grants and subsidies. These were handily the three leading types of state privatization.

[102] As derived from data in Yoo-Sung Choi, Chung-Lae Cho, Deil S. Wright, and Jeffrey L. Brudney, "Dimensions of Contracting for Service Delivery by American State Administrative Agencies: Exploring Linkages between and Intergovernmental Relations and Intersectoral Administration," *Public Performance and Management Review* 29 (September 2005), p. 50. Figure is for 1998. Fifty-one percent of state agencies contract with nonprofit organizations to deliver services, and 44 percent do so with other agencies.

[103] Chi and Jasper, *Private Practices*, p. 14. Data are for 1997.

[104] Chi, Arnold, and Perkins, "Privatization in State Government," p. 14. Figures are for 2002.

[105] Ibid. Figure is for 2002.

[106] Chi and Jasper, *Private Practices*, p. 8. Data are for 1997. See also U.S. General Accounting Office, *Privatization: Lessons Learned by State and Local Governments*, GAO/GGD–97–48 (Washington, DC: U.S. Government Printing Office, 1997). This was an analysis of five states, Georgia, Massachusetts, Michigan, New York, and Virginia, and a city, Indianapolis.

[107] Chi, Arnold, and Perkins, "Privatization in State Government," p. 15. Figures are for 2002.

[108] Brudney, Fernandez, Ryu, and Wright, "Exploring and Explaining Contracting Out," pp. 393–420. Figures are for 1998.

[109] Choi, Cho, Wright, and Brudney, "Dimensions of Contracting for Service Delivery by American State Administrative Agencies," p. 50. Figures are for 1998 and refer to state contracting with nonprofit organizations and other government agencies, as well as with private corporations.

[110] Jeffrey L. Brudney, F. Ted Hebert, and Deil S. Wright, "Reinventing Government in the American States: Measuring and Explaining Administrative Reform," *Public Administration Review* 59 (January/February 1999), p. 23. Data are for 1995. Chi and Jasper, *Private Practices*, found comparable levels of privatization: Forty-three percent of agency heads had privatized *less* than 5 percent of their services. Of the managerial innovations available to state administrators, privatization appears to rank among the least attractive to them.

[111] Choi, Cho, Wright, and Brudney, "Dimensions of Contracting for Service Delivery by American State Administrative Agencies," p. 50. Figure is for 1998.

[112] Browning, "Dot.gov Goes Retail."

[113] U.S. General Accounting Office, *Federal Procurement: Spending and Workforce Trends*, p. 8.

[114] Light, *The True Size of Government*, p. 22.

[115] Irwin T. David, "Privatization in America," *Municipal Year Book, 1988* (Washington, DC: International City Management Association, 1988), p. 52.

[116] Mildred Warner and Amir Hefetz, "Pragmatism over Politics: Alternative Service Delivery in Local Government, 1992–2002," *Municipal Year Book, 2004* (Washington, DC: International City/County Management Association, 2004), p. 11. Figure is for 2002.

[117] For a good review of this change, see Walters, "Going Outside," pp. 22–29.

[118] David, "Privatization in America," p. 41.

[119] Ibid., p. 52. The period covered for these figures is 1982–1987.

[120] Ibid., p. 44. To be precise, 99 percent of local governments.

[121] Rowan Miranda and Karlyn Andersen, "Alternative Service Delivery in Local Government, 1982–1992" *Municipal Year Book, 1994* (Washington, DC: International City/County Management Association, 1994), p. 28.

[122] Warner and Hefetz, "Pragmatism over Politics," p. 10, and Elaine Morley, "Patterns in the Use of Alternative Service Delivery Approaches," *Municipal Year Book, 1989* (Washington, DC: International City Management Association, 1989), p. 36. Current figure is for 2002.

[123] Warner and Hefetz, "Pragmatism over Politics," p. 10. The first ICMA survey on this topic was conducted in 1982. See Harry P. Hatry and Carl F. Valente, "Alternative Service Delivery Approaches Involving Increased Use of the Private Sector," *Municipal Year Book, 1983* (Washington, DC: International City Management Association, 1983), pp. 199–217. "All local services" refers to sixty services surveyed in 1982 and sixty-seven services in 2002. The 1982 sur-

vey covered 3,130 cities, with 46 percent responding (N = 1,433), and 1,570 counties, with 24 percent responding (N = 347). The 2002 survey covered 3,689 cities, with 27 percent responding (N = 985), and 1,681 counties, with 18 percent responding (N = 298). In 1982, 51 percent all local services were delivered by local governments' own employees. Specific services listed are for 2002.

[124] Ibid (both citations). Specific services listed are for 2002. In 1982, 22 percent of all local services were delivered by mixes of governments' own employees and private employees. In 1992, the percentage of services delivered by mixes of public and private employees slipped to less than 17 percent, but climbed steadily upwards since then. Warner and Hefetz, "Pragmatism over Politics," p. 11.

[125] Warner and Hefetz, "Pragmatism over Politics," p. 11. Data are for 2002.

[126] As derived from data in Hatry and Valente, "Alternative Service Delivery Approaches Involving Increased Use of the Private Sector," pp. 216–217. Figure is for 1982.

[127] Alan Greenblatt, "Observer," *Governing* (February 2006), pp. 17, 18.

[128] Warner and Hefetz, "Pragmatism over Politics," P.13. Data are for 2002.

[129] Ibid. Figures are for 2002.

[130] Patricia M. Florestano and Stephen B. Gordon, "A Survey of City and County Use of Private Contracting," *The Urban Interest* 3 (Spring 1981), p. 25.

[131] James C. Clingermayer, Richard C. Feiock, and Christopher Stream "Governmental Uncertainty and Leadership Turnover: Influences on Contracting and Sector Choice for Local Services," *State and Local Government Review* 35 (Fall 2003), p. 157. The ICMA surveys of 1988 and 1992 on alternative delivery methods, as well as other national sources, were used in this study. Services examined were confined to elderly and mental health programs.

[132] Alan Greenblatt, "Sweetheart Deals," *Governing* (December 2004), http://governing.com.

[133] Clingermayer, Feiock, and Stream, "Governmental Uncertainty and Leadership Turnover," p. 156. When there was high turnover among local elected and appointed officials, local contracting with all sectors—not just the private one, but the public and nonprofit sectors, too—fell precipitously.

[134] Mary M. Shaw, "Successful Collaboration between the Nonprofit and Public Sectors," *Nonprofit Management and Leadership* 14 (Fall 2003), pp. 107–120. The quotation is on p. 107. Another study, this of a state transportation department, found comparable correlations. "Positive contractor relationships" between public administrators and contractors, "and years of working with contractors outside the agency are associated with more favorable perceptions of privatization's personal impacts [on public administrators. . . . and its] impacts on the agency." See Leisha DeHart-Davis and Gordon Kingsley, "Managerial Perceptions of Privatization: Evidence from a State Department of Transportation," *State and Local Government Review* 37 (3, 2005), pp. 228–241. Quotation is on p. 236.

[135] Laurence J. O'Toole Jr. and Kenneth J. Meier "Parkinson's Law and the New Public Management? Contracting Determinants and Service-Quality Consequences in Public Education," *Public Administration Review* 64 (May/June 2004), pp. 342–352. The quotations are on pp. 342, 348–349, respectively. Data were collected from 1997–1999.

[136] Pascale Joassart-Marcelli and Juliet Musso, "Municipal Service Provision Choices within a Metropolitan Area," *Urban Affairs Review* 40 (March 2005), pp. 492–519; Thomas Pallesen, "A Political Perspective on Contracting Out: The Politics of Good Times, Experiences of Danish Local Governments," *Governance* 17 (October 2004), pp. 573–587; and Jeffrey D. Greene, "Cities and Privatization: Examining the Effect of Fiscal Stress, Location, and Wealth in Medium Sized Cities," *Policy Studies Journal* 24 (Spring1996), pp. 135–144.

[137] Clingermayer, Feiock, and Stream, "Governmental Uncertainty and Leadership Turnover," p. 158.

[138] Pallesen, "A Political Perspective on Contracting Out."

[139] Warner and Hefetz, " Pragmatism over Politics," p. 14. Figure is for 2002. In 1992, less than 48 percent of local governments reported that they had encountered no obstacles in implement a private service delivery.

[140] Ibid. Figures are for 2002 .

[141] As derived from data in David, "Privatization in America," pp. 43–47. No apparent savings was cited by 59 percent of cities and counties, and a loss of program control by 51 percent. Figures are for 1988. In 1992, opposition from local government employees accounted for 54 percent, and in 1997 for 60 percent (an anomaly), of the obstacles to privatization. See Warner and Hefetz, "Pragmatism over Politics," p. 14.

[142] Unidentified studies cited by Paul E. Peterson, "The New Politics of Federalism," *Spectrum: The Journal of State Government* 78 (Spring 2005), p. 7.

[143] Warner and Hefetz, "Pragmatism over Politics," p. 14. Figure is for 2002.

[144] Clingermayer, Feiock, and Stream, "Governmental Uncertainty and Leadership Turnover," p. 156. See also Mildred Warner and Robert Hebdon, "Local Government Restructuring: Privatization and Its Alternatives," *Journal of Policy Analysis and Management* 20 (Spring 2001), pp. 315–336.

[145] Warner and Hefetz, "Pragmatism over Politics," p. 14. Figure is for 2002. In 1997, opposition from elected officials accounted for 42 percent of the impediments to privatization, and in 1992, 39 percent. In 1988, "political impediments" were cited by 42 percent of local jurisdictions and "public opinion" by 24 percent. See David, "Privatization in America," pp. 43–47.

[146] Ibid. Figure is for 2002 and has ranged from 31 percent to 30 percent since 1992. In 1988, 24 percent of local officials cited "public opinion" as an impediment to privatization. See David, "Privatization in America," p. 43.

[147] U.S. Advisory Commission on Intergovernmental Relations, *Changing Public Attitudes on Government and Taxes, 1985* (Washington, DC: U.S. Government Printing Office, 1985), pp. 25–29, and Hart-Teeter Poll, *Findings from a Research Project about Attitudes Toward Government* (Washington, DC: Council for Excellence in Government, 1997), p. 11.

[148] Brookings Institution, as cited in Partnership for Public Service, *Public Opinion on Public Service* (Washington, DC: Author, 2005), p. 6. In 1998, 17 percent of the general public expressed the most confidence in private contractors to deliver services, and in 2002, 16 percent of college seniors said this.

[149] James D. Ward, "Exploring Unintended Consequences

of Privatization, 1979 to 1999," paper presented at the National Conference of the American Society of Public Administration, San Diego, 2000, p. 3. This is a useful review of the research.

[150] Stephen Moore, "How Contracting Out City Services Impacts Public Employees," in Paul Seidenstat, ed., *Contracting Out Government Services* (Westport, CT: Praeger, 1999), pp. 211–218. This chapter is based on one of the most comprehensive surveys on the topic: National Center for Employment Policy, US. Department of Labor, *The Long-Term Employment Implications of Privatization* (Washington, DC: U.S. Government Printing Office, 1989).

[151] As derived from data in Warner and Hefetz, "Pragmatism over Politics," pp. 10, 14.

[152] Moore, "How Contracting out City Services Impacts Public Employees," p. 214.

[153] Ibid. See also Christi Clark, Robin A. Johnson, and James L. Mercer, "Impact of Privatization and Managed Competition on Public Employees," in Robin A. Johnson and Norman Walzer, eds, *Local Government Innovation: Issues and Trends in Privatization and Managed Competition* (Westport, CT: Quorum Books, 2000), pp. 191–210, especially pp. 194–195.

[154] Ward, "Exploring Unintended Consequences of Privatization," p. 6.

[155] U.S. Advisory Commission on Intergovernmental Relations, *State Laws Governing Local Government Structure and Administration,* M–186 (Washington, DC: U.S. Government Printing Office, 1993), p. 43. Figures are for 1990.

[156] Ibid. Figures are for 1990.

[157] Sergio Fernandez and Hal G. Rainey, "Local Government Contract Management and Performance Survey: A Report," *Municipal Year Book, 2005* (Washington, DC: International City/County Management Association, 2005), pp. 3–4. Figure is for 2003–2004. The proportion of local contracts that are let competitively is remarkably stable over time, but slowly growing. Twenty-two percent of cities and counties used sole-source bids in 1988. See David, "Privatization in America," p. 51. An earlier survey found that more than 97 percent of American cities required sealed bids on purchasing contracts in 1979. On the other hand, nearly 87 percent of these same cities permitted bidding to be waived under certain circumstances. See Dan H. Davidson and Solon G. Bennett, "Municipal Purchasing Practices," *Municipal Year Book, 1980* (Washington, DC: International City Management Association, 1980), pp. 236–237.

[158] Cooper, "Government Contracts in Public Administration," p. 463.

[159] Warner and Hefetz, "Pragmatism over Politics," p. 15. Data are for 2002.

[160] Elaine Morley, "Patterns of Use of Alternative Service Delivery Approaches," *Municipal Year Book*, 1989 (Washington, DC: International City Management Association, 1989). p. 40-42.

[161] Mildred Warner, with Michael Ballard and Amir Hefetz, "Contracting Back In: When Privatization Fails," *Municipal Year Book, 2003* (Washington, DC: International City/County Management Association, 2003), p. 36.

[162] Joassart-Marcelli and Musso, "Municipal Service Provision Choices within a Metropolitan Area," p. 515.

[163] Robert J. Dilger, Randolioh R. Moffett, and Linda Struyk, "Privatization of Municipal Services in America's Largest Cities," *Public Administration Review* 57 (January/February 1997), p. 24. Figure is for 1995.

[164] Warner and Hefetz, "Pragmatism over Politics," p. 15. In 2002, 47 percent of all cities and counties monitored private contractors.

[165] Dilger, Moffet, and Struyk, "Privatization of Municipal Services in America's Largest Cities," p. 23.

[166] David Osborne and Ted Gaebler, *Reinventing Government: How the Entrepreneurial Spirit Is Transforming the Public Sector* (Reading, MA: Addison-Wesley, 1992), p. 89.

[167] Florestano and Gordon, "A Survey of City and County Private Contracting," found that 32 percent of local officials thought that privatization resulted in better quality services in 1981; and David, "Privatization in America," found that 33 percent thought so in 1988.

[168] Warner and Hefetz, "Pragmatism over Politics," p. 15. Figures are for 2002.

[169] Hodge, *Privatization,* p. 156.

[170] William D. Eggers, *Rightsizing the Government: Lessons from America's Public Sector Innovators* (Los Angeles: Reason Foundation, 1993).

[171] Hodge, *Privatization*, p. 155.

[172] When Phoenix, Arizona, switched from entertaining bids from private refuse collectors to collecting refuse itself, costs fell by over two-thirds. See R. Johnson, "Privatization Issues: Experience in Phoenix, Arizona." 46th Conference of Local Government Engineering, Melbourne, Australia, February 19–20, 1990.

[173] David, "Privatization in America," p. 39. Any savings accrued likely came from salaries and benefits. See, for example: Rowan Miranda, "Privatization and the Budget-Maximizing Bureaucrat," *Public Productivity and Management Review* 17 (Summer 1994), pp. 355–369; John D. Donohue, *The Privatization Decision: Public Ends, Private Means* (New York: Basic Books, 1989), p. 131; and John Rehfuss, *Contracting Out in Government: A Guide to Working with Outside Contractors to Supply Public Services* (San Francisco: Jossey-Bass, 1989), p. 201.

[174] Warner and Hefetz, "Pragmatism over Politics," p. 15. In 2002, 51 percent of local administrators who had brought privatized services back in-house thought their cost savings were insufficient, and 36 percent believed that local government efficiency had improved.

[175] Hodge, *Privatization*, p. 78. Much of our discussion of savings derives from this impressive source, which is among the most comprehensive of the literature. Hodge unearthed 299 studies worldwide published between 1971 and 1995 that dealt with service contracting. One hundred twenty-nine of these proved suitable for analysis (that is, they presented empirical findings), published between 1976 and 1995. Sixty-six percent of these 129 analyses dealt with the United States, followed by Britain (16 percent), Australia (11 percent), and Canada (3 percent); 58 percent analyzed local governments, 18 percent studied state governments, and 7 percent addressed federal governments.

Other reviews of empirical research focus exclusively on American local governments, and their basic findings do not deviate from Hodge's. See, for example,

George A. Boyne, "Bureaucratic Theory Meets Reality: Public Choice and Service Contracting in U.S. Local Government," *Public Administration Review* 58 (November/December 1998), pp. 474–484, and E. S. Savas, "Policy Analysis for Local Government: Public vs. Private Refuse Collection," *Policy Analysis* 3 (Winter 1977), pp. 49–74.

[176] Hodge, *Privatization,* p. 155. These percentages are "mostly from local government, mostly U.S. in origin."

[177] Ecorse is, in fact, the only government to be placed into receivership by court order. Washington, DC, however, shares Ecorse's distinction of having effectively been placed into receivership, but not by order of the court. In 1995, Congress passed Public Law 104–8, which established the District of Columbia Financial Responsibility and Management Assistance Authority (known as the D.C. Control Board), which oversaw the District, emasculated the Home Rule Act of 1974, and transferred almost all fiscal authority from the mayor and council to the authority, its chief financial officer, and its inspector general. In 2001, as stipulated in the 1995 legislation, the board self-terminated because the District had shown a balanced budget over the preceding five years.

[178] Robert T. Kleiman and Anandi P. Sahu, "Privatization as a Viable Alternative for Local Governments: The Case of a Failed Michigan Town," in *Contracting Out Government Services*, p. 163.

[179] Donohue, *The Privatization Decision*, p. 131. Emphasis is original.

[180] Fernandez and Rainey, "Local Government Contract Management and Performance Survey," pp. 3–4. Figure is for 2003–2004.

[181] Office of Management and Budget study, as cited in David Perera, "OMB: Competitive Sourcing Spends $1 to Save $20," *Federal Computer Week* (September 27, 2005), http://www.fcw.com.

[182] Susan A. MacManus, "Why Businesses are Reluctant to Sell to Governments," *Public Administration Review* 51 (July/August 1991), p. 334. Other negative views of business people about doing business with county governments included slow payment of bills (the top ranked), communication difficulties, bid specifications, and excessive paperwork.

[183] Sebastian Mallaby, "The Democracy Trap," *Washington Post* (April 25, 2005).

[184] Jacques Gansler, *Moving Toward Market-Based Government: The Changing Role of Government as the Provider*, 2nd ed. Series in Market-Based Government (Washington, DC: IBM Center for the Business of Government, 2004). Figures are for 1975–1993 and 1994–2001. See also Christopher M. Snyder, Robert P. Trost, and R. Derek Trunkey, "Bidding Behavior in the Department of Defense's Commercial Activities Competitions," *Journal of Policy Analysis and Management* 20 (Winter 2001), p. 37.

[185] Gansler, *Moving Toward Market-Based Government.*

[186] Executive Office of the President, Office of Management and Budget, *Competitive Sourcing: Report on Competitive Sourcing Results, Fiscal Year 2003 and 2004* (Washington, DC: U.S. Government Printing Office, 2004), pp. 10, 11, 15. In 2003 and 2004, annualized gross savings averaged $522 million. It was only in FY 2004 that Congress first required all agencies to report annually on their competitive sourcing efforts. Section 647 (b) of the Transportation, Treasury, and Independent Agencies Appropriations Act of 2004 enacted this government-wide policy, known as the "Section 647 reporting requirement." Agencies must report the number of competitions, the number of federal employees studied under the competitions, incremental costs, and savings, among other items.

[187] In 1981–1987, contractors won 55 percent of the competitions in civilian agencies. See U.S. Office of Management and Budget, *Budget of the United States Government, Fiscal Year 1990* (Washington, DC: U.S. Government Printing Office, 1989), pp. 3-118–3-119. The Pentagon displayed quite comparable rates. See Gansler and Lucysanhyn, *Competitive Sourcing*, p.6.

[188] Executive of the President, Office of Management and Budget, *Competitive Sourcing: Report on Competitive Sourcing Results, Fiscal Year 2003 and 2004*, p. 8. In 2004, it was determined that in-house organizations would provide the service in 91 percent of the competitions, which is "about the same" as that reported in 2003.

[189] Federal studies as cited in Executive Office of the President, Office of Management and Budget, *Competitive Sourcing: Conducting Public–Private Competition in a Reasoned and Responsible Manner* (Washington, DC: U.S. Government Printing Office, July 2003), p. 2, and Gansler and Lucyshyn, *Competitive Sourcing*, p. 6.

[190] Ward, "Exploring Unintended Consequences of Privatization, 1979 to 1999," p. 3. An estimated 5 to 7 percent of local government jobs are lost to privatization.

[191] Robin A. Johnson and Norman Walzer, "Privatization and Managed Competition: Managed Fad or Long-Term Systematic Change for Cities?" in *Local Government Innovation*, p. 182. Figure is for 1997.

[192] See, for example, Walter J. Primeaux, "An Assessment of Efficiency Gained through Competition," *Review of Economics and Statistics* 59 (February 1977), pp. 105–113; Dilger, Moffitt, and Struyk, "Privatization of Municipal Services in America's Largest Cities," p. 24; Jim Flanagan and Susan Perkins, "Public/Private Competition in the City of Phoenix, Arizona," *Government to Finance Review* 11 (June 1995), pp. 7–12; and Rowan Miranda and Allan Lerner, "Bureaucracy, Organizational Redundancy, and the Privatization of Public Services," *Public Administration Review* 55 (March/April 1995), pp. 193–200.

[193] U.S. General Accounting Office, *Competitive Contracting: The Understandability of FAIR Act Inventories Was Limited*, GAO/GGD–00–68 (Washington, DC: U.S. Government Printing Office, 2000), p. 5.

[194] Hodges, *Privatization*, p. 119. As noted earlier, this is an analysis of global studies of privatization, but two-thirds are U.S. studies and over half are of local governments.

[195] Herbert A. Simon, "Why Public Administration?" *Journal of Public Administration Research & Theory* 8 (Winter 1998), p. 11.

[196] Unless noted otherwise, this discussion is based on Seidenstat, "Theory and Practice of Contracting Out in the United States," pp. 18–20.

[197] For a couple of clear, brief explanations of activity-based costing, see L. Martin, "How to Compare Costs between In-House and Contracted Services," in Colorado Municipal League, *Public Private Cooperation* (Denver, CO: Author, 1994), pp. 24–37, and "Introduction to Activity-Based Costing," *IQ Service Report* 30 (February 1998). For a more thorough explanation, see Gary Cokins, *Activity-Based Cost Management in Government*

(Vienna, VA: Management Concepts, 2002).

[198] Jocelyn M. Johnson, Barbara S. Romzek, and Curtis H. Wood, "The Challenges of Contracting and Accountability across the Federal System: From Ambulances to Space Shuttles," *Publius* 34 (Summer 2004), pp. 155–175. This was a study of six contracting cases, two each for the federal, state, and local governments. These issues are not confined to the United States but are international in scope. Interviews and surveys of 1,164 "front-line officials" in Australia, the Netherlands, New Zealand, and the United Kingdom uncovered similar problems of contract management and accountability. See Mark Considine, "The End of the Line? Accountable Governance in the Age of Networks, Partnerships, and Joined-Up Services," *Governance* 15 (January 2002), pp. 21–41.

[199] E. S. Savas, *Privatization and Public–Private Partnerships* (New York: Chatham House, 2000), p. 11, and Branko Milanovic, *Liberalization and Entrepreneurship: Dynamics of Reform in Socialism and Capitalism* (Armonk, NY: M. E. Sharpe, 1989), pp. 15, 20. These researchers are not including Washington's government-sponsored enterprises in their tally of state-owned businesses in the United States. As we explain in the text, these enterprises technically and officially are classified as private-sector corporations. However, they do share many characteristics of government corporations.

[200] Jerry Mitchell, *The American Experiment with Government Corporations* (Armonk, NY: M.E. Sharpe, 1998), p. 19.

[201] This list is drawn from the following sources: Jerry Mitchell, "The Policy Activities of Public Authorities," *Policy Studies Journal* 18 (Summer 1990), pp. 928–942, and U.S. Bureau of the Census, *Census of Governments, 2002*, Vol. 1, No. 1 (Washington, DC: U.S. Government Printing Office, 2002).

[202] Robert W. Poole Jr., *Revitalizing State and Local Infrastructure: Empowering Cities and States to Tap Private Capital and Rebuild America*. Policy Study No. 190 (Washington, DC: Reason Public Policy Institute, 1995), pp. 3–4, and Mitchell Denning and David J. Olson, "Public Enterprise and the Emerging Character of State Service Provisions," paper presented at the Annual Meeting of the American Political Science Association, New York, September 3–5, 1981, pp. 6, 9.

[203] Harry S. Truman, *Budget Message*. House Document No. 19, 80th Congress, 1st Session (Washington, DC: U.S. Government Printing Office, 1948), pp. M57–M61.

[204] Ronald C. Moe, "The Emerging Federal Quasi Government: Issues of Management and Accountability," *Public Administration Review* 61 (May/June 2001), pp. 290–312. Although most of the federal corporations that were perceived as competing with business were dismantled during the 1950s, Washington has since created a number of less commercially threatening (and smaller) public authorities and "hybrid organizations" that are not quite public authorities. Among the better known of these obscure organizations are the thirty-nine federally funded research and development centers. These are agency-created and owned nonprofit organizations that conduct research for the feds. Other agency-related nonprofit corporations are under the direct control of the agency, such as the Department of Agriculture's National Pork Board. Others voluntarily affiliate with agencies as "adjunct organizations" and are recognized as such by federal statute, such as the Interior Department's National Park Foundation. Venture capital funds constitute one of the newer forms. These are private, nonprofit corporations created by Congress and funded by federal appropriations; most of them are authorized by the Support for Eastern European Democracy Act of 1999. There are others, and they are multiplying. Although the Government Corporation Control Act of 1945 prohibits agencies from creating government corporations without explicit Congressional authorization, agencies are doing so. An example is the Federal Asset Disposition Association, created in 1995 by the Federal Savings and Loan Insurance Corporation.

[205] Harold Siedman, *Politics, Position, and Power: The Dynamics of Federal Organization*, 3rd ed. (New York: Oxford University Press, 1980), p. 238; Walsh, *The Public's Business*; U.S. General Accounting Office, *Congress Should Consider Revising Basic Corporate Control Laws*, GAO/PAD–83–3 (Washington, DC: U.S. Government Printing Office, 1983); National Academy of Public Administration, *Report on Government Corporations* (Washington, DC: Author, 1981); Congressional Research Service, *Administering Public Functions at the Margin of Government: The Case of Federal Corporations*, CSR Report 83–236 (Washington, DC: Author, 1993); and Denning and Olson, "Public Enterprise and the Emerging Character of State Service Provisions." Siedman's count of eighteen federal corporations is the lowest, but none are high. Walsh lists nineteen federal corporations; the Congressional Research Service located thirty-one; the National Academy of Public Administration found thirty-five; the GAO concluded that there are forty-seven; and Denning and Olson unearthed fifty-eight.

[206] U.S. General Accounting Office, *Government Corporations: Profiles of Existing Government Corporations*, GAO/GGD–96–14 (Washington, DC: U.S. Government Printing Office, 1995), p. 2.

[207] Ibid., and National Academy of Public Administration, *Report on Government Corporations*.

[208] U.S. General Accounting Office, *Government Corporations: Profiles of Existing Government Corporations*, p. 6.

[209] U.S. Office of Management and Budget, *Special Analyses: Budget of the United States Government, Fiscal Year 1990* (Washington, DC: U.S. Government Printing Office, 1989), p. F-21.

[210] U.S. Office of Management and Budget, "Government-Sponsored Enterprises," *Budget of United States, Fiscal Year 2007* (Washington DC: U.S. Government Printing Office, 2006), pp. 1229–1234. Figure is for 2006. The five government-sponsored enterprises, in order of their congressional chartering, are as follows.

The institutions of the Farm Credit System (FCS) was founded in 1916. Its mission is to provide privately financed credit to rural areas. The institutions comprising the FCS are the Agricultural Credit Bank, the Farm Credit Banks, and direct lender associations. They are regulated by the Farm Credit Administration (FCA), an independent federal agency.

The Federal Home Loan Bank System, comprised of twelve Federal Loan Banks known as FHLBanks, was chartered in 1932. FHLBanks facilitate the extension of credit to more than 8,000 member banks and other financial institutions. It is regulated by the Federal Housing Finance Board.

The Federal National Mortgage Association (Fannie

Mae, 1938), and the Federal Home Loan Mortgage Corporation (Freddie Mac, 1970); details on both are provided in the text.

The Federal Agricultural Mortgage Corporation (Farmer Mac), founded in 1988, facilitates mortgages for farms and rural homes. It is supervised by the FCA.

Until 2006, the Student Loan Marketing Association (Sallie Mae, chartered in 1972) was a publicly traded GSE that facilitated loans to students. In that year, it was loosed from federal strings and now functions as as more fully privatized entity.

[211] U.S. General Accounting Office, *Government-Sponsored Enterprises: A Framework for Strengthening GSE Governance and Oversight*, GAO–04–269T (Washington, DC: U.S. Government Printing Office, 2004), p. 1. GSEs had more than $6.8 trillion in obligation in 2004.

[212] Ibid, p. 4, and Daniel Gross "Sallie Mae Sallies Forth," *Slate* (August 27, 2002). Fannie Mae, Freddie Mac, and Farmer Mac are publicly traded. The remaining GSEs are member-owned cooperatives.

[213] Data gathered by PoliticalMoneyLine, as cited in Charles R. Babcock, "Mortgage Giants Stir Congress," *Washington Post* (July 11, 2003). In 2001–2002, Freddie Mac, at more than $4 milllion, was the largest corporate contributor of unlimited "soft-money" donations to the political parties.

[214] As derived from data in U.S. General Accounting Office, *Government-Sponsored Enterprises: A Framework for Strengthening GSE Governance and Oversight*, p. 4, and U.S. Bureau of the Census, *Statistical Abstract of the United States, 1995*, 115th ed. (Washington, DC: U.S. Government Printing Office, 1995), Table 529. In 2003, they accounted for 81 percent of all GSE financial obligations, and in 1991 they accounted for 83 percent all GSE securities and guarantees outstanding.

[215] Jonathan G. S. Koppell, "Hybrid Organizations and the Alignment of Interests: The Case of Fannie Mae and Freddie Mac," *Pubic Administration Review* 61 (July/August 2001), p. 469.

[216] "How Fannie and Freddie Make Their Money," *Wall Street Journal* (May 3, 2004). In 2003, the two GSEs held or guaranteed over 47 percent of all residential mortgages in the U.S.

[217] Mitchell, "The Policy Activities of Public Authorities," pp. 928–942. Figures are for 1989. Mitchell examined government reports, mailing lists from public agencies and professional associations, identified organizations that issue revenue bonds, and obtained the reports of more than 300 "likely public authorities." He uncovered 6,352 state and local public authorities (and forty-five federal ones) in the United States.

[218] Jerry Mitchell, "Education and Skills for Public Authority Management," *Public Administration Review* 51 (September/October 1991), p. 436.

[219] Annmarie Hauk Walsh concludes that there are from 5,000 to 7,000 public authorities, a number which excludes authorities that are not organizationally independent of government agencies. Donald Axelrod, using, more or less, Walsh's criteria, pegs the number at around 6,000, as does Jerry Mitchell, who, with impressive precision, states that there are 6,352. Later Walsh, with David Mammen, says that there are about 10,000 public authorities. But Charles E. Lindblom contends that if those public corporations are counted which are authorized to issue general obligation bonds, the number jumps to around 18,000. See: Walsh, *The Public's Business*, p. 5; Mitchell, "Education and Skills for Public Authority Management," p. 436; Charles E. Lindblom, *Politics and Markets: The World's Political Economic Systems* (New York: Basic Books, 1977), p. 114; Annmarie Hauk Walsh and David Mammen, *State Public Corporations: A Guide for Decision Making* (New York: Institute for Public Administration, 1983); and Donald Axelrod, *A Budget Quartet: Critical Policy and Management Issues* (New York: St. Martin's Press, 1989), p. 28.

[220] For example, many seaport authorities, which the Census Bureau classifies as special districts, were created by legislatures rather than by voters. See Mitchell, *The American Experiment with Government Corporations*, p. 29.

[221] James Leigland, "The Census Bureau's Role in Research on Special Districts: A Critique," *Western Political Quarterly* 43 (June 1990), pp. 362–380.

[222] In terms of governing, in almost half of special districts, the board members are not elected, but appointed, and this proportion is growing over time. *Sources:* As derived from data in U.S. Bureau of the Census, *Census of Governments, 1992*, Vol. 1, No. 2, *Popularly Elected Officials* (Washington, DC: U.S. Government Printing Office, 1995), p. 19, and U.S. Bureau of the Census, *Census of Governments, 1977*, Vol. 1, No. 2, *Popularly Elected Officials* (Washington DC: U.S. Government Printing Office, 1978), p. 10.

In terms of financing, less than half of special districts are even permitted to levy taxes, and their main source of revenue, by far, is not taxes, but user fees. User fees, such as charges for water, recreation, or public housing, account for nearly two-fifths of special districts' income; for every one dollar that special districts collect in taxes, they haul in almost four dollars in user fees. *Source:* As derived from data in U.S. Bureau of the Census, *Census of Governments, 2002*, Vol. 4, No. 2, *Finances of Special Districts* (Washington, DC: U.S. Government Printing Office, 2004), Table 2.

Compounding this confusion is that many public authorities and special districts mix these criteria, having appointed boards and taxpayer funding, or elected boards and are self-financing.

[223] Mitchell, *The American Experiment with Government Corporations*, p. 14.

[224] Walsh, *The Public's Business*, p. 290. Unless noted otherwise, the following discussion is drawn from this source.

[225] Mitchell, *The American Experiment with Government Corporations*, p. 27.

[226] It is not widely known, but Congress does not exempt certain kinds of municipal bond issues from federal taxes on the grounds that the activities they fund do not provide a significant benefit to the public. For example, bond issues for investor-led housing, local sports facilities, refunding a refunded issue, and funding a local government's underfunded pension plan are not exempt from federal taxation.

[227] Denning and Olson, "Public Enterprise and the Emerging Character of State Service Provisions," pp. 6, 9.

[228] Walsh, *The Public's Business*, p. 6.

[229] As derived from data in U.S. Bureau of the Census, *Statistical Abstract of the United States, 2006*, Table 434. Datum is for 2002 and refers to issues of

long-term state and local government securities issued by districts, local authorities, and state authorities.

[230] Sometimes it is good to define basics, and, although we assume that most readers know what a *bond* is, here is its definition: a certificate of ownership of a specified portion of a debt due to be paid by a government or corporation to an individual holder and usually bearing a fixed rate of interest.

[231] Some states exempt from taxation only those municipal bonds issued by them or their local governments, but not the bonds issued in other states.

[232] As derived from data in U.S. Bureau of the Census, *Statistical Abstract of the United States, 1992*, 112th ed. (Washington, DC: U.S. Government Printing Office, 1992), Table 458. In 1970, revenue bonds accounted for 34 percent of bond sales.

[233] As derived from data in U.S. Bureau of the Census, *Statistical Abstract of the United States, 2006*, Table 434. In 2002, revenue bonds accounted for 65 percent of all municipal bond sales, and in 1985 for 80 percent.

[234] As derived from data in U.S. Bureau of the Census, *Statistical Abstract of the United States, 1992*, Table 458. Refers to issues of long-term state and local government securities issued by special districts and statutory authorities. In 1970, 31 percent of long-term state and local debt was attributable to these entities. Fifteen years earlier, the figure was much the same—28 percent in 1955—indicating the stability of the public authority's role until 1970.

[235] As derived from data in U.S. Bureau of the Census, *Statistical Abstract of the United States, 2006*, Table 434. Refers to issues of long-term state and local government securities issued by districts, local authorities, and state authorities. In 2002, over 67 percent of long-term state and local debt was attributable to these entities.

[236] Walsh, *The Public's Business*, p. 289.

[237] U.S. General Accounting Office, *Government Corporations: Profiles of Existing Government Corporations*, pp. 2–3.

[238] Harold Siedman, "United States Experience: The Need to Reassert the Government Corporation Control Act of 1945," *Public Administration and Development* 18 (August 1998), p. 297.

[239] The following discussion is drawn from ibid., pp. 295–299.

[240] Walsh, *The Public's Business*, p. 6.

[241] Ibid.

[242] George L. Shepard, "Let There Be Light: The SEC's New Regulations for the Municipal Securities Market," *Public Budgeting and Finance* 16 (Summer 1996), pp. 133–141. The author notes that monies have been "regulated less strictly than other security markets" (p. 133). There are some limited signs that the federal government is tightening up on its lax regulation of the muni market. See ibid; and "Focus on Municipal Bonds: The Audit Age," *Governing* (May 1998), pp. 57–58, for details.

[243] Diane Kittorwer, "A Mini Market Slowdown," *Governing* (November 2000), p. 86.

[244] John Carver, *Boards That Make a Difference* (San Francisco: Jossey-Bass, 1990); Joel Sokloff, *Handbook for Commissioners* (Washington, DC: National Association of Housing and Redevelopment Officials, 1980); and Mitchell, *The American Experiment with Government Corporations*, p. 95.

[245] The Census Bureau reports that special districts, many of which, as we have explained, are likely public authorities, have a board membership averaging five members, 52 percent of whom are elected and the remainder are appointed. But the percentage of appointed board members is rising over time at the expense of elected board members. See U.S. Bureau of the Census, *Census of Governments, 1992*, p. 19.

[246] Nancy Burns, *The Formation of American Local Governments: Private Values in Public Institutions* (New York: Oxford University Press, 1994), pp. 12–13.

[247] Ibid, p. 12. Burns is referring to special districts, but it is highly unlikely that they differ much in this regard with public authorities.

[248] Michael A. Molloy, "Local Special Districts and Public Accountability," paper presented at the Annual Meeting of the Midwest Political Science Association, Chicago, 2000.

[249] Nicholas Bauroth, "The Influence of Elections on Special District Revenue Policies: Special Democracies or Automatons of the State?" *State and Local Government Review* 37 (3, 2005), pp.193–205.

[250] Donald T. Wells and Richard Scheff, "Performance Issues for Public Authorities in Georgia," in *Public Authorities and Public Policy: The Business of Government*, Jerry Mitchell, ed. (New York: Praeger, 1992), p. 172. Ninety-five public authorities in Georgia were examined.

[251] Mitchell, "Education and Skills for Public Authority Management," pp. 429–437. Mitchell surveyed 6,352 public authorities in 1990 and obtained a response rate of 60 percent.

[252] Ibid. and Tari Renner, "Appointed Local Government Managers: Stability and Change," *Municipal Year Book, 1990* (Washington, DC: International City Management Association, 1990), pp. 30–35. The Renner survey was conducted in 1989. Authority executives had tenures of nearly eight years, compared to over five for city managers.

[253] Mitchell, "Education and Skills for Public Authority Management," and Victor S. De Santis and Charldean Newell, "Local Government Managers' Career Paths," *Municipal Year Book, 1996* (Washington, DC: International City Management Association, 1996), p. 5. The De Santis and Newell survey was conducted in 1994. Eighteen percent of authority executives had not completed college, compared to 4 percent of local government managers.

[254] Ibid. (both citations). Only 38 percent of authority executives had been previously employed by an authority compared to 100 percent of city managers who had worked for a city.

[255] Mitchell, "Education and Skills for Public Authority Management," pp. 434–435.

[256] Wells and Scheff, "Performance Issues for Public Authorities in Georgia," pp. 174–175. Of the questionnaire's ten items comparing public authorities to general-purpose governments, this was the only area of agreement between the two sets of administrators, although they came close to agreeing that public authorities could hire specialized personnel more easily. Authority executives and city and county managers disagreed, often strongly, on everything else, such as which type of government cost less and performed better, with pluralities or majorities in each group responding that its type of government was superior to

the other. Forty-two authority directors and city and county managers responded to this portion of the survey.

[257] Kathryn A. Foster, *The Political Economy of Special-Purpose Governments* (Washington, DC: Georgetown University Press, 1997).

[258] James Leighland and Robert Lamb, *WPPSS: Who Is to Blame for the WPPSS Disaster* (Boston: Ballinger, 1986); Burns, *The Formation of American Local Governments*; and Walsh, *The Public's Business*.

[259] Robert A. Caro, *The Power Broker: Robert Moses and the Fall of New York* (New York: Knopf, 1974). We detail some of Moses's power at the conclusion of this book.

[260] Walsh, *The Public's Business*, p. 4.

[261] The following examples are drawn from Mitchell, *The American Experiment with Government Corporations*, pp. 96, 107, 116, and 117, respectively. Mitchell presents a plethora from which to draw, and these are but a small sampling.

[262] Ibid., p. 108. The U.S. Department of Housing and Urban Development began taking over public housing from local public authorities and began managing them directly in the 1990s, focusing on housing projects in Chicago (all of them), San Francisco (all of them), Washington, Baltimore, Newark, Louisville, and other cities. By any standard, these government corporations managed public housing with astounding incompetence, as the U.S. Secretary of Housing and Urban Development learned when, while touring public housing in San Francisco, he happened upon a drug deal! For additional examples, see Carey Goldberg, "San Francisco Housing Authority Serves as Model of Decay," *New York Times* (May 24, 1996); Katherine Boo, "Misery's New Landlord," *Washington Post* (October 18, 1996); and Sharon Cohen, "Unlivable Public Housing Being Razed to Make Way for New Homes, Hopes," *Chicago Tribune* (April 12, 1996).

[263] Mitchell, *The American Experiment with Government Corporations*, pp. 112–127; Donald Axelrod, *Shadow Government: The Hidden World of Public Authorities—and How They Control Over $1 Trillion of Your Money* (New York: Wiley, 1992); and Diana Henriques, *The Machinery of Greed: Public Authority Abuse and What to Do About It* (Lexington, MA: Lexington Books, 1986).

[264] American Association of Retired Persons survey, as cited in American Society of Association Executives, *Why Are Associations So Important?* http://www.asaenet.org, and Lester K. Salamon, *America's Nonprofit Sector: A Primer*, 2nd ed. (New York: The Foundation Center, 1999), p. 22.

[265] Salamon, *America's Nonprofit Sector*, p. 22. Figures are for 1996. The GAO states that there were "over 1.5 million tax-exempt entities" in 2003, two-thirds (over 960,000) of which were "charities." See U.S. Government Accountability Office, *Tax-Exempt Sector: Governance, Transparency, and Oversight Are Critical for Maintaining Public Trust*, GAO–05–561T (Washington, DC: U.S. Government Printing Office, 2005), p. 5.

[266] U.S. Government Accountability Office, *Tax-Exempt Sector*, Section 503 (c) of the Internal Revenue Code specifies twenty-eight types of entities that are eligible for tax exempt status; over 1.5 million were exempt in 2003.

[267] Ibid, p. 10. Figure is for 2002. Salamon, in *America's Nonprofit Sector*, p. 22, using a slightly narrower definition of the nonprofit sector that excludes such entities as armed forces insurance organizations established before 1880, states that the nonprofit sector accounted for 7 percent of total paid employment in 1995.

[268] Independent Sector, *Employment in the Nonprofit Sector* (Washington, DC: Author, 2004). Between 1997 and 2001, nonprofit employment grew at an annual rate of 2.5 percent, the private sector grew by 1.8 percent annually, and the public sector grew by 1.6 percent.

[269] Salamon, *America's Nonprofit Sector*, p. 22. Figures are for 1995–1996.

[270] U.S. General Accountability Office, *Tax-Exempt Sector*, p. 9. Figures are for 1998–2002. Other analysts, using a somewhat narrower scope of the tax-exempt sector that excludes such entities as black-lung benefit trusts and cemetery companies, place the nonprofit sector's share of the economy at less than 9 percent in 1996. See Salamon, *America's Nonprofit Sector*, p. 22.

[271] Salamon, *America's Nonprofit Sector*, p. 36.

[272] Lester M. Salamon, *The Resilient Sector: The State of Nonprofit America* (Washington, DC: Brookings, 2003), p. 52.

[273] Salamon, *America's Nonprofit Sector*, p. 55.

[274] Peter Dobkin Hall, as quoted in Stanley Meisler, "Thinking Locally Spreads Globally," *Los Angeles Times* (June 13, 1995). Hall is an expert on nonprofit organizations.

[275] Salamon, *The Resilient Sector*, p. 54. Figures are for 1997.

[276] Lester M. Salamon, "Government and the Voluntary Sector in an Era of Retrenchment: The American Experience," *Journal of Public Policy 6 (January-March 1986)*, p. 7. Figures are for 1982.

[277] Alan J. Abramson, Lester J. Salamon, and C. Eugene Steuerle, "The Nonprofit Sector and the Federal Budget: Recent History and Future Directors," in *Nonprofit and Government: Collaboration and Conflict*, Elizabeth T. Boris and C. Eugene's Steuerle, eds (Washington, DC: Urban Institute Press, 1999), p. 100.

[278] Michael Lipsey and Steven Rathgeb Smith, "Nonprofit Organizations, Government, and the Welfare State," *Political Science Quarterly* 104 (Spring 1990), pp. 625–648. See also Lester M. Salamon, "Partners in Public Service: The Scope and Theory of Government-Nonprofit Relations," in Walter W. Powell, ed., *The Nonprofit Sector: A Research Handbook* (New Haven, CT: Yale, 1987), pp. 293–321. In 1980, Washington channeled 52 percent of its social services dollars, and 32 percent of its training and employment expenditures, to nonprofits.

[279] As derived from data in Choi, Cho, Wright, and Brudney, "Dimensions of Contracting for Service Delivery by American State Administrative Agencies, p. 50. Figure, 51 percent, is for 1998.

[280] Chi and Jasper, *Private Practices*, p. 14. Figure is for 1997.

[281] U.S. General Accounting Office, *Welfare Reform: Interim Report on Potential Ways to Strengthen Federal Oversight of State and Local Contracting*, GAO–02–245 (Washington, DC: U.S. Government Printing Office, 2002). Figure is for 2001. The remaining 12 percent goes to for-profit corporations. Only South Dakota did not contract these services.

[282] Warner and Hefetz, "Pragmatism over Politics," p. 11.

[283] As derived from data in Hatry and Valente, "Alternative

Service Delivery Approaches Involving Increased Use of the Private Sector," pp. 216–217.

[284] Warner and Hefetz, "Pragmatism over Politics," p. 11. Specific services listed are for 2002.

[285] Salamon, "Government and the Voluntary Sector in an Era of Retrenchment," p. 7.

[286] Judith R. Saidel, "Resource Interdependence: The Relationship Between State Agencies and Nonprofit Organizations," *Public Administration Review* 51 (November/December 1991), p. 546.

[287] David M. Van Syke, "The Mythology of Privatization in Contracting for Social Services," *Public Administration Review* 63 (May/June 2003), pp. 296–315. The quotations are on p. 298. The author conducted his own research as part of this article, and found that social services contracting among public and nonprofit managers in New York state was characterized by an absence of competition and low public-management capacity.

[288] John C. Green and Amy L. Sherman, *Fruitful Collaborations: A Survey of Government-Funded Faith-Based Programs in 15 States* (Akron, OH: Bliss Institute, University of Akron; and Indianapolis, IN: Hudson Institute, 2002). Data are for 2002.

[289] Barbara S. Romzek and Jocelyn M. Johnston, "State Social Services Contracting: Exploring the Determinants of Effective Contract Accountability," *Public Administration Review* 65 (July/August 2005), pp. 436–449. The quotation is on p. 436.

[290] Carolyn J. Heinrich, "Organizational Form and Performance: An Empirical Investigation of Nonprofit and For-Profit Job-Training Service Providers," *Journal of Policy Analysis and Management* 19 (Spring 2000), pp. 233–261. See also Kristen Gronsberg, "Poverty and Nonprofit Organization Behavior," *Social Science Review* 64 (June 1990), pp. 208–241.

[291] Burton D. Weisbrod, "The Future of the Nonprofit Sector: Its Entwining with Private Enterprise and Government," *Journal of Policy Analysis and Management* 16 (Summer 1997), p. 543.

[292] Melissa Middleton Stone, Mark A. Hager, and Jennifer J. Griffin, "Organizational Characteristics and Funding Environments: A Study of a Population of United Way-Affiliated Nonprofits," *Public Administration Review* 61 (May/June 2001), pp. 276–289.

[293] Brookings Institution, as cited in Partnership for Public Service, *Public Opinion and Public Service,* p. 6. Figures are for 1998.

[294] Brookings Institution as cited in ibid. Figures are for 2002.

[295] Princeton Survey Research Associates and the Brookings Institution, *Health of the Public Service* (Washington, DC: Authors, 2001). Figures are for 2001.

第8章

政府间行政

国内公共政策的实施不是由一个政府完成的，而是要由多个政府共同完成。“单一”公共政策的管理过程往往会涉及各级政府公共行政人员之间的互动以及各种经费资源的组合。在公共行政领域，这种经费组合和人员互动叫做政府间关系，或者是在拥有不同权力和辖区自治权的各级政府之间建立的各种财政、法律、政治和行政关系。当这些关系狭隘地用于联邦政府与州政府之间以及各州政府之间时，被叫做联邦主义。而在这本书中，我们会经常交替使用这些术语。政府间行政，有时被称为政府间管理，是为了实现一个特定的政策目标而在政府之间建立的各种管理和协调关系。[1]

8.1 成千上万的政府

美国政府之间的关系异常复杂，如果考虑一下美国巨大的政府数量，那么针对政府间关系的复杂性就一点也不会令人感到惊讶。表 8－1 按不同类别确定了美国 87 507 个政府，也表明了 1942 年以来美国政府数目的增量性发展过程。因为美国于 1942 年进行了第一次政府普查，所以本章的政府基数从这一年算起。

市政府的大规模出现是在第二次世界大战之后，特别是在大城市周边非常明显，在很大程度上，这种现象需要归因于没有计划的大都市扩张。例如，明尼阿波利斯市市政府归并其附近一个村庄的唯一原因就是为了签发酒水营业执照。加利福尼亚州的布莱恩市当初建城的原因就是因为一个马戏团老板相中此地可以驯养他的动物。纽约州的新史凯尔镇是为了创办一家干净的屠宰场而建。加利福尼亚州的嘉丁拿市是为了让居民合法玩扑克牌而建立。[2]

其他类型的地方政府也在不断发生着变化。因为教育部门相信通过规模经济可以实现省钱的目的，所以从20世纪30年代开始合并学区，减少学区在各类地方政府中的比例。50年过后，学区政府占地方政府的数量已经从第一变成了倒数第二。(3 034个郡县的学区数量一直排在地方政府数目最少的行列中。) 但是学区数量减少的成果却被特别行政区数目的增加所抵消。在同样50年的时间里，特别行政区占各类政府总量的比例从倒数第二反而增加到第一。

表8-1 按类型排列的政府部门数目：1942年、1962年、1982年和2002年 单位：个

政府类型	1942年	1962年	1982年	2002年
总计	155 116	91 237	81 831	87 900
美国联邦政府	1	1	1	1
州政府	48	50	50	50
地方政府	155 067	91 186	81 780	87 849
县政府	3 050	3 043	3 041	3 034
市政府	16 220	18 000	19 076	19 431
镇政府	18 919	17 142	16 734	16 505
学区	108 579	34 678	14 851	13 522
特别行政区	8 299	18 323	28 078	35 356

Source：U. S. Bureau of the Census，*Statistical Abstract of the United States*，2006，125th ed.（Washington，DC：U. S. Government Printing Office，2006），Table 415.

8.2 宪法和法庭：制定法规

这些成千上万的美国政府如何行事又如何互动，需要根据宪法和法庭判决所设定的宽泛的游戏规则而定。[3]

截然不同的国家职责和州职责

《宪法》第一章第八部分是划分国家级政府职责与州政府职责的工具。它赋予国家政府17项特别权力，包括国防、一般性福利以及经商，而把其他权力留给了州政府。剩下的权力目前被称为“保留权力”，这个术语是从《宪法》第十号修正案中引出来的。第十号修正案是由美国的建国之父们匆忙添入宪法的，为了对付像帕特里克·亨利一样的民粹主义煽动者。第十号修正案设计的目的是给予州政府更

加明显而确定地行使其职权的疆域。第一章第九部分也涉及了州政府和联邦政府的职责问题，目的是防止国家政府的某些行为，例如暂停人身保护权令等，同时也为了禁止州政府的某些行为，例如与外国政府签订条约、禁止州政府铸造钱币等。

国家级与州级身份的独立地位

宪法联邦主义的第二个领域涉及建立和维护国家和州各自的身份。对于国家来说，可能最重要的声明是在《宪法》第六章："本宪法和美国之法律……应该是最高的国家法律。"对于州政府来说，最重要的条款是在《宪法》第四章第二部分，这一部分规定："如果没有相关州立法机构的同意，不得在任何其他州辖区内形成或建立新的州政府；也不得通过合并两个或两个以上州或者通过合并多州部分地区的形式建立新州。"

整合国家和州

最后，《宪法》在处理国家政府和各州政府的整合问题上，可以在执行州政府和国家政府某些职能时规定它们之间的合作。例如，在修订宪法和选举总统的时候，州政府和国家政府就可以合作。事实上，国会是一个国家级官员的大集会，而这些官员与各州政府都有着重要的联系。当然，这也是一种政治整合。这种安排自然是由建国之父们设计的，因为他们害怕给新的国家政府赋予太多的权力。就像詹姆斯·麦迪逊在《联邦主义者》中所说的那样："国会议员中所盛行的地方精神绝对比特定州立法院中所流行的国家精神还要可靠。"[4]

必要的和适当的默认权力

州政府和国家政府之间的关系存在着三个重要特点，即明确分工的责任、各自独立的身份，以及国家和州之间的整合，而这三点也正是法院逐渐发展完善的地方。毫无疑问，在这一发展完善的过程中，最有影响力的一个案件就是麦克洛克诉马里兰案，这是1819年在美国最高法院由首席大法官约翰·马歇尔审理的。

马歇尔和他的同事按照《宪法》中经商条款支持扩张国家权力（即第一章第八部分的最后一句话）。这就为国家政府赋予了一项强有力的权力，可以在依照宪法制定政策的时候有权解释什么是"必要的而且适当的"。

在这一案件中，马里兰州州政府想要向位于该州的第二家美国银行征税。但是随即引发了美国政府到底能不能成立银行的争论。当时的财政部部长亚历山大·汉密尔顿提议建立国家银行，并辩称在一个强有力的国家政府之下可以建立银行，国家政府可以而且也应该采取一些措施，因为这些措施是宪法赋予的"默认权力"，尽管《宪法》中并没有特别授权建立银行之类的政策。马歇尔法庭同意了汉密尔顿的意见。从此，为了实现《宪法》所赋予的权力，国会具备了采取适当措施的能力，可以采取任何“有必要且适当的措施执行其特殊的职能”。

在我们中间至今还留有这种“默认权力”的观念。而且除了内战之外，这种观念一直是国家权力与州权力相对立的最强有力的表述。表8-2列出了联邦政府的主要权力和州政府的默认权力。

表8-2 《宪法》规定的联邦权力划分

联邦政府的主要权力
联邦目的税 国家信用借贷 调控对外贸易和各州之间的贸易 提供纸币和硬币 建立外交关系和订立条约 提供陆军和海军 建立和维护邮政系统 保护专利和版权 管理重量度量衡和长度度量衡 承认新成立的州 为行使美国政府拥有的所有权力而“制定有必要且适当的诸项法律”
州政府的主要默认权力
以地方名义征税 以州的名义借款 监控州境内的贸易 制定并执行民事和刑事法律 维护警察力量 提供公共教育 控制地方政府 管理慈善机构 建立投票和选举法律 “《宪法》既没有赋予美国国家政府也没有禁止授予州政府的那些权力，都分别留给了各个州政府，或者是留给了人民。”

8.3 政府间行政的演变

根据《宪法》所建立的正规游戏法则以及随后的司法解释而运行的地方政府、州政府和国家政府，相互之间关系的发展演进已经经历了好几个阶段。我们至少可以识别出四个这样的阶段，虽然在时间上经常有所重叠，但每一个阶段都拥有自己独一无二的特点。[5]

夹心蛋糕：二元联邦主义，1789—1930

《宪法》只承认两级政府：国家政府和州政府。因此，才有了“二元联邦主义”

和“夹心蛋糕式联邦主义”这些词，是指国家成立以后最初的140年间，联邦政府和州政府分别在其《宪法》所赋予的权限范围内各自为政。例如，1854年，国会确实（很不寻常地）想向州政府转移资金，以帮助州政府治疗穷困的精神病患者。但是总统却否决了这项法案，其背后的思维逻辑就是为了迫使州政府“屈尊向联邦政府乞求施舍，以［转变］它们在这一联盟中与联邦政府的真正关系”[6]。

然而，随着1861年的内战爆发，联邦主义者的思想有了一些变化，于是美国进入了有缺陷的二元联邦主义时期。从1865年到1869年，美国（至少是北方的战胜地区）颁布实施了《宪法》第十三号、第十四号和第十五号修正案。这些新的民权政策使联邦政府合法地参与进原本神圣不可侵犯的州事务，而且至少在一段时间内，战后重建就是这种参与。

联邦司法系统也开始渗透州主权。在1794年到1860年间，最高法院判决60部州法律无效，平均一年一部。然而，在1860年到1937年间，最高法院否决了525部州法律，或者是每年近7部。[7]这时的二元联邦主义，虽经反复削弱却依然存在，但是“国家政府在1860年时的那种可怜地位却宣告结束了”[8]。

大理石蛋糕：合作性联邦主义，1930—1960

随着富兰克林·德拉诺·罗斯福在1932年当选为总统，联邦主义的夹心蛋糕败落了，继而变成了“大理石蛋糕式联邦主义”。到1937年，最高法院也已经开始热心于罗斯福对抗经济大萧条的战斗。而且，在这种热情的驱动下，“1937年以后，最高法院批准认可了联邦权力范围的永久性扩张”[9]。国家政府、州政府和地方政府不仅一起直面大萧条带来的各种挑战，而且还作为一个政府间团队共同面对了后来的第二次世界大战和冷战。

磅饼：共同选择式联邦主义，1960—1980

在联邦主义的第三阶段，夹心蛋糕又重新出现了很短的一段时间，但是蛋糕的上层迅速重压着下层。在政府间的这种结构中，联邦政府变得更加庞大，更加具有主导性，也更加苛求。可能“磅饼”这种面点比喻能够更形象地表现共同选择式联邦主义这一阶段的特征，因为州政府和地方政府都在忍受着联邦政府的挤压。

随着1960年约翰·F. 肯尼迪当选为总统，联邦主义逐渐由华盛顿的功利主义者主导。很多并不是在华盛顿出现而是在国家级以下辖区出现的问题必须加以解决，而联邦政府正是解决这些问题的政府。于是，联邦政府以上百个零散而又专业化的拨款项目形式向州府和市政厅大规模地抛掷着各种资金、行政命令和规定。

事实上，正如联邦政府所确定的那样，基层政府是被哄着去实施各种国家目标。而且，为了得到联邦政府的慷慨赠与，20世纪70年代的州政府和社区政府甚至更愿意为此付出监管代价。就像一位刻薄的观察家在这一时期所说的那样：“联邦政府就算是为植入癌症提供拨款，市政府也会去排队申请。”[10]70年代结束以后，联邦选举取代了政府间合作，州政府和地方政府实际上已经变成了联邦主子的“卑微的乞求者”。

松脆蛋糕：竞争式联邦主义，1980年至今

1980年前后有迹象表明，政府间的蛋糕开始松动、恶化，变成了一个“松脆的蛋糕”。于是出现了“竞争式联邦主义”，或者“自顾自式的联邦主义”[11]。

逐渐减少的联邦经费。联邦政府向州政府和地方政府的财政拨款额占其预算总额的比例在1978年时已达峰值。从那以后，联邦政府在政府间系统内的财政优势开始逐渐减退，尽管1978年以后联邦政府对基层政府的监管问题仍然热情不减。

联邦政府减少向基层政府提供财政支持，这种萎缩的局面要求所有政府在提供服务时都必须变得更加创新，也更具竞争力。但是“竞争”已不再像共同选择式联邦主义时期的竞争那样，是指州政府和地方政府之间为获得联邦拨款而展开竞争。今天的竞争是指所有的政府都在为财政收入而展开竞争，而这种竞争并不考虑收入来源。“竞争式联邦主义的本质在于，联邦政府的政策制定者以及州政府和地方政府官员如今都必须向后退，毕恭毕敬地退回到同一个财税源头——国家的纳税人……在新兴政府间关系上共同追求纳税人支持的赛跑中，联邦政府已不再拥有优势。”[12]

逐渐降低的联邦信念。实际情况并非如此。根据1972年以来的民意调查结果显示，在有关公众认为最有效力和效率的政府调查中，相比于州政府和地方政府，联邦政府的支持度在稳步下降（但2001年恐怖袭击除外，因为之后有两年的支持率是上升的[13]），从近40%下降到了不到30%。[14]在“9·11”事件之后[15]，从2002年到2004年，一直以来作为美国政治幽默笑柄的州政府，却赢得了美国民众更多的尊重，比美国联邦政府几年来所赢得的尊重还要多[16]（事实上，半数以上的公众都相信，如果从华盛顿转到州政府的话，公共项目会“实施的更好”。相比之下，只有不到10%的人认为这样做会变得更糟[17]）。在美国民众心里，地方政府于1979年[18]第一次超过了联邦政府，从那以后，地方政府就一直是所有政府层级中最受民众欢迎和支持的。[19]

超过60%的美国民众认为，联邦政府的“权力过大”[20]。2/3的美国人觉得，将联邦政府项目移交给州政府和地方政府是“一个让政府工作变得更好的充满希望的方向”，而且，这个比例还在不断上涨。[21]因此，联邦政府行政人员如果想要增加政府收入的话，就必须与州政府和地方政府行政人员展开竞争，以赢得纳税人的尊重和信任。而这可是从来没有过的事情：联邦政府必须自谋生路。

到底是州政府的复兴还是含混不清的联邦主义？

美国人长期以来对于州政府不断增加的尊敬感可能反映了真实存在的一种现实，

就像一系列研究所显示的那样，州政府在政治上和行政上都已经取得了长足的进步。

有能力的州政府。州政府工作任务的数量和种类，也就是州政府的政策范围，在过去半个世纪中有了巨大的扩展。一项研究结果发现，20世纪后半叶期间，“在国家政府和地方政府的发展中，州政府成为了一种关键性力量”[22]。州政府的机构数量，从20世纪40年代以来已经增长了一倍，而每个机构都具备自己独特的政治使命。[23]

就像我们在第5章中所研究的那样，随着州政府职责的不断扩展，州政府公共行政人员的素质也有所提高。结果，经过测评，相比于20世纪80年代早期来说，州政府的工作可以说是越来越具有回应性，也越来越有能力。[24]一份根据州政府管理情况而出版的期刊性“成绩单”，给各州政府的评分均为“B－”[25]，这个成绩足可以让州政府与国内最大、最富有的35个城市平起平坐。[26]

总的来说，州政府比以前做得更多，也更加有能力。

国会对州政府的欣赏。从20世纪90年代到21世纪早期，这些令人可喜的发展不仅开始影响公众对州政府的认识，也对联邦政府政策制定者们的看法产生了影响。

1996年，由国会颁布并由总统签字批准的《个人职责和工作机会调和法案》，改变了一项长达60年的联邦政策。该法案结束了联邦政府的大多数福利项目，包括最核心的一个项目，而且是以165亿美元的一揽子补助金的形式将福利项目统统转交给了州政府。这个行为一直被称为“大萧条以来社会政策方面的最大转变”[27]。

同样显著的是，国会从20世纪80年代起开始恢复州政府接收联邦资助，而不是越过州政府直接把联邦资助划拨给地方政府。在1978年时，只有71％的联邦资助拨向州政府[28]，而今天，几乎90％的拨款都直接流向州政府。自20世纪50年代合作式联邦主义盛行以来，这一比例从来没有出现过。[29]

司法部门对州政府的欣赏。然而，联邦政府对于州政府能力认识的最显著改变还是发生在司法领域。1995年，最高法院在美国政府诉洛佩兹一案中改变了近60年来对《宪法》的解释，最高法院坚持认为，《宪法》关于州际商贸的规定不再能够充分证明联邦政府插手州事务和社区事务的合理性。

洛佩兹案件获得了一系列五比四的裁决，而所有裁决都是由相同的五个法官共同做出的，这表明了“通过推动州主权学说重建联邦政府和州政府平衡关系的非凡决心，而这种倾向于州政府的做法远远超出了现有的法律界定”[30]。通过坚持认为州政府具有“主权豁免权”（在《宪法》中根本找不到这个词）的方式，法院成功地做到了这一点。因此，当州政府违反某些联邦法律时，已经无法在联邦法院或州法院进行起诉。[31]

然而，从2003年到2005年，最高法院又发起了一场重新主张联邦权力的运动。在两个案件中，法庭都不同程度地伸张了正义，为起诉州政府的州政府员工和残疾人讨回了公道，从而从另一个方面也验证了其早先的裁决，即通过法律案件支持州政府的“主权豁免权”。但在第三个案件中却对国会超越州政府权力的做法表示肯定，允许联邦政府起诉那些将大麻用于医疗目的的人，即便在允许这种买卖的州中也可以进行起诉。[32]

2006 年，最高法院某种程度上又有些倒退，并且裁决俄勒冈州用于允许医生辅助自杀的《1994 年尊严死亡法案》是合法的。虽然美国司法部部长挑战这部法律属于越权行为，但最高法院并没有宣布这种行为违宪。

然而，即使在这种混合裁决的背景下，“最高法院向州政府授予更多权力的力度似乎还是大大超过削减国会权力的力度”[33]。

模糊性。这些国会和司法领域的发展趋势可能表明，在政府间系统中，州政府正在作为一个重要的政治和财政力量重新浮出水面。虽然被描述成联邦政府的“放权革命”，但是，联邦政府仍然继续把持着自 20 世纪 30 年代以来从州政府和地方政府那里得来的“许多权力和重要性”[34]。有些人给这一现象冠名为“含混不清的联邦主义”[35]。

在描述联邦主义这些发展阶段的过程中，我们运用了一些夸张的手法，目的是向读者传达一些重要的思想，但夸张的表现手法也有可能使读者误入歧途。我们的目的并不是宣传一个喋喋不休之人口中所谓的“联邦主义的小鸡潘妮派”[36]（the Henny Penny School of Federalism），这个学派认为政府间系统的天空正在塌陷，不是因为联邦政府行为太多就是因为联邦政府行为太少。

8.4　财政联邦主义

政治学蕴涵着许多古老的问题，即谁得到了什么？什么时候得到的？在哪儿得到的？怎么得到的？这些问题在政府间的金钱游戏中表现得最为明显。这个金钱游戏经常被叫做财政联邦主义，或者一个政府给另一个政府的拨款，目的往往是想实现特殊的政策目标。

一个上下颠倒的世界：百年财政变化

在 20 世纪，每一级政府的相对经济情况都有了很大的变化。最明显的是，在政府这张大饼中，地方政府的份额在螺旋式下降，联邦政府的份额有所增加，而州政府的份额却在迅速扩大。

20 世纪开始的时候，地方政府主导着公共财政，占所有政府支出的 58%，联邦政府占 34%，而州政府只是名义上占 8%。[37]

随后，在《宪法》第十六号修正案于 1913 年颁布实施以后，政府间财政状况开始发生变化。正如我们在第 4 章中提到的，第十六号修正案允许联邦政府征收所得税，于是联邦政府开始欣然征税。如今，联邦政府开支已经占所有政府支出的一半，50 个州政府的支出占 26%，而美国 87 849 个地方政府的支出却只占 24%。[38]由此看来，这个世界整个上下颠倒了。

援助性拨款：财政联邦主义的基础

财政联邦主义的基础是援助性拨款，或者说从一个政府到一个或一个以上政府的转移性资金。

联邦拨款的目的。在联邦政府拨给州政府和地方政府的款项中，将近一半也就是48%会用于卫生项目。而在不断增长的领域中，有4/5以上的拨款都用于医疗保健拨款，这是一项针对穷人的健康项目，其费用由联邦政府和州政府共同承担。超过1/5的联邦援助，也就是21%，用于收入性保障，换句话说，用于向那些有需要的家庭提供福利或者向儿童营养项目以及食品代金券项目提供拨款。在联邦拨款中，接近14%拨给了教育、培训、就业和社会服务，其中1/4的款项专门拨给了针对弱势群体的教育项目。另外，联邦援助中的1/10用于支持交通项目，其中超过70%用于建设高速公路，不到4%用于社区和区域发展。[39]

联邦政府利用两种重要途径向州政府和地方政府拨款：分类（专项）财政拨款和一般性财政拨款。

分类财政拨款。联邦援助的主要类型是以分类财政拨款或者援助性拨款的形式发放的，这种财政拨款准确而严格地规定了联邦经费开支的方式方法，目的是用以解决有限的政策问题。在联邦政府给州政府和地方政府的拨款中，分类财政拨款占到4/5以上。[40]

分类财政拨款主要有三种形式。按公式计算的财政拨款是根据行政或立法机关规定的公式进行拨款，按照这一拨款公式，联邦政府支出没有限额规定（除非含在公式内）。项目拨款，也叫自由裁量补助金，是由联邦政府行政人员根据自己的判断划拨给州政府和地方政府的经费。在分类财政拨款中，超过70%是项目拨款，而且这一比例还在增长。最后一种是公式/项目拨款，这是联邦政府行政人员根据判断而下拨的款项，但必须在一定公式的范围之内，比方说可以划拨给一个州政府的资金数量。[41]

一般性财政拨款。一般性财政拨款是一种公式拨款，与分类财政拨款相比，一般性财政拨款允许收款人在花费联邦拨款时有更大的自由裁量权。在1966年之前，所有的联邦拨款都属于分类财政拨款。而从1966年开始，一些卫生方面的分类拨款项目经过合并之后形成了联邦政府第一笔一般性财政补贴。

自一般性财政拨款诞生以来，在联邦政府向州政府和地方政府的拨款总额中，这一拨款所占比例就从未超过1/5，而且，随着时间的发展，国会划拨给州政府和地方政府的资金还在不断减少。[42]一般性财政拨款引发了重要而热烈的政治性讨论，议论的核心问题包括：与对国家政府官员的信任相比，人们对州政府官员和地方政府官员的信任程度有多少，每一级政府用一般性财政拨款资助的项目类型是什么等。

国会对分类财政的偏爱：分裂。很明显，联邦政府喜欢控制其拨出款项的开支情况。相应地，接近98%的联邦政府经费拨款项目都属于分类性拨款。[43]

但是，分类拨款所占的巨大份额并不能说明故事的全部内容。故事的真实情况应该是，分类拨款的扩散已经导致了拨款系统四分五裂的局面。

78%的联邦政府拨款需要通过 2%的联邦项目支出，而剩下的 22%则需要通过超过 800 个拨款项目支出。3/4 以上的联邦拨款项目管理着不到 2%的联邦政府拨款经费，而只有 1/5 的项目负责管理着所有拨款中不足 1%的经费。[44]

这就是政府间微观管理的少见秩序。值得肯定的是，联邦政府官员曾试图找出拨款增量和分裂的意义，但是他们的努力虽然历经半个世纪也没有成功。很大程度上这是因为国会的阻挠[45]，这种现象被恰当地描述成“逐渐蔓延的分类化过程”[46]。

但是联邦政府的微观管理也不是免费的。1911 年，国会最先要求其批准的适度的联邦拨款都需要州政府和地方政府提供相应的配套经费。[47]但是今天，一半以上的联邦政府拨款项目，特别是比较重要的拨款项目和超过 3/4 的联邦拨款金额，都会要求州政府或地方政府在接收联邦拨款的同时必须提供某种形式的配套资金。[48]

颤抖的援助之手：联邦政府在州政府和地方政府中的不稳定角色

随着联邦政府在联邦体制中掌握财政大权，政策制定者们突然明白，为保证政府间关系平衡，州政府和地方政府就需要得到帮助，于是挑选联邦政府以财政拨款的形式向州政府和地方政府提供资金性帮助。

正如我们随后要详细说明的那样，联邦拨款改变了州政府和地方政府行为。经过认真仔细分析后发现，从表面上看，286 万名州政府和地方政府雇员[49]，或者说将近 16%的州政府和地方政府工作人员[50]，都是因为联邦拨款支付其工资才能为自己的政府工作。这些植入基层政府的联邦“补贴性岗位”数量 20 年间增长了 18%以上。[51]

大脑中记住这种影响之后，我们才能随着财政联邦主义的这一联邦摩天轮上上下下，从 20 世纪一直滑入 21 世纪。

向下。尽管自 18 世纪以来，联邦政府就一直给基层政府提供经费拨款，但是在国家成立之初的 150 年左右，拨款的数额向来没有多少。即使是在 20 世纪的头 30 年，联邦拨款项目占国家经济的比例也不到 0.5%。联邦拨款的项目也很少，只有 5～12 个不等[52]；大约占联邦支出总额的 3%[53]，州预算的 0.5%（这里指的是占州政府财政收入的 0.5%），以及地方预算的很少一部分。[54]

向上。富兰克林·德拉诺·罗斯福于 1932 年宣誓就职总统，之后很快就开始改革财政联邦主义。联邦资助在罗斯福上任前一年还不到全国经济的 1%，之后就快速增长到了 1934 年的 4%，在随后的 8 年中从没有低于 2%。[55]在 1933 年到 1939 年间，联邦拨款项目的数目增加了一倍多[56]，联邦政府向州政府和地方政府划拨的资金也增长了 15 倍。[57]到了 1939 年，联邦拨款占到联邦总支出的 39%，达到 29 亿美元[58]，而这个数目在随后的十多年间都一直遥遥领先。[59]

这种联邦政府对州政府和地方政府的慷慨赠与所产生的影响力相当巨大，但这种影响力既很有利，却也相当的不均衡。在州政府中，这种影响力非常直接，截至1934年，联邦政府拨款占州政府预算的比例已经从1%上涨到了令人惊讶的27%。[60]在1934年，联邦政府直接向地方财政的拨款只有1%，但是到20世纪30年代快结束的时候，联邦政府对地方政府的直接资助已经翻了三倍多，几乎占到地方财政收入的4%。[61]

向下。20世纪40年代到50年代期间，联邦政府向州政府和地方政府的拨款有所下降，很少超过国家经济的1%。[62]即使到了20世纪50年代早期，联邦政府的拨款数额也比40年代少。[63]而且几乎在整个50年代，联邦拨款也仅占其总支出的5%～6%，占州政府和地方政府财政收入的10%～12%不等。[64]联邦政府拨款占州政府财政总收入的14%，而在地方政府接收的所有财政收入中，联邦直接拨款仅占1%。[65]

向上。从1959年开始[66]，联邦拨款额度激增，这种爆炸性增长在随后的20年里一直持续不减。通过几乎所有的标准当然也是各种有效的标准来衡量，联邦援助拨款的数额在1978年都达到了历史最高位。这是非常好的一年——至少对于州政府和地方政府的财政状况来说是这样。

在1978年，联邦拨款项目占到了国民经济的4%[67]，而这一比例自1934年以来就没有出现过。向基层政府拨款的项目达到了492个。[68]这些拨款项目占联邦政府总支出的17%，占州政府和地方政府支出的28%[69]，而占州政府和地方政府自由支出的比例更是相当惊人，达到了47%！[70]

在这一时期，联邦政府对于州政府和地方政府预算的影响力再怎么夸大也不为过。从1957年到1978年，联邦政府拨款占地方财政收入的比例增长了1/3，从14%增长到了22%。[71]而到了1978年，几乎3/4的州政府机构都在接受联邦拨款，而且这些拨款在1/4以上的州政府机构预算中都占有至少一半的份额！[72]

反过来，地方政府财政在这一时期却迅速变成了被称为“直接联邦主义”现象的接受者。直接联邦主义指的是，联邦政府越过州政府而把款项直接划拨给地方政府的做法。在1960年到1978年间，联邦政府直接划拨给地方政府的资助款额翻了三倍多，从8%增长到了29%。[73]而联邦直接援助占地方财政收入的比例也上涨了9倍，从1957年的1%上涨到1978年的9%以上。[74]

向下。1978年之后，联邦政府给予州政府和社区政府的援助开始急速下降。仅仅10年之后，联邦政府拨款占国内生产总值的比例就下降了1/3，达到了2%多一点，其他方法测量的结果是下降了2/5：联邦政府拨款占地方政府总支出的比例不到11%，占州政府和地方政府预算的比例是19%。另外，联邦政府的直接拨款达到州政府财政总收入的17%，占所有地方政府财政收入的3%。[75]

联邦援助数额的下降，特别是联邦政府直接向地方政府提供援助的数量减少，标志着到目前为止还尚未恢复的联邦政府城市政策已经就此终结。联邦政府曾试图构建一个连贯一致的国家城市政策，这一愿望可以追溯到20世纪30年代，之后断断续续地一直持续到 20 世纪 70 年代。虽然，吉米·卡特总统在 1978 年出于好意“不遗余力地执行了无疑是有史以来最彻底的联邦城市政策”，但是他最终还是失败了。联邦城市政策的衰落并不是因为试图解决的问题已经得到了解决，而是因为从 1978 年起，城市政策遭到了来自不同方面的反对，而且在该领域内部也是意见纷争，四分五裂……

“联邦城市政策的时代似乎已经到了穷途末路的地步。”[76]

向上，向下，自由运行。1990 年之后，联邦政府开始重新向州政府和地方政府注入联邦资金。如今，联邦拨款又一次占到了将近国内生产总值的 4%。[77]超过 29 家联邦机构[78]提供的 800 多项拨款占到联邦总支出的 17%。[79]在联邦政府的拨款中，几乎 90%都拨付给了州政府，剩下的直接拨给了地方政府。[80]

联邦政府向州政府和地方政府划拨的援助资金占州和地方费用支出的 19%[81]，占州政府和地方政府自由开支部分的 1/3。[82]联邦政府的拨款总额占州财政总收入的 26%，而从联邦政府直接划拨给地方政府的拨款额大约占地方财政总收入的 4%。[83]如果我们粗略地计算一下联邦拨款对地方财政的支持，包括直接联邦拨款和间接联邦拨款（即联邦政府通过州政府给地方政府的专项拨款），我们就可以估算出，联邦政府的拨款额大约占到了地方政府财政收入的 15%。[84]

一个令人误解的反弹。然而，重要的是，联邦拨款的这种反弹全部可以归功于为支付个别项目而增长的拨款。为个别项目支付的拨款是联邦政府给州政府的特殊拨款，专门针对特别的联邦项目，尤其是福利项目，联邦政府可以利用这些项目将拨款由州政府传输给公民。从 1978 年以来，个别项目给付拨款的份额已经增长了一倍。1978 年时，这一份额在联邦拨款总额中才占不足 1/3[85]，而今天却占了几乎 2/3。[86]

个别项目拨款对于州政府和地方政府来说没有多大用处。因为这些拨款只是通过州政府拨给单独的公民个人。很明显，州政府和地方政府不能利用这些拨款。因此，从国家基层政府的角度来看，虽然 20 世纪 90 年代联邦拨款似乎有了显著的扩张，但实际上，这是一条平直的线，直到今天为止，这条线依然是平直的。

一次实际的下降。然而，即使是此时此刻的新闻听起来也不像最初时那么好听，即应用于各种目的的联邦拨款过去几年中一直在稳步下降。但是有一个项目例外，那就是医疗补助。医疗补助是一个相当大的项目，在联邦政府给州和地方政府拨款中所占的比例已经超过 2/5，这与联邦拨款从数额下降到状态稳定的发展趋势正好相反。[87]

然而，联邦医疗补助经费在最近几年也有所下降。2004 年，联邦政府将医疗救助的更多费用转给了州政府。《2006 年减少赤字法案》将仍旧很大的费用转移给了药店和享受医疗补助福利的穷人，同时允许州政府相应缩减或取消某些福利受益人的补助。最终，医疗救助的削减和成本转移导致了联邦政府对州政府和地方政府拨款数额的整体下降。

那些卑鄙无耻的接收者！

这其中存在一个简短奇怪的讽刺之处。尽管联邦政府尽最大努力严格监控其拨款的使用情况，州政府和地方政府也已经证明自己作为接收者极少存在欺骗，但这些行政辖区之所以如此看重联邦拨款，很大程度上是因为它们可以自行减少自己在联邦拨款支持项目上的开销，然后将节余下来的经费用于其他目的。事实上，接收联邦拨款占90%左右的州政府，会从联邦拨款支持的项目中撤出很多资金用于自己的开销。平均来讲，州政府每收到1美元联邦政府的官方补助，却只会真正使用其中的40美分。[88]换句话说，州政府有效地刮去了联邦补助金额的60%，用于并非联邦意图的其他目的。

有分析表明，州政府和社区政府更多地喜欢将从联邦拨款中赚取的资金直接或者间接地用于建设项目和保持税收收入，而较少用于各种社会服务和穷人。[89]拨款说明越不详细，条件越大，就越有可能被用于“奢华”的服务，如公园、休闲和文化项目等，也就越不可能用于“常规”服务，如公共安全等。[90]一些明显意在支持脱贫的联邦拨款项目，却被地方政府（非常合法地）用于补贴开发商，建设豪华的酒店和高端的百货商场。[91]

8.5 资金和授权：联邦的执行工具

过去几十年中，联邦政府一直用蜜（以联邦资金的形式）和醋（联邦的各种行政命令）作为工具，刺激州政府和地方政府帮助其实施并推行各项国家政策。下面，我们就研究一下这些方法怎样发生了作用或者没有发生作用。

是国家资金在制定基层政策吗？（20世纪60年代到70年代的经验总结）

从1960年到1978年，正值联邦政府资助州政府和地方政府的高潮期，联邦拨款占联邦总支出的比例以及占州政府和地方政府预算总额的比例都涨了一倍多。这种巨大的资金影响力大量消耗着基层政府官员的精力，对州和地方政策的形成起到了相反的作用。

拨款与政府：州政府。与20世纪70年代的州长相比，20世纪60年代的州长们花费在州与联邦事务上的时间会更少一些。但是到了20世纪70年代末，一个典型的州长会把一周六天的工作日几乎全都用于处理这些事务。几乎90%的州长对这种政府间拨款系统表达出真正的关切，州长们都表示这个系统需要进行“大修补”[92]。

政策的反常。州政府行政人员也相信，州和联邦之间的关系很重要，但是走得有点过：他们认为联邦政府项目已经扭曲了州内的政策制定过程。1978年，70%

的州政府行政人员认为（1964年是52%），如果联邦拨款的"限制"条件放松一些，他们就可以将联邦拨款用于各种不同的目的，这表明，联邦拨款对州政府事务产生了扭曲效应。他们之中还有3/4的人认为，联邦拨款导致了国家对州政府事务的不适当干预。[93]

官僚封地。联邦政府对州政府的援助还有一个更加微妙但可能同样有害的影响，而且这种影响已经延续到了今天。联邦援助的部分资金会直接流入州政府机构的首脑手中，有迹象表明，那些得到联邦政府重金资助的机构也会同样拥有更大的自主性，因为这些机构的预算都较少依靠其州长和州立法机构。自1964年以来对州政府行政人员进行的调查发现，几乎一半的州政府行政人员承认，因为联邦政府的援助项目，他们可以较少受到州长和州立法机构的监管。[94]

拨款与政府：社区。与州政府相比，联邦政府拨款项目在这一时期对地方政府的影响更大。就像州政府行政人员的看法一样，20世纪70年代的地方官员同样感到，联邦拨款扭曲了地方政策。针对所有接收联邦拨款的市县地方政府行政人员进行了一项调查，调查结果发现，大约2/3的市政府官员和大约4/5的县政府官员认为，如果没有联邦拨款，他们的预算分配结果就可能完全不同。[95]

随着联邦拨款从地方政府的撤出，联邦监督者实际上也从地方政府撤出了。一份针对科罗拉多州市长和城市经理的调查发现，随着联邦拨款项目的缩水，大部分被访问的人都报告称，他们与州政府官员和地方政府官员签订的服务合同迅速在增加，当然这要以牺牲联邦政府行政人员为代价。[96]

粘蝇纸效应。关于政府间拨款对于公共政策的一个更加吸引人的发现是，这些拨款对所资助的政策能够产生出极强烈的影响，这就是所谓的粘蝇纸效应，因为拨款经费落到哪儿就会粘到哪儿。更加切题的是，相比于其他来源的资金来说，拨款资金对所资助的政策领域影响更大，时间也更长久，例如对税收领域的影响。而相比于拨款资金从未影响过的领域来说，出现拨款资金或曾经出现过拨款资金的某个特殊政策所得到的费用支持将会在更长时期处于更高的水平。[97]

在州一级，一份针对联邦分类政府补贴和同一政策分类中州政府支出情况的分析研究结果发现，对于州政府的政策来说，这些分类明确的拨款比其他任何财政变量（如联邦援助总额或州政府财政总收入等）都具有"更为强烈的影响"。"分类明确的政府补贴不仅仅在拨出当年会影响这一［政策］类别，而且还会在随后的几年中持续产生影响。"[98]

这一点在州政府向地方政府的拨款中也是一样。一份针对威斯康星州州政府拨款对地方政府产生影响的研究发现，在接受分析的政策分类中，80%都出现了"积极的粘蝇纸效应"[99]。

是国家行政命令在制定基层政策吗？（20世纪80年代到90年代的经验总结）

比起以前来说，联邦官僚主义更多地出现在州政府和地方政府的事务中。这是因为从20世纪70年代开始的联邦监管扩散到了州政府和地方政府，而且从那时起就一直如此。截至1960年，联邦政府已经对州政府和地方政府强加了两个“重要的”政府间监管法规，在随后的10年中又实施了另外7项法规。20世纪70年代，再一次颁布了28项重要的政府间新法规；20世纪80年代，又增加了58项法规；截至20世纪90年代末，另外还公布了32项法规。[100]一项研究结果发现，截至20世纪70年代结束时，也就是在联邦政府间法规达到顶峰前的很长一段时间，影响州和地方辖区的联邦政府法规的平均数量达到每个政府570项之多！[101]

联邦行政命令的咽喉。这些法规中的大部分内容针对的是人们在政府间项目管理过程中所期待的保证财政责任性和项目适当性的方法，但并不是所有内容都是这些题目。有些内容高度植入了联邦的“行政命令”，因为这些法规的目的就是要在州政府和地方政府辖区内实施联邦政策时扩大联邦政府的力量。[102]到底有多少这样的联邦行政命令目前还尚不可知，但是这一数字可能是36个[103]，63个[104]，185个[105]，也可能是439个[106]。

而且这些数字还只是国会下达的行政命令，并不包括法院的行政命令！然而，法院针对州政府和地方政府下发的行政命令远远超过这一数字。一份研究结果发现，仅仅一年中，联邦司法部就做出了大约3 500个裁决，涉及100多部关于州政府和地方政府的联邦法律。[107]

虽然国会和法院下达了这些行政命令，但到底什么是行政命令还没有明确定义。“关于联邦行政命令，没有一个普遍接受的定义，而且关于这个问题，也极少有统一意见。”[108]然而，我们可以提出自己的定义。法令是一个政府下达给另一个政府的政府间强加性法规，它要求接受行政命令的一方要向着某个社会目标前进或者达到某些标准：通常这些目的与政府拨款有联系，但也不尽然。

联邦行政命令从1960年以来有所激增，这一点从传统上联邦政府向州政府和地方政府提供财政拨款到对这些政府进行规范的倾向性变化方面都已经表现得非常明显。[109]

行政命令与管理：联邦的失败。说不上有任何政策意义，各种联邦行政命令只是为了将众所周知的活动抓手集合起来一并投入州政府和地方政府的管理机制中。在一份民意调查中，将近4/5的州政府机构领导人报告称，在其机构的“日常管理运行”中，“联邦参与”的频率为“中等”或者是“很高”。在这些州政府行政人员中，有一半以上的人说他们每天或者是每周、每月需要与联邦人员联络一次。[110]一份针对地方官员的调查发现，大部分人认为联邦行政命令“过于详细”而且存在“不必要的难度”[111]。

1980年《减少书面文件法案》、1980年《监管灵活性法案》以及1981年《地方政府成本估算法案》的设计目的至少部分就是为了舒缓基层政府的监管压力，但是这些法案所取得的成效并不显著。1987年，罗纳德·里根总统颁布了《第12612号行政令》，目的在于减少联邦政策对基层政府的负面影响。但是这一行政令极少得到或者根本没有得到联邦机构的执行。联邦政府问责局的一份研究发现，尽管里根的行政令和立法机构都在要求联邦机构评估新法令对州政府和社区政府的影响，但是这些行政命令对“联邦机构的法规制定活动影响甚微”[112]。

行政命令与政策：旋转、扭转和盘旋：联邦行政命令和法规的政策影响已经得到了州政府和地方政府官员的关注。

在州政府一级，将近90%的州长在一份调查中说，联邦政府承担了许多本应该属于州政府的责任。[113]超过40%的州政府机构首脑认为，联邦政府在其机构的“大量项目政策”中参与度“很高”；另有30%的州政府机构首脑认为，联邦政府的参与度为“中等”；而超过50%的人报告称，联邦政府“扭曲了”州政府项目。[114]

一份针对特别负责联邦政府关系的州政府官员所进行的调查发现，大量的官员都报告称，至少在有些时候，联邦机构会推翻州政府的决定，“州政府官员一致认为……联邦政府占有的优势太多，国会给联邦政府行政人员所赋予的权力也太大”[115]。

然而，在地方政府一级，联邦政府的规章制度似乎最为繁多。也许3/4的联邦政府间行政命令仅仅适用于地方政府，或者是通过州政府直接影响地方政府。[116]一份全国性的城市调查研究发现，2/5的地方官员相信，在大多数情况下，华盛顿针对地方政府所制定的联邦规定都没有在城市事务中发挥出适当的作用。[117]一份针对法令在十个不同社区所产生的影响而进行的标准化研究总结道：“法令对地方政府具有重要的财政影响……而这些影响在政治上和财政上同等重要。”[118]

没有经费的联邦行政命令：傲慢的行政命令和资金的匮乏。没有经费的联邦行政命令是最令州政府官员和地方政府官员讨厌的一种联邦规制形式。这些官员的厌恶之情似乎也有一定的原因。

一项没有经费的行政命令指的是一个政府向下一级政府颁布的行政命令，并将执行该政策的成本转交给接受行政命令的政府。美国政府间关系顾问委员会认为，“美国的州政府、地方政府以及部落政府都迫切需要从没有经费的联邦行政命令重压下解放出来”[119]。

没有经费的联邦行政命令到底需要多少成本？没有经费的联邦行政命令对于州政府和地方政府来说成本高昂。虽然并不真正知晓这种行政命令以及其他联邦规定的实际成本，但是有迹象表明，这一成本非常高。针对联邦行政命令对州政府和地方政府所造成的成本进行的一次评估结果发现，州政府和地方政府所承担的行政命令成本占其预算总额的范围从“2%～3%”到“20%或20%以上”不等。[120]国会预算办公室表示，从1986年以来，州政府和地方政府所承担的联邦行政命令成本一直在以一种速率增长，而增长的速度超过了联邦整体援助的数量。[121]

州政府尤其受累于各种没有经费的联邦行政命令。州立法机构全国性会议认为，在联邦行政命令和州政府执行该行政命令所需要的财政收入之间确实存在缺口，“最小的沉积缺口”已经达到了州一般性经费的7%，而且这一比例还在快速增长。[122]

而处在这一政府间体制最底层的地方政府似乎首当其冲，因为不仅要对付联邦行政命令，还得应对州政府行政命令。[123]针对各种行政命令给地方政府造成的影响而展开的一项研究结果表明，“从一系列的研究来看，地方政府在执行联邦行政命令和州行政命令时，似乎需要支出其20%～90%不等的经费。”[124]

公民似乎也察觉到，州政府和地方政府处于联邦管制性政策的压迫下。一份调查研究发现，绝大部分的美国人都认为，联邦行政命令的成本应该由各级政府共同分摊。[125]

1995年《无经费行政命令改革法案》。1995年，国会回应了基层对无经费联邦行政命令的强烈反感并通过了《无经费行政命令改革法案》，规劝联邦政府不要对州政府、地方政府和私人部门强加各种无经费行政命令。应该强调的是，这一法案并没有禁止无经费行政命令。相反，它只不过是要求国会预算办公室报告每年向州政府和地方政府强加的任何一笔成本超过5 000万美元的议案。但是这个法案的有效性并不确定。一方面，这一法案似乎让国会议员更加充分了解了无经费行政命令存在的破坏意义[126]；提高了向国会提供无经费行政命令有关信息的数量和质量[127]；而且“似乎在某些情况下间接地限制了行政命令”[128]。而联邦政府问责局在对国会实行的全套377部法律以及过去两年中联邦机构发布的122个涉及联邦行政命令中“重要的或者具有经济影响力的决定性章程”进行分析之后，最终得出的结论却认为，没有法律违反《无经费行政命令改革法案》，只有“一个决定性章程包含了一项违反《无经费行政命令改革法案》政府间行政规定的行政命令”[129]。国会预算办公室认为，在该法案通过之后的十年间，只有三项法令违反了该法案。[130]

其他人根本不同意这些相对乐观的报告。一些人采访了学术界的知识分子、主张公共利益的团体、商界以及联邦政府、州政府及地方政府之后发现，大多数人都相信，这项法案的“大量定义、排除和特例都省去了很多可能严重影响非联邦实体的联邦行为”[131]。

当然，来自州政府和地方政府不和谐的抗议之声此起彼伏，矛头都直指联邦无经费行政命令的重负问题，这也使人们认识到，这个问题依旧存在。

行政命令的意义。针对州政府雇员和地方政府雇员进行的唯一一次调查提供了一些很有说服力的数据，这些数据表明，联邦政府不仅继续给州政府和地方政府带来了沉重的财政负担，还严重影响了州政府和地方政府的政策方向。

这项调查的研究人员发现，州政府和地方政府人浮于事，而这些人都是州政府和地方政府在联邦政府重压之下雇用的，用来执行各种国家项目。研究人员估计，州政府和地方政府中有465万个全职职位是因联邦政府无经费行政命令而产生的。换句话说，接近30%的州政府雇员和地方政府雇员的工作得益于至少一项联邦行政命令，这个比例几乎两倍于靠联邦拨款资助的州政府和地方政府工作人数。[132]

毋庸置疑，联邦政府向州政府和地方政府下达行政命令已经成为一种实施联邦政策的越来越重要的方法。

8.6 联邦主义的受害者

联邦政府对于州政府和地方政府事务的参与，其深度远远大于这份针对波动性资金和增量性命令进行评价后所得出的看法，事实上，还有其他的因素也在发挥着影响。

对于州政府来说，主要的影响不仅仅包括联邦拨款的时多时少，联邦政府取代州政府权力机构以及无经费或经费不足的行政命令，也包括一些项目成本的转移，例如从联邦政府转移到州政府的公共医疗补助项目等；联邦政府不能及时弥补不断上涨的拨款管理成本，而这些成本也都是由州政府承担的；各项导致州政府丧失税收收入的联邦税收政策变化，包括州税和地方税中联邦所得税减免的比重下降；以及“联邦政府没有解决州财政中只能由联邦政府才可以解决的问题”，例如州政府和地方政府不能对电子商务征税，这个我们在第 4 章已经谈到过，还有国际避税等问题。[133]

截至 21 世纪头十年，这些影响和其他一些“消极影响”将联邦政府对州政府和地方政府预算和财政的“积极影响”抵消了足足 1/3，而且这些消极影响的步伐还在加快。可以预计，这些过度节俭和约束性的联邦政策，在未来会继续减少联邦项目对州政府和社区政府的援助额。[134]

8.7　平级中的联邦主义：州政府

到目前为止，我们大部分都是从联邦政府的角度探讨联邦主义。但是，州政府在这个问题上也很活跃，因此从这里开始，我们将研究州政府之间的关系，包括各种合作和冲突。

州际合作

《宪法》要求“各州均应该充分相信和信任州政府的公共行为、各种记录和司法程序”，而且作为该法条的部分结果，几百年来还形成了州政府之间合作的四种机制，用以解决州际之间的共同问题。下面我们就依次进行研究。

区域性合作。出现了许多跨州性协会，目的是推进区域的利益。例如，在 1972 年，南部经济增长政策委员会成立，这是一个由 13 个州组成的跨域组织。在 1976 年，东北部的 7 个州成立了东北部州长联盟。1977 年，西部的 13 个州共同成立了西部州长政策办公室。

在国会中，各州也以不同的区域形式结合起来，包括新英格兰国会核心会议，东北部-中西部经济进步联盟、大湖区会议、阳光地带会议以及西部州联盟等。

州际合约与机构。州际合作的鼻祖是州际合约，这是一种在两个或两个以上州之间签订的合约形式。现在正在实行的州际合约超过 200 个，但是在 1789 年到 1920 年之间签订的只有 36 个。因此很明显，州政府已经逐渐意识到了州际合约的重要性。[135]一个典型的州政府一般会加入 23 个州际合约。[136]

正常情况下，州际合约需要得到国会的批准才能予以实施，而且很多州际合约建立了不间断的州际权力机构和委员会，用来监督和执行州际合约中的诸项条款。一共有 116 个这样的机构，分别处理教育、河流盆地管理、运输、海滨、渔场和能源以及其他一些问题。[137]

跨州法律行动。跨州法律行动指的是州政府本着自己的意愿与其他州共同起诉同一个对象。这种类型的法律案件得到了首席检察官全国委员会的帮助，该委员会是由各州与地区的首席法律官员组成的。一个著名的跨州法律行动事例是州政府发起的共同反对烟草行业的案例。

平均来说，每个州都在20世纪90年代期间的7年时间里参与过25个跨州法律案件。与行政管理能力较低的州相比，行政能力较高的州更愿意采取跨州法律行动。[138]

统一的州法律。统一的州法律是在两个或两个以上州颁布实行一样的或者高度类似的法令。这代表了州政府的一种努力，尽可能地敦促国会通过可以让联邦政府深入参与州事务的国家立法。

书写统一州法律的形式是于1892年成立全国统一州法委员大会（The National Conference of Commissioners on Uniform State Laws）而确定的。全国统一州法委员大会是一个由州政府拨款资助的非营利机构，成员大部分是来自各州的法律专家。该机构在20世纪90年代的10年间一共起草了22部统一的州法律，但各州政府平均颁布执行的还不足8部。相比于跨州法律行动来说，行政能力较弱的州反而比行政能力强的州更喜欢颁布实行统一的法律。[139]

州际冲突

即使存在各种层面的州际合作，各州之间仍然相互竞争，有时甚至会发生矛盾冲突。最明显的例子发生在1861年，那时国家正处于内部混战。在北方，这场战争被称为内战，而在南方，这场战争仍然被称为州际战争。

一个更为近期的例子涉及国内水资源短缺的日益严重问题[140]，这一问题已经使各州之间的关系日趋紧张。蒙大拿州和艾奥瓦州威胁华盛顿州，如果后者在太平洋上人工降雨的话，就会面临被起诉，因为这样做会“偷取”本可能降到内陆的雨水。围绕着大湖区（这个世界上最大的淡水蓄水池）的8个州以及两个加拿大省在1982年达成共识，除非10个州的州长一致同意，否则禁止采取一切形式的引流行动。

虽然各州之间长久以来一直存在水战争，而且随着水资源继续枯竭、水利技术继续创新以及其他领域不断出现的河流分流，州际敌对现象也正日益在其他领域中出现。有40个州政府使用了某种开采税，即针对出口到其他州的自然资源收取关税。而且，根据一些地区分析人员的说法，一些州政府一直在利用这一做法作为对付其他州的武器，防止其他州利用减税的方式招募新的产业。

而其他州际“出口”还没有征收开采税，比方说，一州境内大量的污染会蔓延至其他的州。东北部各州长久以来认为，它们是中西部空气污染的首要受害者，而这些空气污染造成了该地区的酸雨。另外，其他州也会出口其他不受欢迎的东西。例如，在一段长达五年的时间内，南达科他州给93名被控犯有入室抢劫罪、伪造罪、偷窃罪和其他重罪的人提供一种选择，要么接受起诉，要么迁往加州，而这93个人最后全部搬到了加州。加州的官员立即称南达科他州的这一行为无耻之极。

1996 年国会将福利权下放之后，肯塔基州就建立了一个项目，把州内最贫穷的居民转移到富裕的地区——包括富裕的州。[141]

总之，在美国的州政府领域，所有的事情都不会令人特别的称心如意。

8.8　州政府内部的政府间行政

各州州政府之间可以相互平等合作，但是，它们与自己地方政府的关系却会截然不同。

州政府会驯服它们的“傀儡”

“州政府傀儡”这一短语把地方政府与州政府的关系描述得非常到位。这是从 1868 年艾奥瓦州最高法院法官约翰·F. 狄龙的声明中摘出来的，现在，人们称其为“狄龙法则”。“州政府傀儡”这一概念由美国最高法院于 1923 年提出，意思就是地方政府除了州政府授予的自由外，没有其他自由。有时，这种州政府监管在细节上可能是非常有害的，因为一直以来都是州立法机构在立法规定铺设城市人行道的程序、铲除地方杂草的方法以及县政府文具的设计方案。[142]

地方自治：地方政府的结构。然而，狄龙法则已经受到“地方自治”缓慢而稳步的侵蚀。地方自治可以被定义为“地方性或区域性自我决定的所有形式”[143]。但是，在实际操作中，地方自治通常指的是结构性地方自治，或者是州政府授权地方组建自己的政府。[144]

密苏里州于 1875 年通过采用一部州宪法，给地方自治赋予了一定的政治意义，因为这部法律赋予圣路易斯市人民“制定宪章的权力”，而在这一年之前，这项权力一直都是州立法机构专享的权利。

今天，不管是通过制定宪法还是通过制定普通法律，48 个州都向自己的市政府赋予了地方自治权（但亚拉巴马州和佛蒙特州除外），另外有 37 个州将地方自治权赋予了县政府，而这种赋予县政府的管理自治权大部分都出现于 20 世纪 70 年代，但自此以后却开始衰退。[145]

地方自治：地方政府的职能。虽然州政府在赋予地方政府结构性地方自治权时越来越自由，但是在授予地方政府职能性地方自治权时却越来越保守。职能性地方自治指的是州政府授予地方政府自行处理事务的权力。州政府将各项法律强加于地方政府（大约有 4 300 部法律），这些法律涉及 200 多项地方职能和程序。总的来说，这方面的法律还在不断增加。然而，州政府也从法律文本中废除了相当多的法律，这表明州政府及其地方政府之间的关系不仅相当敏感，而且也是动态发展的。[146]

州政府集中于五个职能性地方自治的广阔领域：人力资源管理、不断变化的地方边界、行政运行、地方选举和财政管理。州政府管理地方政府的法律只在选举领域有所减少，而在人力资源管理和财政管理领域增长最大。[147]

缓慢而稳步的州集权化。总的来说，州政府缓慢而稳定的权力集中化过程是以地方政府为代价的。在一篇经典的分析中，G. 罗斯·斯蒂芬斯按照地方政府在财政资源、服务资源和劳动力资源占州政府资源总量的比例进行了排名，得出的结论是，较大的州政府倾向于管理分权化，而较小的州则倾向于管理更加的集权化。然而，州政府权力集中化的倾向相当明显，州政府统治地方政府的趋势也在不断增长。在所有州中，1/3 可以归为“集中化”类别，而没有一个州可以被视为“分权化”[148]。其他的研究大体上也与斯蒂芬斯的发现相吻合。[149]

各州政府间行政的风格

正是因为州政府之间的府际关系不同于国家层面上的府际关系，同样地，州政府处理这些关系的方法也不同于联邦政府，所以在理念上就会有所区别。而且从总体上来说，州政府对政府间项目的管控力度事实上要比联邦政府更加严格。

州政府主导全州境内政府间援助系统，这种情况似乎与一些人口更多、城市化更高、也更富裕的州有关系。[150]

其中，州政府一切从简给地方政府带来的好处就是可以降低地方政府的行政成本。一份针对美国境内公共学区的分析研究结果发现，由于联邦教育拨款比州政府对学区的财政转移支付更为复杂，也更加分散和规范，所以更多依赖联邦经费而不是州经费的学区就会明显产生出更多的行政职位。[151]

像联邦政府一样，州政府也会强行颁布各种行政命令。在州的富裕程度、州政党间的竞争强度、州公共管理质量高低以及州命令地方政府的强硬程度这四者之间有着强烈的正相关关系。[152]平均来说，在州立法机构每年引进的数百种方法中，有 1/5 的方法会直接影响地方政府的权力、程序和财政状况。[153]

并不令人感到惊奇的是，最富争议的还应该是州政府下达给地方政府的各种不提供执行经费的行政命令。与联邦政府的无经费行政命令一样，我们也不知道执行州行政命令到底需要地方政府花费多少钱。一份针对这个问题进行的仔细分析花了很大的精力来估算州政府行政命令的成本，分析结果认为，执行州政府无经费行政命令是一份“只有傻子才愿意干的蠢事”[154]。

作为地方性政治运动的结果，十个州已经投票支持修订宪法，禁止州政府强迫地方政府执行无经费行政命令的做法。[155]这些宪法修正案通常会要求必须获得“绝对多数”的立法者投票赞成才能通过无经费的行政命令，例如 2/3 或 3/5 的立法人投票赞成。而且观察家们都同意，“绝对多数”的投票要求是迄今为止地方政府开发出的“应对行政命令的最好策略”。当然，其他诸如预测行政命令的财政影响以及偿付地方政府等方法也“已经被认为有所帮助，但是帮助的效果并不明显”[156]。

州政府中的财政联邦主义

如果州政府在与其地方政府的交涉中有时会高压专横，但在解决社区财政需要的时候，州政府还是相当地有力度。

州政府的稳定支持。自1970年以来，州援助拨款占地方财政支出的比例一直不低于30%，这是州政府的恒定目标。[157]在州政府给予地方政府的拨款中，主要集中在教育（占62%，而且一半以上的州拨款都拨给了学区政府）、福利（占12%，几乎全部转拨给郡县政府）、一般性地方政府支持（占8%）、高速公路（占4%），以及卫生、运输补贴、修正行为和住房等项目。[158]

当然，正如我们之前所提到的那样，人们应该记住，联邦政府在州政府对其社区的支持中发挥了重要的财政作用。因为在州政府所接收的联邦拨款中，可能有1/3都属于联邦政府拨给地方政府的专项转移支付。[159]而在地方政府所收到的政府间财政收入中，可能有2/5实际上都是由联邦政府提供的。[160]

然而，也有迹象表明，从长远来看，在地方政府的经费来源中，州政府似乎要比联邦政府更加稳定。我们之前讲到过，在过去大约100年间，联邦政府支持地方预算的行为并不稳定，时上时下。但是反过来，一项分析研究清楚地说明，州政府对其地方政府提供的支持却是可靠而稳定的。这项针对162个大城市的研究发现，联邦政府在一段持续长达24年的时间里已经慢慢从城市中撤出了自己的财政援助，相反地，都是州政府在连续负责地弥补着其中的大部分亏空。在这些城市中，联邦政府人均援助率下降了几乎3/5，而州政府的人均援助却增长了接近一半，州政府援助中增长幅度最大的是城市教育领域。[161]

州政府与城市压力。正如此项分析所暗示的那样，州政府会对其比较贫困的城市提出的需求更为敏感。而这种敏感性是很值得注意的，因为根据一项认真完成的研究结果发现，“如果中心城市比以往更加依赖州政府，那么有大量的证据表明，这些城市在州立法机构的影响力就会逐渐消失”[162]。

研究表明，州政府对需求城市所提供的援助已经越来越能与联邦政府的援助相提并论，虽然两种援助都针对最穷困的地区和最贫穷的人们，但是联邦政府的援助似乎更关注最贫困城市的市内需要。[163]

13个州政府颁布实行了经济增长管理法，目的在于提高城市地区的质量、减少城市扩张，当然还有其他目的。[164]

至少，有一些州正在为其地方政府的艰难经济期做准备。这种做法是正确的，因为有36个州报告称，它们辖区内至少会有一个地方政府在“近期历史中”经历过一次财政危机[165]；有10个州对其地方政府的“财政危机”下过正式定义[166]；有13个州拥有向陷入财政困境的地方政府提供帮助的正式程序。[167]

学术界对于州政府在城市事务中的作用也做过全面评价，该评估显示出积极的变化迹象。这种变化的一个迹象是，所有的州政府目前都成立了社区事务部，负责处理地方政府涉及卫生健康和生存能力的问题。

8.9 逐渐蔓延的区域主义：地方协作的作用

在我们这个大都市治理时代，一个并不令人惊奇的发展就是地方政府之间不断更新的协作层面。即使各级政府之间关系紧张，地方政府自身之间却似乎相处得非常好。

比方说，正如州政府按区域聚集起来一样，地方政府也根据职能聚合了起来，目的就是为了游说国会和州立法机构，以寻求完善社区的政策。

类似的情况是，在国会中也有郊区集中会议、农村集中会议和大都会区域集中会议，就像是国会中的州区域联盟一样，这些团体是地方利益集团的联盟，但这些联盟是根据人口分布的情况来安排的。

从区域层面上说，大部分情况也是一样的。地方政府成立了500多个区域委员会。委员会大多都具有“计划和服务的双重角色”，它们最喜欢提供的服务是经济发展、交通运输、固体垃圾收集和土地利用。“其他寻求区域权力的组织也已经出现”，“范围从私人部门组织、基金会到环境联盟和公民团体不等”，这些组织都与地方政府和区域委员会展开了紧密的合作。[168]

地方政府间的服务安排

受到了州政府的鼓励（有42个州政府颁布了法律，特别授权地方政府可以通过互相签订协议的方式一起提供服务[169]），市政府和县政府都设计了许多合作的方式，目的是为公民提供更多、更好、更廉价的服务。这种合作是通过地方政府间的服务安排或者是通过地方政府之间签订的向其公民提供服务的合约来予以实现的。

这种安排主要分三种类型。下面，我们就依次研究一下。

政府间服务协议。政府间服务协议指的是，一个辖区付钱给另一个辖区为其居民提供某些服务。一半以上的市政府和县政府都签订了这种政府间服务协议。[170]在地方政府提供的所有服务中，将近17%是通过这类协议的形式实现的[171]，而且协议的应用还在不断增加；但是20年以前，只有不足13%的地方服务是通过这种方法提供的。[172]通过政府间服务协议提供的最受人们欢迎的服务是岗位培训和公共卫生与健康项目。[173]

针对政府间服务协议方面的研究一直以来都认为，利用这种形式通常能够降低提供外包服务的成本，至少是与承接外包服务的营利公司相比。一份广泛评价“公共部门向公共部门”服务外包的实证分析得出这样的结论，政府间服务协议的费用节省率平均高达22%，超过了“公共部门向私人部门”外包服务所能节省的一半。[174]

联合服务协议。另一种地方间服务安排形式是联合服务协议，或者是两个或两个以上政府联合计划、筹款并向所有参与协议的城市居民提供某些服务。有55%的地方政府参加了联合服务协议。图书馆和公共安全宣传是这种服务协议最受欢迎的领域。[175]

政府间服务转移。地方政府间服务安排的第三种形式是政府间服务转移，或者是一个辖区政府把一项责任永久性转移给另一个政府、一家私营公司或者一个非营利机构。对于任何政府来说，永久转移一项责任都是一个严肃的问题，因为这会牺牲相应的权利和权力。可是，在长达八年的时间里，超过40%的市县政府都进行了这种服务转移安排，这也许真的很让人感到惊讶。这种服务转移最常见的领域是公共建设工程和公用设施、卫生与健康以及福利。[176]

地方间主义的模式

不管地方政府间组织的安排有什么类型，地方间合作的模式开始不断涌现。

贫穷的、沉重的、大型的、专业的和城市的。相对于把更高比例的服务外包给私人部门的地方政府，一种形式就是与其他地方政府签订相对大量的协议，这类政府通常都是比较贫穷而不是比较富裕的政府。[177]相对于责任少、人员少的市政府来说，承担很多服务责任且雇用了很多人员的城市政府更可能把服务外包给其他政府。[178]更大的行政辖区要比更小的辖区更愿意签订政府间协议。委员会管理的城市和配有管理者或行政人员的县政府都会钟情于政府间服务协议，正如市内比郊区、都市县比农村更愿意签订政府间服务协议一样。[179]

地方服务的集权化。在一次长达11年的全国性研究中人们发现，总体来说，更大的地方政府会承接更小地方政府的责任。例如，56%的城市政府间服务协议会转移给县政府。接近一半也就是48%的联合服务协议中均有郡县参与，而且在通过这些协议提供的服务中，超过一半也都主要是由郡县政府提供的。[180]

然而，更重要的是，郡县组织和区域组织接收了大部分政府间服务转移项目；换句话说，应城镇要求，地方政府的最大单位永久性地接过了这些城镇的传统职责。在政府间服务的所有转移项目中，有54%转给了郡县政府，有14%(第二大比例）转给了区域组织。然而，不管因为何种缘由，也不管产生了何种结果，地方政府似乎都与州政府一样，如果不在结构上集权，就会在职能上集权。[181]

8.10 地方、人民和权力：都市治理之谜

美国几乎2/5的地方政府都集中在都市地区，或者集中于人口至少在五万以上的城市及其郊区[182]，正是这些地方政府管理着绝大部分美国人。而将近4/5的美国人集中生活在全国331个都市地区，而这些地区仅仅占据美国1/5的领土。[183]

市民和都市地区政府面对的最令人烦恼的问题就是匹配问题，一方面是人民及

其公共问题，而另一方面是政府适当的范围、权限、功能与数量，二者之间如何匹配才能够让政府有效力、效率、及时、公正地处理公民所遇到的各种公共问题。“在过去的几十年中，人们已经投入了大量精力来确定都市地区正确的组织形式。”[184]

换句话说，什么是协调地区和权力的最佳途径？

对于公共行政来说，这个问题最为核心、也最为独特。在所有的组织形式中，只有政府需要努力面对大而真实的两难困境，即如何将政府的权力范围和排列顺序与其实施权力的地域大小和复杂程度有机地整合在一起。这里实际上具有令人相当费解的理论问题，但这些问题不仅仅是学术问题，而且还是确定公共行政人员和公共领导人改善公民生活质量能力的核心问题。

极端地方主义：都市美国的复合性共和

美国人在实践中已经清楚地表达了他们关于都市地区应如何匹配公共权力的喜好：他们的喜好大致上表现为政府越多越好。

每个都市地区平均有 102 个地方政府，这个数字半个多世纪以来一直没有变化。然而，都市地区的地方政府比例自 1942 年以来翻了将近两番，从 10%增长到了 38%，而都市地区在全国的数量却仅上涨了一倍。[185]

美国人不仅喜欢拥有众多的地方政府，而且喜欢规模小的地方政府。在美国的 35 935 个城镇中，超过一半也就是 52%的政府只负责管理不到 1 000 人的市镇![186]这些功能全面的小政府并不是全部都在都市地区，但是很多确实是分布在都市区域。在都市地区，每个地方政府所管理的人数平均不足 6 000 人。[187]

总的来说，美国人喜欢极端地方主义[188]，或者说数目巨大的地方政府，而这些负责管理都市地区的地方政府在职权和范围上却屡有重叠。在更为传统的意义上，极端地方主义（大家都承认这是个含义丰富的词）也被称为政府碎片化，或者政府分化，正式的定义是“都市地区中平均 1 000 名居民的政府单位数量”[189]。极端地方主义不仅仅是最普遍、最流行的都市治理形式，而且也体现了美国人约束性公共行政传统中所蕴涵的全部价值。这一点我们在本书开始时就已经讲到过，即三权分立的制衡机制，弱小的行政部门，脱节的、不协调的且常常不负责任的治理模式。

极端地方主义：理论。理论已经落后于现实。极端地方主义的思想根源可以追溯到詹姆斯·麦迪逊，即美国宪法的第一作者。正是麦迪逊在描述他设计建立的新的联邦结构及其权力划分时，发明了“复合共和”和“扩展共和”这两个词。然而，麦迪逊只是想到了州政府和国家政府的不同角色，并没有想到都市地区的地方政府作用。麦迪逊没有想到美国的大都市问题，他的同事托马斯·杰弗逊也没有想到。托马斯·杰弗逊认为，在国家的共和政府中应该有四个中心：“联邦共和”（或者说华盛顿特区）、州共和、郡县共和以及“行政区共和，即针对的是规模小但数量众多的引人注目的社区政府”[190]。

我们的观点是，大部分地方政府位于人口并不很稠密的都市地区，但它们并不在建国者的设想之内。这是可以理解的，因为在麦迪逊和杰弗逊形成最佳治理途径的想法时，美国境内还没有出现大都市地区；在 1790 年，美国最大的城市是纽约，有 33 131 个居民，另有 16 000 人左右居住在那时相当于纽约郊区的地方。当建国者们构想美利坚合众国的时候，他们想到的只是一个农民的农村国度。

即使是开国之父们也真的从未想过，当一大群人居住在一小块土地上时应该进行怎样的管理。研究极端地方主义的分析人员如今将麦迪逊和杰弗逊尊为学术始祖，而麦迪逊的“复合共和”在研究人员的论文中也屡见不鲜。杰弗逊，尤其是麦迪逊的成果是我们曾在第 6 章中回顾过的“公共选择论”，而研究人员已经将麦迪逊的政治经济学理论应用到了大都市的政府管理中。这方面的文献经常被称为关于“都市组织”或者是“地方公共经济学”的研究，而这一领域的作者认为，他们声称的“多中心”或“多核心政治体制”是最能够及时回应公民需求的制度。他们的论点是，在回应公民需求方面，很多行政辖区往往交叉重叠的政府单位将会最有效力，最有效率，也最为及时。

最终达到这些圆满结局，是因为很多政府在向其生活在都市中的公民提供服务时都采取了既竞争又合作的模式，这与私营公司通过竞争与合作模式向市场中的顾客提供服务非常相似。相比之下，如果整个都市范围内只有一个政府，那么都市地区服务公民的效力、效率和回应性就会较低，就像一个垄断型公司在其完全控制的市场中不能以最好的价钱向其顾客提供最好的商品和服务一样。[191]

思想是有力量的。政治经济学家们极端地方主义的、分裂的地方治理思想产生了更有效率、更有效力、也更具回应性的政府，这种理念扎根于各种决策圈，特别在联邦决策者中间非常盛行。[192]

极端地方主义：实践。公共选择理论家们[193]发现，小政府能够成为有效率且有效力的政府。分析人员也相当一致地认为，相对于较大规模的警察部门来说，部门规模越小（少于 350 名警官），所提供的警察服务回应性越好，而且成本也越低。[194]根据针对加利福尼亚州 144 个统一学区的研究结果，一旦学区超过一定规模，学生在标准化考试中的成绩就会更低，而且，因为在较大学区的教师离职率比在较小学区的教师离职率更低（因此就会因为资历问题而抬升整体工资总额），所以较大学区的效率也会更低。[195]

极端地方主义似乎在增强政府的回应性、效率和效力，至少不是妨碍因素。一些研究人员发现，支出水平越低和支出增长越慢都与政府碎片化程度越高有关系。[196]虽然至少有两三个实证研究发现，政府的高度碎片化可能与政府服务的公众满意度不高有关系，至少在有些职能领域是这种情况。[197]

从本质上来说，地方公共经济学专业的学生会发现，相比于由少数大型政府控制的都市而言，很多小型政府之间的紧密合作非但不会妨碍效率和效力，反而常常会进一步增强政府工作的效率和效力；极端地方主义可以使政府更具回应性，而碎片化却会给公民带来更多可以选择的服务方式。[198]引用这方面一个文献回顾中的说法：“总的来说，这一研究思路发现，地方政府支出水平越低与碎片化和交叉重叠水平越高应该是休戚相关的。”[199]

巨人：面向都市政府的切割运动

尽管极端地方主义似乎与更有效率的都市治理相关，但是，就像我们之前所观察到的那样，地方公共管理者目前正在各政府之间进行组织排列，很明显，这种做法是在减少政府的碎片化状态。规模较小的地方政府正在悄无声息且快速地将它们的责任转移给比较大的地方政府或者地区政府；这些职责转移现象在都市地区内外均有发生，但在都市地区比在农村地区发生的更加频繁。[200]

这是为什么呢？可能地方官员相信，从长远的角度来看，建立一个真正的都市政府“要比让多个地方政府努力扮演都市政府角色的做法好得多”？[201]

巨人的诱惑：协调与责任性。正是这种想法支撑起著名的顽固且坚持的呼吁改革之声，要求改革大都市地区的管理方式。一位政治科学家明确地将这种运动称为“巨人”[202]。像极端地方主义一样，人们都承认巨人（Gargantua）是个含义丰富的词，更常见的词组还有区域政府、区域主义、都市政府或者大都市政府，所有这些词组指的都是在都市区域消除所有或大多数小政府，而用一个单一的、通用的、强大的、覆盖整个都市的政府来予以替代。这样的一个系统据说可以节省花费的钱财，减少混乱和增加责任性。改革者们相信，浪费、混乱以及缺乏责任性是极端地方主义都市政府的通病。然而，极端地方主义也可能会恶化成为行政辖区的公地悲剧：当所有人都负责任时，就等于没有人在负责任。

例如[203]，圣路易斯县的便衣警探有时在执行查赌博的突击任务时，却被威尔斯顿镇的警察拘留了，因为威尔斯顿镇的警察也在执行自己的突击任务。再比如，在距离内华达州拉斯维加斯市一个消防站不足三个街区的一栋房子着火了，但是这栋房子刚好超出了拉斯维加斯市的范围。于是，拉斯维加斯市的消防队员就眼睁睁地看着房子着火，直到县消防队的消防车来救火。因为市消防队员得到上级的行政命令是防止火势蔓延殃及本市财产。愤怒的居民向趴窝的市消防车投掷石块，使该市消防队遭受了很大的损失。还有一个例子，“一位住在迈阿密附近某家汽车旅馆的女性游客，为了报告她门外疑似小偷的情况，不得不给三个警察局打电话”[204]。即便如此，我们还是不知道是否有哪家警察局回复了她的求救电话。

郊区：巨大的声响（great sucking sound）。正是这些逸事以及这些故事之间的逻辑一直为实施巨人改革保持着足够的压力。但是强调这起改革运动并不仅仅是担心政府的效率和效力。大部分美国人认为，国家对城市的遗弃以及同时出现的“封闭社区”形成了郊区要塞，这应该引起人们的警觉。这种根本性人口转移的证据并不是耸人听闻，而是有数据支持的。从 1950 年到 1990 年之间，美国 552 个最大的中心城市人口密度都在下降，平均下降幅度都是令人吃惊的 50%！这些中心城市所流失的人口几乎全部去了城市周围的郊区，而且这种流失“几乎发生在所有地方，无论是大城市还是小城市都存在这种现象”[205]。

1950 年，在主要都市区域居住的美国人中，有 70%的人住在中心城市，而到了 1990 年，这个数字从本质上出现了颠倒，60%以上的都市人口都生活在郊区。[206]

这个趋势还在继续发展。在 20 世纪 90 年代，郊区增长的速度是中心城市增长速度的两倍多[207]，虽然这并不能证明一些中心城市没有增长。[208]这里根本的现实是，在 1950 年之后，“那些逆着这种郊区趋势而发展起来的美国城市，基本上都要靠美国的移民潮推动发展”，而且随后的 50 年，大部分中心城市“都成了等待外来人口迁入的人口稀少地区”[209]。

不论是按照城市周围的郊区还是仅仅按照时间流逝的方式来衡量，中心城市的人口缩减都伴随着破坏性的发展。人们所生活的都市区域存在种族和阶级划分[210]；中心城市的经济也饱受苦难；大部分都市工作在 1950 年时还都集中在中心城市，现如今，大多数的工作却都集中在了郊区；中心城市的住房、教育和家庭结构质量都有所下滑，而犯罪率却上升了。[211]

巨人的道德圣杯。因为这些以及其他一些相关的原因，很多研究都表明，碎片性治理看上去确实很干脆利索，能够提供比任何人所能想象的还要好的都市服务，但在批评现状的人眼里，这似乎有些虚伪。因为如此多的都市地区都已经高度分裂、衰落和退化，在这种时候关注政府的效力和效率，会让人觉得像是在重新安排泰坦尼克号甲板上的椅子。这些令人感到不适的研究结果就是要呼吁进行巨人式都市治理改革，并将改革融入“都市政府”[212]。

都市政府已经远远超出了极端地方主义者担忧的核心。从本质上说，极端地方主义者只担心两个方面的价值：政府服务供应过程中的效率和效力。这两点虽然也是宣扬都市政府的人所关心的价值，但他们在关心效率和效力之外还关心公平和社会正义。从倡导都市政府的角度出发，在如何最佳治理都市区域的辩论中，更健康的都市和更高尚的市民文化一定是其讨论的核心问题。

比起“多中心政治制度”的公共选择理论支持者，都市政府的支持者所处理的问题要更加深入，从根本上说也更加重要。事实上，理性选择的理论家只关注效率和效力的问题，但这么做可能会转移国家面对并处理都市美国中更为关注的社会公平和市民健康等问题。如果是那样的话，支持碎片化的人就可能帮了国家的倒忙。

在一本毫无价值却颇具深长意味的大部头书籍中，大卫·拉斯科曾经表示，如果都市政府想要改善市民的生活，就应该在建立更为协调的政府时采取更加理性且更具权威的方法。（虽然还有其他分析人士[213]也像拉斯科一样宣扬都市政府，但在这里我们只集中于拉斯科的研究，因为拉斯科的研究最为全面。）拉斯科虽然是阿尔伯克基市的前任市长，但在讲到这个问题的时候却没有手下留情。他说：“我想要实现的目标就是帮助重要的决策者和各个民意领袖面对一个事实，即美国‘城市问题’的核心是种族和经济隔离。”[214]

城市弹力

拉斯科进行了独特的数据分析，样本是 1950 年到 1990 年所有 320 个都市地区（1990 年时）以及这些地区中的 522 个主要城市（相比之下，几乎所有的城市分析都只分析了国家大型中心城市中的一小部分），他得出的结论是：“总的来说，一个都市地区碎片化的程度越高，其种族和经济隔离程度也越高……而扭转城市地区的碎片化局面是结束严重种族和经济隔离的关键一步。”[215]

注意到了这些趋势，拉斯科表示，理解一个都市地区健康与否的主要理念就是“弹力”理念。弹力指的是一个城市的增长能力，不管是用人填充空余的城市地区，还是（更常见的）通过扩大城市的边界，将住在郊区的人包括进来，或者是两种方法兼而有之。一个城市弹力越大，它就越可能发展。相反，从 1950 年以来，没有弹力的城市都会“经历灾难般的人口流失”，导致城市人口的增长完全出现在了周边的郊区。[216]

拉斯科和其他人提出了一个很有说服力甚至可以说是引人注目的观点，即有弹力的行政辖区相比于没有弹力的辖区来说更适合于人类居住。相比于有弹力的都市地区，没有弹力的都市地区年代更为久远；种族隔离问题更为明显（20 世纪 90 年代发展最快的城市是能够吸引所有种性居民的城市[217]）；内城和外城郊区的收入差别更大（这是“城市地区社会健康的一个最重要指标”[218]）。没有弹力的都市地区政府结构上更加分散，管理上缺乏谨慎，财政上也不足以养活自己，至少用市政债券评级来衡量是这种情况。[219]没有弹力的都市地区适应经济变化的能力较低，推进整个都市地区繁荣发展的效力较差，贫困集中的区域也较多。而且，就像拉斯科所注意到的那样，“贫穷就像是社会导火索，在有弹力的地区缺少临界物质，而在没有弹力的城市中生活的那些高度聚集的贫民窟，却具备这种物质条件……”[220]。

最后的这一个观点尤为重要。20 世纪 60 年代最具灾难性的三起城市种族暴乱（1965 年在洛杉矶，1967 年分别在纽瓦克和底特律，其中有 100 人死于暴乱）都发生在评级为“零弹力”的城市（纽瓦克和底特律），或者是“低弹力”的城市（洛杉矶，洛杉矶于 1992 年再次发生种族暴乱，代价为 55 条生命）。这些城市的弹力等级都处于五个可能性等级的最低两档。1980 年发生在迈阿密的种族骚乱中，总共有 18 人遇难；而 2001 年发生在辛辛那提的暴动持续了三天，该城市的弹力等级也是零。所以说，极端地方主义治理似乎与市民的愤怒有关系。

拉斯科建议，一个城市想有弹力就需要建立“都市政府”。运用拉斯科简洁明快的标准来衡量，一个都市政府就是一个具有一般性目的的地方政府，拥有“州法律赋予市政的所有权力”（特别是“重要的规划和分区权力”），至少包括 60%在其都市区域居住的人口，还包含这个区域中大部分（最好是全部）的主要城市；一个都市政府“没有必要负责地方所有的公共职能”，但是“它必须在其辖区内实施其专有权力”[221]。

都市政府的创造还有许多发展空间。运用拉斯科的标准衡量，在 21 个州中只有 48 个都市地区（或者大约占 15%）是由都市政府管理的，而且其中大部分都是中型的社区；虽然有 4/5 的美国人生活在都市地区，但其中只有 3%的人生活在由都市政府管理的地区。[222]

在本书的第 3 篇中，我们一直都在回顾公共行政人员实施公共政策的途径，方法可以从外包服务到调整都市结构不等。但是执行有赖于决策，而公共领域的决策反过来却要根据每个决策者潜在的道德和伦理假设，假设世界将如何运行，假设世界运行方式的对与错。下面，我们就研究一下公共行政领域中最后一个方面，可能也是最重要的一个方面。

注释

[1] Two good discussion of the definitional differences among the terms used in this paragraph are Deil S. Wright, "Federalism, Intergovernmental Relations, and Relations, and Intergovernmental Management: Historical Reflections and Conceptual Comparisons," *Public Administration Review* 50 (March/April 1990), pp. 168–178; and Vincent L. Marando and Patricia S. Florestano, "Intergovernmental Management: The State of the Discipline," in Naomi B. Lynn and Aaron Wildavsky, eds., *Public Administration: The State of the Discipline* (Chatham, NJ: Chatham House, 1990), pp. 287–317.

[2] Henry S. Reuss, *Revenue Sharing: Crutch of Catalyst for State and Local Governments?* (New York: Praeger, 1970), pp. 53–56.

[3] This discussion is drawn largely from Kenneth N. Vines, "The Federal Setting of State Politics," in Herbert Jacob and Kenneth N. Vines, eds., *Politics in the American States*, 3rd ed. (Boston: Little, Brown, 1976), p. 4.

[4] Alexander Hamilton, John Jay, and James Madison, *The Federalist* (New York: Random House, 1937), p. 347.

[5] Unless noted otherwise, the following discussion is drawn from Deil S. Wright, *Understanding Intergovernmental Relations*, 2nd ed. (Monterey, CA: Brooks/Cole, 1982), pp. 43–82; and David B. Walker, *The Rebirth of Federalism: Slouching Toward Washington*, 2nd ed. (New York: Chatham House, 2000).

[6] President Franklin Pierce, quoted in Walker, *The Rebirth of Federalism*, p. 69.

[7] Ibid., p. 74.

[8] Ibid., p. 75.

[9] Ibid., p. 92.

[10] Norton Long, as cited in William R. Barnes, "Beyond Federal Urban Policy," *Urban Affairs Review* 40 (May 2005), p. 578.

[11] John Shannon, "The Return of Fend-for-Yourself Federalism: The Reagan Mark," in U.S. Advisory Commission on Intergovernmental Relations, *Readings in Federalism: Perspectives on a Decade of Change*, SR-11 (Washington, DC: U.S. Government Printing Office, 1989), pp. 119–122; and John Shannon, "Competitive Federalism—Three Driving Forces," *Intergovernmental Perspective* 15 (Fall 1989), pp. 17–18.

[12] John Shannon and James Edwin Kee, "The Rise of Competitive Federalism," *Public Budgeting and Finance* 9 (Winter 1989), p. 11.

[13] John Kincaid and Richard L. Cole, "Public Opinion on Issues of U.S. Federalism in 2005: End of the Post-2001 Pro-Federal Surge?" *Publius* 35 (Winter 2005), pp. 169–188. Public opinion about the federal, state, and local governments had returned to pre-2001 levels by 2005.

[14] U.S. Advisory Commission on Intergovernmental Relations, *Changing Public Attitudes on Government and Taxes, 1992*. S-22 (Washington, DC: U.S. Government Printing Office, 1993), p. 3; and U.S. Bureau of the Census, *Statistical Abstract of the United States, 2001*, 121st ed. (Washington, DC: U.S. Government Printing Office, 2001), Table 398.

[15] Kincaid and Cole, "Public Opinion on Issues of U.S. Federalism in 2005," p. 172.

[16] Ibid., and U.S. Advisory Commission on Intergovernmental Relations, *Changing Public Attitudes on Government and Taxes*, p. 3.

[17] Hart-Teeter Poll, *Finding from a Research Project about Attitudes Toward Government* (Washington, DC: Council for Excellence in Government, 1997), p. 11. Figure is for 1997. In 1995, 60 percent of Americans believed this.

[18] U.S. Advisory Commission on Intergovernmental Relations, *Changing Public Attitudes on Government and Taxes, 1992*, p. 3.

[19] Ibid.; U.S. Bureau of the Census, *Statistical Abstract of the United States, 2001*, Table 398; and Kincaid and Cole, "Public Opinion on Issues of U.S. Federalism in 2005."

[20] Kincaid and Cole, "Public Opinion on Issues of US Federalism in 2005," pp. 172, 178, and 180. Figures are for 2005.

[21] Hart-Teeter Poll, *Findings from a Research Project about Attitudes Toward Government*, p. 11. Figures are for 1997. In 1995, 60 percent of Americans believed this.

[22] John Bohte and Kenneth J. Meyer, "The Marble Cake: Introducing Federalism to the Government Growth Equation," *Publius* 30 (Summer 2000), p. 44.

[23] Cynthia J. Bowling and Deil S. Wright, "Public Administration in the Fifty States: A Half-Century Administration Revolution," *State and Local Government Review* 30 (Winter 1998), pp. 52–64.

[24] Ibid., pp. 55–56.

[25] As derived from data in Katherine Barrett and Richard Greene, "Grading the States, 2005: A Management Report Card" *Governing* (February 2005), pp. 24–95. In 1999 (the project's first year), the states' average grade was 2.70, and in 2001 and 2005, it was 2.75 on a 4-point scale. It is somewhat misleading to make these comparisons, as the graders changed their criteria for 2005. In 2005, the criteria were money, people, infrastructure, and information; previously, they were: financial management, capital management, human resources, managing for results, and information technology. The grades are provided by the Government Performance Project conducted, in its earlier stages, primarily at Syracuse University, and later primarily at the University of Pennsylvania, in conjunction with *Governing Magazine*. The project is funded by the Pew Charitable Trusts.

[26] As derived from data in Katherine Barrett and Richard Greene, "Grading the Cities: A Management Report Card," *Governing* (February 2000), pp. 22–91. In 2000, the thirty-five cities with the largest revenue bases (which also were, for the most part, the most populous) averaged a grade of 2.80 on a 4-point scale. As with the states, the grades are provided by the Government Performance Project, described in the previous note.

[27] Peter S. Kilborn, "With Welfare Overhaul Now Law, States Grapple with the Consequences," *New York Times* (August 23, 1996).

[28] David B. Walker, "The Advent of an Ambiguous

Federalism and the Emergence of New Federalism III," *Public Administration Review* 56 (May/June 1996), p. 272.

[29] As derived from data in U.S. Bureau of the Census, "Table 1. Summary of State and Local Government Finances: 2002–03," *Census of Government*, 2002 (Washington, DC: U.S. Government Printing Office, 2005), http://www.census.gov/govs/extimate/03s100us.html. In 2002–2003, 89 percent of federal assistance went directly to the states.

[30] Linda Greenhouse, "States Are Given New Legal Shield by Supreme Court," *New York Times* (June 24, 1999).

[31] The Court's pro-states' rights cases are *Seminole Tribe* v. *Florida* (decided in 1996; this is the case in which the phrase "sovereign immunity" made its debut); *Printz* v. *United States* (1997; local sheriffs cannot be required to conduct background checks under the Brady gun control law); *Alden* v. *Maine* (1999; state employees cannot sue state governments); *Florida* v. *College Savings Bank* (1999, patents and universities), *College Savings Bank* v. *Florida* (1999; businesses victimized by states engaging in unfair competition cannot sue), *United States* v. *Morrison* (2000; when the Court struck down the Violence Against Women Act in *Morrison*, the Court also decided that women whose legal rights were violated by state government cannot sue the state government); *University of Alabama* v. *Garrett* (2001; states were given immunity from suits brought by state employees under the Americans with Disabilities Act); *Alexander* v. *Sandoval* (2001); and *Federal Maritime Commission* v. *South Carolina State Ports Authority* (2002). In *Alexander*, the Court held that states receiving federal funds could be sued only for intentional discrimination, and not for policies that merely have a discriminatory impact. In *Federal Maritime Commission*, the Court ruled that South Carolina (and, by inference, all states) was not subject to the authority of the Commission (and, by inference, all federal agencies). The five, unusually well-united justices in each of these decisions were Justices Kennedy, O'Connor, Rehnquist, Scalia, and Thomas. By 2006, when the Court decided in *Gonzalez* v. *Oregon* that the U.S. attorney general had exceeded his authority in challenging Oregon's right-to-die law, the bloc of five justices had split.

[32] The Court's pro-federal-power cases are *Nevada* v. *Hibbs* (decided in 2003 by a vote of 6–3; upholds the ability of state employees to sue states under the Family and Medical Leave Act); *Tennessee* v. *Lane* (2004, decided 5–4; upholds the applicability of the Americans with Disabilities Act to ensure accessible state courthouses); and *González* v. *Ralch* (2005, decided 6–3; permits the federal government to prosecute cases involving medical marijuana).

[33] Dale Krane and Heidi Koening, "The State of American Federalism, 2004: Is Federalism Still a Core Value?" *Publius* 35 (Winter 2005), p. 1.

[34] Sanford F. Schram and Carol S. Weissert, "The State of American Federalism, 1996," *Publius* 27 (Spring 1997), p. 1.

[35] Walker, "The Advent of Ambiguous Federalism and the Emergence of New Federalism III," pp. 271–280.

[36] Donna Wilson Kirchheimer, "Entrepreneurial Implementation of the U.S. Welfare State," paper presented at the Annual Meeting of the American Political Science Association, Washington, DC, August 28–31, 1986, p. 1.

[37] Vines, "The Federal Setting of State Politics," p. 16. When we eliminate defense and foreign affairs from the calculus, local government accounted for an astonishing 73 percent of all domestic spending in 1902!

[38] As derived from data in U.S. Bureau of the Census, *Statistical Abstract of the United States, 2006*, 125th ed. (Washington, DC: U.S. Government Printing Office, 2006), Tables 438, 441, 442, and 459. Figures are for 2002. Intergovernmental revenue from the federal government has been subtracted from the states' expenditure and debt redemption so that federal intergovernmental expenditures are not double counted. Direct intergovernmental revenue from the federal and state governments has been subtracted from local governments' total expenditure so that federal and state intergovernmental expenditures are not double counted.

[39] As derived from data in ibid., Table 422. Figures are for 2005.

[40] Walker, *The Rebirth of Federalism*, p. 9.

[41] U.S. Advisory Commission on Intergovernmental Relations, *Characteristics of Federal Grant-In-Aid Programs to State and Local Governments: Grants Funded, FY 1993*, M-183 (Washington, DC: U.S. Government Printing Office, 1993), p. 1. Figures are for 1993.

[42] Kenneth Finegold, Laura Wherry, and Stephanie Schardin, *Block Grants: Historical Overview and Lessons Learned*, No. A-63 in the series, New Federalism: Issues and Options for the States (Washington, DC: Urban Institute, 2004).

[43] U.S. Advisory Commission on Intergovernmental Relations, *Federal Grant Profile, 1995: A Report on ACIR's Federal Grant Fragmentation Index*, SR-20 (Washington, DC: U.S. Government Printing Office, 1995), p. 1. Figure is for 1995.

[44] As derived from data in U.S. General Accounting Office, *Federal Assistance: Grant System Continues to Be Highly Fragmental*, GAO–03–718T (Washington, DC: U.S. Government Printing Office, 2003), p. 5. Figures are for 2001, when there were 836 federal grants programs expending $331.5 billion. Twenty programs accounted for $258.7 billion.

[45] Ibid., p. 15. Washington has been trying to improve the management of its grants system for state and local governments since the 1940s. Examples include the report of the *Commission on Organization of the Executive Branch* (the first Hoover Commission), released in 1949, which noted the lack of coordination among granting agencies and promoted the equivalent of block grants; the report by the *Commission on Intergovernmental Relations* (the Kestenbaum Commission) of 1955, which chastised the first Hoover Commission for its promotion of block grants and urged the use of categorical grants to achieve federal objectives; creation in 1959 of the *U.S. Advisory Commission on Intergovernmental Relations,* which, for almost four decades, provided invaluable data and charted trends in the nation's intergovernmental relations; the *Intergovernmental Cooperation Act of 1968,* which attempted to improve coordination among levels of government; the *Federal Assistance Review*, which was a government-wide effort, conducted from 1969 to 1973, to streamline the flow of federal aid to states and communities; *Federal Management Circular* 74–7 of 1974, which standardized administrative provisions across grant programs; the *Joint Funding Simplification*

Act of 1974, which assisted grantees in streamlining federal assistance by letting them combine funding from several grants that were administered by one or more federal agencies; and the *Federal Financial Assistance Management Act of 1999*, which simplified application and reporting requirements and facilitates greater coordination. Despite these attempts, problems of grant proliferation and fragmentation have not been measurably relieved. Our sources for most of this review are: ibid., p. 3, and Barbara Floersch, "Federal Grantmaking: The Long View of History," *The Grantsmanship Magazine* (Summer 2001), p. 4.

[46] Finegold, Wherry, and Schardin, *Block Grants*, p. 4.

[47] Floersch, "Federal Grantmaking," p. 2. The legislation was the Weeks Act of 1911.

[48] U.S. Advisory Commission on Intergovernmental Relations, *Federal Grant Profile, 1995*, p. 7. Figures are for 1995.

[49] Paul C. Light, *Fact Sheet on the New True Size of Government* (Washington, DC: Center for public Service, Brookings Institution, 2003), p. 4. Figure is for 2002.

[50] As derived from data in U.S. Bureau of the Census, *Statistical Abstract of the United States, 2006*, Table 451. Figure is for 2002.

[51] As derived from data in Light, *Fact Sheet on the New True Size of Government*, p. 5. Grantee jobs grew by 444,000 between 1990 and 2002.

[52] U.S. Advisory Commission on Intergovernmental Relations, *The Federal Role in the Federal System: The Dynamics of Growth, A Crisis of Confidence and Competence*, A-77. (Washington, DC: U.S. Government Printing Office, 1980), pp. 120–121. In 1902, there were five federal grants accounting for 0.01 of GNP; in 1925, there were twelve grants (a number that remained stable through 1932), and in 1927 they accounted for 0.03 of GNP.

[53] Floersch, "Federal Grantmaking," p. 3. Figure is for 1929.

[54] As derived from data in American Council on Intergovernmental Relations, *Significant Features of Fiscal Federalism, 1995*, Vol. 2 (Washington, DC: Author, 1998), p. 52. When we refer to state or local "budgets," we are referring to total revenue, including other than general revenue derived from special funds as described in Chapter 4. When we refer to "discretionary spending," we are referring only to general expenditures.

[55] U.S. Advisory Commission on Intergovernmental Relations, *The Federal Role in the Federal System*, pp. 120–121. In 1934, federal grants accounted for 3.7 percent of GNP.

[56] Ibid., p. 121. In 1932 there were twelve federal grants, in 1937 there were twenty-six, and 1946, twenty-eight.

[57] Walker, *The Rebirth of Federalism*, p. 99.

[58] Floersch, "Federal Grantmaking," pp. 3, 5.

[59] U.S. Advisory Commission on Intergovernmental Relations, *The Federal Role in the Federal System*, p. 120. In 1950, federal aid to state and local government hit $3 billion.

[60] As derived from data in American Council on Intergovernmental Relations, *Significant Features of Fiscal Federalism, 1995*, Vol. 2, p. 52. Figures are for 1940.

[61] As derived from data in ibid. Local revenue increased by 21 percent, 1934–1940.

[62] U.S. Advisory Commission on Intergovernmental Relations, *The Federal Role in the Federal System*, p. 120. Figures for GNP cover 1950 and 1952–1958.

[63] Ibid, p. 121. In 1952, the federal government offered thirty-eight grants to state and local governments.

[64] Ibid, p. 120 and American Council on Intergovernmental Relations, *Significant Features of Fiscal Federalism, 1995*, Vol. 2, p. 38. Figures for federal outlays and state and local budgets cover 1950 and 1955–1958.

[65] As derived from data in American Council on Intergovernmental Relations, *Significant Features of Fiscal Federalism, 1995*, Vol. 2, p. 52. Figures are for 1952 and 1957.

[66] Ibid, p. 38. In 1959, federal grants hit 1.4 percent of GDP, 7 percent of federal outlays, and exceeded 14 percent of state and local outlays.

[67] U.S. Advisory Commission on Intergovernmental Relations, *The Federal Role in the Federal System*, p. 120. In 1978, federal aid accounted for 3.7 percent of GNP.

[68] Walker, *The Rebirth of Federalism*, p. 6.

[69] American Council on Intergovernmental Relations, *Significant Features of Fiscal Federalism, 1995*, Vol. 2, p. 38.

[70] Walker, *The Rebirth of Federalism*, p. 6. The figure refers to only own source outlays, or general expenditures, that are found in the general fund. See Chapter 4 for details.

[71] As derived data in American Council on Intergovernmental Relations, *Significant Features of Fiscal Federalism, 1995*, Vol. 2, p. 52.

[72] U.S. Commission on Intergovernmental Relations, *The Federal Role in the Federal System*, p. 121. In 1978, 74 percent of all state agencies received federal aid, and in 26 percent of all agencies, federal grants accounted for at least 50 percent of their budgets.

[73] Walker, *The Rebirth of Federalism*, p. 7.

[74] As derived from data in American Council on Intergovernmental Relations, *Significant Features of Fiscal Federalism, 1995*, Vol. 2 p. 52.

[75] Ibid., pp. 38, 52. Data are for 1988, when federal grants accounted for 2.3 percent of GDP. With some exceptions, these benchmarks continued their decline through 1990.

[76] Barnes, "Beyond Federal Urban Policy," pp. 576, 582, and 575, respectively.

[77] U.S. Bureau of Census, *Statistical Abstract of the United States, 2006*, Table 421. In 2005, federal grants programs accounted for 3.5 percent of GDP.

[78] U.S. General Accounting Office, *Electronic Government: Initiatives Sponsored by the Office of Management and Budget Have Made Mixed Progress,* GAO–04–561T (Washington, DC: U.S. Government Printing Office, 2004), p. 7. In 2004, the Grants.gov portal offered "835 grant opportunities at 29 grant-making agencies."

[79] U.S. Bureau of the Census, *Statistical Abstract of the United States, 2006*, Table 421. Figure is for 2005.

[80] As derived from data in U.S. Bureau of the Census, Table 1. "Summary of State and Local Finances by Level of Government: 2002–03," *Census of Governments, 2002*, http://www.census.gov/govs/estimate.03s100us.html. Figures are for 2002–2003. Eighty-nine percent of federal aid dollars went to the states, and 11 percent to local governments.

[81] As derived from data in Ibid. Figures are for 2002–2003.
[82] U.S. Bureau of the Census, *Statistical Abstract of the United States, 2006*, Table 421. In 2004, federal grants accounted for not quite 32 percent of state and local own source spending.
[83] As derived from data in Ibid. Figures are for 2002–2003.
[84] As derived from data in ibid. Figure is for 2002–2003 and assumes that federal pass-through grants account for about one-third of federal grants to the states. The one-third figure is derived from data in Walker, *The Rebirth of Federalism*, p. 227.
[85] American Council on Intergovernmental Relations, *Significant Features of Fiscal Federalism, 1995*, Vol. 2, p. 38. In 1978, grants for payments to individuals accounted for less than 32 percent of all federal grants dollars.
[86] U.S. Bureau of the Census, *Statistical Abstract of the United States, 2006*, Table 421. In 2004, grants for payments to individuals accounted for less than 64 percent of all federal grants dollars.
[87] Iris J. Lav, "Piling on Problems: How Federal Policies Affect State Fiscal Conditions," *National Tax Journal* 56 (September 2003), pp. 535–554. In 2005, Medicaid accounted for 44 percent all federal grant dollars. See U.S. Bureau of the Census, *Statistical Abstract of the United States, 2006*, Table 421.
[88] U.S. General Accounting Office, *Federal Grants: Design Improvements Could Help Federal Resources Go Further*, GAO/AIMD–97–7 (Washington, DC: U.S. Government Printing Office, 1996), p. 2. Other analyses find comparable results. See, for example, E. Kathleen Adams and Marcia Wade, "Fiscal Response to Matching Grants: Medicaid Expenditures and Enrollments, 1984–1992," *Public Finance Review* 20 (January 2001), pp. 26–48; and Shama Gamkhar, "Is the Response of State and Local Highway Spending Symmetric to Increases and Decreases in Federal Highway Grants?" *Public Finance Review* 20 (January 2001), pp. 3–25.
[89] Paul R. Dommel et al., *Decentralizing Community Development: Second Report of the Brookings Institution Monitoring Study of the Community Development Block Grant Program* (Washington, DC: Brookings, 1978); and Richard P. Nathan et al., *Revenue Sharing: The Second Round* (Washington, DC: Brookings, 1977).
[90] Steven C. Deller and Craig S. Maher, "Categorical Municipal Expenditures with a Focus on the Flypaper Effect," *Public Budgeting and Finance* 25 (September 2005), pp. 73–90. This was a study of the effects of Wisconsin's shared revenue program on local governments.
[91] Donald F. Kettl, "Boutiques for the Poor," *Governing* (June 1999), p. 14.
[92] Dennis O'Grady, "American Governors and State-Federal Relations: Attitudes and Activities, 1960–1980, *State Government* 57 (3, 1984), pp. 110–111.
[93] U.S. Advisory Commission on Intergovernmental Relations, *State Administrators' Opinions on Administrative Change, Federal Aid, Federal Relationships*, M-120 (Washington, DC: U.S. Government Printing Office, 1980), pp. 49, 55.
[94] Ibid., p. 51. From 44 to 48 percent said so.
[95] Albert J. Richter, "Federal Grants Management: The City and County View," *Municipal Year Book, 1977* (Washington, DC: International City Management Association, 1977), pp. 183–184.
[96] Robert W. Gage, "Intergovernmental Change: A Denver Area Perspective," *Intergovernmental Perspective* 14 (Summer 1988), p. 15.
[97] James R. Hines, Jr. and Richard H. Thaler, "The Flypaper Effect," *Journal of Economic Perspectives* 9 (Winter 1995), pp. 217–226.
[98] Therese A. McCarty and Stephen J. Schmidt, "Dynamic Patterns in State Government Finance," *Public Finance Review* 29 (July 2001), p. 220. The authors studied welfare, highways, and education policies.
[99] Deller and Maher, "Categorical Municipal Expenditures with a Focus on the Flypaper Effect."
[100] As derived from data in Walker, *The Rebirth of Federalism*, p. 7.
[101] Catherine H. Lovell et al., *Federal and State Mandating on Local Governments: An Exploration of Issues and Impacts* (Riverside: Graduate School of Administration, University of California, 1979), p. 82. See also Catherine Lovell and Charles Tobin, "The Mandate Issue," *Public Administration Review* 41 (May/June 1981), pp. 218–339.
[102] U.S. Advisory Commission on Intergovernmental Relations, *Federal Regulation of State and Local Government: The Mixed Record of the 1980s*, A-126 (Washington, DC: U.S. Government Printing Office, 1993), p. 46.
[103] U.S. Advisory Commission on Intergovernmental Relations, *Regulatory Federalism: Policy, Process, Impact, and Reform*, A-95 (Washington, DC: U.S. Government Printing Office, 1984), Appendix I.
[104] U.S. Advisory Commission on Intergovernmental Relations, *Federal Regulation of State and Local Government*, p. 46.
[105] National Conference of State Legislatures, *Mandate Catalogue* (Washington, DC: Author, 1993).
[106] U.S. Advisory Commission on Intergovernmental Relations, *Federal Statutory Preemption of State and Local Authority: History, Inventory, and Issues*, A-121 (Washington, DC: U.S. Government Printing Office, 1992), p. 9. This number refers to explicit federal preemption statutes.
[107] U.S. Advisory Commission on Intergovernmental Relations, *Federal Court Rulings Involving State, Local, and Tribal Governments, Calendar Year 1994*, M-196 (Washington, DC: U.S. Government Printing Office, 1995).
[108] U.S. Advisory Commission on Intergovernmental Relations, *Federally Induced Costs Affecting State and Local Governments*, M-193 (Washington, DC: U.S. Government Printing Office, 1994), p. 3.
[109] U.S. Advisory Commission on Intergovernmental Relations, *Federal Regulation of State and Local Governments*, p. 55.
[110] U.S. Advisory Commission on Intergovernmental Relations, *State Administrators' Opinions on Administrative Change, Federal Aid, Federal Relationships*, pp. 52, 45. Twenty-six percent said that federal involvement was moderate, and 11 percent said it was high; 54 percent reported "frequent contact" with federal personnel.
[111] U.S. Advisory Commission on Intergovernmental Relations, *Regulatory Federalism*, p. 175. The survey was taken in 1981.
[112] U.S. General Accounting Office, *Federalism: Comments on S.1214—The Federalism Accountability Act of 1999*, GAO/T–GGD–99–143. (Washington, DC: U.S. Government Printing Office, 1999), p. 1. Of

11,414 final rules issued by federal agencies between 1996 and 1998, a whopping total of five contained a "federalism assessment" as required by the Unfunded Mandates Reform Act and Executive Order 12612.

[113] Grady, "American Governors and State-Federal Relations," p. 107.

[114] U.S. Advisory Commission on Intergovernmental Relations, *State Administrators' Opinions on Administrative Change, Federal Aid, Federal Relationships*, pp. 52–53.

[115] U.S. Advisory Commission on Intergovernmental Relations, *Federal Statutory Preemption of State and Local Authority*, pp. 34, 36. The survey was taken in 1988 and polled governors, attorneys general, community affairs departments, and state advisory commissions on intergovernmental relations.

[116] Lovell, *Federal and State Mandating on Local Governments*, p. 82.

[117] National League of Cities, *Municipal Policy and Program Survey* (Washington, DC: Author, 1981), as cited in U.S. Advisory Commission on Intergovernmental Relations, *Regulatory Federalism*, p. 175. But see also Jeffrey L. Pressman, *Federal Programs and City Politics: The Dynamics of the Aid Process in Oakland* (Berkeley: University of California Press, 1975), p. 85.

[118] Lovell, *Federal and State Mandating on Local Governments*, p. 194.

[119] U.S. Advisory Commission on Intergovernmental Relations, *Federal Mandate Relief for State, Local, and Tribal Governments*, A-129 (Washington, DC: U.S. Government Printing Office, 1995), p. 4.

[120] U.S. Advisory Commission on Intergovernmental Relations, *Federally Induced Costs Affecting State and Local Governments*, p. 7.

[121] As cited in Conlan and Beam, "Federal Mandates," p. 9. Figures are for 1991.

[122] National Conference of State Legislatures, *Mandate Monitor* (Washington, DC: Author, 2005). In 2004, this gap stood at more than $26 billion, and in 2005 at $31 billion.

[123] See, for example, Thomas Muller and Michael Fix, "The Impact of Selected Federal Actions on Municipal Outlays," in *Government Regulation: Achieving Social and Economic Balance*, Vol. 5, of *Special Study on Economic Change*, Joint Economic Committee, U.S. Congress (Washington, DC: U.S. Government Printing Office, 1980), pp. 327, 330, 368; U.S. Conference on Mayors/Price Waterhouse, *Impact of Unfunded Mandates on U.S. Cities: A 314 City Survey* (Washington, DC: U.S. Conference of Mayors, 1993); National Association of Counties/Price Waterhouse, *NACo Unfunded Mandates Survey* (Washington, DC: National Association of Counties, 1993); and U.S. Environmental Protection Agency, *Environmental Investments: The Cost of a Clean Environment* (Washington, DC: U.S. Government Printing Office, 1990), pp. 8-49–8-51.

[124] David R. Berman, "State–Local Relations: Authority, Finances, Cooperation," *Municipal Year Book, 2002* (Washington, DC: International City/County Management Association, 2002), pp. 49–50.

[125] U.S. Advisory Commission on Intergovernmental Relations, *Changing Public Attitudes on Governments and Taxes, 1991*, S-20 (Washington, DC: U.S. Government Printing Office, 1991), p. 10.

[126] Theresa A. Gullo and Janet M. Kelly, "Federal Unfunded Mandate Reform: A First-Year Retrospective," *Public Administration Review* 58 (September/October 1998), pp. 386–387.

[127] Theresa Gullo, "History and Evaluation of the Unfunded Mandates Reform Act," *National Tax Journal* 57 (September 2004), pp. 559–570.

[128] U.S. Government Accountability Office, *Unfunded Mandates: Views Vary about Reform Act's Strengths, Weaknesses, and Options for Improvement*, GAO–05–454 (Washington, DC: U.S. Government Printing Office, 2005), p. 2.

[129] U.S. Government Accountability Office, *Federal Mandates: Identification Process Is Complex and Agency Rules Vary*, GAO–05–401T (Washington, DC: U.S. Government Printing Office, 2005), Highlights page, GAO analyzed 377 statutes and 122 significant rules enacted or issued in 2001 and 2002 and found that five laws and nine rules violated the Unfunded Mandates Reform Act's threshold of $50 million (in 1996 dollars) in costs to recipients. However, all of these five laws and nine regulations, save one regulation, applied only to the private sector.

[130] U.S. Congressional Budget Office, as cited in National Conference of State Legislatures, *Mandate Monitor* (2005). All three laws would appear to apply to state and local governments.

[131] U.S. Government Accountability Office, *Unfunded Mandates: Views Vary about Reform Act's Strengths, Weaknesses, and Options for Improvement*, Highlights page.

[132] As derived from data in Light, *Fact Sheet on the New True Size of Government*, p. 4, and US Bureau of the Census, *Statistical Abstract of the United States, 1999*, 119th ed. (Washington, DC: U.S. Government Printing Office, 1999), Table 534. Figures are for 1996–1997. "State and local mandated employees" accounted for almost 28 percent of all state and local employees. Fifteen percent of state and local employees were funded by federal grants.

[133] Lav, "Piling on Problems," p. 538.

[134] Ibid. See also Deborah A. Robert J. Eger III, and Justin Marlowe, "Managing Local Intergovernmental Relations: The Imperative of Diversification," *International Journal of Public Administration* 26 (December 2003), pp. 1495–1519.

[135] John J. Mountjoy, "National Center for Interstate Compacts: A New Initiative," *Spectrum* 77 (Fall 2004), p. 8. Figure is for 2004.

[136] Ann O'M. Bowman, "Horizontal Federalism: Exploring Interstate Interactions," *Journal of Public Administration Research and Theory* 14 (October 2004), p. 537. Figure is for 1999.

[137] William Kevin Voit, *Interstate Compacts and Agencies, 1998* (Lexington, KY: Council of State Governments, 1999).

[138] Bowman, "Horizontal Federalism," pp. 538, 540–541, 544. The years were 1992–1999.

[139] Ibid., pp. 538, 541–542, 544.

[140] Much of the following discussion on interstate conflict is drawn from Joanne Omang, "In This Economic Slump, It's a State-Eat-State Nation," *Washington Post* (June 14, 1982); and Richard Benedetto, "States Skirmish in 'Border War'," *USA Today* (February 24, 1984).

[141] Roger Alford, "Kentucky Program Pays Moving Expenses to Relocate Welfare Recipients," *Savannah*

Morning News (June 21, 2001). The Kentucky Cabinet for Families and Children gave $1.5 million over three years to some 2,000 families to cover moving expenses, including 389 families who moved to other states.

[142] David R. Berman, "State-Local Relations: Authority, Policies, Cooperation," *Municipal Year Book, 1999* (Washington, DC: International City/County Management Association, 1999), p. 50.

[143] William B. Munro, "Home Rule," *Encyclopedia of the Social Sciences*, Vol. 4 (New York: Macmillan, 1930), p. 434.

[144] U.S. Advisory Commission on Intergovernmental Relations, *Local Government Autonomy: Needs for State Constitutional, Statutory, and Judicial Clarification*, A-127 (Washington, DC: U.S. Government Printing Office, 1993), p. 41.

[145] U.S. Advisory Commission on Intergovernmental Relations, *State Laws Governing Local Government and Administration*, M-186 (U.S. Government Printing Office, 1993), p. 20. Figures are for 1990. There is some difference of opinion on just how many states grant their counties "real" home rule, and the number may be as low as twenty-three. These twenty-three states permit *county charter home rule*, which allows counties to not only choose a form of government but also frees them functionally, including the functions of personnel and finance. The remaining fourteen states authorize *optional form county home rule*, which grants counties structural home rule (that is, they can choose their own form of government) but denies counties functional home rule. However, both county charter home rule and optional form county home rule are types of structural home rule, so we think that our statement in the text—that thirty-seven states grant home rule to their counties—is accurate. See: Lawrence L. Martin and Ronald C. Nyhan, "Determinants of County Charter Home Rule," *International Journal of Public Administration* 17 (May 1994), pp. 955–970.

[146] Osbin L. Ervin, "Understanding American Local Government: Recent Census Bureau and ACIR Contributions," *Public Administration Review* 55 (March/April 1995), p. 210. In 1990, there were 4,294 such laws.

[147] Ibid. The period of growth is from 1978 (when the first counting of these laws was done) to 1990.

[148] G. Ross Stephens, "State Centralization and the Erosion of Local Autonomy," *Journal of Politics* 36 (February 1974), pp. 44–76; and Stephens, "Patterns of State Centralization/Decentralization during the Last Half of the Twentieth Century," paper presented at the annual meeting of the Southwestern Political Science Association, Austin, Texas, March 18–21, 1992. As late as 1932, no states were categorized as "centralized," but by 1992 sixteen were. In 1902, all states were "decentralized," but by 1977 none were.

[149] See, for example, U.S. Advisory Commission on Intergovernmental Relations, *State and Local Roles in the Federal System*, A-88 (Washington, DC: U.S. Government Printing Office, 1982), pp. 39, 259–264; U.S. Advisory Commission on Intergovernmental Relations, *The Condition of Contemporary Federalism: Conflicting Theories and Collapsing Constraints*, A-78 (Washington, DC: U.S. Government Printing Office, 1981), pp. 68–70; Jeffrey M. Stonecash, "Fiscal Centralization in the American States: Increasing Similarity and Persisting Diversity,' *Publius* 13 (Fall 1983), pp. 123–137; and Jeffrey M. Stonecash, "Fiscal Centralization in the American States: Findings from Another Perspective," *Public Budgeting and Finance* 8 (Winter 1988), pp. 81–89.

[150] U.S. Advisory Commission on Intergovernmental Relations, *State Mandating of Local Expenditures*, A-67 (Washington, DC: U.S. Government Printing Office, 1978).

[151] John Meyer, W. Richard Scott, and David Strang, "Centralization, Fragmentation, and School District Complexity," *Administrative Science Quarterly* 32 (June 1987), pp. 188–201.

[152] Rodney E. Hero and Jody L. Fitzpatrick, "State Mandating of Local Government Activities: An Exploration," paper presented at the 1989 Annual Meeting of the American Political Science Association, Washington, DC, August 28–31, 1986, p. 18.

[153] Berman, "State-Local Relations," p. 49.

[154] Janet Kelly, "Unfunded Mandates: The View from the States," *Public Administration Review* 54 (July/August 1994), p. 405. See also U.S. Advisory Commission on Intergovernmental Relations, *Mandates: Cases in State-Local Relations*, M-173 (Washington, DC: U.S. Government Printing Office, 1990).

[155] Linda Wagar, "A Declaration of War," *State Government News* (April 1993), p. 18.

[156] Kelly, "Lessons from the States on Unfunded Mandates," p. 138.

[157] As derived from data in American Council on Intergovernmental Relations, *Significant Features of Fiscal Federalism, 1995*, Vol. 2. p. 52 for 1970–1994 data, and U.S. Bureau of the Census, Table 1, for 2002–2003 data.

[158] Walker, *The Rebirth of Federalism*, p. 228. Figures are for 1996.

[159] As derived from data in ibid., p. 227.

[160] As derived from data in U.S. Bureau of the Census, Table 1. Figure is for 2002–2003. The two-fifths figure (our precise calculation is 44 percent) combines the intergovernmental revenue that localities receive in direct federal grants and as federal pass-through grants to the states. We have computed this rough estimate on the assumption that Washington continues to earmark about one-third of its assistance to the states as pass-through grants. The two-fifths figure refers to all *intergovernmental revenue* received by local governments and should not be confused with *total local revenue*; direct federal aid and federal pass-through grants contribute an estimated 15 percent of total local revenue.

[161] Bruce A. Wallin, *Budgeting for Basics: The Changing Landscape of City Finances* (Washington, DC: Brookings, 2005), p. 5. Figures are for 1977–2000. All cities in the study had populations of at least 100,000 in 1977. Per capita federal aid to these cities decreased by 59 percent; state aid increased by 46 percent; and state aid to education increased by 122 percent over the twenty-four years.

[162] Hal Wolman, Todd Swanstrom, Margaret Weir, and Nicholas Lyon, *The Calculus of Coalitions: Cities and States and the Metropolitan Agenda* (Washington, DC: Brookings, 2004), p. 20.

[163] Fred Teitelbaum, "The Relative Responsiveness of State and Federal Aid to Distressed Cities," *Policy Studies Review* 1 (November 1981), p. 320; David R. Morgan and Mei-Chian Sheh, "Targeting State and

Federal Aid to City Needs," *State and Local Government Review* 23 (Spring 1991), pp. 60–68; and John Yinger, "States to the Rescue? Aid to Central Cities Under the New Federalism," *Public Budgeting and Finance* 10 (Summer 1990), p. 31.

[164] Jerry Anthony, "Do State Growth Management Regulations Reduce Sprawl?" *Urban Affairs Review* 39 (January 2004), pp. 376–397.

[165] Beth Walter Honadle, "The State's Role in US Local Government Fiscal Crises: A Theoretical Model and Results of a National Survey," *International Journal of Public Administration* 26 (January 2003), pp. 1431–1473.

[166] Ibid.

[167] Anthony G. Cahill and Joseph A. James, "State Response to Local Fiscal Stress," *Municipal Year Book, 1996* (Washington, DC: International City/County Management Association, 1996), pp. 60–70.

[168] Sherman W. Wyman, "Profiles and Prospects: Regional Councils and Their Executive Duties," *Municipal Year Book, 1994* (Washington, DC: International City/ County Management Association, 1994), pp. 48–57. Data are for 1990.

[169] U.S. Advisory Commission on Intergovernmental Relations, *State Laws Governing Local Government Structure and Administration*, p. 9. Figure is for 1990. In 1978, thirty-nine states did so.

[170] Lori M. Henderson, "Intergovernmental Service Arrangements and the Transfer of Functions," *Municipal Year Book, 1985* (Washington, DC: International City Management Association, 1985), pp. 196–201. In 1983, 52 percent of all local governments had interlocal agreements.

[171] Mildred Warner and Amir Hafetz, "Pragmatism over Politics: Alternative Service Delivery in Local Government, 1992–2002," *Municipal Year Book, 2004* (Washington, DC: International City/County Management Association, 2004), p. 11. Figure is for 2002. Sixty-eight services were surveyed and include public authorities as well as government agencies.

[172] As derived from data in Harry P. Hatry and Carl F. Valente, "Alternative Service Delivery Approaches Involving Increased Use of the Private Sector," *Municipal Year Book, 1983* (Washington, DC: International City Management Association, 1983), pp. 216–217. Figure is for 1982. Sixty services were surveyed and include public authorities as well as government agencies. Although intergovernmental agreements of this sort have increased since 1982, their apex was reached in 1992, at 21 percent of all services. See Warner and Hafetz, "Pragmatism over Politics," p. 11.

[173] Warner and Hafetz, "Pragmatism over Politics," p. 11. Data are for 2002.

[174] Graeme A. Hodge, *Privatization: An International Review of Performance* (Boulder, CO: Westview, 2000), p. 99. This is a review of 129 privatization studies conducted in numerous countries, but mostly of those done in the United States. "Public sector to private sector" contracting averaged 14 percent in savings. Although the author notes that both figures (14 percent and 22 percent) can be questioned statistically, they nonetheless convey by comparisons the finding that the public delivery of public services may be more efficient than private delivery.

Other reviews of interlocal service arrangements also find that they save money. See, for example, George A. Boyne, "Bureaucratic Theory Meets Reality: Public Choice and Service Contracting in U.S. Local Government," *Public Administration Review* 58 (November/December 1998), pp. 474–484. Five studies of three services (police, street maintenance, and tax assessment) were reviewed.

[175] Henderson, "Intergovernmental Service Arrangements and the Transfer of Functions," pp. 197–199. Figures are for 1983.

[176] Ibid., pp. 199–200. Figure is for 1976–1983.

[177] Pascale Joassart-Marcelli and Juliet Musso, "Municipal Service Provision Choices within a Metropolitan Area," *Urban Affairs Review* 14 (March 2005), p. 516. This research on cities in Southern California found a correlation between poor cities and contracting with other governments. This and two other investigations also found a correlation between rich cities and contracting with the private sector. See Thomas Pallesen, "A Political Perspective on Contracting Out: The Politics of Good Times, Experiences of Danish Local Governments," *Governance* 17 (October 2004), pp. 573–587; and Jeffrey D. Greene, "Cities and Privatization: Examining the Effect of Fiscal Stress, Location, and Wealth in Medium Sized Cities," *Policy Studies Journal* 24 (Spring 1996), pp. 135–144.

[178] James C. Clingermayer, Richard C. Feiock, and Christopher Stream, "Governmental Uncertainty and Leadership Turnover: Influences on Contracting and Sector Choices for Local Services," *State and Local Government Review* 35 (Fall 2003), p. 158.

[179] Henderson, "Intergovernmental Service Arrangements and the Transfer of Functions," pp. 196–198. Data are for 1983.

[180] This and the following paragraph are based on ibid., pp. 194–202. All data are for 1972–1983. See also U.S. Advisory Commission on Intergovernmental Relations, *Intergovernmental Service Arrangements for Delivering Local Public Services: Update 1983*, A-103 (Washington, DC: U.S. Government Printing Office, 1985), which notes that counties and Councils of Governments have been the primary receivers of intergovernmental service transfers for eighteen years, 1965–1983 (p. 97). A later analysis covering 1982–1997 also found that counties were among the main receivers of transfers of functions from cities, although cities also were inclined to "allow special districts to provide services" at a high rate. See Joassart-Marcelli and Musso, "Municipal Service Provision Choices within a Metropolitan Area," p. 516.

[181] Ibid. (all citations).

[182] U.S. Bureau of the Census, *Statistical Abstract of the United States, 2001*, Table 29. The Office of Management and Budget (OMB) is responsible for defining metropolitan areas, and a host of related terms.

In 1983, OMB discarded its long-used term, *standard metropolitan statistical area* (SMSA) and replaced it with *metropolitan statistical area* (MSA), defined as "a core area containing a substantial population nucleus, together with adjacent communities having a high degree of economic and social integration with that core . . . Each metropolitan statistical area must have at least 1 urbanized area of 50,000 or more inhabitants." See U.S. Bureau of the Census, *Statistical Abstract of the United States, 2006*, p. 921.

Also in 1983, OMB introduced the *consolidated metropolitan statistical area* (CMSA), which describes the nation's largest urban regions, and which are comprised of two to three *primary metropolitan statistical areas* (PMSAs), or large cities. So some metropolitan areas (i.e., CSMAs) have more than one *principal city*, or the area's largest city; some have as many as three if certain population and employment criteria are met. The term, *metropolitan area*, adopted in 1990, refers collectively to MSAs, CMSAs, and PMSAs.

Smaller urban areas are called *micropolitan statistical areas*. Micropolitan statistical areas have all the characteristics found in the definition of metropolitan statistical areas, with the exception that they "must have at least 1 urban cluster of at least 10,000 but less than 50,000 population" (ibid.). In 2000, the term, *core-based statistical area* (CBSA), became the official collective reference to metropolitan and micropolitan statistical areas.

In addition, there is the *New England city and town area* (NECTA), which the OMB created for those metropolitan areas that do not use counties as their primary unit of local government; typically, they rely on township governments. The term covers both metropolitan and micropolitan statistical areas—that is, CBSAs—in the six states of New England.

[183] U.S. Bureau of the Census, *Statistical Abstract of the United States, 2001*, Table 29, and U.S. Bureau of the Census, *1992 Census of Governments: Government Organization*, Vol. 1, No. 1 (Washington, DC: U.S. Government Printing Office, 1994), Table 26. In 2000, 226 million people live in metropolises, and in 1992, 38 percent (33,004) of all local governments were in metropolitan areas. The Census Bureau did not provide this latter datum in its 1997 and 2002 censuses of governments.

[184] U.S. Advisory Commission on Intergovernmental Relations, *The Organization of Local Public Economies*, A-109 (Washington, DC: U.S. Government Printing Office, 1987), p. 49. For a good review of this literature, see Robert Bish and Elinor Ostrom, *Local Government in the United States* (San Francisco: ICS Press, 1988).

[185] U.S. Advisory Commission on Intergovernmental Relations, *Metropolitan Organization: Comparison of the Allegheny and St Louis Case Studies*, SR-15, (Washington, DC: U.S. Government Printing Office, 1993), p. 3. Figures are from 1942 to 1992. The number of metropolitan areas actually more than doubled, but not by much, from 140 to 331, 1942–2000. See U.S. Bureau of the Census, *Statistical Abstract of the United States, 2001*, Table 29.

[186] U.S. Bureau of the Census, *1992 Census of Governments*, Table 26, and U.S. Advisory Commission on Intergovernmental Relations, *Metropolitan Organization: Comparison of the Allegheny and St. Louis Case Studies*, p. 3. The figures cover 1942 through 1992. In 1942 and in 1987, there was an average of 113 governments per metro area, the two record highs since the U.S. census of governments began in 1942; 1972 was the low point, with an average of eighty-four governments per metro area. Typically, over the years, the average number is in the nineties.

[187] As derived from data in U.S. Bureau of the Census, *Statistical Abstract of the United States, 1994*, 114th ed. (Washington, DC: U.S. Government Printing Office, 1994), Tables 39 and 462, and U.S. Bureau of the Census, *1992 Census of Governments*, Table 26. Figures are for 1992. Half of the nation's 19,279 cities and towns govern fewer than 1,000 souls. Nearly a fifth of the country's 3,043 counties have fewer than 10,000 people.

[188] The term is Reuss's, in *Revenue Sharing*, and is both descriptive and memorable.

[189] U.S. Advisory Commission on Intergovernmental Relations, *Metropolitan Organization: Comparison of the Allegheny and St. Louis Case Studies*, p. 5.

[190] Quoted in Anwar Syed, *The Political Theory of American Local Government* (New York: Random House, 1966), p. 40.

[191] Vincent Ostrom, Charles M. Tiebout, and Robert Warren, "The Organization of Government in Metropolitan Areas: Theoretical Inquiry," *American Political Science Review* 55 (December 1961), p. 834.

[192] Grigsby, "Regional Governance and Regional Councils," p. 55. See also Florida Advisory Commission on Intergovernmental Relations, *Substate Regional Governance: Evolution and Manifestation Throughout the United States and Florida* (Tallahassee: Author, 1991), p. 28.

[193] Public choice theorists analyze metro governance by separating what they call the "production" of governmental services from the "provision" of those services. *Production* is the *delivery* of services, such as police policing and teachers teaching, but a government need not directly deliver these services itself; instead, it may provide the services it produces not only by delivering them directly, but also by making other arrangements to do so, such as by contracting with another government or a company, or organizing volunteers. So *provision* is the *arrangement* for delivering (or "producing") government services. Both production and provision are types of policy implementation, or, more specifically, both are ways of delivering metropolitan services.

The distinctions between "production" and "provision" as used in this literature strike us as unnecessarily arcane. But the terms pop up with sufficient frequency that an explanation of them (which we have tried to keep clear) may be useful, at least as a footnote.

[194] See for example, Elinor Ostrom and Gordon P. Whitaker, "Does Local Community Control of Police Make a Difference? Some Preliminary Findings," *American Journal of Political Science* 17 (February 1973), pp. 48–76; Elinor Ostrom and Roger B. Parks, "Suburban Police Departments: Too Many and Too Small?" in Louis H. Masotti and Jeffrey K. Hadden, eds., *Urban Affairs Annual Review: The Urbanization of the Suburbs* 7 (Beverly Hills: Sage, 1973), pp. 303–402; and Elinor Ostrom and Gordon P. Whitaker, "Community Control and Governmental Responsiveness: The Case of Police in Black Neighborhoods," in Terry N. Clark, ed., *Urban Affairs Annual Review: Urban Policy Analysis: Directions for Future Research* 8 (Beverly Hills: Sage, 1974), pp. 303–304. For a good review of this literature, see: Elinor Ostrom, "Size and Performance in a Federal System," *Publius* 6 (Spring 1976), pp. 33–73.

[195] William Niskanen and Mickey Levy, "Cities and Schools: A Case for Community Government in California," *Working Paper No. 14* (Berkeley: Graduate School of Public Policy, University of California, 1974).

[196] Mark Schneider, "Fragmentation and the Growth of Government," *Public Choice* 48 (1, 1986), pp. 255–263; Jeffrey S. Zax, "The Effects of Jurisdiction Types and Numbers on Local Public Finance," in Harvey S. Rosen, ed., *Fiscal Federalism: Quantitative Studies* (Chicago: University of Chicago Press, 1988), pp. 79–103; Christopher Bell, "The Assignment of Fiscal Responsibility in a Federal

State," *National Tax Journal* 41 (June 1988), pp. 191–207; David L. Chicoine and Norman Walzer, *Governmental Structure and Local Public Finance* (Boston: Oelgeschlager, Gunn, and Hain, 1985); Richard E. Wagner and Warren E. Weber, "Competition, Monopoly, and the Organization of Government in Metropolitan Areas," *Journal of Law and Economics* 18 (December 1975), pp. 661–684; Thomas J. Di Lorenzo, "Economic Competition and Political Competition: An Empirical Note," *Public Choice* 40 (1, 1983), pp. 203–209.

[197] James A. Christianson and Carolyn E. Sachs, "The Impact of Government Size and Number of Administrative Units on the Quality of Public Services," *Administrative Science Quarterly* 25 (March 1980), pp. 89–101; and Chicoine and Walzer, *Governmental Structure and Local Public Finance*.

[198] U.S. Advisory Commission on Intergovernmental Relations, *Metropolitan Organization: Comparison of the Allegheny and St. Louis Case Studies*, p. 5.

[199] U.S. Advisory Commission on Intergovernmental Relations, *The Organization of Local Public Economies*, pp. 27–28. Emphasis is original.

[200] U.S. Advisory Commission on Intergovernmental Relations, *Intergovernmental Service Arrangements for Delivering Local Public Services*.

[201] David Rusk, *Cities Without Suburbs* (Washington, DC: Woodrow Wilson Center Press, 1993), p. 88.

[202] Robert C. Wood, "The New Metropolises: Green Belt, Grass Roots versus Gargantua," *American Political Science Review* 52 (March 1958), pp. 108–122. This reform movement also is called "regionalism," a less loaded title, perhaps, but also a less clear one.

[203] The following examples are drawn from Reuss, *Revenue Sharing*, pp. 58, 60.

[204] Ibid., p. 59.

[205] Rusk, *Cities Without Suburbs*, p. 8.

[206] Ibid, p. 5.

[207] Bruce Katz and Jennifer Bradley, "Divided We Sprawl," *Atlantic Monthly* 284 (December 1999), pp. 26–34. Between 1990 and 1997, central cities grew by 4.2 percent and suburbs by 9.6 percent.

[208] Edward L. Glaeser and Jesse M. Shapiro, *City Growth and the 2000 Census: Which Places Grew, and Why* (Washington, DC: Brookings, 2001), pp. 1–9. In the 1980s, 195 cites with 100,000 people or more grew by 9 percent and in the 1990s by 11.2 percent on average. Typically, cities grow if, in order of importance, they have warm, dry weather; residents who have high levels of education and income; strong service industries (as opposed to manufacturing industries); and are car-dependent, with little mass transit.

It appears that old housing stock in cities may act as a brake against precipitous population decline (the largest decline in the 1990s was St. Louis, at 13 percent); "as long as a city has homes, people will live in them." If they did not, "then large numbers of houses would be vacant, which does not really happen." Ibid., p. 8.

[209] Rusk, *Cities Without Suburbs*, pp. 8–9.

[210] During the 1990s, 71 of the 100 most populous cities (as of 1990) lost record numbers of white people to their suburbs, and non-Hispanic whites constituted less than half (44 percent) of the residents of these 100 cities in 2000, down from 52 percent in 1990. In 1990, whites were a majority in 70 of these 100 cities; in 2000, they were a majority in 52. Hispanic Americans constituted the largest influxes, while African American and Asian American remained stable. See Brookings Institution Center on Urban and Metropolitan Policy, *Racial Change in the Nation's Largest Cities: Evidence from the 2000 Census* (Washington, DC: Author, 2001).

[211] Confirmation of the continuing and worsening deterioration of big American cities is contained in Amy L. Nelson, Kent P. Schwirian, and Patricia M. Schwirian, "Social and Economic Distress in Large Cities, 1970–1990: A Test of the Urban Crisis Thesis," *Social Science Research* 27 (December 1998), pp. 410–431. The authors found that "urban distress" had increased over twenty years in four critical dimensions: crime, housing, educational efficacy, and family structure.

[212] For examples of the call for gargantuan reform, see *Governing Magazine*'s issue of September 1995, especially Alan Ehrenhalt, "Cooperate or Die," pp. 28–32, and Charles Mahtesian, "The Civic Therapist," pp. 24–27. Ehrenhalt observes, "Just about everybody agrees that governments must begin to consolidate, and just about every place resists the idea" (p. 28).

[213] See for example, Henry Cisneros, ed., *Interwoven Destinies: Cities and the Nation* (New York: W. W. Norton, 1993); H. V. Savitch, "Ties that Bind: Central Cities, Suburbs, and the New Metropolitan Region," *Economic Development Quarterly* 7 (November 1993), pp. 341–357; Richard Voith, "City and Suburban Growth: Substitutes or Complements?" *Business Review* (September/October 1992), pp. 21–33; William R. Barnes and Larry C. Ledebur, *Local Economies: The U.S. Common Market of Local Economic Regions* (Washington, DC: National League of Cities, 1994); Henry G. Cisneros, *Regionalism: The New Geography of Opportunity* (Washington, DC: U.S. Department of Housing and Urban Development, 1995); and Oliver E. Byrum, *Old Problems in New Times: Urban Strategies for the 1990s* (Chicago: American Planning Associates, 1992).

[214] Rusk, *Cities Without Suburbs*, p. xiii.

[215] Ibid., pp. 34, 85.

[216] Ibid., pp. 8–9.

[217] Brookings Institution Center on Urban and Metropolitan Policy, *Racial Change in the Nation's Largest Cities*, p. 4.

[218] Rusk, *Cities Without Suburbs*, p. 31.

[219] A study of municipal bond sales by municipalities in Oregon from 1994 to 1997 found some supporting evidence in this regard, concluding that "smaller jurisdictions pay an interest cost penalty in the municipal bond market." See Bill Simonson, Mark D. Robbins, and Lee Helgerson, "The Influence of Jurisdiction Size and Sale Type on Municipal Bond Interest Rates: An Empirical Analysis," *Public Administration Review* 61 (November/December 2001), pp. 709–717. The quotation is on page 709.

[220] Rusk, *Cities Without Suburbs*, p. 43.

[221] Ibid., p. 89.

[222] Ibid., p. 95. We are using Rusk's definition of metro government and a universe of 320 metro areas.

第 9 章

面向一种官僚伦理

相比于其他职业，公共行政一直以来都在认识自身伦理实践方面发展得非常缓慢。出现这种缓慢发展的情况是有原因的，而这种原因跟公共行政人员在其领域内允许或宽恕不道德做法的决心没有多大关系，反而与社会上（包括公共行政人员本身）普遍持有的一种设想更有关系，即假定什么是公共行政和政府管理的适当角色。在政治/行政管理二分法和公共行政原则被抛弃以前（可以回忆一下本书的第 2 章），一个公共行政人员执行每天职责所需要的道德感并不比一个酒店职员履行其每日职责所需的道德感多出多少。毕竟，对于一个只是根据一定科学原则执行国家意愿的人来说，道德有什么用呢？而且，假设公共行政人员如果能够有效且经济地完成他们的任务，根据定义，他们就是有道德的，因为他们承担了应有的责任。(事实上，原始的城市管理者和联邦道德规范都非常强调效率作为一种道德观念的重要性，而效率这一概念却让很多伦理学家感到困惑不解。）毕竟，道德需要伦理的选择，而且，正如文学所习惯强调的那样，伦理选择根本不是官员的一种职能。就像一位学者大致回顾法国和德国的经验时所观察到的那样，公共官僚“是以顺从甚至是逢迎的态度回应着掌权派政治领袖们的任何命令”[1]。

9.1　法案与委员会：公共部门伦理的兴起

这种观点在 20 世纪初的美国开始发生转变，这种转变既能在政府中感觉到，也能在公共职业中感觉到。

政府的道德伦理

从 20 世纪中叶以来，各级政府一直都在深入研究道德伦理问题，当然研究的结果也是五花八门。

联邦道德。1958 年，国会最先针对联邦政府行政人员强制实行了一套通用道德规范，20 年后又扩充了该规范。1978 年，为了执行《政府伦理法案》，建立了联邦政府伦理办公室。1992 年，政府伦理办公室发布了联邦政府第一套综合性的道德行为标准，在这一过程中针对这些年来各联邦机构所发布的一系列混乱的道德规范进行了合并归总。这些修改后的标准公布在联邦公报上，洋洋洒洒长达 40 多页，涉及礼物、财政利益冲突、公平、滥用官职、寻求政府外就业以及各种政府外活动等规范内容。

然而，即使是这一次道德规范的肃清整理之后，联邦政府的道德法规仍然纷繁复杂，让人迷惑不解。国家公共服务委员会认为："在过去的 40 年中，国会颁布实施法律，总统发布行政命令，这些法律和命令造就了层次多样且极度繁重的规制系统，目的就是要保证联邦雇员的诚实与正直。"国家公共服务委员会敦促国会"将诸项联邦道德法规调整得更清楚、更简单，与其想要实现的目标联系得更直接"[2]。虽然有不同的说法，但为各种道德项目工作的联邦人数似乎将近 9 000 人，而其中一半以上在道德伦理方面花费的时间却不到其工作时间的 5%。[3]

基层政府的道德。第一部州政府通用道德规范是在 1954 年由纽约州议会立法推出的，目前，至少有 47 个州为其政府雇员制定了不同形式的成文道德规范。[4]而大部分道德规范的语言过于呆板，只是列举出各种利益冲突和需要禁止的做法，并没有宣扬正直和广泛的民主理想。[5]

在这种大环境下，各州道德规范的严格程度也大有不同。一份分析研究得出的结论是，一半以上的州甚至没有涉及基本道德立法领域中的 2/3 项内容。[6]

有 36 个州建立了专门监督道德问题的机构或委员会。[7]但是这些州道德委员会的工作是否有效尚不确定。大部分委员会虽然在工作方法上都"非常合法"[8]，但都存在资金不足的问题。根据一份关于 3 个州"道德官员和相关利益者"的研究估计，在公共官员提交的财政信息公开表格中，只有 5%～10%接受了"严格审查"，而这种低审查率就可以归因于资金不足。这项研究还发现，州道德委员会不仅资源匮乏，而且普遍很绵软、很脆弱、很被动、很分散而且还很不实在，只是一种摆设而已。[9]

而在城市一级，几乎 70%的城市都有道德规范，1/3 的城市好像都有道德委员会，或者至少是与道德委员会具有同等职能的人或者机构。另外，还有 33%的城市定期评审其雇员的道德行为。将近 30%的城市要求对其所有的管理人员进行道德培训，而且 1/3 的城市会"定期举办研讨会，讨论道德问题"[10]。

公共职业的道德

与政府通过道德规范的时间相比，公共行政人员通过第一部《职业道德规范》的时间要早几十年。那么，国际城镇管理协会于1924年通过的第一部《公共职业道德规范》讲的是什么呢？这部道德规范反映了当时市政改革运动中的反腐败和反政治的价值，是由教育、工程、法律和医药等领域的专业人士建立起来的。这部规范虽然不能算是真正的传统职业道德声明，但它却开创性地证明了公共伦理的重要性。

直到1984年，各级政府公共行政人员的重要协会——美国公共行政学会，才起草通过了《公共部门职业道德规范》。十多年后，这份规范被重新组织改写、删减了一些条款后仍然涵盖以下基本点：为公共利益服务，尊重宪法和法律，展示个人诚信，推进道德组织建设，争取实现职业卓越。

今天，虽然一些公共道德准则可能不再广泛而复杂，但是道德规范、道德委员会和道德培训目前已经成为公共部门的存在现实。各类公共行政人员的主要职业协会都在积极组织各种研讨会和其他形式的活动，以便公共管理人员可以不断提升他们的行为道德意识。全国公共事务和行政学院联合会要求大学如果想要开设公共行政课程的话，都必须进行道德教育，而且，公共行政的所有入门教科书都必须包括道德伦理方面的讨论。[11]

9.2 实践伦理性公共行政

编写道德规范是一件事情，而实践道德则是另一件相当不同的事情，而且还可能更具挑战性。

公共行政人员以及伦理道德的重要性

公共行政人员应该严肃对待道德问题，也许比商业经理甚至是纳税民众更应该严肃对待这一问题。

一个道德的承诺。针对美国顶尖级公共行政项目的1 000名毕业生进行的调查结果发现，在13个备选项中，“维护道德标准”被排成实现成功所具备的一项最重要的“技能”。其他技能的支持率都相差甚远，而且不管毕业生在什么部门供职，不论是在联邦政府、州政府或地方政府，还是私人部门，抑或是非营利部门，调查的结果都是一样。[12]

针对美国各级政府公共行政人员所进行的全国性调查发现，超过2/3的人相信，公共行政人员中间对道德问题的关心似乎会“随着时间的推移而稳步增长”；超过90％的人针对这一问题都表示，“工作组织中不会真正需要道德规范"[13]。

更高的标准。一份针对伦理道德调查的综述得出了这样的结论，相比于政府的道德，公共行政人员对于商业的道德更为挑剔，有 85%的人反对"美国政府道德感不如公司道德感高"之类的理念。比起私人部门的雇员，公共雇员似乎有着更高的道德行为感。[14]

更令人惊奇的是，公共行政人员所持有的道德标准也许甚至要高于那些支付他们工资的民众所持有的道德标准。例如，超过 90%的公共行政人员都相信，1988 年私营承包商对五角大楼索价过高事件中所涉及的腐败是"碰巧发生的丑闻"[15]，相比之下，有 82%的普通老百姓也持这种观点。[16]超过 3/4 的公共行政人员都反驳一种观点，即罗纳德·里根政府"在执行道德标准方面做得很出色"[17]，相比之下，只有 43%的美国公民会反对这一说法。[18]

总的来说，公共行政人员似乎相信，政府内的道德伦理相当重要。与商界相比，政府似乎是更具有道德的机构。与纳税人相比，公共行政人员对政府的道德过失更具有批判性。而公共行政人员中的这些观点正是值得奖励的道德预兆。

公共行政人员与对不道德行为的认识

鉴于这些发现，针对所认识到的违反道德的行为，公共行政人员的容忍度较低可能也就不足为奇了。

有一件事是有理由让人为之振奋的，那就是有 70%的联邦雇员认为，他们的机构一般都会在其工作人员中推行"高标准的诚信和行为标准，而且还非常关心公共利益"，而只有 20%的人认为，如果自己的机构没有做到这一点将会是一个"重大问题"[19]。还有一件更令人鼓舞的事，那就是 100%的高层市政官员报告称他们的管理人员都"展示了"道德行为，94%的人认为大部分城市雇员是诚实的，还有 92%的人认为他们的管理人员"促进了"道德行为。[20]

然而，除了这些可喜的数字之外，很大一部分公共行政人员都报告称，他们工作环境中的道德意识正在面临挑战。将近一半的公共行政人员声称，"他们的上司在压力下只好妥协个人标准"，而且几乎所有的公共行政人员都同意，他们"在工作中处于道德的两难境地"[21]。一项全国性的研究询问了公共财务管理者是否"有外面的人请求特殊待遇"，结果发现，确实有这样的请求，而且还很强烈。如果用一个五分的标准来衡量，这些政府行政人员在同意外部人请求特殊待遇问题上的平均得分是 3.34。[22]

在三个部门领域进行的两年一次的全国性道德行为调查发现，与非营利部门和私人部门的雇员相比，政府雇员更有可能认识到违反法律的行为或者违反组织道德标准的行为。[23]

公共行政人员对于道德失败的认识也可能反映出他们对公共腐败深感沮丧。一项针对联邦政府行政人员的民意调查发现，超过 60%的受访者都不同意这种观点，即“今天的政府实践在经历了十年的斗争之后又在忍受着‘道德麻木’之苦”[24]。15 年之后，只有 28%的公共行政人员不同意以下这个观点，即“社会在经历了十年的丑闻之后又在经受着‘道德麻木’之苦”[25]。虽然调查研究的内容稍微有些差异，但是职业观点的发展趋势似乎很清楚：国家的公共行政人员越来越担心政府的道德状况。

不管他们是什么身份地位——有职业生涯的或刚刚起步的，高级的或初级的，有经验的或没有经验的——公共行政人员都越来越愿意按照自己对不道德行为的认识来采取行动。联邦雇员如果看到自己机构中有不法行为或浪费行为，至少有一半的人会向适当的权力机构报告。这与仅仅十年前相比，已经是一个“相当巨大的增长”，因为十年前只有 30%的联邦工作人员愿意报告所看到的不法行为或浪费行为。[26]由此看来，公共行政人员不仅在口头上谈论道德的话题，而且自身也在身体力行。

9.3 道德很重要吗？伦理与有效力的组织

道德伦理很重要吗？组织会不会因为有了道德就更有效力？或者，道德是否是组织有效性的一个不利障碍？

道德伦理与有效力的公司

来自私人部门的数据似乎支持这样的观点，拥有好的伦理观念就可以成就好的商业环境（Good ethics are good business）。研究人员仔细研究了美国 20 个零售商以后发现，当不受监督的员工“报告称组织缺乏所谓的‘软’领域［指的是诸如信任、信赖、诚实和公正等道德行为］氛围时，公司在预计员工疾病和意外补偿成本的基准线就会高很多。这一信息能够非常清楚地表明：当跳出大学新生的心理实验回到真实世界时，公平正直就会变得非常重要”[27]。

在另一份分析中，研究人员详细地询问了 18 个中西部公司的员工，这 18 个公司因为其工作环境温暖轻松而享誉全国。但是，这 18 家公司在过去五年中却都在减员。研究人员的目的就是要调查近来“伤了元气”的公司，并且着重调查“道德信誉好的”公司或者高度重视正直、信赖、诚实、勇气、公开、使命感等品质的公司，以便确定这些公司的构成要素。更进一步来说，这些研究人员想要知道，这些品质（即道德良好）是否与更好或更坏的公司绩效有关系。

这些分析人员发现，在道德较好的公司，收入和利润都更大，员工也更加有生产力，员工的士气更高，员工离职率更低。另外，客户也更加忠诚。[28]可以说，美德获得了相应的回报。

道德伦理与有效力的政府

来自公共部门的数据支持了这一结论，即道德行为与更有效率的组织是有关联的。在得克萨斯州的奥斯汀市，人们做了一次周期性的“城市道德审计”，研究人员利用这份不同寻常的审计将机构的“道德气候”与其“组织成本”进行匹配。道德气候的定义是，部门员工多数同意他们的经理树立了良好的道德榜样；执行了很高的道德标准；经常提倡员工考虑与他们工作相关的道德问题；员工对城市雇员不道德或违法行为有一定程度的认识。

调查人员发现，当一个部门得到较低的道德气候评价时，更有可能对奥斯汀市的居民和公司造成伤害和损害，更有可能收到更多来自公众的投诉。相反，得到道德气候较高评价的部门请病假的员工更少，即使请病假，病假也更短；这样的部门更可能想着为其客户提供更加物有所值的服务；更有可能拥有希望一直为城市服务的员工。[29]

奥斯汀市的经验在全国都得到了响应。针对美国5万或5万以上人口的544个城市中的行政主管进行了一项大型研究，研究结果发现，在具有更高道德感和管理更好的城市中，这些相关的高层管理者都更愿意积极“承担责任风险”。与“冒险型企业家”管理的城市相比，在有人愿意承担责任风险的城市中（大概占到样本的1/3），法律案件更少，债券评级更高，也更有可能实施最先进的生产力改进措施。按照伦理道德标准衡量，研究人员给冒险型企业家（占到样本的17%）评定的级别要比责任风险承担者的级别低；因为他们“虽然追求创新，但是不考虑责任性和回应性”[30]。与责任风险承担者相比，冒险型企业家的教育程度更低，专业化水平也更低。

简单地说，伦理道德就是更好的商业和优等的政府。

9.4　更为深入的趋势：官僚制与公共利益

虽然了解到公共行政人员能够非常严肃地对待道德及其实践问题，而且讲道德的政府可以等同于有效力和有效率的政府，这很令人欣慰。但是我们还需要解决一些更深层次的道德问题，而这些问题都是政府所独有的问题，也都会围绕公共利益。那么，什么是“公共利益”，公共行政人员又应该如何做出符合公共利益的决定呢？“公共行政方面的文献基本上没有反映公共利益的本质部分。”[31]

与行政权力相比，民主政府的其他权力可以更能有效地解决这些问题。在立法机构，决定公共利益的运行理念就是大多数原则，这也是民主的一个基本前提。在司法部门，这个概念就是遵循以往判例，或者说司法先例。通过这种实践，法律原则的进化发展才被认为是获得反映公共利益的司法体制的基本方法。当然这两个例子中都存在缺陷。用一个批评家的话说，大多数原则和遵循以往判例的“神话”可能都需要“服务于几项功能：满足社会的心理情感需求，既要保护立法者也要维护法官”[32]。然而，这里的重点是这些概念并没有假装价值中立，只是意味深长地定义了公共利益的抽象概念，但所用的语言切实可行，满足了政府立法机构和司法部门的需求。

行政部门的情况就不是这样。在行政部门，当公共行政人员试图做公共利益方面的决定时，几乎找不出什么操作性指南，尽管他们要做的决定还经常是些影响深远的决定。[33]

但这并不是说公共行政学者没有尝试开发此类指南。一份有关行政责任机制的长篇文献就是这方面的一次重要尝试，另一个尝试是关于组织人道主义的思考。我们在此可以稍微回顾一下上述研究。

官僚责任性

在这种情况下，官僚责任性指的是保证公共行政人员做出的决定符合公共利益。但不管官僚的决策是否符合公共利益，官僚责任性的研究机构确实都在研究这些做决策的官僚，这一点非常有用。令人遗憾的是，官僚责任性的假设认为，民主体制中的公共行政人员受到了许多条件的限制（而这些限制条件究竟是什么还得视作者而定），使他们不会做出违反民主、公平、道德或者是法律的决定和政策；因此，不必为他们担心。这一逻辑暗示出，为官僚决策设定一个清楚的道德框架纯粹是浪费时间。

确保责任性的制约机制。举个例子来说，一些学者认为，公共行政人员在公共服务社会化过程中积攒起来的常规谨慎和职业承诺再加上他们机构“代表性精英”的特性，在行事的时候就会成为防止他们做出反民主政策的内在约束力。[34]而且学者们还认为，公共行政人员所具有的荣誉、善良和公正的“道德基础”也会保护公众。[35]

然而，大多数的公共行政学家认为，实际上还存在着大量的外部制约机制，这些制约机制也在保证政策执行与公共利益的一致性。这些外部制约机制包括立法监督[36]；公民参与官僚机构的决策[37]；在政府内引进监察专员，这是在斯堪的纳维亚国家政府以及其他政府中设立的一种职位，虽然没有实际的官职权力但是极具个人威信，他或她可以利用这种个人威信来修正不公平的官僚决定[38]；官僚机构的分权化[39]；公布官僚机构的信息[40]；行政决定的司法审查[41]；以及“政权价值”，或者法律法规的传统等。[42]

渐渐地，这两种观点的混合体，即兼顾内部与外部的混合制约机制开始不断涌现。[43]

内部或外部保证机制：公共行政人员到底采用什么？实践中的公共行政人员实际上用的是什么样的制约机制来保证他们的责任性呢？他们依靠的是内部制约机制还是外部制约机制呢？

关于这个问题没有多少研究，现存的研究也可以说是一个大杂烩。

有些研究人员发现，内部制约机制更加重要。一份针对地方行政人员的调查得出结论：内部制约机制表现得非常突出，一个“信任加领导”的工作环境，也就是一个效率、效力、质量、卓越和团队合作的价值占主导地位的工作环境，与一个道德期望值和标准都很高的强有力政府息息相关。[44]

其他的公共行政学家发现的结论正好相反。一位研究人员访问了 42 位联邦政府的中层管理者后发现，这些行政人员非常依赖外部制约机制，也就是法律本身。这些管理人员在处理工作环境中遇到的道德问题时，法律给他们提供了重要指南；而内部制约机制，也就是个人信仰系统和专业价值，则被远远甩在了后面。[45]

一个错过的观点。不管公共行政学家说了什么（关于这个问题的论文比我们在这里提到的要多[46]），也不管公共行政人员在实践中都做了什么，关于官僚责任性的争论都错过了一种观点。这种观点认为，不同于立法者和法官，公共行政人员没有系统而实用的价值框架可以指导他们做出符合公共利益的决策。官僚责任性方面的文献尽管有用，但不具备指导作用，仅仅是提出了各种机制，可以禁止、预防、更正或者惩罚公共行政人员做出不符合公共利益的决策。

为什么不在一开始就研究到位呢？对于公共行政人员来说，是不是就没有可与立法者的大多数原则或法官的审判先例相提并论且一样明晰的公共利益框架呢？

组织人道主义

其实，这样的框架是存在的。其中一种叫做组织人道主义，而且已经在学术界逐渐流行。[47]与官僚责任性方面的文献不同，组织人道主义学者并没有回避价值的问题；他们预先说明了公共行政人员真正按照公共利益做决定时应该依赖的价值观念。这个价值就是，永远要以人道的方式对待每一个人。

终极官僚价值。这种论断是实际的，甚至从某种程度上来说，还是实证性的。[48]这一论断认为，从本质上说，人道地对待一个组织的成员能够带来更大的组织效率和效力；人道地对待组织成员能够促进组织变化；人道地对待一个组织的成员及其客户本身就是组织渴望实现的一个目标。[49]人的尊严就是“最终价值”[50]。

组织人道主义以一种更明晰的形式“推演了一个命题，即人的终结就是雇工的终结……组织人道主义不愿意以任何理由妥协自己的人道价值…… [而且] 呼吁组织运行机制和政治战略最终投向以人为本的公共利益理念，并将这一理念作为官僚权力中最重要的考虑”[51]。

组织人道主义的价值非常明确，这是其强于官僚责任性文献的一个优点，官僚责任性文献更少涉及价值，却更多地涉及了内部机制和外部机制。但组织人道主义的问题存在于它的应用。魔鬼总是潜伏在细节之处。

组织人道主义的应用：没有成功的希望吗？例如，设想一下公共人力资源管理领域的一个经典困境：雇用处于社会弱势族群中的成员。在这一点上有两种以价值为基础的立场。一种立场是政府应该做出特殊的努力，包括降低准入标准，来雇用美国社会不同领域的成员，这些成员分别受到了不同形式的种族、宗教、残疾、民族或性别歧视。正是由于考试中存在的文化偏见、受教育机会的缺乏以及一般性的社会偏见，政府应该给这些受到不公正待遇的人们一个迎头赶上的特别机会。即便这样需要对公共服务法规做一些修改（就像为退伍军人做的那样），也是应该的。这种在法规方面的让步仅仅是为了让那些过去不得不遭受偏见的申请者找回社会公平，这是理所应当的，因为政府是最有责任保证社会机会平等的一个机构。

另一种观点认为，不管申请者过去经受了什么苦难都不应该考虑"降低标准"。这种观点的逻辑是政府应该尽可能给所有受其管理的人提供最好的治理。雇用考试分数低于其他人的申请者，或者雇用没有相当的教育资历的申请者，或者是不太合格的申请者，不论这些人的背景中有多少负面的经历，这种做法都会伤害一般公众，包括权利被剥夺的人群。政府的经济、效率、效力和回应性都将会恶化到损害我们的程度，除非政府雇用最优秀的申请者。

从这个例子可以看得非常清楚，组织人道主义在公共行政人员制定推行公共利益的决策方面并没有提供什么指导。组织人道主义认为，人道地对待人应该是官僚机构决策的终极目的，但是公共行政人员在这种情况下应该做哪一种选择呢？雇用或提升一个也许不能很好地履行自己职责的弱势群体成员就能最好地实现人道主义呢？还是不雇用（或者制止）这种弱势群体成员，从而永远不允许他试着展现其全部的人类潜能同时也不资助他们实现自己的事业呢？如果使问题中假设的弱势群体成员成为一个机构的申请者，而这个机构本身的目的是结束对弱势群体的歧视，比如平等就业机会委员会，那么，这种困境可能会变得更加明显，因为雇用还是不雇用他就会暗含这个机构是否缺少促进弱势群体事业发展的诚意问题，当然，这要根据个人的立场来决定。在任何情况下，组织人道主义似乎都缺少包含明确参考标准的可行性框架，用来指导公共行政人员做出符合公共利益的道德选择。

9.5 公平正义：关于公共利益的一种观点

公共行政人员需要的是一个简单可行的公共利益读本，能够允许他在理性思考的基础上做出符合公共利益的决定。这样的一个概念可能以一个正义理论的形式存在，这个理论是由哲学家约翰·罗尔斯提出来的。[52]

罗尔斯拓展了约翰·洛克，让-雅克·罗素和托马斯·霍布斯提出的社会契约论的概念，他认为在大多数情况下，公共利益可以用两种"正义原则"加以识别：(1)"每个人都有权拥有最广泛的基本自由，这种自由要与其他人的类似自由相匹配"；(2)"社会和经济的不平等应该经过适当的安排，让这些不平等（a）成为每个人利益的合理期待，(b) 附属于向所有人开放的职位和官职。”[53]如果这些原则相互冲突，第二条就要屈从于第一条；因此就像在组织人道主义中一样，个人的尊严被奉为至高无上的原则。

然而，罗尔斯的正义理论还进行了更深入的探索。他的原则必然导出了下列结论，即财富、权力和社会机会的不平等“只有导致对所有人进行利益补偿时才是公平的，特别是对社会最弱势群体进行利益补偿。这些原则虽然并没有排除证明这些制度的正当合理性，但证明的基础应该是一些人的苦难可以被集合起来的更大的利益而抵消。为了让其他人富起来，有些人就应该得到更少，这可能是一种权宜之计，但并不是正义”[54]。

简单来说，就像罗尔斯观察的那样，他的原则本质上是关于盎格鲁-撒克逊公平概念的严密阐述。在组织管理的背景下，“公平公正”包括信任、一致性、坦率、正直、明确表达的期望、平等的待遇、一种在组织中拥有的主人翁和影响力的感觉、不偏不倚的决策以及相互尊重。[55]

9.6　直觉主义、完美主义和功利主义

罗尔斯公平正义理论的用途可以通过与其他公共利益理论对比的方式加以阐明。

在道德上得过且过

一种是直觉主义者的理论，由亚里士多德和其他人提出。[56]直觉主义阐述了很多第一原则，虽然应用于特殊情况时可能会发生冲突，但这一理论并没有提供准确的方法，用以选择在冲突发生时应该优先采用的原则。这样的困境可以通过直觉来解决，也就是通过似乎最接近正确的感觉来解决。直觉主义哲学并不能帮助凭良心办事的公共行政人员在明确的公共利益理论下做出理性的决策，只能给他或她一些证明当前做法正确合理的安慰。

提拔完美的人

第二个针对公共利益的重要哲学学派是完美主义。完美主义的第一条原则，也是唯一一条原则，是通过社会机构促进艺术、科学和文化领域取得卓越成就。弗里德里希·尼采就是这样的例子。

在绝对主义的形式中，没有模糊性问题：公共行政人员应该永远竭力支持其社会的智力上层；社会最不幸的族群因资源的必要性分配以及因实施完美主义原则而遭受的任何不幸，在道德上都是讲得通的，因为社会拥有其最优秀成员所带来的利益。由于尼采将这个理论解释的如此简洁有力，所以，能够给人类经验赋予的最深

层意义就是："你是为了最稀少也最有价值的一群人而活着。"[57]（很明显，尼采将他自己也算入了这群人当中。）

对于大多数人的最多数利益

决定公共利益的第三个道德框架是功利主义，以亚当·斯密、约翰·斯图尔特·米勒以及其他人为代表。[58]在以知识缜密和社会正当的形式对公共行政人员产生影响最多的哲学理论中，功利主义如果不在真正的实践中排名第一，在理论上也已经占据了第一位。

功利主义的理由在价值上是民主的，而在思想上是系统的。功利主义认为，如果一项公共政策增加了社会所有成员社会满意度总和的净平衡，那么，这项政策就是符合公共利益的。换句话说，如果一项公共政策让每一个人的状况都有轻微的改善，即使这个政策以其他方式让有些人的状况发生了轻微恶化，这个政策也是公正的，而且是符合公共利益的。一个功利主义公共政策的例子是，通过增加每个人交纳的税额并将这些新的税入转给医生，以此来增加医生收入，就是通过吸引个人进入医疗专业的更广泛的净平衡方式来提高每个人的健康净平衡水平。在这种安排下，尽管社会中最穷的人也会失掉一些钱，但是从功利主义的理论来说，这项政策既是公正的也是符合公共利益的，因为每个人的健康净平均值将会增加，包括社会中最穷的人。然而，公平正义的道德理论则可能认为，这样的一个公共政策既不是公正的也不符合公共利益，因为尽管是为了增加整个社会的净福利，但这项政策减少了社会中最贫穷人的福利。

哲学理念会影响政策吗？

我们已经回顾了一些决定公共利益的哲学标准，那么又会怎么样呢？象牙塔与权力走廊之间会有什么关系吗？

对于那些可能回答"不"的人来说，我们要提醒他们，犬儒主义和超凡脱俗的组合在公众中尤其没有吸引力。在现实中，公共机构会执行与公共利益相关的所有理论。事实上，哲学理念不仅会影响公共政策，而且影响的意义还更为深远。

例如，罗尔斯的正义理论为美国每一个征收个人所得税的政府都提供了哲学基础。各级政府运用这一理论搭建的个人所得税结构基本上都是适度的累进税制，也就是说，他们对富人征税的比重大于对穷人的征税比重，而不是递减税中穷人纳税的比例比富人高，或者，政府向穷人和富人征收同样比率的税。美国个人所得税制的设计目的很明确，就是不让最穷的人更穷，而这一原则正是罗尔斯正义理论的核心。

亚里士多德的直觉主义在公共领域也很普遍。虽然直觉主义在政府中广泛实施，但其流行程度并不是因为其知识的力量。相反，人们特别容易将直觉主义选作一种公共利益理论，部分原因是大多数公共行政人员并没有意识到他们正在选择使用这一理论。绝大部分公共行政人员在做决策和实施公共政策时都是基于当时在他们看来最接近正确的决定或政策。这在本质上就是直觉主义。

尼采的完美主义被国家科学基金会有意识地挑选为公共利益的运行哲学。虽然这个政策选择在近年来稍有改良，但基金会传统上为“纯”科学研究提供资金支持的标准（在这一点上很少有例外，纯科学研究是基金会提供资金支持的唯一选择），也就是说应该为了科学而资助科学，这就是完美主义原则的明确表达。

最后，史密斯和米勒的功利主义是美军工程师兵团做决策的前提，似乎也是其他很多机构做决策的前提。兵团采取了“收益/成本分析”的方法来决定哪一个工程项目最符合国家利益。但是重视收益/成本的各种假设被牢牢地限定在功利主义的哲学里，同时也能带来功利主义的结果。

兵团以保留或损失的美元数字来定义收益和成本。因此，要想接受一个项目，比方说一个保护拖车公园和穷人而不是巨无霸豪宅和富人的防洪项目，兵团的做法肯定是不会忍心割肉，因为庄园比移动房屋值更多的钱。以牺牲更高价值的房屋为代价去保护更低价值的房屋将会违反收益/成本原则。按照功利主义理论，军团的收益/成本政策可能让最穷的人更穷。

9.7 应用公平正义理论

通过对比直觉主义、完美主义和功利主义可以说明，公平正义理论作为一种道德框架，有助于公共行政人员做出符合公共利益的决策。但是公平正义理论又将如何帮助我们应对原来的决策困境，即雇用来自社会弱势群体的“不够合格的”申请者呢？通过其逻辑的必然性，公平正义理论会根据以下几点考虑雇用这些申请者：

- 不雇用他们将会以整个社会的名义进一步剥削已经处于最弱势的群体。
- 雇用他们将有助于全面实现他们的“基本自由”（或个人尊严）而不会侵犯其他人的基本自由。
- 雇用他们有助于保证所有职位和官职向所有人开放。
- 雇用他们有助于保证与这些官职有内在联系的特权继续以一种合理平等的方式促进所有人的利益，因为这种特权和职位被授予了社会中最弱势的群体。

人民对个人的问题

请注意，在把罗尔斯的原则应用于积极行动时，我们用了“群体”和“所有”这样的词而不是“个体”和“个人”，而且，有人可能会争辩，这是我们论述中一个致命的缺陷：毕竟是个人而不是群体应该得到积极行动保护政策的利益。支持这个观点常用的例子是，积极行动不应该适用于牺牲一个来自阿巴拉契亚山的穷困弱势白人男性的利益而提升一个受过教育的黑人女性百万富翁的利益。因为积极行动应该针对的是群体，而不是个人，这就有可能导致恰巧不在相关群体中的弱势人群受到不公正的待遇。因此，积极行为与美国机会平等的传统背道而驰，而且给社会帮了倒忙。

这种观察有一些优点，尽管比人们想象的要少。第一，“弱势群体”作为偏袒的基础与美国传统并不冲突，而且剔除某些优待团体的概念并不仅仅是积极行动的公共政策。例如，由大学根据需求提供的奖学金就能够有效证明，劣势是获得优惠待遇的可接受性基础。另一个令人崇敬的政策例子是退伍军人优先权，即退伍军人在参加公务员考试时会自动加分。国会颁布实施小企业预留法案 24 年之后，又通过了少数民族企业预留法案，这也是另一个例子。

因此，群体以及构成群体的个人可能希望获得政府分配特殊优惠的想法绝对不是一个仅限于积极行动才有的概念，而且使用“黑人”“棕色人”“女人”“残疾人”和“老年人”这样的词汇也使我们非常震惊，因为这不仅不是合理识别族群的缩写，而且也不是描述“弱势群体”的简称。总的来说，生活中的这些情形会经常与弱势群体联系在一起，但这不是个体的行为。而且根据教育和收入方面的全国数据显示，在全国的弱势群体中，黑人和棕色人比白人多，女人比男人多，残疾人比健全的人多。

好不是完美，而完美是不可能的

然而，我们原来的困境仍在持续（即便形势有所减退），而且仍然存在着可能，即与在积极行动中受到伤害的人数相比，积极行动所帮助的弱势人群数量更多，而弱势群体中占优势的个人可能会获得优势群体中非优势个人所无法获得的好处。如果这种情况发生的话，按理论来说，这也是一种不公平。

我们必须承认这是不公平的。但更重要的问题是，“治疗”比“疾病”更不公平。有人认为，因为一些本不该获利的人可能从积极行动中获得了好处，所以我们应该停止积极行动。这是一种奇怪理论的经典表述，因为好政策都是不完美的，所以我们就应该抛弃那个仅仅是因为好的政策。这就好比倒洗澡水时一起倒掉了孩子。

虽然这个争论同时也假设，我们拥有一种能够将每个人的相对优点进行公平衡量和排名的完美方法；可没有社会能够具有那种能力，而且永远也不可能有。例如，是否有人真的相信，只要能让申请者具备进入医学院的考试成绩就可以保证这名申请者将来成为最好的医生？笔试当然可以测量和评定一些重要的资格，比如未来医学博士对科学知识的掌握情况，但是书面考试不能测量和评定所有的资格条件，包括一些重要的素质条件，如同情心和诊断的洞察力等。

更为重要的一点可能是，正义和生活是无法理性分开的。而关于群体与个人之间关系的论断却认为，正义和生活可以分开。“由于积极行动项目而一路升迁的黑人从逻辑上讲可能‘不应得到’那个位置。但是，出于同样的原因，失去那个位置的白人同样也‘不应得到’失败的下场……这里的观点认为，一个纯洁而没有歧视的社会不仅是一种无望的理想；而且也是一种逻辑的幻想。”[59]

因此，公共行政人员在判断积极行动是否符合公共利益的问题上，罗尔斯的原则似乎不仅能用，而且还非常有用。

公平正义的独特效用

另外，在我们所考虑的道德框架之中，只有公平正义的逻辑允许公共行政人员做出决定性选择，愿意付出特殊努力去雇用来自弱势群体的人。功利主义要求全体人的福祉是第一要务，不管这对于社会中最弱势群体所造成的后果是什么。完美主义实际上会说，让社会中最弱势的人见鬼去吧，因为在完美主义的价值结构中，根本就没有考虑他们。作为大多数公共行政人员行事的依据，直觉主义允许选择雇用少数民族成员，但这仅仅是巧合的偶然事件，并不是依靠其理论的力量。

公平正义理论为公共行政人员提供了一个确定公共利益的可行方法。功利主义和完美主义针对这个问题虽然也给出了方法，但是在这本书中我们反对这两种理论框架。反对功利主义是因为这一逻辑允许社会中最弱势的人变得更加弱势，因此这种方式是“不公平的”，而且在各种情况下都是不符合公共利益的。反对完美主义是因为其反民主的价值观与美国社会的主流价值不相匹配。为此，这本书选择了公平正义理论作为公共行政人员实用的道德逻辑，当然，这是作者的一种价值选择，而且也应该被当做读者的价值选择。但是在很多情况下，公平正义理论都被认为是一种理性选择。

大官僚，大决策

在本书结束之际，我们应该想一想，作为一个有道德的、超道德的或者不道德的人，公共行政人员在公共官僚机构中应该做什么、不该做什么。一个人可以通过公共行政学习管理的技巧、组织理论的概念以及政策形成和执行的复杂细节。但是从根本上来说，公共行政是一个思想和实践的领域，在这个领域中，人们需要做出个人的道德选择。而那些进入该领域的人，不管是思想家还是行动家（人们希望，有些人既是思想家又是行动家），都会经常被要求做出涉及道德问题且能产生真正后果的决定。

公共行政是一种职业，可以提供异常丰富而多样的机会，做出道德或者不道德的决定，进行伦理或者不伦理的选择，对人民做好事或者做坏事。如果你进入这个领域，我们就想请你记住，当你做决定的时候一定要问问自己，人们会因你的决定而获得帮助还是受到伤害。在任何情况下，没有几个问题比这一点更重要，而在一个国家的公共生活环境中，没有一个问题比这一点更重要。

注释

[1] Ferrel Heady, *Public Administration: A Comparative Perspective* (Englewood Cliffs, NJ: Prentice Hall, 1966), p. 45.

[2] National Commission on the Public Service, *Urgent Business for America: Revitalizing the Federal Government for the 21st Century* (Washington, DC: U.S. Government Printing Office, 2003), pp. 21–22.

[3] Robert W. Smith, "Corporate Ethics Officers and Government Ethics Administrators: Comparing Apples with Oranges or a Lesson to Be Learned?" *Administration and Society* 34 (January 2003), p. 639. In 1998, there were 8,735 federal employees working in "the ethics program," 55 percent of whom spent less than 5 percent of their time on ethics. Another source says that in 1993, 320 federal employees were assigned full-time to "ethics duties" in the executive branch, and another 14,000 "dabble" in ethics. See Marilyn W. Thompson, "Federal Ethics: A Long Way to Go," *Washington Post* (October 8, 1994).

[4] Beth A. Rosenson, *Shadowlands of Conduct: Ethics and State Politics* (Washington, DC: Georgetown University Press, 2005), pp. 5, 11. Figures are for 1996. The states that have no general ethics codes are North Dakota, Vermont, and Wyoming.

[5] Richard Blake, Jill A. Grob et al., "The Nature and Scope of State Government Ethics Codes," *Public Productivity and Management Review* 21 (June 1998), pp. 453–459.

[6] Rosenson, *Shadowlands of Conduct*, pp. 10–11. Data are for 1996. The six categories used by Rosenson are whether a state has a basic ethics code; limits on honoraria; limits on gifts from lobbyists; postgovernment employment restrictions; limits on representation of clients before state agencies and; and mandatory financial disclosure. Twenty-six states did not fulfill four of these categories.

[7] Fran Burke and George C. S. Benson, "State Ethics Codes, Commissions, and Conflicts," *State Government Review* 10 (May 1989), pp. 195–198.

[8] Smith, "Corporate Ethics Officers and Government Ethics Administrators," p. 640.

[9] Robert W. Smith, "Enforcement or Ethical Capacity: Considering the Role of State Ethics Commission' at the Millennium," *Public Administration Review* 63 (May/June 2003), pp. 283–295. The quotations are on pp. 283 and 292. This was a study of sixty officials and others associated with state ethics commissions in Connecticut, Florida, and New York.

[10] Mary Ann Feldheim and Xiaohu Wang, "Ethics and Public Trust: Results from a National Survey," *Public Integrity* 6 (Winter 2003–2004), p. 70. This was a national survey of 248 responding city officials conducted in 2000.

[11] James S. Bowman, Evan M. Berman, and Jonathan P. West, "The Profession of Public Administration: An Ethics Edge in Introductory Textbooks?" *Public Administration Review* 61 (March/April 2001), pp. 194–205.

[12] Paul C. Light, *The New Public Service* (Washington, DC: Brookings, 1999), p. 110. Light questioned graduates of thirteen of the top twenty schools as ranked by *U.S. News & World Report.* Respondents' rankings of the importance of ethics ranged from 75 percent (state employees) to 89 percent (nonprofit sector employees). The next highest score was for "leading others."

[13] James S. Bowman and Russell L. Williams, "Ethics in Government: From a Winter of Despair to a Spring of Hope," *Public Administration Review* 57 (November/December 1997), pp. 518, 521. Figures are for 1996. The authors contacted 750 randomly selected members of the American Society for Public Administration.

[14] J. Norman Baldwin, "Public Versus Private Employees: Debunking Stereotypes," *Review of Public Personnel Administration* 11 (Fall 1990–Spring 1991), p. 16.

[15] James S. Bowman, "Ethics in Government: A National Survey of Public Administrators," *Public Administration Review* 50 (May/June 1990), p. 346. Figure is for 1986.

[16] Associated Press, "Poll: Americans Believe Bribery Rampant," *Tallahassee Democrat* (October 4, 1988), as cited in ibid. Figure is for 1988.

[17] Bowman, "Ethics in Government," p. 346. Figure is for 1986.

[18] Associated Press, "Poll." Figure is for 1988.

[19] U.S. Merit Systems Protection Board, *Adherence to the Merit Principles in the Workplace: Federal Employees' Views* (Washington, DC: U.S. Government Printing Office, 1997), p. 12. Figures are for 1996, and include over 9,700 respondents. Forty-three percent saw a "minor or no problem" in this regard, and 25 percent perceived a "moderate problem."

[20] Feldheim and Wang, "Ethics and Public Trust," p. 70. Figures are for 2000.

[21] Bowman and Williams, "Ethics in Government," p. 518. Figures are for 1996.

[22] Gerald J. Miller, Samuel J. Yaeger, W. Bartley Hildreth et al., "How Financial Managers Deal with Ethical Stress," *Public Administration Review* 65 (May/June 2005), p. 306.

[23] Ethics Resource Center, *National Business Ethics Survey, 2005* (Washington, DC: Author, 2005). Figures are for 2005. More than 3,000 workers were surveyed.

[24] James S. Bowman, "Ethics in the Federal Service: A Post-Watergate View," *Midwest Review of Public Administration* 11 (March 1977), pp. 7–8. Figure is for 1976.

[25] Bowman and Williams, "Ethics in Government," pp. 518, 522; and Bowman, "Ethics in Government," p. 346. Figure is for 1990.

[26] U.S. Merit Systems Protection Board, *Whistleblowing in the Federal Government: Federal Employee's Views* (Washington, DC: U.S. Government Printing Office, 1997), p. 9. Data are for 1992 and 1983.

[27] Marshall Sashkin and Richard L. Williams, "Does Fairness Make a Difference?" *Organizational Dynamics* 18 (August 1990), pp. 66–67. See also David E. Bowen, Stephen W. Gilliland, and Robert Folger, "HRM and Service Fairness: How Being Fair with Employees Spills Over to Customers," *Organizational Dynamics* 27 (Summer 1999), pp. 7–21.

[28] Kim S. Cameron, David Brighton, and Arran Casa,

"Exploring the Relationships between Organizational Virtuousness and Performance," *American Behavioral Scientist* 47 (February 2004), pp. 808–827.

[29] Colleen G. Waring and C'Anne Daugherty, "Auditing Ethics—Make Them an Offer They Can't Refuse," *Journal of Government Financial Management* 53 (Spring 2004), pp. 34–40. Data are for 2002.

[30] Evan M. Berman and Jonathan P. West, "Responsible Risk-Taking," *Public Administration Review* 58 (July/August 1998), p. 349. Response rate was 43 percent (or 236 responses).

[31] Eugene D. Dvorin and Robert H. Simmons, *From Amoral to Humane Bureaucracy* (San Francisco: Canfield Press, 1972), p. 61.

[32] Ibid., p. 60.

[33] For an interesting take on this dilemma, see F. Neil Brady, " 'Publics' Administration and the Ethics of Particularity," *Public Administration Review* 63 (September/October 2003), pp. 525–534.

[34] Carl J. Friedrich and Taylor Cole, *Responsible Bureaucracy* (Cambridge: Harvard University Press, 1949), and Norton Long, *The Polity* (Chicago: Rand-McNally, 1982).

[35] Kathryn Denhardt, "Unearthing the Moral Foundations of Public Administration: Honor, Benevolence, and Justice," in James S. Bowman, ed., *Ethical Frontiers in Public Management* (San Francisco: Jossey-Bass, 1991), pp. 256–283.

[36] Charles S. Hyneman, *Bureaucracy* (New York: Harper & Row, 1950); and Herbert Finer, "Administrative Responsibility in a Democratic Government," *Public Administration Review* 1 (Summer 1941), pp. 335–350.

[37] J. D. Lewis, "Democratic Planning in Agriculture," *American Political Science Review* 35 (April and June 1941), pp. 232–249, 454–469; and L. Von Mises, *Bureaucracy* (New Haven, CT: Yale University Press, 1944).

[38] Henry J. Abraham, "A People's Watchdog Against Abuse of Power," *Public Administration Review* 20 (Summer 1960), pp. 152–157.

[39] Dwight Waldo, "Development of a Theory of Democratic Administration," *American Political Science Review* 46 (March 1952), pp. 81–103; and John M. Pfiffner and Robert Presthus, *Public Administration,* 5th ed. (New York: Ronald Press, 1967).

[40] Gordon Tullock, *The Politics of Bureaucracy* (Washington, DC: Public Affairs Press, 1965); and Harold L. Wilensky, *Organizational Intelligence: Knowledge and Policy in Government and Industry* (New York: Basic Books, 1967).

[41] K. C. Davis, *Administrative Law* (St. Paul: West Publishing, 1951).

[42] John A. Rohr, *Ethics for Bureaucrats: An Essay on Law and Values*, 2nd ed. (New York: Marcel Dekker, 1989).

[43] See, for example, J. Patrick Dobel, "Integrity in the Public Service," *Public Administration Review* 50 (May/June 1990), pp. 356–366; Terry L. Cooper, *The Responsible Administrator* (San Francisco: Jossey-Bass, 1990); and Donald P. Warwick, "The Ethics of Administrative Discretion," in Joel L. Fleishman, Lance Leibman, Mark. H. Moore, eds., *Public Duties: The Moral Obligations of Public Officials* (Cambridge, MA: Harvard University Press, 1981), pp. 157–175.

[44] Donald C. Menzel, "The Ethics Factor in Local Government: An Empirical Analysis," in H. George Frederickson, ed., *Ethics and Public Administration* (Armonk, NY: M. E. Sharpe, 1993), pp. 301–311; and Donald C. Menzel, "The Ethical Environment of Local Government Managers," *American Review of Public Administration* 25 (September 1995), pp. 247–261.

[45] Harold F. Gortner, *Ethics for Public Managers* (New York: Praeger, 1991).

[46] For some comprehensive volumes on ethics in the public sector, see James S. Bowman, ed., *Ethical Frontiers in Public Administration* (San Francisco: Jossey-Bass, 1991); Terry L. Cooper, ed., *Handbook of Administrative Ethics* (New York: Marcel Dekker, 1994); Frederickson, ed., *Ethics and Public Administration*; Michael W. J. Cody and Richardson R. Lynn, *Honest Governance: An Ethics Guide for Public Service* (Westport, CT: Praeger, 1992): Rohr, *Ethics for Bureaucrats;* and Carol W. Lewis, *The Ethics Challenge in Public Service: A Problem-Solving Guide* (San Francisco: Jossey-Bass, 1991). There are, of course, others.

[47] See, for example: Robert B. Denhardt, *Theories of Public Organization* (Monterey, CA: Brooks/Cole, 1984), p. 92; Chris Argyris, *Interpersonal Confidence and Organizational Effectiveness* (Homewood, IL: Dorsey Press, 1962); Robert T. Golembiewski, *Men, Management, and Morality* (New York: McGraw-Hill, 1967); David K. Hart, "Social Equity, Justice, and the Equitable Administrator," *Public Administration Review* 34 (January/February 1974), pp. 3–10; Frederick E. Thayer, *An End to Hierarchy! An End to Competition!* (New York, New Viewpoints, 1973); Omar Aktouf, "Management and Theories of Organization in the 1990s: Toward a Critical Radical Humanism?" *Academy of Management Review* 17 (July 1992), pp. 407–431. In some respects, organizational humanism is a resurrection of "the new public administration," discussed Chapter 2.

[48] Golembiewski, *Men, Management, and Morality*; Marcus Buckingham and Curt Coffman, *First, Break All the Rules: What Do the World's Greatest Managers Do Differently?* (New York: Simon and Schuster, 1999).

[49] Denhardt, *Theories of Public Organization*, pp. 91–92.

[50] Dvorin and Simmons, *From Amoral to Humane Bureaucracy*, p. 61.

[51] Ibid., pp. 60–61. The authors are explaining "radical humanism," which would appear to be a more plainly spoken version of organizational humanism.

[52] We would be remiss if we did not also note that Karl Popper is very much in Rawlsian tradition (or vice versa, as Popper preceded Rawls in time). Popper held that, "Instead of the greatest happiness for the greatest number [as the utilitarians advocated], one should demand, more modestly, the least amount of avoidable suffering for all; and further, that unavoidable suffering . . . should be distributed as equally as possible" (Vol. 1, p. 285). See his *The Open Society and Its Enemies*, Vol. I, *The Spell of Plato*, and Vol. II, *The High Tide of Prophecy: Hegel, Marx and the Aftermath*, 5th ed. (Princeton, NJ: Princeton University Press, 1966). The volumes were first published in 1945.

[53] John Rawls, *A Theory of Justice* (Cambridge, MA: Belknap Press of Harvard University Press, 1971), p. 60.

[54] Ibid., pp. 14–15.

[55] Sashkin and Williams, "Does Fairness Make a Difference?" pp. 56–71.

[56] See, for example: Brian Barry, *Political Argument* (London: Routledge and Kegan Paul, 1965); Nicholas Rescher, *Distributive Justice* (New York: Bobbs-Merrill, 1966); and W. D. Ross, *The Right and The Good* (Oxford: Clarendon Press, 1930).

[57] Friedrich Nietzsche, as quoted in J. R. Hollingsdale, *Nietzsche: The Man and His Philosophy* (Baton Rouge: Louisiana State University Press, 1965), p. 127.

[58] See, for example, Jeremy Bentham, *An Introduction to the Principles of Morals and Legislation*, J. H. Burns and H. L. A. Hart, eds. (London: Athlone, 1970); Adam Smith, *The Wealth of Nations*, Edwin Cannan, ed., (New York: Modern Library, 1937); David Hume, *Theory of Politics*, Frederick Watkins, ed. (Edinburgh: Nelson, 1951); and John Stuart Mill, *Essays on Politics and Culture*, Gertrude Himmelfarb, ed. (New York: Doubleday, 1962).

[59] Michael Kinsley, "The Spoils of Victimhood," *The New Yorker* (March 27, 1995), p. 67.

人大版公共管理类翻译（影印）图书

公共行政与公共管理经典译丛

书名	著译者	定价
公共管理名著精华："公共行政与公共管理经典译丛"导读	吴爱明　刘晶　主编	49.80 元
公共管理导论（第四版）	［澳］欧文·E. 休斯　著 张成福　马子博　等　译	48.00 元
政治学（第三版）	［英］安德鲁·海伍德　著 张立鹏　译	49.80 元
公共政策分析导论（第四版）	［美］威廉·N. 邓恩　著 谢明　等　译	49.00 元
公共政策制定（第五版）	［美］詹姆斯·E. 安德森　著 谢明　等　译	46.00 元
公共行政学：管理、政治和法律的途径（第五版）	［美］戴维·H. 罗森布鲁姆　等　著 张成福　等　译校	58.00 元
比较公共行政（第六版）	［美］费勒尔·海迪　著 刘俊生　译校	49.80 元
公共部门人力资源管理：系统与战略（第六版）	［美］唐纳德·E. 克林纳　等　著 孙柏瑛　等　译	58.00 元
公共部门人力资源管理（第二版）	［美］埃文·M. 伯曼　等　著 萧鸣政　等　译	49.00 元
行政伦理学：实现行政责任的途径（第五版）	［美］特里·L. 库珀　著 张秀琴　译　音正权　校	35.00 元
民治政府：美国政府与政治（第 23 版·中国版）	［美］戴维·B. 马格莱比　等　著 吴爱明　等　编译	58.00 元
比较政府与政治导论（第五版）	［英］罗德·黑格　马丁·哈罗普　著 张小劲　等　译	48.00 元
公共组织理论（第五版）	［美］罗伯特·B. 登哈特　著 扶松茂　丁力　译　竺乾威　校	32.00 元
公共组织行为学	［美］罗伯特·B. 登哈特　等　著 赵丽江　译	49.80 元
组织领导学（第七版）	［美］加里·尤克尔　著 丰俊功　译	78.00 元
公共关系：职业与实践（第四版）	［美］奥蒂斯·巴斯金　等　著 孔祥军　等　译　郭惠民　审校	68.00 元
公用事业管理：面对 21 世纪的挑战	［美］戴维·E. 麦克纳博　著 常健　等　译	39.00 元
公共预算中的政治：收入与支出，借贷与平衡（第四版）	［美］爱伦·鲁宾　著 叶娟丽　马骏　等　译	39.00 元
公共行政学新论：行政过程的政治（第二版）	［美］詹姆斯·W. 费斯勒　等　著 陈振明　等　译校	58.00 元
公共部门战略管理	［美］保罗·C. 纳特　等　著 陈振明　等　译校	49.00 元
公共行政与公共事务（第十版·中文修订版）	［美］尼古拉斯·亨利　著 孙迎春　译	68.00 元
案例教学指南	［美］小劳伦斯·E. 林恩　著 郄少健　等　译　张成福　等　校	39.00 元
公共管理中的应用统计学（第五版）	［美］肯尼思·J. 迈耶　等　著 李静萍　等　译	49.00 元
现代城市规划（第五版）	［美］约翰·M. 利维　著 张景秋　等　译	39.00 元
非营利组织管理	［美］詹姆斯·P. 盖拉特　著 邓国胜　等　译	38.00 元

书名	著译者	定价
公共财政管理：分析与应用（第六版）	［美］约翰·L. 米克塞尔　著 白彦锋　马蔡琛　译　高培勇　等　校	69.90元
公共行政学：概念与案例（第七版）	［美］理查德·J. 斯蒂尔曼二世　编著 竺乾威　等　译	75.00元
公共管理研究方法（第五版）	［美］伊丽莎白森·奥沙利文　等　著 王国勤　等　译	79.00元
公共管理中的量化方法：技术与应用（第三版）	［美］苏珊·韦尔奇　等　著 郝大海　等　译	39.00元
公共部门绩效评估	［美］西奥多·H. 波伊斯特　著 肖鸣政　等　译	45.00元
公共管理的技巧（第九版）	［美］乔治·伯克利　等　著 丁煌　主译	59.00元
领导学：理论与实践（第五版）	［美］彼得·G. 诺斯豪斯　著 吴爱明　陈爱明　陈晓明　译	48.00元
领导学（亚洲版）	［新加坡］林志颂　等　著 顾朋兰　等　译　丁进锋　校译	59.80元
领导学：个人发展与职场成功（第二版）	［美］克利夫·里科特斯　著 戴卫东　等　译　姜雪　校译	69.00元
二十一世纪的公共行政：挑战与改革	［美］菲利普·J. 库珀　等　著 王巧玲　李文钊　译　毛寿龙　校	45.00元
行政学（新版）	［日］西尾胜　著 毛桂荣　等　译	35.00元
比较公共行政导论：官僚政治视角（第六版）	［美］B. 盖伊·彼得斯　著 聂露　李姿姿　译	49.80元
理解公共政策（第十二版）	［美］托马斯·R. 戴伊　著 谢明　译	45.00元
公共政策导论（第三版）	［美］小约瑟夫·斯图尔特　等　著 韩红　译	35.00元
公共政策分析：理论与实践（第四版）	［美］戴维·L. 韦默　等　著 刘伟　译校	68.00元
公共政策分析案例（第二版）	［美］乔治·M. 格斯　保罗·G. 法纳姆　著 王军霞　贾洪波　译　王军霞　校	59.00元
公共危机与应急管理概论	［美］迈克尔·K. 林德尔　等　著 王宏伟　译	59.00元
公共行政导论（第六版）	［美］杰伊·M. 沙夫里茨　等　著 刘俊生　等　译	65.00元
城市管理学：美国视角（第六版·中文修订版）	［美］戴维·R. 摩根　等　著 杨宏山　陈建国　译　杨宏山　校	56.00元
公共经济学：政府在国家经济中的作用	［美］林德尔·G. 霍尔库姆　著 顾建光　译	69.80元
公共部门管理（第八版）	［美］格罗弗·斯塔林　著 常健　等　译　常健　校	75.00元
新公共服务：服务，而不是掌舵（第三版）	［美］珍妮特·V. 登哈特　罗伯特·B. 登哈特　著 丁煌　译　方兴　丁煌　校	39.00元
议程、备选方案与公共政策（第二版·中文修订版）	［美］约翰·W. 金登　著 丁煌　方兴　译　丁煌　校	49.00元
政策分析八步法（第三版）	［美］尤金·巴达克　著 谢明　等　译	待出
新公共行政	［美］H. 乔治·弗雷德里克森 丁煌　方兴　译　丁煌　校	23.00元
公共行政的精神（中文修订版）	［美］H. 乔治·弗雷德里克森　著 张成福　等　译　张成福　校	48.00元

书名	著译者	定价
官僚制内幕（中文修订版）	[美] 安东尼·唐斯 著 郭小聪 等 译	49.80 元
民营化与公私部门的伙伴关系	[美] E.S. 萨瓦斯	59.00 元
后现代公共行政：话语指向（中文修订版）	[美] 查尔斯·J. 福克斯 等 著 楚艳红 等 译 吴琼 校	38.00 元
公共行政的合法性：一种话语分析（中文修订版）	[美] O.C. 麦克斯怀特 著 吴琼 译	45.00 元
公共行政的语言：官僚制、现代性和后现代性（中文修订版）	[美] 戴维·约翰·法默尔 著 吴琼 译	56.00 元
领导学	[美] 詹姆斯·麦格雷戈·伯恩斯 著 常健 孙海云 等 译 常健 校	69.00 元
官僚经验：后现代主义的挑战（第五版）	[美] 拉尔夫·P. 赫梅尔 著 韩红 译	39.00 元
制度分析：理论与争议（第二版）	[韩] 河连燮 著 李秀峰 柴宝勇 译	48.00 元
公共服务中的情绪劳动	[美] 玛丽·E. 盖伊 等 著 周文霞 等 译	38.00 元
预算过程中的新政治（第五版）	[美] 阿伦·威尔达夫斯基 等 著 苟燕楠 译	58.00 元
公共行政中的价值观与美德：比较研究视角	[荷] 米歇尔·S. 德·弗里斯 等 主编 熊缨 耿小平 等 译	58.00 元
公共决策中的公民参与	[美] 约翰·克莱顿·托马斯 著 孙柏瑛 等 译	28.00 元
再造政府	[美] 戴维·奥斯本 等 著 谭功荣 等 译	45.00 元
构建虚拟政府：信息技术与制度创新	[美] 简·E. 芳汀 著 邵国松 译	32.00 元
突破官僚制：政府管理的新愿景	[美] 麦克尔·巴泽雷 著 孔宪遂 等 译	25.00 元
政府未来的治理模式（中文修订版）	[美] B. 盖伊·彼得斯 著 吴爱明 等 译 张成福 校	38.00 元
无缝隙政府：公共部门再造指南（中文修订版）	[美] 拉塞尔·M. 林登 著 汪大海 等 译	48.00 元
公民治理：引领 21 世纪的美国社区（中文修订版）	[美] 理查德·C. 博克斯 著 孙柏瑛 等 译	38.00 元
持续创新：打造自发创新的政府和非营利组织	[美] 保罗·C. 莱特 著 张秀琴 译 音正权 校	28.00 元
政府改革手册：战略与工具	[美] 戴维·奥斯本 等 著 谭功荣 等 译	59.00 元
公共部门的社会问责：理念探讨及模式分析	世界银行专家组 著 宋涛 译校	28.00 元
公私合作伙伴关系：基础设施供给和项目融资的全球革命	[英] 达霖·格里姆赛 等 著 济邦咨询公司 译	29.80 元
非政府组织问责：政治、原则与创新	[美] 丽莎·乔丹 等 主编 康晓光 等 译 冯利 校	32.00 元
市场与国家之间的发展政策：公民社会组织的可能性与界限	[德] 康保锐 著 隋学礼 译校	49.80 元

书名	著译者	定价
建设更好的政府：建立监控与评估系统	[澳] 凯思·麦基　著 丁煌　译　方兴　校	30.00元
新有效公共管理者：在变革的政府中追求成功（第二版）	[美] 史蒂文·科恩 等　著 王巧玲 等　译　张成福　校	28.00元
驾御变革的浪潮：开发动荡时代的管理潜能	[加] 加里斯·摩根　著 孙晓莉　译　刘霞　校	22.00元
自上而下的政策制定	[美] 托马斯·R. 戴伊　著 鞠方安 等　译	23.00元
政府全面质量管理：实践指南	[美] 史蒂文·科恩 等　著 孔宪遂 等　译	25.00元
公共部门标杆管理：突破政府绩效的瓶颈	[美] 帕特里夏·基利 等　著 张定淮　译校	28.00元
创建高绩效政府组织：公共管理实用指南	[美] 马克·G. 波波维奇　主编 孔宪遂 等　译　耿洪敏　校	23.00元
职业优势：公共服务中的技能三角	[美] 詹姆斯·S. 鲍曼 等　著 张秀琴　译　音正权　校	19.00元
全球筹款手册：NGO及社区组织资源动员指南（第二版）	[美] 米歇尔·诺顿　著 张秀琴 等　译　音正权　校	39.80元

公共政策经典译丛

书名	著译者	定价
公共政策评估	[美] 弗兰克·费希尔　著 吴爱明 等　译	38.00元
公共政策工具——对公共管理工具的评价	[美] B. 盖伊·彼得斯 等　编 顾建光　译	29.80元
第四代评估	[美] 埃贡·G. 古贝 等　著 秦霖 等　译　杨爱华　校	39.00元
政策规划与评估方法	[加] 梁鹤年　著 丁进锋　译	39.80元

当代西方公共行政学思想经典译丛

书名	编译者	定价
公共行政学中的批判理论	戴黍　牛美丽 等　编译	29.00元
公民参与	王巍　牛美丽　编译	45.00元
公共行政学百年争论	颜昌武　马骏　编译	49.80元
公共行政学中的伦理话语	罗蔚　周霞　编译	45.00元

公共管理英文版著作

书名	作者	定价
公共管理导论（第四版）	[澳] Owen E. Hughes （欧文·E. 休斯）著	45.00元
理解公共政策（第十二版）	[美] Thomas R. Dye （托马斯·R. 戴伊）著	34.00元
公共行政学经典（第五版）	[美] Jay M. Shafritz （杰伊·M. 莎夫里茨）等　编	59.80元

书名	作者	定价
组织理论经典（第五版）	［美］Jay M. Shafritz （杰伊·M. 莎夫里茨）等 编	46.00 元
公共政策导论（第三版）	［美］Joseph Stewart，Jr. （小约瑟夫·斯图尔特）等 著	35.00 元
公共部门管理（第九版·中国学生版）	［美］Grover Starling （格罗弗·斯塔林） 著	59.80 元
政治学（第三版）	［英］Andrew Heywood （安德鲁·海伍德） 著	35.00 元
公共行政导论（第五版）	［美］Jay M. Shafritz （杰伊·M. 莎夫里茨）等 著	58.00 元
公共组织理论（第五版）	［美］Robert B. Denhardt （罗伯特·B. 登哈特） 著	32.00 元
公共政策分析导论（第四版）	［美］William N. Dunn （威廉·N. 邓恩） 著	45.00 元
公共部门人力资源管理：系统与战略（第六版）	［美］Donald E. Klingner （唐纳德·E. 克林纳）等 著	48.00 元
公共行政与公共事务（第十版）	［美］Nicholas Henry （尼古拉斯·亨利） 著	39.00 元
公共行政学：管理、政治和法律的途径（第七版）	［美］David H. Rosenbloom （戴维·H. 罗森布鲁姆）等 著	68.00 元
公共经济学：政府在国家经济中的作用	［美］Randall G. Holcombe （林德尔·G. 霍尔库姆） 著	62.00 元
领导学：理论与实践（第六版）	［美］Peter G. Northouse （彼得·G. 诺斯豪斯） 著	45.00 元

更多图书信息，请登录 www. crup. com. cn/gggl 查询，或联系中国人民大学出版社政治与公共管理出版分社获取

地址：北京市海淀区中关村大街甲 59 号文化大厦 1202 室　　邮编：100872

电话：010－82502724　　传真：010－62514775

E-mail：gggIcbfs@vip. 163. com　　网站：http：//www. crup. com. cn/gggl

Public Administration and Public Affairs, 10e by Nicholas Henry
ISBN: 9780132222976

北京市版权局著作权合同登记号：01-2009-3172

图书在版编目(CIP)数据

公共行政与公共事务：第十版/（美）尼古拉斯·亨利（Nicholas Henry）著；孙迎春译. —修订本. —北京：中国人民大学出版社，2017.5
（公共行政与公共管理经典译丛）
"十三五"国家重点出版物出版规划项目
ISBN 978-7-300-24281-1

Ⅰ.①公… Ⅱ.①尼…②孙… Ⅲ.①公共管理-行政管理 Ⅳ.①D035

中国版本图书馆CIP数据核字（2017）第057846号

公共行政与公共管理经典译丛
"十三五"国家重点出版物出版规划项目
公共行政与公共事务（第十版·中文修订版）
[美]尼古拉斯·亨利（Nicholas Henry） 著
孙迎春 译
Gonggong Xingzheng yu Gonggong Shiwu

出版发行	中国人民大学出版社		
社　　址	北京中关村大街31号	**邮政编码**	100080
电　　话	010－62511242（总编室）		010－62511770（质管部）
	010－82501766（邮购部）		010－62514148（门市部）
	010－62515195（发行公司）		010－62515275（盗版举报）
网　　址	http://www.crup.com.cn		
	http://www.ttrnet.com(人大教研网)		
经　　销	新华书店		
印　　刷	涿州市星河印刷有限公司		
规　　格	185 mm×260 mm　16开本	**版　　次**	2017年5月第1版
印　　张	22.5 插页2	**印　　次**	2017年5月第1次印刷
字　　数	478 000	**定　　价**	68.00元